DENKMALPFLEGE
IN SÜDTIROL
2001
TUTELA DEI BENI
CULTURALI
IN SUDTIROLO

DENKMALPFLEGE IN SÜDTIROL
TUTELA DEI BENI CULTURALI
IN SUDTIROLO
2001

HERAUSGEGEBEN VOM
LANDESDENKMALAMT BOZEN
A CURA DELLA SOPRINTEN-
DENZA PROVINCIALE AI BENI
CULTURALI DI BOLZANO

UMSCHLAGBILD / IN COPERTINA:
MINIATUR AUS DER WAPPEN-
BESSERUNG FÜR DIE BRÜDER
GEORG HIERONYMUS UND
HEINRICH WINKELHOFER, 1501
(AUSSCHNITT),
ARCHIV LACHMÜLLER
MINIATURA DAL MIGLIORAMENTO
PER I FRATELLI GEORG HIERO-
NYMUS UND HEINRICH WINKEL-
HOFER, 1501 (DETTAGLIO),
ARCHIVIO LACHMÜLLER

FÜR INHALT UND FORM
DER BEITRÄGE SIND
DIE EINZELNEN AUTOREN
VERANTWORTLICH.
DEL CONTENUTO E DELLA
FORMA DEI CONTRIBUTI
SONO RESPONSABILI
I SINGOLI AUTORI.

REDAKTION / REDAZIONE:
HANS HEISS
CATRIN MARZOLI
HELMUT STAMPFER
HILDEGARD THURNER

ÜBERSETZUNG / TRADUZIONE:
VERENA EGGER
LORENZO DAL RÌ
GIOVANNA FUSI
DIETMAR KAFMANN
CATRIN MARZOLI
ITALO MAURO
HANS NOTHDURFTER
HANS OBERRAUCH
ROMANA PRINOTH-FORNWAGNER
TIZIANO ROSANI

GRAFIK / GRAFICA:
LUPE, BZ (WWW.LUPE.IT)

2002
ALLE RECHTE, AUCH DIE DES
AUSZUGSWEISEN NACHDRUCKS,
BEHALTEN SICH URHEBER UND
VERLEGER VOR.
© VERLAGSANSTALT ATHESIA, BOZEN
DRUCK: ATHESIADRUCK, BOZEN
ISBN 88-8266-213-6

TUTTI I DIRITTI RISERVATI
© CASA EDITRICE ATHESIA, BOLZANO
STAMPA: ATHESIADRUCK, BOLZANO

INHALT	INDICE	
Vorwort	**Prefazione**	
Bruno Hosp	Bruno Hosp	
Landesrat für Denkmalpflege	*Assessore ai beni culturali*	
und deutsche Kultur	*e cultura tedesca*	5
Zur Einführung	**Introduzione**	
Helmut Stampfer	Helmut Stampfer	
Landeskonservator	*Soprintendente*	7

AMT FÜR BAU- UND KUNST-DENKMÄLER
UFFICIO BENI ARCHITETTONICI E ARTISTICI

Bau- und Kunstdenkmalpflege 2001: Kultureller Auftrag und praktische Umsetzung	**Tutela beni architettonici e artistici nel 2001: compiti di ordine culturale e loro traduzione nella pratica.**	
Waltraud Kofler-Engl	Waltraud Kofler-Engl	
Amtsdirektorin	*Direttrice d'ufficio*	10

AMT FÜR BODENDENKMÄLER
UFFICIO BENI ARCHEOLOGICI

Bodendenkmalpflege in Südtirol: ein Überblick	**Quadro dell'attività di tutela archeologica nella Provincia di Bolzano**	
Lorenzo Dal Ri	Lorenzo Dal Ri	
Amtsdirektor	*Direttore d'ufficio*	206

SÜDTIROLER LANDESARCHIV
ARCHIVIO PROVINCIALE

Konsolidierung und neue Aufgaben: Zur Gesamtsituation des Landesarchivs	**Consolidamento e nuovi compiti: situazione generale dell'Archivio provinciale**	
Josef Nössing	Josef Nössing	
Amtsdirektor	*Direttore d'ufficio*	290

Vorwort

Das Land Südtirol hat seit dem Inkrafttreten des heutigen Autonomiestatuts in sorgfältiger Arbeit über Jahrzehnte ein System der Denkmalpflege aufgebaut, das auch von außerhalb unserer Grenzen beachtet und anerkannt wird. Dieses System der Südtiroler Denkmalpflege hat sich bewährt, auch und erneut im Jahr 2001. Der vorliegende Bericht dokumentiert die konkreten Leistungen der Abteilung Denkmalpflege in diesem Zeitraum und lässt die wichtigsten Ereignisse des Jahres Revue passieren.
Es handelt sich also um eine Leistungsschau, um das Aufzeigen von Schwerpunkten, um den Hinweis auf Wertvolles in unserem Land, das wir im Jahr 2001 erhalten und schützen konnten. Mit diesem Bericht soll aber auch das mancherorts immer noch schwache Interesse für die Denkmalpflege geweckt werden. Das ist wohl gerade anhand der im vergangenen Jahr eindrucksvoll erbrachten konkreten Leistungen möglich. Besonderer Wert wurde deshalb auf den Lesereiz und die Verständlichkeit dieses Berichtes gelegt, damit die Leserinnen und Leser sich leicht zurechtfinden. Ich hoffe, dass mit Hilfe der vorliegenden Publikation noch mehr Menschen in Südtirol die Notwendigkeit und die Faszination einer zeitgemäßen Denkmalpflege verstehen.

Prefazione

A partire dall'entrata in vigore dell'attuale Statuto d'autonomia la Provincia Autonoma di Bolzano ha iniziato a costruire, decennio dopo decennio, con opera precisa e mirata, un sistema di tutela dei beni culturali che viene seguito con attenzione ed apprezzato ben oltre i nostri confini. Anche nel 2001 questo sistema di tutela ha riconfermato la propria validità.
La presente relazione documenta le azioni concrete poste in essere in questo lasso di tempo dalla Ripartizione beni culturali e passa in rassegna gli eventi principali avvenuti nel corso dell'anno in questo settore. Si tratta dunque di una rassegna dei risultati raggiunti, di un'indicazione sui punti nodali, di un rimando ai beni preziosi che siamo riusciti a conservare e proteggere nel corso del 2001. Questa relazione mira altresì a suscitare quell'interesse per la conservazione dei beni culturali che in qualche caso risulta ancora limitato. Ciò potrà risultare più agevole elencando e descrivendo i risultati concreti conseguiti nel corso dell'anno precedente. Si è per questo dato particolare valore alla leggibilità del testo ed al suo grado d'interesse, affinché le lettrici ed i lettori potessero trovarsi sempre a proprio agio. È mio auspicio che, grazie anche a questa pubblicazione, un numero ancora più elevato di cittadini dell'Alto Adige possa comprendere la necessità ed il fascino di un'adeguata conservazione dei beni culturali.

Bruno Hosp
*Landesrat für Denkmalpflege
und deutsche Kultur
Assessore ai beni culturali
e cultura tedesca*

DENKMALPFLEGE
BENI CULTURALI

DIREKTOR / DIRETTORE
DR. HELMUT STAMPFER

STELLVERTRETERIN
SOSTITUTA
DR. WALTRAUD KOFLER ENGL

VERWALTUNGSINSPEKTOR
ISPETTORE AMMINISTRATIVO
DR. FRANCESCO D'AGOSTIN
(SEIT 2. JÄNNER / DAL
2 GENNAIO)

SEKRETARIAT / SEGRETERIA
CAROL ARGENTON

AMTSWART / COMMESSO
ANTON MAIR

HAUSWART / CUSTODE
SERAFIN MAJOR

HAUSWARTE SCHLOSS
VELTHURNS / CUSTODI DI
CASTEL VELTURNO
ROSA PUTZER GASSER
ALOIS GASSER

Zur Einführung

Kaum einmal stand die Denkmalpflege in Südtirol so sehr im Rampenlicht der Öffentlichkeit als im Jahr 2001.

Im Frühjahr war es der geplante Abbruch des Hörtenberg-Stadels in Bozen, der massive Proteste der Anrainer und anderer kulturell interessierter Kreise hervorrief. Die Landesregierung schöpfte die gesetzliche Frist von 6 Monaten voll aus, um über den heiklen Fall – der Bau war erst kürzlich ohne Denkmalschutzbindung an eine Baufirma veräußert worden, der geltende Bauleitplan der Gemeinde Bozen sah die Möglichkeit von Abbruch und Neubau vor – zu beraten. Schlussendlich entschied sie im Sinne der Denkmalpflege für die Erhaltung des Stadels, wobei dessen Ausbau zu Wohnzwecken und die Errichtung eines Neubaues daneben grundsätzlich gestattet wurde.

Für noch mehr Aufsehen sorgten gegen Ende des Jahres die turbulenten Ereignisse um das ehemalige Gerichtshaus von Welsberg. Den schlichten, aber für das Dorfbild charakteristischen Bau, dessen frühere Nutzung Lokalgeschichte erlebbar machte, hatte die Landesverwaltung der Gemeinde kostenlos abgetreten. Obwohl das Haus als öffentliches Eigentum von geschichtlich-künstlerischer Bedeutung im Sinne des geltenden Gesetzes unter Denkmalschutz stand, hat die Gemeinde Welsberg den Abbruch geplant und dazu die eerforderliche Genehmigung der Landesregierung erhalten. Während das Landesdenkmalamt diese Entscheidung zur Kenntnis nehmen musste, hat der Landesverband für Heimatpflege den entsprechenden Beschluss vor dem Verwaltungsgericht angefochten und vorerst einen Aufschub des Abbruches erreicht. Als das Gericht zu einem späteren Zeitpunkt aber den Rekurs abwies, ließ die Gemeindeverwaltung unverzüglich die Bagger auffahren und begann mit dem Abbruch. Wenige Stunden später wurde das Zerstörungswerk wieder gestoppt, nachdem ein zweiter Rekurs am Verwaltungsgericht eingereicht worden war. Das bis zu dieser Aktion bewohnbare, nunmehr aber arg beschädigte Haus erhitzte erst recht die Gemüter und regte zu Diskussionen über Denkmalschutz, Rechtssicherheit und Politik an.

Ging es in den genannten Fällen um Erhal-

Introduzione

Mai come nel 2001 la tutela dei beni culturali e architettonici in Alto Adige si è trovata sotto la luce dei riflettori dell'opinione pubblica.

In primavera è stata la prevista demolizione del fienile della residenza Hörtenberg a Bolzano a risvegliare la massiccia protesta dei vicini e di alcuni gruppi culturali. La Giunta Provinciale ha sfruttato tutti i sei mesi di tempo previsti dalla legge per assumere una decisione su tale spinosa questione: l'edificio era stato infatti venduto poco tempo prima ad un'impresa senza alcun vincolo di tutela, il vigente piano regolatore del Comune di Bolzano prevedeva la possibilità di abbattimento e di ricostruzione della struttura. Alla fine l'organo politico ha deliberato ai sensi della tutela ed in favore della conservazione del fienile, autorizzando in linea di principio l'ampliamento dell'edificio per uso abitativo e la costruzione di una nuova struttura adiacente.

Ancora maggiore è risultato lo scalpore suscitato verso la fine dell'anno dagli eventi turbolenti relativi al Vecchio tribunale di Monguelfo. L'Amministrazione provinciale aveva ceduto a titolo gratuito al comune pusterese questo edificio dalla struttura alquanto semplice ma caratteristica per l'immagine del paese e che, per la sua funzione passata, aveva assunto una certa importanza nella storia locale. Sebbene la costruzione, ai sensi della legge vigente, fosse vincolata in quanto bene pubblico di rilevanza storico-artistica, il Comune di Monguelfo ne aveva previsto la demolizione, ottenendo la necessaria autorizzazione da parte della Giunta Provinciale. Mentre la Soprintendenza non poteva fare altro che prendere atto di tale decisione, il Landesverband für Heimatpflege ha impugnato la deliberazione innanzi al Tribunale Amministrativo Regionale, ottenendo in prima istanza una proroga dell'abbattimento. Quando però, qualche tempo dopo, il tribunale ha respinto il ricorso, l'Amministrazione comunale ha immediatamente messo all'opera le ruspe, che hanno iniziato l'opera di abbattimento. Poche ore più tardi i lavori di demolizione sono stati nuovamente bloccati, a seguito della presentazione al Tribunale Amministrativo Regionale di un secondo ricorso.

Helmut Stampfer
Landeskonservator
Soprintendente

tung oder Abbruch bzw. Schutzwürdigkeit eines Baues, so lagen die Gründe der zunehmend heftigeren Polemik um Sigmundskron woanders. Die großartige Burganlage südlich von Bozen, von der Landesverwaltung vor kurzem in Ausübung des Vorkaufsrechtes erworben, sollte dem Extrembergsteiger und Europaparlamentarier Reinhold Messner für ein Bergmuseum überlassen werden, das dieser auf eigene Kosten einrichten und betreiben wollte. Aufgrund dieser Entscheidung der Landesregierung vom Dezember 2000 beauftragte das Amt für Bauerhaltung einen Architekten, der in Absprache mit Auftraggeber, Denkmalamt und zukünftigem Nutzer die Sicherung der ausgedehnten Ruine und die schonende Adaptierung von fünf Baulichkeiten zu musealen Zwecken planen sollte. Von verschiedensten Seiten wurden aber immer mehr Einwände gegen das Projekt vorgebracht, wobei die Nutzung Bergmuseum ebenso wie der Nutzer Reinhold Messner ins Kreuzfeuer der Kritik gerieten. Denkmalpflegerische Überlegungen spielten dabei nur am Rande eine Rolle, da eine museale Nutzung für eine Anlage wie Sigmundskron nach internationalen Kriterien durchaus vertretbar ist. Dies umso mehr als drei Bauten – das frühere Restaurant, der Weiße Turm und das Nordrondell – heute schon überdacht sind. Drei weitere – die beiden Südrondelle und der Ostpalas – sollten neue, von außen nicht sichtbare Dächer erhalten, die Reste der Hochburg mit Kapelle im heutigen Ruinenzustand verbleiben. Ein Ende der Kontroverse ist noch nicht abzusehen.

Dass die außergewöhnlich starke Medienpräsenz drei Bauten zu verdanken ist, nimmt nicht wunder, da erfahrungsgemäß diese Denkmalkategorie weitaus am meisten im Lichte der Öffentlichkeit und der Kritik steht. In entsprechender Übereinstimmung betrafen alle 15 im Berichtsjahr eingereichten Rekurse Baudenkmäler. Davon hat die Landesregierung acht im Sinne des Amtes für Bau- und Kunstdenkmäler abgelehnt, sieben angenommen.

Der größte Teil der Bemühungen um das kulturelle Erbe insgesamt geschieht hingegen mit weit geringerem Aufsehen. Ohne den Berichten der drei Ämter vorzugreifen, möchte ich nur je einen Aspekt hervorheben.

Le vicende dell'edificio, che fino a quel momento era ancora agibile ma che ora appariva fortemente danneggiato, riscaldò gli animi e diede vita a discussioni sulla tutela dei beni culturali, sulla certezza giuridica e sulle scelte politiche più opportune.

Se nei due casi sopracitati si trattava del mantenimento ovvero della demolizione o della dignità di tutela di un edificio, di tutt'altra natura apparivano invece, nel caso relativo a Castel Firmiano, i motivi della sempre più violenta polemica scatenatasi nel giro di pochi mesi. L'imponente struttura fortificata, che si erge poco a meridione di Bolzano, acquistata recentemente dall'Amministrazione provinciale in forza del diritto di prelazione, doveva essere concessa allo scalatore di alpinismo estremo ed europarlamentare Reinhold Messner per l'allestimento di un museo della montagna che quest'ultimo intendeva allestire e gestire a proprie spese. Sulla base di tale deliberazione della Giunta Provinciale, risalente al dicembre 2000, l'Ufficio Manutenzione opere edili incaricò un architetto che, d'intesa con il committente, con la Soprintendenza ai beni culturali e con il futuro gestore, doveva pianificare la messa in sicurezza della vasta rovina e i delicati interventi di adattamento di cinque edifici a scopi museali. Da più parti s'è però iniziato a sollevare obiezioni sempre più numerose al progetto, tanto che sia l'utilizzo della struttura per un museo della montagna che lo stesso Reinhold Messner si sono trovati al centro di un fuoco incrociato di critiche.

Le considerazioni legate alla tutela dei beni culturali hanno avuto qui solo un ruolo marginale poiché, secondo i criteri internazionali, l'utilizzo di una struttura come quella di Castel Firmiano a scopo museale appare assolutamente sostenibile. Questo tanto più in considerazione del fatto che tre edifici – il vecchio ristorante, la Torre bianca e il bastione circolare settentrionale – sono già oggi provvisti di copertura. Altri tre edifici – i due bastioni circolari meridionali e il Palazzo orientale – dovrebbero venire ricoperti da tetti non visibili dall'esterno, mentre i resti del castello superiore e della cappella dovrebbero rimanere allo stato di semplice rovina. Non si intravede ancora la fine di tale controversia.

Che l'interesse straordinariamente massiccio

Im Bereich der Bodendenkmäler konnten nach zähen Verhandlungen zwei bedeutende Fundkomplexe, die Private mit dem Metalldetektor festgestellt und ergraben hatten, sichergestellt werden. Dabei zeigte sich, dass das Problem der archäologischen Hobby- oder Raubgräberei auch bei uns nicht zu unterschätzen ist.

Für die Bau- und Kunstdenkmäler bedeutet die Digitalisierung des umfangreichen Fotoarchivs, mit der im Berichtsjahr begonnen wurde, einen großen Fortschritt. Nach Erstellung einer diesbezüglichen Datenbank wird die Maßnahme sowohl der praktischen Denkmalpflege als auch der Wissenschaft zugute kommen.

Die Kulturgüter auf Pergament und Papier, die vom Landesarchiv betreut werden, erhielten durch die besser geregelte Aktenabgabe aus der Landesverwaltung und durch Nachlässe von Persönlichkeiten des öffentlichen Lebens in Südtirol bedeutenden Zuwachs.

Aufklärung und Überzeugung zugunsten der Erhaltung und Aufwertung unseres kulturellen Erbes, das Hauptarbeitsfeld der Abteilung Denkmalpflege, kann mitunter sehr mühsam und wenig ergiebig sein. Dass sich der gebündelte Einsatz aller Mitarbeiter letztlich doch lohnt, davon legt die vorliegende Dokumentation Zeugnis ab.

dei mass media sia dovuto a tre edifici non stupisce, poiché è questa la categoria di monumenti abitualmente più esposta ai riflettori dell'opinione pubblica e della critica. Coerentemente a ciò, tutti e quindici i ricorsi presentati durante quest'anno riguardavano beni architettonici. Di questi, la Giunta Provinciale ne ha respinti otto, facendo propria la posizione della Soprintendenza, e ne ha accolti invece sette.

La maggior parte degli sforzi e degli impegni che vengono assunti nei confronti del patrimonio culturale suscitano in generale invece assai minore risonanza. Senza voler anticipare le relazioni dei tre Uffici, mi preme qui porre in evidenza solo un aspetto per ciascuno di essi.

Nell'ambito dei beni archeologici si è riusciti a porre al sicuro, a seguito di delicate trattative, due importanti complessi di scavo portati alla luce da privati mediante il metaldetector. Ciò ha dimostrato come anche nella nostra provincia il problema di scavi illeciti da parte di dilettanti o tombaroli non vada assolutamente sottovalutato.

Per i beni architettonici e artistici la digitalizzazione del vasto archivio fotografico, avviata quest'anno, costituisce un importante passo in avanti. Quando esisterà per questo una banca dati completa tale strumento tornerà utile sia alla prassi di tutela, sia alla ricerca scientifica.

Il patrimonio culturale su pergamena e cartaceo affidato alle cure dell'Archivio provinciale ha fatto registrare una crescita considerevole, sia in virtù di una più regolamentata consegna degli atti da parte dell'Amministrazione provinciale, sia grazie a lasciti di personalità della vita pubblica altoatesina.

L'educazione e il convincimento in favore della conservazione e della valorizzazione del nostro patrimonio culturale, che è il principale campo di attività della Ripartizione beni culturali, possono essere talora molto faticosi e poco fruttuosi. La presente opera di documentazione testimonia tuttavia quanto l'impegno collettivo di tutti i collaboratori non sia stato risultato vano.

AMT FÜR BAU- UND
KUNSTDENKMÄLER

UFFICIO BENI
ARCHITETTONICI
E ARTISTICI

Bau- und Kunstdenkmalpflege 2001: Kultureller Auftrag und praktische Umsetzung.
Bestimmt vom Ziel der bestmöglichen und weitestgehenden Erhaltung von Bau- und Kunstdenkmälern als Zeugnisse unserer Geschichte, ist praktische Denkmalpflege immer das Ergebnis der Zusammenarbeit verschiedener Interessen und Fachdisziplinen. Denkmalpfleger und Denkmalpflegerinnen mit architektonischer oder kunsthistorischer Ausbildung sind ohne konstruktive Zusammenarbeit mit Bauherrn, Planern, Verwaltern, Restauratoren und Handwerkern handlungsbeschränkte Einzelkämpfer. Interessenskonflikte zwischen externen Partnern und der Fachwelt, zwischen Nutzungsansprüchen und Bestandserhaltung sowie zwischen den einzelnen Disziplinen können im konstruktiven zivilen Dialog und bei allseitiger Bereitschaft zu einer differenzierten Beurteilung meistens gelöst werden. Das gemeinsame Ziel der Erhaltung, der schonenden Restaurierung und Neunutzung und damit der Qualifizierung des Bau- oder Kunstdenkmals, Unvoreingenommenheit und Fairness in der Diskussion und gegenüber dem Objekt sind das Fundament der kulturellen Aufgabe Denkmalpflege. Sie ist ein ziviler und ein kultureller Auftrag und geschieht mit und in der Öffentlichkeit. Vorschriften, Auflagen, Kriterien sind zwar gesetzlich verankert, allein ohne Inhalt füllende Initiativen und Engagement unwirksam. Da Baudenkmäler mit ihren Besitzern und Nutzern leben, ist es wichtig eine Nutzung zu finden, die mit dem Haus in Einklang steht. Jeder Eingriff bedingt daher auch einen Umgang mit Menschen, insbesondere mit den Nutzern. Gewisse Komfortansprüche heutiger Bewohner sind zu berücksichtigen, trotzdem ist bei jeder Maßnahme darauf zu achten, dass die Substanz erhalten, das Objekt weiterhin wie ein Geschichtsbuch lesbar bleibt und in die Zukunft hinübergerettet wird. Überzogene oder dem Baudenkmal fremde Nutzungsansprüche führen zu nicht geringeren Verlusten als Vernachlässigung oder mangelnde Instandhaltung. Hier bedeutet Denkmalpflege auch Widerstand leisten. Öffentlichkeitsarbeit in Form von Vorträgen und Pressemitteilungen, die laufend

Tutela beni architettonici e artistici nel 2001: compiti di ordine culturale e loro traduzione nella pratica.
Guidata dalla volontà di garantire una preservazione la più corretta e la più ampia possibile del patrimonio storico-artistico ed architettonico, testimonianza della nostra storia passata, la tutela dei beni culturali che si attua sul campo è sempre anche il frutto della collaborazione di interessi e discipline specifiche diverse. Senza una fattiva collaborazione da parte di proprietari, progettisti, amministratori, restauratori ed artigiani, le responsabili o i responsabili della tutela dei beni culturali, sia che abbiano una formazione architettonica o che ne abbiano una storico-artistica, riuscirebbero al massimo a condurre una battaglia isolata ed inevitabilmente perdente. I conflitti tra i diversi interessi e l'ambito scientifico, tra le diverse volontà d'utilizzo e le esigenze di conservazione, così come tra le singole discipline, possono di solito essere risolti nell'ambito di un dialogo civile e pur mantenendo le parti delle valutazioni differenziate. Il fine comune della tutela del bene culturale, di un restauro scrupoloso, di un riutilizzo e della conseguente riqualificazione del bene architettonico o storico-artistico, la assenza di pregiudizi ed un atteggiamento rispettoso tra le parti ma soprattutto nei confronti del bene culturale rappresentano il fondamento di una corretta tutela dei beni culturali. Si tratta di un impegno che è al tempo stesso civile e culturale e che si esplica con la collettività e dinanzi ai suoi occhi. Le norme, le direttive ed i criteri hanno sempre un fondamento legislativo, rimangono però inefficaci senza un impegno consapevole ed un ragionamento di carattere contenutistico. Poiché gli edifici storici tutelati vivono di fatto assieme ai loro proprietari ed ai loro frequentatori, è importante individuare un utilizzo futuro che possa essere coerente con l'edificio stesso. Ogni intervento in questo ambito diventa quindi un rapporto con le persone, in primis con coloro che lo utilizzano o lo utilizzeranno più direttamente. Vanno dunque tenute presenti determinate richieste di comfort abitativo adeguate ai tempi, tuttavia in ogni intervento si deve porre sufficiente attenzione a preservare la consistenza edilizia, a mantenere la leggi-

Waltraud Kofler Engl
Amtsdirektorin
Direttrice d'ufficio

BOZEN,
ALTES RATHAUS
BOLZANO,
VECCHIO MUNICIPIO

aktualisierte Internetpräsenz sowie der vorliegende Bericht sollen einem breiten Publikum einen differenzierteren Einblick in die Thematik geben als die starke Medienpräsenz einiger denkmalgeschützter Objekte und entsprechend populistische Diskussionen. Letztere beleuchten nur einen Ausschnitt dessen, was Denkmalschutz und vor allem angewandte Denkmalpflege sind und welchen Stellenwert sie als Kulturarbeit haben. Hier vorgestellte Konservierungs-, Restaurierungs- und Sanierungsmaßnahmen, Neunutzungen, Erfolge, Verluste, Neufunde sowie neue Erkenntnisse und Forschungsergebnisse sind wesentlich vor dem Hintergrund der genannten Sachverhalte zu sehen und zu bewerten. Die Ergebnisse sind weder im Positiven noch im Negativen allein Ergebnis der Tätigkeit des Amtes oder seiner Mitarbeiter, sondern Frucht einer vielschichtigen Kommunikation und Zusammenarbeit. Ohne auf die zeitaufwändigen, für die Öffentlichkeit weniger interessanten, aber notwendigen Verwaltungsmaßnahmen einzugehen, werden Arbeiten an ca. 250 Objekten vorgestellt und besprochen. Neben Informationen zu Bedeutung und Geschichte des Denkmals, zu angewandten Materialien und Techniken ist auch eine differenzierte und selbstkritische Auseinandersetzung mit den Ergebnissen angesagt und ihr Stellenwert in der Kulturarbeit zu markieren.

bilità della struttura, proprio come fosse un libro di storia, e a garantire la preservazione per il futuro. Utilizzi invasivi o comunque alieni all'edificio conducono spesso a perdite non meno significative di quanto potrebbe avvenire nel caso di abbandono o scarsa manutenzione.
In questi casi tutelare i monumenti vuol dire anche opporre resistenza.
Il lavoro di comunicazione – partecipazione a dibattiti e convegni, comunicati stampa, una presenza on line sempre aggiornata e la presente relazione – offrono ad un pubblico ampio e variegato una conoscenza più articolata della tematica della tutela dei beni culturali di quanto non accada con la forte presenza mediatica di alcuni edifici sottoposti a tutela e dei dibattiti populistici che spesso ne discendono. Questi ultimi pongono in luce solo una parte di ciò che è la tutela, di ciò che soprattutto rappresenta la sua attuazione pratica, e di quale posizione essa assuma nell'ambito delle politiche culturali. Le misure di conservazione, il restauro ed il risanamento, i nuovi utilizzi, i successi, le perdite, le sorprese, le nuove scoperte ed i risultati raggiunti dalle ricerche vanno in buona parte valutati alla luce delle considerazioni sopra elencate.
I risultati raggiunti, tanto quelli positivi quanto quelli negativi, non possono essere considerati solo opera dell'Ufficio o dei suoi collaboratori, ma sono piuttosto il frutto di un dialogo articolato e di una collaborazione fra soggetti diversi. Pur senza entrare nel merito delle complesse, per il pubblico poco interessanti ma comunque senz'altro necessarie pratiche amministrative, vengono qui di seguito elencati e descritti circa duecentocinquanta interventi su altrettanti beni sottoposti a tutela. Oltre alle informazioni sull'importanza e sulla storia del bene, sui materiali e sulle tecniche utilizzate, viene anche proposta una riflessione critica sui risultati raggiunti e sulla loro posizione nell'ambito della complessiva politica culturale.
Al pari degli anni precedenti, l'attività di tutela dell'edilizia religiosa e dell'arte sacra ha interessato una parte consistente dell'intera attività dell'Ufficio: si tratta tanto del restauro di intere chiese che di inter-

Sakrale Bau- und Kunstdenkmalpflege hat wie in den Vorjahren einen hohen Anteil an der Gesamtaktivität und reicht von der Restaurierung gesamter Kirchen über Kleindenkmäler wie Bildstöcke bis zu Wandgemälden, Bildern und Skulpturen. Die an den Fassaden begonnene mehrjährige Restaurierung der Dominikanerkirche in Bozen bedeutet, neben der Bestandserhaltung die ästhetische Aufwertung einer der ältesten gotischen Kirchen von Bozen. Die Arbeiten in der Terlaner Pfarrkirche, in St.Veit am Tartscher Bichl konnten abgeschlossen werden. An den Glockentürmen von Jenesien und Mölten begannen dringende Restaurierungsmaßnahmen. Eine Reihe von Neueindeckungen, wie jene des Brixner Domes waren unumgänglich.

Der reiche Bestand sakraler Wandmalereien erhält durch Neufunde zwar laufend Zuwächse wie durch die hochgotische Kreuzigung in St. Johann im Walde / Sarntal oder die Malereien der Kapelle von Lebenberg/Tscherms. Das Amt hat jedoch verstärkt die Konservierung der Bestände gefordert und gefördert. Die mehrjährigen und zu 90 Prozent vom Amt finanzierten Konservierungsmaßnahmen an den Wandgemälden des Brixner Kreuzgangs, an der Freskenausstattung der Pfarrkirche von Tramin konnten abgeschlossen werden. Konservierende Maßnahmen setzte man an den überregional bedeutenden romanischen Gemälden in St. Johann in Taufers.

Im profanen Bereich waren Haussanierungen in Altstädten und Dörfern, gefolgt von Arbeiten an Ansitzen und Bauernhäusern ein Arbeitsschwerpunkt. Gerade in den Altstädten führen hohe Preise zu überzogenen Nutzungsansprüchen und damit zu Interessenskonflikten mit der Denkmalpflege. Die gelungene Sanierung des Alten Rathauses von Bozen, des Organistenhäusls in Stilfes oder des so genannten „Kunsthauses" in Meran (Lauben 163–165) sowie deren zeitgemäße Neunutzung beweisen, dass zunächst oft unterschiedlich scheinende Ansprüche vereinbar sind.

Die Diskussion um den Abbruch von zwei Hauseinheiten und deren Neubau in der Stadtgasse von Bruneck wurde breit geführt und hat einmal mehr gezeigt, dass Altstadtensembles mehr sind als nur die Summe

venti su beni culturali di piccole dimensioni, quali capitelli, pitture murali, quadri e sculture. Il previsto restauro pluriennale della chiesa dei Domenicani di Bolzano, iniziato per quanto attiene alle facciate, non comporterà solo la conservazione ma anche la valorizzazione estetica di una delle più antiche chiese gotiche bolzanine. Si sono invece potuti terminare i lavori nella parrocchiale di Terlano e nella chiesa di San Vito al Col di Tarces (Malles). Urgenti misure di risanamento sono state avviate sui campanili delle parrocchiali di Meltina e San Genesio. Altresì indilazionabili si sono rivelati alcuni lavori di rifacimento della copertura dei tetti come nel Duomo di Bressanone.

Il ricco patrimonio di pittura sacra viene continuamente accresciuto dalla scoperta di nuovi superfici frescate, com'è avvenuto nel caso della Crocifissione gotica venuta alla luce nella chiesa di San Giovanni "im Wald" a Sarentino o nel caso delle pitture parietali della cappella di Castel Lebenberg / Monteleone a Cermes. L'Ufficio ha peraltro vieppiù patrocinato e finanziato la conservazione delle superfici esistenti. Sono stati condotti a termine i lavori di restauro conservativo sugli affreschi nel chiostro di Bressanone e sulla decorazione ad affresco della parrocchiale di Termeno, opere che hanno necessitato di alcuni anni d'impegno e che sono state coperte finanziariamente al 90 percento dall'Ufficio beni architettonici ed artistici. Sono state approntate opere di intervento conservativo sul dipinto murale, d'importanza senz'altro sovraregionale, posto all'interno della chiesa di San Giovanni a Tubre.

Nell'ambito della tutela dell'architettura profana si sono potuti registrare tanto interventi di risanamento in paesi e centri storici che lavori presso residenze e masi contadini. Proprio nei centri storici gli elevati prezzi conducono ad una eccessiva richiesta di sfruttamento delle cubature, con conseguente conflitto con gli Uffici preposti alla tutela. Il riuscito risanamento del Vecchio Municipio di Bolzano, della Casa dell'Organista a Stilves o dell'edificio di Meranoarte a Merano

VAHRN, NEUSTIFT, AUGUSTINER-CHORHERRENSTIFT, ANBETUNG DER HIRTEN VON MATTHIAS PUSSJÄGER

VARNA, NOVACELLA, ABBAZIA AGOSTINIANA, L'ADORAZIONE DEI PASTORI DI MATTHIAS PUSSJÄGER

denkmalgeschützter Bauten und dass deren Gefährdung Emotionen regt.
Die Sanierung des Ansitzes von Gelmini in Salurn, des Deutschhauses in Sterzing sowie jene des Ansitzes Baumgarten in Auer gehören neben der Adaptierung von Schloss Trauttmansdorff zum Zwecke eines Tourismusmuseums und den beginnenden Arbeiten auf Schloss Tirol zu den herausragenden Beispielen öffentlicher Bautätigkeit im denkmalgeschützten Bereich.
Ein nicht geringes Potential an Arbeit und Kosten zog die Restaurierung von Fassaden, Täfelungen, Stuck, Putzen, Böden, Türen und Fenstern an sich. Zeugnisse gediegenen Handwerks wurden ebenso erhalten wie solche von hohem künstlerischen Wert. Burgen und Schlösser vereinten im Berichtsjahr eine größere Anzahl von Erhaltungsinitiativen auf sich als in den Vorjahren. Die Haselburg und Schloss Sigmundskron werden nach ihrer Sicherung einer neuen Nutzung zugeführt. Das viele Jahre unbewohnte Hahnberg bei Brixen wird nach der Neudeckung und entsprechenden Sanierung wieder bewohnt. Die Neueindeckung der Trostburg konnte mit Mitteln aus den staatlichen Lottoeinnahmen beginnen.
Der seit Jahren vom Amt gewählte Schwerpunkt Ruinensicherung sorgte neben Lichtenberg, Unter- und Obermatsch auch für den Weiterbestand weniger bekannter

(Portici 163-165), e il loro riutilizzo in chiave moderna, sono buoni esempi di come interessi inizialmente divergenti possano essere ricondotti ad unità.
Assai coinvolgente si è rivelata la discussione in merito all'abbattimento e alla nuova costruzione di due unità edilizie site a Brunico in via Centrale, evidenziando una volta di più come gli insiemi architettonici nei centri storici siano assai più della mera somma di edifici sottoposti a tutela e che, se ne è minacciata una radicale modifica, essi sono in grado di suscitare forti emozioni nella popolazione.
Il risanamento della residenza Von Gelmini a Salorno, della Commenda dell'Ordine Teutonico a Vipiteno e della residenza Baumgarten ad Ora, rappresentano, accanto all'adattamento di Castel Trauttmansdorff a Museo provinciale del Turismo ed all'avvio dei lavori di restauro e sistemazione a Castel Tirolo, notevoli esempi di edilizia pubblica entro strutture tutelate per ragioni storico-artistiche.
Il restauro di facciate, tavolati lignei, stucchi, intonaci, pavimenti, porte e finestre ha comportato grande impegno lavorativo e costi elevati. Si è proceduto alla conservazione tanto delle testimonianze artigianali quanto di quelle aventi un valore storico-artistico certamente più elevato.
Le rocche ed i castelli hanno comportato nel corso del 2001 un numero d'interventi conservativi superiore agli anni precedenti. Castel Flavon e Castel Firmiano, dopo il loro consolidamento, muteranno in parte la loro funzione. L'edificio Hahnberg presso Bressanone, rimasto per lunghi anni disabitato, sarà nuovamente abitabile dopo il rifacimento del tetto ed i lavori di risanamento edilizio. La copertura del tetto di Castel Forte (Trostburg) ha potuto essere attuata grazie ai finanziamenti derivanti dal gioco del lotto.
L'attenzione pluriennale manifestata dall'Ufficio beni architettonici ed artistici per il consolidamento storico delle rovine dei manieri si è potuta concretizzare nel 2001 tanto nel caso dei noti manieri di Montechiaro (Lichtenberg), Untermatsch ed Obermatsch che nella preservazione dei meno noti Salegg, Neurasen, Straßberg a Novale di Vipiteno, Salern a monte

Objekte wie Salegg, Kastelruth, Neurasen, Straßberg in Ried bei Sterzing, Salern bei Vahrn und Casatsch bei Tisens

An öffentlichen Geldern standen der Bau- und Kunstdenkmalpflege im Jahr 2001 5.112.923,30 Euro (9.900.000.000.- Lire) zur Verfügung. Davon wurden 4.648.112,10 Euro (9.000.000.000 Lire) in Form von Beiträgen für die hier vorgestellten Arbeiten vergeben. 464.811,20 Euro (900.000.000 Lire) standen für Eigeninitiativen, wie die Sicherung der Ruine Straßberg in Ried/Sterzing, die Restaurierung der Wandmalereien in der St.-Johann-Kirche in Bozen-Dorf, die Restaurierung der Fassaden des Hohen Hauses in Gufidaun / Klausen sowie kleinere Maßnahmen, Untersuchungen und fotografische Dokumentationen zur Verfügung. Die für weitere drei Jahre (2001–2003) gesicherte Finanzierung aus den staatlichen Lottogeldern im Ausmaße von 3.098.741,40 Euro (6 Milliarden Lire) erlaubten ein neues Programm und den Arbeitsbeginn zur Neueindeckung und Fassadenrestaurierung der Trostburg, der Gesamtrestaurierung von Loreto- und Kapuzinerkirche in Klausen, zur Rekonstruktion des barocken Stiftsgartens von Neustift. Geplant sind weiters die Restaurierungsarbeiten im Rahmen der Sanierung des Steinachheimes in Meran sowie die des Mausoleums Erzherzog Johanns in Schenna und eine Teilfinanzierung für Schloss Tirol.

di Varna e Casatsch tra Tesimo e Nalles.

Per quanto attiene ai finanziamenti pubblici l'Ufficio beni architettonici ed artistici ha avuto nel 2001 a disposizione la somma di euro 5.112.923,30 (lire 9.900.000.000). Di questi sono stati assegnati euro 4.648.112,10 (lire 9.000.000.000) in forma di contributi per i lavori qui di seguito descritti. Euro 464.811,20 (lire 900.000.000) sono stati utilizzati per lavori gestiti direttamente dall'Ufficio, come i lavori di consolidamento statico della rovina di Straßberg a Novale di Vipiteno, lavori di restauro delle pitture murali nella chiesa di San Giovanni in Villa a Bolzano, lavori di restauro delle facciate del "Hohes Haus" a Gudon / Chiusa ed altri interventi minori, ricerche e documentazione fotografica. Il finanziamento proveniente dal lotto nazionale, assicurato per ulteriori tre anni (2001–2003) è stato di euro 3.098.741,40 (lire 6.000.000.000), ha permesso di sviluppare nuovi programmi e di procedere all'inizio dei lavori relativi al rifacimento della copertura del tetto ed al restauro delle facciate di Castel Forte (Trostburg), al risanamento globale delle chiese di Loreto e dei Cappuccini di Chiusa, alla ricostruzione del giardino barocco dell'abbazia di Novacella. È altresì previsto il restauro dell'edificio Steinachheim a Merano, del mausoleo dell'arciduca Giovanni d'Austria a Scena e una parte del finanziamento per Castel Tirolo.

Restaurierungen

Sakrale Denkmäler

58 Kirchen (Pfarrkirchen, Kloster- und Stiftskirchen, Wallfahrts- und Filialkirchen), 5 Klöster und Stiftsgebäude, 14 Kapellen, 7 Widume, 5 Friedhöfe, 5 Bildstöcke, 9 bewegliche Kunstdenkmäler

Profane Denkmäler

17 Burgen und Schlösser, 13 Ruinen, 20 Ansitze, 5 öffentliche Bauten (Museen, Gerichte, Krankenhäuser, Schulen, Verwaltungsgebäude, Gemeindeämter), 26 Altstadthäuser, Häuser allgemein, 35 Bauernhäuser, 25 historische Gärten, 2 Kleindenkmäler, 2 bewegliche Denkmäler

Restauri

Beni ecclesiastici

58 chiese (parrocchiali, chiese conventuali, collegiate, santuari e chiese filiali), 5 conventi ed edifici conventuali, 14 cappelle, 7 canoniche, 5 cimiteri, 5 capitelli, 9 beni mobili artistici

Beni profani

17 rocche e castelli, 13 rovine, 20 residenze, 5 edifici pubblici (musei, sedi di tribunale, ospedali, scuole, sedi amministrative, municipi), 26 case di centri storici, case in genere, 35 architetture rurali, 25 giardini storici, 2 monumenti minori, 2 beni mobili artistici

NEUE UNTERSCHUTZSTELLUNGEN — NUOVI VINCOLI

Der Landeskonservator hat der Landesregierung 21 Bauten zur Unterschutzstellung vorgeschlagen. Für drei davon – die ehemaligen Aluminiumwerke in Bozen, den Bühlerhof in Sarns und die Villa Immansruhe in Meran – wurde sie aufgrund von Einwänden der Verwalter bzw. Eigentümer abgelehnt, für 18 angenommen. Von zwei beantragten Bannzonen (indirekter Denkmalschutz) hat die Landesregierung eine beschlossen, die andere – für die Ansitze Spitaler und Kuensegg in Eppan – abgelehnt. Abgesehen von Richtigstellungen im Zuge von neuen Teilungsplänen wurde eine Denkmalschutzbindung auf Antrag des Landeskonservators gelöscht.

Il Soprintendente ai beni culturali ha proposto alla Giunta Provinciale il vincolo per ventuno edifici. Per tre di essi – il complesso dell'ex Industria Nazionale Alluminio, il Maso Bühler a Sarnes e la Villa Immansruhe a Merano – la proposta è stata respinta in seguito all'opposizione degli amministratori o, rispettivamente, dei proprietari, per diciotto è stata accolta. Delle due zone di rispetto (tutela indiretta) proposte, la Giunta Provinciale ne ha accolta una, respinta l'altra per le residenze Spitaler e Kuensegg ad Appiano. A prescindere da rettifiche in seguito a nuovi piani di frazionamento un vincolo è stato revocato su richiesta del soprintendente.

BAUTEN

BENI ARCHITETTONICI

ALDEIN / ALDINO

Zirmerhof
[Bp. 144/1, K.G. Aldein] Ursprünglich Bauernhof, seit 1890 Gastbetrieb. Eingangshalle mit Balkendecke, am Stiegenaufgang geschnitzter Adler von Valentin Gallmetzer. Stube mit barocker Täfelung und Ofen. Speisesaal von 1898 mit Wandmalereien von Ignaz Stolz: Dreikönige (1924) und Szenen aus der Sage von Jochgrimm (1934).

Zirmerhof
[p. ed. 144/1, C.C. Aldino] In origine maso, dal 1890 esercizio alberghiero. Atrio con soffitto a travi, sulla scala che porta al primo piano aquila scolpita da Valentin Gallmetzer. Stube con tavolato ligneo e stufa barocca. Sala da pranzo (1898) con pitture murali di Ignaz Stolz: i Re Magi (1924) e scene tratte dalla leggenda di Jochgrimm (1934).

BOZEN / BOLZANO

C.-Zancani-Straße 15
[Bp. 703, K.G. Gries] Zweiflügeliger großer Bau mit Eckerkern, Balkonen und Mansar-

Via C. Zancani, 15
[p. ed. 703, C.C. Gries] Grande costruzione a due ali con sporti d'angolo, balconi e

ALDEIN, ZIRMERHOF,
SPEISESAAL

ALDINO, ZIRMERHOF,
SALA DA PRANZO

dendach in neubarocken Formen, errichtet 1911 nach Plänen von Arch. Hans Pfeiffer. Gegen Norden ursprünglich zwei offene Loggien, an den Brüstungen Reliefs der vier Jahreszeiten. Stiegenhaus auf dreieckigem Grundriss, bemalte Wohnungstüren, ursprüngliche Inneneinteilung.

Lauben 31
[Bp. 279, K.G. Bozen] Mittelalterliches Laubenhaus. Zweigeschossiger Keller, unten Balkendecke, oben Tonnengewölbe. Im Erdgeschoss und ersten Stock Gewölbe. Im Erkerraum des zweiten Stockes Kassettendecke um 1600, zum Lichthof gewölbte Küche. Im dritten Stock zur Laubengasse Raum mit Stuckdecke, 18. Jahrhundert.

Mauer des Polizeilichen Durchgangslagers Bozen
[Bp. 4664, K.G. Gries] Umfassungsmauer des ehemaligen Lagers, das von Juli 1944 bis 3. Mai 1945 existierte. Während die Lagerbaracken nach dem Krieg abgebrochen wurden, ist die Mauer um das rund 17.500 m² große Lagergelände erhalten geblieben. Geschichtsdenkmal von besonders wichtiger Bedeutung (vgl. Schatten, die das Dunkel wirft, Lager in Bozen 1945 –1995, Stadtgemeinde Bozen 1996).

Villa Schaller, Quireiner Straße 18
[Bp. 493/1, K.G. Gries] Nach Plänen des

mansarda in forme neobarocche, eretta nel 1911 su progetto dell'architetto Hans Pfeiffer. Verso nord due logge originariamente aperte, sul parapetto rilievi delle quattro stagioni. Vano scale su pianta triangolare, porte dipinte delle abitazioni, sistemazione interna originale.

Via Portici, 31
[p. ed. 279, C.C. Bolzano] Casa con portico di epoca medievale. Cantina a due piani, sotto con soffitto a travi, sopra con volta a botte. Al pianoterra ed al primo piano avvolti. Nel locale con "erker" del secondo piano soffitto a cassettoni (1600 circa), verso il cavedio cucina con volte. Al terzo piano soffitto decorato con stucchi settecenteschi.

Muro dell'ex Lager di via Resia a Bolzano
[p. ed. 4664, C.C. Gries] Muro di cinta dell'ex Lager esistente dal luglio 1944 al 3 maggio 1945. Mentre le baracche sono state demolite dopo la Seconda guerra mondiale, si è conservato il muro che circondava l'area del Lager di circa 17.500 m². Monumento di interesse storico particolarmente importante (cfr. L'ombra del buio - Lager a Bolzano 1945 – 1995, a cura del Comune di Bolzano, Bolzano 1996).

Villa Schaller, via San Quirino, 18
[p. ed. 493/1, C.C. Gries] Villa di tre piani

BOZEN, MAUER DES
POLIZEILICHEN
DURCHGANGSLAGERS

BOLZANO, MURO
DELL'EX LAGER
DI VIA RESIA

Architekten Alois Knoll 1898 erbaute dreistöckige Villa mit Ecktürmchen. Fassadengliederung mit Eckpilastern, Rustika im Erdgeschoss, Fensterrahmungen. Original erhaltene Fenster, Stiegenhaus mit eisernem Treppengeländer. Im ersten Obergeschoss ein Kachelofen aus der Bauzeit.

Villa Trafojer, Amba-Alagi-Str. 14
[Bp. 535/1, K.G. Gries]
Dreigeschossiger Bau aus dem Ende des 19. Jahrhunderts mit späthistoristischer Fassadengestaltung: Eckquadern, Fensterrahmungen, Giebel und Balkone. Halbrundes Stiegenhaus, originale Fenster, ursprüngliche Raumeinteilung.

Wirtschaftsgebäude
[Bp. 119, K.G. Zwölfmalgreien]
Herrschaftliches Wirtschaftsgebäude, gemauerter Bau aus dem Ende des 16./ Anfang des 17. Jahrhunderts. Im Erdgeschoss ehemaliger Stall mit Gewölbe und vergitterten Fenstern. Freitreppe, Krüppelwalmdach mit Hohlziegeldeckung. Ursprünglich zum Ansitz Hörtenberg gehörig.

Große Lauben 11
[Bp. 197/2, K.G. Brixen] Gotisches Laubenhaus mit doppelgeschossigem Fassadenerker und Lichthof. Im ersten Stock Gewölbe und Erkerzimmer mit barocker Kassettendecke.

costruita nel 1898 su progetto dell'architetto Alois Knoll con torretta d'angolo. Facciata con pilastri d'angolo, bugnato al piano terra, cornici intorno alle finestre. Finestre originali, scale con ringhiera di ferro. Al primo piano una stufa maiolicata dell'epoca di costruzione.

Villa Trafojer, via Amba Alagi, 14
[p. ed. 535/1, C.C. Gries]
Costruzione a tre piani della fine dell'Ottocento con facciate di tipo tardoeclettico: pietre d'angolo, cornici intorno alle finestre, timpano e balconi, scala elicoidale, finestre originali, sistemazione interna originale.

Rustico
[p. ed. 119, C.C. Dodiciville]
Rustico di tipo signorile costruito in muratura, risalente alla fine del Cinquecento-inizio Seicento. Al pianoterra ex stalla con volte e finestre inferriate. Scala esterna, tetto con timpani obliqui coperto con coppi. In origine pertinente alla residenza Hörtenberg.

Via Portici Maggiori, 11
[p. ed. 197/2, C.C. Bressanone] Casa con portico di epoca gotica. Facciata con sporto su due piani, cavedio. Al primo piano volte e stanza con sporto dotata di un soffitto ligneo a cassettoni di stile barocco.

BRIXEN
BRESSANONE

KASTELRUTH,
MENDELHAUS

CASTELROTTO,
CASA MENDEL

BRUNECK
BRUNICO

Stadtgasse 7
[Bp. 143 und 3. M.A. von Bp. 142, K.G. Bruneck] Dreigeschossiger Bau mit barocker Fassadengestaltung. Keller und Erdgeschoss zum Teil gewölbt. Eingangstür in Granitrahmung mit Jahrzahl 1769. Im ersten Stock ursprünglicher Saal mit Doppeltüren und Stuckdecke, um 1750, heute abgeteilt. Ein weiteres Zimmer mit Stuckdecke und zwei gewölbte Räume.

Via Centrale, 7
[p. ed. 143 e P.M. 3 della p. ed. 142, C.C. Brunico] Edificio a tre piani con facciate barocche. Scantinato e piano terra in parte con volte. Porta d'ingresso contornata di granito con data 1769. Al primo piano originariamente sala con porte a due ante e soffitto decorato con stucchi, databile al 1750 circa, oggi divisa. Un altro locale con stucchi sul soffitto e due stanze con volte.

FRANZENSFESTE
FORTEZZA

Elektrizitätswerk Sachsenklemme
[Bp. 134, K.G. Mittewald] Eingeschossiger Bau in Sichtsteinmauerwerk, errichtet um 1890. Später angefügter verputzter Turmaufbau mit Pyramidendach. Turbine und Schalttafeln aus der Bauzeit.

Centrale elettrica Sachsenklemme
[p. ed. 134, C.C. Mezzaselva] Costruzione ad un piano in muratura a vista, eretta verso il 1890. Torretta intonacata aggiunta in seguito con tetto a piramide. Turbina e quadro di interruttori risalenti all'epoca di edificazione.

KASTELRUTH
CASTELROTTO

Mendelhaus, Vogelweidergasse 4
[Bp. 30/2, K.G. Kastelruth] Bau von 1886 mit reicher Fassadenbemalung des Kastelruther Malers Eduard Burgauner in neubarocken Stilformen. Im Inneren ursprüngliche Raumeinteilung.

Casa Mendel, vicolo Vogelweider, 4
[p. ed. 30/2, C.C. Castelrotto] Costruzione del 1886 con facciata riccamente dipinta in stile neobarocco dal pittore Eduard Burgauner di Castelrotto. All'interno disposizione originaria dei vani.

Villa Friedmann in Seis
[Bp. 1541, K.G. Kastelruth] Ursprünglich Bauernhof, 1929 nach Plänen von Arch. Fingerle zu einem herrschaftlichen Sommerfrischhaus erweitert. Im Westen und Osten gedeckte Sitzplätze, Letzterer mit türmchenartigem Aufbau und großen Fenstern. Stube mit Holztäfelung in Rechteckfeldern, an-

Villa Friedmann a Siusi
[p. ed. 1541, C.C. Castelrotto] In origine maso, ampliato nel 1929 su progetto dell'architetto Fingerle in una casa signorile di villeggiatura. Verso ovest e est logge coperte, quella orientale con copertura a forma di torretta e grandi finestre. Stube con tavolato ligneo in riquadri rettangolari, locale atti-

FRANZENSFESTE,
ELEKTRIZITÄTSWERK
SACHSENKLEMME

FORTEZZA,
CENTRALE ELETTRICA
SACHSENKLEMME

schließendes Zimmer mit Tapete, Holzstiege, Küche, Bad, mehrere Öfen und alle Fenster aus der Zeit des Umbaues.

guo con carta da parati, scala lignea, cucina, bagno, alcune stufe e tutte le finestre risalenti all'epoca dell'ampliamento.

Raiffeisengebäude Untermais
[Bp. 216/3, K.G. Mais] Zweigeschossiger Festsaal mit an drei Seiten umlaufender Galerie über Rechteckpfeilern und zeittypischer Deckenkonstruktion, 1923 mit den Mitteln der Stoddart-Stiftung für die katholische Jugend der Pfarre Mais auf einem Teil des alten Widums errichtet. In den fünfziger Jahren ostseitig um das Bühnenhaus erweitert.

Edificio Raiffeisen a Maia Bassa
[p. ed. 216/3, C.C. Maia] Sala a due piani con galleria su tre lati su pilastri rettangolari e struttura del soffitto tipica del periodo, costruita nel 1923 con mezzi della fondazione Stoddart per la gioventù cattolica della parrocchia di Maia Bassa su una parte della vecchia canonica. Il palcoscenico sul lato orientale è stato aggiunto negli anni Cinquanta.

MERAN
MERANO

Villa Belvedere, Speckbacherstraße 17
[Bp. 454, K.G. Meran] Dreigeschossiger Villenbau mit Mansardendach, 1896 in historisierenden Formen errichtet. Fassaden mit Rustikabänderung im Erdgeschoss und Eckpilastern. Südseitig Mittelrisalit mit vorgelagerten Balkonen auf Säulen. Im Treppenhaus sowie in der Diele Terrazzoböden. Maserierte Türen und Fenster mit zeittypischen Beschlägen.

Villa Belvedere, via Speckbacher, 17
[p. ed. 454, C.C. Merano]
Villa a tre piani con tetto mansardato, costruita nel 1896 in forme storicizzanti. Facciate con bugnato al piano terra e pilastri angolari. Verso sud corpo aggettante centrale, balconi su colonne. Nel vano scale e nell'atrio pavimento a terrazzo. Porte in finto legno e finestre con infissi tipici dell'epoca.

Hofkapelle auf Brand
[auf Gp. 3358, K.G. Naturns] Kapellenbau mit bergseitigem Zubau, Ende des 19. Jahrhunderts aus einem älteren Bildstock hervorgegangen. An der Altarwand mittlere Segmentbogennische mit säulenflankierter Holztafel (heiliger Bischof). In den seitlichen Spitz-

Cappella del maso Brand
[su p. f. 3358, C.C. Naturno] Cappella con locale annesso verso monte, risalente al XIX secolo ma derivante da una più antica edicola votiva. Alla parete dell'altare nicchia centrale affiancata da colonnine con arco ribassato e dipinto su tavola (un santo vescovo). Nelle nicchie laterali con archi

NATURNS
NATURNO

SCHLANDERS,
VERANDA DES EHE-
MALIGEN GASTHAUSES
DIETL IN GÖFLAN,

SILANDRO,
VERANDA DELL'EX
ALBERGO DIETL
A COVELANO

bogennischen die Muttergottes sowie Johannes der Täufer.

a sesto acuto raffigurazioni della Madonna e di san Giovanni Battista.

PARTSCHINS
PARCINES

Peter-Mitterhofer-Straße 26
[Bp. 107, K.G. Partschins] Wohnhaus von Peter Mitterhofer (1822–1893), dem Erfinder der Schreibmaschine, in dem er 31 Jahre lebte und arbeitete. Das Gebäude ist als Geschichtsdenkmal um so bedeutender, als Mitterhofers Geburtshaus 1896 abgebrochen wurde.

Via Peter Mitterhofer, 26
[p. ed. 107, C.C. Parcines] Casa d'abitazione di Peter Mitterhofer (1822–1893), l'inventore della macchina da scrivere, in cui visse ed operò per trentun'anni. L'edificio è tanto più importante come monumento storico in quanto la casa natale di Mitterhofer venne demolita nel 1896.

ST. MARTIN I. P.
SAN MARTINO
IN PASSIRIA

Dorfstraße 28
[Bp. 37/1, K.G. St. Martin i. Passeier] Ehemaliges Zollhaus, später als Bruderschaftshaus verwendet, direkt gegenüber der Pfarrkirche. Straßenseitig romanischer Kellerbestand. Gegen Osten gotische Erweiterung mit Balkendecke und Tonnengewölbe. Das spitzbogige Marmorportal vermutlich aus der nahen Pfarrkirche stammend. Renaissancefassade des 16. Jahrhunderts.

Via del Paese, 28
[p. ed. 37/1, C.C. San Martino in Passiria] Ex casa della dogana, successivamente adibita a casa della confraternita, direttamente di fronte alla chiesa. Verso strada cantina romanica. Ad oriente ampliamento gotico con soffitto a travi e volta a botte. Il portale ogivale in marmo proviene probabilmente dalla vicina chiesa parrocchiale. Facciata rinascimentale del XVI secolo.

SCHLANDERS
SILANDRO

Veranda des ehemaligen Gasthauses Dietl in Göflan
[Bp. 55/2, K.G. Göflan] Charakteristische Veranda, um 1912 am ehemaligen Gasthaus nach Süden angebaut. Dekorative Malereien und Sprüche in neugotischen Stilformen.

Veranda dell'ex albergo Dietl a Covelano
[p. ed. 55/2, C.C. Covelano] Caratteristica veranda aggiunta intorno al 1912 sul lato sud dell'ex albergo. Pitture decorative e scritte in forme stilistiche neogotiche.

TERLAN
TERLANO

Bannzone für den Deutschhaushof und die Kirche

Zona di rispetto per il maso e la chiesa di Sant'Antonio da Padova del-

SCHLANDERS, VERANDA DES EHEMALIGEN GASTHAUSES DIETL IN GÖFLAN, DETAIL INNENRAUM

SILANDRO, VERANDA DELL'EX ALBERGO DIETL A COVELANO, DETTAGLIO DELLA STUBE

St. Anton in Siebeneich

[Gp. 1782/1, K.G. Terlan] Mit Beschluss Nr. 2708 vom 27. April 1979 hat die Landesregierung auf den Gpp. 1783/1, 1783/2 und 1783/4 jegliche Bautätigkeit und Veränderung der Umgebung im Umkreis von 100 m vom Deutschhaushof untersagt. Die gleiche Vorschrift gilt nunmehr auch für die Gp. 1782/1, die aufgrund des Schulneubaues in unmittelbare Nähe zu den denkmalgeschützten Bauten gerückt ist.

l'Ordine Teutonico a Settequerce

[p. f. 1782/1, C.C. Terlano] Con delibera n. 2708 del 27 aprile 1979 la Giunta Provinciale ha vietato sulle pp. ff. 1783/1, 1783/2 e 1783/4 qualsiasi attività edilizia e modifica ambientale entro un raggio di cento metri dal complesso architettonico dell'Ordine Teutonico. La stessa normativa viene applicata anche alla p. f. 1782/1, che in seguito alla costruzione della nuova scuola è ormai pressoché confinante con il complesso vincolato.

AUFGEHOBENE BINDUNGEN

VINCOLI REVOCATI

Unterer Dornhof in Missian

[Bp. 340/4, K.G. Eppan] Bau, der keine geschichtlich-künstlerische Bedeutung aufweist, mit Ausnahme der straßenseitigen Mauer, die als Hofmauer erhalten bleiben muss.

Unterer Dornhof a Missiano

[p. ed. 340/4, C.C. Appiano] Costruzione che non riveste alcuna importanza storico-artistica, ad eccezione del muro a margine della strada, che deve essere mantenuto quale muro del cortile.

EPPAN
APPIANO

		Direktorin
		Direttrice
		Dr. Waltraud Kofler Engl
		Stellvertreter
		Sostituto
		Dr. Arch.
		Klaus-Michael Mathieu
		Verwaltungsinspektorinnen und Verwaltungsinspektoren
		ispettori amministrativi
		Dr. Arch.
		Pier Francesco Bonaventura
		Dr. Verena Dissertori
		Dr. Martin Laimer
		(seit 1. Februar / dal 1° febbraio)
		Dr. Arch.
		Klaus-Michael Mathieu
		Dr. Heidrun Schroffenegger
		Dr. Hildegard Thurner
		Dr. Arch. Ester Foppa
pfb	Pier Francesco Bonaventura	(seit 1. August / dal 1° agosto)
vd	Verena Dissertori	**Buchhaltung**
wke	Waltraud Kofler Engl	**Contabilità**
ml	Martin Laimer	Rag. Priska Blaas
kmm	Klaus-Michael Mathieu	**Sekretariat**
hsc	Heidrun Schroffenegger	**Segreteria**
hs	Helmut Stampfer	Annemarie Brunner
ht	Hildegard Thurner	Nadia Khalid
		Daniela Mück
		Katja Paler

BERICHTE — RELAZIONI

Colz (Granciasa)

Die Arbeiten zum Ausbau des Stadels, der sich in der mit Ministerialdekret ausgewiesenen Bannzone des stattlichen Ansitzes befindet, wurden im Berichtsjahr weitergeführt. Nachdem in den Bannzonen Bauverbot herrscht, wurde das Projekt, das eine mehrjährige Vorgeschichte besitzt, vom Amt für Bau- und Kunstdenkmäler unter der Voraussetzung genehmigt, dass die Umgebung des wertvollen Ansitzes erhalten bleibt und das Gebäude nach außen hin nicht verändert wird.

Luttach, Lindemair

Das Dach des unterhalb der Kirche gelegenen Einhofes wurde im Berichtsjahr mit Lärchenschindeln neu gedeckt (Beitrag).

St. Johann, St. Martin

An der stilreinen, spätgotischen Kirche (1502/03) wurden im Berichtsjahr umfassende Sanierungsmaßnahmen durchgeführt. Aufgrund ihrer Lage in einem sumpfigen Gebiet kurz vor der Ortschaft St. Johann hatte die Kirche schon immer an enormer Feuchtigkeit zu leiden. Fotos aus dem Archiv des Amtes für Bau- und Kunstdenkmäler der sechziger Jahre zeigen die Kirche vor der aufwendigen Sanierung in einem durch die Feuchtigkeit stark zerstörten Zustand. Große Flächen des historischen Putzes mussten damals im Sockelbereich abgenommen werden. Im Berichtsjahr versuchte man mit

Colz (Granciasa)

Sono proseguiti durante l'anno i lavori di ristrutturazione del fienile, che si trova all'interno della zona di rispetto stabilita con decreto ministeriale a favore della imponente residenza. Poiché nelle zone di rispetto vige il divieto di edificazione, il progetto, che ha ormai una storia pluriennale, è stato approvato dall'Ufficio beni architettonici ed artistici a condizione che venga conservata l'area che circonda la pregevole residenza e che l'edificio non subisca modifiche esterne.

Lutago, Lindemair

Nel corso del 2001 il tetto del maso, situato a valle della chiesa, è stato ricoperto con scandole di larice (contributo).

San Giovanni, San Martino

Nel corso del 2001 la chiesa tardogotica del 1502/03, nota per la sua purezza di stile, è stata sottoposta a consistenti interventi di risanamento. Per via della sua posizione in una zona semipaludosa alle porte della località di San Giovanni la chiesa ha da sempre avuto enormi problemi di umidità. Alcune fotografie risalenti agli anni Sessanta nell'archivio dell'Ufficio beni architettonici ed artistici mostrano la chiesa, prima del risanamento, in uno stato di conservazione alquanto problematico. Per tentare di risolvere il problema dell'umidità è stato rimosso il terreno dalla zona della

ABTEI
BADIA

AHRNTAL
VALLE AURINA

AHRNTAL, ST. JOHANN, ST. MARTIN

VALLE AURINA, SAN GIOVANNI, SAN MARTINO

der Entfernung der feuchten Erde im Bereich der Sakristei sowie einer fachgerecht und aufwendig angelegten Drainage entlang der Kirche das Problem der Feuchtigkeit in den Griff zu bekommen. Im Innenraum wurden die morschen Putzpartien im Sockelbereich abgenommen und durch einen neuen Kalkputz ersetzt. Der Boden wurde unter dem Bankspiegel sowie zu den Mauern hin entfeuchtet, die Sakristei erhielt einen neuen Lärchenboden. Die zugemauerte Fensteröffnung im Presbyterium wurde geöffnet und das Maßwerkfenster aus Stein restauriert. Beim Öffnen des Fensters entdeckte man eine große Anzahl von Teilen unterschiedlicher Maßwerkfenster, die wahrscheinlich von der Kirche stammen, da alle weiteren Fenster durch Maßwerk aus Holz ersetzt wurden. Neben der Reinigung des Innenraums sah man auch die Restaurierung der wertvollen Kanzel aus Sandstein vor. Das Kirchendach wurde neu mit Lärchenschindeln gedeckt, die Fassaden hatten nur punktuelle Konservierungsmaßnahmen notwendig. Weiters wurde die Beleuchtung erneuert und für die Gestaltung der neuen Glasfenster ein Künstler beauftragt. Die Sanierung wurde mit den Milleniumsgeldern der Südtiroler Landesregierung großzügig unterstützt. ht

sacrestia, procedendo quindi alla posa in opera, eseguita a regola d'arte, di un dispendioso sistema di drenaggio lungo il perimetro della chiesa. All'interno l'intonaco deteriorato dello zoccolo è stato eliminato e sostituito con intonaco di calce. È stato deumidificato il pavimento nella zona dei banchi e lungo le pareti, mentre quello della sacrestia è stato sostituito con un nuovo pavimento in legno di larice. È stata riaperta una finestra murata sita nel presbiterio ed è stata restaurata la finestra a traforo in pietra. Il ripristino dell'apertura ha portato alla luce numerose porzioni di altre finestre a traforo, assai probabilmente appartenenti alla medesima chiesa, poiché tutte le altre finestre erano state sostituite con trafori in legno. Oltre alla pulizia del vano interno, si è proceduto anche al restauro del prezioso pulpito in arenaria. Il tetto della chiesa è stato ricoperto con scandole di larice, mentre per quanto attiene alle pareti esterne è stato necessario effettuare in alcuni punti degli interventi di consolidamento. È stato inoltre rifatto l'impianto di illuminazione, mentre la sistemazione delle nuove vetrate è stata affidata ad un artista. L'opera di risanamento si è avvalsa dei generosi contributi da parte della Giunta Provinciale per il nuovo millennio. ht

ALGUND
LAGUNDO

Alter Widum
In den Jahren 1995/1996 war die Außenre-

Vecchia canonica
Tra il 1995 ed il 1996 era stato eseguito il

AHRNTAL,
ST. JOHANN, ST. MARTIN,
HISTORISCHE AUFNAHME

VALLE AURINA, SAN
GIOVANNI, SAN MARTINO,
FOTOGRAFIA STORICA

staurierung vorgenommen worden. Im Hinblick auf die Jahrtausend-Feier der Gemeinde Algund im Jahre 2002 wurde nunmehr von Seiten der Gemeindeverwaltung mit der Innenrestaurierung begonnen. Die Adaptierungsarbeiten sahen die Reinigung der diversen Holzböden im Erdgeschoss und ersten Obergeschoss vor. Der mit Einlegearbeiten aus der Umbauphase um die Mitte des 19. Jahrhunderts versehene Holzboden im Eingangsbereich wurde unverständlicherweise entfernt bzw. durch einen neuen Holzboden ersetzt. Weitere Maßnahmen sahen die Putzausbesserung bzw. die Neutünchung der Oberflächen vor. Gleichzeitig wurde die Elektrifizierung der einzelnen Raumeinheiten sowie die Erneuerung der sanitären Einrichtung vorgenommen. An der Nordwand des Eingangsbereichs kam unter der Tünche eine interessante, spätmittelalterliche Darstellung einer Burg zum Vorschein. Das erhaltene Fragment stellt im Vordergrund eine Umfassungsmauer dar, hinter welcher zwei Tortürme zu sehen sind. Die dazwischen liegende Zugbrücke stellt die Verbindung über den Wassergraben her. Ein seitlich ansteigender Weg führt hinauf zur eigentliche Burganlage. Ihr gehören verschiedene Tortürme, eine zinnenbewehrte Umfassungsmauer, ein Wohntrakt sowie ein weiterer, turmartiger Baukörper an der höchsten Stelle des Burghügels an, bei welchem es sich wohl um den Bergfried han-

restauro delle facciate esterne. In vista dei festeggiamenti organizzati dal Comune di Lagundo per il millennario del paese, nel 2002 l'Amministrazione comunale ha dato inizio ai lavori di restauro dei vani interni. L'opera di adeguamento prevedeva la pulizia dei pavimenti in legno al pianterreno e al primo piano. Il pavimento in legno dell'ingresso, posato nell'ambito dell'intervento di ristrutturazione effettuato verso la metà del XIX secolo, è stato inspiegabilmente rimosso e sostituito con un nuovo pavimento in legno. Ulteriori interventi prevedevano l'integrazione dell'intonaco e la ritinteggiatura delle pareti. Parallelamente è stato realizzato l'impianto elettrico dei singoli vani e sono stati rifatti gli impianti sanitari.
Sotto lo strato di pittura che copriva la parete settentrionale dell'ingresso è stata rilevata un'interessante raffigurazione di un castello d'epoca tardomedievale. Il frammento, in buono stato di conservazione, ritrae in primo piano un muro di cinta dietro il quale emergono due torri congiunte da un ponte levatoio che funge da elemento di collegamento al di sopra del fossato sottostante. Lateralmente, un viottolo in salita conduce alla fortificazione vera e propria, dove si ergono alcune torri, un muro di cinta con merlatura di protezione, alcune abitazioni ed un edificio a forma di torre situato in cima alla collina, probabilmente il mastio. Sino ad ora non è stato possibile identifi-

ALGUND, ALTER WIDUM, NEUFUND VON SPÄT-MITTELALTERLICHEN WANDMALEREIEN

LAGUNDO, VECCHIA CANONICA, SCOPERTA DI DIPINTI MURALI TARDOMEDIEVALE

delt. Eine Zuordnung der Darstellung konnte bisher nicht vorgenommen werden. Spannend dürfte auch der geschichtliche Zusammenhang sein. Steht die Darstellung mit einem Algunder Pfarrherrn des 15. Jahrhunderts in Verbindung? ml

Haus an der Viehscheid

Das Erdbeben vom 17. Juli 2001 verursachte am ortsbildprägenden Baudenkmal im unmittelbaren Ortszentrum von Mühlbach erhebliche Schäden. Über Sofortmaßnahmen wurde der straßenseitige Erker unterfangen und mit Metallschleudern notdürftig gesichert. Für das kommende Jahr sind weitere, dringend erforderliche Sanierungsmaßnahmen geplant (Beitrag). ml

Steinhuber

Als Abgrenzung gegen die nordseitig verlaufende Balthasar-Leiter-Straße wurde vor der Eingangsfassade des stattlichen Renaissancebaukörpers eine transparente Abgrenzung in Form eines Metallgitters über einem gemauerten Sockel errichtet. Gleichzeitig wurde an der Fassade der vor Jahren im Sockelbereich aufgetragene hydraulische Mörtel entfernt. Dabei kam eine spätmittelalterliche, vermauerte Fensteröffnung zum Vorschein, welche geöffnet und sichtbar belassen wurde. Sie dient dem dahinter liegenden Kellerraum als Belüftung. Im Zuge der Arbeiten kam einen halben Meter

care il castello, ma sarebbe sicuramente interessante conoscerne meglio il contesto storico. Esiste ad esempio una qualche relazione tra la raffigurazione ed uno dei parroci che si susseguirono nella cura d'anime a Lagundo nel XV secolo? ml

Edificio "an der Viehscheid"

Il terremoto verificatosi il 17 luglio 2001 ha provocato notevoli danni all'importante edificio sito nel centro di Lagundo/Rio Molino. È stato effettuato come intervento il consolidamento dell'erker che dà sulla strada e sono stati installati provvisoriamente dei tiranti metallici di sicurezza. Per il 2002 è prevista l'esecuzione delle ulteriori impellenti opere di risanamento (contributo). ml

Steinhuber

Per isolare il complesso rispetto alla via Balthasar Leiter che scorre a settentrione si è optato per una delimitazione in forma di grata metallica posta sopra uno zoccolo in muratura e sita dinanzi alla facciata dell'imponente edificio rinascimentale. È stata inoltre rimossa dalla facciata la malta idraulica presente da anni nella parte dello zoccolo. Nel corso dei lavori è stata rinvenuta una finestra murata d'epoca tardomedievale che è stata aperta e lasciata a vista. La finestra svolge funzione di areazione del vano cantina. In corso d'opera è inoltre emerso, a circa cinquan-

ALGUND, HAUS AN DER VIEHSCHEID, NOTSICHERUNG NACH DEM ERDBEBEN

LAGUNDO, AN DER VIEHSCHEID, CONSOLIDAMENTO D'EMERGENZA DOPO IL TERREMOTO

unter dem heutigen Bodenniveau das ursprüngliche Katzenkopfsteinpflaster zum Vorschein. Es wurde gegen die Fassade hin mit Schotter aufgefüllt. ml

Am Ort

Am turmartigen Zubau des ehemaligen Gerichtshauses, dessen Gesamterscheinung auf die Umbauphase von 1640 zurückgeht, wurde die Schindeleindeckung erneuert (Beitrag). vd

Pfarrkirche St. Katharina

Aus dem Bestand der Kirche konnte ein Fahnenbild aus dem 19. Jahrhundert mit der Darstellung der Heiligen Familie auf einer und der Vermählung Marias und Josefs auf der anderen Seite restauriert werden. Notwendig waren vor allem Festigung und Reinigung der Malschicht, sowie das Schließen der Fehlstellen (Beitrag). vd

Kiechelberghof

Dieser alte bereits im 13. Jahrhundert erwähnte Hof am Kiechelberg in der Nähe der St.-Daniel-Kirche besteht aus einem lang gezogenen Bau mit romanischem Mauerwerk in den Kellern und stilistischen Elementen (Spitzbogentür), die auf das 15. Jahrhundert zurückgehen. Die Sanierungsarbeiten haben sich über drei Jahre hingezogen und umfassten unter anderem die statische Sicherung der zwei Originalholzdecken zwischen den

ta centimetri di profondità dall'attuale livello del suolo, l'acciottolato originale. La parte antistante la facciata è stata coperta con ghiaia. ml

Am Ort

Si è provveduto al rifacimento del tetto in scandole dell'edificio a forma di torre che un tempo ospitava il tribunale e il cui attuale aspetto complessivo risale alla fase di ricostruzione del 1640 (contributo). vd

Parrocchiale di Santa Caterina

Fra le opere di proprietà della chiesa è stato possibile restaurare un dipinto di gonfalone del XIX secolo raffigurante da un lato la Sacra Famiglia, dall'altro le Nozze di Maria e Giuseppe. È stato necessario provvedere al consolidamento e alla pulizia della superficie pittorica, nonché all'integrazione delle lacune (contributo). vd

Kiechelberghof

Antichissimo maso già menzionato nel XIII secolo, sorge isolato sul Kiechelberg presso la chiesetta di San Daniele. Si tratta di una costruzione allungata con pareti in muratura romanica nelle cantine ed elementi stilistici (in particolare una porta ad arco ogivale) databili al XV secolo.
I lavori di risanamento si sono protratti per tre anni e hanno comportato tra

ALTREI
ANTERIVO

AUER
ORA

AUER, UNSERE
LIEBE FRAU
VOM ROSENKRANZ,
NEUDECKUNG

ORA, NOSTRA SIGNORA
DEL ROSARIO,
NUOVA COPERTURA

AUER, UNSERE
LIEBE FRAU VOM
ROSENKRANZ

ORA,
NOSTRA SIGNORA
DEL ROSARIO

Kellerräumen und dem ersten Geschoss, die durch Vorsatzschalen und nachträglich eingebaute Zwischenwände zusätzlich belastet waren. Zur Stützung wurden HEB-Stahlschienen eingebaut, ohne die ursprüngliche statische Struktur zu verändern. Die Setzungen der Außenmauern, die zu einer starken Rissbildung an den Wänden geführt hatten, wurden durch das Einziehen von Stahlschleudern reduziert. Im ersten Geschoss wurden zwei getrennte Eingänge für die zwei Wohnungen geschaffen. Der Einbau von Dachgauben ermöglicht die Belichtung und die Nutzung des Dachgeschosses. Auf der Westseite wurden ein altes Plumpsklo abgebrochen und ein Balkon angebaut. Das Dach wurde mit Mönch- und Nonneziegeln neu eingedeckt. pfb

Unsere Liebe Frau vom Rosenkranz

Das Innere des frühbarocken Baues aus dem Jahre 1671 präsentierte sich bis zum Zeitpunkt der Restaurierung aufgrund der enormen Verschmutzung sehr nüchtern und kühl. Aus denkmalpflegerischer Sicht war nicht nur eine Reinigung der Wand- und Gewölbeflächen notwendig, sondern vor allem die Abnahme des schädlichen dispersionshältigen Anstriches, welcher auch an den Fassaden abgenommen werden musste.
Eine Oberflächenuntersuchung ergab, dass die gliedernden Architekturelemente wie Gurte, Gesimsstreifen, Pilaster und

l'altro il consolidamento statico di due solai lignei originali tra le cantine e il primo piano, gravati da muri in falso e tramezze aggiunte.
Sono state inserite travi IPE di rinforzo in acciaio senza modificare la struttura statica originaria. Cedimenti dei muri esterni che avevano determinato la formazione di vistose crepe alle pareti sono stati contenuti con l'inserimento di tiranti. Al primo piano sono stati realizzati due ingressi distinti per le due unità abitative. Il sottotetto è stato recuperato e illuminato da abbaini a due falde. Sul lato ovest è stato demolita una vecchia latrina a caduta e aggiunto un balcone. Il tetto è stato ricoperto con coppi. pfb

Nostra Signora del Rosario

Gli interni dell'edificio barocco risalente al 1671 risultavano, al momento dell'inizio dei lavori di restauro, alquanto scarni e freddi per via dell'enorme accumulo di sporcizia. Dal punto di vista della tutela dei beni culturali risultava necessario non solo effettuare un'accurata pulizia della superficie delle pareti e della volta, ma soprattutto provvedere alla rimozione, sia all'interno che all'esterno, del dannoso strato di pittura a dispersione. Da un'indagine sulle superfici è emerso che gli elementi architettonici dell'edificio – piattabande, cornicioni, pilastri e parapetti – erano rimarcati da motivi pittorici decorativi

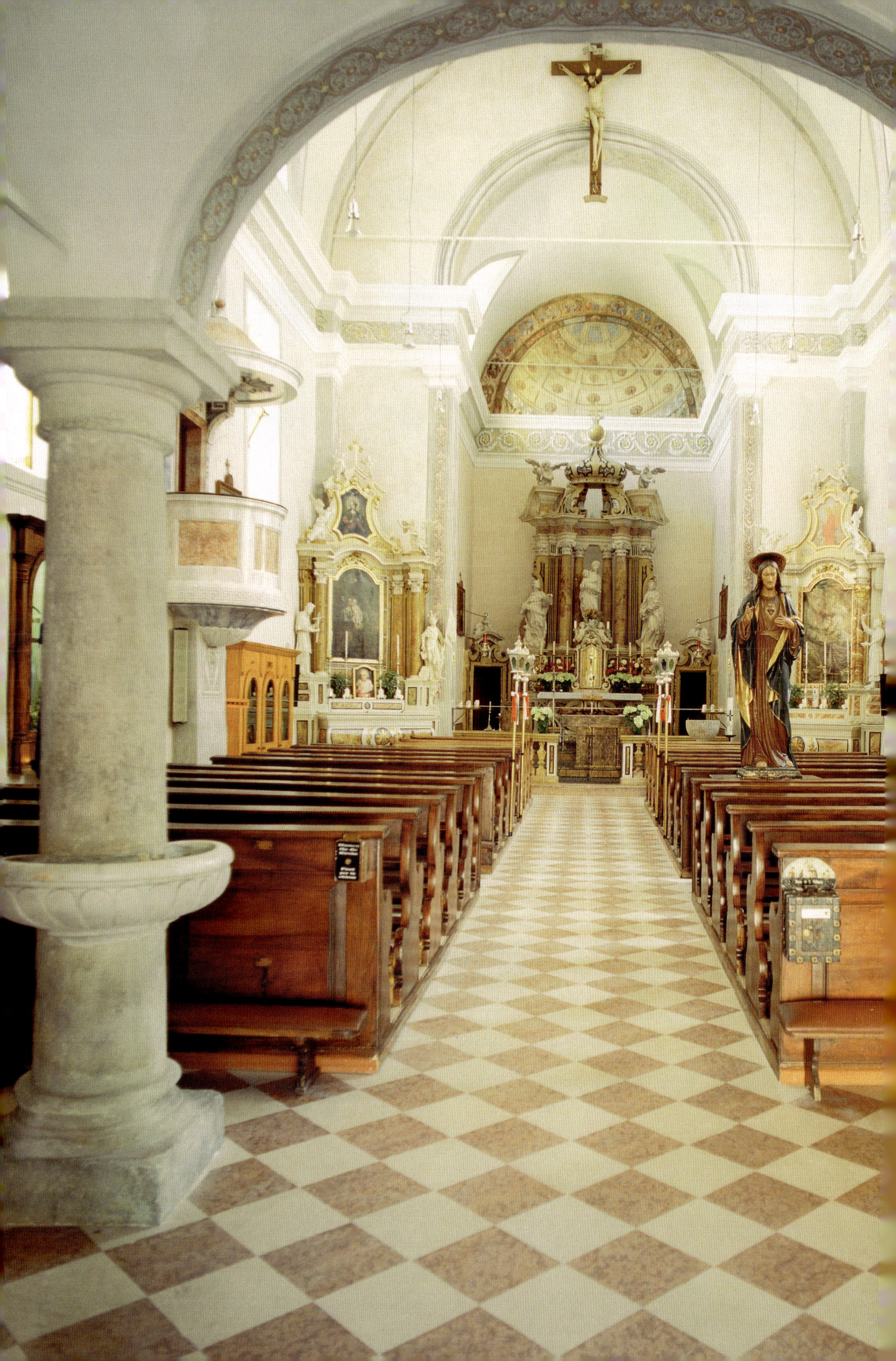

AUER, UNSERE
LIEBE FRAU
VOM ROSENKRANZ,
SCHEINKUPPEL

ORA, NOSTRA
SIGNORA DEL ROSARIO,
FINTA CUPOLA

Emporenbrüstung durch florale Dekorationsmalereien betont wurden, welche sich unter mehreren Farbschichten sehr gut erhalten hatten. Diese Tatsache sowie das Fehlen jeglicher figürlicher oder dekorativer Darstellungen im gesamten Kirchenraum sprachen für eine Freilegung und Restaurierung der klassizistischen Fassung des späten 19. Jahrhunderts.
Eine weit größere Überraschung ergab sich im Laufe der Arbeiten, als man in der Apsis oberhalb des Gesimsstreifens auf Hinweise bauzeitlicher Freskoreste stieß. Das inhaltliche Konzept ließ einen direkten Bezug mit dem Kirchenpatrozinium erkennen: Es handelt sich um die Rosenkranzgeheimnisse, wobei die einzelnen Szenen in Medaillonsform aneinandergereiht sind. Die kleinteiligen Darstellungen befinden sich an der ostseitigen Altarwand, direkt unter dem Tonnengewölbe. Vermutlich bilden sie den Rahmen für eine größere gemalte Szenerie mit Maria als Rosenkranzkönigin. Für eine großflächige Ausmalung der gesamten Wandfläche spricht auch die in extremer Verkürzung dargestellte Renaissancescheinkuppel. Eine Freilegung der gesamten Wandfläche war jedoch aufgrund des nachträglich errichteten barocken Hochaltars nicht sinnvoll. Die ursprüngliche Wirkung der Gesamtkomposition bleibt verborgen, man kann sie allenfalls nur erahnen (Beitrag). vd

floreali che, grazie ad una consistente stratificazione pittorica, si presentavano in ottimo stato di conservazione. Tale situazione, oltre alla mancanza nell'intera chiesa di qualsiasi elemento figurativo e decorativo, deponeva a favore di un possibile recupero e restauro degli elementi decorativi classicistici tardo-ottocenteschi. Altrettanto sorprendente è stato il rilevamento, durante i lavori, di alcuni frammenti di affreschi, risalenti al periodo di costruzione dell'edificio, rinvenuti nell'abside al di sopra del cornicione. Dalla lettura del contenuto era possibile intuire un legame diretto con il patrocinio ecclesiastico: si tratta infatti dei segreti del SS. Rosario, dove le singole scene sono disposte circolarmente entro medaglioni.
Le immagini di piccole dimensioni sono riportate sul lato orientale della parete dell'altare, immediatamente sotto la volta a botte, e probabilmente costituiscono la cornice di una raffigurazione pittorica di dimensioni maggiori avente per soggetto Maria come Regina del Rosario. La tesi di una raffigurazione più ampia a tutta parete è avvalorata anche dal estremo scorcio della finta cupola rinascimentale. Un recupero di tutta la parete è apparso sconsigliabile vista la presenza dell'altare maggiore d'impianto barocco realizzato in una fase successiva. Non è stato quindi possibile riprodurre l'effetto originale dell'intera composizione, che può comunque essere intuito (contributo). vd

BOZEN,
ALTES RATHAUS

BOLZANO,
VECCHIO MUNICIPIO

BARBIAN / BARBIANO

Pfarrkirche St. Jakob mit Friedhof und Friedhofskapelle

In den siebziger Jahren des 19. Jahrhunderts wurde Josef Vonstadl mit dem Neubau der neoromanischen Kirche betraut. Aus derselben Zeit stammt eine in denselben neuromanischen Formen errichtete Friedhofskapelle. Nachdem die Pfarrei über keine Leichenkapelle verfügt, und ein Neubau aus Platzgründen nicht möglich war, hat man sich entschlossen, die Friedhofskapelle, welche bis dahin als Fahnenkasten diente, zu erweitern. Das Projekt sah eine Erweiterung von etwa zwei Metern nach Norden vor. Um den notwendigen Raum zur Aufbahrung zu schaffen, wurde die südseitige Nischenöffnung abgebrochen und durch eine Glastür ersetzt. vd

Parrocchiale di San Giacomo con cimitero e cappella cimiteriale

Negli anni Settanta del XIX secolo a Josef Vonstadl fu affidata la ricostruzione della chiesa neoromanica. Allo stesso periodo risale anche la cappella cimiteriale realizzata anch'essa in stile neoromanico. Dato che la parrocchia non disponeva di una cappella funebre e non era possibile, per ragioni di spazio, costruirne una ex novo, si è optato per l'ingrandimento della cappella cimiteriale, sino ad allora utilizzata come deposito dei gonfaloni. Il progetto prevedeva un ampliamento di circa due metri a nord. Per ottenere lo spazio necessario per le bare, la nicchia situata sul lato meridionale è stata demolita e sostituita con una porta di vetro. vd

BOZEN / BOLZANO

Altes Rathaus, Lauben 30 – Streitergasse 25

Die Sanierungsarbeiten am Alten Bozner Rathaus unter den Lauben wurden abgeschlossen. Das Alte Rathaus, das bis zum Bau des neuen Rathauses im Jahr 1907 Sitz der Gemeindeverwaltung war, reicht von den Lauben bis zur Streitergasse und weist die klassische Struktur eines gotischen Laubenhauses auf; der einzige sehr großzügige Lichthof erhält durch den schönen Bogengang mit Spitzbogenfenstern eine besondere Note. Der zur Laubenseite ausgerichtete Gebäudeteil, der bei einem Bombenangriff im Zweiten Weltkrieg fast vollständig zerstört wor-

Vecchio Municipio, Portici, 30 – via Streiter, 25

È stato portato a termine il risanamento del Vecchio Municipio di Bolzano in via Portici. Sede dell'Amministrazione cittadina fino alla costruzione dell'attuale municipio nel 1907, il Vecchio Municipio si estende da via Portici a via Streiter con la classica tipologia del lotto gotico bolzanino, ma con un solo cavedio di dimensioni piuttosto ampie e arricchito da un bel loggiato ad arcate ogivali. La parte rivolta verso i Portici è stata quasi interamente distrutta da un bombardamento nella seconda guerra mondiale e ricostruita con i semplici

BOZEN,
ALTES RATHAUS,
LICHTHOF MIT TREPPE

BOLZANO,
VECCHIO MUNICIPIO,
CAVEDIO CON SCALA

BOZEN,
ALTES RATHAUS,
SITZUNGSSAAL

BOLZANO,
VECCHIO MUNICIPIO,
SALA RIUNIONI

den war, wurde in den fünfziger Jahren von Arch. Luis Plattner mit einfachen Mitteln wieder aufgebaut. Im von Kriegsschäden verschonten Nordteil ist im Ratssaal ein Freskenzyklus des Malers Georg Müller aus Bamberg mit allegorischen Darstellungen der Themen Gerechtigkeit und gute Regierung erhalten geblieben (1597). Die Stuckdecke in diesem Saal geht ebenso wie die Stuckdecke des angrenzenden Saals auf das frühe 19. Jahrhundert zurück, während die Kassettendecke mit vegetabiler Ornamentik im zweiten Stock um 1600 entstanden ist. Bemerkenswert ist der Renaissancesaal im ersten Stock mit Holzdecke und großem Doppelbogenfenster auf einen engen Lichtschacht. Die Renaissancefassade zur Streitergasse weist große Fenster mit Sandsteinumrahmung und schmiedeeisernen Gittern auf; das Eingangsportal, über das man zum Innenhof und weiter zu den Lauben gelangt, wird vom Stadtwappen geschmückt. Die Restaurierungsarbeiten wurden aus der Ausschreibung ausgekoppelt und getrennt an eine Restaurierungsfirma vergeben, die folgende Arbeiten ausführte: Reinigung der Fresken; Reinigung und Sanierung der kurz vor Beginn der Renovierungsarbeiten durch einen Rohrbruch beschädigten Holzdecken; Restaurierung und Wiederinstandsetzung aller Türen samt Schlössern sowie der Schränke; Freilegung der Arkaden im Hof, bei der interessante gotische Rötelstiftzeichnungen ent-

mezzi degli anni Cinquanta dall'architetto Luis Plattner. La parte nord dell'edificio è stata fortunatamente risparmiata dalla guerra e conserva nella Sala del Consiglio un ciclo affrescato dal pittore Georg Müller di Bamberga rappresentante diverse allegorie della giustizia e del buon governo (1597). Il soffitto a stucco risale invece al primo Ottocento, così come il soffitto a stucco della sala adiacente, mentre il soffitto a cassettoni decorato da immagini fitomorfe del secondo piano data intorno al 1600. Da notare inoltre la sala rinascimentale del primo piano con soffitto ligneo e grande bifora rivolta verso un'angusta chiostrina. La facciata nord verso la via Streiter è parimenti rinascimentale con grandi finestre incorniciate in pietra arenaria e protette da ringhiere in ferro battuto e portale sormontato dallo stemma cittadino che conduce al cortile centrale e quindi ai Portici. Tutte queste opere sono state scorporate dall'appalto dei lavori edili e affidate a una ditta di restauro che ha proceduto alla pulitura degli affreschi; alla pulitura e al risanamento dei soffitti lignei, danneggiati poco prima dell'inizio dei lavori dalla rottura di un tubo dell'acqua; al restauro e alla rimessa in funzione di tutte le porte, delle serrature, degli armadi; allo scoprimento delle arcate del cortile, che ha portato alla luce interessanti graffiti gotici a sanguigna e alla pulitura e ritinteggiatura

BOZEN,
ALTES RATHAUS,
REPRÄSENTATIONSSAAL

BOLZANO,
VECCHIO MUNICIPIO,
SALA DI
RAPPRESENTANZA

deckt wurden; Reinigung und Neutünchung der Fassade zur Streitergasse in Lasurtechnik. Bei diesen Arbeiten wurde eine kuriose Inschrift aus dem frühen 19. Jahrhundert mit dem Stadtwappen entdeckt, die auf ein K. K. Stadtpolizeiamt hinweist. Saniert wurde auch die Holzkonstruktion des Daches, das anschließend mit Mönch- und Nonneziegeln neu eingedeckt wurde. Der gesamte Gebäudekomplex entspricht nach dem Einbau von zwei Aufzügen den Bestimmungen über architektonische Barrieren. Für die lange Zeit provisorisch im Hof und im Lichtschacht untergebrachten Einrichtungen des Elektrizitätswerks wurde eine adäquate Lösung gefunden. Im Erdgeschoss wurden eine Bar und ein kleiner Ausstellungsraum der Gemeinde untergebracht. Zur Bar gehört auch ein Kellerraum, in dem während der Bauarbeiten ein Brunnen entdeckt wurde. Die archäologischen Untersuchungen ergaben keine signifikanten Ergebnisse, der Brunnenschacht wurde mit einer bruchsicheren Verglasung abgedeckt. In den Räumen auf der Laubenseite befindet sich das Historische Archiv der Gemeinde Bozen; die historischen Räume sind für Feiern wie Hochzeiten (alter Ratsaal) und andere repräsentative Veranstaltungen der Stadt Bozen bestimmt. Die Fragmente der 1491 datierten Freskomalereien von Conrad Waider aus Straubing, von dessen Hand im Raum Bozen mehrere Darstellungen in Freskotechnik stammen, wurden im

con tecnica a velatura di calce della facciata prospiciente la via Streiter, da cui è emersa una curiosa scritta con stemma cittadino segnalante la presenza di un "K. K. Stadtpolizeiamt", risalente al primo Ottocento. È stata altresì risanata la struttura lignea del tetto, quindi ricoperta con coppi. Tutto il complesso è stato reso conforme alla legge sulle barriere architettoniche con l'inserimento di due ascensori. Hanno trovato una più degna sistemazione quelle strutture precarie della locale Azienda Elettrica che avevano a lungo ingombrato gli spazi aperti del cortile e della chiostrina. Sono stati sistemati i locali al piano terra destinati a bar e a una piccola galleria d'esposizione comunale. Il bar comprende anche un vano cantine in cui durante i lavori è venuto alla luce un pozzo. Nel pozzo sono state effettuate prospezioni archeologiche, senza peraltro ottenere risultati significativi, quindi è stato richiuso con una robusta vetratura antisfondamento. I vani verso via Portici ospitano ora l'Archivio Storico del Comune di Bolzano, mentre nella parte storica avranno luogo cerimonie quali matrimoni (nella vecchia Sala del Consiglio) e altri eventi rappresentativi della municipalità.
I frammenti degli affreschi, riportanti la data 1491, realizzati dal pittore Conrad Waider da Straubing, autore altresì di numerose pitture eseguite in area bolzanina

BOZEN,
ALTES RATHAUS,
DETAIL DER
BEMALTEN DECKE IM
SITZUNGSSAAL

BOLZANO,
VECCHIO MUNICIPIO,
DETTAGLIO DEL
SOFFITTO DIPINTO
DELLA SALA RIUNIONI

Zuge der umfangreichen Umbau- und Sanierungsarbeiten aus Unachtsamkeit einiger Bauarbeiter großflächig mit zementhaltigem Wasser beschädigt. Die illusionistische Architekturmalerei zeigt uns Spitzbögen mit der typischen geometrischen Schmuckform der Gotik, dem Maßwerk, das sich hier aus Drei- und Vierpässen, Fialen, Kreuzblumen zusammensetzt. Nach der Entfernung der hartnäckigen zementhaltigen Substanz konnten Fehlstellen an der Malschicht mit Aquarellfarben geschlossen werden (Beitrag). pfb/vd

Bahnhofsstraße 3

Das 1899 nach den Plänen des Bozner Baumeisters Johann Bittner errichtete viergeschossige Wohn- und Geschäftshaus sollte im Außenbereich saniert werden. Dabei wurden die beiden neubarocken Hauptfassaden gereinigt und neu gestrichen und das Dach mit Mönch- und Nonneziegeln neu eingedeckt (Beitrag). kmm

Bindergasse 35

Das restaurierte Haus mit der Hauptfassade zum Rathausplatz steht am Ende der Bindergasse. Die Nebenfassade und das Lager sind zur Piavestraße ausgerichtet. Das Haus gehört zum Amonn-Komplex, der einmal die Grenze zwischen der Stadt Bozen und dem Vorort Zwölfmalgreien bildete. Später wurde dann ein Haus mit Bogendurchgang zur Piave-

con tecnica ad affresco, sono stati fortemente danneggiati da acqua e cemento per l'incuria di alcuni operai che stavano effettuando lavori di ristrutturazione e risanamento. Il trompe-l'oeil presenta archi ogivali dalle forme decorative geometriche tipiche del gotico, trafoto, qui trilobato e quadrilobato, pinnacoli e fiori. Una volta rimossa, ma non senza fatica, la miscela di cemento, è stato possibile provvedere all'integrazione ad acquerello delle lacune (contributo). pfb/vd

Via Stazione, 3

L'edificio a quattro piani comprendente alloggi e negozi è stato realizzato nel 1899 su progetto del costruttore edile bolzanino Johann Bittner. La parte esterna del fabbricato è stata sottoposta ad interventi di risanamento. È stata effettuata la pulizia e la ritinteggiatura delle due facciate di impronta neobarocca. Il tetto è stato ricoperto con coppi (contributo). kmm

Via Bottai, 35

La casa oggetto del restauro è situata alla fine della via Bottai e rivolge la facciata principale sulla piazza del Municipio. La facciata secondaria e il magazzino affacciano su via Piave. La casa è parte del compendio Amonn che un tempo delimitava la città di Bolzano dal comune suburbano di Dodiciville, poi modificato

BOZEN,
BINDERGASSE 35,
WANDMALEREIEN
IM DRITTEN
OBERGESCHOSS

BOLZANO,
VIA BOTTAI, 35,
AFFRESCHI DEL
TERZO PIANO

straße errichtet, das nun in Gemeindebesitz ist. Dieser Teil der Bindergasse geht auf die erste Phase der Stadtentwicklung zurück, wie die Abmessungen des „gotischen" Bauloses und die über drei Geschosse unter Straßenniveau angelegten Kellerräume beweisen. Im ersten und zweiten Untergeschoss besteht das Kellermauerwerk auf einer Seite aus in regelmäßigen Reihen angeordneten Bachsteinen und auf der anderen Seite aus grob behauenen Porphyrsteinen, die im Mörtelbett verlegt wurden; ein Umstand, der ebenso wie eine zentrale Gabelstütze auf den romanischen Ursprung des Gebäudes hinweist. In den oberen Geschossen überwiegen die gotischen Elemente; dazu gehören in erster Linie eine Holzdecke im ersten Geschoss und die hervorragend restaurierten Wandmalereien aus dem späten 14. Jahrhundert im dritten Geschoss. Der Lichthof, die Lichthaube und die internen Fenster sind barock, die Fassade zur Bindergasse und ihre Fenster gehen auf die ersten Jahre des 20. Jahrhunderts zurück, als die Farbenhändlerfamilie Amonn mit einer auffälligen Fassadenrenovierung das heute so moderne Corporate-Identity-Konzept vorwegnahm. Der Maler Rudolf Stolz wurde nämlich mit der Dekoration der Fassaden und der Erker mit figurativen und dekorativen Darstellungen beauftragt, die auf den Farbenhandel und den Malerberuf hinweisen sollten. An diesem wertvollen Gebäude wurden mit viel Geschmack und im richtigen Maß alle erforderli-

dall'apertura della casa-porta ora di proprietà comunale. Questa parte della via Bottai appartiene alla prima fase dello sviluppo della città, come testimoniano le dimensioni del lotto "gotico" e la profondità delle cantine che scendono per tre piani sotto l'attuale livello stradale. Nel primo e secondo piano interrato la muratura della cantina consiste da un lato di ciottoli di fiume disposti su file regolari, dall'altro di sassi di porfido appena sbozzati e posati su letti regolari di malta, circostanza che – come la presenza di un pilastro centrale "a forcella" – rivela l'origine romanica dell'edificio. Ai piani superiori abbondano le testimonianze del periodo gotico, nel soffitto ligneo del primo piano, negli affreschi tardocinquecenteschi brillantemente restaurati del terzo piano.
Il cavedio, la presa di luce e le finestre interne sono barocchi, la facciata di via Bottai e le sue finestre risalgono all'inizio del secolo scorso, quando la casa appartenente alla famiglia di commercianti di colori Amonn venne sottoposta a un restyling all'insegna di una "corporate identity" ante litteram. Al pittore Rudolf Stolz venne affidata la decorazione della facciata e dell'erker con motivi figurativi e decorativi che alludono al commercio dei colori e al mestiere del pittore. Su questa preziosissima struttura edilizia si sovrappongono i necessari interventi di ristruttu-

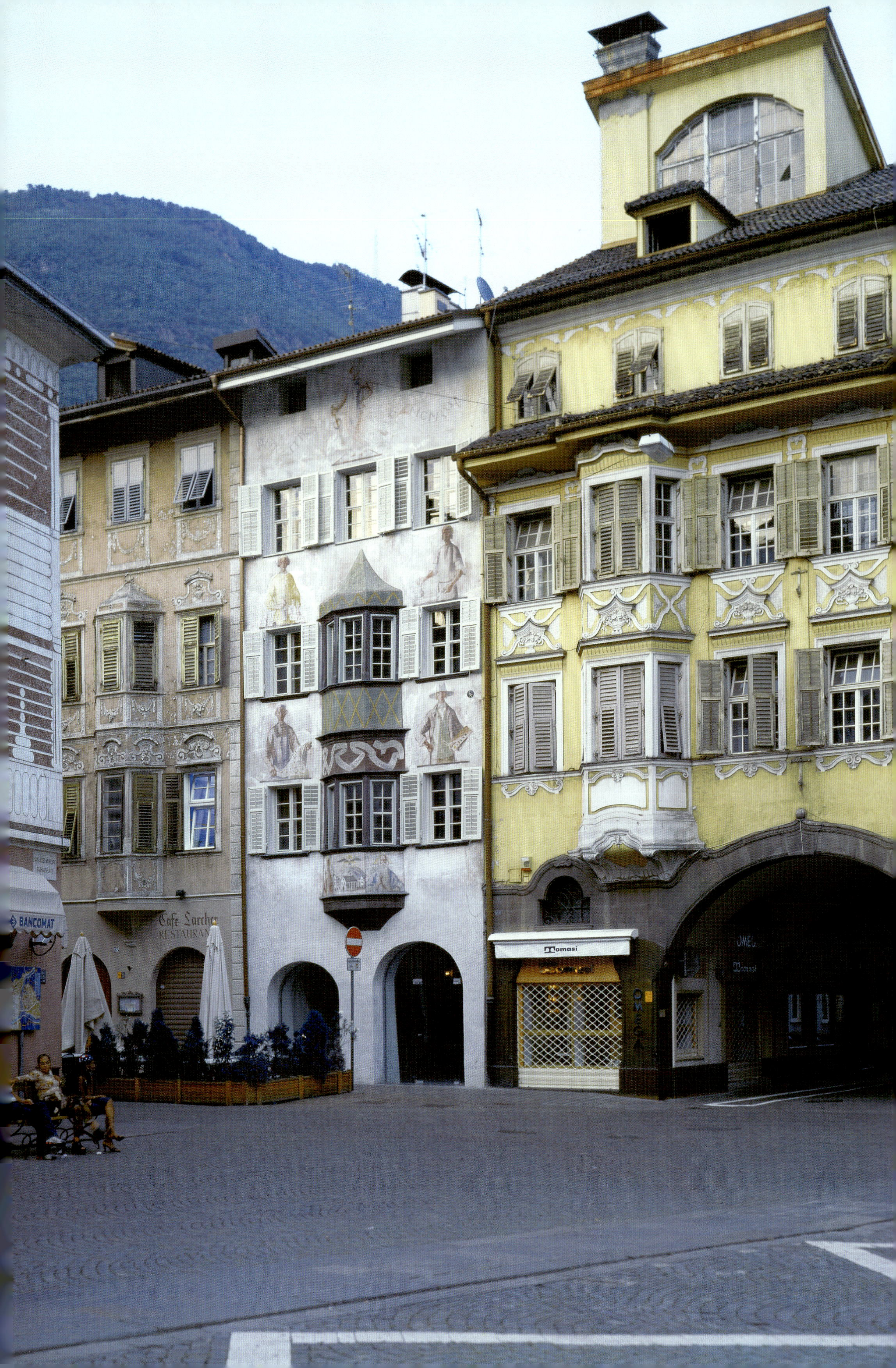

BANCOMAT
Cafe Larcher
RESTAURAN
Tomasi
OMEGA
Tomasi

BOZEN,
BINDERGASSE 35,
FASSADE DES
„AMONN-FARBEN-
HAUSES"

BOLZANO,
VIA BOTTAI, 35,
FACCIATA DELLA
"CASA DEI COLORI
AMONN"

BOZEN,
BINDERGASSE 35,
LICHTHOF

BOLZANO,
VIA BOTTAI, 35,
CAVEDIO

chen Sanierungsarbeiten durchgeführt: Zwischen dem ersten und dem zweiten Untergeschoss wurde eine an mehreren Stellen punktuell an den Wänden verankerte Sichtbetondecke eingezogen; ein neuer Fahrstuhl führt in die oberen Geschosse, ohne den zentralen Lichthof zu beeinträchtigen. Die neuen Treppen, die neuen Gänge in den Obergeschossen und die Brüstungen sind zum Teil mit Sandstein verkleidet, zum Teil als Metallkonstruktion ausgeführt. Erwähnenswert sind die Sichtbetondecke des als Wohnzimmer genutzten Saales mit den Malereien und die sehr raffinierte Holzkonstruktion des Dachs. pfb

Dominikanerkirche

Im Dezember 1998 ist die denkmalpflegerische Zuständigkeit für das ehemalige Dominikanerkloster mit Kirche in Bozen vom Staat auf das Land übergegangen. Das Denkmalamt in Verona hatte in den vergangenen Jahren zwar verschiedene Teilrestaurierungen durchgeführt, größere Maßnahmen kamen aber nicht zum Tragen. Nun wurden die Fassaden des Langhauses mit heller Kalkschlämme neu getüncht, nachdem man die teilweise vorhandenen synthetischen Anstriche entfernt hatte. Die Werkstücke aus Sandstein an Türen, Fenstern und der Rosette wurden gereinigt und gefestigt (Beitrag), wobei an den Fenstern der Westseite zum Kreuzgang Reste einer jüngeren Graufassung beobachtet

razione con gusto e con la giusta misura: un solaio in calcestruzzo a vista ancorato in modo puntiforme alle pareti divide il primo e il secondo piano interrato; un nuovo ascensore conduce ai piani superiori senza interferire con il cavedio centrale, nuove scale, passaggi in quota, parapetti, elementi ora rivestiti in pietra arenaria, ora in struttura metallica. Da rimarcare particolarmente il soffitto della sala con affreschi (adibita a stanza di soggiorno) in calcestruzzo a vista e l'esemplare struttura lignea del tetto di straordinaria finezza. pfb

Chiesa dei Domenicani

Nel dicembre del 1998 la competenza di tutela sull'ex convento e chiesa dei Domenicani di Bolzano è passata dallo Stato alla Provincia Autonoma. Negli anni precedenti erano stati effettuati dalla Soprintendenza di Verona parziali interventi di restauro, ma non si è mai trattato di un intervento più grande. Dopo aver provveduto all'eliminazione degli strati di pittura sintetica ancora presenti, le facciate della navata sono state ritinteggiate a calce utilizzando una cromia chiara. È stata effettuata la pulizia e sono state consolidate le parti in pietra arenaria pertinenti alle porte, alle finestre e al rosone (contributo). Sulle finestre del lato occidentale che dà sul chiostro sono stati rilevati e mantenuti nel corso dei lavori alcuni resti di decorazioni di colore grigio eseguite in

BOZEN, BINDERGASSE 35, DETAIL DER WANDMALEREIEN

BOLZANO, VIA BOTTAI, 35, DETTAGLIO DEGLI AFFRESCHI

und konserviert wurden. An der Ostseite ließ man ein größeres Teilstück der spätgotischen Fassadengestaltung mit weißem Fugennetz auf grauem Naturputz in Sicht. Die Malerei links vom Haupteingang lässt sich überhaupt nicht mehr erkennen, das große, 1939 aufgedeckte Fresko rechts davon zeigte sich, obwohl vor ungefähr 20 Jahren restauriert, wiederum sehr stark verschmutzt. Nach der Reinigung und dem Schließen der Pecklöcher hat der prachtvolle Marientod an Lesbarkeit sehr gewonnen (Beitrag). Von der darüber dargestellten, heute kaum mehr erkennbaren Marienkrönung kam ein reizender Engelskopf neu zum Vorschein. Auch oberhalb des Portals wurde die schwungvolle Vorzeichnung eines Frauenkopfes freigelegt. Die vorzügliche Malerei mit den ausdrucksstarken Aposteln rund um die sterbende Gottesmutter ist ein Werk Meister Leonhards von Brixen aus der Zeit zwischen 1460 und 1470. hs

Lauben 24 – Streitergasse 19A–21
Im Berichtsjahr konnte mit dem Sanierungsprojekt des großen Kaufmannshauses begonnen werden, das durch die Jahreszahl 1501 im Eingangsportal datiert ist. Das 50 m lange und 8 m breite Gebäude wird durch zwei große Lichthöfe getrennt, wobei der hintere Teil möglicherweise erst später in den ehemals offenen Hofbereich gesetzt wurde. Das

tempi più recenti. Sul lato orientale è stato lasciato a vista un frammento più grande della decorazione della facciata tardogotica con rete di venature bianche su intonaco naturale grigio. La pittura rilevata sul lato sinistro dell'ingresso principale è del tutto irriconoscibile, mentre il grande affresco sulla destra, rinvenuto nel 1939, risulta essere di nuovo molto sporco, benché l'ultimo intervento di restauro sia stato effettuato appena vent'anni fa. Dopo l'esecuzione della pulizia e della integrazione delle martellinature, la splendida pittura raffigurante la Dormitio Virginis ha acquistato una maggiore leggibilità (contributo). Nell'Incoronazione di Maria, riportata nella parte superiore della pittura, oggi a stento individuabile, è stata rilevata un'interessante testa d'angelo. Sulla parte superiore del portale è stato inoltre portato alla luce il vivido disegno che ritrae una testa femminile. La splendida pittura raffigurante gli apostoli stretti intorno alla Madonna morente è stata eseguita da Maestro Leonardo da Bressanone tra il 1460 ed il 1470. hs

Portici, 24 – via Streiter, 19A–21
È stato avviato il progetto di risanamento del grande edificio caratteristico della borghesia commerciale che riporta sul portone d'ingresso la data 1501. Il palazzo, di 50 m di lunghezza e 8 m di larghezza, è diviso da due grandi cavedi. Probabilmente la parte posteriore del palazzo è stata aggiunta in una fase successiva nell'ambito

BOZEN, DOMINIKANER-
KIRCHE, FASSADE,
MARIENTOD, DETAIL
NACH RESTAURIERUNG

BOLZANO, CHIESA
DEI DOMENICANI,
FACCIATA, DORMITIO
VIRGINIS, DETTAGLIO
DOPO IL RESTAURO

Projekt sieht eine neue Mischnutzung des Gebäudes mit einem Weinlokal, Restaurant und Geschäftslokalen im Unter- und Erdgeschoss und anspruchsvollen Kleinwohnungen in den Obergeschossen vor. Es konnte der erste Bauabschnitt der Rohbauarbeiten abgeschlossen werden. Weiterhin wurde schon ein Teil der noch vorhandenen wertvollen Kachelöfen fachgerecht restauriert. Die Fertigstellung des Gesamtprojektes wird noch zwei weitere Jahre in Anspruch nehmen. kmm

Lauben 54 – Streitergasse 41

Das 5 m breite Wohn- und Geschäftshaus, das sich von den Lauben bis zur Streitergasse zieht, wurde einer Generalsanierung unterzogen. Die schon bestehenden Geschäftseinbauten im Erd- und ersten Obergeschoss mussten den modernen Ansprüchen des neuen Mieters angepasst werden. In den weiteren Obergeschossen konnten die bestehenden Wohnungen sensibel renoviert werden, wobei die originalen Fußböden, Innentüren, barocken Fenster zum Lichthof, die Kachelöfen und der Treppenaufgang erhalten und fachgerecht restauriert wurden. Die beiden Außenfassaden mit Fenstereinfassungen in Sandstein wurden von einem Restaurator gesäubert (Abbeizen späterer Dispersionsfarben) und laut Farbuntersuchung mit Kalkfarbe neu getüncht. Das Dach erhielt laut Auflage des Amtes

del vecchio cortile. Il progetto prevede un uso promiscuo dell'edificio che comprenderà un'enoteca, un ristorante e dei negozi al piano terra e nel seminterrato, e piccoli appartamenti di lusso ai piani superiori. È stato ultimato il primo lotto di lavori di base. Inoltre, è già stata restaurata a regola d'arte una parte delle preziose stufe in ceramica. Per completare l'intero progetto saranno necessari altri due anni di lavoro. kmm

Portici, 54 – via Streiter, 41

È stato sottoposto ad un'opera di risanamento generale l'edificio di cinque metri di larghezza, destinato all'uso abitativo e commerciale, che dalla via Portici si estende fino alla via Streiter. I negozi esistenti al pianterreno e al primo piano sono stati adeguati agli standard moderni richiesti dal nuovo affittuario. Negli appartamenti situati agli altri piani sono stati effettuati importanti lavori di rinnovamento. Sono stati però mantenuti e restaurati a regola d'arte i pavimenti originali, le porte, le finestre barocche che danno sul cavedio, le stufe di ceramica e la scala. Entrambe le facciate, dotate di finestre incorniciate in pietra arenaria, sono state sottoposte ad un'opera di pulizia eseguita da un restauratore – sverniciatura con solvente degli ultimi strati di colore – e, in seguito ad un'indagine del colore, ritinteggiati con colore a calce. Il tetto è stato ricoperto con coppi, secon-

BOZEN,
PALAIS POCK,

BOLZANO,
PALAZZO POCK

eine neue Mönch- und Nonnenziegel-Eindeckung (Beitrag). kmm

Palais Pock
Die beiden reich verzierten Hauptfassaden der westlichen Gebäudehälfte, heute im Besitz einer Bank, sollten gereinigt und neu gestrichen werden. Nach Abnahme der späteren Malschichten kamen im Bereich der Fensterumrahmungen fein gegliederte Stuckverzierungen zum Vorschein. Alle losen Stuckelemente wurden neu verankert und fehlende Stuckteile fachgerecht rekonstruiert (Beitrag). Mit Hilfe der noch erhaltenen originalen Farbschichten konnte eine leichte Zweifarbigkeit zwischen Fassadenfläche und Stuckverzierungen rekonstruiert werden. Die bestehenden Fenster wurden im Außenbereich durch einen Neuanstrich der neuen Fassadenfarbe angepasst. Das Dach wurde wieder mit Mönch- und Nonneziegeln neu eingedeckt (Beitrag). kmm

Palais Toggenburg
Die im vorangegangenen Jahr begonnene Sanierung einer großen Wohneinheit auf der Gartenseite des großen Palais konnte abgeschlossen werden. Alle historischen Einbauten wie Fußböden, Türen und ein Teil der originalen Fenster wurden fachgerecht saniert. Verschiedene widerrechtliche Arbeiten mussten auf Druck des Amtes korri-

do le disposizioni impartite dal presente Ufficio (contributo). kmm

Palazzo Pock
Entrambe le facciate della parte occidentale dell'edificio, attualmente di proprietà di una banca, recanti numerose decorazioni, necessitavano di lavori di pulitura e di tinteggiatura. Dopo aver eliminato gli strati di pittura più superficiali dalle cornici delle finestre sono stati portati alla luce alcuni raffinati stucchi. Ogni singolo elemento è stato nuovamente fissato, mentre le parti cadute sono state ricostruite a regola d'arte (contributo). Con l'ausilio degli strati di pittura originale, ancora in buono stato di conservazione, è stato possibile ricreare una delicata bicromia tra la superficie delle pareti e gli stucchi. Le finestre preesistenti sul lato esterno sono state ripitturate ed adeguate alla nuova colorazione della facciata. La ricopertura del tetto è stata effettuata utilizzando coppi (contributo). kmm

Palazzo Toggenburg
È stata ultimata l'opera di risanamento di un'ampia unità abitativa situata sul lato prospiciente il giardino del grande palazzo. I lavori erano stati avviati già nel 2000. Tutti i componenti architettonici di rilievo storico (pavimenti, porte e parte delle finestre originali) sono stati ristrutturati a regola d'arte. L'esecuzione di alcuni lavori è stata ritenuta non a norma dal presente Ufficio, che ha operato affinché le

BOZEN,
PALAIS POCK,
FENSTERBEKRÖNUNG
VOR DER
RESTAURIERUNG

BOLZANO,
PALAZZO POCK,
CORNICE PRIMA
DEL RESTAURO

giert werden. Auf der Straßenseite sieht das Gesamtprojekt die Sanierung weiterer gewölbter Räume vor, die durch eine Nutzungsänderung in moderne Büroräume umgewandelt werden. kmm

St. Johann im Dorf

Unabhängig von den nun mehrere Jahre zurückliegenden Wasserschäden im Sockelbereich der Kirche war eine Konservierung der Wandgemälde im Apsisbereich notwendig geworden. Nach der Reinigung zeigte sich bald, dass an eingegrenzten Bereichen eine Nachfreilegung notwendig und hohle Stellen zu hinterfüllen waren.
Die gesamte Ausmalung aus der ersten Hälfte des 14. Jahrhunderts, insbesondere die Krönung Mariens in der Apsiskonche hat an Lesbarkeit wesentlich gewonnen.
Die Arbeiten werden im kommenden Jahr mit der Reinigung und Festigung der Malschicht am Triumphbogen abgeschlossen. Der reiche Bestand an Wandmalereien macht St. Johann im Dorf zu einer der herausragendsten Kirchen in Bozen. Ihre Pflege und Erhaltung ist sowohl der Stadtpfarrei Mariä Himmelfahrt als auch der Denkmalpflege ein großes Anliegen.
Die Arbeiten wurden vom Amt großzügig mitfinanziert. wke

anomalie venissero corrette. Per quanto riguarda il lato prospiciente la strada, il progetto complessivo prevede il risanamento di altri spazi a volta che, mediante una modifica d'uso, saranno destinati ad accogliere moderni uffici. kmm

San Giovanni in Villa

Indipendentemente dai danni causati dall'acqua nella zona del basamento ormai parecchi anni fa, un intervento di conservazione dei dipinti murali nella zona dell'abside era divenuto assolutamente non dilazionabile. Una volta concluso il lavoro di pulizia si era constatata subito la necessità di scoprire ulteriormente alcune parti circoscritte e di integrare alcune porzioni mancanti. L'intero dipinto risalente alla prima metà del XIV secolo, e in particolare l'Incoronazione di Maria raffigurata nella conca absidale, hanno guadagnato notevolmente in fatto di leggibilità. I lavori si concluderanno nel 2002 con la pulizia e il consolidamento dello strato pittorico sull'arco di trionfo. Grazie al suo ricco patrimonio di pitture parietali, la chiesa di San Giovanni in Villa è uno degli edifici sacri più interessanti di tutta Bolzano. La sua cura e il suo mantenimento costituiscono un grande impegno sia per la parrocchia dell'Assunta, sia per la Soprintendenza ai beni culturali. I lavori hanno potuto avvalersi di un generoso finanziamento da parte dell'Ufficio beni architettonici ed artistici. wke

BOZEN, GRIES,
KOFLER AUF CESLAR,
WANDMALEREIEN
IN DER STUBE,
LÖWENJAGD

BOLZANO,
KOFLER A CESLAR,
PITTURE MURALI
NELLA STUBE,
CACCIA AL LEONE

Gries, Gemeindehaus Gries, Grieser Platz 16–18

Der kubusförmige Bau mit neoklassizistischer Fassadengestaltung wurde 1888 nach Plänen des Architekten Sebastian Altmann errichtet. Nach mehrjähriger Bauzeit konnten die Umbau- und Sanierungsarbeiten weitgehend abgeschlossen werden. Für die neue öffentliche Nutzung mit Versammlungsräumen, Vereinsbüros und Künstlerateliers musste die Treppenanlage verbessert und ein Aufzug eingebaut werden. Fast alle Balkendecken wurden erhalten und statisch verstärkt.
Im Bereich der Fassaden wurde die originale Putzquaderung erhalten und fachgerecht restauriert. kmm

Gries, Kofler auf Ceslar

Den großen Weinhof in beherrschender Lage oberhalb des Bozner Talkessels ließen die Herren von Kofler Ende des 16. Jahrhunderts zu einem adeligen Ansitz, genannt Rundenstein umgestalten. Anlässlich einer Neutünchung zeigte sich vor einigen Jahren, dass in der Stube die freie Fläche zwischen Wand- und Deckentäfelung ursprünglich bemalt war. Nach abgeschlossener Freilegung und Restaurierung (Beitrag) sieht man an der Ostwand eine Wildschwein- und eine Löwenjagd. Der Erhaltungszustand

Gries, ex Municipio di Gries, piazza Gries, 16–18

L'edificio a forma di cubo, caratterizzato da una facciata di impronta neoclassica, è stato realizzato nel 1888 sulla base del progetto dell'architetto Sebastian Altmann. Dopo una lunga fase edilizia durata svariati anni, è stato possibile condurre a termine i lavori di ristrutturazione e risanamento. La nuova destinazione di carattere pubblico dell'edificio, che comprende sale per riunioni, uffici di associazioni e atelier, ha reso necessaria una modifica delle scale e l'installazione di un ascensore. È stato possibile conservare quasi tutti i soffitti a travi che sono stati sottoposti a consolidamento statico. Per quanto riguarda le facciate è stato mantenuto l'intonaco originale a conci che è stato restaurato a regola d'arte. kmm

Gries, Kofler auf Ceslar

Alla fine del XVI secolo il grande maso vinicolo, che grazie alla sua posizione domina l'intera conca bolzanina, era stato trasformato dai signori di Kofler in una residenza nobiliare denominata Rundenstein. Nel corso dei lavori di ritinteggiatura, eseguiti alcuni anni fa, era emerso che originariamente nella stube le superfici libere comprese tra il tavolato ligneo ed il soffitto avevano delle decorazioni pittoriche. Al termine dei lavori di pulitura e restauro (contributo) sono emersi sulla parete orientale alcune scene di caccia al cinghiale e al leone. A causa del cattivo

BOZEN, GRIES,
KOFLER AUF CESLAR,
WANDMALEREIEN
IN DER STUBE,
PERLENTAUCHER

BOLZANO,
KOFLER A CESLAR,
PITTURE MURALI
NELLA STUBE,
PESCA DI PERLE

der Südwand lässt den Bildinhalt leider nicht mehr erkennen. Die Westwand zeigt eine unleserliche Schrifttafel und einen Fuchs, der an einem Baum hochspringt, vielleicht die Illustration einer Tierfabel. Oberhalb des Fensters folgt eine Fuchsjagd, während den nördlichen Abschnitt der Wand eine Landschaft am Strand mit einem Schiff und mehreren Personen, von denen sich eine ins Meer stürzt, einnimmt. Die Nordwand schmücken zarte Blattranken mit Blumen, ein Motiv, in dem noch die spätgotische Rankentradition, freilich in neue Stilformen gekleidet, spürbar wird. Die drei Jagdbilder folgen genau den entsprechenden Kupferstichen von Philipp Galle aus der Serie „Venationes, piscationes et aucupii typi", die 1582 in Antwerpen erschienen ist. Anhand der Vorlage lässt sich die Szene am Strand als Perlenfischerei bestimmen. Der Neufund dokumentiert die bereits bekannte rasche und beliebte Rezeption flämischer Graphik in Tirol. Besonders interessant ist, dass die Vorlage der Löwenjagd auch im Turm des Ansitzes Zimmerlehen in Völs am Schlern verwendet worden ist, den Ferdinand von Khuepach zur gleichen Zeit ausmalen ließ.
Im europäischen Bezugsrahmen begegnet man den gleichen Vorlagen in den Wandteppichen der Medici-Villa von Poggio a Caiano in der Nähe von Flo-

stato di conservazione in cui si trova la parete meridionale, non è stato purtroppo possibile identificare il soggetto della pittura. Per quanto attiene alla parete occidentale vi sono raffigurati una scritta, non decifrabile, ed una volpe che salta presso un albero: forse è l'illustrazione di una favola di animali. Al di sopra della finestra è ritratta una scena di caccia alla volpe, mentre sulla parte settentrionale della parete è rappresentato un paesaggio marino: una spiaggia, una nave e diverse persone, tra cui se ne distingue una in procinto di tuffarsi. La parete settentrionale è decorata con sottili viticci e fiori, un motivo in cui sono ancora individuabili, anche se entro nuove forme stilistiche, i tradizionali racemi di impronta tardogotica. Le tre scene di caccia rispecchiano esattamente le incisioni su rame di Philipp Galle del ciclo "Venationes, piscationes et aucupii typi", edito nel 1582 ad Anversa. Considerando l'originale, la scena sulla spiaggia può quindi essere letta come un momento della pesca delle perle. Il recente ritrovamento testimonia quindi il già notorio rapido interessamento sorto in Tirolo per la grafica fiamminga. Di particolare interesse è anche il fatto che il modello della caccia al leone sia stato utilizzato pure nella torre della residenza Zimmerlehen a Fié allo Sciliar per la pittura che Ferdinand von Khuepach fece eseguire proprio nello stesso periodo. In ambito europeo lo stesso modello si ritrova negli arazzi di Villa dei

BOZEN,
ZWÖLFMALGREIEN,
HASELBURG,
HISTORISCHE ANSICHT

BOLZANO DODICIVILLE,
CASTEL FLAVON,
IMMAGINE STORICA

renz und in der Stuckdecke des Schlosses von Güstrow in Mecklenburg-Vorpommern. Als Entstehungszeit unserer Malereien kommen die neunziger Jahre des 16. Jahrhunderts in Frage. Ein schon länger aufgedecktes Fragment an der Westwand des großen Saales, der zur Gänze ausgemalt war, lässt eine Jahreszahl 159.. erkennen. hs

Gries, Sigmundskron
Die größte Burganlage Südtirols ist nach einem längeren Rechtsstreit Ende 1999 im Vorkaufsweg in das Eigentum des Landes übergegangen. Nachdem bereits im Jahr 2000 durch das Amt für Bauerhaltung Notmaßnahmen an den schadhaften Dächern des Torturmes, des Westrondells und des Weißen Turmes durchgeführt worden waren, konnten im Berichtsjahr spätere Einbauten und Einsturzmaterial im Bereich östlich des Nordrondells entfernt werden. Dabei kam der felsige Untergrund, der mit der nördlichen Ringmauer ein ungemein reizvolles Bild ergibt, wieder zum Vorschein. Außerdem wurde auch der Raum im Nordrondell bis auf den Felsen freigeräumt. Schließlich ermöglicht eine provisorische Holztreppe, die neben den geringen Resten der ursprünglich gemauerten Treppe errichtet wurde, den Zugang von der Unter- zur Oberburg. hs

Medici a Poggio a Caiano, nei pressi di Firenze, e sul soffitto a stucchi del castello di Güstrow in Meclemburgo-Pomerania anteriore. Si suppone che le nostre pitture siano state realizzate negli anni Novanta del XVI secolo. Su un frammento, rilevato già da tempo sulla parete occidentale della sala grande, già dipinta per intero, sono leggibili le prime cifre di una data: «159[.]». hs

Gries, Castel Firmiano
Alla fine del 1999, dopo una lunga controversia, il più esteso castello dell'Alto Adige è passato in proprietà della Provincia Autonoma in applicazione del diritto di prelazione. Dopo che già nel 2000 l'Ufficio Manutenzione aveva effettuato alcuni lavori d'emergenza sul tetto danneggiato della torre d'ingresso, del bastione circolare occidentale e della Torre bianca, nel 2001 sono state finalmente rimosse dalla zona a est del bastione circolare settentrionale le aggiunte edilizie ed il materiale di risulta. In tale occasione è stato riportato alla luce il basamento roccioso della collina che, nella parte settentrionale, insieme con il muro di cinta, forma un'insieme estremamente suggestivo. È stato inoltre liberato lo spazio all'interno del bastione settentrionale fino alle rocce. Infine, una scala in legno, collocata accanto al poco che resta dell'originaria scala in muratura, consente provvisoriamente il passaggio dalla parte inferiore alla parte superiore del castello. hs

BOZEN, ZWÖLFMALGREIEN, HASELBURG, SÜDANSICHT

BOLZANO, DODICIVILLE, CASTEL FLAVON, VEDUTA MERIDIONALE

Zwölfmalgreien, Ehemaliges Wirtschaftsgebäude des Ansitzes Hörtenberg

Das Grundstück nördlich des Ansitzes Hörtenberg mit ehemaligem Stadel und Nebengebäude wurde verkauft. Geplant waren der Abbruch der bestehenden historischen Gebäudestrukturen und die Neuerrichtung eines Mehrfamilienhauses. Aufgrund einer Bürgerinitiative wurde der ehemals zum Ansitz gehörende Stadel unter Denkmalschutz gestellt, jedoch mit der Möglichkeit, das Gebäude zu Büro- und Wohnzwecken umnutzen zu können. Mit der restlichen zur Verfügung stehenden Kubatur kann nordwestlich des Stadels ein einfacher und klar gestalteter Gebäudekomplex geplant werden. Im geschützten Wirtschaftsgebäude sind alle historischen Baustrukturen wie Gewölbe und Mauerstrukturen zu erhalten und fachgerecht zu sanieren. Im Gartenbereich wird eine dreigeschossige Tiefgarage eingegraben. kmm

Zwölfmalgreien, Haselburg

Die 1177 zum ersten Mal erwähnte Burganlage wurde in der ersten Hälfte des 16. Jahrhunderts unter den Herren von Völs mit zwei Zwingern, einem Eckrondell und der heutigen Zugangssituation mit einem großen steingerahmten Eingangstor völlig erneuert. Weiterhin erfolgte im Westtrakt die reiche Dekora-

Dodiciville, Ex rustico della residenza Hörtenberg

Il terreno a nord della residenza Hörtenberg è stato venduto insieme con l'ex fienile e l'edificio adiacente. Era prevista la demolizione delle strutture edilizie di rilievo storico già esistenti e la ricostruzione ex novo di una casa plurifamiliare. Grazie alla mobilitazione della cittadinanza, l'ex fienile, un tempo parte della residenza, è stato soggetto a vincolo. Sussiste però la possibilità di riattare l'edificio all'uso abitativo e di ufficio. La cubatura ancora disponibile a nord-ovest del fienile potrebbe essere utilizzata per la realizzazione di un edificio semplice e lineare. Tutti gli elementi strutturali di rilievo storico, all'interno del fabbricato rurale vincolato, come le volte e le strutture murarie, devono essere sottoposti a lavori di consolidamento e risanamento da eseguirsi a regola d'arte. Nella zona del giardino sarà realizzato un parcheggio sotterraneo a tre piani. kmm

Dodiciville, Castel Flavon

Il castello, di cui si fa menzione per la prima volta nel 1177, è stato interamente rinnovato nella prima metà del XVI secolo dai signori di Fié a cui si deve la costruzione di due cortili, un bastione angolare e l'ingresso, attualmente ancora in uso, mediante un grande portale con cornice in pietra. Successivamente sono state realizzate le numerose decorazioni

BOZEN, ZWÖLFMALGREIEN, HASELBURG, WÄHREND DER INSTANDSETZUNGSARBEITEN

BOLZANO DODICIVILLE, CASTEL FLAVON, STATO DEI LAVORI DI RISTRUTTURAZIONE

tion verschiedener Säle, wobei die Fresken von Bartlmä Dill-Riemenschneider (1549) besonders zu erwähnen sind.
Im Laufe der Zeit stürzten der ehemalige Wohntrakt und weitere Gebäudeteile im Bereich des westlichen Felsrandes ein, so dass die Burg lange Zeit zum größten Teil als Ruine bestand, bevor sie in den letzten Jahren verkauft wurde. Der neue Besitzer beabsichtigt die Gesamtsanierung der Anlage, mit dem teilweisen Wiederaufbau der eingestürzten ehemaligen Wohnkubatur. Durch Erd- und Trümmeraushub im Innenhof, begleitet und ergänzt durch eine archäologische Grabung (siehe Bericht des Amtes für Bodendenkmäler, S. 217), konnte ein weiterer großer Versammlungs- und Festraum unter dem bestehenden Hofniveau geschaffen werden, der über eine neue Treppenanlage zu erschließen ist. Alle historischen Mauerstrukturen wurden gereinigt, konsolidiert und durch eine Schließung der Maueroberflächen gegen eindringendes Regenwasser geschützt (Beitrag). Die Dächer des Altbestandes und des Neubaues wurden mit Mönch- und Nonneziegeln neu gedeckt (Beitrag). Im Berichtsjahr konnten die Rohbauarbeiten abgeschlossen werden. kmm

nelle sale comprese nell'ala occidentale del castello; un cenno particolare meritano gli affreschi eseguiti da Bartlmä Dill-Riemenschneider (1549). Col passare del tempo la parte del castello destinata alle abitazioni ed altri punti dell'edificio, sull'estremità occidentale del bastione roccioso, sono crollati e per un lungo periodo il castello è apparso più che altro un ammasso di rovine. Qualche anno fa, infine, è mutata la proprietà. Il nuovo proprietario ha disposto il risanamento generale del complesso e la parziale ricostruzione di quello che era, prima del crollo, il volume abitato. Parallelamente ai lavori di rimozione del terreno e delle macerie dal cortile interno, sono stati effettuati alcuni scavi archeologici (cfr. la relazione dell'Ufficio beni archeologici, p. 217). Tali lavori hanno consentito di creare, al di sotto dell'attuale livello del cortile, un altro grande spazio per riunioni e ricevimenti raggiungibile tramite una scala. Tutti gli elementi in muratura di rilievo storico sono stati sottoposti a lavori di pulizia, consolidamento e protetti dall'eventualità di infiltrazioni di acqua piovana grazie ad opere di integrazione delle superfici murarie (contributo). La copertura del tetto del vecchio e del nuovo edificio è stata effettuata utilizzando coppi (contributo). Nel 2001 sono stati completati i lavori del grezzo. kmm

BRANZOLL
BRONZOLO

Pfarrkirche zum Herzen Jesu
Da der Altarraumbereich der nach Maurer-

Parrocchiale del Sacro Cuore
Poiché nella chiesa in stile neoromanico,

BOZEN,
ZWÖLFMALGREIEN,
HASELBURG,
ECKRONDELL

BOLZANO,
DODICIVILLE, CASTEL
FLAVON,
BASTIONE ANGOLARE

meister Glopper in neuromanischen Stilformen erbauten Kirche den liturgischen Anforderungen nicht mehr entsprach, entschloss sich die Pfarrgemeinde zu einer Um- bzw. Neugestaltung des Presbyteriums. Der Vorschlag sah das Vorziehen der Presbyteriumsebene ins Langhaus vor, um den neuen Volksaltar unter dem Triumphbogen positionieren zu können. Traditionellerweise schließt der erhöhte Altarraum am Triumphbogen an und setzt sich durch eine oder mehrere Stufen vom Langhaus ab. Die symbolische Grenze zwischen Irdischem und Himmlischem (Altarraum), die durch die klare Trennung im Bereich des Triumphbogens architektonisch entsprechend angedeutet wird, würde durch das Vorziehen zerstört und wurde deshalb vom Amt für Bau- und Kunstdenkmäler nicht genehmigt. Über einen bei der Landesregierung eingereichten Rekurs wurde das Projekt letztendlich gutgeheißen. Für die Ausführung der neuen „liturgischen Orte" wurde von der Pfarrei ein künstlerischer Ideenwettbewerb organisiert. Das Siegerprojekt von Franz Messner sah für Volksaltar, Ambo und Taufbecken sehr schlichte und kompakte, auf die geometrischen Grundformen beschränkte Blöcke aus Stahl vor. Priestersitz und Sedilien hingegen wurden in hellem Holz ausgeführt. Für das kommende Jahr steht die Restaurierung der Wandmalereien von Rudiferia an. vd

realizzata secondo i criteri costruttivi del capomastro Glopper, lo spazio riservato all'altare risultava inadeguato alle esigenze liturgiche, la comunità parrocchiale ha optato per la ristrutturazione del presbiterio che, secondo quanto veniva proposto, avrebbe dovuto essere spostato in avanti, all'interno della navata. Ciò consentiva di collocare il nuovo altare sotto l'arco di trionfo. Per tradizione l'area dell'altare è delimitata dall'arco di trionfo e si discosta dalla navata tramite uno o più gradini. Attuando la modifica veniva quindi distrutto il confine simbolico tra realtà terrena e dimensione celeste (spazio riservato all'altare), opportunamente delineato dal punto di vista architettonico mediante la netta separazione nello spazio dell'arco di trionfo. Per questo motivo la proposta non ha ottenuto il consenso dell'Ufficio. Ma in seguito ad un ricorso presentato alla Giunta Provinciale, il progetto è stato infine approvato. Per la realizzazione dei nuovi "luoghi liturgici", la parrocchia ha indetto un concorso artistico. Il progetto vincente, messo a punto da Franz Messner, prevede per l'altare, l'ambone e la fonte battesimale l'uso di blocchi di acciaio molto semplici e compatti, limitati alle forme geometriche di base. La sedia sacerdotale e i sedili vengono invece realizzati in legno chiaro. Per il 2002 è previsto il restauro delle pitture murali di Rudiferia. vd

BRIXEN,
ALTENMARKTGASSE 22,
FASSADENRESTAU-
RIERUNG

BRESSANONE,
VIA MERCATO
VECCHIO, 22,
RESTAURO DELLA
FACCIATA

BRIXEN,
ALBUINGASSE 7,
RESTAURIERUNG DER
GOTISCHEN QUADER-
MALEREI

BRESSANONE,
VIA ALBUINO, B,
RESTAURO DELLE
DECORAZIONI A CONCI
DIPINTI GOTICHE

BRIXEN
BRESSANONE

Albuingasse 7

Die Gesamtrestaurierung des im Kern gotischen und mehrmals erweiterten Dompfarrhauses hatte ein Wandgemälde aus der Werkstatt Leonhards von Brixen und eine gotische Holzbalkendecke zu Tage gebracht (siehe Denkmalpflege in Südtirol 2000, S. 46/47). Mit der Neutünchung in Kalkfarbe und der Restaurierung der gotischen Quadermalerei an der gassenseitigen Westfassade wurden die Arbeiten abgeschlossen. Ältere Fensteröffnungen konnten zwar dokumentiert, jedoch nicht wieder geöffnet werden. wke

Altenmarktgasse 7

Die bereits seit Jahren geplante Sanierung des barocken Hauses mit Geschäfts-, Büro- und Wohnnutzung hatte im Vorjahr vorbereitend begonnen. Während der Arbeiten zeigte sich der statisch gefährdete Zustand des Gebäudes, welches nur mit aufwändigen Sicherungsarbeiten zu stabilisieren war. Gewölbte Räume, Deckenverbände samt Stuckaturen konnten erhalten werden. Dachstuhl, Treppenaufgang und Fenster waren jedoch zu erneuern. Bei der Fassadenrestaurierung zeigte sich, dass die barocke Gliederung und die Stuckierung der Fensterumrahmungen zu Beginn des 20. Jahrhunderts in der gleichen Form erneuert worden waren. Gliede-

Via Albuino, 7

Il risanamento complessivo della casa parrocchiale del duomo, dal nucleo edilizio gotico, già sottoposta a diversi interventi di ampliamento, ha portato alla luce una pittura murale proveniente dalla bottega di Maestro Leonardo da Bressanone e un soffitto a travi di legno in stile gotico (cfr. Tutela dei beni culturali in Alto Adige 2000, pp. 46/47). I lavori si sono conclusi con la ritinteggiatura a calce ed il restauro delle pietre finte gotiche dipinti sulla facciata occidentale prospiciente il viottolo. È stata accertata la presenza di vecchie aperture per finestre che però non è stato possibile ripristinare. wke

Via Mercato Vecchio, 7

Nel 2000 sono iniziati i preparativi dell'opera di risanamento, progettata già da diversi anni, della casa barocca che comprenderà negozi, uffici e abitazioni. Nel corso dei lavori sono emersi i danni statici riportati nel passato dall'edificio, la cui stabilità ha potuto essere ripristinata solo mediante dispendiosi interventi di consolidamento. Sono stati mantenuti gli spazi a volta, i soffitti e gli stucchi, mentre hanno dovuto essere rinnovati le capriate del tetto, la scala e le finestre. Durante il restauro della facciata è emerso che le suddivisioni barocche e gli stucchi delle cornici delle finestre erano stati rifatti conformi all'originale all'inizio del XX secolo. I singoli elementi e l'intonaco di super-

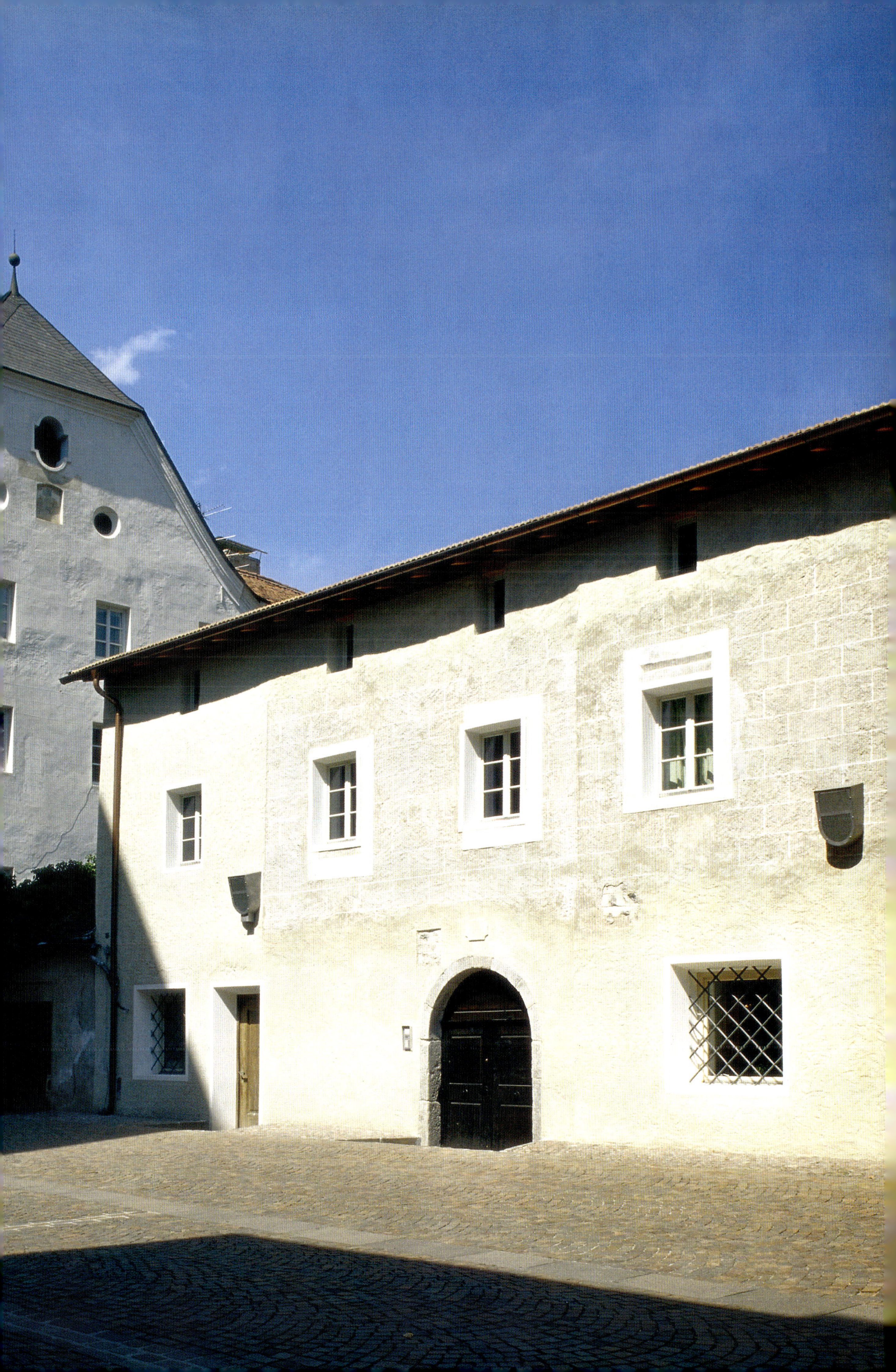

BRIXEN, ALTENMARKTGASSE 19, MOSAIK MIT HERZ-JESU-DARSTELLUNG AUS DER GLAS- UND MOSAIK-WERKSTATT STROBL

BRESSANONE, VIA MERCATO VECCHIO, 19, MOSAICO CON LA RAFFIGURAZIONE DEL SACRO CUORE DELL'ATELIER DI PITTURA SU VETRO E MOSAICI STROBL

rungselemente und Flächenputz wurden gereinigt, gefestigt und in einem Grün-Grau-Ton gekalkt (Beitrag). wke

Altenmarktgasse 19

Im Kern aus gotischer Zeit stammend, hat das Haus mit gewölbtem Mittelgang im Erdgeschoss, Lichthof, getäfelter Erkerstube im ersten Obergeschoss eine Reihe von Umbauten erfahren. Die abgeschlossene Gesamtsanierung begann mit einer aufwändigen statischen Sicherung im Gewölbebereich des Erdgeschosses und endete mit der Restaurierung der Holz- und Putz-Oberflächen sowie der Fassadentünchung (Beitrag). Das besitzrechtlich dazugehörige nicht geschützte Nebenhaus (Altenmarktgasse 21) wurde um ein Stockwerk erhöht und eine zeitgemäße Büroeinheit integriert. Als Sitz der Glasmalerei- und Mosaikwerkstatt Strobl, welche in Brixen und Umgebung im späten 19. und frühen 20. Jahrhundert eine Vielzahl an Kirchenfenstern anfertigte, hat das Gebäude lokale Bedeutung. wke

Altenmarktgasse 22

Die Gassenfassade des mittelalterlichen Hauses hatte im Laufe der Jahrhunderte mehrmals eine neue Gestaltung erfahren. Auf die zum Teil noch erkennbare spätgotische Quadermalerei folgten mehrere Anstriche. Im 19. Jahrhundert wurden die

ficie sono stati sottoposti ad interventi di pulizia e consolidamento ed infine imbiancati a calce color grigio-verde (contributo). wke

Via Mercato Vecchio, 19

Risalente nel nucleo originario al periodo gotico, la casa con corridoio centrale voltato al piano terra, cavedio e stube con erker rivestita in legno al primo piano ha subito una serie di interventi di ristrutturazione. Il risanamento generale ormai concluso è iniziato con una complessa opera di consolidamento statico nell'ambito della volta del piano terra e si è concluso con il restauro della superficie lignea e a intonaco, nonché con la tinteggiatura delle facciate (contributo). L'immobile attiguo di pertinenza, non soggetto a tutela (via Mercato Vecchio, 21), è stato sopraelevato di un piano. Vi è stata inoltre integrata una moderna unità immobiliare adibita a ufficio. L'edificio riveste importanza locale in quanto sede dell'atelier di pittura su vetro e mosaici Strobl che tra la fine del XIX e l'inizio del XX secolo eseguì un gran numero di finestre di chiese a Bressanone e dintorni. wke

Via Mercato Vecchio, 22

Nel corso dei secoli la facciata della casa medievale è stata sottoposta a diversi interventi di ristrutturazione. Sulle pietre finte tardogotiche sono stati aggiunti vari strati di pittura. Nel XIX secolo le superfici sono state imbiancate ed è stata eseguita una

BRIXEN, ALTENMARKTGASSE 19–21

BRESSANONE, VIA MERCATO VECCHIO, 19–21

Flächen weiß getüncht, um die Fenster und an den Erkern eine graue Dekorationsmalerei mit schwarzen Konturen gesetzt. Man entschloss sich den letzten Anstrich abzubürsten, die Dekorationsmalerei mit finanzieller Unterstützung des Amtes freizulegen und zu restaurieren. Die Fassadenflächen wurden mit dünnen Kalklasuren laut Befund neu getüncht (Beitrag). wke

Altes Krankenhaus

Die Sanierung des 1912–1914 nach Plänen von Payr und Baier aus Innsbruck errichteten Baues wurde im Osttrakt fortgesetzt. Die Innenraumgestaltung und -ausstattung in Jugendstilformen waren bereits früheren Umbauten zum Opfer gefallen. Es gilt die Räumlichkeiten heutigen Krankenhaus- und Pflegeanforderungen anzupassen. Die Restaurierung der zentral gelegenen Kapelle ist geplant. Ihre künftige Nutzung als Archiv wurde glücklicherweise wieder fallen gelassen. wke

Altes Rathaus, Große Lauben 14 – Großer Graben 23

Um 1700 malte ein unbekannter Maler das Urteil des Salomo an die Westwand des spätgotischen Innenhofes. Die Inschrift am unteren Bildrand ist leider nicht mehr vollständig lesbar. Die Thematik steht in engem Zusammenhang mit der Rathausfunktion.

cornice decorativa grigia con contorno nero intorno alle finestre e sull'erker. È stato deciso di rimuovere l'ultimo strato di pittura e, avvalendosi dei fondi stanziati dall'Ufficio, di recuperare la pittura decorativa e sottoporla a restauro. Le superfici delle facciate sono state ritinteggiate con un sottile strato di calce a colore negli colori originali (contributo). wke

Vecchio Ospedale

È proseguita nel tratto orientale l'opera di risanamento dell'edificio costruito tra il 1912 ed il 1914 su progetto degli architetti Payr e Baier. Le decorazioni degli interni e gli arredi liberty erano già stati sacrificati nelle precedenti ristrutturazioni. Si tratta ora di adeguare gli ambienti agli standard sanitari moderni. È inoltre previsto il restauro della cappella centrale. Il progetto che ne prevedeva un futuro utilizzo come archivio, è stato fortunatamente abbandonato. wke

Vecchio Municipio, Portici Maggiori, 14 – Bastioni Maggiori, 23

Il giudizio di Salomone dipinto sulla parete occidentale del cortile interno in stile tardogotico è opera di un artista sconosciuto e risale agli anni attorno al 1700. L'iscrizione presente sul margine inferiore del dipinto purtroppo non è più interamente leggibile. Il tema è strettamente correlato alla antica funzione istitu-

BRIXEN,
DOM MARIÄ
HIMMELFAHRT

BRESSANONE,
DUOMO DELL'ASSUNTA

Das großformatige Wandbild scheint seit seiner Entstehung starke Witterungsschäden davongetragen zu haben, sodass es laufend übermalt wurde. Der schlechte Erhaltungszustand, vor allem im unteren Bereich sowie zahlreiche lose Partien der Malschicht machten eine Konservierung dringend notwendig. Man entschied sich für die Sicherung und Beibehaltung sämtlicher Übermalungen, da ansonsten nur ein ruinöser Zustand geblieben wäre. Längerfristig ist das Wandbild nur zu erhalten, wenn der offene Hof verglast wird. Ein Eingriff, der jedoch die Wirkung und Funktion des Hofes als Freiraum beeinträchtigen wird. Die Gemeinde Brixen als Eigentümerin und das Institut für Geförderten Wohnbau als Nutzer sind gefordert eine Lösung zu planen. Vorübergehend ist das Gemälde durch eine Folie geschützt. Das Amt organisierte und finanzierte die Restaurierung zur Gänze. wke

Ansitz von Lachmüller, Säbener Tor

Die Säbener-Tor-Fassaden wurden trotz Untersuchung durch einen Restaurator 1998 im Auftrag der Nutzer von einem Anstreicher weder farblich noch materialgerecht neu getüncht. Die abblätternde Tünche machte die Fassaden bald derart unansehnlich, dass die Notwen-

zionale di municipio cittadino. Il costante danneggiamento di questo dipinto di grandi dimensioni causato nel tempo dagli agenti atmosferici ha fatto sì che esso sia stato ridipinto più volte. Il suo precario stato di conservazione, specie nella parte inferiore, così come numerose parti mancanti dello strato di colore ha reso estremamente urgente un intervento di conservazione. Si è deciso di consolidare e di conservare tutti i vari strati di pittura, per non ritrovarsi con una semplice rovina. A lunga scadenza il dipinto murale potrà essere conservato soltanto se il cortile all'aperto verrà ricoperto con una vetrata. Un intervento, questo, che peraltro penalizzerebbe non poco l'efficacia e la funzione di questo spazio aperto. Al Comune di Bressanone, in quanto proprietario dell'edificio e all'Istituto per l'edilizia sociale (IPES), in qualità di fruitore della struttura si chiede di prospettare una soluzione al problema. Temporaneamente il dipinto è stato ricoperto con un foglio di protezione. Il restauro è stato interamente organizzato e finanziato dalla Soprintendenza ai beni culturali. wke

Residenza Lachmüller, Porta Sabiona

Nonostante l'indagine preventiva eseguita nel 1998 da un restauratore, la proprietà ha fatto ritinteggiare le facciate della Porta Sabiona da un imbianchino che ha eseguito un lavoro inadeguato sia per quanto riguarda la scelta del colore, che per quella del materiale. Le cadute di colore avevano reso

BRIXEN, DOM MARIÄ HIMMELFAHRT, NEUEINDECKUNG MIT GLASIERTEN BIBER-SCHWANZZIEGELN

BRESSANONE, DUOMO DELL'ASSUNTA, NUOVA COPERTURA CON TEGOLE A CODA DI CASTORO SMALTATE

BRIXEN, DOM MARIÄ HIMMELFAHRT, WÄHREND DER EINDECKUNG

BRESSANONE, DUOMO DELL'ASSUNTA, DURANTE I LAVORI DI COPERTURA

digkeit einer Restaurierung eingesehen wurde. Die Neutünchung hielt sich an die Fassung des 17. und 18. Jahrhunderts mit weißem Kalkschlämmestrich und grauer Eckquaderung, samt Abgrenzung durch einen schwarzen Konturenstrich. wke

Dom Mariä Himmelfahrt

Der um die Mitte des 18. Jahrhunderts barockisierte Bau hatte die Dacheindeckung mit glasierten Biberschwanztonziegeln, abgesehen von laufenden Ausbesserungsarbeiten noch aus der Zeit. Wie schriftliche Quellen berichten, wurden damals die in der Neustifter Klosterziegelei hergestellten Ziegel des gotischen Hochchors aus der Cusanus-Zeit sorgfältig abgenommen und zur Wiederverwendung gelagert. Während der Arbeiten fanden sich tatsächlich eine größere Zahl gotischer Ziegel in spitz zulaufender Form. Aus späterer Zeit konnten eine Reihe datierter Stücke sichergestellt werden, welche die zeitliche Zuordnung mehrerer Ziegelgruppen ermöglichen. Vor diesem Hintergrund war die Neueindeckung der 2350 m² großen Fläche nicht allein ein handwerklich anspruchsvolles, kostspieliges und für die Erhaltung des Domes notwendiges Vorhaben, sondern eine große Verantwortung historischen Materialien gegenüber. Zum Bedauern

l'aspetto della facciata talmente misero da rendere evidente ed impellente la necessità di un intervento di restauro. Per i lavori di ritinteggiatura ci si è rifatti ai lavori eseguiti nel XVII e XVIII secolo con imbiancatura a calce, quadrati angolari grigi e delimitazione dei contorni in nero. wke

Duomo dell'Assunta

L'edificio, trasformato in stile barocco attorno alla metà del XVIII secolo, possedeva allora l'originaria copertura con tegole a lastre smaltate, fatti salvi alcuni lavori di miglioria eseguiti ancora all'epoca. Stando a quanto riportano fonti scritte, vennero accuratamente asportate e riutilizzate le tegole del coro gotico dell'epoca di Cusano, che erano state prodotte nella fornace dell'abbazia di Novacella. Nel corso dei lavori sono state rinvenute in effetti numerose tegole gotiche terminanti a punta. Sono stati accertati come risalenti ad un'epoca successiva alcuni pezzi contrassegnati da una data e ciò ha consentito di attribuire una collocazione cronologica ai vari gruppi di tegole. Date queste premesse, il rifacimento del tetto, che ha una superficie complessiva di ben 2350 metri quadrati, non ha costituito solo un lavoro alquanto impegnativo sul piano professionale e finanziario, e in ogni caso necessario per la conservazione del duomo, ma ha rappresentato anche una grande responsabilità nella valutazione dei materiali originari.

BRIXEN,
DOM MARIÄ
HIMMELFAHRT,
RESTAURIERUNG DES
KUPFERBLECHDACHES

BRESSANONE,
DUOMO DELL'ASSUNTA,
RESTAURO DEL TETTO
IN RAME

BRIXEN,
DOM MARIÄ
HIMMELFAHRT,
HISTORISCHE BIBER-
SCHWANZZIEGEL

BRESSANONE
DUOMO DELL'ASSUNTA,
TEGOLE A CODA DI
CASTORO ANTICHE

der Denkmalpflege war der größte Teil der Ziegel funktionsunfähig geworden, sodass die Wiederverwendung der gut erhaltenen Ziegel am schwer zugänglichen Domdach wenig Sinn und eine ständige Wartung notwendig gemacht hätte. Man entschied sich daher für eine farblich gemischte Deckung mit neuen Ziegeln, die vorsichtige Abnahme aller alten Ziegel und die Wiederverwendung der gut erhaltenen auf der Domsakristei sowie für die Dächer der Trostburg in Waidbruck. Das Domdach selbst hat zwar seinen Bestand an mehrere Jahrhunderte alten Ziegeln verloren und strahlt zur Zeit noch in allzu „neuem Glanz", die Entscheidung ist letztlich jedoch denkmalpflegerisch verantwortbar. In der Kugel des Chores fand sich die Jahreszahl 1462. Die anfangs geplante komplette Erneuerung der Kupferdächer der Domtürme konnte nach näherer Sichtung abgewendet werden. Am Nordturm kam man um den Ersatz der Dachstuhlkonstruktion nicht herum, die Kupfereindeckung war jedoch reparierbar. Damit konnte die noch originale Deckung aus der Bauzeit unter Hofbaumeister Hans Reichle (1612) erhalten werden. Die Arbeiten am Südturm werden im kommenden Jahr begonnen. Restaurierungsarbeiten waren weiters an den Steinvasen und Skulpturen auf dem Dach der

Con grande rammarico la Soprintendenza ai beni culturali ha dovuto constatare che la maggior parte delle tegole non erano più utilizzabili, cosicché aveva ben poco senso tornare a usare le restanti tegole del tetto del duomo difficilmente accessibile, oltre al fatto che esse avrebbero richiesto comunque una continua manutenzione. Per questo si è assunta la decisione di rifare il tetto con tegole nuove di colore misto, asportando accuratamente le vecchie tegole e riutilizzando quelle ancora in buono stato per il tetto della sacrestia del duomo e per i tetti di Castel Trostburg a Ponte Gardena. La nuova copertura del duomo ha perso il suo patrimonio di tegole originali vecchie di secoli ma ha riacquistato la bellezza originaria; si tratta di una soluzione in linea con la tutela dei beni culturali. Nella cupola del coro è stata rinvenuta la data 1462. Se in un primo momento si era pensato di sostituire completamente i tetti in rame dei campanili del duomo, in seguito ad una più attenta valutazione della situazione si è deciso di rinunciare a tale opera. Sul campanile settentrionale non si è potuto evitare il rifacimento dell'armatura del tetto, mentre per la copertura in rame è stata sufficiente una riparazione. In questo modo si è riusciti a conservare la copertura ancora originale, risalente all'epoca di costruzione del campanile e realizzata sotto la guida del costruttore edile di corte Hans Reichle (1612). I lavori al campanile meridionale

BRIXEN,
DOMKREUZGANG,
10. ARKADE,
AUSSCHNITT

BRESSANONE,
CHIOSTRO DEL DUOMO,
DECIMA ARCATA

klassizistischen Domvorhalle nötig. Das Erdbeben im Juli des Jahres hatte Schäden am Troger-Fresko über der Orgelempore verursacht, welche sich jedoch ohne größeren Aufwand beheben ließen. Der gewölbte Sakristeiraum hatte in den neunziger Jahren einen kunstharzhaltigen Anstrich erhalten, der mechanisch wieder abgenommen wurde, um die Kalkoberfläche freizulegen und lasierend neu tünchen zu können. Die Freilegung der Stuckaturen machte ihre originale Feinheit und Profilierung wieder sichtbar.
Das Wandgemälde der Fußwaschung Christi mit Porträtköpfen von Mitgliedern des Brixner Domkapitels an der Südwand stammt vom Priestermaler Johannes Baptist Oberkofler aus dem Jahre 1940. Die Oberflächenreinigung wurde mit Latexschwämmen durchgeführt (Beitrag).

Domkreuzgang

Die seit 1997 währende Restaurierung der Wandmalereien im Nord- und Ostflügel konnte mit den Arbeiten in der neunten Arkade abgeschlossen werden. (siehe Denkmalpflege in Südtirol 1997, S. 59; 1998, S. 69; 1999, S. 73; 2000, S. 48). Um in Zukunft eine Gesamtrestaurierung, damit verbundene Verluste und große finanzielle Aufwendungen

saranno avviati il prossimo anno. Si sono resi inoltre necessari alcuni interventi di restauro su vasi di pietra e sculture sul tetto dell'atrio del duomo in stile classicheggiante. Il terremoto dello scorso luglio ha danneggiato l'affresco di Troger sopra la cantoria dell'organo, ma i danni hanno potuto essere riparati senza costi eccessivi. La sala della sacrestia, con soffitto a volta, era stata tinteggiata negli anni Novanta utilizzando un colore a legante resinoide, che è stato rimosso meccanicamente per portare in luce la superficie a calce e poter intonacare a nuovo le pareti con un velo di calce. Lo scoprimento delle stuccature ha fatto riemergere la loro raffinatezza e il loro profili. Il dipinto a parete raffigurante la Lavanda dei piedi di Cristo con i ritratti di membri del capitolo del duomo brissinese era stato eseguito sulla parete meridionale da Joahnnes Baptist Oberkofler nel 1940. Le superfici sono state ripulite con spugne di lattice (contributo).

Chiostro del duomo

I lavori eseguiti nella nona arcata hanno portato al completamento dell'opera di restauro delle pitture murali situate nell'ala nord e nell'ala est, già avviata nel 1997 (cfr. Tutela dei beni culturali in Alto Adige 1997, p. 59; 1998, p. 69; 1999, p. 73; 2000, p. 48). Per evitare che in futuro emerga nuovamente la necessità di un intervento generale di restauro, con le perdite e il grave dispendio economi-

BRIXEN,
DOMKREUZGANG,
AUSSCHNITT

BRESSANONE,
CHIOSTRO DEL DUOMO,
PARTICOLARE

BRIXEN,
EHEMALIGES
GIL-GEBÄUDE

BRESSANONE,
EDIFICIO EX GIL

möglichst zu vermeiden, müssen mehrjährige Kontrollen und kleine Schadensbehebungen im Rahmen eines Pflegekonzeptes organisiert werden. wke

Ehemaliges GIL-Gebäude

Die im Berichtsjahr 2000 (siehe Denkmalpflege in Südtirol 2000, S. 49) erfolgte Befunduntersuchung zur historischen Farbigkeit der Fenster und Fassaden wurde bei der Auswahl der Fensterfarbe leider nur annähernd berücksichtigt.
Die Richtigstellung dieses Irrtums steht immer noch aus und scheint aus budgetären Gründen nicht durchführbar.
Für die in ganz Italien errichteten GIL-Gebäude war Oxid-Rot für den Farbanstrich bindend, darum hat diese Farbe Anteil an der Denkmaleigenschaft des Baudenkmals. Diesem Umstand wurde zu wenig Rechnung getragen, denn die Auswahl der Fassadenfarbe erfolgte unter enormem Zeitdruck und so konnte nur auf die im Handel erhältlichen Farbtöne zurückgegriffen werden.
Der neue Anbau eines Mehrzwecksaales sowie die Gestaltung des Hofraumes sind architektonisch diskutabel und fordern eine kritische Auseinandersetzung. Formal setzen sie sich vom Bestand zwar deutlich ab, lassen jedoch einen konstruktiven Dialog mit dem rationalistischen Bau vermissen. hsc/wke

co che questo comporta, è necessario organizzare, nell'ambito di un progetto di tutela, dei controlli pluriennali e provvedere all'eliminazione di eventuali piccoli danni. wke

Edificio ex GIL

Nella scelta del colore delle finestre ci si è attenuti, purtroppo solo in parte, all'indagine sulla tinta effettuata nel 2000 (cfr. Tutela dei beni culturali in Alto Adige 2000, p. 49) per stabilire la colorazione originaria di finestre e facciate. Finora non si è ancora rimediato all'errore, e sembra che per questioni di bilancio non sarà possibile farlo neanche in seguito. Per la pitturazione degli edifici GIL in tutta Italia era vincolante il color rosso-ossido. Per questo tale colore è diventato elemento caratteristico imprescindibile del monumento architettonico. Ma dato che la scelta del colore della facciata è dovuta avvenire in tempi molto brevi, non è stato perciò possibile tenere conto di questa circostanza e si è fatto ricorso alle tonalità disponibili in commercio. L'aggiunta di una sala polifunzionale e la conformazione del cortile interno appaiono discutibili dal punto di vista architettonico ed impongono necessariamente un confronto critico. Pur staccandosi senz'altro dalle strutture originarie, non riescono tuttavia a proporre un dialogo costruttivo con la struttura razionalista preesistente. hsc/wke

BRIXEN,
EHEMALIGES
GIL-GEBÄUDE,
ERWEITERUNGSBAU

BRESSANONE,
EDIFICIO EX GIL,
AMPLIAMENTO

Friedhofsarkaden und Friedhofskapelle

Die Ende des 18. Jahrhunderts errichteten Friedhofsarkaden wurden bereits hundert Jahre später in gotisierenden Formen nach Westen erweitert und durch eine zentrale Kapelle ergänzt. Im Berichtsjahr wurde die sich in sehr schlechtem Zustand befindliche Arkade im Nordwesteck des Friedhofs restauriert. Durch ihre Position an der Staatsstraße und die schadhafte Dacheindeckung war die Zerstörung durch eindringende Feuchtigkeit weit fortgeschritten. Die historisierenden Dekorationsmalereien in den Gewölbekappen und -rippen wurden zunächst gereinigt und mittels Kompressen entsalzt. Der schadhafte Putz in der Sockelzone wurde entfernt und mit Kalkmörtel wieder verputzt. Anschließend wurden die Schildwände mit Kalkfarbe gestrichen und die Schablonenmalereien an den Rippen ergänzt (Beitrag). hsc

Hartwiggasse 5–7

Das im Kern mittelalterliche Stadthaus wurde aus mehreren Bauparzellen zu einem großen Gebäude zusammengefasst. Die neunachsige, dreigeschossige Hauptfassade wurde im 19. Jahrhundert mit einem Spritzputzbewurf und vorgefertigten Fensterumrahmungen neu gestaltet. Die Restaurierung der Fassade sah einen Neuanstrich laut Befund vor. Außerdem

Arcate del cimitero e cappella cimiteriale

A distanza di un secolo i porticati cimiteriali, edificati alla fine del XVIII secolo, erano già stati ampliati ad ovest in stile goticheggiante e integrati con l'aggiunta di una cappella centrale. Nel 2001 è stato effettuato il restauro del porticato, in pessimo stato di conservazione, situato nell'angolo nord-ovest del cimitero. A causa della posizione prospiciente la strada statale e della copertura del tetto, gravemente compromessa, il livello di deterioramento del porticato risultava molto avanzato, anche in riguardo alla forte umidità. È stata effettuata la pulizia e quindi la desalinizzazione mediante compresse di cellulosa delle pitture decorative di tipo storicizzante riportate sull'unghia e sui costoloni della volta. L'intonaco danneggiato è stato rimosso dallo zoccolo che è stato nuovamente intonacato a calce. Infine è stata effettuata la ritinteggiatura a calce dei muri perimetrali e sono state opportunamente integrate le pitture a sagoma dei costoloni (contributo). hsc

Via Hartwig, 5–7

La casa urbana dal nucleo edilizio di epoca medievale composto da più lotti è stata riunita in un unico grande edificio. Nel XIX secolo è stata effettuata la ristrutturazione della facciata principale a nove assi e a tre piani che è stata intonacata con intonaco a spruzzo, alle finestre sono state apportate cornici prefabbricate.

BRIXEN, KASSIANEUM, INNENHOF
BRESSANONE, KASSIANEUM, CORTILE

BRIXEN, HOFBURG, JAPANISCHER GARTENPAVILLON VOR DER FASSADENRESTAURIERUNG
BRESSANONE, PALAZZO VESCOVILE, PADIGLIONE GIAPPONESE PRIMA DEL RESTAURO DELLE FACCIATE

wurde die Gesamtsanierung der Wohnung im ersten Obergeschoss des Baudenkmals vorgenommen. Man beschränkte sich dabei lediglich auf die Restaurierung der Oberflächen (Wände, Böden, Fenster). Die bauzeitlichen Galgenkastenfenster mit Basküleverriegelung wurden restauriert und laut Befund dunkelgrün gestrichen (Beitrag). hsc

Hofburg

Der Japanische Gartenpavillon oder Pagodenturm im Südosteck des fürstbischöflichen Baumgartens gehört wesentlich zur historischen Gartenanlage. Der 1997 durchgeführten Restaurierung des Inneren samt Malereien aus der Zeit des Fürstbischofs Lodron (um 1814–1820) folgte jene der Fassaden. Die Quadermalerei wurde dabei gereinigt, gefestigt und partienweise ergänzt. Vor allem im Bereich der Außentreppe war es zu Putzschäden und entsprechenden Erneuerungen gekommen. Die bereits vor Jahren beklagte Verwahrlosung des außerhalb vom Museumsbetrieb liegenden Pavillons hat sich leider nach der vom Amt organisierten und finanzierten Restaurierung nicht zum Besseren gewendet. Es gilt noch Überzeugungsarbeit für eine dauernde Pflege und Instandhaltung durch den Eigentümer zu leisten. wke

Kassianeum

Der westseitige Hofraum des ehemali-

Il restauro delle facciate prevedeva una ritinteggiatura in base alla stratificazione pittorica diagnosticata. Inoltre è stato completamente risanato l'appartamento al primo piano, limitandosi al restauro delle superfici (pareti, pavimenti, finestre). Le doppie finestre originali sono state restaurate e ripitturate di verde scuro (contributo). hsc

Palazzo Vescovile

Il padiglione giapponese, detto anche torre a pagoda, situato nell'angolo sudorientale del giardino principesco vescovile è parte essenziale del complesso storico del giardino medesimo. Nel 1997 sono stati sottoposti a restauro gli spazi interni con relative pitture risalenti all'epoca del principe vescovo Lodron (ca.1814–1820). Ora è stato effettuato il restauro delle facciate. È stata inoltre completata la pulizia dei conci finti sulle facciate che sono stati poi consolidati ed integrati in alcuni punti. Soprattutto sulla scala esterna sono stati rilevati alcuni danni all'intonaco che sono stati opportunamente risanati. Purtroppo l'intervento di restauro organizzato e finanziato dall'Ufficio non è servito a migliorare le misere condizioni, denunciate già da diversi anni, in cui si trova il padiglione esterno al museo. È quindi necessario convincere i proprietari a prendersi cura dell'edificio in modo più continuativo. wke

Kassianeum

Il lato occidentale del cortile dell'ex Semina-

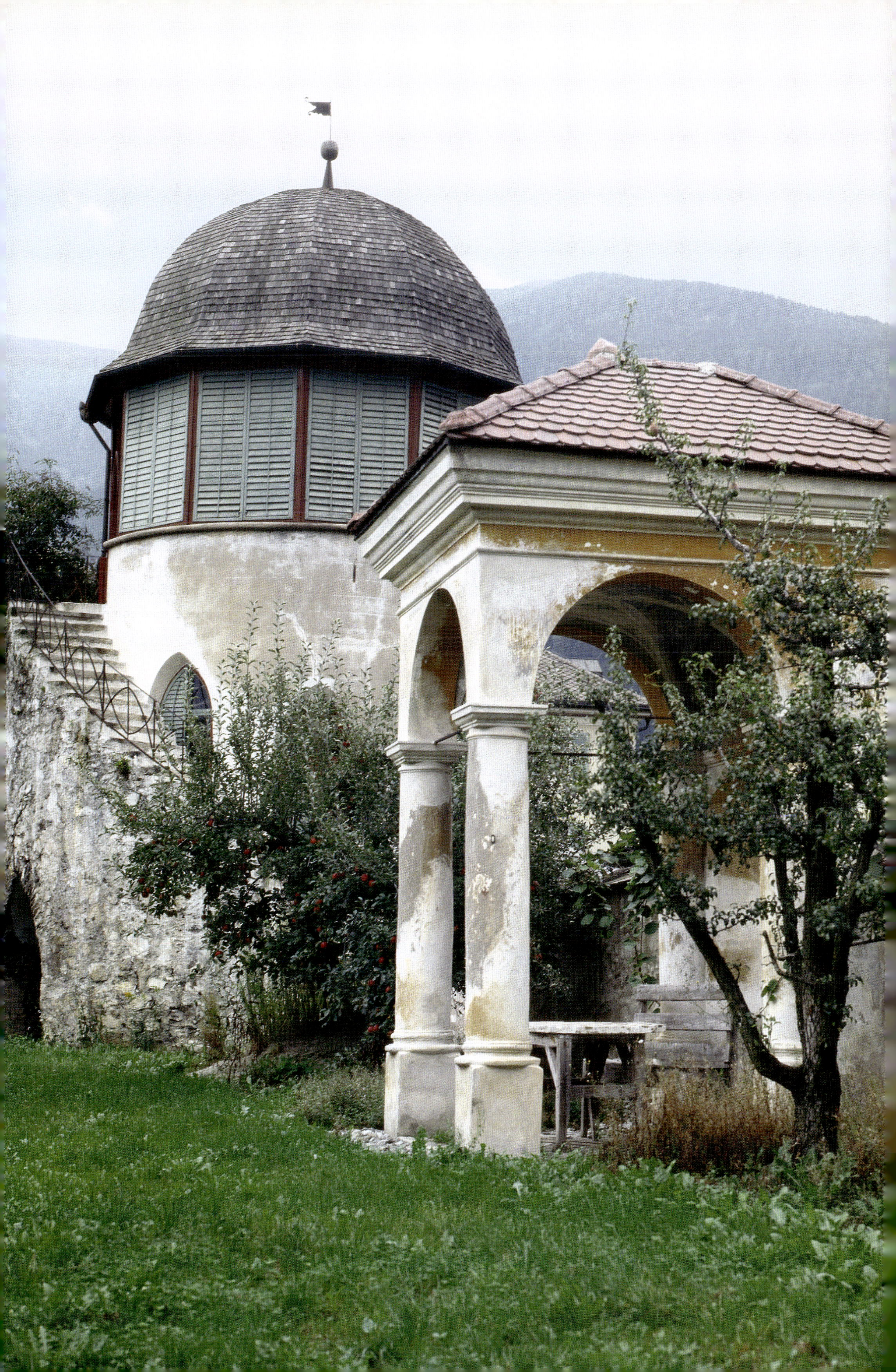

BRIXEN,
KIENERHÄUSER,
RESTAURIERTES
KASTENFENSTER

BRESSANONE,
CASE KIENER,
RESTAURO DELLE
DOPPIE FINESTRE

gen Knabenseminars und heutigen Jugendzentrums sollte eine mobile Bühne samt niedriger Überdachung für sommerliche Freilichtveranstaltungen erhalten. Trotz klarer Forderung der Denkmalpflege nach einer niedrigen mobilen Struktur ließ der planende Architekt auf Kosten der Öffentlichkeit ein kaum abmontierbares Zeltdach errichten, welches nicht nur den Hofraum beherrschte, sondern die Stadtbild prägende Süd-Ansicht der Johannes-Taufkapelle und des dahinter liegenden Domes störte. Nach längeren Verhandlungen wurde das Dach auf Drängen des Amtes wieder entfernt. wke

Kienerhäuser, Goethestraße 10

Nachdem letztes Jahr (siehe Denkmalpflege in Südtirol 2000, S. 54) die Kastenfenster des Hochparterres mit guten Ergebnissen restauriert wurden, entschlossen sich die Besitzer des Jugendstilreihenhauses Goethestraße 10 in diesem Jahr die Restaurierung der Fenster im ersten Obergeschoss in Angriff zu nehmen. Bei genauerer Untersuchung der Fenster konnte festgestellt werden, dass die äußeren Oberlichtfenster durch Sprossen unterteilt waren, da die Ansätze dazu im Fensterrahmen noch vorhanden waren. Der Sensibilität der Bauherrin verdanken wir es, dass die Sprossen der Oberlichtfenster bei der Restaurierung rekonstruiert werden konnten. Die Informationen über Profilstärke, Anzahl

rio minore, attualmente occupato da un centro giovanile, avrebbe dovuto contenere un palco mobile completo di copertura bassa da utilizzare per le manifestazioni estive all'aperto. Nonostante l'esplicita richiesta, avanzata dal presente Ufficio, di una struttura bassa mobile, il progettista aveva fatto costruire, a spese della collettività, un tetto a padiglione a malapena smontabile che non solo sovrastava il cortile, ma ostacolava anche la pittoresca veduta meridionale sulla cappella di San Giovanni e sul duomo retrostante. Dopo lunghe trattative, e in seguito alle pressioni esercitate dall'Ufficio, il tetto è stato finalmente rimosso. wke

Case Kiener, via Goethe, 10

Visto l'esito positivo del restauro delle doppie finestre al pianoterra rialzato effettuato lo scorso anno (cfr. Tutela dei beni culturali in Alto Adige 2000, p. 54), i proprietari di una delle case in stile liberty di via Goethe, 10 hanno deciso quest'anno di provvedere anche alla sistemazione delle finestre al primo piano. Da un'attenta ispezione è emerso che le soprafinestre esterne erano originariamente suddivise mediante traverse. Nei telai erano infatti ancora presenti le traccie. Grazie alla sensibilità della committente le traverse delle soprafinestre sono state ricostruite durante i lavori di restauro. Disponendo di tutti i dati, desunti dal rilevamento, relativi allo

BRIXEN,
RUNGGADGASSE 21

BRESSANONE,
VIA RONCATO 21

und Abstände der Sprossen waren durch den Befund vorhanden und die Oberlichtfenster konnten detailgetreu nachgebaut werden (Beitrag). Da die meist aufwendig gestalteten Fenster bei Jugendstilhäusern Anteil an der Denkmaleigenschaft des Baudenkmals haben, war ein Beitrag der öffentlichen Hand mehr als gerechtfertigt.

Runggadgasse 21

Der letzte Bauabschnitt zur Errichtung des italienischen Kindergartens bestand in der Realisierung eines Verbindungsganges zwischen den neuen Gebäudeteilen und der mittelalterlichen Gebäudegruppe. Das erst letzthin sanierte Baudenkmal zur Runggadgasse wurde zur Nutzung des Dachgeschosses mit Dachgauben versehen und abschließend mit Mineralfarbe laut Befund ockergelb gestrichen.

Säbener-Tor-Gasse 2

Der heutige Bau nimmt die gesamte Länge der Säbener-Tor-Gasse vom Großen Graben bis zu den Lauben ein, wurde jedoch im 19. Jahrhundert aus mehreren z. T. an der Stadtmauer gelegenen mittelalterlichen Hauseinheiten zusammengefügt. Die Laubenfassade verbirgt unter der neugotischen Putzgliederung spätmittelalterliche Fassadenmalereien und Fenster. Zahlreiche Veränderungen und Umbauten haben im Inneren kaum erhaltenswerte Ausstattungen

spessore della sagoma, al numero e alla distanza delle traverse è stato possibile ricostruire le finestre con precisione (contributo). Dato che la maggior parte delle complesse finestre delle case in stile liberty sono parti caratteristiche del monumento architettonico, il contributo appare più che giustificato.

Via Roncato, 21

L'ultima fase dei lavori di costruzione della Scuola materna in lingua italiana prevedeva una passarella di collegamento tra la parte nuova dell'edificio ed il complesso medievale. Il monumento architettonico prospiciente la via Roncato, sottoposto solo di recente ad opera di risanamento, è stato provvisto di abbaini per consentire l'utilizzo del sottotetto ed infine ritinteggiato con pittura minerale di colore giallo ocra.

Vicolo Porta Sabiona, 2

L'edificio che oggi si snoda per l'intera lunghezza del vicolo Porta Sabiona, dai Bastioni maggiori sino ai Portici Maggiori, è il risultato di un accorpamento effettuato nel XIX secolo tra diversi lotti di epoca medievale in parte situati lungo le mura cittadine. La facciata verso via Portici rivela la presenza, sotto l'intonacatura di stampo neogotico, di pitture murali tardomedievali e di finestre. A causa di numerose trasformazioni e ristrutturazioni a cui sono stati sottoposti

BRIXEN,
STADELGASSE 16,
DETAIL DER STUBE,
DATIERT 1666

BRESSANONE,
VIA FIENILI, 16,
DETTAGLIO DELLA
STUBE DATATA 1666

hinterlassen. Die Sanierung muss sich daher auf den Erhalt der Fassaden, der Mauer- und Deckenstrukturen und des Treppenhauses aus dem späten 19. Jahrhundert konzentrieren. Das Erdgeschoss soll künftig für Geschäftsräume, das Obergeschoss für Büroräume, das zweite Ober- sowie das Dachgeschoss für Wohnungen genutzt werden. wke

Scheuchegg, Brunogasse 3

Wie die bauhistorische Untersuchung ergeben hat, integrierte der heutige Bestand im Laufe der Zeit einen mittelalterlichen Rundturm, die Stadtmauer, ein weiteres mittelalterliches kleineres Gebäude sowie spätere Aufstockungen. Die heutige Gestalt erhielt der Bau im 19. Jahrhundert (siehe Denkmalpflege in Südtirol 2000, S. 55/56). Die Sanierung wurde mit der Erneuerung des wertlosen Dachstuhles und der Neueindeckung begonnen. Die genehmigte Erhöhung des Hauses wurde trotz gegenteiliger Auflagen des Amtes mittels Isolierung und Dachaufbau überschritten. Da eine Entfernung der gesamten Dachkonstruktion ein zu enormer Aufwand gewesen wäre, wurde die zusätzliche Höhe zwar hingenommen, jedoch bei Verlust der steuerrechtlich vorgesehenen Reduzierungen. Im Inneren wurden zunächst die Decken saniert, die Kellerräume entfeuchtet und im Hofraum unter Aufsicht der Bodendenkmalpfleger ein Tankschacht ausgehoben. wke

gli interni non contengono superfici di pregio. L'opera di risanamento si è quindi incentrata sulla conservazione della facciata, delle strutture murarie, dei soffitti e del vano scale risalenti al XIX secolo. Il pianoterra è destinato ad accogliere negozi, il primo piano uffici, mentre il secondo piano ed il sottotetto comprenderanno alloggi. wke

Scheuchegg, vicolo Bruno, 3

Com'è risultato da un'indagine storico-edilizia, al nucleo originale si sono accorpati, nel corso degli anni, una torre circolare medievale, le mura cittadine, un altro edificio medievale di piccole dimensioni e successive sopraelevazioni. Il fabbricato ha assunto l'aspetto attuale nel XIX secolo (cfr. Tutela dei beni culturali in Alto Adige 2000, pp. 55/56). L'opera di risanamento è iniziata con il rinnovo della capriata del tetto ed il rifacimento della copertura. La sopraelevazione dell'edificio è stata eseguita, contrariamente al parere dell'Ufficio, aggiungendovi alcune ulteriori parti. Poiché tuttavia la rimozione dell'intero tetto avrebbe comportato una spesa enorme, l'altezza aggiuntiva è stata tollerata a condizione di rinunciare ai previsti sgravi fiscali. All'interno è stato innanzitutto effettuato il risanamento dei soffitti, sono state deumidificate le cantine e nell'area del cortile è stato scavato, sotto la supervisione dell'Ufficio beni archeologici, un pozzo cisterna. wke

BRIXEN,
VILLA KUNZ

BRESSANONE,
VILLA KUNZ

Stadelgasse 16

Die Sanierung des lange ungenutzten Baudenkmals konnte durch den öffentlichen Träger für die Errichtung von Sozialwohnungen (IPES) in Angriff genommen werden. Das traufständige viergeschossige spätmittelalterliche Stadthaus mit abgefastem Spitzbogentor und Rechteckerker wurde einer Gesamtsanierung unterzogen. Zur Vergrößerung der sehr kleinen Wohnflächen pro Geschoss wurde zum Hof hin eine neue Glas-Stahl-Konstruktion vor die historische Fassade gesetzt. Das Erdgeschoss wurde für einen Handwerksbetrieb und ein Geschäft adaptiert, die Obergeschosse für zahlreiche Wohnungen. Die historische Erschließung ins erste Obergeschoss konnte beibehalten werden und wurde um einen Aufzug bis ins letzte Geschoss erweitert.

Der historische Bestand konzentriert sich vor allem im ersten Obergeschoss, in dem sich eine sehr schöne Stube mit bauzeitlicher Inschrift von 1666, zahlreiche barocke Türen und eine einfache Leistenfelderdecke befinden. Das Stubengetäfel wird von Pilastern mit jonischen Kapitellen, deren Schäfte mit einfachen Spiegeln versehen sind, gegliedert. Daran schließt sich ein umlaufender profilierter Fries mit aus dünnen Holzplatten gefertigten, aufgeklebten Ornamenten, der den Übergang zur einfachen Felderdecke mit profilierten Leis-

Via Fienili, 16

I lavori di risanamento del monumento architettonico, a lungo inutilizzato, sono stati avviati grazie all'intervento pubblico dell'Istituto per l'edificazione delle case popolari (IPES). La casa urbana a quattro piani di stampo tardomedievale con portone ogivale ed erker rettangolare è stata sottoposta ad un'opera di risanamento generale. Per ampliare la limitatissima superficie degli alloggi di ciascun piano è stata eretta, davanti alla facciata prospiciente il cortile, una nuova costruzione in vetro e acciaio. Il piano terra è stato opportunamente adeguato per accogliere un'azienda artigianale ed un negozio, mentre i piani superiori comprenderanno numerosi appartamenti. È stato possibile mantenere il vano scala al primo piano, ampliato dall'inserimento di un ascensore che conduce fino all'ultimo piano. Gli elementi di rilievo storico sono contenuti prevalentemente al primo piano, dove si trova una bellissima stube riportante l'anno di edificazione (1666), numerose porte barocche ed un semplice cassettonato ligneo. Il rivestimento ligneo della stube è strutturato con pilastri dai capitelli ionici e semplici specchi sul fusto. Al rivestimento si collega un cornicione circolare sagomato, con elementi decorativi incollati ricavati da sottili tavole di legno, che delinea il passaggio al semplice soffitto a cassettoni con listelli di legno sagomati. Innanzitutto ci si è occu-

BRIXEN,
ALBEINS,
OBERJAUFNER,
ERKER VOR DER
RESTAURIERUNG

BRESSANONE,
ALBES,
OBERJAUFNER,
ERKER PRIMA
DEL RESTAURO

ten bildet, an. Zunächst wurden die statische Sicherung der Balkendecken vorgenommen (Beitrag) und die Anbauten auf der Hofseite realisiert. hsc

Unterdrittelgasse 7

Das barock überformte, im Kern mittelalterliche Baudenkmal wurde bei den nicht laut Projekt durchgeführten Sanierungsarbeiten im Sommer 2001 vollkommen ausgehöhlt und entkernt. Die historische Bausubstanz beschränkt sich nun auf die Außenmauern und einen kleinen gewölbten Raum im Erdgeschoss. Sämtliche Holzbalkendecken, alle Trennwände und der gesamte Putz in den Innenräumen, auch an den bestehenden Außenmauern, wurden entfernt. Das Amt für Bau- und Kunstdenkmäler hat eine Verwaltungsstrafe verhängt und den Sachverhalt der Staatsanwaltschaft mitgeteilt. hsc

Villa Kunz, Rienzdamm 2

Die historische Villa ist mit Ausnahme eines nordseitigen Zubaus und weniger interner Veränderungen weitgehend original erhalten. Beim Dachgeschossausbau, welcher auch neue Belichtungsquellen bedingte, nutzte man die originalen Dachgauben des Steildaches und ergänzte dieselben um einige in derselben Typologie. Das Flachdach des nordseitigen Anbaus wird als Terrasse genutzt. Die Neueindeckung mit Biberschwanztonziegeln ent-

pati dei soffitti a travi per i quali sono state adottate misure di sicurezza statica (contributo). Sul lato del cortile sono state realizzate alcune aggiunte edilizie. hsc

Vicolo Terzo di Sotto, 7

Durante i lavori di risanamento effettuati nell'estate del 2001 e non conformi al progetto approvato dell'Ufficio beni architettonici e artistici l'edificio di impianto medievale ristrutturato in epoca barocca è stato interamente svuotato delle strutture interne. Gli elementi edili di rilievo storico si limitano ora quindi ai muri perimetrali e ad un piccolo vano a volta al pianterreno. Sono stati rimossi tutti i soffitti a travi di legno, le tramezze e l'intonacatura dai muri interni ed esterni. Ufficio beni architettonici ed artistici ha emesso una sanzione ed ha riferito la situazione alla Procura della Repubblica. hsc

Villa Kunz, Lungorienza, 2

La villa, di rilievo storico, ha conservato il suo aspetto originale ad eccezione di un'aggiunta edilizia sul lato settentrionale e qualche modifica degli spazi interni. Per la trasformazione del sottotetto, che ha reso necessario nuove fonti di luce, sono stati ripristinati gli abbaini originali del tetto spiovente e ne sono stati aggiunti altri dello stesso tipo. Il tetto piano dell'edificio, situato nella parte settentrionale della villa, è utilizzato come terrazza. La nuova copertura, sovvenzionata dall'Ufficio, è stata

BRIXEN,
ALBEINS,
OBERJAUFNER,
ERKER NACH DER
RESTAURIERUNG

BRESSANONE,
ALBES,
OBERJAUFNER,
ERKER DOPO
IL RESTAURO

spricht der Originaldeckung und wurde vom Amt bezuschusst. Die Restaurierung der Fassaden samt gemalten Dekorationen um die Fenster steht noch aus. wke

Albeins, Oberjaufner

Der im 18. Jahrhundert errichtete zweigeschossige traufständige Oberjaufner-Hof in Albeins ist aus denkmalpflegerischer Sicht vor allem wegen seiner Fassade mit dem barocken Erker zur Dorfgasse hin interessant. An der Hauptseite des dreiseitigen Erkers ist die Marienkrönung als zentrales Thema dargestellt, links davon wird die Cranachmadonna und rechts der heilige Florian abgebildet. Der Erker bot dem unbekannten Maler aber zu wenig Platz für die Unterbringung zweier weiterer Schutzheiligen darum weitete er die Wandmalereien, links und rechts des Erkers, auf zwei unregelmäßig geschweifte Felder mit der Darstellung der heiligen Margaret links und dem heiligen Georg rechts aus. Da die Gasse vor dem Oberjaufner-Hof sehr schmal angelegt ist, wurde der Erker in der Vergangenheit leider häufig von Lastkraftwagen beschädigt. Die notwendige Sicherung wurde im Zuge der Gesamtsanierung des Baudenkmals durchgeführt. Das barocke Bauernhaus, mit im Mauerwerk des Kellers sichtbarem älteren Baubestand, wurde durch die Bombardierungen der nahen Bahnstrecke Brenner–Bozen im Zweiten Weltkrieg stark in Mitlei-

realizzata con tegole a coda di castoro, com'era in origine. Non è stato ancora effettuato il restauro delle facciate e delle decorazioni pittoriche che circondano le finestre. wke

Albes, Oberjaufner

Il maso a due piani edificato ad Albes nel XVIII secolo presenta un elemento di particolare interesse: la facciata con erker di stile barocco che dà sulla strada del paese. Sul lato principale dell'erker trilatero è raffigurata, come tema centrale, l'Incoronazione di Maria alla cui sinistra è ritratta la Madonna di Cranach e a destra san Floriano. Pare che però l'erker non offrisse sufficiente spazio all'anonimo autore della pittura, tanto che la pittura parietale è stata ampliata sia sul lato destro che sinistro dell'erker, su due riquadri irregolari raffiguranti santa Margherita, a sinistra, e san Giorgio, a destra. Essendo la strada che passa davanti al maso molto stretta, l'erker è stato purtroppo danneggiato più volte dal transito dei camion. Il consolidamento statico dell'erker è stato eseguito durante i lavori di risanamento generale dell'edificio. La casa barocca, che presenta, soprattutto nei muri della cantina, elementi strutturali più antichi, è stata danneggiata nei bombardamenti avvenuti durante la Seconda guerra mondiale nei pressi di Albes. La facciata occidentale ha rivelato una forte inclinazione verso l'esterno.

BRIXEN,
ELVAS, HAHNBERG

BRESSANONE,
ELVAS, HAHNBERG

denschaft gezogen. Die Westfassade mit Erker wies eine starke Neigung nach außen auf. Die Holzbalkendecken des ersten Geschosses wurden mittels eines Verbundstriches, in den auch die Zuganker für die Stabilisierung der Westfassade und des Erkers miteingelegt wurden, gesichert. Jene zwischen Ober- und Dachgeschoss mussten aus statischen Gründen durch eine Hohlsteindecke ersetzt werden. Die Westfassade wurde zusätzlich durch zwei unter Putz gelegte, mit den Zugankern des ersten und zweiten Geschosses verbundenen Eisentraversen gesichert (Beitrag). Die unsensiblen und überdimensionierten statischen Sicherungsmaßnahmen gingen leider zu Lasten der historischen Bausubstanz. Abschließend wurde die Stube aus den zwanziger Jahren des 20. Jahrhunderts und die Fenster aus dem 19. Jahrhundert restauriert bzw. nachgebaut und laut Befund flaschengrün gestrichen (Beitrag). Während der Bauarbeiten haben sich Putzteile des nicht gesicherten Erkers gelöst und sind zerstört worden. Diese Fehlstellen wurden geschlossen, unter Niveau verputzt und die Malereien gereinigt und konserviert (Beitrag). hsc

Elvas, Hahnberg

Die um 1890 im Stile des Historismus umgebaute Schlossanlage mit Haupttrakt und ostseitigem Bibliotheksanbau nach dem Vorbild der Brixner Johannes-Taufkapelle war mehrere Jahre unbewohnt.

Sui soffitti con travi in legno sono stati effettuati lavori di consolidamento mediante l'utilizzo di un getto di calcestruzzo in cui sono stati inseriti anche i tiranti per la stabilizzazione della medesima facciata e relativo erker. Per motivi statici i solai a travi, tra il piano superiore e il sottotetto, sono stati sostituiti con solai in latero-cemento. La facciata occidentale è stata ulteriormente consolidata a mezzo di traverse in ferro situate sotto l'intonaco e collegate con i tiranti del primo e secondo piano superiore (contributo). L'entità e la modalità degli interventi di consolidamento statico hanno purtroppo gravato sul delicato nucleo edilizio. La stube, risalente agli anni Venti del XX secolo è stata restaurata e infine sono state restaurate, ovvero ricostruite e poi pitturate in color verde bottiglia, le finestre del XIX secolo. Durante i lavori si sono verificate alcune cadute di intonaco dall'erker non protetto che sono poi andate perdute. Tali cadute sono state integrate, intonacate sotto squadro e le pitture sono state sottoposte a pulizia e poi conservate (contributo). hsc

Elvas, Hahnberg

Il complesso, trasformato in stile storicista intorno al 1890, con la parte principale e la costruzione annessa sul lato sinistro, contenente la biblioteca, realizzate su modello della cappella di San Giovanni a Bressanone, è rimasto

BRIXEN, MILLAND, RAZÖTZ
BRESSANONE, MILLAN, RAZÖTZ

Mit dem Ausbau und der Neunutzung des Osttraktes zu Wohnzwecken sowie der Neueindeckung der gesamten Dächer beginnt für die Gebäudegruppe ein neuer Abschnitt. Der ehemalige Bibliotheksanbau wurde mit Kalkfarbe neu getüncht. Die Dacheindeckung und Entfeuchtung erfolgten mit finanzieller Unterstützung des Amtes. wke

Milland, Razötz

Der gotische Kapellenbildstock mit Wandmalereien aus der Werkstatt des Leonhard von Brixen (Mitte 15. Jahrhundert) war im Vorjahr entfeuchtet und neu gedeckt worden (siehe Denkmalpflege in Südtirol, S. 58). Reinigung, Festigung und Restaurierung der Fresken mit Kreuzigung, Ölberg und den Heiligen Andreas und Sebastian waren für deren Erhaltung unerlässlich und machen die künstlerische Qualität und Detailtreue wieder erlebbar. Der gesamte Bildstock erhielt zudem einen neuen Kalkanstrich. wke

Pfeffersberg, St. Johannes in Tötschling

Während der 1997 durchgeführten Restaurierungsarbeiten (siehe Denkmalpflege in Südtirol 1979, S. 65) stellte man fest, dass sich unter der barocken Kreuzigung an der Westwand eine ältere Malerei befindet. Da man die jüngere Putz-

per diversi anni disabitato. La trasformazione ed il ripristino della parte orientale ad uso abitativo, nonché la ricopertura di tutti i tetti, hanno segnato l'inizio di un nuovo capitolo nella storia del complesso. L'edificio che un tempo ospitava la biblioteca è stato ritinteggiato a calce. Per la copertura dei tetti ed i lavori di deumidificazione sono stati utilizzati anche i fondi all'uopo stanziati dall'Ufficio. wke

Millan, Razötz

L'edicola in stile gotico, contenente pitture murali dalla bottega di Leonardo da Bressanone (metà del XV secolo), è stata sottoposta a lavori di deumidificazione e ricopertura del tetto nel 2000 (cfr. Tutela dei beni culturali in Alto Adige 2000, p. 58). Per la conservazione della cappellina risultava indispensabile eseguire la pulizia, il consolidamento ed il restauro degli affreschi raffiguranti la Crocifissione, il Monte degli Ulivi ed i santi Andrea e Sebastiano. Tali opere hanno reso nuovamente leggibile la qualità artistica e la precisione dei dettagli tipica dei dipinti. L'intera edicola è stata inoltre ritinteggiata a calce. wke

Monteponente, San Giovanni a Tecelinga

Durante i lavori di restauro, eseguiti nel 1997 (cfr. Tutela dei beni culturali in Alto Adige 1979, p. 65), è emerso che sulla parete occidentale, sotto la raffigurazione barocca della crocifissione, era riportata una pittura di epoca precedente. Non potendo fissare lo strato

BRUNECK, GRABEN 32, EHEMALIGES HÖLZL-HAUS NACH DER RESTAURIERUNG

BRUNICO, VIA BASTIONI, 32, EX CASA HÖLZL DOPO IL RESTAURO

schicht, die sich bereits stellenweise gelöst hatte, nicht festigen konnte, ohne die ältere Schicht zu beschädigen, ließ das Amt die barocke Malerei abnehmen. Darunter kam eine spätromanische Kreuzigung zum Vorschein, die sich, ebenso wie die Hirschjagd an der Nordwand der Kirche, an den Malereien der Burgkapelle Hocheppan orientiert. Der Corpus, die Assistenzfiguren Maria und Johannes, die beiden Soldaten, Sonne und Mond sowie der Palmettenfries stimmen mit der Kreuzigung in Hocheppan weitgehend überein, während die trauernden Engel dort fehlen. Als Entstehungszeit kommen die Jahre zwischen 1210 und 1230 in Frage. hs

superficiale di intonaco, che presentava già alcune cadute, senza danneggiare lo strato sottostante, l'Ufficio ha optato per la rimozione della pittura barocca. Il risultato dell'operazione è stato il ritrovamento di una Crocifissione di epoca tardoromanica che, come la Caccia al cervo riportata sulla parete settentrionale della chiesa, si ispira alle pitture della cappella di Castel d'Appiano. Il corpo di Cristo, le figure laterali di Maria e Giovanni, i due soldati, la luna e il fregio a palmetta coincidono sostanzialmente con quelle della Crocifissione di Castel d'Appiano, mentre non compaiono gli angeli addolorati. Il periodo di esecuzione ritenuto più probabile è compreso tra il 1210 ed il 1230. hs

BRUNECK
BRUNICO

Ansiedel
Ein Nebengebäude, die sogenannte Waschküche des barocken Ensembles mit Garten wurde laut Bestand in einem hellen Gelb mit weißen Fensterumrahmungen neu getüncht. ht

Graben 32, Ehemaliges Hölzl-Haus
Im Berichtsjahr konnten die Rohbauarbeiten abgeschlossen (siehe Denkmalpflege in Südtirol 2000, S. 58) und entsprechend der vorgesehenen Neunutzungen (Erdgeschoss mit Geschäftseinbauten, Obergeschosse und Dachgeschoss mit Büro- und Wohnnutzungen) vorbereitet werden. Im Treppenhaus wurden die originale Treppenanlage und die historischen Fenster erhalten

Ansiedel
Un edificio annesso, la cosiddetta lavanderia, parte del complesso barocco con giardino, è stata ritinteggiata in giallo chiaro con cornici delle finestre in bianco. ht

Via Bastioni 32, ex casa Hölzl
Nel 2001 sono stati ultimati i lavori del grezzo (cfr. Tutela dei beni culturali in Alto Adige 2000, p. 58) e l'edificio è stato predisposto per gli usi previsti (negozi al pianterreno, uffici e alloggi ai piani superiori e nel sottotetto). Nella tromba delle scale sono state mantenute e sottoposte a opera di risanamento, eseguito a regola d'arte, la scala originale e le finestre d'epoca.

BRUNECK,
KARL-MEUSBURGER-
SCHULE, VORZUSTAND

BRUNICO,
SCUOLA MEDIA
"KARL MEUSBURG",
SITUAZIONE
PRIMA DELLA
RISTRUTTURAZIONE

und fachgerecht saniert. Nach archäologischen Kontrollgrabungen durfte im Vorbereich des Hauses (ehemaliger Stadtgraben) eine Tiefgarage errichtet werden. Die Oberfläche der Garage wird wieder bepflanzt und als innerstädtischer Grünbereich neu genutzt. kmm

Karl-Meusburger-Schule, Graben 1

Der dreigeschossige Bau mit Walmdach und vorspringenden Seitenrisaliten bestimmt mit den beiden weiteren großen Bauten, dem Gericht und dem Hotel Post die Grabenseite entlang der Hauptstraße und bildet mit ihnen zusammen ein stadtbildprägendes Ensemble.
Der klassizistische Bau wurde 1875 als Schulhaus errichtet und soll auch weiterhin diese Nutzung als Sitz der deutschen und italienischen Mittelschule beibehalten
Im Berichtsjahr begann man mit den Arbeiten zur Sanierung und Erweiterung des Gebäudes.
In den sechziger Jahren wurde an der Nordwestseite ein Zubau angefügt und 1974 im Nordosten eine Turnhalle errichtet. Die Sanierung sieht die Erneuerung der Heizung, der Elektro- und der Sanitäranlagen, die behindertengerechte Erschließung und die Anpassung an die Brandschutzbestimmungen vor. ht

Dopo aver effettuato alcune indagini archeologiche, nella zona antistante il fabbricato (un tempo occupata dal fossato che delimitava la città) è stato realizzato un garage sotterraneo. La superficie del garage sarà nuovamente ricoperta di piante e utilizzata come zona verde. kmm

Scuola media "Karl Meusburg", via Bastioni, 1

L'edificio a tre piani con tetto a padiglione e corpi laterali sporgenti, determina, insieme ai due altri edifici attigui del tribunale e dell'albergo Posta il lato frontale dei bastioni e forma con questi un insieme architettonico che caratterizza fortemente l'immagine della città. La costruzione neoclassicista fu realizzata nel 1875 come edificio scolastico e tale è destinato a rimanere anche in futuro, quale sede delle Scuole medie in lingua italiana ed in lingua tedesca. Quest'anno si sono avviati i lavori di risanamento e di ampliamento dell'edificio. Risale agli anni Sessanta l'aggiunta di un corpo sul lato nord-occidentale, mentre la palestra sul lato nord-orientale è stata costruita nel 1974. Il progetto di risanamento prevede il rinnovo dell'impianto di riscaldamento, dell'impianto elettrico e degli impianti igienici, l'eliminazione delle barriere architettoniche e tutti gli accorgimenti necessari per la prevenzione di incendi, secondo quanto prescritto dalle leggi vigenti. ht

BRUNECK,
OBERRAGEN 12,
LABE MIT
KREUZGRATGEWÖLBE

BRUNICO,
RAGEN DI SOPRA, 12,
ATRIO VOLTATO

BRUNECK,
OBERRAGEN 12

BRUNICO,
RAGEN DI SOPRA, 12

Oberragen 12

Eine schonende Sanierung mit Erhaltung der historischen Bausubstanz erfuhr das im Kern spätgotische Gebäude, das zu Wohnzwecken adaptiert wurde. Das Spitzbogenportal des Eingangs trägt die Jahreszahl 1597, die Fassade wurde aber in den sechziger Jahren gänzlich verändert und mit neuem Putz und Fenstern versehen. Der wertvolle Bestand mit Netzgratgewölbe im Erdgeschoss, gewölbten Kellerräumen und einer gewölbten Labe im ersten Obergeschoss wurde fachgerecht saniert sowie auch die historischen Türen und Böden. Die Fassade mit Zinnenabschluss erhielt einen ockerfarbenen Anstrich, nachdem Reste dieser Farbe gefunden wurden. Das Dach wurde mit rotbraunen Ziegeln neu gedeckt. ht

Ragen di Sopra, 12

L'edificio, dal nucleo edilizio risalente al periodo tardogotico, è stato sottoposto a delicati interventi di risanamento miranti alla conservazione del carattere storico del fabbricato, che è stato adattato ai moderni standard abitativi. Sul portone ogivale d'ingresso compare la data 1597. La facciata è stata però interamente modificata, nuovamente intonacata e provvista di finestre, negli anni Sessanta. I preziosi elementi architettonici – volte a nervatura al pianterreno, ambienti voltati del piano cantine ed un atrio voltato al primo piano, nonché porte e pavimenti d'epoca – sono stati sottoposti ad interventi di restauro eseguiti ad opera d'arte. La facciata merlata è stata ritinteggiata in color ocra sulla base di alcuni ritrovamenti dello stesso colore. Per la copertura del tetto sono state utilizzate tegole di color rosso-bruno. ht

Oberragen 21

Vom Gebäude aus dem 17. Jahrhundert wurden im Erdgeschoss zwei Räume für eine Wohnung adaptiert und die beiden Fenster der barocken Stube laut Bestand erneuert. ht

Ragen di Sopra, 21

Dell'edificio risalente al XVII secolo sono stati adattati all'uso abitativo due vani al pianterreno e rinnovate le due finestre della stube di stile barocco. ht

Palais Sternbach mit Garten

Mit dem Abbruch störender Holzschuppen, eines Glashauses und der Errichtung eines neuen Gebäudes an der nordseitigen Gartenmauer, welches die Typologie der historischen Orangerie aufnimmt, wurde im Vorjahr ein erster Schritt zur geplanten

Palazzo Sternbach con giardino

Con la demolizione di alcuni capannoni in legno e di una serra, quindi con la costruzione di un nuovo edificio a ridosso del lato settentrionale del muro del giardino, che ricalca la tipologia dell'antico aranceto, si è aperta la fase iniziale del progetto di restau-

BRUNECK,
OBERRAGEN 12,
NETZGRATGEWÖLBE

BRUNICO,
RAGEN DI SOPRA 12,
VOLTE A NERVATURA

Restaurierung und Rekonstruktion der barocken Gartenanlage gesetzt (siehe Denkmalpflege in Südtirol 2000, S. 60/61). Die Sanierung der gesamten Gartenmauer sowie deren Abdeckung folgte im Berichtsjahr. Dabei konnte in mehreren Bereichen die ehemals rote Färbelung nachgewiesen werden. Da eine Freilegung oder Rekonstruktion aufgrund späterer Veränderungen und Schäden wenig Sinn gemacht hätten, wurde nur eine Musterachse in Sicht belassen, die restliche Mauer mit Kalkmörtel ausgebessert. Die Restaurierung des an der Ostmauer gelegenen Gartenhauses ist für das Jahr 2002 geplant.

Pfarrkirche Unsere Liebe Frau mit Friedhofskapelle, Arkaden und Friedhof

Im Berichtsjahr wurde mit der Restaurierung der Lourdeskapelle begonnen, die zusammen mit dem Friedhof und der Kirche in historisierenden Stilformen 1851 bis 1853 nach Plänen von Hermann von Bergmann errichtet wurde. Aufgrund eindringender Feuchtigkeit sind am historischen Putz Schäden entstanden. Begonnen wurde mit der Entfeuchtung des Bodens und der Entfernung morscher Putzpartien.

St. Katharina auf dem Rain

Aus dem beweglichen Kunstinventar der Pfarrkirche wurden drei Leinwandbilder mit

ro e ricostruzione del giardino barocco (cfr. Tutela dei beni culturali in Alto Adige 2000, pp. 60/61). Nel 2001 il muro del giardino è stato sottoposto a risanamento generale ed è stata effettuata la copertura dello stesso. Nel corso dei lavori è stata rilevata e documentata in diversi punti la presenza della precedente colorazione rossa. A causa delle modifiche apportate e dei danni subiti, non è stato ritenuto opportuno portare alla luce, né ricostruire, la superficie muraria di cui è stata lasciata a vista soltanto una striscia campione, mentre la parte rimanente è stata riparata con malta di calce. Per il 2002 è previsto il restauro del fabbricato situato a ridosso del lato orientale.

Parrocchiale di Nostra Signora con cappella cimiteriale, arcate e cimitero

Nel corso di quest'anno sono stati avviati i lavori di restauro della cappella di Lourdes, costruita in contemporanea con il cimitero e la chiesa tra il 1851 e il 1853, utilizzando un linguaggio stilistico storicizzante e sulla base dei progetti di Hermann von Bergmann. L'umidità penetrante nei muri ha danneggiato l'intonaco originale. Si è iniziato pertanto con la deumidificazione del pavimento e con l'asportazione delle porzioni di intonaco marce.

Santa Caterina

Dell'inventario dei beni mobili della parrocchiale sono state restaurate tre tele, raffigu-

BRUNECK,
PALAIS STERNBACH,
SANIERUNG DER
UMFASSUNGSMAUER

BRUNICO,
PALAZZO STERNBACH,
RISTRUTTURAZIONE
DEL MURO DI CINTA

der Darstellung Gottvaters, der Muttergottes und des Schmerzensmannes sowie zwölf Kreuzwegstationen restauriert (Beitrag). ht

Schleishaus

Der 1998 sanierte Barockbau mit Krüppelwalmdach, Erker und granitgerahmter Schulterbogentür erhielt im Erdgeschoss eine neue Nutzung, wobei geringfügige bauliche Eingriffe notwendig waren. ht

Schloss Bruneck

In Vorbereitung auf die Sommerausstellung 2001 wurde im ebenerdigen gewölbten Saal mit neugotischen Malereien aus der Zeit des Fürstbischofs Simon Aichner sowie in zwei angrenzenden Räumen des Nordtraktes ein neuer Estrichboden eingebracht. wke

Stadtgasse 4

Der Abbruch zweier nicht denkmalgeschützter Häuser in der Altstadt sowie deren Ersatz durch einen zeitgenössischen Neubau haben Bevölkerung, Gemeindeverwaltung, Planer und Denkmalpfleger gleichermaßen beschäftigt.
Berechtigte Ängste um den Verlust des gewohnten Stadtbildes, um die Ensemblewirkung und zum Teil auch in Unkenntnis des historisch nicht wertvollen Bestandes – beide Häuser waren bereits ausgehöhlt, die Fassaden mehrmals verändert –

ranti rispettivamente Dio Padre, la Madre di Dio e l'Ecce homo, oltre a dodici stazioni della via Crucis (contributo). ht

Schleishaus

Nel 1998 l'edificio in stile barocco, provvisto di tetto a padiglione, erker e porta archivoltata con cornice in granito, è stato sottoposto ad opera di risanamento. Grazie ad alcuni interventi costruttivi di ridotta entità, il piano terra ha ottenuto una nuova destinazione d'uso. ht

Castello di Brunico

In vista dell'esposizione estiva del 2001 è stato inserito un pavimento nella sala a volta situata al pianterreno, decorata con alcuni dipinti di stile neogotico risalenti all'epoca del principe vescovo Simon Aichner, ed in due vani attigui del tratto settentrionale. wke

Via Centrale, 4

La demolizione di due edifici non sottoposti a vincolo siti nel centro storico, nonché la sostituzione degli stessi mediante un fabbricato di moderna concezione, ha coinvolto in egual misura la cittadinanza, l'Amministrazione comunale, i progettisti e la Soprintendenza ai beni culturali. La comprensibile paura di veder sfumare la tradizionale immagine della città, di produrre uno sgradevole accorpamento e, non ultima, l'ignoranza del reale valore storico dei beni in questione – entrambi gli edifici erano già stati

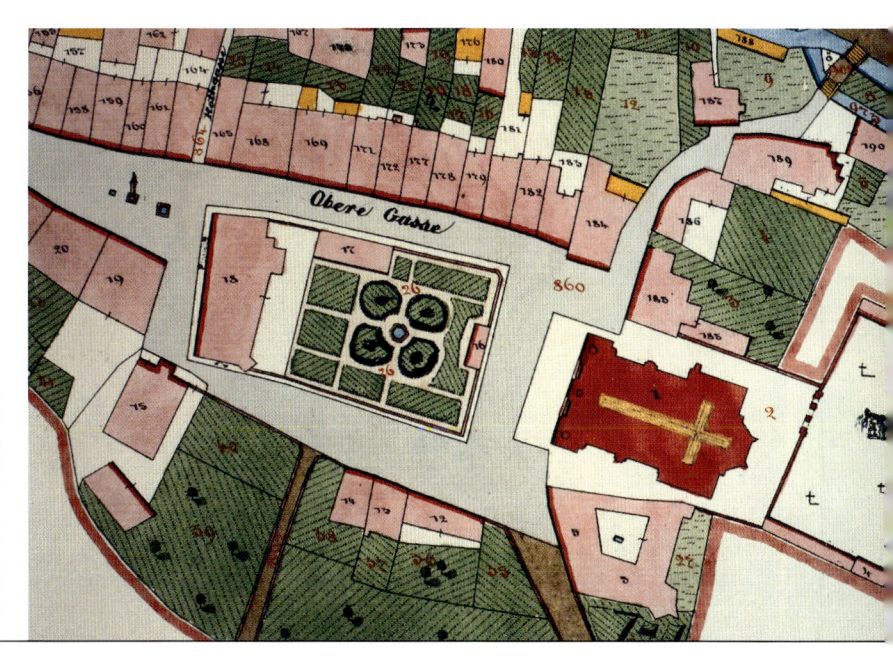

BRUNECK,
PALAIS STERNBACH
MIT GARTENANLAGE,
KATASTERBLATT AUS
DEM 19. JAHRHUNDERT

BRUNICO,
PALAZZO STERNBACH
CON GIARDINO,
MAPPA CATASTALE
OTTOCENTESCA

sowie des Neubauprojektes haben Widerstände geregt und Polemiken gegen Denkmalpfleger, Bauherrn, Projektanten und Gemeindeverwalter entfacht. Da laut Gesetz der Ensembleschutz im Kompetenzbereich der Gemeindeverwaltungen liegt, oblag die letzte Entscheidung der Baukommission. Dieselbe erteilte – gestützt auf das Gutachten der Denkmalpflege, welche einem Abbruch aufgrund der mangelnden historischen Substanz nicht ent gegentreten konnte, aber gleichzeitig auf den Ensembleschutz verwies – die Genehmigung für Abbruch und Neubau. Im Sinne der Charta von Venedig (1964) sowie anderer geltender Vereinbarungen und Kriterien wurde Wert auf einen zeitgenössischen Neubau ohne historisierende Bezüge gelegt. Die realisierte Lösung fordert durchaus zur Auseinandersetzung mit der Thematik „Neues Bauen in historischer Umgebung" auf und bietet beispielsweise an den typologisch zu großen Öffnungen in der engen Gasse einen Kritikpunkt.

Ursulinenkloster

An der Klosteranlage, 1742 gegründet, wurden in den letzten Jahren verschiedene Sanierungsarbeiten durchgeführt, die vor allem die Neutünchung der Fassaden und die Erneuerung und Restaurierung

svoutati e le facciate avevano subito numerose modifiche – e la perplessità per un nuovo progetto di costruzione sono state motivo di opposizione e polemiche nei confronti della Soprintendenza, del committente, dei progettisti e degli amministratori. Dato che, per legge, la tutela degli insiemi è di competenza delle amministrazioni comunali, la decisione definitiva spettava alla Commissione edilizia che, basandosi sulle perizie compiute dalla Soprintendenza, la quale, non potendo impedire la demolizione del fabbricato a causa dello scarso rilievo storico dello stesso, aveva però chiamato in causa la tutela degli insiemi, ha autorizzato la demolizione dei vecchi edifici e la costruzione del nuovo fabbricato. Ai sensi della Carta di Venezia (1964) e di altri accordi e criteri attualmente applicati, è stata privilegiata la realizzazione di una costruzione moderna priva di riferimenti storici. La soluzione adottata costituisce un ottimo spunto di riflessione sulla problematica dell'edificazione ex novo in un contesto storico e tocca un punto critico, ovvero l'opportunità di praticare aperture di vaste dimensioni in una piccola stradina.

Convento delle Orsoline

Il complesso monastico, fondato nel 1742, è stato di recente sottoposto a diversi interventi di risanamento che hanno interessato soprattutto la ritinteggiatura delle pareti esterne e il rinnovo e il restauro delle finestre.

BRUNECK,
ST. GEORGEN,
GIESSBACH

BRUNICO,
SAN GIORGIO,
GIESSBACH

der Fenster betrafen. Im Berichtsjahr sind im Erdgeschoss zum Graben hin Adaptierungsarbeiten ohne größere bauliche Eingriffe für ein neues Gastlokal durchgeführt worden. ht

Dietenheim, Mair am Hof

Aus dem reichen Inventar des Museums wurde ein frühbarocker Altar mit zwei seitlichen Säulen, verkröpftem Gebälk und gesprengtem Giebel restauriert. Ursprünglich besaß er in der Mitte eine Holzskulptur, die nicht mehr vorhanden ist und durch eine Kopie eines Leinwandbildes ersetzt wurde. Der Altar wies eine Übermalung aus dem 20. Jahrhundert und eine aus dem 19. Jahrhundert auf. Man entschloss sich für die Freilegung der ursprünglichen frühbarocken Fassung. ht

St. Georgen, Gießbach

Der wertvolle Ansitz aus dem 16. Jahrhundert stand schon seit längerer Zeit leer und befand sich in dementsprechend desolatem Zustand, der sich von Jahr zu Jahr verschlechterte.
Die Dachhaut war undicht geworden und vom geschwungenen Blendgiebel bröckelte der Putz. Nachdem das Amt für Bau- und Kunstdenkmäler die Besitzer mehrmals zu den notwendigen Instandhaltungsarbeiten aufgefordert hat, wurden diese im Berichtsjahr nun endlich durchgeführt. ht

Nel 2001 sono stati eseguiti al pianterreno, in direzione del fossato, alcuni lavori di adeguamento finalizzati alla creazione, senza alcun intervento costruttivo di rilievo, di un locale destinato alla ristorazione. ht

Teodone, Mair am Hof

Del vasto arredo del Museo Etnografico provinciale è stato sottoposto ad opera di restauro un altare barocco provvisto di due colonne laterali, di una trabeazione e di un frontone spezzato. In origine, al centro dell'altare era situata una scultura lignea, attualmente sostituita da una copia di pittura su tela. L'altare presentava due policromie: una risalente al XX secolo, l'altra al XIX secolo. È stato deciso di portare alla luce quella del primo barocco. ht

San Giorgio, Gießbach

La preziosa residenza, risalente al XVI secolo, era già da tempo disabitata e versava in condizioni di assoluto abbandono che peggioravano progressivamente con il passare del tempo.
La copertura del tetto non era più ermetica e dal timpano ad arco si staccava l'intonaco. Dopo numerose sollecitazioni effettuate dall'Ufficio ai proprietari della residenza, affinché provvedessero alla realizzazione degli opportuni lavori di manutenzione, nel corso del 2001 questi ultimi sono stati finalmente eseguiti. ht

BRUNECK,
DIETENHEIM,
MAIR AM HOF,
VORUNTERSUCHUNG
DES FRÜHBAROCKEN
ALTARS

BRUNICO,
TEODONE,
MAIR AM HOF,
SONDAGGI
PRELIMINARI
DELL'ALTARE
DEL PRIMO BAROCCO

Colfuschg, Pfarrkirche St. Vigil

Ein sehr aufwendiges barockes Ostergrab von 1837 mit gemalter Scheinarchitektur, Engeln und Heiligen, marmorierten Säulen, Blumenvasen und rotem abschließenden Baldachin, das sich im Besitz der Pfarrei befindet, musste restauriert werden. Durch Abblätterung der Malschicht, Verschmutzung, Feuchteschäden und Rußspuren war die Wirkung und Leuchtkraft der Farben stark in Mitleidenschaft gezogen (Beitrag).

Florianskapelle beim Halser

Das Dach der dem heiligen Florian geweihten, um die Jahrhundertwende in gotisierenden Formen errichteten Kapelle musste erneuert werden. Laut Befund wurde das Turmdach mit dreifach verlegten, rot gestrichenen Scharschindeln und das Langhaus mit Biberschwanzziegeln neu eingedeckt (Beitrag). Die durch Feuchtigkeit stark in Mitleidenschaft gezogene Kapelle wurde anschließend mittels eines Drainagegrabens entfeuchtet (Beitrag) und die bauzeitlichen Fenster wurden neu verglast. Die Innenrestaurierung soll in den kommenden Jahren folgen.

Mariahilfkapelle beim Dorfer

Die außerordentlich große der Maria ge-

Colfosco, parrocchiale di San Vigilio

Si è provveduto al restauro di un preziosissimo sepolcro pasquale di stile barocco costruito nel 1837 e provvisto di trompe-l'œil dipinto, angeli e santi, colonne marmorizzate, vasi di fiori ed infine un baldacchino rosso, proprietà della parrocchia. Lo sfaldamento della superficie pittorica, i danni causati dall'umidità e la presenza di sporcizia e tracce di ruggine hanno fortemente compromesso l'intensità e la luminosità dei colori (contributo).

Cappella di San Floriano presso il maso Halser

È stato necessario sottoporre a restauro il tetto della cappella neogotica (fine XIX secolo / inizi XX secolo) e dedicata a san Floriano. La copertura del tetto del campanile è stata realizzata, come in precedenza, con tre strati di scandole poi pitturate di rosso, mentre per il tetto della navata sono state utilizzate tegole a coda di castoro (contributo). La cappella, che ha molto risentito dell'umidità, è stata infine deumidificata mediante una fossa di drenaggio (contributo) e sono stati sostituiti i vetri delle finestre risalenti all'epoca di costruzione. Nei prossimi anni sarà effettuato il restauro degli interni.

Cappella della Madonna dell'Aiuto presso il maso Dorfer

La cappella, di dimensioni particolarmente

CORVARA
CORVARA

DEUTSCHNOFEN
NOVA PONENTE

ENNEBERG, HOTEL MONTE SELLA, ERWEITERUNGSBAU

MAREBBE, HOTEL MONTE SELLA, AMPLIAMENTO

weihte Hofkapelle beim Dorfer wurde 1831 in barockisierenden Formen errichtet. Das Dach der Kapelle wurde mit handgespaltenen Lärchenschindeln neu eingedeckt und der Dachreiter musste erneuert werden (Beitrag). Die Innenrestaurierung sowie die Drainage stehen noch aus.

estese, è stata realizzata in stile neobarocco nel 1831. La copertura del tetto è stata effettuata utilizzando scandole di larice spaccate a mano ed è stato necessario rinnovare la torretta campanaria (contributo). Resta da eseguire il restauro degli interni e l'impianto di drenaggio.

ENNEBERG
MAREBBE

Hotel Monte Sella

Der historisierende, um 1900 errichtete Hotelbau wurde um einen modernen, vom Altbau abgesetzten Neubau erweitert. Die Sanierung des denkmalgeschützten Baus soll im nächsten Jahr erfolgen.

Hotel Monte Sella

Il vecchio edificio dell'albergo (1900) è stato ampliato con la costruzione di un fabbricato di concezione moderna e ben distinguibile dal precedente. Il risanamento del fabbricato originale, sottoposto a vincolo, sarà effettuato nel 2002.

EPPAN
APPIANO

Aichberg

Vor Beginn einer Reihe von Renovierungsarbeiten mit der Restaurierung der Fassade des Ansitzes Aichberg in Eppan-Berg wurde das Dach mit Biberschwanztonziegeln neu eingedeckt. Bemerkenswert ist die originalgetreue Wiederherstellung des Turms, bei dem jede Dachfläche mit glasierten Ziegeln in einer anderen Farbe (gelb, grün, blau) eingedeckt wurde.

Aichberg

Primo di una serie di interventi che comprenderanno anche il restauro delle facciate, nella residenza Aichberg di Appiano-Monte è stato rinnovato il tetto in tegole a coda di castoro. Da notare il rifacimento fedele della copertura della torretta con tegole smaltate di diverso colore per ogni falda (giallo, verde, blu).

Krafussweg 7

Das Haus aus dem 17. Jahrhundert mit Erker und gewölbten Räumen im Erdgeschoss war bereits in den siebziger Jahren aufwändig umgebaut worden; damals war das Stiegenhaus erneuert worden, außerdem waren knapp

Via Krafuss, 7

La casa seicentesca con erker e vani voltati al piano terra era già stata sottoposta a una pesante ristrutturazione negli anni Settanta, che aveva comportato il rifacimento del vano scala e la costruzione

EPPAN, WINDEGG

APPIANO, WINDEGG

über der Trauflinie überdimensionierte Gauben zur Straßenseite hin errichtet worden. Im Rahmen der jüngsten Umbauarbeiten wurden die zwei Gauben durch drei kleinere, dem Stil des Gebäudes angepasste Gauben ersetzt, wodurch der Wohnkomfort im Dachgeschoss verbessert werden konnte. Die Fassade wurde neu gestrichen. Der Einbau von Solarzellen auf dem Dach wurde nach einer ursprünglichen Ablehnung durch das Landesdenkmalamt im Rekursweg genehmigt. pfb

Paulser Straße 6–10

An der straßenseitigen Fassade des so genannten Zehenthauses befindet sich ein historisches Zollwappen mit Doppeladler, das durch Witterungseinflüsse und Verschmutzung Schaden erlitten hatte. Neben einer behutsamen Reinigung und Festigung der Malschicht wurden spätere Übermalungen freigelegt. Abschließend wurden Fehlstellen an der Malschicht mittels Retuschen geschlossen (Beitrag). vd

Paulser Straße 20

Das Wohnhaus im gotischen Stil mit steilem Satteldach weist eine Reihe von bemerkenswerten Eigenheiten auf; dazu gehören gewölbte Räume bis zum dritten Geschoss und originale bauliche Elemente wie Fenster mit gotischer Fensterlaibung, Abgussbecken,

immediatamente sopra la linea di gronda di due grandi abbaini sovradimensionati verso il lato strada. I lavori di risanamento hanno permesso di eliminare i due abbaini, sostituiti da tre abbaini più piccoli e dalla tipologia compatibile con la vetustà dell'immobile, migliorando peraltro il comfort abitativo del sottotetto. La facciata è stata ritinteggiata. L'installazione di pannelli solari sul tetto è stata approvata in via di ricorso dopo il diniego da parte della Soprintendenza. pfb

Via San Paolo, 6–10

Sulla facciata prospiciente la strada del cosiddetto Zehenthaus (Casa delle decime) è riportato un antico stemma doganale raffigurante un'aquila bicipite. Lo stemma ha subito l'azione degli agenti atmosferici e dell'accumulo di sporco. Dopo aver effettuato un'accurata pulitura ed il consolidamento della superficie pittorica, sono state riportate alla luce le recenti ridipinture. Infine, si è provveduto all'integrazione mediante ritocchi delle lacune (contributo). vd

Via San Paolo, 20

Casa d'abitazione d'impianto gotico con alto tetto spiovente, si segnala per la non comune presenza di vani voltati fin nel terzo piano ed elementi costruttivi ed accessori originali quali le finestre con spallette gotiche, il bacino con feritoia

EPPAN,
WINDEGG,
PUTZSCHÄDEN

APPIANO,
WINDEGG,
INTONACO DEGRADATO

Backofen. Das Haus wies vor allem an der Nordwest-Seite statisch bedingte Schäden auf; durch die unterschiedlich starke Setzung der Fundamente waren im Gewölbe der zwei Küchen Risse entstanden, so dass der Besitzer den Abbruch und den Einbau von Flachdecken beantragt hatte. Das Landesdenkmalamt sprach sich jedoch entschieden für eine Sanierung mit teilweiser Rekonstruktion des Gewölbes aus. Alle Gewölbe wurden daher abgestützt, bereits beschädigte Teile wurden abgebrochen und mit Vollziegeln wieder aufgebaut. Die unbequeme gemauerte Treppe wurde ab dem ersten Geschoss in einer massiven Bauweise rekonstruiert, ohne das Kreuzgratgewölbe des Mittelgangs zu beschädigen. In der Eingangshalle wurden große wiedergewonnene Porphyrplatten verlegt; die Flachdecken wurden durch das Einziehen von Holzbalken verstärkt bzw. ersetzt. Im weitläufigen Dachgeschoss wurde eine Wohnung eingerichtet, bei der die Holzkonstruktion und die bestehenden Niveauunterschiede beibehalten wurden. pfb

Unterrainer Straße 30

Eine historische Holzdecke wurde fachgerecht restauriert, indem Füllungen und Leisten fixiert, die Fugen gereinigt und schadhafte Stellen ausgekittet wurden. Wurmige Holzteile wurden entfernt und durch altes Fichtenholz ersetzt, welches abschließend farblich dem Getäfel angepasst wurde (Beitrag). vd

di scolo, il forno per il pane. La casa presentava dissesti statici in particolare nell'angolo nord-ovest, dove a causa di un cedimento differenziale delle fondazioni si erano prodotte fessurazioni nelle volte delle due cucine che avevano indotto il proprietario a chiederne la demolizione e la sostituzione con solai piani. L'Ufficio si è invece espresso decisamente per un risanamento con parziale ricostruzione delle volte. Sono state quindi puntellate tutte le volte e demolite con cautela le parti già compromesse, poi ricostruite con mattoni pieni. È stata ricostruita in struttura massiccia a partire dal primo piano la disagevole scala in muratura senza peraltro intaccare la volta reticolare del corridoio centrale. È stato risanato l'androne, pavimentato con grandi lastre irregolari in porfido di recupero; sono stati rinforzati, ovvero sostituiti, i solai piani con l'inserimento di nuove travi in legno. Nell'ampio sottotetto è stato ricavato un alloggio mantenendo la struttura lignea e i dislivelli esistenti. pfb

Via Riva di Sotto, 30

È stato restaurato a regola d'arte un solaio ligneo originale. Si è provveduto al fissaggio delle colmature e dei listelli, alla pulitura delle connessure ed alla stuccatura delle parti danneggiate. Le parti tarlate sono state rimosse e sostituite con legno di abete invecchiato poi riportato alla colorazione del tavolato (contributo). vd

FRANZENSFESTE, PFARRKIRCHE ZUM HEILIGSTEN HERZEN JESU

FORTEZZA, PARROCCHIALE DEL SACRO CUORE

Windegg, Verdistraße 40

Aufsteigende Feuchtigkeit hatte am Renaissanceansitz vor allem im Erdgeschossbereich große Schäden am Putz und an den sandsteinernen Fenstereinfassungen verursacht. Bei einer vorangegangenen Sanierung wurden im Sockelbereich zementhaltige Verputze verwendet, welche nun im Zuge der Fassadenrestaurierung abgenommen und durch Kalk-Trass-Mörtel ersetzt wurden. Die Sandsteine, welche aufgrund der vorhandenen Salze stark porös waren, mussten gefestigt und stellenweise mit einem dem Sandstein ähnlichen Material ergänzt werden. Abschließend wurden die Fassaden von Verunreinigungen gesäubert und größere störende Neuputzstellen mittels Kalklasuren farblich integriert (Beitrag).

Pfarrkirche zum Heiligsten Herzen Jesu

Die wiedergewonnene neuromanische Raumfassung hat die Kirche ästhetisch wesentlich aufgewertet und ihr einen Teil des historischen Aussage- und Zeugniswertes zurückgegeben (siehe Denkmalpflege in Südtirol 1999, S. 84–86). Mit der Reinigung der verschmutzten und verrußten Granitfassaden und der Ausbesserung des Fugenmörtels ist die Gesamtrestaurierung der 1898/99 erbauten Kirche nun abgeschlossen. Sowohl Reinigungsmittel als auch Methode hatten vor der entstandenen

Windegg, via Verdi, 40

La residenza di stile rinascimentale presentava, soprattutto al piano terra ed ai telai in arenaria delle finestre, gravi danni all'intonaco causati dalla presenza di umidità. In un precedente intervento di risanamento per la zona della zoccolatura era stato utilizzato intonaco di cemento, successivamente rimosso e sostituito con trass e malta di calce. L'arenaria, che per la presenza di sali risultava molto porosa, è stata sottoposta ad opera di consolidamento e, dove necessario, integrata con materiale dalle stesse caratteristiche.
Le facciate sono state ripulite e sulle parti intonacate di maggiori dimensioni è stata data una mano di pittura a calce in tinta (contributo).

Parrocchiale del Sacro Cuore

Il ripristino delle decorazioni neoromaniche ha contribuito in modo sostanziale alla rivalutazione estetica della chiesa che ha così recuperato buona parte della sua valenza storica (cfr. Tutela dei beni culturali in Alto Adige 1999, pp. 84–86). L'opera di risanamento generale della chiesa, edificata tra il 1898 ed il 1899, si è conclusa con la ripulitura delle pareti in granito e con l'integrazione della malta delle connessure. La patina formatasi con il tempo sulla pietra non è stata rimossa né con detergenti,

FRANZENSFESTE

FORTEZZA

FREIENFELD,
STILFES,
ORGANISTENHÄUSL,
EINGANGSTÜR

CAMPO DI TRENS,
STILVES,
CASA DELL'ORGANISTA,
PORTA

FREIENFELD
CAMPO DI TRENS

altersbedingten Patina am Stein Halt zu machen. Franzensfeste hat neben der Festung und dem Bahnhof eines seiner prägenden Bauwerke aus der späten Habsburgerzeit erhalten und fachgerecht restauriert. wke

Stilfes, Gasthof Goldener Löwe in Elzenbaum

Der traditionsreiche Gasthof in Elzenbaum wurde einer Gesamtsanierung unterzogen. Die bereits in den fünfziger Jahren des 20. Jahrhunderts stark veränderten Obergeschosse wurden für Wohnzwecke adaptiert. Die Fassade wurde neu gestrichen und eine Drainage verlegt (Beitrag). Die Restaurierung der historischen Gasträume im Erdgeschoss steht noch aus. hse

Stilfes, Organistenhäusl

Der kleine, völlig verwahrloste Bau im Eigentum der Pfarre Stilfes war seit Jahren unbewohnt und schien dem sicheren Untergang geweiht. Erst als das Institut für geförderten Wohnbau vertraglich die Sanierung übernommen hatte, sollte sich nach Überwindung einiger Hindernisse das Blatt wenden. Die Mauern, die im Erdgeschoss und ersten Stock in die Zeit um 1600 zurückreichen, während das zweite Obergeschoss erst im 19. Jahrhundert aufgesetzt worden ist, mussten mit Zugankern statisch gesichert werden. Die Balkendecken und das Gewölbe in

né con altri sistemi di pulitura. Oltre alla fortezza ed alla stazione ferroviaria, Fortezza ha mantenuto e sottoposto ad opera di restauro a regola d'arte uno dei suoi edifici più significativi di epoca tardo-asburgica. wke

Stilves, albergo Goldener Löwe a Pruno

L'antica locanda di Pruno è stata sottoposta ad un'opera di risanamento generale. I piani superiori, già in gran parte modificati negli anni Cinquanta del XX secolo, sono stati adattati all'uso abitativo. La facciata è stata ripitturata ed è stato realizzato un impianto di drenaggio (contributo). Non è stato ancora effettuato il restauro degli antichi locali al piano terra. hse

Stilves, casa dell'organista

La piccola costruzione, completamente abbandonata, di proprietà della parrocchia di Stilves, era da tempo disabitata e sembrava destinata ad un inesorabile declino. La svolta è avvenuta solo quando, dopo aver superato diversi ostacoli, all'Istituto per l'Edilizia agevolata è stata commissionata l'esecuzione dei lavori di risanamento. I muri del piano terra e del primo piano, eretti intorno al 1600, e quelli del secondo piano, costruiti invece nel XIX secolo, sono stati sottoposti a misure di sicurezza statica mediante ancoraggi. Sono stati mantenuti i soffitti a travature e la volta di quella che un tempo era la cucina. Il tavo-

FREIENFELD,
STILFES,
ORGANISTENHÄUSL

CAMPO DI TRENS,
STILVES,
CASA DELL'ORGANISTA

der ehemaligen Küche blieben erhalten, die Stubentäfelung und die Felderdecke im Gang des ersten Stockes wurden restauriert (Beitrag). Neue Fenster und Sanitäranlagen, neue Holzböden und ein Kalkanstrich schlossen die Arbeiten ab. Das ortsbildprägende Haus, unmittelbar neben der Pfarrkirche gelegen, wird inzwischen wieder bewohnt, ein zur Nachahmung empfohlenes Beispiel einer gelungenen Rettung und Wiederbelebung eines Baudenkmals.

Stilfes, Pfarrwidum

Der ansitzartige Bau aus dem 16. Jahrhundert wird aus einem breiten Mittel- und zwei schmalen Seitenflügeln gebildet. Die in den siebziger Jahren bei der Gesamtsanierung erfolgte Dacheindeckung mit „Kanadischen Schindeln" (Bitumenschindeln) war porös geworden und musste dringend ausgetauscht werden. Das flache Satteldach des Hauptflügels bereitete dachdeckertechnisch große Schwierigkeiten, da es eine sehr flache Dachneigung aufweist und die Dachkonstruktion sehr schwach dimensioniert ist. Darum entschloss man sich für eine Eindeckung in Schindeln, die auch für die steileren Dächer der Seitenflügel und ihre zahlreichen Grate Vorteile bot. Das Hauptdach wurde mit vierfach verlegten Legschindeln und die Seitenflügel mit Scharschindeln eingedeckt (Beitrag).

lato della stube ed il soffitto ligneo a cassettoni del corridoio al primo piano sono stati sottoposti ad interventi di restauro (contributo). A conclusione dei lavori si è provveduto a montare le nuove finestre, installare i sanitari ed i nuovi pavimenti in legno ed è stata data una mano di pittura a calce. L'edificio, situato nelle immediate vicinanze della parrocchia, è un elemento caratterizzante del luogo ed è ora nuovamente abitato. Un esempio incoraggiante di recupero e ripristino di un monumento architettonico.

Stilves, canonica

L'edificio di tipo residenziale, costruito nel XVI secolo, è composto da un ampio corpo centrale e da due sottili ali laterali. La copertura del tetto, eseguita utilizzando "scandole canadesi" (in bitume) nel corso dei lavori di risanamento generale effettuati negli anni Settanta, era diventata porosa e necessitava di una sollecita sostituzione. La copertura del tetto a due falde ha causato notevoli difficoltà tecniche a causa della scarsissima inclinazione dello stesso e dell'estrema debolezza della struttura. Per questo motivo si è optato per una copertura di scandole adatta anche per i tetti più spioventi delle ali laterali e per le numerose nervature. Il tetto principale è stato ricoperto con quattro strati di scandole, mentre per quello delle ali laterali sono stati utilizzati scandole raggruppate (contributo).

FREIENFELD,
STILFES,
PFARRWIDUM,
DACHEINDECKUNG

CAMPO DI TRENS,
CANONICA,
COPERTURA DEL TETTO

GLURNS
GLORENZA

Pfarrkirche St. Pankraz

Auf die Initiative der Pfarrei Glurns hin wurden zwei Fahnenbilder und ein Traghimmel fachgerecht restauriert. Eines der beiden Fahnenbilder stellt den heiligen Bartholomäus sowie auf der Rückseite einen Märtyrer mit Schwert und Palme dar. Es stammt von Simon Pichler aus Klausen und trägt die Signatur: „Sim. Pichler pinx. Klausen 1862". Das zweite, jüngere Fahnenblatt stammt von Johann Baptist Oberkofler (zweites Viertel 20. Jahrhundert). Es stellt die Heilige Familie bzw. den heiligen Florinus von Matsch dar. Hinter Letzterem ist der Matscher Burghügel mit der Kapelle St. Martin abgebildet. Die Unterseite des Traghimmels zieren der heilige Johannes Nepomuk sowie das Lamm Gottes, auf dem Buch mit den Sieben Siegeln stehend (Beitrag). ml

Parrocchiale di San Pancrazio

Su iniziativa della parrocchia di Glorenza sono stati sottoposti a restauro a regola d'arte due dipinti di gonfalone ed un baldacchino. Uno dei due dipinti raffigura san Bartolomeo e, sul retro, un martire con spada e palma. È opera di Simon Pichler da Chiusa e reca la firma "Sim. Pichler pinx. Klausen 1862". Il secondo dipinto, di stesura più recente, è stato eseguito da Johann Baptist Oberkofler (prima metà del XX secolo). Raffigura la Sacra Famiglia e san Florino da Mazia. Sullo sfondo del dipinto è rappresentata la collina del castello di Mazia con la cappella di San Martino. All'interno del baldacchino sono riportati san Giovanni Nepomuceno e l'Agnello di Dio che compaiono sul libro dei Sette Sigilli (contributo). ml

GSIES
CASIES

St. Martin, Kasten beim Hinterkradorfer

Der spätgotische Kornkasten, der Teil der schön gelegenen Höfegruppe kurz nach dem Dorf St. Martin ist, musste aufgrund des Baus eines unterirdischen Kellers für das Wohngebäude versetzt werden. Der Holzblockbau mit der Jahreszahl 1550 über der Eingangstür befand sich in schlechtem Zustand, nachdem die Fundamentbalken im Erdreich lagen und somit zum Teil morsch waren. Auch die Schindeldeckung war undicht und musste erneuert werden. Am neuen Standort,

San Martino, granaio presso Hinterkradorfer

Il granaio tardogotico, parte del gruppo di masi ubicati in posizione felice subito oltre il villaggio di San Martino, ha dovuto essere spostato a causa del progetto di costruzione di uno scantinato sotterraneo. Lo stato di conservazione del fabbricato in legno, recante la data 1550 sulla porta d'ingresso, risultava tutt'altro che buono. Le travi portanti interrate erano in parte marcite. La copertura di scandole non era più ermetica e doveva quindi essere rinnovata. Nella nuova sede, effettivamente prossima alla vecchia, il gra-

GSIES,
ST. MARTIN,
KASTEN BEIM
HINTERKRADORFER

CASIES,
SAN MARTINO,
GRANAIO PRESSO
IL MASO
HINTERKRADORFER

der sich nicht unweit vom alten befindet, wurde der Kasten zur Unterlüftung auf Steine gesetzt. Die morschen Teile wurden durch neues Holz ergänzt (Beitrag).

Alte Dechantei, Herzog-Tassilo-Straße 12

Schon seit längerer Zeit wird für das im Kern gotische Gebäude, das einen wertvollen Bestand aufweist, eine neue Nutzung gesucht. Das Gebäude steht leer und befindet sich in einem verwahrlosten Zustand. Die Dachhaut ist undicht geworden und eindringende Feuchtigkeit hat bereits Schäden an Gewölben, Mauerwerk und Böden angerichtet. Im Berichtsjahr hat man nun die dringend notwendige Dacherneuerung durchgeführt. Als neue Dachdeckung wurden laut Bestand Lärchenschindeln verwendet. Teile des Dachstuhls mussten erneuert werden, da die Balken durch die ständig eindringende Feuchtigkeit morsch waren.

Franziskanerkirche St. Leopold mit Kloster und Garten

Den Garten der Kirche und des Klosters, die gegen Ende des 17. Jahrhunderts errichtet wurden, umfasst eine hohe, mit Biberschwanzziegeln abgedeckte Steinmauer. Im Laufe der Geschichte wurde sie mehrmals verändert: So erhielt sie 1884 nach einer Überschwemmung eine Erhöhung, 1928 wurden sieben Stützpfeiler angefügt und 1954/55 wurde sie im obe-

naio è stato alloggiato su di una base di pietra per consentirne l'aerazione. Si è inoltre provveduto all'integrazione delle parti marcite con legno integro (contributo).

Abitazione del decano, via Duca Tassilo, 12

Per l'edificio dal nucleo edilizio d'impronta gotica, dotato di un prezioso patrimonio architettonico, si sta cercando già da tempo una nuova destinazione d'uso. Attualmente il fabbricato è vuoto e versa in uno stato di desolato abbandono. La copertura del tetto era fatiscente e la presenza di umidità ha già causato danni alla volta, ai muri ed ai pavimenti. Nel 2001 si è perciò provveduto a rifare ex novo la copertura utilizzando ancora scandole di larice. È stato necessario rinnovare in parte le capriate del tetto, poiché le travi risultavano marcite per la presenza di umidità.

Chiesa dei Francescani di San Leopoldo con convento e giardino

Il giardino della chiesa e del convento, realizzato verso la fine del XVII secolo, è circondato da un alto muro in pietra ricoperto da tegole a coda di castoro. Nel corso degli anni quest'ultimo è stato più volte modificato. Nel 1884, dopo un'inondazione, esso è stato sopraelevato, nel 1928 è stato rinforzato mediante sette pilastri di sostegno e tra il 1954 ed il 1955 la parte superiore è stata rin-

INNICHEN
SAN CANDIDO

INNICHEN,
ALTE DECHANTEI,
REPARATUR DES
DACHSTUHLS

SAN CANDIDO,
ABITAZIONE DEL
DECANO, RIPARAZIONE
DELLA COSTRUZIONE
DEL TETTO

ren Bereich erneuert und erhielt einen zementhaltigen Spritzputz. Nachdem sie sich in sehr schlechtem Zustand befand, wurde sie statisch gesichert, der Zementputz entfernt und mit einem Kalkputz mit Trasszusatz verputzt. Als Abdeckung wurden wiederum Biberschwanzziegel verwendet (Beitrag).

Heilig-Grab-Kirche und Altöttinger Kapelle

Die zwei Kapellen, eine malerische Baugruppe am Beginn des Dorfes, sind Nachahmungen der Gnadenkapelle in Altötting und der Grabeskirche in Jerusalem. Gegründet wurden die Kapellen von einem reichen Innichner Bürger namens Georg Paprion, der zunächst den Rundbau der Altöttinger Kapelle errichten ließ und 1673 die Grabeskirche, nachdem er 1663 eine Pilgerfahrt nach Jerusalem unternommen hatte. 1786 wird der Kapellenbau profaniert und geschlossen, im 19. Jahrhundert wieder geöffnet. Nachdem die Kapellen enorme Feuchtigkeitsschäden aufweisen, wurde mit einer Generalsanierung begonnen. Im Berichtsjahr hat man im Inneren der Kapellen den morschen Putz im Sockelbereich abgeschlagen, sodass das Mauerwerk über die Wintermonate austrocknen konnte. Geplant ist die

novata e ricoperta con intonaco di cemento a spruzzo. Per migliorarne le condizioni, gravemente compromesse, il muro è stato sottoposto a misure di sicurezza statica. L'intonaco di cemento è stato rimosso e si è proceduto all'intonacatura a calce con aggiunta di trass. Per la copertura sono state utilizzate ancora tegole a coda di castoro (contributo).

Chiesa del Santo Sepolcro e cappella di Altötting

Le due cappelle, che formano un complesso edilizio molto particolare nel suo genere, posto all'inizio del paese, sono imitazioni della cappella delle Grazie ad Altötting, in Baviera, e della cappella del Santo Sepolcro a Gerusalemme. Esse sorsero per volontà di un facoltoso cittadino di San Candido, Georg Paprion, il quale fece costruire in un primo momento l'edificio a pianta circolare della cappella di Altötting e nel 1673, a seguito di un viaggio di pellegrinaggio compiuto a Gerusalemme nel 1663, la chiesa del Santo Sepolcro. Nel 1786 le cappelle vennero profanate e chiuse, per essere poi riaperte nel XIX secolo. L'umidità aveva fortemente danneggiato i muri di entrambe le cappelle, cosicché si è resa necessaria un'opera di risanamento globale. Nel corso del 2001 si è provveduto ad eliminare l'intonaco marcio nella zona dello zoccolo interno, in modo tale che durante i mesi invernali la struttura muraria potesse asciugarsi intera-

INNICHEN, FRANZISKANERKIRCHE ST. LEOPOLD MIT KLOSTER UND GARTEN

SAN CANDIDO, CHIESA DEI FRANCESCANI DI SAN LEOPOLDO CON CONVENTO E GIARDINO

INNICHEN, HEILIG-GRAB-KIRCHE UND ALTÖTTINGER KAPELLE, HISTORISCHE AUFNAHME

SAN CANDIDO, CHIESA DEL SANTO SEPOLCRO E CAPPELLA DI ALTÖTTING, FOTOGRAFIA STORICA

Restaurierung der Raumschale, der Fassaden, die Anlage einer Drainage sowie die Verbesserung der Zugangssituation. ht

Pfarrkirche St. Genesius

Im Herbst wurde mit der Restaurierung des spätgotischen Glockenturmes begonnen. Der Unterbau aus roten und gelben Sandsteinquadern stammt aus dem Jahre 1481 (vgl. Jahreszahl an der Nordfassade des Unterbaues). Bis zum Jahre 1497 wurde der Turm bis unter den Helmansatz hochgezogen. Der endgültige Abschluss der Bauarbeiten folgte allerdings erst im Jahre 1608. Im selben Jahr wurde der Bau des achteckigen Spitzhelmes im selben Steinmaterial des Turmschaftes vorgenommen. Weitere Ausbesserungen scheinen 1668 erfolgt zu sein. An der Nordostecke des Helmansatzes findet sich die eingemeißelte Inschrift „1668 P.S.". Die jüngsten Sanierungsarbeiten sahen die Neuverfugung der Innenschale des Spitzhelmes sowie die Erneuerung der tragenden Holzkonstruktion vor. Im Anschluss an die Reinigung der Innenschale und das Entfernen des absandenden Fugenmaterials wurde unnötigerweise ein stark hydraulisches Fugenmaterial appliziert, das langfristig beträchtliche Schäden an den Sandsteinquadern verursacht hätte. Auf Anweisung des Amtes für Bau- und Kunstdenkmäler wurde das Fugenmaterial – so gut als möglich – entfernt.

mente. In programma è ora il restauro del rivestimento interno, delle facciate, la realizzazione di un impianto di drenaggio e il miglioramento della situazione di accesso. ht

Parrocchiale di San Genesio

In autunno sono iniziati i lavori di restauro del campanile tardogotico. La parte bassa è composta da conci di arenaria rossi e gialli risalenti al 1481 (cfr. la data riportata sulla parete settentrionale). Entro il 1497 il campanile era stato elevato fino a raggiungere l'attacco della cuspide. I lavori di costruzione sono stati definitivamente conclusi nel 1608. Allo stesso anno risale l'edificazione della guglia ottagonale per la quale è stato utilizzato lo stesso materiale del campanile. A quanto risulta, nel 1668 sarebbero state apportate ulteriori modifiche migliorative; sull'angolo orientale della cuspide è riportata l'iscrizione "1668 P.S.". Durante gli ultimi lavori di risanamento sono state rifatte le commessure del rivestimento interno della guglia e la struttura portante in legno. In seguito alla pulitura del rivestimento ed alla rimozione del materiale di commessura è stato applicato, senza che ve ne fosse una reale necessità, un nuovo materiale di commessura fortemente idraulico che, a lunga scadenza avrebbe potuto causare danni considerevoli ai conci di arenaria. Su ordine dell'Ufficio beni architettonici ed artistici tale materiale è stato, per quan-

JENESIEN
SAN GENESIO

JENESIEN,
PFARRKIRCHE
ST. GENESIUS,
RESTAURIERUNG
DES TURMHELMS

SAN GENESIO,
PARROCCHIALE DI
SAN GENESIO,
RESTAURO DELLA
CUSPIDE

Die neuerliche Ausfugung wurde mit reinem Kalkmörtel vorgenommen, eine Arbeitsweise, die sich über Jahrhunderte bewährt hatte. Im kommenden Jahr soll die Außenrestaurierung der Turmfassaden einschließlich des Turmhelmes erfolgen (Beitrag).

St. Cosmas und Damian
Die heutige Gestalt des in vorromanische Zeit zurückreichenden Baues wurde weitgehend in der Spätgotik geprägt. Das Steildach war vor Jahrzehnten nicht in originaler Höhe erneuert worden. Die nun notwendige Dacheindeckung bot die Gelegenheit diesen Fehler zu korrigieren. Die originale Neigung war am Putz der Turmwand noch ablesbar. Den neuen Dachstuhl finanzierte der Eigentümer, das Amt bezuschusste die Eindeckung mit Biberschwanztonziegeln.

St. Martin in Glaning
Um das 1334 erstmals erwähnte, in landschaftlich herrlicher Lage sich befindende Gotteshaus wurde eine einfache Schotterdrainage angelegt. Das Erdbeben vom 17. Juli verursachte im Presbyterium bzw. am ostseitig daran anschließenden Sakristeizubau Risse, welche das Einziehen von Metallschleudern erforderlich machen. Für das kommende Jahr ist weiters eine Neugestaltung des teilweise asphaltierten

to possibile, rimosso. Le nuove commessure sono state effettuate con pura malta di calce, una tecnica la cui validità si è confermata nei secoli. Nel 2002 saranno sottoposte a restauro le facciate del campanile e della cuspide (contributo).

SS. Cosma e Damiano
L'aspetto attuale dell'edificio di origine preromanica è stato in gran parte determinato in periodo tardogotico. Il tetto a spiovente è stato rifatto diversi decenni fa, ma senza tenere conto dell'altezza originale. La necessità di effettuare una nuova copertura del tetto ha fornito l'opportunità per rimediare all'errore. L'inclinazione originale era tuttora rilevabile dall'intonaco del muro del campanile. Il rifacimento delle capriate è stato finanziato dai proprietari, mentre l'Ufficio ha sovvenzionato la copertura con tegole a coda di castoro.

San Martino a Cologna
Intorno alla chiesa, menzionata per la prima volta nel 1334 e situata in posizione splendida, è stato realizzato un semplice impianto di drenaggio con pietrisco. Il terremoto del 17 luglio ha causato nel presbiterio, ovvero nell'edificio adiacente che ospita la sacrestia, la formazione di crepe che hanno reso necessaria l'applicazione di catene metalliche. Per il 2002 è previsto il rifacimento del viale d'accesso,

JENESIEN,
PFARRKIRCHE
ST. GENESIUS,
TURMHELM,
INNENANSICHT

SAN GENESIO,
PARROCCHIALE DI
SAN GENESIO,
INTERNO DELLA
CUSPIDE

Zufahrtsweges an der Westseite der Kirche geplant (Beitrag).

Goldener Stern

Am Haus, das in den vergangenen Jahren im Inneren stark umgebaut worden war, ist die Außenfassade zur Andreas-Hofer-Straße unverändert geblieben. Unter dem Satteldach wurden bei den Restaurierungsarbeiten eine Ecksäule aus Sandstein und einige mit spätgotischer Symbolik (Räder) verzierte Giebelflächen über den Fenstern entdeckt, Reste von früheren Dekorationsmalereien.

Tschiderer in Unterplanitzing

Ein kleines Haus dieser Gruppe von Bauten wurde saniert und restauriert; bemerkenswert in diesem Haus sind die Barockstube, ein Zimmer mit Holzbalkendecke und eine Leistendecke, die zuvor alle mit Kalk- und Ölfarbe gestrichen waren. Für die Restaurierung mussten die Tafeln abgenommen und nach der Reparatur von einzelnen Teilen sowie Beseitigung der Wasserschäden an den Profilen wieder eingesetzt werden.

Schloss Karneid

Im Herbst 1996 ist als Folge von ausgiebigen Regenfällen ein längeres Teilstück der äußeren Zwingermauer eingestürzt. Nach zahlreichen Gesprächen und Verhandlungen mit dem Eigentümer konnte die für das Gesamtbild der Burg wichtige

in parte asfaltato, sul lato occidentale della chiesa (contributo).

Stella d'Oro

Purtroppo manomesso negli anni passati negli interni, l'edificio ha conservato integra la facciata verso via Andreas Hofer. Sotto l'ampio tetto a due falde il restauro ha portato alla luce tra l'altro una colonna d'angolo in pietra arenaria e alcuni frontoni dipinti sopra le finestre con una simbologia tardogotica (ruote), resti di precedenti versioni decorative.

Tschiderer a Pianizza di Sotto

È stata risanata e restaurata una piccola casa del complesso, dotata al primo piano di una stube barocca, di una stanza con soffitto a travi lignee e di un soffitto ligneo a riquadri, tinteggiati in precedenza con colori a calce e ad olio. Il restauro ha richiesto lo smontaggio e rimontaggio dei tavolati e la sistemazione di singole parti e profili danneggiati da infiltrazioni d'acqua.

Castel Cornedo

Nell'autunno del 1996, in seguito a forti precipitazioni, era crollata buona parte del muro di cinta esterno. Dopo numerosi colloqui e trattative con il proprietario, il muro, un elemento importante per l'immagine complessiva del castello, è stato finalmente

KALTERN
CALDARO

KARNEID
CORNEDO

KASTELBELL,
SCHLOSS KASTELBELL,
KAPELLE

CASTELBELLO,
CASTELLO DI
CASTELBELLO,
CAPPELLA

KASTELBELL,
SCHLOSS KASTELBELL,
KAPELLE,
MARIA VERKÜNDIGUNG

CASTELBELLO,
CASTELLO DI
CASTELBELLO,
CAPPELLA,
ANNUNCIAZIONE

KASTELBELL-TSCHARS
CASTELBELLO-CIARDES

Mauer mit dem alten Steinmaterial wieder aufgebaut werden. Außerdem wurde der Torturm des 16. Jahrhunderts, der gefährliche Sprünge aufwies, mittels Eisenschleudern statisch gesichert (Beitrag). hs

Kastelbell, Schloss Kastelbell
Das Kuratorium Schloss Kastelbell betreut und führt das Schloss, seitdem die Zuständigkeit vom Staat auf die Autonome Provinz Bozen übergegangen ist. Weitgehend durch öffentliche Gelder finanziert, initiierte das Kuratorium die Restaurierung der Wandgemälde an den Wänden und in der Apsis der Kapelle. Die Gewölbemalereien mit Rankenwerk und Medaillons, wie jene der Seitenwände aus der Mitte des 16. Jahrhunderts stammend, waren bereits 1991 im Auftrag des Denkmalamtes von Verona restauriert worden. Die Wanddekoration mit Vorhangmotiv in der Sockelzone, Fruchtgehängen und den stehenden Aposteln mit Attribut und Inschrift darüber waren zu reinigen, partiell zu festigen, zu hinterfüllen und zu retuschieren. An der hochgotischen Apsisausmalung mit Christus in der Mandorla, den Evangelistensymbolen im Gewölbe und dem Gnadenstuhl an der Wand waren dieselben Maßnahmen notwendig. Im Zuge der Arbeiten fanden sich Fragmente der romanischen sowie einer frühgotischen Schicht. Das Christophorus-

ricostruito utilizzando il materiale originale. Inoltre, la torre sull'ingresso del XVI secolo, che presentava pericolose crepe, è stata sottoposta a misure di sicurezza statica con l'ausilio di tiranti in ferro (contributo). hs

Castelbello, Castello di Castelbello
Il curatorio del Castello di Castelbello è responsabile della gestione del maniero a seguito del passaggio di competenza dallo Stato alla Provincia Autonoma di Bolzano. In buona parte con finanziamenti pubblici, il curatorio ha avviato il restauro dei dipinti delle pareti e nell'abside della cappella. La pitture delle volte con viticci e medaglioni, risalenti – al pari di quelli delle pareti laterali – alla metà del XVI secolo, erano già state restaurate nel 1991 per incarico della Soprintendenza di Verona. Sono state ripulite, parzialmente consolidate, integrate e ritoccate le decorazioni murarie con motivo a tenda nella zona dello zoccolo, più in alto con festoni di frutta e con gli apostoli in piedi assieme ai relativi attributi e cartigli. Lo stesso tipo di interventi si è reso necessario per la raffigurazione tardogotica di Cristo in mandorla dell'abside, per i simboli degli evangelisti nella volta e per la Trinità dipinta sulla parete. Nel corso dei lavori si sono rinvenuti frammenti dello strato di pittura di età romanica, così come di uno strato primogotico. L'immagine di

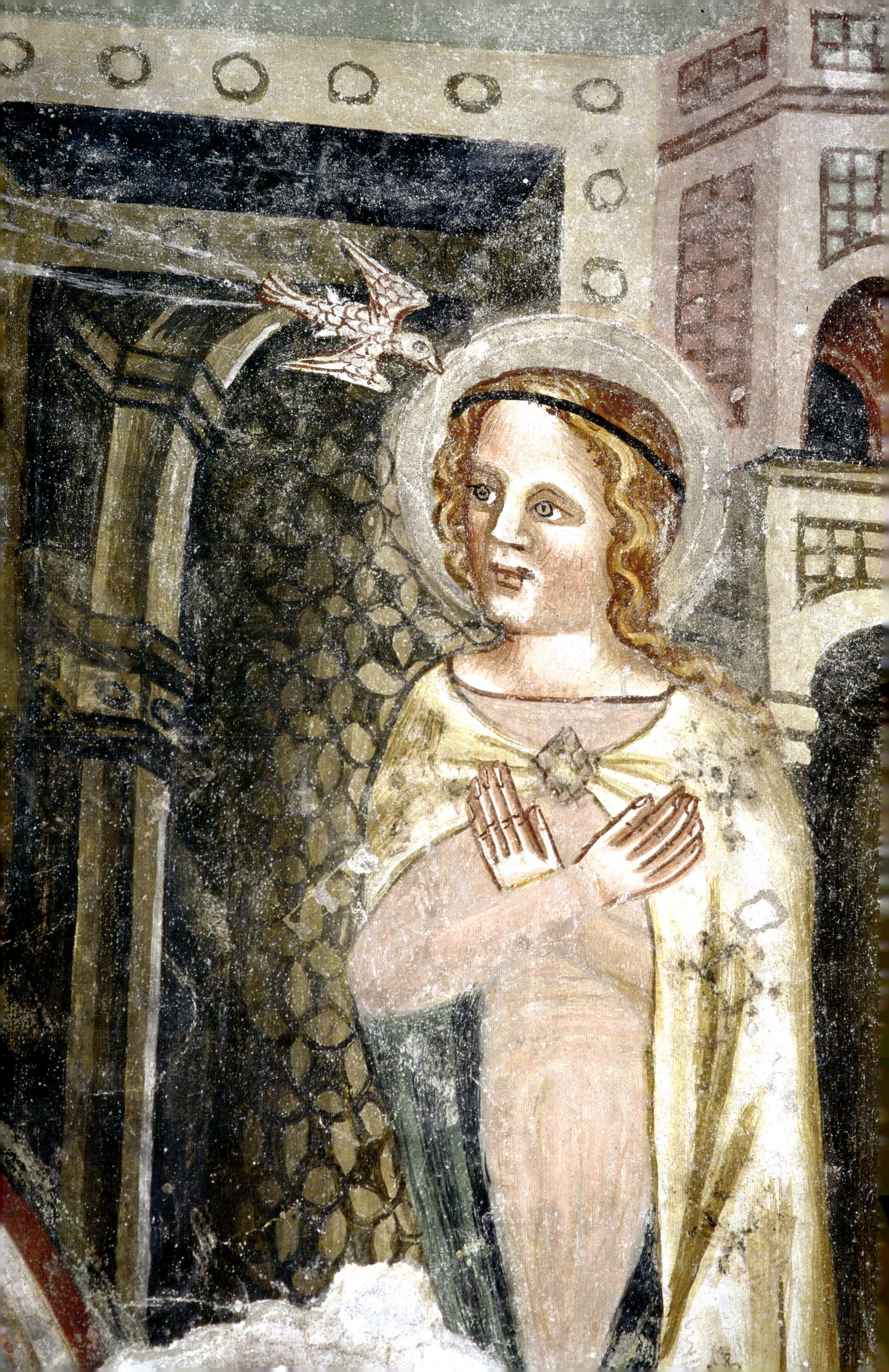

KASTELRUTH,
SALEGG

CASTELROTTO,
SALEGG

KASTELRUTH
CASTELROTTO

Salegg

Die 1184 erstmals genannte Burg Salegg liegt am Nordfuß des Schlern etwas westlich der weitaus bekannteren Burg Hauenstein. Beide Anlagen sind nur mehr als Ruinen erhalten, da sie seit dem späten 16. Jahrhundert nicht mehr bewohnt und instand gehalten wurden. Während die Burg des Oswald von Wolkenstein 1976/77 gesichert wurde, verfiel Salegg, durch dichten Baumwuchs den Blicken und der Erinnerung der Öffentlichkeit entzogen, mehr und mehr.
Dem Interesse des Präsidenten des DIUK, in dessen Eigentum die Ruine steht, ist es zu verdanken, dass umfangreiche Sicherungsarbeiten am Mauerwerk vorgenommen werden konnten, finanziert vom Amt für Bau- und Kunstdenkmäler und der Stiftung Südtiroler Sparkasse.
Zu Beginn der Arbeiten wurden zahlreiche Bäume entfernt, so dass man die erhaltenen Mauerzüge und die Größe der Anlage erstmals wieder überblicken konnte. Als nächsten Schritt festigte man den am weitesten aufragenden Mauerzahn, der besonders einsturzgefährdet war. Zwei seitliche Stützmauern, deutlich vom Altbestand abgesetzt, und zwei Eisenklammern knapp unter der Spitze

bild an der Außenwand wurde partienweise konserviert. wke

Salegg

Il castello di Salegg, menzionato per la prima volta nel 1184, si erge ai piedi dello Sciliar, ad ovest del ben più noto castello di Hauenstein. Entrambi i complessi sono attualmente in rovina, non essendo stati più abitati né curati dalla fine del XVI secolo. Mentre tra il 1976 ed il 1977 il castello di Oswald von Wolkenstein era stato sottoposto a misure di consolidamento statico, quello di Salegg, sottratto alla vista ed al ricordo della popolazione da una fitta boscaglia, versava in condizioni di crescente degrado. Grazie all'interessamento del presidente del DIUK, proprietario del rudere, i muri del castello sono stati sottoposti a consistenti misure di sicurezza. L'intervento è stato finanziato dall'Ufficio beni architettonici ed artistici e dalla Fondazione Cassa di Risparmio di Bolzano.
All'avvio dei lavori si è provveduto ad abbattere numerosi alberi per consentire il recupero della visuale sulle mura conservate e sull'ampia estensione del complesso. Nella fase successiva è stato effettuato il consolidamento dell'estremità superiore, maggiormente esposta al pericolo di crollo. Due muri di sostegno laterali, nettamente diversi dalla muratura originale, e due grappe di ferro, sistemate immediatamente sotto la sommità, hanno conferito una nuova stabilità a questi in-

san Cristoforo sulla parete esterna è stata conservato in alcune sue parti. wke

KASTELRUTH, SALEGG

CASTELROTTO, SALEGG

geben dem interessanten Rest neuen Halt. Der kleinere Mauerrest am höchsten Punkt des Burghügels im Süden wurde ebenso wie die nördlich davon stehende etwas niedrigere Mauerpartie, die auch seitlich gestützt werden musste, gefestigt. Schließlich wandte man sich der in einer Länge von mehr als 15 Metern noch erhaltenen Nordmauer mit zwei Ecktürmchen zu. Kleinere Ausbrüche wurden geschlossen, größere gesichert, die Krone gefestigt, der interessante spätromanische Fugenstrichputz an der Außenseite konserviert. Die sehr gut gelungenen Arbeiten haben nicht nur eine der zahlreichen Burgruinen unseres Landes gesichert, sondern sie auch wieder ins öffentliche Bewusstsein gerückt. hs

Romstraße 83 (ehemaliges Gasthof Lamm)

Die Restaurierung des sog. Walthersaals im ersten Obergeschoss des ehemaligen Gasthofes Lamm sowie die Rekonstruktion der historistischen Schablonenmalereien der Künstler Charles J. Palmiè und Ernst Lösch aus dem Jahre 1890 waren im Jahr 2000 bereits weit fortgeschritten (siehe Denkmalpflege in Südtirol 2000, S. 89/90). In der Zusammenschau historischer Fotografien, Zeichnungen und der noch vorhandenen Fragmente konnten die Musterschablonen originalgetreu angefertigt und angewandt werden. Die Schriftbänder mit Sinn- und

teressanti resti. È stata inoltre consolidata la parte di muro di dimensioni più contenute, situata nel punto più alto della collina del castello, a sud, nonché quella più in basso, a nord, che si è provveduto a sostenere anche lateralmente. Infine, ci si è interessati del muro nord conservato su circa quindici metri di lunghezza con due torrette angolari. Le crepe di minore entità sono state chiuse, mentre quelle più estese sono state sottoposte a misure di sicurezza statica. Si è inoltre provveduto al consolidamento del colmo della muratura ed è stato mantenuto l'interessante intonaco graffiato tardoromanico delle commessure sul lato esterno. La buona riuscita dei lavori è servita non solo a conservare i ruderi di un castello, ma li ha anche restituiti alla coscienza collettiva. hs

Via Roma, 83 (ex albergo Lamm)

Nel 2000 il restauro della cosiddetta Sala Walther, situata al primo piano dell'ex locanda Lamm, nonché la ricostruzione delle pitture a stampino, eseguite nel 1890 dagli artisti Charles J. Palmiè ed Ernst Lösch, era già a buon punto (cfr. Tutela dei beni culturali in Alto Adige 2000, pp. 89/90). Avvalendosi di fotografie d'epoca, disegni e frammenti ancora disponibili, è stato possibile realizzare ed utilizzare i modelli delle sagome, rimanendo il più possibile fedeli all'originale. I testi scritti, riportanti aforismi e brindisi, sono stati ripuliti ed inte-

KLAUSEN

CHIUSA

KLAUSEN,
EHEMALIGER GASTHOF
LAMM, WALTHERSAAL
NACH DER
RESTAURIERUNG

CHIUSA,
EX ALBERGO LAMM,
SALA "WALTHER"
DOPO IL RESTAURO

Trinksprüchen wurden gereinigt und ergänzt. Zurückhaltender war man bei den Malereien der Frauenfigur mit Becher und des gegenüberstehenden Ritters in der Bogenleibung; zerstörte Partien blieben unergänzt. Im Obergeschoss fanden sich gemalte Fenster- und Türumrahmungen aus der Zeit um 1700. Da sie das Raumbild nicht stören, gut erhalten und ohne große Verluste freilegbar waren, wurden sie wieder ans Licht gebracht und restauriert. Die Dekorationen und das Rankenwerk gehören noch dem Formenrepertoire der späten Renaissance an. Weiters waren beide Holzdecken und sämtliche noch vorhandenen Türen zu restaurieren. Der historische Kronleuchter, aus einem Wagenrad mit Kerzen bestehend und mit imitierten Schmiedeeisen-Schnörkeln aus Karton dekoriert, gehört mit zum Raum und war aufgrund des katastrophalen Erhaltungszustandes weitgehend zu ergänzen.
An Bildern, die einst im Walther-Saal hingen, darunter eine Reihe von Porträts bedeutender Persönlichkeiten aus Kunst und Literatur, geschaffen von Hans Rabensteiner, ist außer einem Bild Walther von der Vogelweides nach dem Typus der Manesse-Handschrift und einem des schreibenden Walther nach antiker Art mit Lorbeerkranz und einer Musengestalt (am Rahmen 1874 datiert) nichts vor Ort verblieben. Beide Bilder wurden restauriert.
Der Abschluss der Arbeiten und damit

grati. Con maggiore cautela si è proceduto nei confronti dei dipinti della figura di donna con coppa e del cavaliere sotto l'arco, situato sulla parete di fronte. Le parti distrutte sono rimaste incomplete. Al piano superiore sono state trovate pitture intorno alle porte e finestre risalenti al 1700. Non costituendo un elemento di disturbo, trovandosi in buono stato di conservazione e potendo essere recuperati senza subire gravi perdite, questi ultimi sono stati riportati alla luce e sottoposti a restauro. Le decorazioni ed il viticcio rientrano ancora nel repertorio tardorinascimentale. Si sono inoltre restaurati i due soffitti in legno e tutte le porte ancora presenti. Dell'arredo del vano fa parte anche un lampadario a corona originale composto da una ruota di carro con candele e decorazioni in cartone simili a fregi in ferro battuto. Considerate le pessime condizioni del lampadario, è stato necessario effettuare una consistente opera di ricostruzione. Dei dipinti eseguiti da Hans Rabensteiner che un tempo ornavano la Sala Walther, tra cui una serie di ritratti di personaggi importanti dell'arte e della letteratura, non è rimasto che un ritratto di Walther von der Vogelweide secondo il modello del manoscritto Manesse e di Walther che scrive, con l'anticheggiante corona d'alloro e la musa (sulla cornice è riportata la data 1874). Entrambi i dipinti sono stati sottoposti a restauro. L'esito

KLAUSEN,
EHEMALIGER GASTHOF
LAMM, WALTHERSAAL,
DETAIL

CHIUSA,
EX ALBERGO LAMM,
SALA "WALTHER",
DETTAGLIO

das Ergebnis befriedigt Denkmalpfleger, Restaurator, Nutzer und Publikum gleichermaßen. Klausen hat mit dem Saal und seiner öffentlichen Nutzung einen identifikationsstiftenden Raum aus der Zeit der Begeisterung für Walther von der Vogelweide und der „Klausner Künstlerkolonie" zurückgewonnen. Die Restaurierung und Rekonstruktion wurden zu 90 Prozent vom Amt mitfinanziert. wke

Frag, Johannser

Der ehemalige Edelsitz mit Erker und Spitzbogentür wurde einer Generalsanierung unterzogen, wobei man die Wohnungen den modernen Wohnansprüchen anpasste. Im Außenbereich konnten die aufgemalte Sonnenuhr und das Madonnenbild restauriert werden. Der originale Dachstuhl wurde erhalten und musste statisch verstärkt werden. kmm

Frag, Loretokapelle

Die erneut für die Restaurierung von Kulturdenkmälern gewährten Gelder aus den staatlichen Lottoeinnahmen erlauben dem Amt ausgewählte Restaurierungsprojekte an öffentlichen Objekten zu 90 Prozent der Kosten mitzufinanzieren. Die Auswahl fiel unter anderen auf die seit Jahrzehnten wenig genutzte und damit kaum gepflegte Loretokapelle und Kapuzinerkirche zum heiligen Felix von Cantalicio in Klausen. Bekannter als die Loreto-

dei lavori è stato ritenuto soddisfacente sia dalla Soprintendenza, che dal restauratore, dagli utenti e dal pubblico. Con il recupero della sala aperta al pubblico, Chiusa ha riacquistato un luogo d'importanza identitaria risalente al periodo dell'entusiasmo per Walther von der Vogelweide e della "Colonia artistica di Chiusa". Gli interventi di restauro e ricostruzione sono stati finanziati al novanta per cento dall'Ufficio. wke

Fraghes, Johannser

L'ex residenza nobiliare, dotata di erker e porta ogivale, è stata sottoposta ad opera di restauro. Gli appartamenti sono stati adeguati ai moderni standard abitativi. All'esterno sono stati restaurati la meridiana a muro ed il dipinto della Madonna. Le capriate del tetto sono state mantenute, ma sottoposte a misure di sicurezza statica. kmm

Fraghes, cappella di Loreto

I fondi raccolti con i proventi dal lotto nazionale, ancora una volta devoluti al restauro di monumenti culturali, consentono all'Ufficio di contribuire al novanta per cento al costo di determinati progetti di restauro di edifici pubblici. La scelta è caduta, tra l'altro, sulla cappella della Madonna di Loreto, da tempo quasi completamente in disuso e quindi poco curata, e sulla chiesa dei Cappuccini dedicata a san Felice da Cantalicio a Chiusa. Più noto della stessa chiesa della

KLAUSEN,
FRAG, LORETOKAPELLE,
CHIUSA,
FRAGHES,
CAPPELLA DI LORETO

KLAUSEN,
FRAG, JOHANNSER
CHIUSA,
FRAGHES, JOHANNSER

kirche, welche an Stelle des Geburtshauses von Pater Gabriel Pontifeser – Beichtvater der Königin von Spanien – erbaut und von Letzterer gestiftet wurde, ist der Loretoschatz. Zum größten Teil ebenfalls eine Stiftung der spanischen Königin, befindet er sich heute im Museum. Die Arbeiten begannen mit der Sicherung der statisch gefährdeten Umfassungsmauer der Loretokirche. Gleichzeitig konnten der Vorplatz saniert und die Kirche entfeuchtet werden. Die barocken Kapellen-Bildstöcke an der Mauer mit gemalten Kreuzwegstationen in den Nischen waren zu sichern, die im 19. Jahrhundert neu geschaffenen Malereien zu restaurieren. Da es sich um sehr bescheidene Werke religiöser Volkskunst handelt, waren eine großzügigere Retusche sowie die Ergänzung einiger Partien angebracht. In Entsprechung zu den Nischenmalereien wiederholte man an den Mauerflächen die ziegelrote Farbfassung des 19. Jahrhunderts. Auf die Freilegung der barocken Fassung wurde verzichtet. Die Wandgemälde mit der Heiligen Familie, der Maria mit Kind und der Loretokapelle, welche von Nazareth übers Meer getragen wird, an der Kirchenfassade wurden gereinigt und gefestigt. Sie stammen ebenso aus dem späten 19. Jahrhundert. Wiederhergestellt soll auch die Ölberggrotte am Vorplatz werden. In Vorbereitung auf die Innenrestaurierung wurden Freilegungs-

Madonna di Loreto, costruita al posto della casa natale di padre Gabriel Pontifeser, confessore della regina di Spagna e da quest'ultima sovvenzionata, è in realtà il tesoro del Loreto. Anche questo è in gran parte una donazione della sovrana spagnola e viene attualmente custodito nel Museo Civico. Innanzitutto è stato sottoposto a misure di sicurezza statica il muro di cinta della chiesa che risultava gravemente compromesso. Allo stesso tempo si è provveduto anche al risanamento del sagrato ed alla deumidificazione della chiesa. Le edicole in stile barocco raffiguranti all'interno delle nicchie le stazioni della Via Crucis sono state consolidate e le pitture, realizzate nel XIX secolo, hanno avuto necessità di interventi di restauro. Trattandosi di opere religiose di limitato valore artistico, è stato effettuato un ritocco complessivo e sono state integrate alcune parti cadute. In stile con i dipinti sulle pareti delle nicchie sono state riprodotte le decorazioni di colore rosso tegola del XIX secolo. Non sono invece state portate alla luce le decorazioni barocche. Si è provveduto a ripulire e consolidare le pitture murali della facciata raffiguranti la Sacra Famiglia, Maria con il Bambino e la cappella di Loreto trasportata attraverso il mare da Nazaret. Anche queste pitture risalgono alla fine del XIX secolo. Deve inoltre essere ricostruita la grotta del Monte degli Ulivi sul sagrato. Come preparazione ai lavori di restauro de-

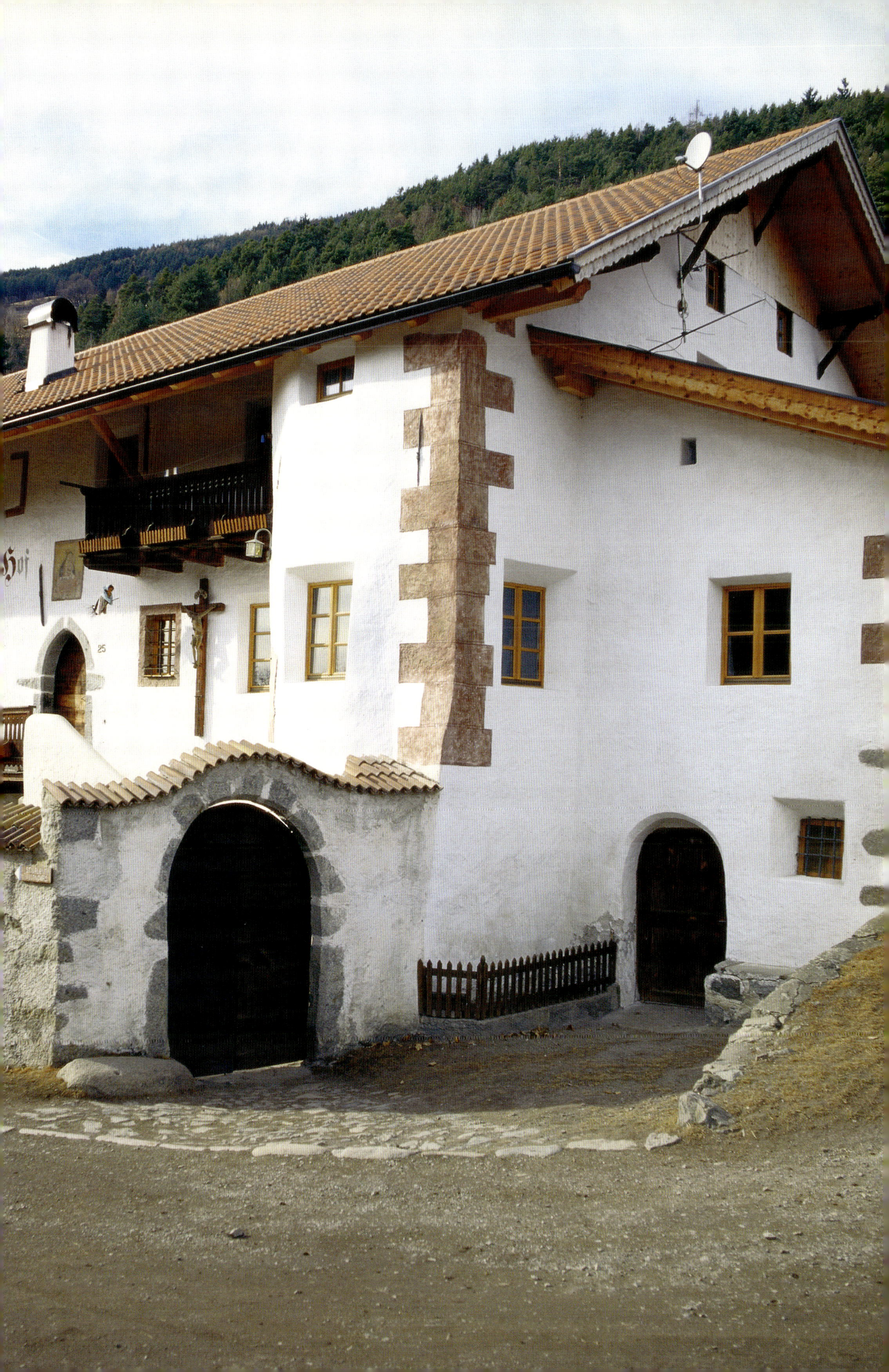
Hof
25

KLAUSEN,
FRAG, LORETOKAPELLE,
ZIEGELROTE
FARBFASSUNG DES
19. JAHRHUNDERTS
CHIUSA,
FRAGHES, CAPPELLA DI
LORETO, DECORAZIONI
IN COLORE ROSSO
TEGOLA DEL XIX SECOLO

KLAUSEN, FRAG,
LORETOKAPELLE,
BAROCKE KAPELLEN-
BILDSTÖCKE
CHIUSA,
FRAGHES, CAPPELLA DI
LORETO, EDICOLE
IN STILE BAROCCO

proben zur Feststellung der ersten Raumfassung in imitiertem Ziegelmauerwerk durchgeführt und das barocke Eisengitter ebenfalls dahingehend untersucht.
Die Arbeiten werden im Jahr 2002 mit der Dacheindeckung der Kirche und der Restaurierung des Innenraumes samt Inventar und Sakristei fortgesetzt. wke

Latzfons, St. Katharina in Viers

Auf einer weiten Lichtung rechts oberhalb von Klausen ließen die Herren von Trojer im Jahre 1720 einen rechteckigen Kapellenbau mit geradem Chorschluss, Türmchen, Tonnengewölbe und Rechtecktür errichten. Um der aufsteigenden Feuchtigkeit entgegenzuwirken, wurde rund um die Kapelle ein Drainagegraben angelegt. Der Neueindeckung mit Biberschwanztonziegeln folgte die Tünchung der Fassaden mit Kalkfarbe in gebrochenem Weißton, von dem sich die gemalten Ecklisenen in einem Ockerton abheben. Die Darstellung des heiligen Florian oberhalb der Kapellentür wurde gereinigt und die Fehlstellen an der Malschicht farblich integriert (Beitrag). Im kommenden Jahr sollen die Tünchung des Innenraums sowie die Reinigung des qualitätsvollen barocken Altares erfolgen. vd

KURTATSCH
CORTACCIA

Bildstock beim ehemaligen Landgericht

Direkt an die Umfassungsmauer des ehemaligen Landgerichts angebaut befindet

gli interni sono stati effettuati alcuni saggi per identificare la policromia originale che riproduce una muratura in mattoni. È stata inoltre analizzata in questo senso anche la grata in ferro di stile barocco. I lavori continueranno nel 2002 con la copertura del tetto della chiesa ed il restauro degli interni, compresi gli arredi sacri e la sacrestia. wke

Lazfons, Santa Caterina a Freina

Su un'ampia radura a destra in alto sopra Chiusa i signori Trojer avevano fatto costruire nel 1720 una cappella su pianta rettangolare con coro, campanile, volta a botte e porta rettangolare. Per far fronte all'umidità, tutto intorno alla cappella è stata scavata una fossa di drenaggio. Dopo aver effettuato la copertura del tetto, utilizzando tegole a coda di castoro, sono state tinteggiate a calce le facciate sul cui sfondo di colore bianco sporco si staccano le lesene angolari in giallo ocra. Si è provveduto a ripulire la raffigurazione di san Floriano situata al di sopra della porta della cappella, integrando le lacune della superficie pittorica (contributo). Nel 2002 dovranno essere tinteggiati gli interni e sarà effettuata la pulitura del prezioso altare barocco. vd

Capitello presso l'ex tribunale

A ridosso del muro di cinta dell'ex tribunale è situata un'edicola rettangolare

KURTATSCH,
BILDSTOCK BEIM
EHEMALIGEN
LANDGERICHT

CORTACCIA,
CAPITELLO PRESSO
L'EX TRIBUNALE

sich ein Nischenbildstock aus dem 17. Jahrhundert. Jüngere großflächige Ausbesserungen am Mauerwerk mit Zementmörtel hatten größere Schäden zur Folge. Das Restaurierungskonzept hatte vor allem die Sanierung des Mauerwerks sowie die Reinigung und Konservierung der Nischenmalereien aus dem frühen 19. Jahrhundert zum Ziel. Nach Abnahme aller zement- und salzverseuchten Putzstellen wurde der Schaft mit Kalkmörtel neu verputzt. Die Seccomalereien in der Nische zeigen an der Nischenrückwand die Heilige Familie und an den Seitenwänden die Heiligen Sebastian (sehr fragmentarisch) und Antonius. Die Malereien wiesen einerseits einen hohen Verschmutzungsgrad auf, andererseits waren spätere Retuschen stark nachgedunkelt, sodass die Darstellungen nahezu unkenntlich waren. Nach Abnahme der Retuschen mussten die Hohlstellen zwischen Mauerwerk und Putzschicht mittels Mörtelinjektionen gefüllt werden. Größere Fehlstellen an der Malschicht sind vor allem im Sockelbereich der Nische vorhanden, dort, wo Regen und Sonne den Abwitterungsprozess beschleunigen. Die übliche Tratteggio-Retusche wurde lediglich bei kleineren Fehlstellen angewandt, während die größeren Fehlstellen farblich leicht eingetönt wurden, um ein geschlossenes und ruhiges Bild zu erhalten (Beitrag). vd

con nicchia risalente al XVII secolo. Le recenti modifiche migliorative apportate su ampie superfici di muratura utilizzando malta cementizia hanno causato considerevoli danni. Lo scopo del progetto di restauro è stato soprattutto quello di risanare la muratura e di sottoporre ad opera di pulitura e consolidamento le pitture del primo Ottocento all'interno della nicchia. Dopo aver rimosso le parti di intonaco intaccate dal cemento e dal sale, la base è stata nuovamente intonacata con malta di calce. Le pitture a secco riportate nella nicchia raffigurano la Sacra Famiglia, sulla parete posteriore, ed i santi Sebastiano (molto frammentario) ed Antonio sulle pareti laterali. Oltre ad un'elevata concentrazione di sporcizia, i dipinti rivelavano la presenza di ritocchi fortemente scuriti che rendevano quasi irriconoscibili le raffigurazioni. Dopo aver provveduto a rimuovere i ritocchi è stato necessario riempire i distacchi tra la muratura e lo strato di intonaco mediante iniezioni di calce. Le lacune di maggiore estensione sono presenti soprattutto sullo zoccolo della nicchia, laddove il sole e la pioggia accelerano il processo di deterioramento. Si è ricorsi ai consueti ritocchi a rigatino soltanto per le lacune di minore entità, mentre per quelle più estese è stata effettuata una leggera tinteggiatura a colore per mantenere una pacata omogeneità dell'immagine (contributo). vd

KURTATSCH, BILDSTOCK BEIM EHEMALIGEN LANDGERICHT, HEILIGE FAMILIE, NACH DER REINIGUNG UND RESTAURIERUNG

CORTACCIA, CAPITELLO PRESSO L'EX TRIBUNALE, SACRA FAMIGLIA DOPO I LAVORI DI PULITURA E RESTAURO

Fennhals mit Kapelle

Hoch oberhalb von Kurtatsch am Fennberg liegt der Renaissanceansitz Fennhals. Inmitten von Bäumen und Wiesen bildet die Gebäudegruppe, zu dem eine aus dem frühen 17. Jahrhundert stammende Kapelle gehört, ein recht idyllisches Bild. Der einfache Kapellenbau mit Sterngrat- und Kreuzgratgewölbe birgt im Innern einen wertvollen Renaissancealtar mit fein gearbeiteten Säulen, Riemenwerk und Engelsköpfchen. Die Sanierungsmaßnahmen konzentrierten sich aber vor allem auf die Neueindeckung mit Lärchenschindeln und die Anlage einer Schotterdrainage, um der aufsteigenden Feuchtigkeit entgegenzuwirken. Anschließend wurden die Fassaden und der gesamte Innenraum mit Kalkfarbe getüncht und die Sonnenuhr sowie ein in Öl ausgeführtes Wandbild im Innern fachgerecht restauriert (Beitrag). vd

Nussegg

Der aus einem Wohnhaus mit angeschlossenem Wirtschaftsgebäude bestehende Ansitz an der Straße zwischen Kurtatsch und der Fraktion Graun erinnert mit seiner hohen Umfassungsmauer etwas an eine Festung. Vor der Restaurierung des Wohngebäudes, dessen Fassade aus dem 16. Jahrhundert auch spätgotische Elemente aufweist, wurde der Stadel saniert, dessen Erd- und Dachgeschoss für Wohnzwecke ausgebaut wurde.

Fennhals con cappella

In alto, a monte di Cortaccia, sul Monte Favogna, è situata la residenza rinascimentale di Fennhals. Immerso nel verde tra alberi e prati, il complesso edilizio, di cui fa parte una cappella risalente agli inizi del XVII secolo, costituisce un insieme veramente idilliaco. Il semplice fabbricato della cappella, dotato di volta nervata e a crociera, cela all'interno un prezioso altare di stile rinascimentale con colonne, intreccio di corregge e testine d'angelo finemente lavorate. Le misure di risanamento riguardavano però innanzitutto il rifacimento della copertura del tetto con scandole di larice e la realizzazione di un impianto di drenaggio per far fronte all'umidità. Infine, le facciate e l'intero spazio interno sono stati ritinteggiati a calce e sono state sottoposte a restauro a regola d'arte la meridiana ed una pittura ad olio situata su uno dei muri interni (contributo). vd

Nussegg

Composta da una casa d'abitazione e da un annesso agricolo accorpati e circondati da un alto muro di recinzione, la residenza Nussegg si erge in posizione panoramica sulla strada tra Cortaccia e la frazione di Corona, dal vago aspetto di un fortilizio. In attesa di risanare la casa d'abitazione dalla facciata cinquecentesca, ma con elementi tardogotici, è stato recuperato il fienile annesso ricavandone abitazioni nel primo

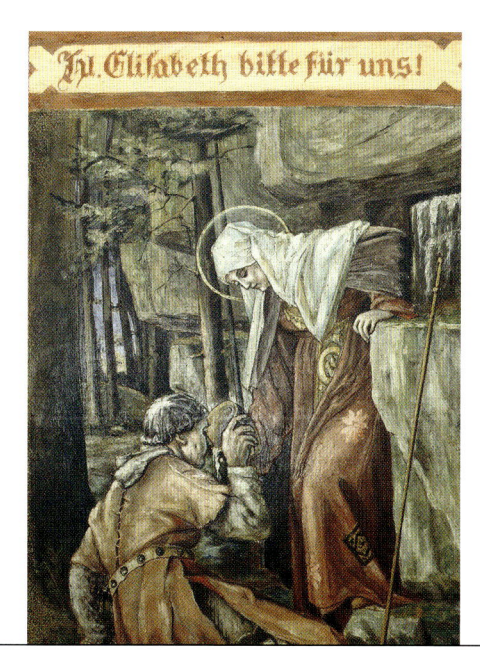

KURTATSCH,
FENNHALS MIT KAPELLE,
HEILIGE ELISABETH
MIT BITTSTELLER

CORTACCIA,
FENNHALS
CON CAPPELLA,
SANTA ELISABETTA
CON POSTULANTE

Die architektonischen Merkmale des Stadels wurden im Wesentlichen beibehalten; die Holzverkleidung aus nicht behandelten Holzbrettern und die Außenmauern aus Rauputz wurden wiederhergestellt; die zwei Loggien der Wohnung im ersten Geschoss erweisen sich als funktionelle Lösung, die sich gut in das Fassadenbild einfügt. pfb

Pfarrkirche St. Nikolaus in Penon

Bereits im Vorjahr wurde mit den Arbeiten zur Gesamtsanierung begonnen (siehe Denkmalpflege in Südtirol 2000, S. 93), welche im Berichtsjahr mit der Neueindeckung des Kirchenschiffes, der Sanierung des romanischen Turmes und der Neutünchung der Fassaden fortgesetzt wurde. Das Mauerwerk des Turmes musste aus statischen Gründen mit Hilfe von Zugankern verstärkt werden. Ausgewaschene Mörtelfugen wurden mit Kalkmörtel ausgefugt, an verschiedenen Stellen mussten Mörtelinjektionen vorgenommen werden. An der Süd- und Westfassade des Kirchenbaus wurde der zum Großteil zerstörte Spritzputz mit Kalkmörtel wiederhergestellt. Das durch die widerrechtliche Entfernung des Spritzputzes ans Licht gebrachte Christophorusfresko aus der Zeit um 1470 war äußerst spärlich erhalten. Die große Anzahl von Pickelhieben, welche zur besseren Haftung der späteren Überputzung angebracht wurden, verstärkte den fragmentarischen Charakter. Eine Freilegung wäre in diesem

piano e nel sottotetto. La caratteristica architettura del fienile è stata sostanzialmente mantenuta ripristinando i tavolati di rivestimento in assi di legno non trattato e il muro di recinzione in intonaco grezzo nel quale si inseriscono con una soluzione coerente e funzionalmente valida le due logge dell'appartamento sito al primo piano. pfb

Parrocchiale di San Nicolò a Penone

Nel 2000 erano già stati avviati i lavori di risanamento generale (cfr. Tutela dei beni culturali in Alto Adige 2000, p. 93) proseguiti nel 2001 con la copertura ex novo della navata, il risanamento della torre campanaria romanica e la ritinteggiatura delle pareti esterne. Per motivi statici è stato necessario sottoporre a misure di consolidamento, con l'ausilio di tiranti, la muratura del campanile. Le fessure nelle commessure di malta sono state riempite con malta di calce ed in diversi punti è stato necessario effettuare delle iniezioni. L'intonaco a spruzzo della facciata meridionale e occidentale della chiesa, in gran parte distrutto, è stato ripristinato con malta di calce.
Dell'affresco di san Cristoforo, risalente al 1470, emerso dall'illecita rimozione dell'intonaco a spruzzo, era rimasto ben poco. E le numeroso picconate, praticate per assicurare una migliore adesione della successiva intonacatura, avevano accentuato ulteriormente la frammentarietà del dipinto.

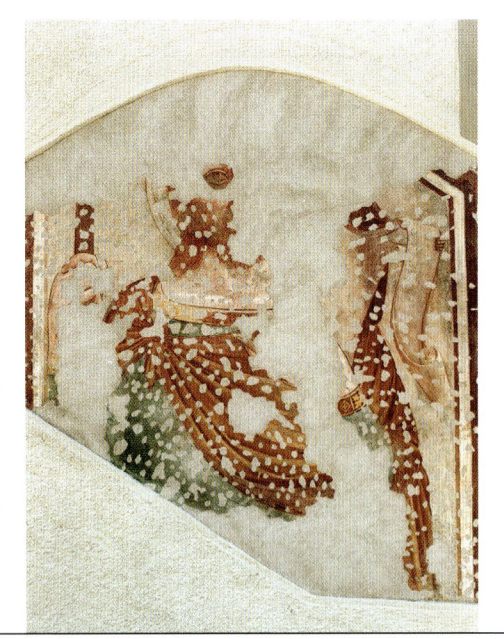

KURTATSCH,
PFARRKIRCHE
ST. NIKOLAUS
IN PENON,
CHRISTOPHORUSFRESKO

CORTACCIA,
PARROCCHIALE DI
SAN NICOLÒ
A PENONE, AFFRESCO
RAFFIGURANTE
SAN CRISTOFORO

Fall vor allem aus konservatorischen Gründen sicherlich nie in Betracht gezogen worden. Die durchaus gut konservierten Reste der Freskodarstellung und die feine Ausarbeitung einiger Details, wie beispielsweise das rechte Auge und die Reste der Kleiderornamentik, lassen den Schluss auf einen geschickten, talentierten Künstler als Autor zu. Insgesamt mussten im Bereich der Darstellung die Fehlstellen an der Putzschicht geschlossen werden, die Malschicht bedurfte lediglich einer Reinigung und Festigung. Weiters wurden die schädliche Dispersionsfarbe an den Fassaden abgenommen und die Flächen anschließend wieder mit Kalkfarbe laut originalem Farbton getüncht (Beitrag). vd

Strehlburg mit Kapelle

Im Erdgeschoss des südseitigen Eckturmes befindet sich eine der heiligen Anna geweihte Kapelle, welche ein Kreuzgratgewölbe sowie im rundbogig abschließenden Altarraum ein Tonnengewölbe aufweist. Die Sanierungsmaßnahmen sahen ursprünglich die Abnahme des schädlichen dispersionshältigen Anstriches im Innern sowie die Tockenlegung der Kapelle vor. Gleich zu Beginn der Restaurierungsarbeiten wurde festgestellt, dass sich unter mehreren Tüncheschichten Malereien erhalten hatten. Gezielte Sondierungen gaben Aufschluss über Art und Erhaltungszustand der Male-

In questo caso, una messa a nudo dell'opera non avrebbe potuto mai essere presa in considerazione per ovvi motivi di salvaguardia. Il buono stato di conservazione dei frammenti dell'affresco e la raffinata esecuzione di alcuni particolari – ad esempio l'occhio destro ed i resti della decorazione dei vestiti – consente di attribuire l'opera ad un abile artista. In linea di massima si è trattato di integrare le lacune di intonaco nella zona della raffigurazione e di effettuare la pulitura ed il consolidamento della superficie pittorica. Inoltre, è stato rimosso il colore a dispersione dalle pareti esterne che sono state poi ritinteggiate con colore a calce nella tonalità originale (contributo). vd

Strehlburg con cappella

Al piano terra della torre angolare, situata sul lato meridionale, si trova una cappella dedicata a sant'Anna che presenta una volta a crociera ed una volta a botte nella zona dell'altare con chiusura a tutto sesto. Gli interventi di risanamento prevedevano in origine la rimozione dello strato di pittura a dispersione dai muri interni e la bonifica della cappella. Proprio all'inizio dei lavori di restauro, sotto i numerosi strati di pittura, sono stati rinvenuti alcuni dipinti. Con l'ausilio di sondaggi mirati è stato possibile risalire al tipo e allo

KURTATSCH,
STREHLBURG MIT
KAPELLE,
RANKENMALEREIEN

CORTACCIA,
STREHLBURG CON CAP-
PELLA, VITICCI

KURTATSCH,
STREHLBURG MIT KAPEL-
LE, FRAGMENT EINES
ENGELS

CORTACCIA,
STREHLBURG CON
CAPPELLA, FRAMMENTO
DI UN ANGELO

reien sowie über Methodik und Resultat einer möglichen Freilegung, welche letztendlich auch verwirklicht wurde. In den Kappen des Kreuzgratgewölbes finden wir in vier Kartuschen die lateinischen Kirchenväter mit ihren entsprechenden Attributen. Sie wurden in Seccotechnik ausgeführt und sind von barocken Rankenmalereien umgeben. An den Wänden finden wir drei zum Teil schlecht erhaltene beziehungsweise zerstörte Darstellungen, deren ikonographischer Inhalt nicht eindeutig lesbar ist. Die bedeutend qualitätsvolleren Freskomalereien im Bereich des Altarraumes sind zu einem großen Teil zerstört. Erhalten haben sich zwischen filigranem Rankenwerk die Körper zweier Engelsfiguren sowie am Gewölbescheitel die linke Hälfte einer Christusdarstellung. Spärliche Reste von Farbspuren im gesamten Sockelbereich geben Aufschluss darüber, dass die Kapelle ursprünglich gänzlich ausgemalt war. Das Restaurierungskonzept sah in erster Linie die Konservierung der originalen Malschichten sowie der historischen Putze vor. Auf die Abnahme einiger großer Zementflickstellen im Gewölbebereich wurde in erster Linie aus statischen Gründen verzichtet. Fehlstellen an der Malschicht wurden mit Aquarellfarben lasierend integriert. Stellenweise mussten jene Bereiche, wo die Haftung zwischen Mauerwerk und Putzschicht nicht mehr gegeben war, mittels Mörtelinjektionen hinterfüllt werden (Beitrag).

stato di conservazione dei dipinti, nonché indagare la metodologia ed il risultato di una possibile messa in luce, che alla fine è realmente avvenuta. Nelle vele della volta a crociera troviamo in medaglioni i quattro Padri della Chiesa latini con relativi attributi. I dipinti, per cui è stata utilizzata la tecnica a secco, sono circondati da viticci di stile barocco. Sulle pareti troviamo tre raffigurazioni, in parte malandate o del tutto distrutte, il cui contenuto iconografico non è chiaramente decifrabile. Gli affreschi nella zona dell'altare, qualitativamente di gran lunga superiori, sono andati in buona parte distrutti. Restano, fra i tralci di fine fattura, i corpi di due figure d'angelo e, sulla linea d'asse della volta, la metà di sinistra di un Cristo. Tracce sparse di resti cromatici in tutta la zona dello zoccolo fanno intuire che in origine la cappella fosse interamente dipinta. Il progetto di restauro ha previsto innanzitutto la conservazione degli strati di pittura e degli intonachi originali. Per motivi statici si è rinunciato alla rimozione di alcuni rappezzi in cemento di maggiore estensione nella zona della volta. Le lacune sono state integrate con tecnica ad acquerello. Nei punti di distacco tra la muratura e lo strato di intonaco è stato necessario effettuare delle iniezioni di malta (contributo).

LAAS, ST. MARX, ROMANISCHE GIEBELWAND

LASA, SAN MARCO, FRONTONE ROMANICO

LAAS
LASA

St. Marx
Die Kirche in nächster Nähe der Pfarrkirche St. Johann zählt zu den ältesten Sakralbauten des Vinschgaues. Ihre Wurzeln reichen vermutlich noch in das 12. Jahrhundert. Um 1880 wurde der stattliche Baukörper profaniert. Zuletzt wurde das Erdgeschoss als Sennerei, das erste Obergeschoss hingegen für Vereinszwecke genutzt. Nach dem Abbruch späterer Einbauten und einer archäologischen Grabung im Jahre 2000 wurde nunmehr die Dacheindeckung mit Lärchenschindeln erneuert. Die Sanierungs- und Adaptierungsmaßnahmen werden im kommenden Jahr fortgesetzt (Beitrag).

Allitz, Marienkapelle beim Untertrög
Der 1752 errichtete Bau soll einer Gesamtsanierung zugeführt werden. Zu diesem Zwecke wurde 2001 das nordseitig anstehende Geländeniveau abgesenkt, welches zu einer permanenten Durchfeuchtung des Sockelmauerwerkes beigetragen hatte. Die Anlage eines Drainagegrabens war bergseitig aufgrund des dort anstehenden Felsens nicht möglich. Die Sanierungsarbeiten werden in den kommenden Jahren fortgesetzt (Beitrag).

Tschengls,
Pfarrkirche Mariä Geburt
Die 1499, wohl im Anschluss an die Calvenschlacht neu errichtete Pfarrkirche

San Marco
La chiesa, situata nelle immediate vicinanze della parrocchiale di san Giovanni, è annoverata tra i più antichi edifici sacri della Val Venosta. Le sue origini risalgono presumibilmente al XII secolo. L'imponente edificio è stato sconsacrato attorno al 1880. Alla fine il piano terra è stato utilizzato come caseificio, mentre il primo piano è stato riservato per usi associazionistici. Dopo la demolizione delle successive aggiunte edilizie ed uno scavo archeologico avvenuto nel corso del 2000, nel 2001 è stata rinnovata la copertura del tetto utilizzando scandole di larice. Nel 2002 proseguiranno i lavori di risanamento e di adeguamento (contributo).

Alliz, cappella mariana presso Untertrög
La costruzione, eretta nel 1752, deve essere sottoposta ad un'opera di risanamento generale. A tale scopo nel 2001, nella parte settentrionale, è stato abbassato il livello del terreno, il che ha contribuito ad una costante deumidificazione dello zoccolo. La realizzazione, a ridosso della montagna, di una fossa di drenaggio è stata impedita dalla presenza di rocce. I lavori di risanamento proseguiranno nel 2002 (contributo).

Cengles,
parrocchiale della Nascita di Maria
Nel 2001 è stata rifatta la copertura della chiesa, ricostruita ex novo nel 1499 in segui-

LAAS,
TSCHENGLS,
PFARRKIRCHE
MARIÄ GEBURT,
NEUEINDECKUNG

LASA,
CENGLES,
PARROCCHIALE DELLA
NASCITA DI MARIA,
NUOVA COPERTURA

wurde im Berichtsjahr neu eingedeckt. Dabei wurde wiederum auf die traditionellen Scharschindeln und damit auf die ursprüngliche Eindeckungsform zurückgegriffen. Im Anschluss an den Dorfbrand von 1890 waren der neu aufgebaute Achteckhelm mit Blech, die Dachflügel des Kirchenschiffes hingegen mit Biberschwanzziegeln eingedeckt worden (Beitrag).

Maurer
Das Haus steht isoliert an einem Hang in unmittelbarer Nähe des Hauptplatzes von Lajen. Hier handelt es sich um ein dreigeschossiges Gebäude mit Satteldach, mit einer nüchternen Fassade mit auf drei Achsen angeordneten Fenstern und aufgemalten Lisenen an den Gebäudeecken und bescheidenen Fresken mit einer Darstellung der Heiligen Familie und der Heiligen Cosmas und Damian an der Südostfassade. In seiner Einfachheit ist das Haus repräsentativ für die Bürgerhäuser, die in dieser Gegend des Eisacktals ladinisch beeinflusst sind. Bei der Sanierung dieses Gebäudes stieß man auf sehr schlechtes Mauerwerk, das zum Teil aus Stein- und zum Teil aus Riegelwänden bestand, die mit sehr schlecht bindendem Mörtel miteinander verbunden waren.
Zur Verbesserung der Stabilität musste das Haus durch in die Außenmauern verankerte Stahlschleudern abgesichert werden. Besonderes Augenmerk wurde auf das Ver-

to ai tragici eventi seguiti alla battaglia della Calva. A tale scopo sono state utilizzate le tradizionali scandole, cioè il tipo di copertura originale. In seguito all'incendio del 1890, che ha fortemente danneggiato il paese, la cuspide ottagonale, di nuova realizzazione, è stata ricoperta di lamiera, mentre per gli spioventi della navata sono state utilizzate tegole a coda di castoro (contributo).

Maurer
La casa si erge isolata su un lieve pendio a due passi dalla piazza centrale di Laion. Si tratta di un edificio di tre piani con tetto a due falde, una sobria facciata con finestre disposte su tre assi, finte lesene dipinte lungo gli spigoli e modesti affreschi raffiguranti la Sacra Famiglia e i santi Cosma e Damiano sulla facciata sud-est. Nella sua semplicità la casa è ben rappresentativa dell'architettura civile in quest'angolo della Val d'Isarco sottoposto all'influenza ladina. Nell'affrontare il risanamento di questo edificio ci si è dovuti confrontare con una struttura muraria assai povera, con muratura in parte a sasso, in parte a intelaiatura lignea con riempimento, entrambe legate da una malta fortemente decoesa.
Per garantirne la stabilità la casa ha dovuto essere "ingabbiata" da tiranti ancorati ai muri perimetrali. Particolare cura è stata posta nella posa delle piastre di ancorag-

LAJEN
LAION

LAAS,
TSCHENGLS,
PFARRKIRCHE
MARIÄ GEBURT

LASA, CENGLES,
PARROCCHIALE DELLA
NASCITA DI MARIA

legen der Verankerungsplatten gelegt, um die Beschädigung des Originalverputzes aus dem 18. Jahrhunderts auf ein Minimum zu beschränken. Auch die Decken wurden durch den Einbau von neuen Holzbalken und versteifenden Verbindungsteilen verstärkt. Trotz aller Vorsichtsmaßnahmen konnte der glücklicherweise ansonsten folgenlose Einsturz eines Teils der Nordostkante des Gebäudes während der Erdbewegungsarbeiten oberhalb des Gebäudes nicht verhindert werden. Der Riss wurde durch Vollziegel ausgefüllt. Die Lücke und die Löcher der Verankerungsplatten wurden anschließend verputzt, wobei auf die Herstellung der Oberflächenmerkmale des trotz der zahlreichen Risse gut erhaltenen Originalverputzes geachtet wurde. Das Dach mit geringer Neigung wurde mit Falzziegeln neu eingedeckt. pfb

Oberbuchfelder in Ried

Die 1996 begonnene Sanierung des kleinen, nicht mehr genutzten Wirtschaftsgebäudes aus dem 18. Jahrhundert konnte endlich abgeschlossen werden. Auch die zweite Hälfte des Daches wurde auf Kosten des Amtes für Bau- und Kunstdenkmäler mit Stroh eingedeckt. Die charakteristische Deckungsart war einst im mittleren Eisacktal sehr verbreitet, heute ist sie wie in ganz Südtirol aufgrund mangelnden Rohmaterials, arbeitsintensiver Instandhaltung und hoher Brandversicherungs-

gio, onde limitare le perdite dell'intonaco originale risalente al XVIII secolo. Anche i solai sono stati rafforzati con la posa di nuove travi in legno e l'esecuzione di solette collaboranti. Purtroppo le cautele osservate nell'esecuzione dei lavori non hanno potuto impedire che un tratto dello spigolo nord-est della casa crollasse durante le opere di movimento terra a monte dell'edificio, fortunatamente senza causare altri danni. Lo squarcio è stato integrato con mattoni pieni. La lacuna e i fori delle piastre di ancoraggio sono stati quindi intonacati avendo cura di riprodurre le caratteristiche di superficie dell'intonaco originale esterno, ancora ben conservato nonostante le numerose crepe. Il tetto a debole pendenza è stato ricoperto con tegole marsigliesi in laterizio. pfb

Oberbuchfelder a Novale

Si è finalmente conclusa l'opera di risanamento del piccolo fabbricato rurale edificato nel XVIII secolo e da tempo in disuso. Anche la seconda metà del tetto è stata ricoperta, a spese dell'Ufficio beni architettonici ed artistici, utilizzando paglia. Questo tipo di copertura caratteristico della zona era un tempo molto diffuso nella media della Valle d'Isarco, oggi invece in tutto l'Alto Adige viene utilizzato molto raramente a causa della carenza di materiale, della complessità della manutenzione e dell'elevato

LAJEN,
OBERBUCHFELDER
IN RIED, STROHDACH

LAION,
OBERBUCHFELDER
A NOVALE,
TETTO DI PAGLIA

prämien äußerst selten geworden.

St. Johann in Freins

Der spätgotische Turm musste mit Eisenschleudern gesichert werden. Nach der Behebung von Putzschäden wurde die an der Nord- und Westseite gut erhaltene ockergelbe Färbelung mit weißen Bändern ausgebessert. An den anderen beiden Seiten hat man den abgewitterten Zustand, der die spätgotischen Eckquader aus Granit zeigt, konserviert (Beitrag). Nachdem die im Vorjahr angelegte Drainage die Feuchtigkeit in den Mauern reduziert hatte, wurde der Sockelbereich innen und außen saniert. Die Fassaden erhielten wiederum einen gelben Kalkanstrich mit weißer Gliederung. Bei der anschließenden Neutünchung des Kirchenraumes entschied man sich für die Beibehaltung der neugotischen Fassung, die mit dem Altar und den Kirchenbänken eine Einheit bildet.

Deutschordenskonvent mit Heiligkreuzkapelle

Nach der archäologischen Grabung im Innenraum von Alt St. Martin (siehe Denkmalpflege in Südtirol 1998, S. 30 bzw. 221) und dem nachfolgenden Innenausbau wurden 2001 die Fassaden des ehemaligen Sakralbaues getüncht.

costo dei premi assicurativi antincendio.

San Giovanni a Fraina

Il campanile tardogotico è stato sottoposto a consolidamento mediante tiranti. Dopo aver provveduto all'eliminazione dei danni allo strato di intonaco, è stata ritoccata, a nord e ad ovest, la colorazione ocra con fasce bianche che si trovava ancora in buono stato di conservazione. Sugli altri due lati non si è intervenuti sullo stato modificato dagli agenti atmosferici, che ha reso visibile le pietre d'angolo tardogotiche in granito (contributo). Dopo che l'impianto di drenaggio, posto in opera nel 2000, ha ridotto il livello di umidità dei muri, la zona dello zoccolo è stata sottoposta a risanamento interno ed esterno. Sulle facciate è stata passata una mano di pittura a calce di colore giallo con fasce bianche. In occasione della ritinteggiatura dell'interno della chiesa, si è optato per la conservazione delle decorazioni di stile neogotico in armonia con l'altare e con le bancate della chiesa.

Convento dell'Ordine Teutonico con cappella della Santa Croce

In seguito agli scavi archeologici effettuati nello spazio interno della vecchia cappella di San Martino (cfr. Tutela dei beni culturali in Alto Adige 1998, pp. 30 e 221) e ai successivi lavori di ristrutturazione, nel 2001 sono state tinteggiate le pareti esterne del-

LANA
LANA

LAJEN,
ST. JOHANN IN FREINS

LAION,
SAN GIOVANNI
A FRAINA

LAJEN,
ST. JOHANN IN FREINS

LAION,
SAN GIOVANNI
A FRAINA

Der mehrfach veränderte, in seinen Wurzeln auf römische bzw. frühmittelalterliche Reste zurückreichende und heute in den Deutschordenskonvent integrierte Baukörper wurde nach 1856/57 um ein Geschoss erhöht. Der Neutünchung ging die Abnahme des letzten Dispersionsanstriches voraus. Die Neuinterpretation erfolgte im monochromen, ockerfarbenen Kalkanstrich des Historismus. Gleichzeitig erhielten auch die Fassaden der Heiligkreuzkapelle sowie die Westfassade des Konventsgebäudes eine Neufassung. Die 1856/57 in neugotischen Stilformen errichtete Heiligkreuzkapelle wurde nach Abnahme des Dispersionsanstriches in gebrochen weißer Kalkfarbe und damit im ursprünglichen Farbton getüncht. Das Konzept der Neuinterpretation in der ursprünglichen Farbfassung wurde auch am eigentlichen Konventsgebäude, dem neubarocken Baukörper von Anton Pardatscher aus den Jahren 1911–1914, angestrebt. Aus Kostengründen beschränkte man sich auf die Innenhof- bzw. die Westfassade.
In den kommenden Jahren soll auch die noch ausstehende Süd- bzw. Ostfassade des Deutschordenskonvents neu getüncht werden (Beitrag). Aus dem Deutschordensbestand wurden mehrere bewegliche Kunstdenkmäler restauriert, so ein Leinwandbild mit der Darstellung der Äbtissin Walburga, ein Kruzifix, ein Fahnenbild

l'ex edificio sacro. Il fabbricato, con preesistenze di origine addirittura romanica e altomedievale, ed attualmente integrato nel convento dell'Ordine Teutonico, è stato sottoposto a diversi interventi di modifica e, dopo il 1856/57, è stato elevato di un piano. La ritinteggiatura è stata effettuata, dopo aver provveduto alla rimozione dello strato di colore a dispersione, utilizzando pittura a calce di colore ocra. Allo stesso tempo sono state rifatte le decorazioni in stile storicista delle pareti esterne della cappella di Santa Croce e della facciata occidentale del convento.
La cappella di Santa Croce, edificata nel 1856/57 in stile neogotico, è stata tinteggiata, dopo aver rimosso il colore a dispersione, utilizzando pittura a calce di color bianco sporco. È stata così riprodotta la tonalità cromatica originale dell'edificio.
Il progetto di riproporre le decorazioni nel colore originale era stato concepito anche per il fabbricato del convento, realizzato in stile neobarocco da Anton Pardatscher tra il 1911 ed il 1914. Per motivi economici ci si è però limitati alla facciata del cortile interno e a quella occidentale.
Nei prossimi anni si provvederà a ritinteggiare anche la facciata meridionale e quella orientale del convento dell'Ordine Teutonico (contributo). Dell'arredo sono stati sottoposti a restauro diversi oggetti: una tela raffigurante la badessa Walburga, un crocifisso, un gonfalone che ritrae il Com-

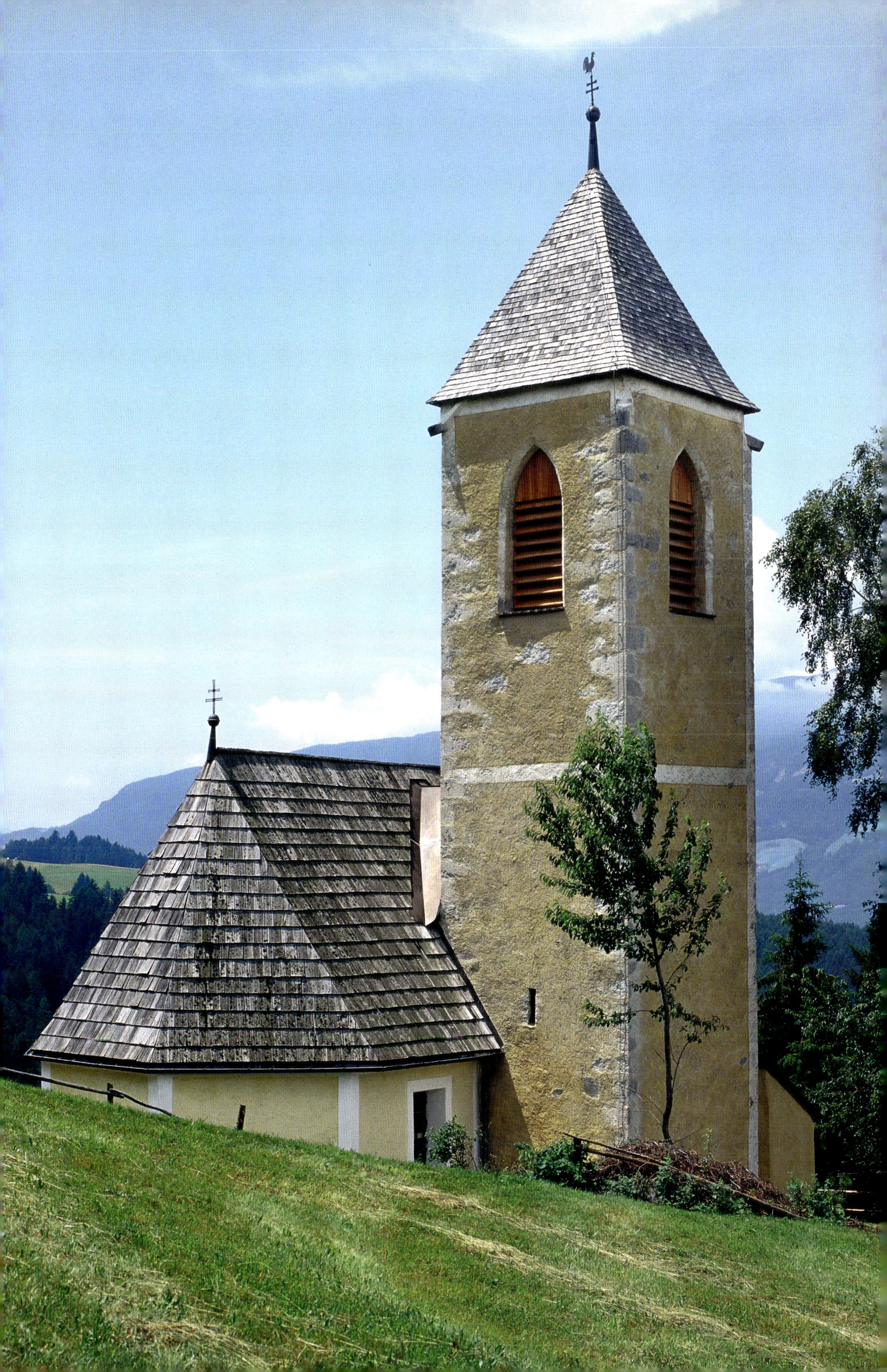

LEIFERS,
PFARRKIRCHE ZUM
SELIGEN HEINRICH IN
SEIT, DRITTE KREUZ-
WEGSTATION WÄHREND
DER RESTAURIERUNG

LAIVES,
PARROCCHIALE DEL
BEATO ARRIGO DA
BOLZANO A LA COSTA,
TERZA STAZIONE DELLA
VIA CRUCIS DURANTE IL
RESTAURO

LEIFERS,
PFARRKIRCHE ZUM
SELIGEN HEINRICH IN
SEIT, ZWÖLFTE KREUZ-
WEGSTATION WÄHREND
DER RESTAURIERUNG

LAIVES,
PARROCCHIALE DEL
BEATO ARRIGO DA
BOLZANO A LA COSTA,
DODICESIMA STAZIONE
DELLA VIA CRUCIS
DURANTE IL RESTAURO

mit der Beweinung Christi und dem Erzengel Michael, eine qualitätsvolle Martinskulptur sowie mehrere Holztafeln mit den Leidenssymbolen (Beitrag). ml

Oberamposegg

Nach dem Vorbild des unmittelbar angrenzenden Ansitzes Unteramposegg (siehe Denkmalpflege in Südtirol 2000) erhielt der Ansitz Oberamposegg einen neuen Fassadenanstrich. Im Anschluss an die Abnahme des letzten Dispersionsanstriches orientierte man sich an den ursprünglichen Farbfassungen, welche über eine Oberflächenuntersuchung bestimmt wurden. Die Fenster des im 19. Jahrhundert um ein Geschoss erhöhten Renaissanceansitzes waren bereits im Jahre 1998 erneuert worden (Beitrag). ml

pianto di Cristo e l'arcangelo Michele, una preziosa scultura raffigurante san Martino e diverse tavole in legno che riportano i simboli della Passione (contributo). ml

Oberamposegg

Le facciate della residenza Oberamposegg sono state ritinteggiate sul modello della residenza limitrofa di Unteramposegg (cfr. Tutela dei beni culturali in Alto Adige 2000). In seguito alla rimozione dell'ultimo strato di colore a dispersione, si è optato per la colorazione originale trovata mediante un'indagine sulle superfici. Le finestre della residenza rinascimentale, elevata di un piano nel XIX secolo, erano già state rinnovate nel 1998 (contributo). ml

LATSCH
LACES

Tarsch, St.-Medardus-Hof

Das stattliche, spätmittelalterliche Wohngebäude in nächster Nähe der romanischen St.–Medardus-Kirche hat die Jahrhunderte nahezu unverändert überstanden und weist einen beeindruckenden Baubestand auf. Im Hinblick auf die geplante Gesamtsanierung der kommenden Jahre wurde mit der Neueindeckung des flachen Satteldaches mit Falzziegeln eine erste, wichtige Maßnahme getroffen. ml

Tarres, maso di San Medardo

L'imponente edificio ad uso abitativo di impianto tardomedievale, situato a breve distanza dalla chiesa romanica di San Medardo, ha mantenuto quasi intatto nei secoli il suo aspetto originale e presenta un patrimonio edilizio di grande interesse. In vista dei lavori di risanamento generale, previsti negli anni a venire, il rifacimento della copertura del tetto piatto a due falde con poca pendenza ha costituito un primo, significativo intervento. ml

LEIFERS
LAIVES

Burger mit Bildstock

Am großen, einfachen Nischenbild-

Burger con edicola

La grande edicola a nicchia con tetto

LATSCH,
TARSCH,
ST.-MEDARDUS-HOF

LACES, TARRES,
MASO DI SAN MEDARDO

stock mit Satteldach waren im Laufe der Jahre Schäden an der Mönch- und Nonneeindeckung sowie am Mauerwerk entstanden. Die Anlage einer Drainage, um die aufsteigende Feuchtigkeit zu unterbinden, sowie die Erneuerung der Eindeckung waren somit als wichtigste Maßnahmen anzusehen. Abschließend wurden die Fassaden mit Kalkfarbe gestrichen und das einfache, eiserne Gitter entrostet und mit Leinöl eingelassen (Beitrag). vd

Pfarrkiche zu den Heiligen Anton Abt und Nikolaus

Im Zuge der Arbeiten zur Erweiterung der Pfarrkirche wurde der Nordflügel der neugotischen Kirche mit Biberschwanzziegeln neu eingedeckt. Die Nordfassade, welche durch einen gläsernen Verbindungsgang an den Erweiterungsbau anschließt, wurde in den sechziger Jahren mit Dispersionsfarbe gestrichen. Das schädliche Anstrichmaterial musste abgenommen und die Fassade anschließend mit Kalkfarbe im originalen gebrochenen Weißton gestrichen werden (Beitrag). vd

Pfarrkirche zum seligen Heinrich von Bozen in Seit

Die vierzehn Kreuzwegstationen aus der zweiten Hälfte des 19. Jahrhunderts befanden sich allgemein in einem schlechten Erhaltungszustand. Risse an der Leinwand, abblätternde Malschichten, Schmutz und

a due falde aveva subito nel corso degli anni numerosi danni alla copertura del tetto di coppi ed alla muratura. La realizzazione di un impianto di drenaggio, per arginare la forte umidità, ed il rinnovamento della copertura erano quindi interventi ormai imprescindibili. Le pareti esterne sono state infine sottoposte a ritinteggiatura mentre si è provveduto ad eliminare la ruggine dalla griglia di ferro, poi trattata con olio di lino. vd

Parrocchiale dei SS. Antonio Abate e Nicolò

Nel corso dei lavori di ampliamento della parrocchiale è stata rifatta la copertura del tetto dell'ala nord della chiesa neogotica, utilizzando tegole a coda di castoro. La parete esterna settentrionale, che si collega all'ampliamento mediante un corridoio in vetro, era stata pitturata negli anni Sessanta con colore a dispersione. È stato quindi necessario rimuovere la pittura e ritinteggiare la facciata con colore a calce nella tonalità originale bianco sporco (contributo). vd

Parrocchiale del Beato Arrigo da Bolzano a La Costa

Il cattivo stato di conservazione delle quattordici stazioni della Via Crucis, risalenti alla seconda metà del XIX secolo – strappi della tela, sfaldamento della superficie pittorica, sporcizia e polvere – rendeva più che mai necessario

MALS,
ST. BENEDIKT,
PYRAMIDENTURMHELM
VOR DER
RESTAURIERUNG

MALLES,
SAN BENEDETTO,
CUSPIDE PIRAMIDALE
PRIMA DEL RESTAURO

Staub machten eine Restaurierung notwendig. Nachdem die Bruchstellen an der Leinwand gekittet waren, konnten die Malschicht und der Untergrund gefestigt, die Oberfläche gereinigt und Fehlstellen mittels Retuschen geschlossen werden (Beitrag). vd

MALS
MALLES

St. Benedikt
Im Anschluss an die Anlage eines Drainagegrabens im Jahre 2000 wurde das Kirchenschiff des aus karolingischer bzw. romanischer Zeit stammenden Gotteshauses mit Lärchenschindeln neu eingedeckt. Parallel dazu wurde eine Neuverfugung des ausgewitterten Turmhelmes vorgenommen. Die aus plattenartigen Bruchsteinen gemauerte Pyramidenkonstruktion stammt aus der Erbauungszeit im 12. Jahrhundert. Punktuelle Ausbesserungen in reinem Kalkmörtel wurden auch an den aufgehenden Turmfassaden vorgenommen. Die Schallöffnungen wurden durch den Einbau neuer Schalltore aus Lärchenholz geschlossen und damit gleichzeitig der Glockenstuhl bzw. das Turminnere wirkungsvoll gegen Witterungseinflüsse, insbesondere Schlagregen, geschützt (Beitrag). ml

Laatsch, St. Cosmas und Damian in Flutsch
Im September wurde die doppelstöckige Kapelle im Rahmen eines Kirchweihfestes durch Altbischof Reinhold Stecher feier-

un intervento di restauro. Dopo aver effettuato la cucitura dei punti di rottura della tela, è stato possibile procedere al consolidamento dello strato di pittura e della base, alla pulitura della superficie ed all'integrazione delle lacune mediante ritocchi (contributo). vd

San Benedetto
Dopo che nel 2000 era stata realizzata una fossa di drenaggio, la chiesa – costruzione risalente all'età carolingia e all'epoca romanica – è stata ricoperta con scandole di larice. Parallelamente è stato effettuato un nuovo intervento alla cuspide del campanile deteriorata dagli agenti atmosferici. La costruzione piramidale, costituita con lastre di pietra, risale alla fase edilizia romanica del XII secolo. Puntuali migliorie in pura malta di calce sono state effettuate anche sulle pareti esterne del campanile.
I fori del campanile sono stati chiusi grazie alla costruzione di nuove carpenterie di larice e con ciò si è contemporaneamente protetto dalle intemperie, e in particolare dalla pioggia battente, tanto il mozzo della campana quanto l'interno del campanile stesso (contributo). ml

Laudes, SS. Cosma e Damiano a Flutsch
In settembre, alla presenza del vescovo Reinhold Stecher, è stata riconsacrata la cappella a due piani dedicata ai santi Cos-

MALS,
ST. BENEDIKT
MALLES,
SAN BENEDETTO

lich geweiht. Gleichzeitig wurde der Abschluss der Restaurierungs- und Sanierungsarbeiten (1999–2001) festlich begangen. Eine lokale Initiativgruppe unter Führung des Malser Apothekers Johannes Fragner-Unterpertinger hatte die Sanierung initiiert und in vorbildlicher Weise durchgezogen (siehe Der Schlern, Jg. 75, 2001, Heft 8). Nachdem bereits 1999 die Eindeckung mit Lärchenschindeln und 2000 die Entfeuchtung bzw. Sanierung des aufgehenden Mauerwerkes vorgenommen wurde, konnte im Berichtsjahr die Restaurierung des spätgotischen Flügelaltares abgeschlossen werden. Das wertvolle Ausstattungsobjekt soll aus Sicherheitsgründen ein neues Domizil erhalten. An seiner Stelle wurde im rekonziliierten Kapellenraum ein vom akademischen Maler Peter Pircher aus Reschen geschaffener Flügelaltar aufgestellt. Für das profane Obergeschoss muss eine entsprechende Zweckbestimmung noch gefunden werden.

Matsch, Unter- und Obermatsch

Mit dem Patroziniumsfest zu Ehren des Kapellenpatrons St. Martin (11. November) wurde im Berichtsjahr der Abschluss der Sicherungsarbeiten an den Ruinen Ober- und Untermatsch, dem Stammsitz der Vögte von Matsch, feierlich begangen. Die dringend erforderlichen Maßnahmen wurden vom Amt für Bau- und Kunstdenkmäler initiiert und in zwei getrenn-

ma e Damiano. Contemporaneamente si è festeggiata la conclusione dei lavori di risanamento e restauro (1999–2001). Un gruppo locale, guidato dal farmacista di Malles Johannes Fragner-Unterpertinger, ha dato inizio ai lavori di restauro e li ha condotti a termine in maniera esemplare (cfr. Der Schlern, 75, 2001, quaderno 8). Dopo che nel 1999 si era proceduto alla copertura con scandole di larice e che nel 2000 si era passati alla deumidificazione e al risanamento dell'apparato murario, nel corso del 2001 si è concluso il restauro dell'altare a portelle tardogotico. Per motivi di sicurezza, però, il prezioso oggetto dovrà trovare una nuova ubicazione. Al suo posto, nella cappella riconsacrata, verrà posizionato un altare a portelle opera del pittore accademico Peter Pircher, originario di Resia. Deve essere invece ancora individuato un adeguato utilizzo del piano superiore non consacrato.

Mazia, Untermatsch ed Obermatsch

L'11 novembre del 2001, in occasione della festa dedicata al patrono della cappella di San Martino, hanno avuto luogo anche i festeggiamenti conclusivi dei lavori di consolidamento delle rovine degli antichi manieri di Unter- e Obermatsch, sede originaria dei balivi di Mazia. Le urgenti misure di consolidamento sono state iniziate e condotte a termine dall'Ufficio beni

MALS,
MATSCH,
RUINE UNTERMATSCH
VOR DER
RESTAURIERUNG

MALLES,
MAZIA,
ROVINA DI
UNTERMATSCH PRIMA
DEL CONSOLIDAMENTO

MALS,
MATSCH,
RUINE UNTERMATSCH,
FOTOGRAMMETRISCHE
BAUAUFNAHME
(M. WOLF)

MALLES,
MAZIA,
ROVINA DI
UNTERMATSCH, RILIEVO
FOTOGRAMMETRICO
(M. WOLF)

ten Baulosen zwischen 1999 und 2001 durchgeführt. Das erste Baulos nahm sich 1999 der Ruine Obermatsch an (vgl. Jahresbericht 1999). Im Sommer 2000 wurde mit dem zweiten Baulos, der Ruine Untermatsch, begonnen. Von dieser jüngeren Burganlage des 13. bzw. 14. Jahrhunderts haben sich spärliche Mauerzüge erhalten. Historische Abbildungen des frühen 19. Jahrhunderts belegen den Absturz wesentlicher Bauteile an der Südecke des Burghügels. Im Zuge der Arbeiten wurden die Reste eines absturzgefährdeten Mauergevierts an der Südwestecke unterfangen. Ein dazugehöriger Türsturz, mit einem darüber befindlichen Seitensitzfenster, konnte durch das Einziehen einer Metallschiene gesichert werden. Erklärtes Ziel war es, den Ruinencharakter beizubehalten und kommenden Generationen möglichst unversehrt zu überliefern. Baubegleitend wurde eine Dokumentation der Sicherungsarbeiten vorgenommen. Ihr ging vor Arbeitsbeginn eine Vermessung des gesamten Burghügels voraus. Aufgrund des baugeschichtlichen Stellenwertes der Ruinen wurde zudem eine fotogrammetrische Aufnahme der bedeutendsten Mauerzähne in Auftrag gegeben. Die anfallenden Kosten der Sicherungsarbeiten wurden zum Großteil vom Amt für Bau- und Kunstdenkmäler getragen. Für die Restfinanzierung sei der Stiftung der Südtiroler Sparkasse herzlich gedankt.

architettonici e artistici in due diversi lotti tra il 1999 e il 2001. Il primo lotto dei lavori, nel 1999, ha avuto luogo alle rovine di Obermatsch (cfr. Tutela dei beni culturali in Alto Adige 1999). Nell'estate del 2000 i lavori del secondo lotto hanno avuto inizio alle rovine di Untermatsch. Di questi antichi castelli risalenti al XIII e al XIV secolo non si sono conservati che pochi tratti di mura. Raffigurazioni storiche dell'inizio del XIX secolo testimoniano il crollo di una zona considerevole del castello sul lato meridionale della collina. Durante i lavori sono stati trovati i resti di un muro sull'angolo sud-ovest. Un architrave e una cornice laterale di finestra sono state fissate grazie all'impiego di un sostegno di metallo. Il fine dichiarato dei suddetti lavori era quello di mantenere la fisionomia della rovina e poterla così tramandare alle future generazioni. Durante i lavori di consolidamento è stata compilata una dettagliata documentazione; essa è stata preceduta da una misurazione topografica della collina. Visto il grande interesse storico-architettonico delle rovine, è stata commissionata una ripresa fotogrammetrica dei tratti di mura più significativi. I costi di consolidamento sono stati coperti in massima parte dall'Ufficio beni architettonici e artistici. Per il resto del finanziamento va pubblicamente ringraziata la Fondazione Cassa di Risparmio di Bolzano.

MALS,
PLAWENN,
ANSITZ PLAWENN

MALLES,
PIAVENNA,
RESIDENZA PLAWENN

Plawenn, Plawenn

Der ansitzartige Freisitz der Herren von Plawenn beinhaltet einen mittelalterlichen Wohnturm und erhielt seine heutige Gestalt im 16. bzw. 17. Jahrhundert. Seine auffallende rote Fassadenfarbe verdankt der stattliche Baukörper den Grafen von Hendl, in deren Besitz sich der Freisitz befand. Die Fassadenrestaurierung beschränkte sich auf eine Ausbesserung der Oberflächen und eine Neutünchung. Letztere wurde an den der Witterung ungeschützt ausgesetzten Wandflächen mit Mineralfarbe vorgenommen. Zur Entfeuchtung der Ostfassade wurde ein Drainagegraben angelegt (Beitrag). ml

Schleis, Haus Nr. 5

Im Berichtsjahr wurde mit der Gesamtsanierung des Wohngebäudes begonnen. Der südseitig angebaute Wirtschaftstrakt mit Stall und Stadel wurde abgebrochen und an seiner Stelle eine eingeschossige Werkstätte errichtet. Als eine der ersten Maßnahmen am Wohngebäude wurde das Satteldach erneuert und mit Falzziegeln eingedeckt. Im Erdgeschoss kam im Raum an der Nordostecke unter der Stubentäfelung eine spätgotische Wandtäfelung zum Vorschein. Die zugehörige Deckenkonstruktion mit Unterzug hat sich leider nur fragmentarisch erhalten. Im kommenden Jahr soll die Fassadenrestaurierung vorgenommen werden. ml

Piavenna, Plawenn

La residenza dei signori di Plawenn racchiude in sé una casatorre medievale, mentre la forma architettonica attuale risale al XVI e al XVII secolo. Ai conti Hendl, di cui l'edificio fu proprietà, si deve l'appariscente colore rosso del complesso. Il restauro della facciata si è limitato a migliorie della superficie e ad una nuova tinteggiatura. In fine sono state trattate con colore minerale le porzioni di parete particolarmente esposte alle intemperie. Per garantire una deumidificazione della facciata est si è provveduto alla costruzione di una fossa di drenaggio (contributo). ml

Clusio, casa n. 5

Nel 2002 si è dato avvio al risanamento globale dell'edificio abitativo. La parte di servizio sul lato meridionale con stalla e fienile è stata demolita e al suo posto è stata costruita una officina a un piano.
Fra le prime misure all'edificio abitativo è stato realizzato un tetto a capanna ricoperto da tegole marsigliesi.
Al pianterreno nel locale sito a nord-est, sotto il tavolato della stube, è emerso un tavolato tardogotico il cui relativo soffitto con trave portante si è conservato solo in maniera frammentaria.
Nel 2002 sarà restaurata la facciata. ml

MALS,
PLAWENN,
ANSITZ PLAWENN,
NACH DER
RESTAURIERUNG

MALLES,
PIAVENNA,
RESIDENZA PLAWENN,
SITUAZIONE DOPO
IL RESTAURO

Schleis, Haus Nr. 26

Im Berichtsjahr wurde mit der Gesamtsanierung des ehemaligen Gerichtshauses des Klosters Marienberg begonnen. Das stattliche Gebäude birgt an der Südwestecke einen spätromanischen Turmbau des 13. Jahrhunderts, bei welchem es sich möglicherweise um den bislang unbekannten Ministerialensitz der Herren von Schleis handelt. Das Gebäude wurde geringfügig erhöht und mit einem neuen Satteldach versehen. Die Kellerräume wurden entfeuchtet und mit lokalen Bruchsteinplatten ausgelegt. Die Fassaden, welche in den späten sechziger Jahren des 20. Jahrhunderts mit einem Dispersionsanstrich getüncht und an der Ostseite mit zusätzlichen Dekorationsmalereien versehen worden sind, sollen im kommenden Jahr restauriert werden (Beitrag). ml

Schlinig,
Pfarrkirche St. Anton Abt

Das Friedhofskreuz mit den Arma Christi wurde fachgerecht restauriert. Die Eingriffe sahen eine Erneuerung des durch Wind und Wetter gezeichneten Kastenkreuzes einschließlich der Inschrift vor. Am Corpus bzw. an den Marterwerkzeugen wurden fehlende Teile ergänzt, die bestehende Fassung hingegen gefestigt und retuschiert. Abschließend wurden die Oberflächen mit einem wetterfesten Schutzüberzug versehen (Beitrag). ml

Clusio, casa n. 26

Nel 2001 è iniziato il risanamento globale dell'ex casa del tribunale del convento di Montemaria. L'imponente edificio contiene all'angolo sud-ovest una torre tardoromanica del XIII secolo; con molta probabilità si tratta della sinora sconosciuta residenza dei signori di Clusio. L'edificio è stato lievemente rialzato e coperto con un tetto a capanna. Le cantine sono state deumidificate e pavimentate con pietre di cava locale. Saranno restaurate nel corso del 2002 le pareti esterne che nei tardi anni Sessanta erano state tinteggiate con colore a dispersione e che, nella parte est, erano state dotate di pitture decorative (contributo). ml

Slingia,
parrocchiale di Sant'Antonio Abate

La croce del cimitero con l'Arma Cristi e stata restaurata a regola d'arte. Gli interventi prevedevano un risanamento del crocifisso esposto al vento ed agli agenti atmosferici, ivi compresa la scritta. Sul corpo di Cristo e sugli strumenti del martirio sono state integrate le parti perdute, al contrario la pittura originaria è stata mantenuta e solamente ritoccata. Infine la superficie è stata trattata con un prodotto di protezione per limitare l'azione degli agenti atmosferici (contributo). ml

MALS,
TARTSCH,
ST. VEIT AM BICHL,
NEUEINDECKUNG

MALLES,
TARCES,
SAN VITO,
NUOVA COPERTURA

Tartsch, St. Veit am Bichl

Der weitum sichtbare hochmittelalterliche Kirchenbau wurde mit handgespaltenen Lärchenschindeln neu eingedeckt. Abgeschlossen wurde außerdem die Innenrestaurierung, welche 1999 von der Rundapsis ausgegangen war (siehe Denkmalpflege in Südtirol 1999, S. 111). Zu den letzten Maßnahmen zählte die Freilegung der Kanzelbrüstung, an der eine Inschrift sowie ein Wappen der Grafen Trapp zum Vorschein kam. Der barocke Hochaltar wurde nach der Restaurierung an die Nordwand des Langhauses versetzt, um die romanischen Malereien in der Apsis nicht zu verdecken, die gesamte Raumfassung gereinigt und mit Kalkfarbe neu getüncht (Beitrag). ml

Goien

Der 1619 vom Karthäuserkloster Allerengelsberg in Schnals erworbene und nunmehr in Privatbesitz sich befindliche ehemalige Maierhof wurde an der Südwestecke mit einem Entfeuchtungsschacht versehen. Die aufwendige Maßnahme ermöglicht ein Austrocknen der Kellerräume, die bisher durch das bergseitig anfallende Hangsickerwasser in Mitleidenschaft gezogen worden waren.
Die Betonplatte des Schachtbodens stellt gleichzeitig ein Widerlager für die beträchtlichen Gewölbeschübe dar.
Mit der Anlage des Entfeuchtungsschach-

Tarces, San Vito

Il corpo di fabbrica altomedievale della chiesa è stato ricoperto con scandole di larice spaccate a mano. Inoltre si è provveduto alla continuazione del restauro interno dell'edificio che nel 1999 era iniziato partendo dal catino absidale (cfr. Tutela dei beni culturali in Alto Adige 1999, p. 111). Fra le ultime misure di intervento si annovera lo scoprimento della balaustra del pulpito ove appare una iscrizione e uno stemma dei conti Trapp. Una volta restaurato, l'altar maggiore barocco è stato spostato nella navata addossato alla parete nord per non coprire gli affreschi romanici dell'abside. Sono stati poi ripuliti e ritinteggiati con colore a calce i muri dell'interno (contributo). ml

Maso Goien

L'antico Maierhof, acquisito nel 1619 dalla Certosa "Mons omnium angelorum" in Val Senales e oggi di proprietà privata, è stato provvisto di una fossa di deumidificazione nell'angolo sud-ovest dell'edificio. Le misure impiegate hanno permesso di asciugare gli ambienti delle cantine che, esposte verso il lato della montagna, avevano fin qui subito continue infiltrazioni d'acqua dal pendio fino ad essere davvero mal ridotte. La lastra di cemento del pozzetto costituisce contemporaneamente un utile piedritto alle non indifferenti spinte e controspinte delle volte. Con la creazione del pozzetto di

MARLING
MARLENGO

MARTELL,
PFARRKIRCHE
ST. WALBURG,
VOR DER
RESTAURIERUNG

MARTELLO,
PARROCCHIALE DI
SANTA VALBURGA,
PRIMA DEL RESTAURO

tes wurde gleichzeitig eine Neugestaltung der Aufgänge an der Südwestseite des Ansitzes vorgenommen (Beitrag). ml

Pfarrkirche Mariä Himmelfahrt

Der neugotische Baukörper aus den Jahren 1898/99 (Arch. Anton Weber) war durch das Erdbeben vom 17. Juli dieses Jahres in Mitleidenschaft gezogen worden. Bei den Rissen an den Gewölben des Kirchenschiffes sowie der Seitenkapelle (dem gotischen Vorgängerbau) handelt es sich großteils um statisch unbedenkliche Schadensbilder, welche noch in den Herbstmonaten punktuell ausgebessert wurden. Auf eine Abnahme des Dispersionsanstriches bzw. eine Neutünchung des gesamten Kircheninnenraumes wurde aus finanziellen Gründen verzichtet. ml

Pfarrkirche St. Walburg

Mit der Außenrestaurierung des Kirchenschiffes wurde die Gesamtrestaurierung der Pfarrkirche abgeschlossen. 1999 war mit der Innenrestaurierung begonnen worden. Ihr folgte im Jahre 2000 die Restaurierung des Glockenturmes (siehe Denkmalpflege in Südtirol 1999, S. 114 und 2000, S. 109). In Analogie zum Glockenturm wurde an den Langhausfassaden der letzte Dispersionsanstrich entfernt. Anschließend wurde die barocke Fassadeninterpretation, welche im Wesentlichen aus gebrochen weißen Wandflächen und einer ockerfarbigen Eck-

deumidificazione si è contemporaneamente data una nuova veste alla scala del lato sud-ovest della residenza (contributo). ml

Parrocchiale dell'Assunta

Il corpo di fabbrica neogotico, costruita negli anni 1898/99 dall'architetto Anton Weber, era stato fortemente danneggiato dal terremoto del 17 luglio 2001. Oltre alle crepe presenti nelle volte della navata così come nelle cappelle laterali, parte della precedente costruzione gotica, si tratta in massima parte di danni statici che sono stati puntualmente sanati nei mesi autunnali. Per ragioni finanziarie si è rinunciato ad eliminare il colore a dispersione e a ritinteggiare l'interno della chiesa. ml

Parrocchiale di Santa Valburga

Con il restauro delle pareti esterne della chiesa si è concluso il restauro generale dell'edificio che era iniziato nel 1999 con i lavori all'interno. Era poi seguito il restauro della torre campanaria nel 2000 (cfr. Tutela dei beni culturali in Alto Adige 1999, p. 114; 2000, p. 109). Similmente a quanto avvenuto sulle pareti esterne della navata, anche su quelle del campanile si è eliminato il colore a dispersione. Infine è stata rifatta l'interpretazione barocca della facciata, composta da zone di base color bianco sporco

MARTELL
MARTELLO

MARTELL,
PFARRKIRCHE
ST. WALBURG

MARTELLO,
PARROCCHIALE DI
SANTA VALBURGA

quaderung mit roter Begleitkontur besteht, in reiner Kalkfarbe wiederholt (Beitrag).

Evangelischer Friedhof

Um die Friedhofskapelle an der Nordseite des Bestattungsareals wurde ein aufwendiger Entfeuchtungsschacht angelegt. Schlagregen hatte bisher unter dem zentralen Säulenportikus immer wieder zu Feuchtigkeitsinfiltrationen und in der Folge zu Schäden am Mauerwerk geführt. Nunmehr wurden der zentrale Terrazzoboden erneuert und ein entsprechendes Gefälle zur Wasserableitung ausgebildet (Beitrag). Es bestehen Überlegungen zur Neugestaltung der bisher einfach gehaltenen Gehwege, womit dem Friedhofsareal einiges von seinem bisherigen, romantischen Gesamtbild genommen würde (Beitrag).

Heilig-Kreuz-Kapelle

Die Restaurierung der neugotischen Kapelle, die im Herbst 2000 begann (siehe Denkmalpflege in Südtirol 2000, S. 114) konnte im Berichtsjahr abgeschlossen werden. Die Kapelle wurde 1873 im Auftrag der Kreuzschwestern an das Kloster angebaut. Nach der aus konservatorischer Sicht notwendigen Abnahme der kunstharzhältigen Anstriche im Vorjahr zeigte sich unter mehreren Farbschichten die Fassung des Historismus, die bis auf die Sockelmalerei nur mehr sehr fragmentarisch erhalten ge-

e da pietre angolari finte color ocra contornati da linee rosse (contributo).

Cimitero evangelico

Attorno alla cappella cimiteriale posta sul lato nord dell'areale di sepoltura è stato posizionato un dispendioso pozzetto di deumidificazione. La pioggia battente, infatti, aveva portato fino ad ora alla formazione di grosse infiltrazioni sotto il colonnato centrale e di conseguenza a danni all'apparato murario. Ora si è proceduto al rinnovo del pavimento a terrazzo e a creare un significativo dislivello che conduca al deflusso rapido dell'acqua (contributo). Si sta ipotizzando il rifacimento dei sentieri attualmente alquanto semplici, misura con la quale il cimitero perderebbe parte del suo bellissimo aspetto romantico (contributo).

Cappella di Santa Croce

Nell'anno relativo alla presente relazione sono stati terminati i restauri della cappella neogotica, iniziati nell'autunno del 2000 (cfr. Tutela dei beni culturali in Alto Adige 2000, p. 114). La cappella fu aggiunta all'interno del convento nel 1873, su commissione delle Suore della Santa Croce. Dopo che, per motivi di conservazione l'anno scorso fu eliminato il dannoso colore sintetico, sotto numerosi strati di colore si è scoperta la tinteggiatura tipicamente storicista che, fino alla dipintura dello zoccolo, si era

MERAN
MERANO

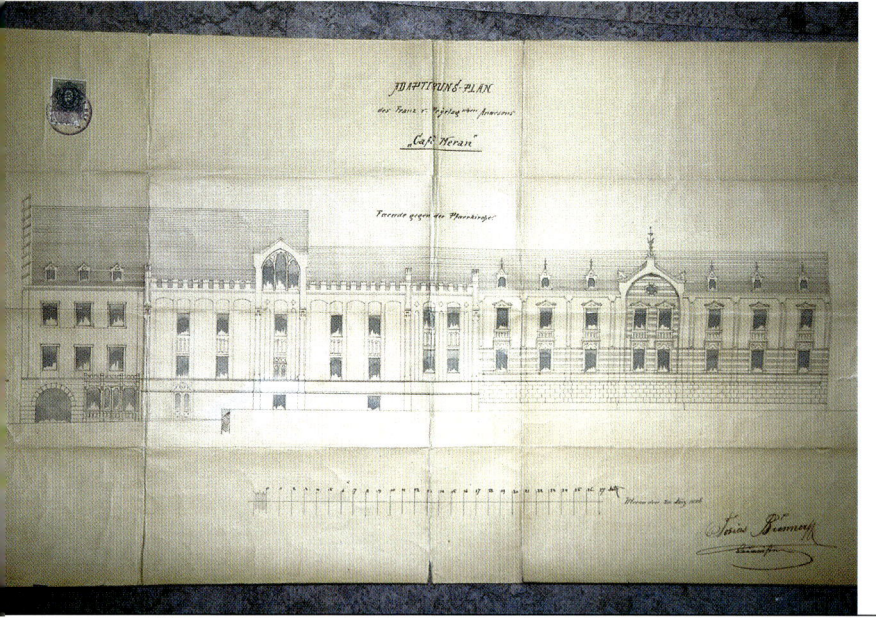

MERAN,
LAUBENGASSE 2–4,
HISTORISCHE
PLANZEICHNUNG

MERANO,
VIA PORTICI 2–4,
RILIEVO STORICO

MERAN,
HL.-KREUZ-KAPELLE

MERANO,
CAPPELLA DI
SANTA CROCE

blieben war. Den ursprünglichen Zustand der Kapelle mit den dekorativen Blumen- und Rankenmotiven zeigt eine historische Aufnahme von 1940. Anhand der an verschiedenen Stellen angesetzten Sondierungsfenster wurde die ursprüngliche Farbigkeit durch im Putz erhaltene Reste von Farbpigmenten nachgewiesen; von den aufwendigen Dekorations- und Schablonenmalereien blieb jedoch sehr wenig erhalten. Sie wurden zur Anbringung der nachfolgenden Farbschicht abgebürstet. Nachdem die gesamte Ausstattung aus der Zeit des Historismus stammt und die dazugehörige Farbfassung aufgrund eines historischen Fotos sowie der Untersuchung nachvollziehbar war, entschied man sich für eine Rekonstruktion jener Elemente des Historismus, die eindeutig nachweisbar sind. Die Sockelbemalung im Presbyterium konnte freigelegt werden. Eine große Bereicherung für das Gesamtbild war die Restaurierung des originalen Keramikbodens (Beitrag). ht

Kalmünz
Es wurde mit der Sanierung des zweigeschossigen Nebengebäudes begonnen, dessen baulicher Bestand vermutlich auf das 16. Jahrhundert zurückgeht. Erforderlich war eine Entfeuchtung der Außenmauern durch die Anlage eines Drainagegrabens. Das Satteldach wurde mit Mönch- und Nonneziegeln neu eingedeckt. Im großen

mantenuta solo in maniera frammentaria. Lo stato originario della cappella, decorata con fiori e racemi, è testimoniato da una vecchia fotografia del 1940. Attraverso l'apertura in vari angoli delle pareti di piccole finestre di sondaggio si è riusciti ad individuare il colore originario e ad esaminarne i pigmenti. Ben poco si è conservato delle preziose decorazioni e delle pitture ottenute con gli stampini. Furono infatti eliminate dalle successive tinteggiature. Poiché l'aspetto complessivo della cappella risale al periodo storicista e siccome la corrispondente dipintura può essere ricreata basandosi sulla fotografia e sulle indagini fatte sulle pareti, ci si è decisi per una vera e propria ricostruzione di quegli elementi dello storicismo che si possono comprovare con certezza. È stata portata alla luce la pittura originaria dello zoccolo nel presbiterio. Un grosso arricchimento per l'insieme della cappella è stato dato dal restauro del pavimento originario di ceramica (contributo). ht

Kalmünz
Si è dato inizio al risanamento dell'annesso a due piani, la cui struttura edilizia risale probabilmente al XVI secolo. Si è resa necessaria una deumidificazione dei muri esterni e si è proceduto allo scavo di una fossa di drenaggio. Il tetto a capanna è stato ricoperto con coppi.

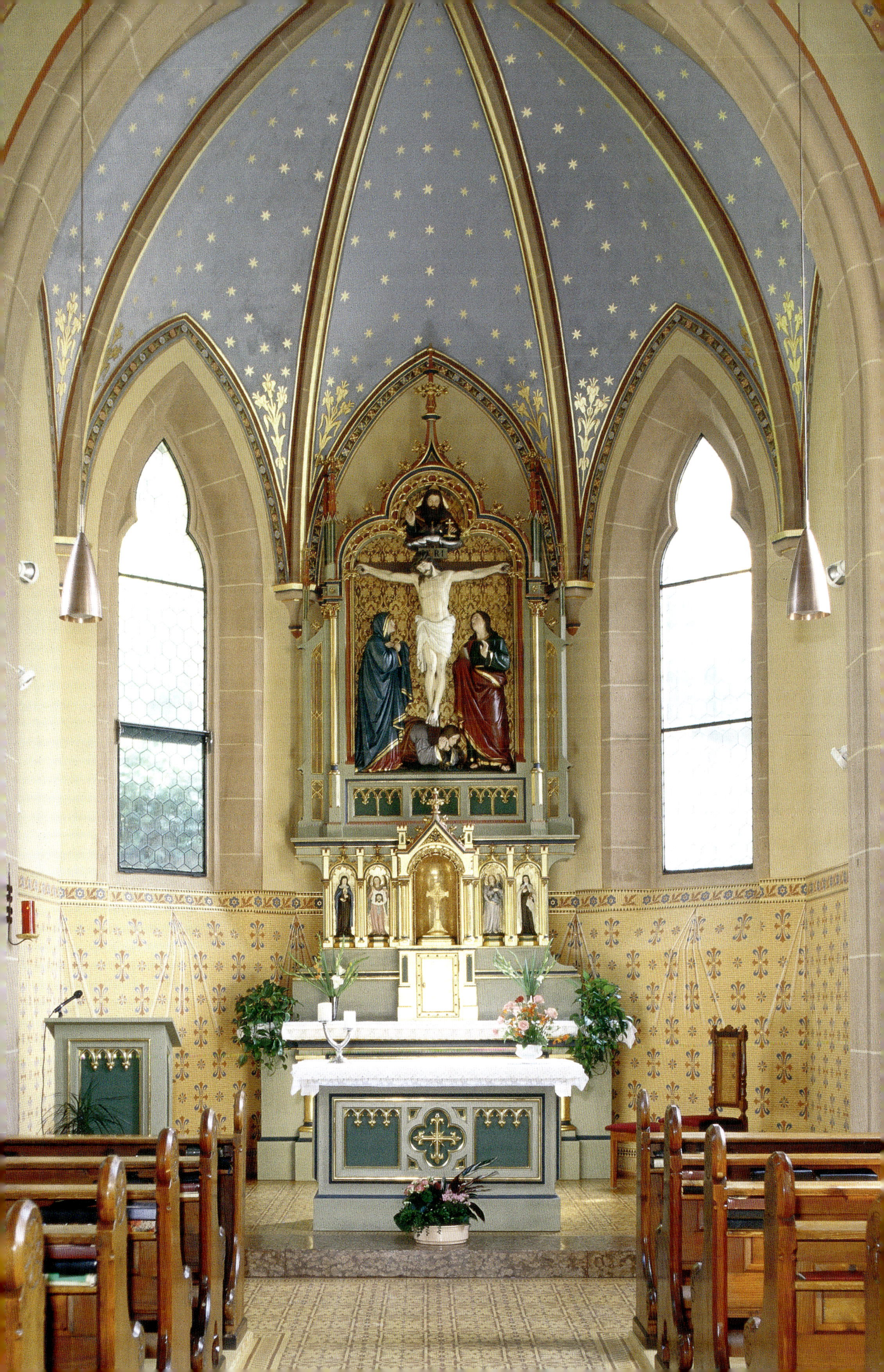

MERAN,
SPITALKIRCHE ZUM
HEILIGEN GEIST,
MARIENSTATUE DES
TRUMEAUPFEILERS BEI
DER RESTAURIERUNG

MERANO,
CHIESA DI
SANTO SPIRITO,
SCULTURA DELLA
MADONNA SUL PILASTRO
TRUMEAU DEL PORTALE
CENTRALE DURANTE IL
RESTAURO

Saal des Erdgeschosses mussten der Unterzug entsprechend verstärkt, die Holzbalken an den Fußpunkten entsprechend unterstützt werden. Mit der Fassadenrestaurierung sollen die Sanierungsmaßnahmen im kommenden Jahr abgeschlossen werden (Beitrag). ml

Laubengasse 2–4

Die aufwendigen Sanierungsarbeiten an der lang gestreckten Eckparzelle, gegenüber der Pfarrkirche St. Nikolaus, wurden abgeschlossen. Die dem Pfarrplatz zugewandte Fassadenfront wurde in den Farbtönen des ausgehenden 19. Jahrhunderts, einem hellen Ockerton getüncht. Die Gliederungselemente wurden etwas heller abgesetzt. In das historische Farbkonzept wurde auch die Fassade des im Kern mittelalterlichen Laubenhauses mit einbezogen. ml

Lauben 163–165

Die umfassenden Restaurierungs- und Sanierungsarbeiten konnten im Herbst abgeschlossen werden. Nunmehr beherbergt die lang gestreckte Laubenparzelle in den oberen Wasserlauben das „Kunsthaus" der Südtiroler Sparkasse. Im Zuge der Baumaßnahmen wurde die Typologie des Laubengebäudes so gut als möglich erhalten und der offene Lichthof von störenden Einbauten freigehalten. Im ersten Obergeschoss wurden die Malereien des großen Saales (19. Jahrhundert) mitsamt

Nella grande sala al pianterreno si è dovuto rinforzare la trave portante, fissando opportunamente le travi di sostegno. L'intervento di risanamento terminerà nel 2002 con il restauro delle facciate (contributo). ml

Via Portici, 2–4

Sono terminati i costosi lavori di risanamento sulla lunga particella angolare, posta di fronte alla parrocchiale di San Nicolò. La facciata rivolta verso piazza Duomo è stata dipinta utilizzando la cromia del tardo Ottocento, un colore ocra chiaro: gli elementi di articolazione si distaccano per l'utilizzo di una tonalità più chiara. Anche la facciata di via Portici d'impianto medievale è stata inserita nel progetto cromatico globale. ml

Portici, 163–165

Nell'autunno di quest'anno sono stati completati gli ampi lavori di risanamento e di restauro. Ora la lunga costruzione nella parte superiore dei "Portici dell'acqua" ospita l'iniziativa Meranoarte voluta dalla Cassa di Risparmio di Bolzano. Nell'ambito degli interventi edilizi si è cercato di mantenere quanto più possibile la tipologia dell'edificio, rinunciando all'inserimento di qualsiasi nuovo elemento strutturale nel cavedio. Al primo piano si sono restaurati a regola d'arte i dipinti della grande sala (XIX seco-

MERAN,
STÄDTISCHER FRIEDHOF,
DETAIL KRUZIFIX

MERANO,
CIMITERO COMUNALE,
PARTICOLARE DEL
CROCIFISSO

der historischen Türen und Einbauschränke fachgerecht restauriert. Die Lauben- bzw. die rückseitige Südfassade wurde gereinigt, ausgebessert und im Farbton des 19. Jahrhunderts mit Kalkfarbe neu getüncht (Beitrag).

Lauben 181–195 (Herzoghaus)

Im Berichtsjahr wurde mit der Gesamtsanierung des Laubenhauses begonnen. Der bauliche Bestand hat im Verlauf der Jahrhunderte verschiedenste Erweiterungen, Aufstockungen und sonstige Veränderungen erfahren, sodass sämtliche Stilphasen ihre Spuren hinterlassen haben. Das Sanierungsprojekt sieht eine weitgehende Erhaltung des spätmittelalterlichen Baubestandes bei gleichzeitiger Adaptierung der diversen Räumlichkeiten zu Wohnzwecken vor. Der bisher unausgebaute, großzügige Dachraum soll ebenfalls zu Wohnzwecken genutzt werden.

St. Leonhard

Im Berichtsjahr wurden diverse Leinwandbilder sowie zwei Stelen aus dem Bestand des Liebeswerkes restauriert. Es handelt sich um die Darstellung des Letzten Abendmahles, des Erzengels Gabriel mit der Muttergottes und zweier Franziskanerheiligen, des heiligen Bernhard, des heiligen Seraphin, eines Kapuzinerheiligen, einer Schlachtszene und des heiligen Franz von

lo) e tutte le porte e gli armadi a muro originali. La facciata che dà sui Portici e la facciata posteriore meridionale sono state pulite, ritoccate e ritinteggiate con colore a calce nella stessa tonalità cromatica che venne utilizzata nel XIX secolo (contributo).

Portici, 181–195 (casa Herzog)

È iniziata quest'anno l'opera di risanamento complessivo della caratteristica casa di via Portici. La struttura edilizia ha subito nel corso dei secoli moltissimi interventi di ampliamento, sopraelevazioni e varie altre modifiche, cosicché si ritrovano oggi le tracce di tutte le diverse fasi stilistiche. Il progetto di risanamento prevede il mantenimento di buona parte del patrimonio edilizio tardomedievale e il contemporaneo adattamento dei vari spazi ad uso abitativo. Verrà destinata ad abitazioni private anche l'ampia superficie del sottotetto, sulla quale prima d'ora non era mai stato eseguito alcun intervento.

San Leonardo

Nel 2001 sono state restaurate diverse tele così come due steli di proprietà dell'Opera Serafica.
Si tratta di una rappresentazione dell'Ultima Cena, di una sacra conversazione con la Madonna, l'arcangelo Gabriele e due santi francescani, delle raffigurazioni di san Bernardo, di santo Serafino, di un santo cappuccino, di una scena di battaglia, e di

MERAN,
STADTMAUER ZWISCHEN
DEM PASSEIRER TOR
UND DEM PULVERTURM

MERANO,
MURA DELLA CITTÀ
TRA LA PORTA PASSIRIA
E LA TORRE DELLE
POLVERI

Borgia. Bei den beiden Rokokostelen handelt es sich um Holztafeln, welche die „Vermählung" und die „Mutter Anna mit Maria" zum Inhalt haben (Beitrag).

Spitalkirche zum Heiligen Geist
Das Westportal der spätgotischen Hallenkirche wies infolge des intensiven Straßenverkehrs auf der Romstraße starke Verunreinigungen auf. Die hohe Schadstoffbelastung hatte unter anderem das Abplatzen einer Armpartie der Muttergottes mit Kind verursacht. Die Fehlstelle wurde nunmehr armiert und mit einer Sandsteinergänzungsmasse rekonstruiert. Im Anschluss an die Neuverfugung wurde eine Festigung der absandenden Oberflächen mit Kieselsäureesther vorgenommen (Beitrag).

Städtischer Friedhof
Das sechs Meter hohe Friedhofskreuz wurde fachgerecht restauriert. Die Maßnahmen bestanden in einer Reinigung bzw. Neutünchung des Kreuzbalkens und einer Ausbesserung der schützenden Zinkblechabdeckung.
Die gut erhaltene Kruzifixfassung wurde zunächst einer Reinigung und Regenerierung unterzogen.
Anschließend erfolgten die punktuelle Retusche der Fehlstellen sowie abschließend das Anbringen eines Schutzüberzuges in Form einer Lasur (Beitrag).

san Francesco Borgia.
Le steli barocche sono tavole di legno che hanno per soggetto le nozze di Maria e Anna con Maria.

Chiesa di Santo Spirito
Il portone occidentale della chiesa ad aula tardogotica presentava evidente degrado dovuto all'intenso traffico presente su via Roma. L'alto grado di inquinamento dell'aria aveva provocato, tra l'altro, il distacco di una parte del braccio della Vergine con Bambino. La parte mancante è stata quindi ricostruita con una massa integrativa in pietra arenaria ed anima in ferro. Successivamente alla commessura si è provveduto a consolidare con estere di acido salicilico le superfici degradate (contributo).

Cimitero comunale
Si è provveduto al restauro a regola d'arte della croce del cimitero, alta sei metri. L'intervento è consistito nella pulizia e ritinteggiatura delle travi della croce, nonché nella riparazione della copertura protettiva realizzata in lamiera di zinco. Lo strato pittorico che copriva il crocifisso si presentava in buone condizioni ed è stato quindi sottoposto solo ad un intervento di pulizia e rigenerazione. In ultimo si è proceduti ad un ritocco delle parti mancanti e infine all'applicazione di una pellicola protettiva per la quale si è impiegata una vernice incolore (contributo).

MERAN,
STADTMAUER,
MAUERKRONEN-
SICHERUNG

MERANO,
MURA DELLA CITTÀ,
CONSOLIDAMENTO DEI
COLMI DEL MURO

Stadtmauer beim Passeirer Tor

Der sich vom Passeirer Tor zum Pulverturm (Turm Ortenstein) hoch ziehende Abschnitt der Meraner Stadtbefestigung war seit Jahrzehnten von dichtem Efeu überwuchert und kaum bekannt. Der nunmehrigen Sanierung ging eine gründliche Reinigung des Bewuchses voraus. Anschließend erfolgte die Sanierung der Mauerkronen sowie beidseitig ein punktuelles Ausstopfen des unregelmäßigen, bis zu 8 Meter hohen Bruchsteinmauerwerkes. Dessen Erbauung fällt unmittelbar mit der Errichtung des Passeirer Tores im ausgehenden 15. Jahrhundert zusammen. Im Bereich der ehemaligen Burg Ortenstein hat sich der ursprüngliche und heute nicht mehr bestehende Anschluss der Stadtmauer an der Nordostecke des Pulverturmes in Form eines schwach sichtbaren Negativabdruckes erhalten. Das Passeirer Tor, die Stadtmauer und die Burg Ortenstein waren folglich im ausgehenden Mittelalter in ein umfassendes Stadtverteidigungskonzept eingebunden. ml

Mais, Freihof

Das in seinen Ursprüngen auf die Zeit um 1840 und damit auf die Anfänge des Meraner Fremdenverkehrs zurückgehende Sanatorium soll zu Wohnzwecken umgestaltet und adaptiert werden. Der ursprüngliche Baukörper hat im Verlauf der Jahrzehnte diverse Veränderungen erfahren, welche sich

Mura della città presso la Porta Passiria

Da decenni il tratto del dispositivo murario cittadino che sale dalla Porta Passiria sino alla Torre delle Polveri (Torre di Ortenstein) appare coperto da uno spesso strato di edera e per questo ignorato dai più. Il risanamento, a lungo atteso, è stato per questo preceduto da una pulizia dalla vegetazione infestante. Si è poi passati ad una sistemazione dei colmi del muro e su entrambi i lati ad un risanamento del muro di altezza diversa, ma talvolta alto persino otto metri. La sua edificazione va ricondotta alla costruzione della stessa Porta Passiria alla fine del XV secolo. Nell'ambito dell'antico Castello di Ortenstein la oggi non più conservata connessione tra le mura cittadine e l'angolo nord-orientale della Torre delle Polveri può essere oggi colta solo in forma di impronta negativa. Alla fine del Medioevo Porta Passiria, mura cittadine e Castello di Ortenstein facevano parte di un sistema difensivo integrato della città. ml

Maia, Freihof

Il vecchio sanatorio, le cui origini risalgono all'epoca attorno al 1840 e quindi agli albori del turismo meranese, è destinato ad essere trasformato e adattato ad uso abitativo. La struttura originaria della costruzione ha subito varie trasformazioni nel corso dei decenni, parte delle quali sono

MERAN,
MAIS, FREIHOF

MERANO,
MAIA, FREIHOF

an den Fassaden teils deutlich ablesen lassen. In den vergangenen Jahren stand der L-förmige, fünfgeschossige Baukörper großteils leer. Die neue Nutzung erforderte eine weitgehende Umgestaltung des Gebäudeinneren. Einer ökonomisch-praktischen Adaptierung zu Wohnzwecken standen insbesondere die großzügigen, da sehr breiten Mittelflure im Wege. Dagegen sollen die Fassaden so gut als möglich erhalten werden, wenngleich auch hier Zugeständnisse an die Wohnansprüche des 21. Jahrhunderts erforderlich waren. ml

Mais, Grießerhof
Die qualitätsvollen Freskomalereien am Torbogen wurden fachgerecht restauriert (Beitrag). ml

Mais, Hotel Minerva
Die aufwendige Gesamtsanierung des ehemaligen Großhotels ist im Berichtsjahr angelaufen. Der 1906–1908 nach Plänen des Schweizer Architekten Candidus Bächler errichtete fünfgeschossige Bau soll in den kommenden Jahren zu Wohnzwecken umgebaut werden. ml

Mais, Pfarrkirche St. Vigil
Mit der Einrüstung des Maiser Pfarrturmes wurde im Herbst begonnen. Der mächtige Turmbau blickt auf eine bewegte Geschichte zurück. 1503 soll ein Blitzschlag den roma-

chiaramente riconoscibili sulle facciate. Negli ultimi anni l'edificio, a forma di "L" e disposto su cinque livelli, è rimasto in gran parte vuoto. Sotto il profilo economico e pratico la sua trasformazione ad uso abitativo è stata ostacolata in particolare dalle dimensioni particolarmente generose, perché molto ampie, dei corridoi centrali. Le facciate, al contrario, saranno mantenute il più possibile intatte, sebbene anche qui non si sia potuto prescindere dal fare qualche concessione algli standard abitativi del XXI secolo. ml

Maia, Grießerhof
Si è provveduto al restauro a regola d'arte degli affreschi qualitativamente pregevoli presenti sull'arco del portone (contributo). ml

Maia, Hotel Minerva
È stata avviata quest'anno la dispendiosa opera di risanamento complessivo dell'ex Grand Hotel. L'edificio a cinque piani, realizzato tra il 1906 e il 1908 su progetto dell'architetto svizzero Candidus Bächler, verrà trasformato nel corso dei prossimi anni ad uso abitativo. ml

Parrocchiale di San Vigilio
In autunno i lavori sono iniziati con l'allestimento delle impalcature intorno alla torre campanaria. La poderosa costruzione rimanda ad una storia assai movimentata.

MERAN,
MAIS, FREIHOF
MERANO,
MAIA, FREIHOF

nischen Vorgänger eingeäschert haben. In der Folge wurde über dem romanischen Unterbau des 13. Jahrhunderts das bestehende Turmgeviert aus mächtigen Ifinger Granitquadern errichtet. An Stelle des spätgotischen, einfachen Giebelabschlusses trat nach 1878 – in Folge eines Blitzschlages – die bestehende achteckige Helmkonstruktion. Als Eindeckmaterial kamen graue Schieferplatten zum Einsatz, welche nunmehr – auf Wunsch der Pfarrgemeinde Untermais – durch rote Biberschwänze ersetzt wurden. Die Turmfassaden werden im kommenden Jahr restauriert. Dabei sollen auch die durch den Brand von 1878 beschädigten und anschließend notdürftig in Mörtelmaterial ausgebesserten Fassadenabschnitte durch Granitplatten ausgewechselt werden (Beitrag). ml

Mais, Trauttmansdorff

Im Sommer wurde der Botanische Garten offiziell seiner Bestimmung übergeben. Mit der Sanierung und Restaurierung der eigentlichen Schlossanlage wurde fortgefahren. Weitgehend abgeschlossen werden konnte die Restaurierung der Holzdecken bzw. der Dekorationsmalereien im Erd- und ersten Obergeschoss einschließlich des großen Saales an der Südostecke sowie der neugotischen Schlosskapelle. Die reiche Ausstattung stammt aus der Renaissance (16. Jahrhundert) bzw. aus dem Historismus des 19. und

Nel 1503 un fulmine deve aver incenerito la torre preesistente.
Di conseguenza sulla parte inferiore della torre del XIII secolo fu innestata la torre quadrata fatta di poderosi blocchi di granito provenienti dall'Ivigna. Nel 1878, al posto della copertura gotica è stata costruita la cuspide ottagonale. Per la copertura furono scelte all'epoca lastre di ardesia grigia, che oggi, su espresso desiderio della parrocchia di Maia Bassa, sono state sostituite da tegole rosse a coda di castoro. Nel corso del 2002 saranno restaurate le pareti esterne della torre campanaria. Contemporaneamente saranno restaurati anche quei segmenti di facciata, danneggiatisi durante l'incendio del 1878, provvisoriamente fissati con della malta, e sostituiti con lastre di granito (contributo). ml

Maia, Trauttmansdorff

In estate è stato ufficialmente inaugurato il Giardino botanico. Si è proseguito invece nell'opera di risanamento e restauro del castello vero e proprio.
È stato ampiamente ultimato il restauro dei soffitti lignei e delle pitture ornamentali al pianterreno e al primo piano, nonché della grande sala sull'angolo sud-est e della cappella neogotica del castello.
Il ricco corredo artistico è di epoca rinascimentale (XVI secolo), ma in parte risale anche allo storicismo del XIX e inizio

MERAN,
MAIS,
PFARRKIRCHE ST. VIGIL.
TURMFASSADE VOR
DER RESTAURIERUNG

MERANO,
MAIA, SAN VIGILIO,
FACCIATA DELLA TORRE
PRIMA DEL RESTAURO

MERAN,
MAIS,
PFARRKIRCHE ST. VIGIL.
KONSTRUKTION
DES TURMHELMS

MERANO,
MAIA, SAN VIGILIO,
COSTRUZIONE
DELLA CUSPIDE

frühen 20. Jahrhunderts. Im Dachgeschoss haben sich an der Südseite die romanischen Schwalbenschwanzzinnen des Erstbaues erhalten. Sie wurden sichtbar belassen. Die gesamten Restaurierungsarbeiten sollen im kommenden Jahr abgeschlossen werden. ml

Mais, Villa Arminius

Der reich gegliederte, neuklassizistische Maiser Villenbau aus der so genannten „Gründerzeit" (Erbauungsjahr 1897) war anlässlich der letzten Instandsetzungsmaßnahmen in den siebziger Jahren des 20. Jahrhunderts mit Dispersionsfarbe gestrichen worden.
Die nunmehr vorgenommene Fassadenrestaurierung sah die Abnahme des kunstharzhältigen Anstrichmaterials vor. Anschließend wurden sämtliche Fassadenabschnitte auf Wunsch der Eigentümer im bestehenden Farbton in Mineralfarbe getüncht. Aufwendige Instandsetzungsmaßnahmen waren an den Metallbrüstungen erforderlich. Der Rustikasockel wurde ausgebessert. Im kommenden Jahr soll die Helmkonstruktion über dem Treppenrisalit mit Schieferplatten neu eingedeckt werden (Beitrag). ml

Mais, Villa Hochrain

Am gründerzeitlichen Villenbau von 1914 wurde mit verschiedensten Sanierungs- und Adaptierungsarbeiten begonnen. Neben kleineren baulichen Eingriffen ist insbesondere ein weiterer Ausbau des Dachgeschosses

XX secolo. Nel sottotetto sono state conservate sul lato meridionale le merlature a coda di rondine proprie dell'edificio originario che sono state lasciate a vista.
La conclusione di tutti i lavori di restauro è prevista per il 2002. ml

Maia, Villa Arminius

Negli anni Settanta, nel corso dell'ultimo intervento di manutenzione, l'assai articolata villa neoclassicista risalente al cosiddetto periodo "Gründerzeit" (anno di costruzione: 1897) era stata tinteggiata con colore a dispersione. Il restauro delle pareti esterne è iniziato con l'eliminazione del materiale pittorico a contenuto resinoso.
Il proprietario ha poi voluto eseguire la tinteggiatura completa utilizzando colore minerale della medesima cromia di quello attuale. Si sono resi necessari degli interventi di manutenzione sulle balaustre metalliche. La zoccolatura rustichegiante è stata integrata. Nel corso del 2002 il tetto del vano scale rimarcato architettonicamente sarà coperto da lastre di ardesia (contributo). ml

Maia, Villa Hochrain

Nella villa tipica della "Gründerzeit", costruita nel 1914, sono stati avviati diversi lavori di risanamento e di adattamento. Accanto a interventi edilizi minori è in progetto, in particolare, un ulteriore amplia-

MERAN,
MAIS,
TRAUTTMANSDORFF,
REMISE NACH DEM EIN-
STURZ DER SÜDOSTECKE

MERANO,
MAIA,
TRAUTTMANSDORFF,
EDIFICIO DOPO IL
CEDIMENTO
DELL'ANGOLO SUD-EST

zu Wohnzwecken geplant. Damit einher geht eine entsprechende Belichtung der dortigen Raumeinheiten durch Dachgauben bzw. Lichtbänder.

Mais, Villa Thornton

Der neuklassizistische Villenbau wurde 1886 von Karl Moeser errichtet und anlässlich der letzten Fassadensanierung mit Dispersionsfarbe getüncht. Die nunmehr geplante Fassadenrestaurierung sieht die Abnahme des kunstharzhältigen Anstrichmaterials sowie eine Neutünchung im ursprünglichen Farbton vor. Als vorbereitende Maßnahme wurde mit der Restaurierung der zugehörigen Fensterjalousien begonnen, welche ausgebessert und im ursprünglichen Farbton getüncht worden sind (Beitrag).

Pfarrkirche Mariä Himmelfahrt

Dringend erforderliche Restaurierungsarbeiten liefen im Berichtsjahr am Glockenturm an. Der Unterbau stammt noch aus der romanischen Stilphase (13. Jahrhundert). Seine Erhöhung geht auf das ausgehende 15. Jahrhundert zurück. Der heutige Abschluss in Form eines gemauerten, kegelförmigen Spitzhelms stammt aus dem Jahre 1671. An der Pyramidenspitze findet sich die eingemeißelte Inschrift „1671 S. P.", welche wiederholt als „S(parapan) P(arochus) gedeutet wurde. Nikolaus Sparapan der Jüngere hatte von 1660–1676 das Pfarramt inne.

mento del sottotetto da destinare ad uso abitativo. Ciò necessita un'adeguata illuminazione delle unità di volume mediante abbaini ed aperture.

Maia, Villa Thornton

La villa d'impianto classicista venne edificata nel 1886 da Karl Moeser e, in occasione dell'ultimo risanamento, le sue pareti esterne sono state tinteggiate con colore a dispersione. Il restauro delle pareti esterne prevede l'eliminazione del colore a contenuto resinoso ed una ritinteggiatura utilizzando la cromia originale.
Come misura iniziale si è provveduto a restaurare le tapparelle delle finestre, che sono state sistemate e ritinteggiate utilizzando il colore dell'epoca (contributo).

Parrocchiale dell'Assunta

Nel corso del 2001 sono stati eseguiti urgenti lavori di restauro al campanile.
La parte bassa risale ancora alla fase stilistica romanica (XIII secolo) ed esso fu rialzato solo alla fine del XV secolo. La cuspide attuale in muratura risale al 1671. Sulla punta si ritrova un'iscrizione scalpellata: "1671 S. P." che viene abitualmente decifrata come "S[parapan] P[arochus]". Nikolaus Sparapan junior fu infatti parroco a Meltina dal 1660 al 1676. È interessante notare come anche nella parrocchiale di San Genesio, che possiede una cuspide paragonabile a

MÖLTEN
MELTINA

MERAN,
MAIS,
TRAUTTMANSDORFF,
INNENRAUM

MAIA,
TRAUTTMANSDORFF,
INTERNO

Interessanterweise wurden auch am Pfarrturm von Jenesien, der einen vergleichbaren Helmabschluss aufweist, im Jahre 1668 Arbeiten vorgenommen (Signatur „1668 P. S."). Am Möltner Wahrzeichen fanden um 1860 bzw. 1879 nachweislich Ausbesserungen statt. Wie sich aus den Aufzeichnungen im örtlichen Pfarrarchiv ergibt, wurden 1860 zur Reparatur „*frisch gelöschter Kalk, Milch, Blut, Gips etc.*" verwendet. Im Herbst 1879 wurde die Turmmauer um die Schalllöcher neu verworfen, der Turmhelm hingegen „neu gekittet". Dabei kam ein Mörtelgemisch zur Anwendung, das zu je drei Teilen aus Portlandzement („*der im Wasser gleich hart wird, der besser und theurer ist als der einfache Cement … (und) dauerhafter und länger flüssig bleibt*"), gewaschenem Sand und Wasser bestand. Weitere Ausbesserungen erfolgten 1951. Nunmehr wurde das hydraulische Fugenmaterial am Turmhelm abgenommen und mit „Motema"- Fugen- bzw. Steinergänzungsmörtel neu verfugt. Abschließend wurde eine Festigung mit Kieselsäureesther vorgenommen. Die statische Sicherung des Glockenturmes wird im kommenden Jahr durchgeführt (Beitrag). ml

quella di Meltina, fossero stati eseguiti dei lavori nel 1668 (incisione: "1668 P. S."). Sul campanile di Meltina sono documentate migliorie tra il 1860 ed il 1879. Come risulta dagli atti conservati nel locale Archivio parrocchiale, nel 1860 vennero eseguite delle riparazioni con "calce spenta fresca, latte, sangue, gesso ecc.". Nell'autunno del 1879 venne rifatta la muratura attorno alle feritoie, riparando invece la cuspide. In tale occasione si fece uso di un composto di malta formato da un terzo di cemento Portland, "che diventa immediatamente duro a contatto con l'acqua e che è migliore e più caro del cemento normale […e…] che rimane più a lungo e stabilmente allo stato liquido", un terzo di sabbia lavata ed infine un terzo di acqua. Ulteriori lavori seguirono nel 1951.
Nel corso del 2001 si è proceduto ad eliminare il materiale idraulico dalle fughe della cuspide, sostituendolo con il "Motema" per le fughe e per l'integrazione della pietra. In fine si è trattato il tutto con estere di acido silicico per il fissaggio. Nel corso del 2002 sarà eseguito il consolidamento statico del campanile (contributo). ml

MOOS IN PASSEIER
MOSO IN PASSIRIA

Platt, Mariahilfkirche mit Friedhof in Pfelders

Das Erdbeben vom 17. Juli dieses Jahres verstärkte die Schäden, welche infolge der Friedhofserweiterung im Jahre 2000 am

Plata, Maria Ausiliatrice con cimitero a Plan in Passiria

Il terremoto del 17 luglio 2001 ha incrementato i danni che erano stati provocati dall'ampliamento del cimitero nel corso del

MÖLTEN,
PFARRKIRCHE
MARIÄ HIMMELFAHRT,
RESTAURIERUNG
TURMHELM

MELTINA,
PARROCCHIALE
DELL'ASSUNTA,
RESTAURO DELLA
CUSPIDE

Presbyterium der 1745 errichteten Kirche aufgetreten waren. Eine Ausbesserung des erst 1997 restaurierten Kircheninneren war unumgänglich geworden. Den Restaurierungsarbeiten ging eine statische Sicherung des Glockenturmes voraus. Derselbe wies infolge eines Holzbalkenauflagers Setzungen auf und hatte sich leicht zur Seite geneigt. Die betreffenden Holzbalken wurden nach dem Unterfangen des Turmmauerwerkes durch verzinkte Metallschienen ersetzt, die Mauerwerkrisse geschlossen.
An den Außenfassaden wurde der leicht dispersionshältige Anstrich durch einen Kalkanstrich ersetzt (Beitrag).

Platt, Pfarrwidum
Das in den Hang gegen den Kirchhügel errichtete Widumsgebäude wies zahlreiche Feuchtigkeitsschäden auf. Die Wasserinfiltrationen waren augenscheinlich über den bergseitig anstehenden Fels in die Außenmauern gelangt. Aus dem genannten Grunde wurde vor dem Laubengang der Nordostfassade die Humusschicht bis auf den anstehenden Felsen entfernt, in denselben eine Senke zur Aufnahme eines Drainagerohres geschlagen und anschließend eine wasserdichte Absperrung errichtet. Über dem Drainagerohr wurde eine Schotterrollierung eingebracht und anschließend der ursprüngliche Geländeverlauf wiederhergestellt (Beitrag).

2000 sul presbiterio della chiesa edificata nel 1745. Un intervento di restauro nel vano interno restaurato solo nel 1997 non poteva essere più posticipato. Prima dei lavori di restauro si è proceduto al consolidamento statico del campanile. In seguito alla pressione delle travi esso mostrava delle crepe e si era leggermente piegato.
Dopo l'ancoraggio della struttura grazie a elementi di metallo zincato, le travi interessate sono state sostituite e le crepe sono state chiuse. Sulle pareti esterne si è proceduto a sostituire il leggero strato di colore a dispersione con una tinteggiatura a calce (contributo).

Plata, Canonica
La canonica di Plata, costruita su un terreno in pendenza della stessa collina su cui sorge anche la chiesa del paese, evidenziava numerosi problemi dovuti all'umidità del terreno. Era evidente anche ad occhio nudo come le infiltrazioni d'acqua raggiungessero le murature attraverso la roccia affiorante sul lato a monte, verso la chiesa. Per questo si è provveduto ad asportare il terreno dinanzi all'ingresso sino a raggiungere la roccia viva, scavando poi nella medesima una traccia per l'inserimento di un tubo di drenaggio e infine predisponendo l'isolamento. Sopra il tubo di drenaggio è stato steso uno strato di ghiaia, riportando in ultimo la superficie alla forma originaria del terreno (contributo).

MÜHLBACH,
MÜHLBACHER KLAUSE

RIO PUSTERIA,
CHIUSA DI
RIO PUSTERIA

MÜHLBACH
RIO PUSTERIA

Mühlbacher Klause

Die seit 1998 laufenden Restaurierungsarbeiten (siehe Denkmalpflege in Südtirol 1998, S. 119, 1999, S. 125 und 2000, S. 133) der Klausenanlage wurden mit der Reinigung und Konsolidierung der östlichen Mauerstrukturen fortgesetzt. Weiterhin entschloss man sich für eine begehbare Abdeckung des großen Hauptgebäudes zur Sicherung der Räume im Untergeschoss, die für einfache Ausstellungen genutzt werden sollen. Glasstreifen in der Abdeckung belichten die Räume mit Tageslicht. Abschließend konnten die Sanierung des nördlichen Hanggebäudes und die statischen Sicherungs- und Entwässerungsarbeiten des gesamten Nordhanges beendet werden. Eine neue Treppenanlage ermöglicht die sichere Erschließung des nordwestlichen Rundturmes. kmm

Meransen, Felderer

Die Wappenmalereien im Jagdzimmer der ehemaligen Sommerresidenz der Herren von Enzenberg waren 1986/87 restauriert worden.
Im Sinne eines Pflegekonzeptes galt es nach eingehender Sichtung konservatorische Maßnahmen wie Hinterfüllung von Hohlstellen, partielle Festigung der Malschicht und Entsalzung einiger Stellen zu treffen. Das Amt finanzierte die Maßnahmen. wke

Chiusa di Rio Pusteria

I lavori sulle strutture della chiusa, in corso ormai già dal 1998 (cfr. Tutela dei beni culturali in Alto Adige 1998, p. 119; 1999, p. 125; 2000, p. 133) sono proseguiti con la pulizia ed il consolidamento delle strutture murarie sul lato orientale. Si è inoltre deciso di costruire una copertura accessibile sopra il grande edificio centrale per coprire i vani sottostanti che saranno utilizzati per delle piccole mostre. Alcune fasce di vetro permetteranno l'entrata della luce naturale anche nelle parti sottostanti. È stato terminato il risanamento dell'edificio settentrionale verso il pendio presso il costone nord, ivi compreso il consolidamento e la deumidificazione dell'intero costone. Una nuova scala permette un accesso sicuro alla torre circolare nord-occidentale. kmm

Maranza, Felderer

Le decorazioni araldiche nella Sala della caccia della antica residenza estiva della famiglia von Enzenberg erano state restaurate nel 1986/87. Nell'ambito di un progetto di monitoraggio continuo e dopo un'accurata indagine si è proceduto ad alcune misure di carattere conservativo: riempitura dei vuoti tasche, fissaggio parziale della superficie pittorica e desalinizzazione di alcuni punti. L'Ufficio ha sovvenzionato gli interventi. wke

MÜHLBACH,
VALS, BADWIRT-MÜHLE

RIO PUSTERIA,
VALLES,
MULINO BADWIRT

Vals, Badwirt-Mühle

Die in Blockbau errichtete Badwirt-Mühle am Valser Bach war in sehr schlechtem Zustand und eine Gesamtsanierung wurde dringend erforderlich. Der Blockbau wurde Balken für Balken abgetragen, nummeriert und die morschen Balken wurden ausgetauscht. Zunächst musste die Sockelmauer neu errichtet werden, auf der die ersten Balken zum Schutz vor Fäulnis aufliegen. Darauf konnte die Konstruktion wieder neu zusammengesetzt werden. Abschließend erhielt die Mühle wieder ein mit handgespaltenen Lärchenschindeln eingedecktes und mit Schwärstangen gesichertes Dach (Beitrag).

Valles, Mulino Badwirt

Il mulino, edificato con tecnica a "blockbau" presso il rio di Valles, si trovava ormai in un pessimo stato di conservazione ed un risanamento generale appariva alquanto urgente. Si è proceduto innanzitutto a smontare la struttura a "blockbau" trave per trave, numerandole singolarmente e sostituendo quelle marce. Poiché il basamento in muratura a protezione dalle prime travi risultava ormai marcio, lo si è dovuto rifare.
A quel punto è stato possibile riposizionare le singole travi. Il mulino è stato poi ricoperto da un nuovo tetto con scandole in larice spaccate a mano ed aste trasversali di fissaggio (contributo).

Friedhof

Im Hinblick auf die geplante Gesamtsanierung der Friedhofsarkaden einschließlich der zentralen Friedhofskapelle wurde das Arkadendach mit Mönch- und Nonneziegeln neu eingedeckt. Im kommenden Jahr soll die Putzsanierung bzw. die Innenrestaurierung der Friedhofskapelle einschließlich einer Reinigung des Freskos von Karl Plattner in Angriff genommen werden (Beitrag).

Cimitero

In vista della progettata ristrutturazione generale delle arcate del cimitero, ivi compresa la cappella cimiteriale centrale, il tetto delle arcate medesime è stato ricoperto con coppi.
Per il 2002 è previsto il risanamento degli intonaci ed il restauro interno della cappella, con annessa opera di pulitura dell'affresco di Karl Plattner (contributo).

NATURNS
NATURNO

Tabland, St. Nikolaus

Nach der Emporenerneuerung des Vorjahres (siehe Denkmalpflege in Südtirol 2000, S. 138) wurde nunmehr die Reinigung bzw. Neutünchung des Innenraumes

Tablà, San Nicolò

Dopo il rifacimento della cantoria avvenuto nell'anno precedente (cfr. Tutela dei beni culturali in Alto Adige 2000, p. 138) si è ora proceduto alla pulizia ed alla ritinteggiatura

NIEDERDORF, EHEMALIGES KURZ'SCHES BENEFIZIATENHAUS

VILLABASSA, EX CASA DEI BENEFICIATI KURZ

vorgenommen. Am südseitigen Presbyteriumseinzug wurde das Steinplattendach des Sakristeizubaues abgenommen, die Steinplatten neu gesetzt und mit Kalk-Trass-Mörtel ausgefugt. Infolge der Witterungseinflüsse war es hier in den letzten Jahren wiederholt zu Wasserinfiltrationen gekommen. Im kommenden Jahr soll die kunst- und kulturhistorisch interessante Christophorusdarstellung an der Westfassade in Eigenregie restauriert werden (Beitrag).

del vano interno. Sul lato sud del presbiterio è stata smontata la copertura in lastre di pietra della sacrestia posta, rimontandola nuovamente con malta di calce e trass. In seguito all'azione degli agenti atmosferici essa aveva perso negli ultimi anni la sua impermeabilità, dando vita ripetutamente a fenomeni di infiltrazione d'acqua. Nel corso del 2002 sarà finanziato interamente dall'Ufficio il restauro della raffigurazione di san Cristoforo sulla parete esterna occidentale (contributo).

NIEDERDORF
VILLABASSA

Ehemaliges Kurz'sches Benefiziatenhaus

Das zweigeschossige Gebäude befindet sich direkt an der Straße im Zentrum von Niederdorf. Im 19. Jahrhundert wurde im Westen das mehrstöckige Hotel Ebner angebaut, das den kleinen Bau um ein Geschoss und das hohe Dach überragt.
Das nach außen hin unscheinbare Benefiziatenhaus birgt im Inneren einen wertvollen kunsthistorischen Bestand, der im Lauf der Sanierung durch Neufunde noch bereichert werden konnte.
Bereits 1597 wird ein Gebäude im Besitz von Sebastian Ätteler genannt. Das so genannte „Kohlerhäusl" wird zu Beginn des 17. Jahrhunderts zur „Frühmesser- und Benefiziatenwohnung". Die Stiftung erfolgte 1638 durch Gregor und Stefan von Kurz, eine adeligen Familie aus Niederdorf.
Von 1638 bis 1907 diente das Haus als Benefiziatenwohnung und wurde dann von

Ex Casa dei beneficiati Kurz

L'edificio a due piani si trova direttamente sulla strada nel centro di Villabassa.
Nel XIX secolo fu costruito ad ovest su più piani l'Hotel Ebner, che supera il piccolo edificio di un piano e dell'alto tetto. L'assai poco appariscente Casa dei beneficiati conserva all'interno un patrimonio storico-artistico alquanto prezioso, che è stato ulteriormente ampliato grazie alle scoperte fatte durante i lavori di risanamento.
L'edificio è citato già nel 1597 quale proprietà di Sebastian Ätteler. La cosiddetta "Kohlerhäusl" (casetta del carbonaio) divenne all'inizio del XVII secolo abitazione del primissario e dei beneficiati. La relativa donazione finanziaria venne garantita nel 1638 da Gregor e Stefan von Kurz, membri di una nobile famiglia di Villabassa. Dal 1638 al 1907 essa funse da abitazione dei beneficiati e fu infine venduta dall'Amministra-

NIEDERDORF, EHEMALIGES KURZ'SCHES BENEFIZIATENHAUS, GETÄFELTE STUBE MIT STUCKDECKE

VILLABASSA, EX CASA DEI BENEFICIATI KURZ, STUBE LIGNEA LIGNEI E SOFFITTO IN STUCCO

der Gemeinde an Gotthard Ebner verkauft. Die geplante Sanierung betrifft im ersten Baulos das Benefiziatenhaus und im zweiten das Hotel Ebner, das auch weiterhin als Hotel genutzt werden soll. Die neue Nutzung für das Benefiziatenhaus sieht im Erdgeschoss ein Geschäft und im ersten Obergeschoss die Privatwohnung des Besitzers vor. Der Bestand weist einen gewölbten Flur im Erdgeschoss und einen mit Gratgewölbe im ersten Obergeschoss, weiters zwei getäfelte Räume sowie eine Stube mit stuckverzierter Decke, Täfelung und Ofen auf. Neben den originalen Holzböden, den historischen Türen haben sich Fenster aus der Jahrhundertwende und aus der Barockzeit erhalten. Im Berichtsjahr wurde mit den Grabungsarbeiten im Hof für die neue Tiefgarage begonnen. ht

zione comunale a Gotthard Ebner. Il progetto di risanamento riguarda nel primo lotto la casa dei beneficiati, nel secondo l'Hotel Ebner, che continuerà ad essere utilizzato come albergo. La Casa dei beneficiati ospiterà invece al pianterreno un negozio, al primo piano l'abitazione privata del proprietario. L'edificio possiede un atrio voltato al pianterreno ed uno con volte a grata al primo piano, quindi due ambienti ricoperti da tavolati lignei alle pareti, una stube con soffitto decorato a stucco, tavolati lignei e stufa. Oltre ai pavimenti lignei originali ed alle porte d'epoca, si sono conservate finestre risalenti alla fine del XIX / inizi del XX secolo e al periodo barocco. Nell'anno relativo alla presente relazione si è dato inizio ai lavori di scavo nel cortile per il nuovo garage interrato. ht

Haus Wassermann

Aus dem reichen Ausstellungsrepertoire des Fremdenverkehrsmuseums Hochpustertal, das sich im Zentrum von Niederdorf im stattlichen Haus Wassermann befindet, wurden mehrere Möbelstücke mit Beitrag des Amtes für Bau- und Kunstdenkmäler fachgerecht restauriert. ht

Casa Wassermann

Grazie al contributo dell'Ufficio beni architettonici ed artistici, è stato possibile restaurare a regola d'arte numerosi mobili di proprietà del Museo del Turismo dell'Alta Pusteria, che ha sede nell'appariscente edificio posto al centro del paese di Villabassa. ht

Friedhofskapelle und Friedhof in Oberolang

Das Ensemble mit Kapelle und Friedhof liegt außerhalb des Dorfes und

Cappella del cimitero e cimitero a Valdaora di Sopra

L'insieme architettonico formato dalla cappella e dal cimitero sorge discosto dal paese

OLANG
VALDAORA

OLANG, FRIEDHOFSKAPELLE UND FRIEDHOF IN OBEROLANG
VALDAORA, CAPPELLA DEL CIMITERO E CIMITERO A VALDAORA DI SOPRA

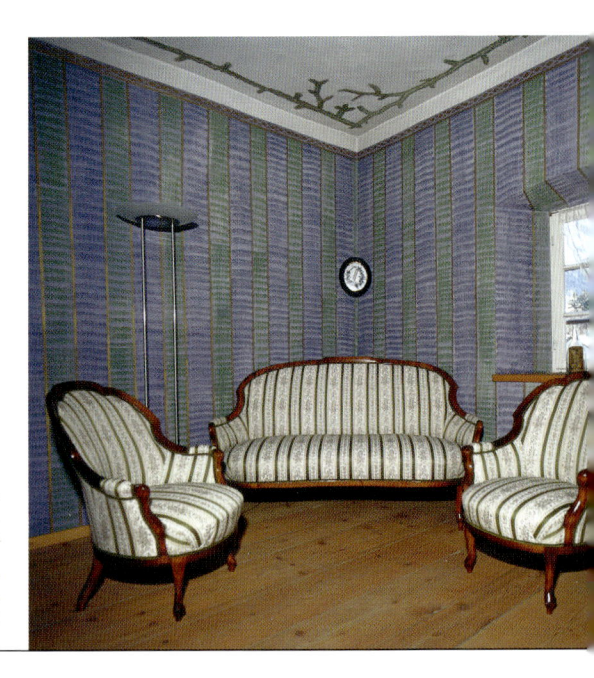

NIEDERDORF, HAUS WASSERMANN, RESTAURIERTE MÖBEL
VILLABASSA, CASA WASSERMANN, MOBILI RESTAURATI

wurde im 18. Jahrhundert erbaut. Salzausblühungen und Feuchtigkeitsschäden im Sockelbereich und an den Fassaden der Kapelle und der Mauer machten eine Sanierung notwendig. Die Mauern wurden gereinigt, schadhafte Putzstellen mit Kalkmörtel ausgebessert und mit Kalkfarbe laut Befund getüncht. ht

Niederegg
Das auf die Gotik zurückreichende Bauernhaus in Geiselsberg wurde einer Generalsanierung unterzogen. Der Bestand weist ein gemauertes Unter- und Hauptgeschoss mit einem Obergeschoss in Bundwerk und eine gotische Bohlenbalkendecke auf. Das Projekt sah die Sanierung des Bestandes und die Adaptierung des Ober- und Dachgeschosses zu Ferienwohnungen vor. Aufgrund des schlechten Zustands musste das Bundwerk des Obergeschosses erneuert werden. Die Mauern wurden entfeuchtet, statisch gesichert und die wertvolle Stube fachgerecht restauriert (Beitrag). Leider hat man im Zuge der Sanierung, entgegen den Auflagen des Amtes für Bau- und Kunstdenkmäler, den gesamten historischen Putz abgeschlagen und erneuert. ht

Pfarrkirche zu den Heiligen Petrus und Agnes
Das barocke Altarbild mit der Darstel-

e risale al XVIII secolo. Efflorescenze saline e danni causati dall'umidità nella zona dello zoccolo e sulle pareti esterne della cappella e del muro hanno reso necessario un intervento di risanamento. Sono stati ripuliti i muri, le parti di intonaco danneggiate sono state riparate con malta di calce e successivamente ritinteggiate con colore a calce secondo i ritrovamenti originari. ht

Niederegg
L'edificio rurale di Sorafurcia, risalente al periodo gotico, è stato sottoposto ad un risanamento generale. Esso si compone di due piani in muratura e di un piano superiore in legno, oltre a possedere un soffitto gotico ad assi e travi. Il progetto di restauro prevede il risanamento delle strutture esistenti e l'adattamento dell'ultimo piano e del sottotetto ad appartamenti per turisti. A causa del cattivo stato di conservazione si è dovuto ricostruire ampiamente la parte in legno. I muri sono stati deumidificati e sottoposti a misure di consolidamento statico, la preziosa stube è stata restaurata (contributo). In corso d'opera, purtroppo e contrariamente alle disposizioni impartite dall'Ufficio beni architettonici ed artistici, si è scalpellato l'intero intonaco antico rifacendolo ex novo. ht

Parrocchiale dei SS. Pietro ed Agnese
A causa di alcune sollevazioni della superfi-

OLANG, PFARRKIRCHE ZU DEN HEILIGEN PETRUS UND AGNES, BAROCKES ALTARBILD

VALDAORA, PARROCCHIALE DEI SS. PIETRO ED AGNESE, PALA D'ALTARE BAROCCA

lung des Gekreuzigten im Zentrum und zu Füßen Maria als Fürbitterin der Armen Seelen im Fegefeuer musste aufgrund von aufstehenden Farbschollen und kleineren Leinwandrissen restauriert werden (Beitrag).

Zwölf reich geschnitzte und vergoldete barocke Reliquienbehälter aus dem Pfarrinventar wurden gereinigt und konserviert. Sie wiesen eine starke Verschmutzung, eine abblätternde Vergoldung und Schimmelbildung auf (Beitrag).

Pörnbach

Als Abschluss der Sanierung des zweigeschossigen Wohnhauses wurden die Fassaden, die gewölbte Labe und Küche sowie eine flache Stuckdecke im ersten Obergeschoss restauriert. Das heutige Erscheinungsbild geht auf das 17. Jahrhundert mit den Oculi-Fenstern an den beiden Giebelseiten des Dachgeschosses sowie der Fassadengestaltung mit der Darstellung eines heiligen Florians und der Heiligen Familie zurück. Die Malereien befanden sich in abgewittertem Zustand und wurden fachgerecht restauriert (Beitrag).

Spitziges Stöckl

Das hohe Pyramidendach des gotischen Bildstockes, der sich linker Hand der Straße nach Geiselsberg befindet, erhielt eine neue Schindeldeckung (Beitrag). Das Kleindenkmal besitzt Fresken aus der Zeit um 1460.

cie pittorica e di alcune piccole crepe sulla tela, si è dovuto restaurare la pala d'altare barocca con la raffigurazione di Gesù sulla croce ed ai suoi piedi la Madonna implorante per le anime del Purgatorio (contributo). Dodici reliquiari barocchi riccamente intagliati e dorati, facenti parte dell'inventario parrocchiale, sono stati ripuliti e sottoposti a un intervento di conservazione. Essi si presentavano alquanto sporchi, con parziale sfaldatura della doratura, oltre ad essere ricoperti da uno strato di muffa (contributo).

Pörnbach

Il risanamento dell'edificio abitativo a due piani è stato condotto a termine con il restauro delle pareti esterne, degli ambienti voltati dell'atrio e della cucina, oltre che di un soffitto piano in stucco posto al primo piano. L'aspetto attuale, con le aperture circolari sui due frontoni e con la facciata mostrante la rappresentazione di un san Floriano e della Sacra Famiglia, risale al XVII secolo. Le pitture avevano subito l'azione prolungata degli agenti atmosferici e sono state restaurate a regola d'arte (contributo).

Spitziges Stöckl

Il tetto a piramide del capitello gotico, posto sulla sinistra della strada che sale a Sorafurcia, è stato dotato di una nuova copertura a scandole (contributo). Il piccolo monumento possiede affreschi risalenti al 1460 circa.

OLANG, PÖRNBACH
VALDAORA, PÖRNBACH

PARTSCHINS / PARCINES

Pfarrkirche zu den Heiligen Peter und Paul

Im Zuge der Neugestaltung des Friedhofareals wurde um das 1502 errichtete, spätgotische Kirchenschiff eine Schotterdrainage angelegt. Der Abschluss um die Außenmauern der Kirche wurde mit Kopfsteinpflaster gestaltet. An Stelle der bisherigen Porphyrplatten wurden im Bereich des westseitigen Hauptzuganges sowie auf den restlichen Gehwegen größere Granitpflastersteine verlegt. Erneuert wurde das Pultdach über dem Kryptazugang, welches wiederum mit Mönch- und Nonneziegeln eingedeckt wurde. Das Erdbeben vom 17. Juli dieses Jahres hat sowohl an den Fassaden als auch im Innenraum der Pfarrkirche deutlich sichtbare Spuren hinterlassen, welche noch behoben werden müssen (Beitrag). ml

Parrocchiale dei SS. Pietro e Paolo

Nell'ambito dei lavori di ristrutturazione del cimitero è stata scavata una fossa di drenaggio poi riempita di ciotoli sul fianco esterno della navata tardogotica del 1502. Il raccordo con i muri esterni della chiesa è stato ricoperto con una fascia di cubetti in porfido. Sul lato dell'ingresso principale occidentale e su tutti i sentieri, al posto delle preesistenti lastre di porfido, s'è provveduto a sistemare cubetti in granito di maggiori dimensioni. È stato infine rifatto il tetto a falda unica sopra l'ingresso della cripta, sempre utilizzando una copertura a coppi. Il terremoto del 17 luglio 2001 ha lasciato tracce evidenti, che andranno di seguito risanate, tanto sulle pareti esterne quanto all'interno della chiesa (contributo). ml

PFALZEN / FALZES

Pfarrkirche St. Cyriakus

Die um 1850 erweiterte, im Kern gotische Pfarrkirche St. Cyriakus erhielt im Jahre 2001 eine neue Glocke. Aus diesem Grunde musste der alte Glockenstuhl entfernt und durch einen neuen Stuhl, der die größeren Lasten aufnehmen kann, ersetzt werden. Außerdem wurde zur Bekämpfung des Holzwurmes eine Begasung des gesamten Kirchenraumes vorgenommen. hse

Parrocchiale di San Ciriaco

La parrocchiale di San Ciriaco, d'impianto gotico ma ampliata verso il 1850, è stata dotata nel corso del 2001 di una nuova campana. Ciò ha inevitabilmente comportato la sostituzione del vecchio ceppo con uno nuovo, in grado di sopportare tensioni maggiori. Si è altresì provveduto a sottoporre l'intero vano interno della chiesa ad una disinfestazione per l'eliminazione dei tarli. hse

PFATTEN / VADENA

Laimburg

Die 1289 zum ersten Mal urkundlich erwähnte und seit Ende des 15. Jahrhunderts

Rovina di Castel Varco

Documentato dal 1289 e allo stato di rovina a partire dalla fine del XV

OLANG,
PÖRNBACH,
HEILIGER FLORIAN

VALDAORA,
PÖRNBACH,
SAN FLORIANO

OLANG,
SPITZIGES STÖCKL

VALDAORA,
SPITZIGES STÖCKL

nur noch als Ruine bestehende Laimburg ist nun im Besitz der gleichnamigen Fachschule für Obst-, Wein- und Gartenbau. Die Restaurierungs- und Sicherungsarbeiten wurden von der Schule mit einem Beitrag des Amts für Bau- und Kunstdenkmäler finanziert. An der Ruine wurden die Sträucher zur Gänze beseitigt, so dass die alte Zisterne wieder freigelegt werden konnte. Die Fehlstellen im aus regelmäßigen Porphyrplatten bestehenden Mauerwerk des Bergfrieds mit bearbeiteten Eckquadern, Verputzresten und einzelnen Sandsteinelementen wurden ergänzt, wobei auf die Wiederherstellung der Merkmale des ursprünglichen Mörtels besonders geachtet wurde. Von den Balkenenden, die in den Öffnungen im Mauerwerk noch erhalten sind, wurden Proben für dendrochronologische Untersuchungen entnommen. Archäologische Ausgrabungen wurden an der Zisterne und in unmittelbarer Nähe durchgeführt. Die zwei neuen schrägen Stützmauern sind die aufwändigste und optisch auffallendste bauliche Veränderung. Diese Mauern wurden aus Porphyrplatten hergestellt, die in derselben Größe und in derselben Form wie beim Originalmauerwerk verlegt wurden. Durch die nach hinten versetzte Anordnung der Stützmauern entlang der Risskante soll das Originalmauerwerk vom rekonstruierten Teil getrennt werden, wie dies in den international anerkannten Kriterien für Burgrestaurierungen vorgesehen ist. pfb

secolo, il Castel Varco (Laimburg) è ora di proprietà della Scuola provinciale di frutticoltura e viticoltura "Laimburg". I lavori di restauro e consolidamento sono stati finanziati dalla scuola con il contributo dell'Ufficio beni architettonici e artistici. La rovina è stata liberata dagli arbusti, ciò che ha permesso di riportare alla luce l'antica cisterna. La muratura del torrione in corsi regolari di pietre di porfido, con conci d'angolo a bugnato, lacerti di intonaco e inserti in pietra arenaria è stata rinzaffata ove necessario, avendo cura di riprodurre le caratteristiche della malta originaria. Dalle teste delle travi ancora presenti in situ nei fori della muratura sono stati prelevati campioni per le indagini dendrocronologiche. Prospezioni archeologiche sono state eseguite nella cisterna e nel terreno circostante.
I due nuovi contrafforti inclinati costituiscono l'opera di maggiore impegno e impatto visivo. Sono stati eseguiti in muratura di porfido con le stesse caratteristiche di posa e pezzatura della muratura originaria. L'arretramento del contrafforte lungo la superficie di frattura ha il compito di distinguere la muratura originaria dalla parte ricostruita in conformità ai criteri di restauro internazionalmente riconosciuti. pfb

PFALZEN,
PFARRKIRCHE
ST. CYRIAKUS

FALZES,
PARROCCHIALE
DI SAN CIRIACO

PFATTEN,
LAIMBURG

PFATTEN,
ROVINA DI
CASTEL VARCO

PFITSCH
VIZZE

Wiesen, Strobl in Flains

Der im 19. Jahrhundert überformte ältere Einhof war durch eine Feuersbrunst und das eindringende Löschwasser arg in Mitleidenschaft gezogen worden. Bei der Gesamtsanierung konnten darum lediglich das Erdgeschoss und die Fassade mit dem Bundwerkgiebel erhalten bleiben.
Der Wirtschaftstrakt und das Dach wurden neu errichtet. Die historische Bausubstanz konzentriert sich in der Südostecke des Erd- und Obergeschosses mit gewölbter Küche, Stube und Schlafkammern.
In diesem Bereich wurden nur konservatorische Eingriffe vorgenommen, während das restliche Gebäude mit Trennwänden neu eingeteilt wurde. Die interessante Spritzputzfassade mit den neobarocken Fensterumrahmungen wurde restauriert (Beitrag) und farblich nach Befund wieder gestrichen. Die Schiebefenster an der Ostfassade wurden beibehalten und um ein bei den Bauarbeiten entdecktes und geöffnetes Fenster ergänzt. hsc

Prati di Vizze, Strobl a Flaines

L'antico maso, modificato nel XIX secolo, aveva subito danni alquanto seri in seguito ad un incendio e per via dell'acqua utilizzata nell'azione di spegnimento. Nel corso del risanamento globale cui esso è stato sottoposto, si è riusciti a salvare solo il pianterreno e la facciata con il frontone in legno. La parte di servizio ed il tetto sono stati necessariamente ricostruiti ex novo.
Le parti edilizie più antiche sono situate nell'angolo sud-orientale del piano terra e del primo piano con cucina voltata, stube e camera da letto. In questi ambiti ci si è limitati ad interventi di carattere conservativo, mentre il resto dell'edificio è stato completamente riorganizzato con nuove pareti divisorie. È stata ridipinta, rispettandone l'antica cromia, l'interessante facciata ad intonaco a spruzzo con cornici neobarocche delle finestre (contributo). Le finestre a scorrimento sul lato orientale sono state mantenute ed integrate da una finestra che era stata scoperta durante i lavori e quindi aperta. hsc

PRAD AM
STILFSER JOCH
PRATO
ALLO STELVIO

Pfarrkirche zur Heiligen Dreifaltigkeit in Lichtenberg

Der Innenraum der auf romanische Wurzeln zurückreichenden und um 1580 unter Erzbischof Johann Jakob Khuen erneuerten Pfarrkirche wies infolge diverser Lichtquellen und der obligaten Kirchenheizung starke Verunreinigungen auf. Am Apsisge-

Parrocchiale della Santissima Trinità a Montechiaro

L'interno della parrocchiale di origini romaniche e poi rinnovata attorno al 1580 sotto l'arcivescovo Johann Jakob Khuen era molto sporco a causa delle varie fonti di luce e dell'impianto di riscaldamento della chiesa. Per quanto riguarda la volta absidale si è

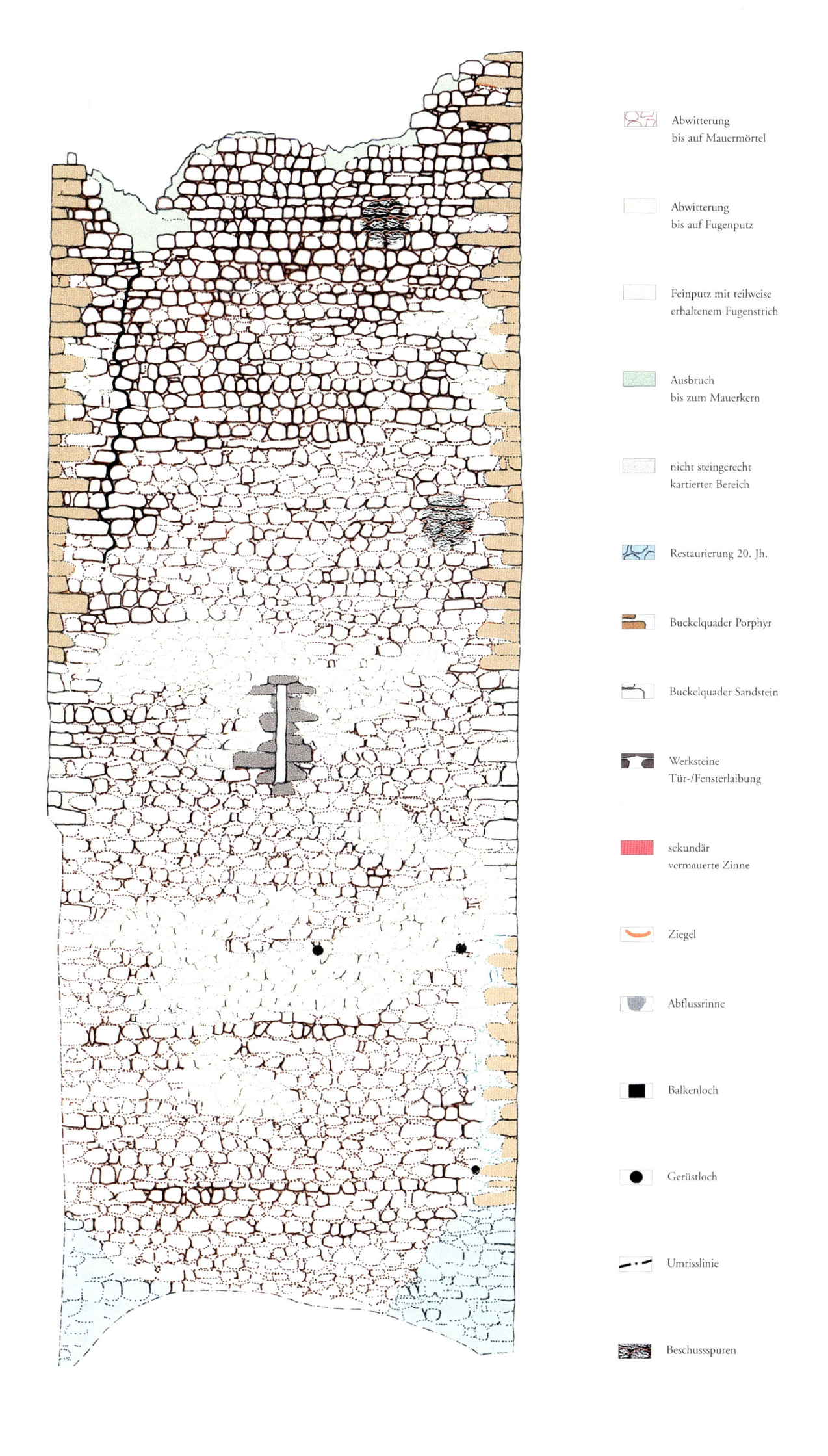

	Abwitterung bis auf Mauermörtel
	Abwitterung bis auf Fugenputz
	Feinputz mit teilweise erhaltenem Fugenstrich
	Ausbruch bis zum Mauerkern
	nicht steingerecht kartierter Bereich
	Restaurierung 20. Jh.
	Buckelquader Porphyr
	Buckelquader Sandstein
	Werksteine Tür-/Fensterlaibung
	sekundär vermauerte Zinne
	Ziegel
	Abflussrinne
	Balkenloch
	Gerüstloch
	Umrisslinie
	Beschussspuren

PFITSCH,
WIESEN,
STROBL IN FLAINS

VIZZE,
PRATI DI VIZZE,
STROBL A FLAINES

wölbe entschied man sich für eine mechanische Freilegung der Renaissancefassung von 1580. Zum Vorschein kamen ein zeittypischer, die Zwickel der Gewölberippe füllender Rankendeko, sowie drei Wappen der Adelsfamilien „SILBERWERG", „KHUEN" und „NIDERTHOR".
Im Langhaus beschränkten sich die Maßnahmen auf eine bloße Trockenreinigung und eine Neutünchung der Wand- und Gewölbeflächen. Die qualitätsvollen Fresken Karl Plattners aus dem Jahre 1947 wurden im Anschluss an die Trockenreinigung partiell retuschiert (Beitrag). ml

Lichtenberg, Ruine Lichtenberg

In den vergangenen Jahren und Jahrzehnten waren auf die Initiative des Kuratoriums „Schloss Lichtenberg" wiederholt Sicherungsarbeiten vorgenommen worden. Zuletzt 1995. Im April 2001 wurde die Sicherung des weitläufigen Bestandes mit dem Einrüsten des südseitigen Abschnittes der Palasfassade fortgesetzt. Die annähernd 15 Meter hoch aufragenden Wandpartien stehen an der Südostecke frei und weisen über die gesamte Länge beängstigende Längsrisse auf. Als eine der ersten Maßnahmen wurde das Sockelmauerwerk gefestigt. Anschließend schritt man an die überfällige Sicherung der Segmentbogenstürze in den drei darüber liegenden Geschossebenen. Die Fensterstürze der beiden unteren Ge-

assunta la decisione di scoprire meccanicamente la decorazione rinascimentale del 1580. Sono venuti così alla luce un ornamento a viticcio caratteristico dell'epoca, che riempie la nervatura della volta e le vele, nonché tre stemmi nobiliari con le relative iscrizioni: "SILBERWERG", "KHUEN" e "NIDERTHOR". Nella navata gli interventi si sono limitati ad una pulizia a secco e alla ritinteggiatura delle superfici delle pareti e della volta. I pregevoli affreschi di Karl Plattner, realizzati nel 1947, sono stati parzialmente ritoccati a conclusione della pulizia a secco (contributo). ml

Montechiaro, rovina di Castel Montechiaro

Su iniziativa del Curatorio "Schloss Lichtenberg" nel corso degli anni e decenni scorsi sono stati ripetutamente eseguiti interventi di sicurezza statica sulle rovine del castello. L'ultimo intervento risale al 1995.
Nell'aprile 2001 l'opera di consolidamento dell'esteso complesso è proseguita con la sistemazione dei ponteggi nella parte meridionale della facciata del palazzo. Le pareti, alte quasi quindici metri, sorgono ormai isolate nell'angolo sud-orientale ed evidenziano in tutta la loro lunghezza delle preoccupanti crepe. Si è quindi subito provveduto a rinforzare la muratura dello zoccolo. Si è poi passati all'assolutamente urgente opera di consolidamento dei sostegni ad arco dei tre soprastanti livelli. I sesti delle fine-

PFITSCH,
WIESEN,
STROBL IN FLAINS,
NEOBAROCKE FENSTER-
UMRAHMUNGEN

PRATI DI VIZZE,
STROBL A FLAINES,
CORNICE NEOBAROCCA
DELLA FINESTRA

PRAD AM STILFSER
JOCH, LICHTENBERG,
PFARRKIRCHE ZUR
HEILIGEN DREIFALTIG-
KEIT IN LICHTENBERG,
WAPPEN DER ADELSFA-
MILIE KHUEN

PRATO ALLO STELVIO,
PARROCCHIALE DELLA
SANTISSIMA TRINITÀ A
MONTECHIARO, STEMMA
DELLA FAMIGLIA
NOBILIARE KHUEN

schosse waren ursprünglich – mit einer Ausnahme – aus Vollziegeln gemauert. Sie fielen zu Beginn des 20. Jahrhunderts neben Deckenbalken und Werksteinen der Baumaterialbeschaffung zum Opfer. Zu ihrer statischen Unterfangung mussten wiederum Bogenkonstruktionen ausgebildet werden. Sie wurden dem ursprünglichen Segmentbogenverlauf nachgebildet, jedoch niveaumäßig abgesetzt. Über die Materialwahl bestanden unterschiedliche Auffassungen. Aufgrund der besseren Integration in den Bestand wurde die Verwendung örtlicher Bruchsteine vorgeschlagen, nachdem zunächst Vollziegel verwendet worden waren. Für Diskussionen sorgte weiters der zinnenbewehrte Abschluss der Palasfassade. Reste bzw. Abdrücke der Mönch- und Nonneziegeleindeckung des 16. Jahrhunderts hatten sich sowohl auf den Zinnen als auch in den Zinnenlücken erhalten. Nach dem Beispiel des 1992/93 teilweise wiederaufgebauten „Kleinen Palas" sollten die Zinnen zunächst wiederum mit neuen Mönch- und Nonneziegeln abgedeckt werden. Eine Musterfläche ließ jedoch erkennen, dass eine Abdeckung sämtlicher Zinnen bzw. Zinnenlücken mit dem bisherigen Ruinencharakter unvereinbar gewesen wäre. Des weiteren wäre der bisherige Ruinencharakter bzw. das Gesamtbild der Burganlage nachhaltig und unwiderruflich gestört worden. Daher entschied man sich für das Ausfugen der

stre dei due piani inferiori erano originariamente – con una sola eccezione – murati con mattoni pieni. Essi vennero utilizzati all'inizio del XX secolo come materiale edile, assieme alle travi dei soffitti ed ai conci di pietra squadrati. Per garantire il loro consolidamento s'è dovuto nuovamente ricorrere a strutture ad arco. Esse sono state rifatte basandosi sulle strutture originali, tuttavia marcandole diversamente. Divergenti le opinioni in merito alla scelta dei materiali. Per garantire una migliore integrazione nella struttura esistente si è proposto l'utilizzo di pietre locali, mentre inizialmente erano stati utilizzati dei mattoni pieni. Altre discussioni sono sorte in ordine ai merli della parete esterna del palazzo. Resti o tracce di coppi del XVI secolo si erano conservate sia sui merli che sugli spazi fra i merli stessi. Sulla base dell'esempio del cosiddetto "Piccolo palazzo", parzialmente ricostruito nel 1992/93, i merli avrebbero dovuti essere inizialmente ricoperti con coppi. Una prova ha tuttavia evidenziato come una copertura di tutti i merli e degli spazi intermedi sarebbe risultata incompatibile con il carattere di rovina del complesso. Si sarebbe perduto per sempre e senza rimedio l'attuale aspetto architettonico e l'aura caratteristica dell'intero complesso. Si è dunque optato per l'intonacatura delle parti mancanti con malta di trass e calce. Si è soprattutto puntato ad evitare ulteriori infiltrazioni di acque

PRAD AM STILFSER
JOCH,
LICHTENBERG,
RUINE LICHTENBERG,
GROSSER PALAS

PRATO ALLO STELVIO,
MONTECHIARO,
ROVINA DI CASTEL
MONTECHIARO,
PALAZZO GRANDE

Fehlstellen mit Kalk-Trass-Mörtel. Ziel war es, das weitere Einsickern von Oberflächenwasser zu unterbinden und eine funktionierende Wasserableitung auszubilden. Nach demselben Prinzip wurden größere Fehlstellen an den Renaissanceputzen unter Niveau geschlossen. Ihre Anschlusskanten bzw. Randzonen wurden entsprechend ausgefugt. An den unverputzten bzw. der Wandputze verlustig gegangenen Bruchsteinoberflächen beschränkte man sich auf ein punktuelles „Ausstopfen". Die nur noch ansatzweise ersichtlichen ehemaligen Balkenauflager wurden zunächst – ohne Absprache – neu ausgebildet. Im Hinblick auf ein einheitliches Sicherungskonzept wurden eine Rückführung und eine Beschränkung auf unbedingt erforderliche Sicherungsmaßnahmen gefordert.

In einem weiteren Arbeitsschritt wurde die quer zur talseitigen Längsmauer verlaufende ursprüngliche Trennmauer so weit wiederaufgebaut, dass eine Queraussteifung mit den beiden zuletzt frei stehenden bergseitigen Palasinnenmauern gegeben war. Als Baumaterial wurden vor Ort anfallende Bruchsteine verwendet. Die mittige Türöffnung wurde rechteckig ausgebildet, der zugehörige Überleger mit einer Doppel-T-Schiene versehen und damit klar als moderne Zutat artikuliert. Nach demselben Muster wurden zwei ausgebrochene Türöffnungen in der ostseitigen Palasinnenwand untermauert. Während der Sicherungsmaßnahmen der

superficiali nelle murature, garantendo un adeguato sistema di deflusso. Sulla base dello stesso principio sono state rifatte sottolivello ampie porzioni degli intonaci rinascimentali. Gli angoli e le parti marginali sono state opportunamente evidenziate rispetto agli intonaci antichi.

Nel caso delle superfici non intonacate o delle murature private nel tempo dell'intonaco ci si è limitati a riparazioni solo laddove necessario. I supporti per le travi, ancora parzialmente visibili, sono stati inizialmente inseriti senza un consulto preventivo. In coerenza con un progetto generale di solo consolidamento del complesso esistente, si è preteso il ripristino della situazione originaria, limitandosi alle misure assolutamente necessarie in ordine ad un problema di sicurezza statica.

In una successiva fase è stato rifatto il muro divisorio ortogonale rispetto alle mura verso valle, unendo così i muri interni del palazzo sul lato a monte, anche in funzione di sostegno. Come materiale sono state utilizzate delle pietre del luogo. L'apertura mediana ha assunto una forma rettangolare, la struttura è stata dotata di un doppio binario a "T", permettendo così immediatamente una identificazione come aggiunta moderna. In analogia al medesimo modello sono state murate sottolivello due aperture di porta nella parete interna orientale del palazzo. Durante i lavori di consolidamento

PRAD AM STILFSER
JOCH,
LICHTENBERG,
RUINE LICHTENBERG,
ABDRÜCKE DER MÖNCH-
UND NONNEZIEGEL-
EINDECKUNG DES
16. JAHRHUNDERTS

PRATO ALLO STELVIO,
MONTECHIARO,
ROVINA DI CASTEL
MONTECHIARO,
IMPRONTE DEI COPPI
DEL XVI SECOLO

PRAD AM STILFSER
JOCH,
LICHTENBERG,
RUINE LICHTENBERG,
FRESKOFRAGMENT

PRATO ALLO STELVIO,
MONTECHIARO,
ROVINA DI CASTEL
MONTECHIARO,
FRAMMENTO
DI AFFRESCO

vergangenen Jahre wurden im anfallenden Schuttmaterial immer wieder Fragmente der ursprünglichen malerischen Ausstattung sichergestellt. Unter den diversen Bruchstücken finden sich zahlreiche, künstlerisch hoch stehende, figürliche Darstellungen. Interesse erweckt die fragmentarische Abbildung eines Stierkopfes (vgl. Abb. 9). Der zugehörige Nimbus verweist auf den Evangelisten Lukas. Möglicherweise handelt es sich um ein Fragment der (älteren) Burgkapelle. Damit scheint erstmals auch eine räumliche Lokalisierung der bislang unbekannten älteren Burgkapelle möglich. Die jüngere Torkapelle geht auf die Grafen Khuen und die Blütezeit im späten 16. Jahrhundert zurück. Die Sicherungsarbeiten werden im kommenden Jahr fortgesetzt (Beitrag).

Hotel Pragser Wildsee

Die schön gelegene Hotelanlage, 1897/98 nach den Plänen von Otto Schmid aus Wien erbaut, wurde laut Bestand mit Lärchenschindeln neu gedeckt (Beitrag). Eine Gesamtsanierung des Hotels ist in Vorbereitung.

Baumann

Mit der Restaurierung des zum Baumannhof gehörigen „Kierler Bildstöckls" wurde im Berichtsjahr begonnen. Zu den ersten Maßnahmen zählten die Neueindeckung mit Lär-

statico degli anni passati si è sempre provveduto ad individuare nelle macerie i frammenti della decorazione affrescata originaria. Fra i diversi frammenti si ritrovano numerose raffigurazioni figurate di elevata valenza artistica. Appare interessante la raffigurazione frammentaria della testa di un toro (cfr. fig. 9). L'aureola relativa rimanda all'evangelista Luca. Si tratta probabilmente di un frammento della (antica) cappella del castello. In tal modo appare per la prima volta possibile individuare la posizione della cappella più antica, sino ad ora sconosciuta. La cappella più recente, nei pressi del portale d'ingresso, risale all'epoca dei conti Khuen ed al periodo di splendore del castello nel XVI secolo. I lavori di sicurezza statica saranno proseguiti nel corso del 2002 (contributo).

Hotel Pragser Wildsee

La struttura alberghiera, in splendida posizione ed edificata tra il 1897 ed il 1898 su progetto del viennese Otto Schmid, è stata ricoperta come in origine con scandole di larice (contributo). È in progetto il risanamento completo della struttura.

Baumann

All'inizio del 2001 si è provveduto al restauro del cosiddetto „Kierler Bildstöckl", appartenente al maso Baumann. Si è innanzitutto provveduto alla copertura con scandole di

PRAGS
BRAIES

PROVEIS
PROVES

PRAD AM STILFSER
JOCH,
LICHTENBERG,
RUINE LICHTENBERG,
FRESKOFRAGMENTE

PRATO ALLO STELVIO,
MONTECHIARO,
ROVINA DI CASTEL
MONTECHIARO,
FRAMMENTI
DI AFFRESCO

PRAGS,
HOTEL PRAGSER
WILDSEE,
HISTORISCHE ANSICHT

BRAIES,
HOTEL PRAGSER
WILDSEE,
FOTOGRAFIA STORICA

chenschindeln sowie die Abnahme der Putzplomben, welche anlässlich der letzten Sanierung aufgetragen worden waren. Damit einher ging die Anlage eines Drainagegrabens. Anschließend erfolgten die Säuberung des Bruchsteinmauerwerkes sowie der Anwurf einer ersten, groben Lage aus Kalk-Trass-Mörtel. Aufgrund der fortgeschrittenen Jahreszeit sollen die Arbeiten im kommenden Jahr abgeschlossen werden (Beitrag). ml

Pfarrkirche St. Nikolaus mit Kirchplatz und Friedhof

Für viel Wirbel inner- und außerhalb der Gemeinde sorgten die Erweiterungsarbeiten am Friedhof östlich der Pfarrkirche. Die entsprechenden Projektunterlagen wurden dem Amt für Bau- und Kunstdenkmäler erst während der Bauphase zugestellt. Im gemeinsamen Konsens wurde eine Reduzierung der straßenseitigen Begrenzungsmauer beschlossen. Auf die zunächst geplante Aufbahrungsstätte, deren Position im Vergleich zum bestehenden Friedhof konzeptuell als stimmig anzusehen ist, soll auf Wunsch der Gemeindeverwaltung verzichtet werden. ml

Pfarrwidum

Im Berichtsjahr wurde mit der Gesamtsanierung des Pfarrwidums begonnen. Der stattliche Baukörper in nächster Nähe

larice ed all'eliminazione delle singole integrazioni che erano state poste in opera in occasione dell'ultimo intervento di restauro. Si è quindi proceduto allo scavo di una fossa di drenaggio. Si è provveduto al risanamento della muratura in blocchi di pietra ed alla posa in opera di un primo strato grezzo di malta di calce e trass. La stagione ormai troppo avanzata ha costretto a rinviare all'anno successivo la conclusione dei lavori (contributo). ml

Parrocchiale di San Nicolò con piazza della Chiesa e cimitero

I lavori di ampliamento del cimitero ad oriente della chiesa hanno determinato notevoli polemiche sia in loco che fuori. Il relativo progetto edilizio è stato sottoposto all'Ufficio solo a lavori già iniziati. Con decisione consensuale s'è optato per una riduzione del muro di contenimento verso la strada. Su desiderio dell'Amministrazione comunale si è poi rinunciato alla costruzione della cappella cimiteriale inizialmente prevista e la cui posizione appariva concettualmente ideale nell'ambito del cimitero esistente. ml

Canonica

Nell'anno relativo alla presente relazione s'è dato inizio al risanamento generale della canonica. L'imponente edificio posto nelle

PROVEIS,
BAUMANN,
„KIERLER BILDSTÖCKL"

PROVES,
BAUMANN,
"KIERLER BILDSTÖCKL"

zur Pfarrkirche St. Nikolaus geht vermutlich auf das 16. Jahrhundert zurück und ist mit dieser über einen Bogen verbunden. Die Dacheindeckung wurde mit handgespaltenen Lärchenschindeln erneuert. Als denkmalpflegerischer Verlust ist der Abbruch eines Gewölbes im Bereich des Stiegenaufganges im Erdgeschoss zu verzeichnen. Unnötigerweise wurde darüber hinaus der gesamte Außenputz an den Fassaden erneuert. Die ehemals im ersten Obergeschoss vorhandenen Täfelungen sollen im kommenden Jahr teilweise wiedereingebaut werden. Um eine geringfügige Erweiterung des platzseitigen Torbogens im Erdgeschoss zu ermöglichen, wurde dem Abbruch des gemauerten Stiegenaufganges zugestimmt. Er soll im selben Baumaterial unter Verwendung der bestehenden Stufen aus Sandstein wiedererrichtet werden (Beitrag).

Antholz, Pfarrkirche St. Georg

Ein Ostergrab aus der zweiten Hälfte des 19. Jahrhunderts im Besitz der Pfarrkirche wurde restauriert. Die Dekorationsmalerei sowie die Architekturen sind mit Tempera auf Leinwand gemalt, die Figuren hingegen auf Holz. Die Malerei war original erhalten und wies keine Übermalungen auf, war aber durch Verschmutzung der Maloberfläche, Risse und Löcher sowie abblätternde Grundier- und Malschicht stark beeinträchtigt (Beitrag).

immediate vicinanze della parrocchiale di San Nicolò risale probabilmente al XVI secolo ed è collegato a quest'ultima da un arco. È stata rifatta la copertura del tetto con scandole di larice spaccate a mano. Va segnalato come perdita ai sensi della tutela dei beni culturali la demolizione di una volta nella zona del giroscale al pianterreno. S'è altresì rifatto l'intero intonaco delle pareti esterne senza che ve ne fosse una reale necessità. I rivestimenti lignei posti originariamente al primo piano saranno in parte reinseriti in opera nel corso del 2002. Per permettere un ampliamento limitato dell'ingresso verso la piazza è stato permesso l'abbattimento della scala d'accesso al primo piano murata. Essa dovrà essere ricostruita con il medesimo materiale reinserendo gli scalini esistenti di pietra arenaria (contributo).

Anterselva, parrocchiale di San Giorgio

È stato restaurato un santo sepolcro proprietà della parrocchia e risalente alla seconda metà del XIX secolo. Le decorazioni e le finte architetture degli sfondi erano state dipinte a tempera su tela, le figure invece a tempera su tavole di legno. La pittura era conservata nella sua forma originaria e non evidenziava ridipinture, ma il tutto appariva alquanto rovinato da sporcizia sulla superficie pittorica, crepe e buchi oltre a sfaldamenti del colore e della base (contributo).

RASEN-ANTHOLZ
RASUN-ANTERSELVA

RASEN/ANTHOLZ, NIEDERRASEN, ABERLE, FENSTER VOR DER RESTAURIERUNG

RASUN/ANTERSELVA, RASUN DI SOTTO, ABERLE, FINESTRA PRIMA DEL RESTAURO

Niederrasen, Aberle

Das Dach des Wohnhauses wurde neu gedeckt und elf noch erhaltene historische Fenster mit den dazugehörigen Winterfenstern restauriert (Beitrag). ht

Oberrasen, Neurasen

Wie zwei Wächter, die den Eingang des Tales bewachen, stehen die beiden Burgruinen Alt- und Neurasen am Beginn des Antholzer Tales. Von 1990 bis 1992 wurde die Sicherung der Ruine Altrasen durchgeführt, im Berichtsjahr begann man mit den Konsolidierungsarbeiten an der Ruine Neurasen. Sie steht – ein Stück taleinwärts – der Ruine Altrasen schräg gegenüber und befindet sich auf der rechten Talseite. Die regelmäßige Anlage mit viereckigem Bergfried und Resten von Ringmauer und Palas thront auf einem bewaldeten, auf drei Seiten steil abfallenden Hügel. Der Bau der Burg geht auf die Zeit um 1200 zurück. Von den Herren von Rasen erbaut, war sie bereits Anfang des 17. Jahrhunderts eine Ruine.
Der heutige Bau geht auf die Erneuerung zwischen 1328 und 1336 durch Bischof Albert von Enna (1328–1336) zurück. Die Maßnahmen betrafen die Konsolidierung der Mauern und Mauerkronen, das Entfernen von schädlichem Bewuchs und die statische Sicherung der ausgebrochenen Mauerteile.

Rasun di Sotto, Aberle

È stata rifatta la copertura del tetto della parte abitativa e sono state restaurate undici finestre originali conservatesi con le relative controfinestre (contributo). ht

Rasun di Sopra, Neurasen

Le due rovine di Altrasen e Neurasen paiono due sentinelle a guardia della valle di Anterselva. Dal 1990 al 1992 è stato condotto a termine il risanamento della rovina di Altrasen, nel corso del 2001 si è dato inizio ai lavori di consolidamento della rovina di Neurasen. Quest'ultima è posta leggermente più all'interno della valle, sul lato destro della valle, quello opposto rispetto alla rovina di Altrasen.
La struttura di forma regolare, con mastio quadrangolare e resti del muro di cinta, sorge dominante al colmo di una collina ricoperta di boschi e con tre lati alquanto scoscesi. La costruzione dell'opera risale al 1200 circa. Edificata dai signori di Rasun, risultava in rovina già all'inizio del XVII secolo. La costruzione attuale risale a lavori di riadattamento avvenuti tra il 1328 ed il 1336 a cura del vescovo Albert von Enna (1328–1336). Gli interventi hanno riguardato il consolidamento delle strutture murarie e dei colmi delle murature, l'eliminazione delle piante dannose e il consolidamento statico delle murature più esposte a pericolo di crollo. Il progetto di restauro,

RASEN/ANTHOLZ, OBERRASEN, NEURASEN, WÄHREND DER KONSOLIDIERUNGS-ARBEITEN DES PALAS

RASUN/ANTERSELVA, RASUN DI SOPRA, NEURASEN, DURANTE IL CONSOLIDAMENTO DEL PALAZZO

RASEN/ANTHOLZ, OBERRASEN, NEURASEN, BERGFRIED

RASUN/ANTERSELVA, RASUN DI SOPRA, NEURASEN, TORRIONE

Das Projekt, das zum Jahresende noch nicht abgeschlossen war, wird vom Amt für Bau- und Kunstdenkmäler mit einem Beitrag von 90 Prozent der Kosten unterstützt. Die Initiative zur Konsolidierung der Ruine geht auf die Gemeinde Rasen-Antholz zurück, die auch für die restlichen Kosten aufkommt. ht

Oberrasen, Pfarrkirche zum heiligen Apostel Andreas

Von der 1428 geweihten Kirche ist nur mehr der Spitzturm erhalten, ein neuer Kirchbau wurde 1959/60 nach dem Plan von Architekt Othmar Barth errichtet. Die letzte Restaurierung geht auf das Jahr 1978 zurück. Aufgrund von Verschmutzung, Mikroorganismen und abblätternden Farbschichten wurde eine neuerliche Restaurierung des Turmes notwendig. Bei der Untersuchung durch den Restaurator wurden fünf verschiedene Farbfassungen festgestellt. Der nur mehr fragmentarisch erhaltene gotische Putz mit weißen Fugenlinien besaß im Giebelfeld ein rot-weißes Schachbrettmuster. Farbreste und eine in den feuchten Putz eingravierte Zeichnung weisen darauf hin. Einen baulichen Eingriff erfuhr der Turm im 17. Jahrhundert durch die Vergrößerung der Schallfenster. Diese Veränderung ist zeitlich genau datierbar, da bei der Restaurierung über den Schallfenstern die Jahreszahl 1666 aufge-

non ancora terminato alla fine del 2001, viene sovvenzionato dall'Ufficio beni architettonici ed artistici con un contributo del novanta per cento. L'iniziativa per il consolidamento della rovina è stata assunta invece dal Comune di Rasun-Anterselva, che copre anche il rimanente dieci per cento dei costi. ht

Rasun di Sopra, parrocchiale di Sant'Andrea Apostolo

Della chiesa consacrata nel 1428 si è conservato solo il campanile, mentre nel 1959/60 è stata eseguita una nuova costruzione sacra sulla base del progetto dell'architetto Othmar Barth. L'ultimo intervento di restauro sul campanile risale al 1978. Lo sporco, i microorganismi ed i distacchi della superficie intonacata hanno reso necessario un nuovo intervento di restauro. L'indagine eseguita dal restauratore ha evidenziato la presenza di cinque strati di pittura. L'intonaco gotico conservatosi ormai in forma solo frammentaria con fughe bianche possedeva sul frontone una decorazione a scacchi bianco-rossa. Ne sono testimonianza alcuni frammenti superstiti ed un disegno inciso nell'intonaco. Il campanile ha subíto un intervento edilizio nel corso del XVII secolo, quando si procedette all'ingrandimento delle aperture per le campane. Questo intervento può essere datato con precisione, essendosi ritrovata durante il restauro la data 1666 sopra le feri-

RASEN/ANTHOLZ,
OBERRASEN,
PFARRKIRCHE ZUM
HEILIGEN APOSTEL
ANDREAS

RASUN/ANTERSELVA,
RASUN DI SOPRA,
PARROCCHIALE DI
SANT'ANDREA APOSTOLO

deckt wurde. Eine Neuverputzung erhielt der Turm im 19. Jahrhundert, nachdem durch einen Brand der Putz stark beschädigt wurde. Die Fassaden besaßen einen starken Ockerton mit rot linierten Eckquadern. Nachdem das heutige Erscheinungsbild mit der Veränderung der Schallfenster auf das Jahr 1666 zurückgeht, entschied man sich für die Wiederaufnahme dieser Farbinterpretation, einem gebrochenen Weiß mit grauer Eckquaderung (Beitrag). Weiters wurde ein neuer Holzglockenstuhl mit Gegenpendelanlage eingebaut. ht

toie. Nel XIX secolo il campanile è stato dotato di un nuovo intonaco, avendo un incendio fortemente danneggiato quello precedente. Le pareti esterne avevano un marcato tono ocra con pietre d'angolo dipinte delimitate in rosso. Poiché l'aspetto attuale con le modifiche alle aperture per le campane risale all'intervento del 1666, si è optato per una ripresa di quella interpretazione cromatica, un bianco sporco con pietre d'angolo dipinte in grigio (contributo). Si è inoltre inserito un nuovo mozzo delle campane con sistema di contropendolo. ht

RATSCHINGS
RACINES

Ridnaun, Knappe (Knappenhäusl)
Da das sozialhistorisch interessante Knappenhäusl durch seine begrenzten Dimensionen für eine Wohnnutzung kaum adaptiert hätte werden können, ohne denkmalpflegerisch relevante Befunde zu zerstören und das Baudenkmal stark zu verändern, stimmte das Amt für Bau- und Kunstdenkmäler einer Verlegung der Kubatur auf demselben Grundstück in angemessener Entfernung zu. Die geplante Translozierung des Knappenhauses in die Nähe des Bergwerkmuseums Schneeberg wurde aus denkmalpflegerischer Sicht abgelehnt, aber die Verantwortlichen des Museums konnten für eine museale Nutzung der Knappe in situ gewonnen werden. Das Konzept dazu sowie die Restaurierung des Bauernhauses sind für das kommende Jahr geplant. hsc

Ridanna, Casetta dei minatori
Poiché la Casetta dei minatori, edificio di notevole valenza per la locale storia sociale, non avrebbe potuto adattarsi a funzioni abitative a causa delle sue ridotte dimensioni, a meno di non eliminare elementi di notevole interesse storico-architettonico e di modificare sensibilmente la struttura, l'Ufficio beni architettonici ed artistici ha approvato il trasferimento della cubatura sul medesimo terreno, purché ad opportuna distanza.
È stata invece respinta per ragioni di tutela storico-artistica l'ipotesi di un trasferimento della Casetta dei minatori nei pressi del Museo delle Miniere di Monteneve, ma si è potuto ottenere dai responsabili del museo l'utilizzo museale dell'edificio rimasto in situ. La relativa progettazione ed il restauro del maso agricolo sono previsti per il 2002. hsc

RATSCHINGS,
RIDNAUN,
KNAPPENHÄUSL

RACINES,
RIDANNA,
CASETTA DEI MINATORI

Ridnaun, Pfarrkirche St. Josef

Die Fresken von Josef Haller in der 1764 errichteten Pfarrkirche in Ridnaun waren durch die Heizung stark verschmutzt und wurden trocken gereinigt. Die Brüstung der Orgelempore sowie der Prospekt der Orgel wurden freigelegt und von späteren Anstrichen befreit (Beitrag). Die veralteten Beleuchtungskörper tauschte man gegen moderne schlichte, farblich an den Kirchenraum angepasste Leuchter aus. hsc

Pfarrkirche zur Schmerzhaften Muttergottes mit Friedhofskapelle

Das Erdbeben vom 17. Juli dieses Jahres verursachte an der Wallfahrtskirche sowie an der nahen Friedhofskapelle beträchtliche Schäden, welche sofortige Absicherungsmaßnahmen erforderlich machten. Arg in Mitleidenschaft gezogen wurde insbesondere die südseitige Fassadenschauseite, über welche der Hauptzugang in die Kirche erfolgt. Sie musste eingerüstet werden um die absturzgefährdeten Fassadenteile provisorisch abzusichern. Putzabplatzungen waren am Oktogon des Glockenturmes zu beklagen, welcher erst im Vorjahr restauriert worden war (siehe Denkmalpflege in Südtirol 2000, S. 150). Im Kircheninneren wurde die Raumschale von losen Stukkatur- und abplatzenden Putzteilen gesäubert. An der Ostwand der kreuzförmigen

Ridanna, parrocchiale di San Giovanni

Gli affreschi eseguiti da Josef Haller nella parrocchiale di Ridanna costruita nel 1764 risultavano fortemente anneriti dall'impianto di riscaldamento e sono stati puliti a secco. Il parapetto della cantoria e il frontale dell'organo sono stati liberati da ridipinture successive (contributo). L'ormai sorpassato impianto di illuminazione è stato sostituito con corpi illuminanti moderni e colorati, di forma semplice ed adatti all'ambiente. hsc

Parrocchiale della Mater dolorosa con cappella cimiteriale

Il terremoto del 17 luglio 2001 ha provocato notevoli danni anche alla chiesa del santuario ed alla vicina cappella cimiteriale, per i quali si sono resi necessari degli interventi d'urgenza per il consolidamento. Particolarmente colpita è risultata la parete esterna meridionale, su cui insiste l'ingresso principale alla chiesa. Si è dovuto montare un'impalcatura per evitare il crollo di porzioni della facciata medesima. È stata accertata la caduta di intonaco dal timpano ottagonale del campanile, il cui restauro datava appena all'anno precedente (cfr. Tutela dei beni culturali in Alto Adige 2000, p. 150). All'interno si è proceduto ad eliminare ogni stuccatura o porzione di intonaco in fase di distacco. Sulla parte orientale

RIFFIAN
RIFIANO

RIFFIAN,
PFARRKIRCHE ZUR
SCHMERZHAFTEN
MUTTERGOTTES,
ERDBEBENSCHÄDEN

RIFIANO,
PARROCCHIALE DELLA
MATER DOLOROSA,
DANNI DEL TERREMOTO

Anlage hatte sich ein Wandgemälde vom Untergrund gelöst und musste ebenfalls provisorisch abgesichert werden. Die eigentlichen Sanierungsarbeiten sollen im kommenden Jahr in Angriff genommen werden und erfordern beträchtliche finanzielle Mittel. ml

della struttura a croce greca un affresco si era staccato dall'intonaco e si è dovuto procedere ad un consolidamento d'urgenza. I lavori di risanamento veri e propri saranno eseguiti nel corso del 2002 ed abbisognano di notevoli risorse finanziarie. ml

RITTEN
RENON

Heiligkreuz in Kematen

In den neunziger Jahren des 19. Jahrhunderts wurde der von Josef Bittner entworfene Bau aus Sandsteinquadern in neugotischen Formen errichtet. Nachdem die Schindeleindeckung schon stark verwittert und das Dach stellenweise undicht waren, musste die Eindeckung erneuert werden (Beitrag). vd

Santa Croce a Caminata

La costruzione progettata da Josef Bittner fu edificata negli anni Novanta del XIX secolo con conci di arenaria in forme neogotiche. Le scandole erano ormai fortemente danneggiate dall'azione degli agenti atmosferici ed il tetto in taluni punti non più stagno: si è quindi resa necessaria una nuova copertura (contributo). vd

Pfarrkirche
Mariä Himmelfahrt in Lengmoos

Bereits im Jahre 1211 wird im Zusammenhang mit der Spitalsgründung eine Kirche erwähnt, die zehn Jahre später dem Deutschen Orden übergeben wird. Die komplexe Bau- und Umbaugeschichte der Pfarrkirche beginnt mit einem Neubau aus dem frühen 14. Jahrhundert. Aus dieser Zeit ist heute lediglich der Glockenturm erhalten, der regelmäßige Steinlagen mit ausgestrichenen Mörtelfugen aufweist. Der Chor mit Spitzbogenfenstern und Kreuzgewölbe kann um 1400 angesiedelt werden, das Langhaus mit den Spitzbogenportalen etwa

Parrocchiale
dell'Assunta a Longomoso

Già nel 1211 si fa menzione, parlando della fondazione dell'ospedale, di una chiesa che dieci anni dopo viene ceduta all'Ordine Teutonico. La complessa storia della costruzione e delle successive trasformazioni della parrocchiale inizia con una sua ricostruzione agli inizi del XIV secolo. Di quest'epoca rimane oggi solo la torre campanaria, formata da pietre posizionate a distanza regolare con fughe di malta. Il coro con le sue finestre ogivali e le volte a crociera può essere collocato attorno al 1400, mentre risale a un secolo più tardi circa la navata con i portali ogivali. Nel corso dei secoli non

RITTEN,
PFARRKIRCHE
MARIÄ HIMMELFAHRT
IN LENGMOOS

RENON,
PARROCCHIALE
DELL'ASSUNTA
A LONGOMOSO

100 Jahre später. Im Laufe der Jahrhunderte haben nicht nur die verschiedenen Umbauphasen den Kirchenbau geprägt, sondern auch diverse Sanierungsversuche der letzten Jahrzehnte haben Spuren am Bau hinterlassen. Die Tünchung der Fassaden und des Innenraums mit der schädlichen, in den sechziger und siebziger Jahren üblichen Dispersionsfarbe hatte in einigen Bereichen zu Absandungen des Mauerwerks geführt. Feuchtigkeitsprobleme im Sockelbereich, Abwitterungserscheinungen am Turmmauerwerk und an den sandsteinernen Portal- und Fenstereinfassungen gehörten ebenso zum Schadensbild wie kaputte Fenstergläser und durch Korrosion in ihrer Haftung reduzierte Bleiverbindungen. Eine Gesamtsanierung sah deshalb für den Zeitraum von zwei bis drei Jahren die unterschiedlichsten Sanierungs- und Restaurierungsmaßnahmen vor. Nach erfolgter Neueindeckung des Daches mit Mönch- und Nonneziegeln wurde ein Entlüftungsschacht rund um den Kirchenbau gelegt. Im Innern wurden der Zementplattenboden entfernt und eine Bodenheizung installiert, darauf ein Sandsteinboden verlegt. Die Sandsteinelemente wurden stellenweise mit Sandstein-ähnlichem Mörtel ausgebessert, der Stein abschließend gefestigt. Dabei stieß man im Norden der Kirche auf Teile eines Stein-

sono state solo le varie trasformazioni e ricostruzioni a contrassegnare la chiesa, avendo lasciato le loro tracce sull'edificio anche i numerosi tentativi di risanamento compiuti negli ultimi decenni. La tinteggiatura delle pareti esterne e degli interni con il dannoso colore a dispersione, usato comunemente negli anni Sessanta e Settanta, aveva causato in alcune zone lo sfarinamento del muro. Problemi di umidità lungo lo zoccolo, segni di erosione causata dagli agenti atmosferici sulla struttura del campanile e sulle cornici di pietra arenaria dei portali e delle finestre conferivano alla chiesa un desolante aspetto di degrado, reso ancora più evidente dai vetri rotti delle finestre e dalle loro piombature ormai logore e precarie. Un'opera di risanamento globale ha pertanto previsto tutta una serie di interventi di risanamento e di restauro da realizzarsi entro l'arco di tempo di due o tre anni. Dopo aver provveduto al rifacimento del tetto con coppi è stato realizzato una fossa di drenaggio che corre tutt'intorno all'edificio. All'interno è stato asportato il vecchio pavimento in piastre di cemento ed è stato installato un impianto di riscaldamento a pavimento; la successiva pavimentazione è stata realizzata in pietra arenaria. Le lastre sono state qua e là ritoccate con della malta simile all'arenaria, con finale fissaggio delle pietre. Nella parte settentrionale della chiesa ci si è imbattuti in parti di un rilievo in pietra vero-

RITTEN,
PFARRKIRCHE
MARIÄ HIMMELFAHRT
IN LENGMOOS

RENON,
PARROCCHIALE
DELL'ASSUNTA
A LONGOMOSO

reliefs, das vermutlich aus dem Tympanon des Westportals stammt. Die Fassaden erhielten einen neuen Kalkanstrich, wobei Reste der spätgotischen Quaderfassung nachgewiesen werden konnten.
Bei den Vorbereitungen zur Neutünchung entdeckte man am Chor gotische Dekorationsmalereien. An der Südseite des Langhauses neben dem Fahnenkasten kam ein gotisches Fresko, etwas weiter westlich ein spätromanisch/frühgotisches Wandbild zum Vorschein, deren Restaurierung geplant ist. vd

Wangen, Pfarrkirche St. Peter in Wangen

Im Jahre 1581 wurde nördlich an das spätgotische Langhaus der Peterskirche ein Seitenschiff angebaut, das mit einer niederen Tonne eingewölbt wurde. Das als Kapelle genutzte Seitenschiff war bei der letzten Ausmalung mit einer dispersionshältigen Farbe getüncht worden. Die Restaurierung sah in erster Linie die Abnahme der schädlichen Farbschicht vor, welche als nicht atmungsaktives Material zur Erstickung des darunter liegenden Mauerwerks führt. Durchgeführte Befunduntersuchungen haben ergeben, dass die Zwickel unter mehreren Anstrichschichten frühbarocke florale Dekorationsmalereien aufweisen. Aufgrund des relativ guten Erhaltungszustandes der Seccomalereien und hinsichtlich der Tatsache, dass das Seitenschiff über keinerlei Ausmalung verfügt, hat man sich entschlos-

similmente proveniente dal timpano del portale occidentale. Le facciate sono state ritinteggiate con calce e durante il lavoro si sono rinvenuti resti della decorazione tardogotica a pietre finte. Durante i preparativi per la ritinteggiatura si sono rinvenute nella zona del coro pitture ornamentali in stile gotico. Sul lato meridionale della navata, invece, sono venuti alla luce un affresco gotico posto accanto al deposito dei gonfaloni e, un po' più ad occidente, una pittura parietale di età tardoromanica-protogotica; di entrambe è in programma il restauro. vd

Vanga, parrocchiale di San Pietro a Vanga

Nel 1581 è stata costruita a nord della navata tardogotica della chiesa di San Pietro un piccola navata laterale, voltata ad arco ribassato. La navata laterale, utilizzata come cappella, era stata dipinta con colore a dispersione in occasione dell'ultima tinteggiatura. Il restauro ha puntato innanzitutto all'eliminazione dello strato di colore a dispersione che, essendo un materiale eccessivamente coprente, impedisce la traspirazione del muro sottostante. Alcune campionature hanno dimostrato come le vele, sotto diversi strati di colore, conservino una decorazione floreale risalente al primo barocco. In virtù dello stato di conservazione relativamente buono delle pitture a secco e poiché la navata laterale non presenta alcuna decorazione

RITTEN,
PFARRKIRCHE ST. PETER
IN WANGEN,
FRÜHBAROCKE
DEKORATIONS-
MALEREIEN

RENON, VANGA,
PARROCCHIALE DI
SAN PIETRO A VANGA,
PITTURE DECORATIVE
DEL PRIMO BAROCCO

sen, die Malereien freizulegen und anschließend die Fehlstellen an den Malschichten in Tratteggio-Technik zu schließen (Beitrag). vd

Wangen, Ried

Im Bereich der vermutlich gegen Ende des 12. Jahrhunderts im Talferbett errichteten kleinen Burganlage waren die an den Bergfried angelehnten Gebäude wieder mit Mönch- und Nonneziegeln neu einzudecken (Beitrag). Der Bauherr wollte weiterhin zur Erschließung der Obergeschosse einen frei stehenden außen liegenden Aufzugsturm errichten, der jedoch aufgrund der vollen Einsichtigkeit der Burganlage aus denkmalpflegerischer und landschaftlicher Sicht abgelehnt werden musste. Die Entscheidung des Amtes wurde durch die Landesregierung mit der Ablehnung eines Rekurses des Bauherrn bestätigt. kmm

St. Paul

Das Dach des spätgotischen Turms der Filialkirche St. Paul wurde mit Scharschindeln neu eingedeckt und anschließend laut Bestand rot gestrichen. Man entfernte den pastos aufgetragenen letzten Farbanstrich und strich Turm und Langhaus mit Kalkfarbe laut Befund in einem hellen Ockerton. Die Fenster und die Eingangstür der Kirche waren in einem desolaten Zustand und wurden laut Bestand nachgebaut (Beitrag). hsc

pittorica si è deciso di portare alla luce le pitture, integrando le lacune con tecnica a tratteggio (contributo). vd

Vanga, Castel Ried

Sono stati ricoperti con un nuovo strato di coppi gli edifici annessi al mastio facente parte del piccolo castello edificato probabilmente verso la fine del XII secolo nel letto del Talvera (contributo).
Era intenzione del proprietario installare un ascensore esterno ed isolato per raggiungere i piani superiori ma, anche per via della grande visibilità del complesso edilizio, si è dovuto respingere la proposta sulla base di valutazioni di carattere conservativo e di carattere paesaggistico. La decisione dell'Ufficio è stata confermata dalla Giunta Provinciale tramite il rigetto di un ricorso presentato dalla proprietà. kmm

San Paolo

Il tetto del campanile tardogotico della chiesa filiale di San Paolo è stato ricoperto di scandole, quindi dipinto nel colore rosso originale. Si è altresì provveduto ad eliminare l'ultimo strato pastoso di colore e si sono ridipinte le pareti esterne del campanile e della navata con colore a calce nella originaria tonalità ocra chiara. Sono state ricostruite fedelmente le finestre e la porta d'ingresso della chiesa che si trovavano in un pessimo stato di conservazione (contributo). hsc

**RODENECK
RODENGO**

RODENECK,
ST. PAUL

RODENGO,
SAN PAOLO

RODENECK,
ST. PAUL

RODENGO,
SAN PAOLO

SALURN
SALORNO

Benefiziatenhaus

Das Haus steht in Salurn unterhalb der Haderburg in der Nähe der St.-Josefs-Kirche und des Schießstandes. Es handelt sich um ein dreigeschossiges Renaissancegebäude mit viereckigem Grundriss und Walmdach, das 1576 zum ersten Mal urkundlich erwähnt wurde und in der jetzigen Form wahrscheinlich 1667 vom damaligen Besitzer Elias Feigenputz von Grießeck, dem Pfleger von Salurn, umgebaut wurde. Seither wurden nur noch um 1865 geringfügige Umbauten am Gebäude vorgenommen. Es handelt sich um einen für das Unterland typischen Ansitz mit einem Mittelgang, einem seitlichen Treppenhaus mit Gewölbe und beidseitig angeordneten Räumen, darunter eine Stube und ein Zimmer mit einer Renaissancefelderdecke. Das Gebäude wurde vom Institut für sozialen Wohnbau erworben und umgebaut, so dass nun fünf Wohnungen darin untergebracht sind. Außer den Restaurierungsarbeiten an den Täfelungen und an den Steinumrahmungen der Türen und Fenster wurden auch die Mauern der gewölbten Räume im Erdgeschoss durch den Einbau einer elektroosmotischen Anlage und das Auftragen eines Opferputzes entfeuchtet. Die Ergebnisse wurden durch periodische Messungen im Laufe eines Jahres überwacht. Das Dach wurde mit Mönch- und Nonneziegeln neu eingedeckt. pfb

Haderburg

Den Restaurierungs- und statischen Siche-

Casa dei Beneficiati

La casa situata a Salorno ai piedi del castello, presso la chiesa di San Giuseppe e il Bersaglio. L'edificio rinascimentale di tre piani a pianta quadrata e tetto a quattro falde, menzionato per la prima volta nel 1576 e ristrutturato nelle forme attuali probabilmente nel 1667 dall'allora proprietario Elias Feigenputz von Grießeck, Pfleger di Salorno. Da allora l'edificio ha subíto solo lievi modifiche intorno al 1865. La tipologia è quella classica della residenza della Bassa Atesina, con corridoio centrale, vano scala voltato laterale e due file di vani, di cui una stube e una stanza con soffitto a riquadri prettamente rinascimentali. L'edificio è stato acquisito al patrimonio dell'Istituto per l'Edilizia Sociale e ristrutturato per ospitare cinque appartamenti. Oltre ai lavori di restauro dei tavolati, delle incorniciature in pietra delle porte e delle finestre sono state eseguite opere di deumidificazione delle murature dei vani voltati del piano terra tramite l'impianto di un circuito elettrosmotico e l'applicazione di un intonaco di sacrificio. I risultati sono stati monitorati tramite misurazioni periodiche nel corso di un anno. Il tetto è stato ricoperto con coppi. pfb

Castel Salorno

I lavori di restauro e consolidamento

SALURN,
HADERBURG,
HISTORISCHE AUFNAHME

SALORNO,
CASTEL SALORNO,
FOTOGRAFIA STORICA

rungsarbeiten an der Ruine war eine lange Vorbereitungsphase vorausgegangen, in der sich der Besitzer und das Landesdenkmalamt mit ihren unterschiedlichen Ansichten zu den Nutzungsmöglichkeiten und zur Restaurierung der Burg auseinander setzen mussten. Ein erster vom Projektanten ausgearbeiteter Vorschlag sah viel zu umfangreiche Baumaßnahmen vor, die vom Amt abgelehnt wurden, da das Projekt das gewohnte Bild der Burg zu sehr verändert hätte und somit nicht den international geltenden Kriterien für die Sanierung und Renovierung von Burgruinen entsprochen hätte. Die Entscheidung der Landesregierung nach einem Rekurs des Besitzers ermöglichte eine ausgleichende Diskussion und eine Vermittlung zwischen den Parteien. Die Landesregierung gab ihre Zustimmung zum Bau einer Forststraße. Genehmigt wurden weiters der Bau einer Wendeltreppe im Bergfried und die Errichtung von im Vergleich zum ursprünglichen Vorschlag kleineren Holzbrüstungen. Dem Antrag des Besitzers auf eine vollständige Rodung für die Realisierung eines Besucherrundgangs um die obere Ruine, die mit der Natur zu einer seltenen Einheit verwachsen ist und somit auch für das Landschaftsbild sehr wertvoll ist, vom Landesdenkmalamt ursprünglich abgelehnt, wurde hingegen nicht stattgegeben. Auch der Antrag auf Abdeckung des Palas durch Holzdecken war nicht genehmigt worden. Diese

statico della rovina sono stati preceduti da una lunga fase di preparazione, in cui la proprietà e la Soprintendenza hanno manifestato vedute diverse circa l'utilizzo e le modalità di restauro del castello. Una prima ipotesi elaborata dal progettista prevedeva interventi ricostruttivi fin troppo estesi, non accettati dall'Ufficio in quanto pregiudizievoli dell'immagine consolidata del castello e non conformi ai criteri generali adottati in sede internazionale nel risanamento e restauro delle rovine.
Il pronunciamento della Giunta Provinciale in seguito al ricorso del proprietario ha permesso di sbloccare il contenzioso e di operare una mediazione tra le due posizioni. In particolare è stato dato l'assenso alla costruzione di una strada forestale; alla costruzione di una scala elicoidale interna al torrione; alla realizzazione di parapetti in legno, seppure di sezione ridotta rispetto a quella ipotizzata inizialmente dal progettista.
È stato confermato il diniego opposto dalla Soprintendenza al disboscamento integrale e alla realizzazione di un percorso di visita della rovina a monte, oggi caratterizzata da una rara simbiosi di opera dell'uomo e natura, e quindi di particolare valore paesaggistico, e alla chiusura di vani del palazzo oggi allo stato di rovina tramite solai in legno.
Nell'anno oggetto della presente relazio-

SALURN,
VON GELMINI

SALORNO,
VON GELMINI

zwei negativen Entscheidungen des Amtes wurden von der Landesregierung bestätigt. Im Berichtsjahr wurde der Bau der Forststraße abgeschlossen, die die zwei steilen Steige ersetzen soll. Der Kalkfelsen, auf dem die untere Burgruine steht, wurde vom Strauchwerk gesäubert. Einzelne Mauerteile, vor allem am Bergfried, wurden mit Kalkmörtel verputzt; am Kamm zwischen der oberen und der unteren Ruine, im Bereich um den Burgeingang und rund um den Bergfried wurden Grabungen durchgeführt. In der Nähe des Bergfrieds wurden eine Zisterne, die Reste eines Fußbodens aus Porphyrplatten und eines Estrichs gefunden. Im Eingangsbereich konnten nach dem Abtragen von einem Meter Erde mit Strauchwerk Stufen, fast alle im gutem Zustand, sowie die Stützpfeiler eines gewölbten Wehrgangs mit bemalten Quadern freigelegt werden. Der Fortgang der Arbeiten und neue Überlegungen des Besitzers haben inzwischen zu weiteren Änderungen des genehmigten Projekts geführt. Die Wendeltreppe im Inneren des Bergfrieds soll durch einen Zugang auf der Außenseite ersetzt werden, der die natürlichen Höhenunterschiede des Geländes an dieser Stelle nutzt. Der Bergfried wird über einen in Ost-West-Richtung verlaufenden Steg erschlossen und kann vom Besucher in seiner ganzen Höhe bestaunt werden. Der Besucherrundgang endet auf der nach Norden offenen Aussichtsterrasse, die das Ergebnis

ne è stata portata a termine la strada forestale, che ha sostituito i due ripidi sentieri di accesso al castello; è stata ripulita dagli arbusti la roccia calcarea su cui insiste la rovina a valle; sono state rinzaffate con malta di calce singole parti di muratura, in particolare del torrione, e sono stati eseguiti gli scavi nella sella tra le rovine a monte e a valle, nel vano a sud presso l'ingresso al castello e intorno al torrione. Presso quest'ultimo sono venuti alla luce la cisterna, i resti di un pavimento in lastre di porfido e di un battuto di calce. Nella zona d'ingresso la rimozione di almeno un metro di terra coperta di arbusti ha permesso di riportare in vista parte dei gradini, quasi tutti in buono stato, e i pilastri a sostegno di un camminamento di ronda voltato con decorazione a conci dipinti. Gli sviluppi dei lavori e i ripensamenti della proprietà hanno intanto comportato nuove modifiche al progetto approvato: alla scala elicoidale prevista all'interno del torrione si sostituirà un percorso esterno di accesso che usufruirà dei dislivelli esistenti. L'interno del torrione sarà percepibile in tutta la sua altezza a partire da una passerella in quota che lo attraverserà da est a ovest, quindi il percorso di visita si chiuderà con l'attuale terrazza panoramica aperta verso nord, frutto di un precedente crollo. Non è ancora stato

SALURN,
VON GELMINI,
ERDGESCHOSS

SALORNO,
VON GELMINI,
PIANO TERRA

eines früheren Einsturzes ist. Noch nicht gelöst wurde das Problem der Aussteifung der frei stehenden und somit bei Erdbeben stark einsturzgefährdeten Restmauer des Palas mit Bogenfenstern und Seitensitzen. Die Anbringung von Zugankern am Bergfried und am Felsen ist unvermeidlich. Der Vorschlag des Projektanten, durch die Rekonstruktion einer Decke am Palas diese optisch sicherlich sehr störende Maßnahme zu verdecken, wird vom Landesdenkmalamt erneut geprüft.

Pfarrwidum

Über die Sanierungsarbeiten und die Sicherung der einsturzgefährdeten Südostfassade am Pfarrwidum war bereits im Jahresbericht 2000 berichtet worden. Die Sanierung des gesamten Gebäudes wurde nun abgeschlossen; unter anderem wurde 2001 der Verputz an der Südost- und an der Nordostfassade saniert, im Zuge des Ausbaus des Dachgeschosses wurden Gauben zur besseren Belichtung eingebaut. Die Fassadenrestaurierung betraf sowohl Gebäudeteile im Besitz der Kirche als auch Teile in Privatbesitz. Bei diesen Arbeiten konnte eine an einigen Stellen lückenhafte Mariendarstellung freigelegt werden; der typische barocke Verputz konnte durch Injektionen aus flüssigem Mörtel fixiert werden, Fehlstellen im Putz wurden geschlossen.

Von Gelmini

Das Ensemble des ehemals adeligen Ansitzes

risolto il problema della controventatura della parete superstite del palazzo con finestre ad arco e sedili laterali, purtroppo non più legata alle strutture adiacenti e quindi in pericolo di crollo in caso di eventi sismici. È inevitabile la posa di tiranti da ancorare al torrione e alla roccia. La proposta del progettista di dissimulare l'intervento – certamente invasivo – tramite la ricostruzione di un solaio del palazzo è nuovamente al vaglio dell'Ufficio.

Canonica

Sui lavori di risanamento si è riferito già nella relazione annuale del 2000 per segnalare l'avvenuto consolidamento della facciata sud-est, minacciata di crollo. I lavori sono stati ora conclusi sull'intero edificio e hanno riguardato nel 2001 il restauro degli intonaci delle facciate sud-est e nord-est e il recupero del sottotetto, illuminato da abbaini.
Il restauro della facciata ha interessato sia parti di proprietà della Chiesa che di proprietà privata e ha permesso di riportare alla luce una raffigurazione mariana purtroppo in alcune parti lacunosa e di fissare con iniezioni di malta fluida e reintegrare, laddove necessario, il tipico intonaco barocco.

Von Gelmini

Il complesso della ex residenza nobiliare

SALURN,
VON GELMINI,
RENAISSANCESTUBE

SALORNO,
VON GELMINI,
STUBE RINASCIMENTALE

hat die Form eines Vierecks, das um einen Garten angeordnet und nach Westen offen ist. Im Osten steht – umgeben von einer hohen Einfriedungsmauer – der eigentliche Ansitz, an dem als wichtigste gestalterische Elemente der zentrale Erker mit Mariendarstellung und Türmchendach auffallen. Die Wirtschaftsgebäude im Norden zeichnen sich durch große Räume mit Gewölbe aus, im Süden steht die ehemalige Spinnerei. Ein überdachter Gang und eine Terrasse verbinden die drei Bereiche des Ensembles und bilden eine geschlossene Einheit zum Garten hin mit seinen jahrhundertealten Bäumen und dem reizvollen Pavillon. Das Grundstück der Gelmini verläuft nach Norden entlang der Einfriedungsmauer, wo ein Tor zwischen der Schiller- und Mozartstraße auf den Rathausplatz führt. Dieses von der Familie von Gelmini nicht mehr bewohnte Ensemble wird als Sitz für ein Rehabilitationszentrum für psychisch Kranke genutzt. Die oberen Geschosse der im Norden angrenzenden Wirtschaftsgebäude wurden abgebrochen und durch einen neuen Flügel ersetzt, in dem die Patientenzimmer, die Mensa und die Werkstätten eingerichtet wurden. Die Räume der Verwaltung wurden im eigentlichen Ansitz untergebracht. Die Spinnerei wurde durch die Einrichtung einer geschützten Weberei im ersten Geschoss ihrer ursprünglichen Zweckbestimmung wieder zugeführt, während im Erdgeschoss und im Untergeschoss ein Turnsaal und ein Therapie-

ha la forma di un quadrilatero raccolto attorno a un giardino e aperto verso il lato ovest. A est, racchiuso da un alto muro di recinzione, si trova il palazzo nobiliare vero e proprio, caratterizzato dall'erker centrale con una raffigurazione mariana e la torretta soprastante, a nord gli annessi agricoli con ampi ambienti voltati e a sud l'edificio dell'ex filanda. Un passaggio coperto e una terrazza uniscono i tre ambiti del complesso e formano un degno affaccio verso il giardino dotato di piante secolari e di un grazioso padiglione. Il lotto del Gelmini prosegue verso nord protetto dal muro di cinta e termina con un portale rivolto verso la piazza del Municipio, tra le vie Schiller e Mozart. Tutto questo complesso, non più abitato dalla famiglia von Gelmini, è stato destinato a sede di un centro di riabilitazione per malati psichici.

I piani superiori degli annessi agricoli situati a nord dell'edificio sono stati demoliti e sostituiti da una nuova ala che comprende le stanze dei pazienti, la mensa e i laboratori. L'attività amministrativa è stata concentrata invece nel palazzo nobiliare. L'edificio della filanda è stato ricondotto alla sua funzione originaria con la creazione di laboratori protetti per la tessitura al primo piano, mentre ai piani terra e interrato hanno trovato posto la palestra e una piscina terapeutica.

SALURN,
VON GELMINI,
HAUSKAPELLE

SALORNO,
VON GELMINI,
CAPPELLA PRIVATA

SALURN,
VON GELMINI,
TREPPENAUFGANG

SALORNO,
VON GELMINI,
VANO SCALA

schwimmbad eingerichtet wurden. In dem zum Rathausplatz hin ausgerichteten Abschnitt wurden die Ambulanzdienste der Bezirksgemeinschaft und eine halböffentliche Grünanlage vorgesehen, die die Integration der Bewohner des Zentrums und der lokalen Bevölkerung fördern soll. Die Eingriffe am Bestand beschränken sich (mit Ausnahme des Abbruchs und des Wiederaufbaus des Stadels) auf die Restaurierung der höchst wertvollen Räume im Ansitz; bemerkenswert ist die nun für Repräsentationszwecke genutzte Renaissancestube mit Butzenscheibenverglasung im zweiten Geschoss. Darüber hinaus wurden zwei weitere Stuben, eine Barockstube mit Felderdecke und eine Stube aus dem 19. Jahrhundert mit Stuckdecke, sowie eine Renaissancedecke mit Holzbalken und weitere zwei Stuckdecken restauriert. Erwähnenswert ist der große Raum der Spinnerei, der mit seinen typischen Dachbindern aus Holz unverändert geblieben ist und der von einer einst im Unterland weit verbreiteten Handwerkstätigkeit zeugt.

Nel cuneo rivolto verso la piazza del Municipio sono stati sistemati i servizi ambulatoriali della Comunità Comprensoriale e uno spazio a verde "semipubblico" volto a favorire l'integrazione tra gli ospiti del Centro e la comunità locale. Gli interventi sull'esistente (esclusa la già menzionata demolizione e ricostruzione del fienile) si sono limitati al restauro dei pregevolissimi ambienti del palazzo nobiliare, in particolare della stube rinascimentale del secondo piano, dotata di finestre con traversine originali a piombo, ora destinata a sala di rappresentanza. Oltre a questa sono state oggetto di restauro due stube, una barocca con soffitto a riquadri e una del XIX secolo con soffitto a stucco, un soffitto rinascimentale a travi lignee e altri due soffitti con stucchi. Una particolare menzione merita la sala della filanda, rimasta intatta con le sue caratteristiche capriate lignee, a testimonianza di un'attività manifatturiera un tempo diffusa nella Bassa Atesina.

Neumelans

Der 1582 erbaute Ansitz wurde zur Bauzeit und im Barock reich mit Täfelungen, Felderdecken, Öfen und Bildern ausgestattet. Die bereits vor Jahren vom Eigentümer freigelegten Malereien um die Türen im Mittelsaal des ersten Obergeschosses hatten keine fachgerechte Konser-

Neumelans

La residenza edificata nel 1582 venne dotata già in origine e nel successivo periodo barocco di rivestimenti lignei, soffitti a cassettoni, stufe e dipinti. Le raffigurazioni pittoriche poste attorno alle porte della sala centrale del primo piano, riportate alla luce già anni fa dalla proprietà, non erano ancora

SAND IN TAUFERS
CAMPO TURES

SAND IN TAUFERS,
NEUMELANS,
RESTAURIERTE
TÜRUMRAHMUNG

CAMPO TURES,
NEUMELANS,
RESTAURATE PITTURE
DECORATIVE INTORNO
ALLE PORTE

SAND IN TAUFERS,
KEMATEN,
STOCKMAIR

CAMPO TURES,
CAMINATA,
STOCKMAIR

vierung und Restaurierung erfahren.
Es war an der Zeit, mehrere Rahmungen sorgfältiger und vollständiger freizulegen und zu restaurieren. Die Tür zur Küche zeigt Hund und Katze auf Säulen hockend und einen Grillspieß mit Brathuhn und Ferkel über dem Feuer drehend. In die ausgesparten Rundfelder mit gemaltem Rahmen waren ehemals wohl Wappenreliefs eingelassen. wke

Kematen, Stockmair

Nachdem der mittelalterliche Turm, an dem ein dreistöckiges Haus angebaut ist, jahrelang aufgrund eines undichten Daches der Witterung ausgesetzt war, konnte der Besitzer zur Neudeckung überzeugt werden. Das Dach erhielt wiederum eine Schindeldeckung (Beitrag). ht

mai state sottoposte a misure di conservazione e restauro a regola d'arte. Era ormai indispensabile procedere ad uno scoprimento più accurato e completo delle cornici. La porta della cucina raffigura un cane ed un gatto ritti su colonne ed intenti a girare sul fuoco uno spiedo con un pollo e un maiale. Nei campi circolari circondati da cornici dipinte erano originariamente inseriti degli stemmi a rilievo. wke

Caminata, Stockmair

Dopo che per anni la torre medievale, cui è stata appoggiata una casa a tre piani, è stata esposta alle intemperie per via di un tetto non stagno, si è riusciti a convincere il proprietario a riparare la copertura che, al pari della precedente, è stata rifatta in scandole (contributo). ht

ST. LEONHARD IN PASSEIER
SAN LEONARDO IN PASSIRIA

Sandhof

Die Arbeiten zur Umgestaltung des Wirtschaftsgebäudes wurden weitgehend abgeschlossen. Es beherbergt das Freilichtmuseums „Sandhof".
An Stelle einer traditionellen Schindeleindeckung wurden – aufgrund der Dachisolierung – graue Platten verlegt, welche optisch einer Schindeleindeckung sehr nahe kommen. ml

Sandhof

Sono stati pressoché conclusi i lavori di trasformazione del fabbricato rurale. Esso ospita ora la sede principale del Museo all'aperto della Val Passiria. Al posto della tradizionale copertura del tetto con scandole sono state collocate – per questioni di isolamento del tetto – delle piastre grigie che sul piano ottico assomigliano molto alla copertura con scandole. ml

ST. LORENZEN
SAN LORENZO DI SEBATO

Gaderturn

Der bereits um 1200 erwähnte, später

Gaderturn

L'edificio, citato già attorno al 1200,

ST. LORENZEN,
GADERTURN

SAN LORENZO
DI SEBATO,
GADERTURN

zum Ansitz mit zwei Erkertürmen und Krüppelwalmdach umgestaltete Bau wurde zuletzt am Beginn des 20. Jahrhunderts neu ausgestattet. Die Fassade wurde nun laut Befund mit Kalkfarbe ockergelb und die Fensterumrahmungen mit Ohrungen gebrochen weiß gestrichen. Man entschloss sich, die nur mehr in Ansätzen erhaltenen Eckquader bei diesem neuen Anstrich zu wiederholen. Das kleine Mosaik des 19. Jahrhunderts an der Westfassade des Ansitzes wurde gereinigt, gefestigt und die fehlenden Mosaikglassteine wurden ergänzt (Beitrag). hsc

Kapelle beim Oberwelis

Nach Eindeckung (siehe Denkmalpflege in Südtirol 2000, S. 163) der Ende des 19. Jahrhunderts in neogotischen Formen modernisierten Hofkapelle wurden im Berichtsjahr die Fassaden und der Innenraum restauriert. Die Schablonenmalereien des Triumphbogens (Bauinschrift 1891) und die Gewölberippen wurden freigelegt. Die Fassade wurde laut Befund mit Kalkfarbe ockergelb gestrichen. Altar und Kreuzwegstationen wurden gereinigt und konserviert, Türen, Fenster und Bänke in liebevoller Kleinarbeit abgebeizt und teilweise neu gestrichen (Beitrag). Die Bemühung der Besitzer um die zu ihrem Hof gehörende Kapelle ist vorbildlich. hsc

poi adattato a residenza con due erker angolari e tetto a padiglione, ha subíto un'ultima grande ristrutturazione all'inizio del XX secolo. La facciata è stata tinteggiata in giallo-ocra come da documentazione, mentre le cornici delle finestre sono state tinteggiate in bianco sporco. In questa ridipintura si è optato per una riproposizione delle finte pietre d'angolo parzialmente conservati. Il piccolo mosaico ottocentesco sulla facciata occidentale della residenza è stato pulito e fissato, integrando le tessere vitree mancanti (contributo). hsc

Cappella presso il maso Oberwelis

Dopo aver precedentemente provveduto (cfr. Tutela dei beni culturali in Alto Adige 2000, p. 163) alla copertura del tetto della cappella annessa al maso riadattata alla fine dell'Ottocento in forme neogotiche, nel 2001 si è provveduto al restauro delle pareti esterne e degli interni. Sono state riportate alla luce le pitture a stampino del XIX sec. sull'arco di trionfo (data riportata: "1891") e sui costoloni della volta. L'esterno è stato dipinto come da indagini con colore a calce ocra. L'altare e le stazioni della Via Crucis sono state ripulite e sottoposte a misure di conservazione. Porte, finestre e banchi sono stati sverniciati con lavoro certosino e ridipinti (contributo). Gli sforzi dei proprietari per il mantenimento della cappella del loro maso appaiono veramente esemplari. hsc

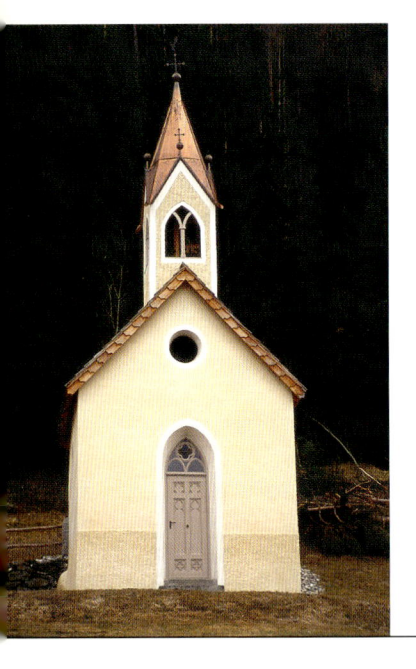

ST. LORENZEN,
KAPELLE BEIM
OBERWELIS

SAN LORENZO
DI SEBATO,
CAPPELLA PRESSO IL
MASO OBERWELIS

ST. LORENZEN,
KAPELLE BEIM
OBERWELIS

SAN LORENZO
DI SEBATO,
CAPPELLA PRESSO IL
MASO OBERWELIS

Pitschelin

Die interessante Kalkfassade mit zwei Sonnenuhren (Darstellung der Sonne und des Mondes) und einem Fresko mit Mariahilfdarstellung wurde restauriert. Die abwechslungsreich gestalteten Eckquader in Rot, Blau und Weiß wurden laut Befund retuschiert. In den Bereichen, in denen durch Salzausblühungen größere Putzfehlstellen entstanden waren, wurden die Eckquader lediglich durch eine Linie angedeutet (Beitrag). hse

St. Martin

Bei der 1988 erfolgten Innenrestaurierung blieb die 1939 aufgedeckte frühbarocke Wandmalerei an der Nordseite des gotischen Kirchenraumes unberücksichtigt. Auf Kosten des Amtes für Bau- und Kunstdenkmäler wurden die 39 Szenen der Heilsgeschichte von Kalkresten befreit und im Bereich größerer Fehlstellen retuschiert. Die einzelnen Bilder, von flachen Bögen auf Säulchen gerahmt, gehen sicher auf druckgraphische Vorlagen zurück.
Leider ist das Gemälde links unten weitgehend zerstört, so dass sechs Szenen und die linke Hälfte des Stifterbildes unleserlich sind. Andre Winkler, dessen Frau und sieben Töchter rechts dargestellt sind, hat, wie eine Inschrift festhält, die Malerei 1637 gestiftet. Die interessante Bilderwand, die zu Unrecht im Schatten der gotischen Wandmalereien der Kirche

Pitschelin

È stata restaurata l'interessante facciata di calce con le due meridiane (raffigurazione del sole e della luna) ed un affresco di Maria Ausiliatrice. Le assai articolate pietre d'angolo dipinte in rosso, blu e bianco sono state ritoccate sulla base dei colori originali. In queste parti dove l'intonaco è caduto a causa di efflorescenze saline, la posizione degli quadroni angolari è stata accennata da una semplice linea (contributo). hse

San Martino

Il restauro degli interni, effettuato nel 1988, non ha interessato la pittura murale di stile barocco rinvenuta nel 1939 sul lato settentrionale della chiesa gotica. L'Ufficio beni architettonici ed artistici ha sostenuto il costo dei lavori di ripulitura dai resti di calce delle trentanove scene della Storia della Salvezza che sono state poi ritoccate nei punti di caduta più estesi. Le singole immagini, incorniciate da semplici archi sostenuti da colonnine, si rifanno sicuramente a modelli di grafica di stampa. Purtroppo, la parte in basso a sinistra è stata quasi completamente distrutta, tanto da non riuscire a distinguere le sei scene che vi sono raffigurate e la metà di sinistra del ritratto del committente. Come risulta da un'iscrizione, la pittura è stata donata alla chiesa nel 1637 da Andrè Winkler, la cui moglie e le sette figlie sono raffigurate sul lato destro del dipinto. L'interessante pittura parietale, ingiustamen-

ST. LORENZEN,
PITSCHELIN,
VOR UND NACH DER
RESTAURIERUNG

SAN LORENZO
DI SEBATO,
PITSCHELIN, PRIMA E
DOPO IL RESTAURO
DELLA FACCIATA

steht, wurde durch die Restaurierung aufgewertet.

Spital mit Johanneskapelle

Die letztjährige Restaurierung des Innenraumes hatte Fresken-Neufunde aus der Früh- und Spätgotik ans Licht gebracht und den im Kern romanischen Kirchenraum bereichert (siehe Denkmalpflege in Südtirol 2000, S. 164/165).
Der barocke Altar, eine Stiftung der Äbtissin des Klosters Sonnenburg Sibilla Victoria von Schneeberg (1663–1691) samt Figuren und Altarbild, ein Ölbild mit der Taufe Christi, eines der Sieben Schmerzen Mariens, die Kreuzwegstationen und mehrere Skulpturen wurden gereinigt und konserviert. Das in der Kirche verbliebene Kruzifix der romanischen Kreuzigungsgruppe – Maria und Johannes befinden sich heute im Schnütgen-Museum in Köln – bedurfte ebenfalls einer Reinigung (Beitrag).

Ehemaliges Zollhaus

Das ehemalige Zollhaus gegenüber der Pfarrkirche wurde im Zuge der Sanierungsarbeiten unter direkten Denkmalschutz gestellt. Neben den straßenseitigen Kellerräumen des 13./14. Jahrhunderts, welche in gotischer Zeit gegen Osten er-

te in ombra rispetto alle pitture gotiche, è stata rivalutata dall'intervento di restauro.

Ospizio con cappella di San Giovanni

I lavori di restauro degli interni avvenuti nell'anno precedente a quello oggetto della presente relazione hanno condotto alla scoperta di affreschi risalenti al gotico precoce ed al tardogotico, arricchendo l'ambiente della chiesa, le cui origini risalgono all'epoca romanica (cfr. Tutela dei beni culturali in Alto Adige 2000, pp. 164/165). Si è provveduto a ripulire e a sottoporre a misure conservative l'altare barocco, una donazione della badessa del convento di Castelbadia Sibilla Victoria von Schneeberg (1663–1691) con statue e pala d'altare, un dipinto ad olio raffigurante il Battesimo di Cristo, un altro raffigurante i Sette Dolori di Maria, le stazioni della Via Crucis e numerose statue. Il crocifisso del gruppo romanico della Crocifissione rimasto nella chiesa – Maria e san Giovanni si trovano oggi nello Schnütge-Museum a Colonia – ha anch'esso avuto necessità di una azione di pulitura (contributo).

Ex casa del dazio

Nel corso dei lavori di restauro l'ex casa del dazio situata di fronte alla parrocchiale è stata vincolata. Oltre ai locali delle cantine che danno sul versante della strada e che risalgono al XIII/XIV secolo con un successivo ampliamento verso est in età

ST. MARTIN
IN PASSEIER

SAN MARTINO
IN PASSIRIA

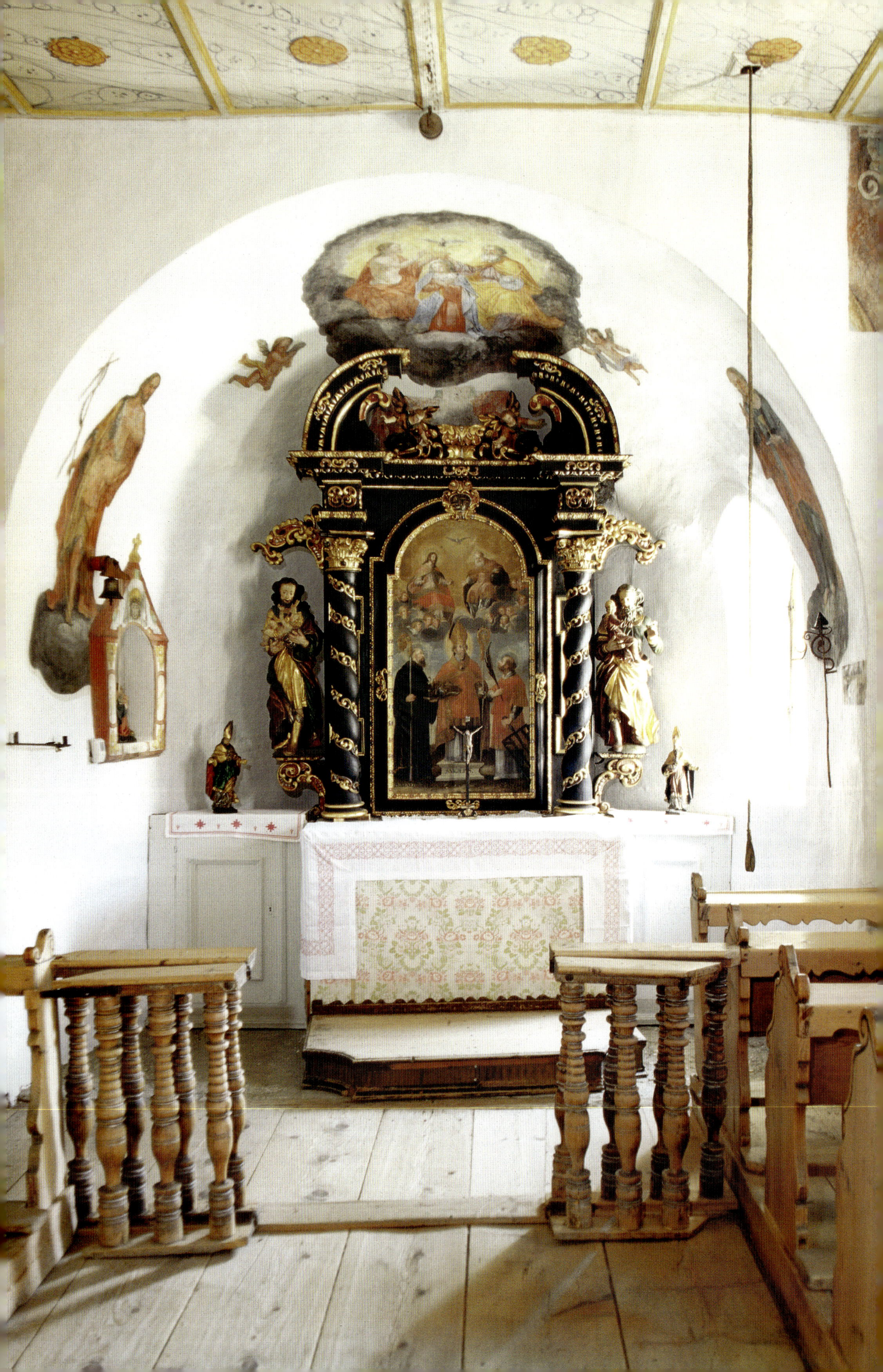

ST. LORENZEN,
JOHANNESKAPELLE
IM SPITAL

ST. LORENZEN,
PITSCHELIN,
SONNENUHR

SAN LORENZO
DI SEBATO,
CAPPELLA DI
SAN GIOVANNI

SAN LORENZO
DI SEBATO
PITSCHELIN,
MERIDIANA

weitert wurden, weist auch das Erdgeschoss bzw. erste Obergeschoss Reste der spätmittelalterlichen Bausubstanz auf. Die laufenden Eingriffe sahen eine weitgehende Umgestaltung bzw. Neuverbauung der baulichen Eingriffe des 19. bzw. 20. Jahrhunderts vor. Neben einer aufwendigen statischen Sicherung des ostseitigen, tonnengewölbten Kellerraumes erfolgte die Restaurierung der straßenseitigen Westfassade. Die Renaissanceoberfläche des 16. Jahrhunderts wurde von späteren Eingriffen gesäubert, punktuell ausgebessert und retuschiert. An der Nordfassade wurde die romanische Mauerstruktur gesäubert und sichtbar belassen (Beitrag).

Friedheim 29

Das nordseitig an das ehemalige Zollhaus anschließende und durch einen Torbogen mit demselben verbundene Wohngebäude wurde im Berichtsjahr ebenfalls saniert. Als aufwendig gestaltete sich die ostseitige Erweiterung des Kellergeschosses. An der Straßenfassade wurde der Polygonalerker statisch gesichert, die Fassadenoberfläche ausgebessert und neu getüncht. Das Stichkappengewölbe im Erdgeschoss wurde mechanisch freigelegt und mit Kalkfarbe neu getüncht (Beitrag).

Malerhaus

Die Gesamtsanierung des Wohngebäu-

gotica, anche il pianterreno e il primo piano presentano interessanti strutture edilizie tardomedievali. Gli interventi in corso prevedevano un'ampia trasformazione e una correzione degli interventi edilizi eseguiti nel XIX e XX secolo. Accanto ad un impegnativo consolidamento statico della parte orientale dello scantinato con volta a botte è stata restaurata la facciata ovest dell'edificio che dà sulla strada. La superficie rinascimentale del XVI secolo è stata ripulita da interventi successivi, puntualmente riparata e ritoccata. Sulla facciata nord si è provveduto a pulire la struttura del muro romanico, lasciandola a vista (contributo).

Friedheim 29

Nel 2001 è stata restaurata anche la casa che confina a nord con la vecchia casa del dazio, alla quale è collegata da un arco. Piuttosto dispendioso si è rivelato l'ampliamento del piano delle cantine sul lato orientale. Si è provveduto al consolidamento statico dell'erker poligonale della facciata che dà sulla strada, la superficie della facciata stessa è stata ritoccata e ritinteggiata. La volta a lunetta al pianterreno è stata riportata alla luce meccanicamente e ritinteggiata con colore a calce (contributo).

Casa dei pittori

È stato portato a termine il risanamento glo-

SARNTAL,
ST. JOHANN IM WALDE,
NACH DER
RESTAURIERUNG

SARENTINO,
SAN GIOVANNI
BATTISTA,
DOPO IL RESTAURO

des im unmittelbaren Ortszentrum wurde abgeschlossen. Zu den bedeutendsten Änderungen zählte die Erneuerung des südseitigen Treppenaufganges. In den gewölbten Räumen des Erdgeschosses wurde der Putz unnötigerweise – entgegen den Auflagen des Amtes für Bau- und Kunstdenkmäler – großteils abgeschlagen und erneuert, obwohl er sich in gutem Erhaltungszustand befand. Auch das Steinportal im Erdgeschoss der Südfassade wurde Opfer einer „Radikalsäuberung". Die Fassaden wurden unter Aussparung der Wandgemälde von 1777 neu getüncht. ml

bale dell'edificio d'abitazione situato a poca distanza dal centro del paese. Tra le modifiche più significative va menzionato l'ammodernamento delle scale sul lato meridionale. Contro le direttive dell'Ufficio beni architettonici ed artistici, nei locali a volta del pianterreno è stata sostituita gran parte del vecchio intonaco, peraltro senza che ve ne fosse la necessità, dal momento che il suo stato di conservazione era buono. Anche il portone in pietra situato al pianterreno della facciata meridionale è stato sottoposto ad una "pulizia radicale". Le facciate sono state ritinteggiate, senza toccare peraltro le pitture murarie del 1777. ml

ST. PANKRAZ/ULTEN
SAN PANCRAZIO

Pfarrkirche St. Pankraz

Aus dem reichhaltigen Inventar der Kirche wurden die Leinwandbilder des heiligen Aloisius und der heiligen Filomena restauriert. Beide Darstellungen mit ovalem Zierrahmen stammen aus der Hand des Künstlers Johann Völser, von dem sich auf der Rückseite folgende Signaturen erhalten haben: „Joh. Völser pinx: in Botzen 1843" bzw. „i.V.p. 1843" (Beitrag). ml

Parrocchiale di San Pancrazio

Tra i beni mobili facenti parte del corposo inventario della chiesa sono state restaurate due tele raffiguranti rispettivamente san Luigi e santa Filomena. Entrambi dipinti, dotati di elaborata cornice ovale, sono opera dell'artista Johann Völser, del quale sul retro si conservano firma e data: "Joh. Völser pinx: in Botzen 1843" e "i.V.p. 1843" (contributo). ml

Pfarrwidum

Das stattliche Gebäude wurde infolge des Erdbebens vom 17. Juli dieses Jahres in Mitleidenschaft gezogen. Da sich das Schadensbild in den einzelnen Räumen auf einfache Risse an Wand- und Deckenflächen

Canonica

Il grande edificio ha subìto alcuni danni in seguito agli eventi sismici del 17 luglio 2001. Il computo dei danni nei vani interni non andava tuttavia oltre ad alcune piccole crepe sui muri e sui soffitti, rendendo

SARNTAL,
ST. JOHANN IM WALDE,
HOCHGOTISCHE
KREUZIGUNGSSZENE,
NACH DER
RESTAURIERUNG

SARENTINO,
SAN GIOVANNI
BATTISTA,
CROCIFISSIONE GOTICA,
DOPO IL RESTAURO

beschränkte, waren keine statischen Sofortmaßnahmen erforderlich. Die Risse selbst wurden noch in den Herbstmonaten mit reinem Kalkmörtel geschlossen, die Wandflächen partiell neu getüncht.

Pfarrkirche Mariä Himmelfahrt in Sarnthein

Ein spätbarockes Fahnenbild mit der Darstellung des Letzten Abendmahles und der Heiligen Dreifaltigkeit wurde fachgerecht restauriert. Die Leinwand wies infolge ihrer Verwendung als Fahne die üblichen Quetschungen und Gewebeknicke auf, während an der Mal- und Grundierungsschicht punktuelle Abblätterungen zu beheben waren. Eine Künstlersignatur konnte nicht festgestellt werden (Beitrag).

St. Bartholomäus in Aberstückl

Am 1669 errichteten Spitzturm wurde der bestehende Glockenstuhl aus Metall durch eine neue Lärchenholzkonstruktion ersetzt. Gleichzeitig wurde eine Elektrifizierung des Geläutes vorgenommen, der Turmhelm gereinigt und mit Ölfarbe neu gestrichen (Beitrag).

St. Johann im Walde

Um die auf 1500 Meter Meereshöhe am orographisch rechten Berghang gelegene Kirche in Außerpens wurde bereits im Vorjahr ein Drainagegraben gezogen. Im heurigen Jahr konnte die Innenrestaurierung in

non necessari interventi d'urgenza per garantire la sicurezza statica. Le crepe sono state quindi eliminate nell'autunno con intonaco di calce pura, le pareti sono state in parte ritinteggiate.

Parrocchiale dell'Assunta a Sarentino

È stato restaurato a regola d'arte un dipinto di gonfalone tardobarocco raffigurante l'Ultima Cena e la SS. Trinità. A seguito dell'uso processionale, la tela mostrava le caratteristiche piegature e spiegazzature, mentre si è reso necessario sanare le lacune in alcuni punti della superficie pittorica e della base. Non è stato possibile individuare la firma dell'artista che eseguì l'opera (contributo).

San Bartolomeo a Sonvigo

Il ceppo in metallo della campana posta sul campanile a guglia (1669) è stato sostituito con una nuova struttura in legno di larice. Contemporaneamente è stato installato un sistema di suoneria elettronica, si è ripulita la cuspide del campanile, che è stata poi ridipinta con colore ad olio (contributo).

San Giovanni Battista

Attorno alla chiesa situata a Pennes di Fuori, a 1500 metri di altitudine sulla destra orografica è stata praticata già l'anno scorso una fossa di drenaggio. Nel corso del 2001 si è potuto quindi mettere mano al restauro de-

SARNTAL
SARENTINO

SARNTAL,
ST. JOHANN IM WALDE,
HOCHGOTISCHE
KREUZIGUNGSSZENE,
AUSSCHNITT

SARENTINO,
SAN GIOVANNI
BATTISTA,
CROCIFISSIONE GOTICA,
DETTAGLIO

Angriff genommen werden. Das bestehende Kirchenschiff wurde 1538 im Stil der ländlichen Spätgotik erneuert. Seine Wurzeln reichen zumindest auf das 14. Jahrhundert zurück. Beleg dafür ist eine qualitätsvolle gotische Kreuzigungsszene, welche im Zuge der Restaurierung an der Westfassade, im Bereich der Empore, aufgedeckt wurde. Stilistisch ist sie in das ausgehende 14. Jahrhundert zu datieren. Der hervorragende Erhaltungszustand erforderte minimale restauratorische Eingriffe. Um das Wandgemälde in seiner Gesamtheit zu präsentieren, wurde die Emporendecke abschnittsweise herausgenommen. Im Langhaus kamen an der Nordwand weitere Wandmalereien des 16. Jahrhunderts zum Vorschein. Die restlichen Wand- und Gewölbeflächen wurden gereinigt und im Farbton des 16. Jahrhunderts getüncht. Weitere Maßnahmen betrafen die Entfeuchtung der Sakristei, die Erneuerung des Glockenstuhles sowie den Neuanstrich des Turmhelmes. Im kommenden Jahr soll das Vordach an der Westfassade neu eingedeckt werden (Beitrag). ml

gli interni. L'aspetto attuale della navata risale ai lavori di adattamento eseguiti nel 1538 nello stile del tardogotico rurale. L'origine risale invece per lo meno al XIV secolo. Lo documenta una pregevole raffigurazione della Crocifissione in stile gotico, riportata in luce nel corso dell'opera di restauro della parete interna occidentale, poco distante dalla cantoria. Sotto il profilo stilistico l'affresco è databile verso la fine del XIV secolo. Grazie al suo straordinario stato di conservazione il restauro ha richiesto solo qualche intervento minimo. Per consentire la vista dell'intera pittura murale è stata asportata una parte del pavimento della cantoria. Nella navata sono venute alla luce altre pitture murali del XVI secolo lungo la parete nord. Le restanti superfici delle pareti e della volta sono state pulite e tinteggiate con la stessa tonalità del colore cinquecentesco. Altri interventi hanno riguardato la deumidificazione della sacrestia, il restauro del mozzo della campana e la ritinteggiatura della cuspide della torre campanaria. Il rifacimento della tettoia della facciata occidentale è previsto per il 2002 (contributo). ml

SCHENNA
SCENA

Goyen
Das Erdbeben vom 17. Juli dieses Jahres hinterließ insbesondere am Palasgebäude deutlich sichtbare Spuren. Infolge der Erschütterungen mussten als Sofortmaßnahme mehrere gemauerte Kamine abgetragen wer-

Castel Goyen
Il terremoto del 17 luglio 2001 ha lasciato tracce evidenti soprattutto nel palazzo. A seguito delle scosse telluriche si sono dovuti asportare con procedura d'urgenza diversi camini in muratura. Sussisteva in-

SCHENNA,
UOLENTURM

SCENA,
UOLENTURM

den. Es bestand die Gefahr des Absturzens auf darunter liegende Gewölbe, was weitere, unkalkulierbare Schäden nach sich gezogen hätte. Die aufwendigen Sanierungsarbeiten sollen im kommenden Jahr anlaufen. ml

Obertaberhof in St. Georgen

Das dem Abbruch preisgegebene Wohngebäude ziert ein barockes Maria-Hilf-Fresko aus dem Jahre 1772, flankiert von den beiden Schutzheiligen Georg und Florian. In letzter Konsequenz wurde eine Abnahme der gut erhaltenen Wandmalerei veranlasst. Das nunmehr auf einen Eisengitterträger übertragene und fachgerecht restaurierte Wandbild soll am neuen Wohngebäude wiederangebracht werden (Beitrag). ml

Schloss Schenna

Die viel besuchte, um 1350 errichtete Burganlage wurde am 17. Juli dieses Jahres infolge eines Erdbebens erschüttert. In der Folge mussten zahlreiche, die weitläufigen Dachflächen zierenden Kamine abgetragen werden. Die Gefahr für Passanten hatte diese Sofortmaßnahme erforderlich gemacht. Die in den diversen Räumlichkeiten aufgetretenen Risse sind als statisch unbedenklich einzustufen. ml

Uolenturm

Der aus dem 13. Jahrhundert stammende

fatti il pericolo di un crollo sulle volte sottostanti, cosa che avrebbe arrecato ulteriori danni, in quel caso incalcolabili. Le complesse operazioni di risanamento avranno luogo nel corso del 2002. ml

Maso Obertaber a San Giorgio

L'edificio ad uso abitativo, destinato ormai all'abbattimento, era decorato da un affresco barocco del 1772 raffigurante Maria Ausiliatrice, affiancata dai santi protettori Giorgio e Floriano. È stata perciò disposta la rimozione della pittura parietale, il cui stato di conservazione appariva buono. Trasferito ora su un supporto con grata in ferro e opportunamente restaurato, l'affresco verrà poi ricollocato nella nuova costruzione ad uso abitativo (contributo). ml

Castel Scena

L'assai visitato complesso, edificato attorno al 1350, ha subíto dei danni in occasione del terremoto del 17 luglio 2001. Si è dovuto di conseguenza asportare numerosi camini che decoravano le ampie superfici del tetto: una misura di carattere urgente indispensabile per garantire la sicurezza delle persone che vi transitano sotto. Le crepe evidenziatesi in diversi vani non vengono considerate pericolose per quanto attiene alla statica dell'edificio. ml

Uolenturm

Sono state sottoposte a restauro le pareti

SCHENNA,
OBERTALERHOF
IN ST. GEORGEN,
BAROCKES
MARIA-HILF-FRESKO
VOR UND NACH DER
RESTAURIERUNG

SCENA,
MASO OBERTALER
A SAN GIORGIO,
AFFRESCO BAROCCO
RAFFIGURANTE MARIA
AUSILIATRICE PRIMA E
DOPO IL RESTAURO

Turm in beeindruckender landschaftlicher Lage wurde einer Fassadenrestaurierung unterzogen. Die Eingriffe beschränkten sich auf eine schonende Putzausbesserung sowie eine Neutünchung in Kalkfarbe, welche die Imitation eines „Putz-Natur-Charakters" zum Ziel hatte. Der nordseitige Zubau im Bereich der Eingangsebene wurde abgebrochen und neu errichtet. Im Gebäudeinneren wurden Adaptierungsmaßnahmen vorgenommen. Im kommenden Jahr soll die Dachsanierung in Angriff genommen werden (Beitrag).

esterne della torre risalente al XIII secolo posta in splendida posizione paesaggistica. Gli interventi si sono limitati ad una pulizia dell'intonaco e ad una ritinteggiatura con colore a calce avente per obiettivo l'imitazione di un "intonaco naturale". È stato abbattuto e ricostruito l'annesso sul lato settentrionale presso l'ingresso. All'interno sono stati eseguiti interventi di riadattamento. Nel corso del 2002 sarà eseguito il rifacimento del tetto (contributo).

SCHLANDERS
SILANDRO

Kapuzinerkloster
Die Außenfassaden der 1644 errichteten Ordensniederlassung wurden im Ockerton des ausgehenden 19. Jahrhunderts neu getüncht. Gleichzeitig wurde der Innenraum der 1648 geweihten Klosterkirche gereinigt und in gebrochen weißem Farbton getüncht. Eine Erneuerung erfuhr auch die bisherige, eigenwillige Beleuchtung der Ordenskirche.

Convento dei Cappuccini
Le facciate esterne del convento, costruito nel 1644, sono state ritinteggiate con lo stesso colore ocra della fine del XIX secolo. Contemporaneamente si è provveduto a ripulire l'interno della chiesa conventuale, consacrata nel 1648, la quale è stata poi tinteggiata a nuovo con un colore biancastro. È stata ammodernata anche l'illuminazione della chiesa, finora piuttosto singolare.

Stocker
Das spätmittelalterliche Wohngebäude im unmittelbaren Ortszentrum erhielt im 19. Jahrhundert sein heutiges, stattliches Erscheinungsbild. Damals wurde der ursprünglich zweigeschossige Baukörper um ein Stockwerk erhöht und umgestaltet. Im Zuge der Fassadensanierung wurde nunmehr der letzte Dispersionsanstrich

Stocker
L'imponente aspetto attuale dell'edificio tardomedievale ad uso abitativo sito nel centro di Silandro risale al XIX secolo. L'edificio, allora a due piani, venne rialzato di un ulteriore piano e ristrutturato. Nell'ambito del restauro delle pareti esterne è stato eliminato il colore a dispersione risalente agli anni Settanta. Si è proceduto a documentare

SCHLANDERS,
KAPUZINERKLOSTER,
VORZUSTAND

SILANDRO,
CONVENTO DEI
CAPPUCCINI,
STATO DI FATTO
PRIMA DEL RESTAURO

der siebziger Jahre entfernt. Die zum Vorschein gekommenen historischen Farbfassungen, darunter eine aufwendige Dekoration um die Fensterstürze, wurden dokumentiert. Eine Freilegung bzw. Retusche der stellenweise gut erhaltenen historischen Erstfassung wurde aus Kostengründen unterlassen. Auf den Wunsch des Eigentümers hin wurde eine vereinfachte Neufassung im ursprünglichen Farbton vorgenommen (Beitrag).

Churburg

Die west- und nordseitige Ringmauer der Burg wies nicht nur Putzschäden, sondern vor allem defekte Mauerabdeckungen auf. Um größere Schäden zu verhindern, waren Restaurierungsmaßnahmen unbedingt notwendig. Grabungsarbeiten entlang der Mauern brachten im nordwestseitigen Eckrondell steinerne Wurfgeschosse zu Tage, welche vermutlich hier gelagert waren.
Die ursprüngliche Idee des Eigentümers, einen Teil des hölzernen Wehrganges zu rekonstruieren, wurde zugunsten notwendiger Restaurierungsarbeiten an der Westfassade des Palas, an der inneren Ringmauer und an der Nordfassade des Bergfrieds fallen gelassen (Beitrag).

Katharinaberg, Montferthof

Der Getreidekasten, welcher wesent-

la presenza degli strati pittorici di gusto storicistico venuti alla luce in questa occasione, fra essi soprattutto una ricca decorazione attorno alle finestre. Per ragioni di carattere economico si è preferito rinunciare allo scoprimento ed al ritocco dello strato pittorico storicista, in taluni punti ancora decisamente ben conservato. Su desiderio del proprietario si è preferito optare per una più semplice riproposizione del colore originario (contributo).

Castel Coira

Il muro di cinta sui lati settentrionale ed occidentale evidenziava non solo danni all'intonaco ma altresì una copertura ormai inefficace. Al fine di evitare danni ancora maggiori era ormai indilazionabile un intervento di restauro. I lavori di scavo lungo il muro di cinta hanno permesso di riportare alla luce nel bastione circolare nord-occidentale dei proiettili da cannone in pietra, che erano stati lì probabilmente accatastati. L'idea inizialmente avanzata dal proprietario di ricostruire una parte del camminamento di ronda in legno è stata accantonata per permettere una serie di più urgenti restauri sulla parete esterna occidentale del palazzo, sulle mura di cinta interne e sulla parete esterna settentrionale del mastio (contributo).

Monte Santa Caterina, maso Montfert

Il tetto del granaio è stato rifatto con

SCHLUDERNS
SLUDERNO

SCHNALS
SENALES

STERZING,
ALTSTADT 7

VIPITENO,
CITTÀ VECCHIA, 7

lich zum Ensemble der aus geblocktem Wohn- und Wirtschaftsgebäude bestehenden Hofstelle gehört, wurde mit Lärchenschindeln neu eingedeckt (Beitrag).

Katharinaberg, Pfarrkirche St. Katharina

Das 1813/14 nach einem Brand weitgehend erneuerte spätgotische Gotteshaus erhielt einen neuen Steinboden aus Martellerr Plimaplatten. Die vor den beiden Seitenaltären verlegten Stipesplatten wurden entfernt. Für sie muss noch ein geeigneter Aufbewahrungsort gefunden werden.

scandole di larice; l'edificio fa sostanzialmente parte dell'ensemble del maso formato da una casa per abitazione e da un fabbricato rurale, ambedue costruiti in travi di legno (contributo).

Monte Santa Caterina, parrocchiale di Santa Caterina

Nell'edificio sacro tardogotico, ampiamente riadattato nel 1813/14 dopo un incendio, è stato posto in opera un nuovo pavimento in lastre Plima della Val Martello. Sono state allontanate le lastre poste dinanzi ai due altari laterali, ma per esse deve essere ancora individuato un idoneo luogo di conservazione.

SEXTEN
SESTO PUSTERIA

St. Josef in Moos

Der Kirchenraum und die Deckengemälde der 1717 erbauten Kirche mit der Darstellung musizierender Engel von Rudolf Stolz aus dem Jahr 1922 wiesen eine starke Verschmutzung auf und mussten gereinigt werden. An den Fassaden wurden im Sockelbereich die Putzschäden behoben, zu denen es aufgrund der nahe vorbeiführenden Straße gekommen war (Beitrag). Weiters wurde die Schindeldeckung des Vordaches erneuert.

San Giuseppe in Moos

Nella chiesa edificata nel 1717 il vano interno e i dipinti sulla volta eseguiti da Rudolf Stolz nel 1922 e raffiguranti degli angeli musicanti mostravano evidenti segni di imbrattatura e sono stati per questo ripuliti. Sull'intonaco nella zona dello zoccolo sono stati eliminati alcuni danni causati dal traffico della vicina strada (contributo). È stata inoltre rifatta la copertura in scandole della tettoia.

STERZING
VIPITENO

Altstadt 7

Das traufständige dreigeschossige spätmittelalterliche Stadthaus mit zwei Erkern wurde im Berichtsjahr einer Gesamtsanierung unterzogen. Das Erdgeschoss wurde für die Unter-

Città vecchia, 7

L'antica casa urbana tardomedievale a tre piani con due erker è stata sottoposta a risanamento generale nel corso del 2001. Il pianterreno è stato riadattato a fun-

STERZING,
DEUTSCHHAUS,
NEUFUND VON
MALEREIEN

VIPITENO,
COMMENDA
DELL'ORDINE
TEUTONICO,
SCOPRIMENTO
DI PITTURE MURALI

bringung von Geschäften, die oberen Geschosse für eine Wohnnutzung adaptiert. Es wurde eine statische Sicherung der Gewölbe und der Balkendecken vorgenommen. Die Erschließung wurde vollständig erneuert und ab dem ersten Obergeschoss gegen eine freitragende Treppe ausgetauscht. Die barocken Fenster des zweiten Obergeschosses wurden restauriert, mittels eines innen angebrachten Isolierfensters wird die Wärmedämmung gewährleistet (Beitrag). Der Dachstuhl wurde ausgetauscht und laut Bestand wieder als Grabendach ausgebildet.

Deutschhaus

Der Osttrakt der ehemaligen Kommende des Deutschen Ritterordens beherbergt seit 1986 in den herrschaftlichen Räumen des ersten Obergeschosses das Multscher- und Stadtmuseum Sterzing, im einfacher ausgeführten zweiten Stock die Musikschule Sterzing. Süd- und Westtrakt der großen Dreiflügelanlage dämmerten hingegen seit dem Auszug des Krankenhauses im Jahr 1978 vor sich hin. Nachdem verschiedene Nutzungskonzepte geprüft wurden, einigte man sich auf eine Erweiterung des Museums und der Musikschule. Im Herbst begann die Stiftung Altersheim als Eigentümerin mit der Sanierung der beiden Trakte. Die Absenkung des später erhöhten Hofraumes im Norden diente der Entfeuchtung und der Aufwertung des Laubenganges im Süden. Im Zuge der statischen Verstärkung der De-

zione commerciale, i piani superiori ad uso residenziale. Si è provveduto alle misure di consolidamento statico delle volte e dei soffitti a travature. Il sistema di accesso è stato totalmente rifatto e sostituito a partire dal primo piano da una scala autoportante. Sono state restaurate le finestre al secondo piano, garantendo l'isolamento termico inserendo una nuova finestra isolante al interno (contributo). La costruzione del tetto è stata sostituito.

Commenda dell'Ordine Teutonico

Sin dal 1986 l'ala orientale della ex commenda dell'Ordine Teutonico ospita negli ambienti signorili del primo piano il Museo Multscher - Museo Civico di Vipiteno, nel secondo piano, di struttura più semplice, è ospitata invece la Scuola di musica. Le ali meridionale ed occidentale della grande struttura sono rimaste invece inutilizzate sin da quando nel 1978 è stato trasferito altrove l'ospedale cittadino. Dopo che sono stati valutati diversi possibili utilizzi, si è optato per un ampliamento del museo e della scuola musicale. La Fondazione Casa di Riposo, proprietaria dell'immobile, ha dato inizio in autunno ai lavori di risanamento delle due ali. L'abbassamento del cortile al livello originario ha permesso di deumidificare le pareti e di valorizzare il porticato meridionale. Nell'ambito del con-

STERZING,
NEUSTADT 5

VIPITENO,
CITTÀ NUOVA 5

STERZING,
RIED, STRASSBERG,
NOTSICHERUNG

VIPITENO, NOVALE,
STRASSBERG,
CONSOLIDAMENTO
D'EMERGENZA

cken zeigte sich, dass die Gänge im Süden und Westen erst zu einem späteren Zeitpunkt den ursprünglichen Fassaden hofseitig vorgelegt worden waren. An den originalen Außenwänden konnten spätgotische Fenster- und Türöffnungen sowie Fugenputz nachgewiesen werden. hs

Gänsbacherstraße 7
Die Schaufenster des bereits in den letzten Jahren für eine Geschäftsnutzung umgebauten Erdgeschosses des barock überformten mittelalterlichen Baudenkmals wurden zur besseren Nutzung bis auf Fußbodenniveau herabgezogen. hs

Gasthof zur Lilie, Neustadt 49
Der aus zwei älteren Häusern zusammengefasste Bau mit großer Eingangshalle und prächtigem Lichthof wurde einer grundlegenden Sanierung unterzogen. Nach Entfernung von jüngeren Einbauten kam in einem straßenseitigen Raum des ersten Stockes eine spätgotische Bohlenbalkendecke zum Vorschein. Im großen Vorraum des zweiten Stockes konnte trotz technischer Schwierigkeiten die Stuckdecke, unter der eine ältere Balkendecke liegt, erhalten werden.
Das ehemalige Wirtschaftsgebäude zur Ralsergasse wird zu Geschäften und Wohnungen ausgebaut. Die Gewölbe im Erdgeschoss wurden statisch gesichert und saniert, die Obergeschosse völlig neu errichtet. hs

solidamento statico dei tetti si è scoperto che i porticati a sud ed a ovest erano stati solo successivamente aggiunti dinanzi alle facciate. Sulle pareti esterne originali si è potuto così scoprire la presenza di tracce tardogotiche di finestre e porte, oltre ad un intonaco a pietre finte. hs

Via Gänsbacher, 7
Il pianterreno dell'edificio di origine medievale riadattato secondo gli stilemi barocchi era stato sottoposto negli anni passati ad un risanamento generale. Per garantire un loro ottimale utilizzo, le vetrine sono state portate sino al livello del suolo. hs

Albergo Zur Lilie, Città nuova, 49
La casa, derivante dall'unione di due edifici precedenti e dotata di un grande atrio e di uno splendido cavedio, è stata sottoposta ad un risanamento generale. Eliminate le superfetazioni più recenti, in uno dei vani al primo piano sul lato verso strada è venuto alla luce un soffitto tardogotico a travature ed assi. Nel grande atrio del secondo piano, nonostante alcune difficoltà di tipo tecnico, si è riusciti a mantenere un soffitto a stucchi, sotto il quale vi è un più antico soffitto a travi. L'ex edificio di servizio sul lato verso il vicolo Ralser viene ristrutturato per farne negozi ed unità abitative. La volta al pianterreno è stata consolidata, i piani superiori interamente rifatti. hs

STERZING,
THUINS, GASSEBNER

VIPITENO,
TUNES, GASSEBNER

Neustadt 5

Der veraltete Geschäftseinbau im Erdgeschoss des mittelalterlichen Baudenkmals wurde modernisiert und durch die Verwendung des gewölbten Magazins vergrößert. Die Schaufenster wurden modernen Gestaltungsvorstellungen angepasst, wobei aber der Typus der mittelalterlichen Ladenöffnung mit einem hohen mit einem Werkstein belegten Mauersockel beibehalten wurde. Abschließend wurde die Fassade in einem hellen Farbton gestrichen. hsc

Ried, Straßberg

Die im vorangegangenen Berichtsjahr (siehe Denkmalpflege in Südtirol 2000, S. 173) begonnene statische Sicherung der östlichen Ringmauer wurde fortgesetzt. Durch Freigraben des Mauerfußes konnte auf der Innenseite ein neues Stützfundament eingebracht werden. Mit Hilfe der etwa 30 Sicherheitsanker, die die Mauer vor dem Einsturz sicherten, wurde unter großen Vorsichtsmaßnahmen versucht, die Mauerscheibe wieder in kleinen Bewegungsschritten ins Lot zu ziehen. Danach erfolgten die Säuberung der Maueroberflächen und die Schließung der Fugen mit Kalkmörtel. In den darauf folgenden Monaten wurden eventuelle neue Bewegungen der Ringmauer kontrolliert. Die Arbeiten erfolgten in Eigenregie des Amtes. kmm

Città nuova, 5

È stato modernizzato il vecchio negozio sito al pianterreno dell'edificio di origine medievale, ingrandendolo attraverso l'utilizzo del vano voltato prima utilizzato come magazzino. Le vetrine sono state adeguate alle moderne esigenze estetico-commerciali, mantenendo tuttavia la tipologia dell'ingresso medievale con alto zoccolo in pietre squadrate. In ultimo è stata tinteggiata la facciata utilizzando un colore chiaro. hsc

Novale, Straßberg

Sono proseguiti i lavori di consolidamento statico del muro di cinta orientale iniziati nell'anno precedente (cfr. Tutela dei beni culturali in Alto Adige 2000, p. 173). Liberando il basamento della muratura si è potuto inserire all'interno una struttura di sostegno. Con la massima precauzione grazie all'aiuto di circa trenta tiranti che hanno assicurato il muro contro il rischio del crollo, si è cercato di riportare il muro nella sua posizione iniziale grazie a piccoli movimenti progressivi. Si è poi proceduto alla pulizia delle coperture dei muri ed alla chiusura delle fughe con malte di calce.
Nei mesi seguenti sono stati monitorati eventuali spostamenti del muro di cinta. I costi per i lavori sono stati sostenuti direttamente dall'Ufficio. kmm

STERZING,
THUINS, GASSEBNER,
NEOBAROCKES FENSTER

VIPITENO,
TUNES, GASSEBNER
FINESTRA NEOBAROCCA

Thuins, Gassebner

Der giebelständige dreiachsige, im Kern mittelalterliche und im 19. Jahrhundert überformte Einhof stand zwei Jahrzehnte leer und wurde nun modernen Wohnbedürfnissen angepasst. Der schöne Bundwerkgiebel spiegelt die Dachkonstruktion mit stehendem Stuhl wieder und weist eine Bauinschrift von 1840 an der Firstpfette auf. Die Fassade ist mit einem durch Holzkohlestückchen grau eingefärbten Spritzputzbewurf verputzt und durch neobarocke Fensterumrahmungen aus Kalkfeinputz gegliedert. Im geschwungenen, vegetabilen Fenstergiebel befinden sich die Initialen der für die Fassadengestaltung (JS und AS) verantwortlichen Bauherren bzw. die Initialen Marias. Oberhalb der mittig angesiedelten Tür hat sich ein stark abgeriebenes Fresko mit der Darstellung der „Maria mit Kind" erhalten. Am Bundwerkgiebel auf dem schmalen Mauervorsprung stehend, befinden sich drei sehr qualitätsvoll gearbeitete barocke Holzskulpturen. Die drei Engel stammen vermutlich, ebenso wie die im Obergeschoss als Brüstung verwendete Balustrade, aus einem Kircheninnenraum, über ihre Herkunft gibt es aber keine genaueren Nachrichten. Bei der Restaurierung der Fassade (Beitrag) konnte festgestellt werden, dass durch die Aufstellung der Skulpturen am Giebel des Bauernhauses vor allem die Fassung und die Vergoldung, aber auch bereits der Holzkörper große Schäden aufweisen. hsc

Tunes, Gassebner

L'edificio di origine medievale ma ristrutturato nel corso dell'Ottocento è rimasto disabitato per due decenni ed è stato ora riadattato alle moderne esigenze abitative. Il bel frontone ligneo riprende la struttura del tetto ed evidenzia anteriormente la data 1840. La facciata possiede un intonaco grigio ottenuto grazie all'inserimento di pezzetti di carbone ed articolato grazie all'inserimento di decorazioni delle finestre di tipo neobarocco. Sopra le finestre, dai motivi vegetali a viticcio, si scorgono le iniziali degli antichi proprietari autori della ristrutturazione ("JS" e "AS") e il monogramma di Maria.
Sopra la porta posta in posizione centrale è un affresco raffigurante Maria col Bambino, purtroppo in non buono stato di conservazione. Anteriormente al frontone in legno, posizionati sullo stretto bordo della muratura, sorgono tre sculture barocche di ottima qualità artistica: i tre angeli provengono probabilmente, assieme alla balaustra al primo piano, dall'arredo di una chiesa, mancano tuttavia informazioni più precise in merito. Durante i lavori di restauro della facciata (contributo) si è potuto notare come l'esposizione sul frontone del maso abbia arrecato danni alle sculture, soprattutto per quanto attiene allo strato pittorico ed alla doratura, ma altresì anche alla stessa struttura lignea. hsc

TAUFERS IM MÜNSTERTAL, PFARRKIRCHE ST. BLASIUS, ORGELINSCHRIFT

TUBRE IN VAL MONASTERO, PARROCCHIALE DI SAN BIAGIO, ISCRIZIONE SULL'ORGANO

Pfarrkirche St. Blasius

Die historisch gewachsene Orgel wurde einer konservierenden Restaurierung unterzogen (Beitrag). Die ursprüngliche Anlage von Humpel aus dem Jahre 1709 erhielt 1807 ein Brüstungspositiv von Mauracher und wurde anlässlich der Versetzung auf die obere Empore nochmals verändert. Weitere Umbauten und Pfeifen stammen von Schönach 1844 und Sies 1869. Das Pfeifenmaterial bis 1900 konnte beinahe zur Gänze erhalten werden, die Spielanlage wurde in das Untergehäuse der Orgel eingebaut, wo es sich ursprünglich befand. Windladen, Trakturen und Gebläse wurden restauriert. Abschließend erfolgte die Restaurierung der barocken Farbfassung des Prospektes. hs

St. Johann

Das ehemalige Johanniterhospiz mit im Osten angeschlossener Kirche zählt zu den interessantesten Bauten unseres Landes aus romanischer Zeit. Während die Erneuerung des Schindeldaches und die Anlage einer Drainage vor einiger Zeit vom Denkmalamt selbst durchgeführt wurden, konnte für die Restaurierung der romanischen Wandmalereien die Messerschmitt Stiftung München gewonnen werden, der hier gedankt wird.
Die um 1955 restaurierten Fresken und der damals neu aufgetragene Verputz

Parrocchiale di San Biagio

L'antico organo della chiesa è stato sottoposto ad un restauro conservativo (contributo). L'opera di Humpel, risalente al 1709, ricevette nel 1807 un positivo di Mauracher e venne ulteriormente modificata in occasione dello spostamento sulla cantoria superiore. Ulteriori interventi e le canne stesse risalgono agli interventi di Schönach nel 1844 e di Sies nel 1869. Si sono potute mantenere quasi tutte le canne sino al 1900, la tastiera è stata inserita laddove essa era originariamente ubicata. Sono stati restaurati il somiere, la trasmissione e il mantice. Si è infine proceduto al restauro della decorazione pittorica barocca dell'organo. hs

San Giovanni

L'antico ospizio dei Giovanniti, con annessa chiesa sul lato orientale, viene annoverato fra le costruzioni romaniche più interessanti della nostra regione. Mentre il rifacimento del tetto in scandole e la posa in opera di un drenaggio sono stati eseguiti direttamente a spese della Soprintendenza ai beni culturali, per il restauro delle pitture romaniche è stato possibile avvalersi dell'intervento della Fondazione Messerschmitt di Monaco di Baviera, che qui si intende pubblicamente ringraziare. Gli affreschi restaurati attorno al 1955 e l'intonaco risalente alla medesima

TAUFERS IM MÜNSTERTAL
TUBRE IN VAL MONASTERO

TAUFERS IM
MÜNSTERTAL,
PFARRKIRCHE
ST. BLASIUS,
ORGELPFEIFEN

TUBRE IN
VAL MONASTERO,
PARROCCHIALE DI
SAN BIAGIO,
CANNE DELL'ORGANO

TAUFERS IM
MÜNSTERTAL,
ST. JOHANN,
DETAIL DES
ROMANISCHEN
CHRISTOPHORUS

TUBRE IN
VAL MONASTERO,
SAN GIOVANNI,
DETTAGLIO DELLA
RAFFIGURAZIONE
ROMANICA DEL
SAN CRISTOFORO

wiesen nämlich schwere Salzschäden auf, die behoben werden mussten.
Die Maßnahmen begannen bereits im Vorjahr und konnten im Berichtsjahr weitgehend abgeschlossen werden. Zu Beginn entfernte man im Kircheninneren die neuen Putze, soweit sie versalzt waren. Es folgte die Reinigung und Festigung der Fresken im Ostarm der Kirche, im ersten Obergeschoss des Westbaues und an der Nordfassade. Dort konnte man links vom bekannten Christophorusbild eine schwarz-weiße Dekoration an der ursprünglich frei stehenden Ostfassade des Westbaues nachweisen. Schließlich wurden die Werkstücke aus Tuffstein der Vierungsbögen freigelegt und die Putzflächen der Kirche lasierend getüncht. Die bisher nicht geklärte Baugeschichte wird in nächster Zeit anhand der freiliegenden Mauern im unteren Bereich Ziel einer eingehenden Untersuchung sein. hs

fase di intervento mostravano gravi danni a seguito di efflorescenze saline, che è stato necessario eliminare. Gli interventi hanno avuto inizio già nel 2000 e sono stati pressoché conclusi nel corso del 2001. Inizialmente si sono eliminati i nuovi intonaci negli interni, laddove essi apparivano coperti da efflorescenze saline. Vi ha fatto seguito la pulizia ed il fissaggio degli affreschi sul lato orientale della chiesa, al primo piano dell'ala ovest e sulla facciata nord. Li si è potuto documentare, a sinistra della nota raffigurazione di san Cristoforo, una decorazione bianco-nera sulla parete orientale del tratto ovest, che una volta era parete esterna. Sono state infine pulite le pietre in tufo degli archi a crociera e sono stati tinteggiati con un velo di calce gli intonaci interni della chiesa. Le oscure vicende edilizie sconosciute potranno essere prossimamente chiarite sulla base di un'indagine dettagliata da svolgersi sulle pareti murarie della parte inferiore. hs

TERLAN
TERLANO

Deutschhaus in Siebeneich
Zur Behebung der Feuchtigkeitsschäden wurde um das Wohngebäude des Gutshofes aus dem 17. Jahrhundert ein Drainageschacht angelegt. In den nicht unterkellerten Innenräumen des Erdgeschosses wurden die bestehenden Böden entfernt, der Unterbau ausgehoben sowie nach dem Einbringen einer entsprechenden Schotterrollierung ein neuer Bodenaufbau verlegt (Beitrag). ml

Casa dell'Ordine Teutonico a Settequerce
Per eliminare i danni causati dall'umidità è stata scavata una fossa di drenaggio tutt'attorno all'edificio d'abitazione del maso risalente al Seicento. Nei vani interni del pianterreno, privi di cantine, si è provveduto all'eliminazione dei pavimenti esistenti, allo scavo del terreno sottostante, al riempimento con la ghiaia, infine al rifacimento dei pavimenti (contributo). ml

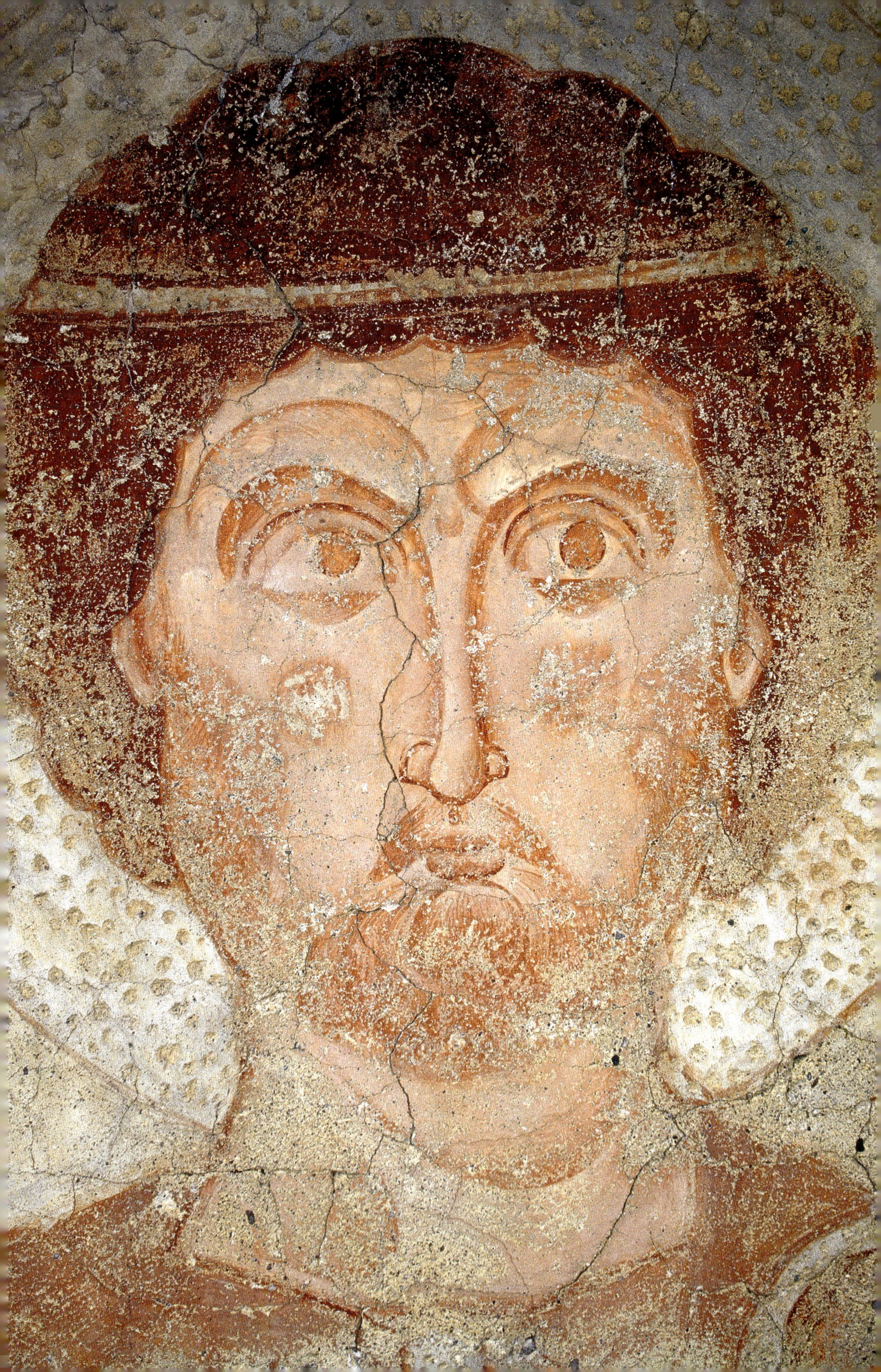

TAUFERS IM
MÜNSTERTAL,
ST. JOHANN

TUBRE IN
VAL MONASTERO,
SAN GIOVANNI

Gasthof Engel in Unterkreut

Die Adaptierung des historischen Gasthofes zu Wohnzwecken wurde weitgehend abgeschlossen. Das Deckenfresko im Vorraum des ersten Obergeschosses konnte fachgerecht restauriert werden (Beitrag). Von einer Freilegung des zugehörigen Stuckrahmens wurde aus finanziellen Überlegungen abgesehen. Die Fassadensanierung ist aufgrund der deckenden bzw. unpassenden Farbgebung an den Flächen bzw. Putzfaschen als nicht gelungen zu bezeichnen. ml

Pfarrkirche Mariä Himmelfahrt

Die Restaurierung der Südfassade, in deren Verlauf die ausgewaschenen Fugen geschlossen, die Sandsteinquader gefestigt und, wo nicht anders möglich, ersetzt worden sind, beendete die Arbeiten am Äußeren der Kirche.
Im Inneren wurde nach der heiklen statischen Sicherung des Pfeilers zwischen Haupt- und Seitenschiff und nach der Drainage der Kirchenmauern ein neuer Sandsteinboden verlegt. Nach dem Abtragen des 1964 verlegten Bodens kamen im Presbyterium auf dem ca. 70 cm hohen Wandstück bis zum ursprünglichen Estrich Reste von Wandmalereien zum Vorschein. Die ältere Schicht zeigt rote Rauten mit Blattfüllungen auf weißem Grund. Die technisch schwache Kalkmalerei wurde in einem zweiten Moment überputzt und in

Locanda Engel a Unterkreut

La trasformazione dell'antica locanda ad uso abitativo può dirsi ormai ampiamente conclusa. Si è potuto restaurare a regola d'arte l'affresco sul soffitto nell'atrio del primo piano (contributo). Per ragioni di ordine finanziario si è rinunciato allo scoprimento della relativa cornice a stucco. Il lavoro di risanamento delle facciate non può invece considerarsi riuscito, per via del colore coprente ed inadatto con cui sono state rivestite le superfici e le fasce di intonaco. ml

Parrocchiale dell'Assunta

I lavori svolti all'esterno della parrocchiale si sono conclusi con il restauro della parete meridionale, con relativo rifacimento delle fughe alterate dagli agenti atmosferici, fissaggio e, dove non diversamente possibile, sostituzione dei blocchi in arenaria.
All'interno, dopo la delicata operazione di consolidamento statico del pilastro tra navata centrale e navata laterale e dopo la deumidificazione delle murature, è stato posto in opera un nuovo pavimento in arenaria. Dopo l'eliminazione del pavimento risalente al 1964, venne alla luce nel presbiterio una striscia ad affresco di circa settanta centimetri che scende sino al livello dell'antico pavimento. Lo strato antico mostrava dei motivi rossi a losanga su fondo bianco. La pittura, eseguita a calce ma di non elevata qualità tecnica, venne successivamente coperta da

TAUFERS IM
MÜNSTERTAL,
ST. JOHANN

TUBRE IN
VAL MONASTERO,
SAN GIOVANNI

Freskotechnik mit einem Hermelinmuster auf dunklem Grund bemalt. Auch diese Sockeldekoration verschwand unter einem neuerlichen Putzauftrag, der eine gelbe Schlemme zeigte. An der Ostwand wurde der Sockel eines gemauerten Altars, im Eck zwischen Südost- und Südwand ein weiterer polygonaler gemauerter Sockel freigelegt, dessen Verputz jünger ist als die beiden Sockelmalereien.
Die Glasfenster im Chor, St. Josef und St. Johannes aus dem Ende des 19. Jahrhunderts sowie Mariä Himmelfahrt von Rudolf Stolz 1913 wurden gereinigt und neu verbleit, der im Zuge der Restaurierung des späten 19. Jahrhunderts mit Stein geschlossene untere Teil der Fenster wieder geöffnet und verglast. Die neugotischen Kirchenbänke sollten zuerst durch neue ersetzt werden, aufgrund der Intervention des Denkmalamtes wurden sie restauriert. Die Aufstellung eines neuen Volksaltars und Ambos beendete die Arbeiten. hs

Steiner in Siebeneich
Das ansitzartige Hauptgebäude, dessen Bestand im Wesentlichen auf das 17. Jahrhundert zurückgeht, wurde mit Mönch- und Nonneziegeln neu eingedeckt. Gleichzeitig wurden diverse Räumlichkeiten des Erdgeschosses und des Dachgeschosses zu Wohnzwecken saniert. Die südseitig vorgesetzte Terrasse wurde abgetragen und in zeit-

intonaco e ridipinta ad affresco con un motivo ad ermellino su fondo scuro. Anche questa decorazione scomparve sotto un nuovo intonaco dipinto di giallo. Sulla parete orientale è stato riportato alla luce un basamento di un altare in muratura, nell'angolo tra parete sud-est e sud un altro basamento poligonale, il cui intonaco appare più recente rispetto alle pitture sullo zoccolo.
Le vetrate nel coro, raffiguranti san Giuseppe e san Giovanni e risalenti alla fine dell'Ottocento oltre alla Maria Assunta eseguita da Rudolf Stolz nel 1913 sono state pulite e ripiombate, le porzioni inferiori delle finestre chiuse con pietre in seguito ai restauri del tardo XIX secolo sono state nuovamente riaperte e dotate di vetri. Le bancate neogotiche della chiesa avrebbero dovuto essere sostituite da nuove bancate, in seguito all'intervento della Soprintendenza si è proceduto invece al loro restauro. I lavori sono stati conclusi con la sistemazione di un nuovo altare moderno e di un ambone. hs

Steiner a Settequerce
Il tetto dell'edificio principale, dalle forme signorili ed il cui nucleo edilizio risale in gran parte al XVII secolo, è stato ricoperto con coppi. Al contempo numerosi vani del pianterreno e della soffitta sono stati risanati ad uso abitativo. La terrazza sul lato meridionale è stata eliminata e sostituita da costruzione analoga dalle forme moder-

TISENS,
CASATSCH,
BURGRUINE
NACH DER SICHERUNG

TESIMO,
CASATSCH,
ROVINA DOPO
IL CONSOLIDAMENTO

TISENS,
CASATSCH,
BURGRUINE
NACH DER SICHERUNG

TESIMO,
CASATSCH,
ROVINA DOPO
IL CONSOLIDAMENTO

TIROL
TIROLO

gemäßen Formen neu errichtet. Um das Gebäude wurde ein Drainagegraben angelegt, die Fassaden neu getüncht (Beitrag). ml

Auer

Die Schlosskapelle des 1288 ersterwähnten Ministerialensitzes wurde im Innenraum fachgerecht restauriert. Aufgrund der Bodenversiegelung war es in den Sockelzonen zu Feuchtigkeitsschäden gekommen. Daher musste der Sockelputz großflächig abgenommen und durch Kalk-Trass-Mörtel ersetzt werden. An den aufgehenden Wand- und Gewölbeflächen wurde der letzte Dispersionsanstrich entfernt. Die Neutünchung erfolgte in reiner Kalkfarbe. Die Farbgebung orientierte sich an einer historistischen Farbfassung. ml

St. Peter mit Friedhofskapelle

Der Vierungsturm des bis in die karolingische Zeit zurückreichenden Sakralbaues wurde unter Wiederverwendung des bestehenden Eindeckungsmaterials mit Mönch- und Nonneziegeln neu eingedeckt. Eine vollständige Neueindeckung erfuhr die zweigeschossige Friedhofskapelle St. Wolfgang. Das Erdbeben vom 17. Juli dieses Jahres verursachte glücklicherweise keine größeren Schäden (Beitrag). ml

TISENS

Casatsch

Die im Vorjahr begonnenen Maßnah-

ne. Intorno all'edificio è stata scavata una fossa di drenaggio e sono state tinteggiate le facciate (contributo). ml

Auer

È stato restaurato a regola d'arte il vano interno della cappella del piccolo castello citato nel 1288 quale sede di ministeriali. A causa della pessima traspirazione del pavimento si erano prodotti nell'ambito dello zoccolo alcuni danni da umidità. Si è dunque dovuto eliminare l'intonaco della base, sostituendolo con malta di calce e trass. Sulle soprastanti pareti e sulla volta è stata eliminata la pittura a dispersione. La ritinteggiatura è stata eseguita con colore a calce puro. Il colore prescelto ha tenuto conto della cromia storicistica. ml

San Pietro con cappella cimiteriale

Utilizzando il materiale preesistente, si è provveduto a rifare la copertura a coppi del campanile dell'edificio sacro risalente nel suo nucleo addirittura all'epoca carolingia. Una copertura del tutto nuova è stata invece posta in opera sulla cappella cimiteriale a due piani dedicata a san Volfango. Il terremoto del 17 luglio 2001 non ha fortunatamente provocato alcun danno considerevole agli edifici (contributo). ml

Casatsch

Sono state pressoché terminate le opere di

TISENS, STEINMANN

TESIMO, STEINMANN

men zur Sicherung der Burgruine konnten im Wesentlichen abgeschlossen werden (Beitrag). Schließen von Sprüngen, Neuverfugen von größeren Fehlstellen und Abdecken der Kronen standen dabei im Vordergrund. Beim teilweisen Aushub des Einsturzmaterials im Inneren stieß man auf die Schwelle des ehemaligen Burgtores im Westen.

Schmiedhaus

Das zu Beginn des 18. Jahrhunderts aus einem älteren Bestand hervorgegangene Wohn- und Wirtschaftsgebäude wurde mit Mönch- und Nonneziegeln neu eingedeckt. Im Hinblick auf den beabsichtigten Dachgeschossausbau wurden straßenseitig Dachgauben errichtet. Der eigentliche Ausbau soll in den kommenden Jahren erfolgen (Beitrag).

Steinmann

Mit den aufwendigen, von allen Beteiligten mit viel Engagement vorangetriebenen Sanierungsarbeiten der spätmittelalterlichen Hofstelle wurde fortgefahren. In den Herbstmonaten wurde mit der Restaurierung der Renaissancestube an der Nordostecke des ersten Obergeschosses begonnen. Vorgesehen sind die Reinigung der Zweitfassung aus dem 19. Jahrhunderts, sowie eine lasierende Retusche der Fehlstellen. Um ein optisch geschlossenes Erscheinungsbild zu erreichen, wurden die Fehl-

consolidamento statico della rovina, iniziate l'anno precedente (contributo). Si è trattato soprattutto della chiusura delle crepe, dell'inserimento di nuovo intonaco nei punti di maggiore caduta e della protezione delle parti terminali delle murature. Nell'opera di parziale rimozione del materiale crollato all'interno si è scoperto verso occidente la soglia dell'antico portone del castello.

Casa del fabbro

Gli edifici d'abitazione e di servizio risultanti dagli interventi d'inizio Settecento su strutture più antiche sono stati ricoperti con coppi. In vista del previsto risanamento del sottotetto sono stati costruiti degli abbaini sul lato verso la strada. L'intervento di risanamento vero e proprio sarà eseguito nel corso dei prossimi anni (contributo).

Steinmann

Grazie all'impegno delle diverse persone coinvolte, sono proseguiti i costosi lavori di ristrutturazione del maso tardomedievale. Nei mesi autunnali si è dato inizio al restauro della stube d'epoca rinascimentale sita sull'angolo nord-orientale del primo piano. Si è proceduto alla pulizia dello strato pittorico ottocentesco, con successiva integrazione delle lacune. Per ottenere una percezione unitaria dell'insieme si è proceduto alla integrazione delle parti

TOBLACH, BAUMGARTNER

DOBBIACO, BAUMGARTNER

TOBLACH
DOBBIACO

stellen an der Sockeldekoration zurückhaltend ergänzt. Die gesamte Täfelung wurde abschließend mit Bienenwachs eingelassen (Beitrag). ml

Baumgartner
Nachdem das direkt neben der Kirche liegende große Wohnhaus im letzten Jahr im Inneren saniert wurde, konnten im Berichtsjahr die Fassaden restauriert und die Außenmauern entfeuchtet und statisch gesichert werden. Laut Voruntersuchung des Restaurators waren insgesamt sechs verschiedene Farbfassungen auszumachen, wobei das heutige Erscheinungsbild mit dem Spritzputz, den Eckquadern und den Putzfaschen auf das Jahr 1892 zurückgeht. Nach Abnahme des kunstharzhältigen Anstrichs wurden die Fassaden mit Kalkfarbe in einem hellen Ockerton mit hellgrauen Faschen und ockerfarbenen Eckquadern getüncht. Restauriert wurden weiters der Balkon mit Holzsägearbeiten sowie die Eingangstür (Beitrag).
Die Vergrößerung der Balkontür, die dieses Amt aufgrund der Beeinträchtigung der historischen Fassadengliederung ablehnte, wurde im Rekursweg von der Landesregierung genehmigt. ht

Kapelle in der Gratsch
Die Kapelle, die direkt an der Straße liegt, wurde im 17. Jahrhundert als Hofkapelle errichtet. Sie besitzt einen abgesetzten runden

mancanti nella decorazione dello zoccolo. L'insieme dei tavolati è stato infine trattato con cera d'api (contributo). ml

Baumgartner
Dopo che erano stati risanati gli interni della grande casa d'abitazione posta a fianco della chiesa, nel 2001 sono state restaurate le pareti esterne, con relative opere di deumidificazione e consolidamento statico. Sulla base dell'indagine preventiva svolta dal restauratore, risultavano complessivamente sei diversi strati pittorici; l'aspetto esterno attuale, con intonaco a spruzzo, pietre d'angolo dipinte e decorazioni intonacate, deriva dagli interventi del 1892. Dopo aver provveduto all'eliminazione del colore a componente resinosa, si è provveduto a tinteggiare le pareti esterne con colore a calce di tonalità ocra chiaro, fasce grigio chiaro e le pietre d'angolo dipinte a color ocra. È stato restaurato anche il balcone ligneo con decorazioni eseguite direttamente nel legno (contributo). L'ampliamento dell'accesso al balcone, respinto dal presente Ufficio in ragione della tutela della struttura originaria della facciata, è stato infine approvato dalla Giunta Provinciale, cui era stato presentato un ricorso. ht

Cappella a Grazze
La cappella, posta ai margini della strada statale, è stata costruita nel XVII secolo come cappella di un maso. Essa possiede un

TOBLACH,
KAPELLE
IN DER GRATSCH

DOBBIACO,
CAPPELLA A GRAZZE

Chor, im Langhaus eine Flachkuppel und im Langhaus eine Flachkuppel und im Chor ein Tonnengewölbe. Aufgrund von Feuchtigkeitsschäden im Innen- und Außenbereich war eine Sanierung notwendig geworden. Um weiteren Schäden Einhalt zu gebieten, wurde um die Kapelle eine Drainage errichtet und das Dach wiederum mit Lärchenschindeln eingedeckt (Beitrag). Der Dachreiter, eine teilweise verputze Holzkonstruktion aus Fichte, stammt aus der Nachkriegszeit. Da das Türmchen etwas zu groß ausgefallen ist und starke Witterungsschäden aufwies und da ein historisches Foto mit dem originalen Dachreiter existierte, entschied man sich auch aufgrund des Wunsches des Besitzers, den Dachreiter nach der Fotografie zu rekonstruieren.
Beim Aushub für die Drainage wurde ein römischer Meilenstein mit Inschrift wiederentdeckt (siehe Bericht des Amtes für Bodendenkmäler, S. 282).
Im Innenraum wurden der morsche Putz entfernt, der Holzboden neu verlegt und die Kirchenbänke, die Fenster und Stukkaturen restauriert (Beitrag).

coro circolare, una cupola nella navata ed una volta a botte nel presbiterio. I danni provocati dall'umidità all'esterno ed all'interno hanno reso indilazionabile l'opera di restauro. Per contrastare il prosieguo del danno, è stata scavata una fossa di drenaggio attorno all'edificio ed il tetto è stato ricoperto con scandole di larice (contributo). Il campaniletto, una costruzione in abete parzialmente intonacata, risale al secondo dopoguerra. Poiché la torretta appariva un po' sproporzionata, evidenziava gravi danni a causa degli agenti atmosferici ed esisteva una foto che mostrava la forma originaria del campaniletto, si è optato, anche su espresso desiderio del proprietario, a ricostruirlo sulla base della fotografia.
Durante lo scavo della fossa di drenaggio ci si è imbattuti in un miliare romano con iscrizione (cfr. la relazione dell'Ufficio beni archeologici, p. 282).
All'interno è stato eliminato l'intonaco marcio, è stato rifatto il pavimento di legno, sono state restaurate le finestre e gli stucchi (contributo).

Pfarrkirche St. Quirikus und Julitta

Nachdem in den letzten beiden Jahren die hochgotischen Wandmalereien im Chor behutsam restauriert wurden (siehe Denkmalpflege in Südtirol 1999, S. 158 und 2000, S. 181), konnten im Berichtsjahr mit der Sanierung der historischen

Parrocchiale dei SS. Quirico e Giulita

Dopo l'accurato restauro delle pitture murarie tardogotiche del coro eseguito nel corso degli ultimi due anni (cfr. Tutela dei beni culturali in Alto Adige 1999, p. 158; 2000, p. 181), nell'anno oggetto della presente relazione si è riusciti a completare

TRAMIN
TERMENO

TRAMIN,
PFARRKIRCHE
ST. QUIRIKUS UND
JULITTA, MARTYRIUM
DES HEILIGEN QUIRIKUS
UND DESSEN
MUTTER JULITTA

TERMENO,
PARROCCHIALE DEI
SS. QUIRICO E GIULITA,
MARTIRIO DEL SANTO
QUIRICO E DI SUA
MADRE GIULITA

TRAMIN,
PFARRKIRCHE
ST. QUIRIKUS UND
JULITTA

TERMENO,
PARROCCHIALE DEI
SS. QUIRICO E GIULITA

Putze in der Sockelzone und der Restaurierung der gotischen Wandmalereien an den Fassaden und am Turm die Arbeiten erfolgreich abgeschlossen werden.
Vor allem aufsteigende Feuchtigkeit und Witterungseinflüsse hatten Salzausblühungen, Hohlstellen zwischen Putz- und Untergrund sowie die farbliche Veränderung der Retuschen früherer Restaurierungen zur Folge. Die diversen Freskomalereien, die sich entlang der Chorwand befinden, reichen von der Frühgotik bis zur Hochgotik und haben das Jüngste Gericht, die Krönung Mariens, gleich mehrere Ölbergszenen sowie eine mehrfigürliche Kreuzigung zum Thema.
Die notwendigen Eingriffe an den einzelnen Darstellungen beschränkten sich in erster Linie auf konservierende Maßnahmen wie Hinterfüllen von Hohlstellen, Entsalzung und Festigung von Mal- und Putzschicht. Lediglich an einzelnen Stellen wurden störende Fehlstellen mittels Aquarellretuschen zurückgenommen.
Ursprünglich hatte die Chorausmalung mit den Martyrien der Kirchpatrone, der Passion Christi, Aposteln und Heiligen, Marienszenen und der Maria mit Kind samt Evangelistensymbolen im Gewölbe auch die Sockelzone eingenommen. Aufgrund der geringen Fragmente in diesem Bereich hätte sich eine Restaurierung nicht gelohnt. So wurden sie doku-

con successo il risanamento dell'intonaco originario nella zona del basamento e il restauro delle pitture murarie gotiche delle pareti esterne e del campanile. Soprattutto l'umidità che risaliva dal terreno e gli agenti atmosferici avevano determinato la formazione di efflorescenze saline, il distacco di alcune porzioni tra la muratura e l'intonaco e l'alterazione cromatica dei ritocchi frutto di precedenti restauri. I vari affreschi che si trovano lungo la parete del coro spaziano dagli albori del gotico fino alla sua fase mediana e sviluppano i temi del Giudizio Universale, dell'Incoronazione di Maria, con parecchie scene del Monte degli Ulivi e una Crocifissione con molti personaggi.
I necessari interventi sulle singole raffigurazioni si sono limitati in primo luogo a misure di conservazione, come l'integrazione di parti mancanti, la desalinazione e il consolidamento della pellicola e dell'intonaco. Solo in alcuni punti è stato necessario riparare alcune lacune ritoccandole con colori ad acquerello per ragioni estetiche.
In origine i dipinti del coro raffiguranti il martirio dei patroni della chiesa, la Passione di Cristo, apostoli e santi, scene della Vita della Vergine e Maria con il Bambino assieme ai simboli degli evangelisti nella volta ricoprivano anche la zona dello zoccolo. In considerazione degli scarsi frammenti rinvenuti in questa parte non valeva la pena di procedere al loro restauro, e per-

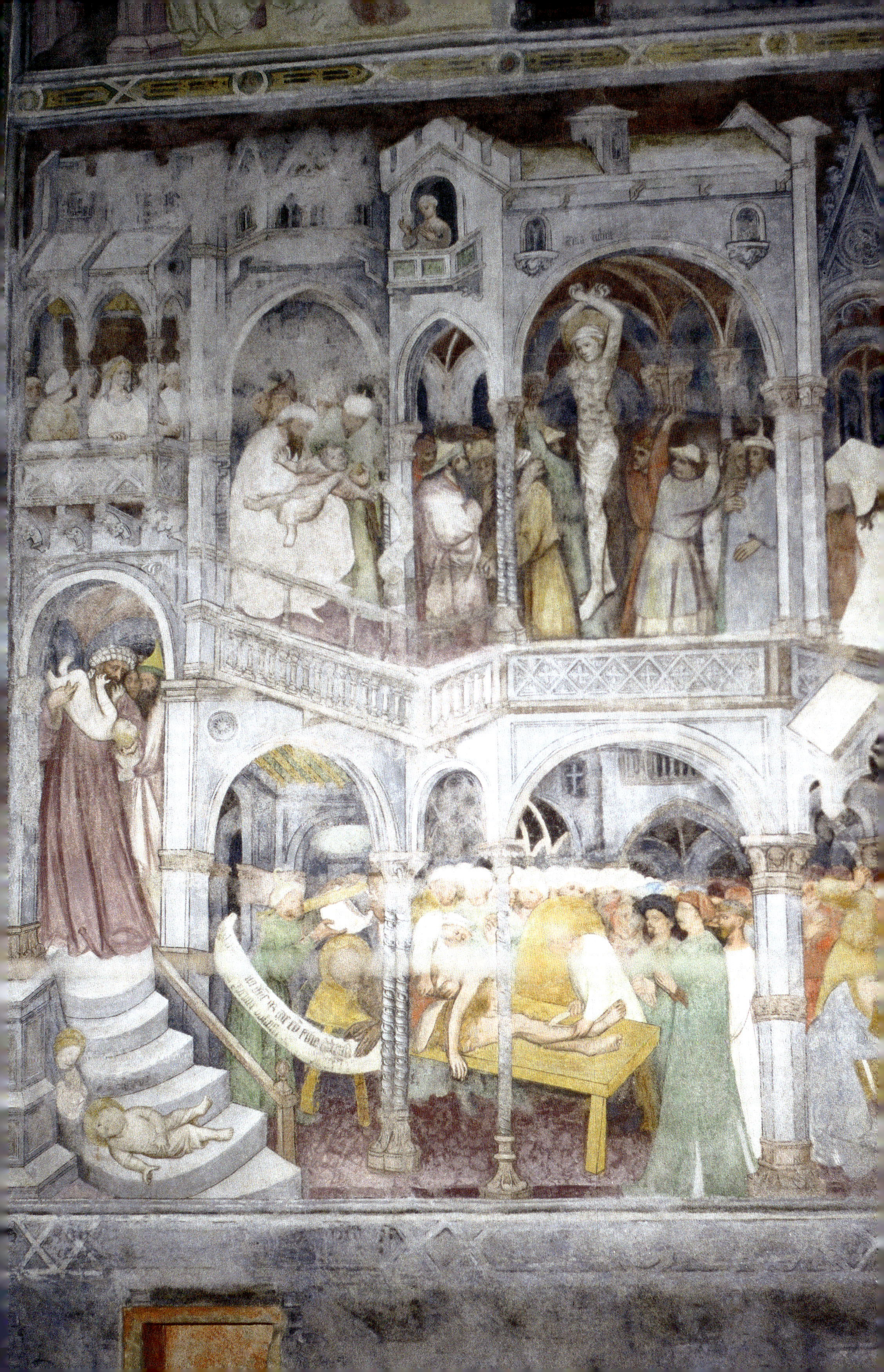

TSCHERMS,
LEBENBERG,
KAPELLE NACH DER
RESTAURIERUNG

CERMES,
CASTEL LEBENBERG,
CAPPELLA DOPO IL
RESTAURO

mentiert und wieder unter Mörtel gelegt. Die Restaurierung hat die Ausmalung für weitere Jahrzehnte konserviert und optisch aufgewertet. Die Arbeiten wurden mit einem 90-prozentigen Beitrag unterstützt. vd/wke

tanto essi sono stati documentati e nuovamente posti sotto malta. Il restauro ha garantito la conservazione dei dipinti per i prossimi decenni e li ha valorizzati sul piano estetico. I lavori sono stati finanziati con un contributo pari al 90 per cento. vd/wke

TSCHERMS
CERMES

Lebenberg

Die von der Messerschmitt Stiftung München in großzügiger Weise finanzierte Restaurierung der Burgkapelle wurde abgeschlossen. Die Neufunde an gotischer Wandmalerei, die im Herbst des Vorjahres an der Nordwand zum Vorschein gekommen sind, konnten erweitert, die Abfolge der Schichten geklärt werden. Im oberen Wandbereich wurden fünf unter Arkaden stehende Heilige freigelegt. Vom ersten fehlt der Kopf, es folgt, gut erhalten, der heilige Sigmund mit Szepter, Krone und Inschrift. Weiters sieht man einen heiligen Bischof ohne Inschrift, die heilige Barbara, deren Kopf verloren gegangen ist, die aber aufgrund der Inschrift identifiziert werden kann, und das Martyrium des heiligen Vitus im Ölkessel. Die Bordüre, die das Wandbild oben rahmt, entspricht der Höhe des ursprünglich flach gedeckten Kapellenraumes. Eine Bordüre gleicher Art grenzt die Heiligenreihe vom tiefer liegenden Register ab, das durch den gegen Ende des 16. Jahrhunderts erfolgten Ausbruch des

Castel Lebenberg

Si sono conclusi i lavori di restauro della cappella del castello, generosamente finanziati dalla Fondazione Messerschmitt di Monaco. Ai recenti ritrovamenti di pitture parietali gotiche, venuti alla luce nell'autunno del 2000 sulla parete settentrionale, ne sono stati aggiunti altri ed è stato chiarito anche l'ordine di successione dei vari strati. Nella zona superiore della parete sono stati scoperti cinque santi in posizione eretta sotto delle arcate. Del primo manca la testa, mentre il secondo, in buono stato di conservazione, corrisponde a san Sigismondo con lo scettro, la corona e un'iscrizione. Seguono quindi un santo vescovo privo di iscrizione, santa Barbara, di cui non è più riconoscibile il capo ma che è ugualmente identificabile attraverso l'iscrizione, e infine il martirio di san Vito nella caldaia di olio bollente. La bordura che incornicia in alto il dipinto coincide con l'altezza dell'interno della cappella, originariamente dotata di soffitto piano. Una bordura dello stesso tipo delimita la teoria dei santi dal registro inferiore, andato in buona parte distrutto verso la fine del XVI secolo a segui-

TSCHERMS,
LEBENBERG,
FREILEGUNGSPROBE

CERMES,
CASTEL LEBENBERG,
SONDAGGI

Fensters weitgehend zerstört ist. Vor einer Kirche gehen zwei Pilger in demütiger - Haltung auf Christus zu, der vor dem Portal derselben steht. Ganz links, hart am Fenster sieht man den Rest einer weiteren Figur mit Heiligenschein. Eine Deutung der Szene steht noch aus.
Die Malereien, die an den Seiten von dem 1508 eingezogenen Rippengewölbe überschnitten werden, sind zu Beginn des 15. Jahrhunderts entstanden und einer Werkstatt aus Meran zuzuschreiben. Auch an der Südwand entdeckte man einen kleinen Rest von gotischer Wandmalerei aus jener Zeit. Kurz nach der Einwölbung dürfte der heilige Stefan gemalt worden sein, der auf der älteren gotischen Schicht liegt. Der spätgotische Charakterkopf wurde freigelegt, ebenso der untere Teil der Figur. Während der untere Teil des Auferstehungsbildes aus der Zeit um 1580–1600, das 1909 grob freigelegt und mit Ölfarbe entstellend übermalt worden war, zugunsten der gotischen Heiligenreihe entfernt wurde, erfuhr das zugleich entstandene Jüngste Gericht am Triumphbogen, eine typische Darstellung aus der Gegenreformation, eine schonende Restaurierung.
Die neugotische Fassung des Blattwerks am Gewölbe wurde beibehalten, nur in zwei Zwickeln ging man auf die Fassung aus der Zeit um 1580–1600 (graue

to all'apertura della finestra. Si notano due pellegrini che, davanti a una chiesa, avanzano in atteggiamento umile e devoto verso Cristo, in piedi dinanzi al portone del sacro edificio. All'estrema sinistra, proprio adiacente alla finestra, si nota il frammento di un altro personaggio con aureola. Manca ancora un'interpretazione credibile della scena. I dipinti, che lateralmente risultano intersecati dalla volta a costoloni costruita solo in una seconda fase, nel 1508, risalgono all'inizio del XV secolo e sono attribuibili ad una bottega meranese. Anche sulla parete meridionale si è scoperto un piccolo frammento di pittura parietale gotica risalente a quella stessa epoca. Poco tempo dopo la costruzione della volta potrebbe essere stato eseguito il ritratto di santo Stefano rinvenuto sullo strato gotico più antico. Di questa figura sono state scoperte la testa di gusto tipicamente tardogotico e la parte inferiore del corpo. Mentre la parte inferiore del dipinto della Resurrezione risalente all'età all'incirca tra il 1580 e il 1600, portata grossolanamente alla luce nel 1909 e deturpata dalla ridipintura ad olio, è stata asportata a tutto vantaggio della serie di santi, il coevo Giudizio Universale dipinto sull'arco di trionfo, una rappresentazione tipica dell'età della Controriforma, è stato sottoposto ad un delicato intervento di restauro. La decorazione neogotica della volta con foglie ornamentali è stata conservata e solo in due vele si è tornati alla pittura dell'età attor-

VAHRN, SALERN, HISTORISCHE ANSICHT

VARNA, SALERN, IMMAGINE STORICA

Blätter auf altrosa Grund) zurück. Auch die Blätter an den Gewölbegraten unter der Empore, ein Fragment mit einem Mann und einem Rundturm an der Südwand, sowie ein Wappen der Familie Trapp an der Nordwand, alle erst freigelegt, stammen aus jener Zeit.
Dem 18. Jahrhundert gehört ein weiteres Fragment an der Südwand an. Aufgedeckt wurde außerdem ein Lentner-Wappen im westlichen Teil des Gewölbes, um 1850. Abschließend erfolgte die Restaurierung des Wandbildes an der Nordfassade der Kapelle, das die Steinigung des heiligen Stefan darstellt und ebenfalls um 1600 entstanden ist.
Da unter der Malerei eine getünchte Putzschicht gefunden wurde, trifft die Annahme Weingartners, dass die Kapelle im 14. Jahrhundert erbaut worden sei, zu. Mit fünf verschiedenen Ausmalungen vom 15. bis 19. Jahrhundert stellt die Kapelle ein bedeutendes Zeugnis künstlerischer Erneuerung dar.
Als die Arbeiten im Innenraum schon abgeschlossen waren, verursachte das Erdbeben vom 17. Juli zahlreiche Sprünge in den Wänden, die mit neuerlichem Arbeitsaufwand geschlossen werden mussten. hs

no al 1580-1600 (foglie grigie su fondo rosa antico). Risalgono a quell'epoca anche le foglie sulle nervature della volta sotto la cantoria, un frammento raffigurante un uomo e una torre a pianta circolare sulla parete meridionale, nonché lo stemma della famiglia Trapp sulla parete nord, ora tutti riportati in luce. Appartiene al XVIII secolo anche un frammento rinvenuto sulla parete meridionale. È stato scoperto inoltre uno stemma Lentner nella parte occidentale della volta, databile al 1850 circa. Infine, è stato eseguito il restauro della pittura murale sulla facciata settentrionale della cappella, raffigurante la lapidazione di santo Stefano e anch'essa risalente attorno al 1600. Essendo stato rinvenuto sotto la pittura uno strato di intonaco tinteggiato, pare pertinente l'ipotesi sostenuta da Weingartner, secondo cui la costruzione della cappella risalirebbe al XIV secolo. Con i suoi cinque diversi strati di pittura, collocabili tra il XV e il XIX secolo, la cappella costituisce una significativa testimonianza di continuo rinnovamento artistico.
I lavori all'interno della chiesa potevano dirsi ormai conclusi, quando il terremoto del 17 luglio 2001 ha provocato numerose crepe sulle pareti; queste sono state subito richiuse, non senza ulteriore dispendio di lavoro. hs

VAHRN
VARNA

Salern
Von der aus dem 13. Jahrhundert stammenden Burganlage sind heute noch Teile der

Salern
Del maniero risalente al XII secolo si conservano oggi ancora alcune porzioni

VAHRN,
SALERN,
RUINE NACH DER
KONSOLIDIERUNG

VARNA,
SALERN,
ROVINA DOPO
IL CONSOLIDAMENTO

VAHRN,
NEUSTIFT, AUGUSTINER-
CHORHERRENSTIFT,
GARTEN, PISZIN

VARNA,
NOVACELLA,
ABBAZIA AGOSTINIANA,
GIARDINO, PESCHERIA

Ringmauer und der Bergfrieds erhalten. Im Berichtsjahr wurden die statische Sicherung und Restaurierung der Außenmauer des Eingangstores und des hohen Bergfrieds durchgeführt, mit der fachgerechten Reinigung der Oberflächen, Schließung offener Mauerfugen und der Sicherung und Neufestigung originaler Putzflächen. Die Freilegung und Sanierung der verschütteten Mauerstrukturen des ehemaligen Wohngebäudes, dessen Grundriss noch klar ablesbar ist, begleitet durch eine archäologische Grabung, soll nach Klärung einer neuen Gesamtfinanzierung erfolgen. kmm

Neustift, Augustinerchorherrenstift

Zwei qualitätsvolle barocke Leinwandbilder wurden gereinigt, gefestigt und doubliert. Am unteren rechten Rand der „Anbetung der Hirten" von Matthias Pussjäger kam die Schrift „M. Busieger invenit et pinxit 16.." zum Vorschein. Irma Kustatscher-Pernter, die das Bild unter der Nr. 47 des Werkkataloges anführt, erwähnt die Signatur nicht. Die „Anbetung der Könige" ist nicht signiert, dürfte aber mit ziemlicher Sicherheit Ulrich Glantschnigg zuzuschreiben sein.

Neustift,
Augustiner-Chorherrenstift, Garten

Nutz- und Ziergärten gehörten seit dem frühen Mittelalter zu Kloster- und Stiftsanlagen und dienten der Selbstversorgung

del muro di cinta e del mastio. Nel corso del 2001 sono stati eseguiti lavori di consolidamento statico e restauro dei muri esterni dell'ingresso e dell'alto mastio, con pulizia a regola d'arte delle superfici, chiusura delle fughe nei muri e consolidamento delle porzioni di intonaco originale. Non appena sarà stabilito un nuovo piano di finanziamento sarà possibile procedere alla pulizia ed al risanamento, con annessa indagine archeologica, delle superstiti strutture murarie dell'edificio abitativo, la cui pianta appare tuttavia ancora ben leggibile. kmm

Novacella, Abbazia agostiniana

Si è proceduto alla pulizia, al fissaggio ed alla ricostruzione della tela di due dipinti barocchi di buona qualità. In basso a destra dell'Adorazione dei pastori di Matthias Pussjäger è venuta alla luce l'iscrizione "M. Busieger invenit et pinxit 16[..]". Irma Kustatscher-Pernter, che cita il dipinto al numero 47 del catalogo ragionato del pittore, non cita la firma. L'Adorazione dei Re Magi non appare firmata, ma può essere attribuita con buona sicurezza ad Ulrich Glantschnigg.

Novacella,
Abbazia agostiniana, giardino

Orto e giardino sono sin dall'alto Medioevo connessi alla storia dei conventi e servivano sia all'autarchia comunitaria rispetto ad erbe

VAHRN,
NEUSTIFT,
PFARRKIRCHE
ST. MARGARETH,
NEUFUND VON
HOCHGOTISCHEN
FRESKEN

VARNA,
NOVACELLA,
PARROCCHIALE DI
SANTA MARGHERITA,
SCOPRIMENTO DEGLI
AFFRESCHI GOTICI

VAHRN,
NEUSTIFT,
PFARRKIRCHE
ST. MARGARETH,
NEUFUND DER
FRÜHGOTISCHEN
MALSCHICHT

VARNA,
NOVACELLA,
PARROCCHIALE DI
SANTA MARGHERITA,
SCOPRIMENTO
DELLE PITTURE
DEL PRIMO GOTICO

mit Kräutern, Obst, Gemüse und Zierpflanzen sowie als Ort der Erholung und des Gebetes. Im Chorherrenstift Neustift ist der zum Teil noch erhaltene, ummauerte Zier-, Nutz- und Baumgarten mit Taubenschlag und Piszin (Fischkalter) seit dem Barock in der heutigen Form nachweisbar. Eine Ansicht vor 1673 zeigt das Piszin noch an der Westseite des Stifts, jene von 1673 bereits am heutigen Standort inmitten des gestalteten Baumgartens. Während im ostseitigen Bereich noch die barocke Einteilung mit Buchsbaumparterres und jeweils zentralem Steinbrunnen erhalten blieb, war das Areal des ehemaligen Baumgartens mehrere Jahrzehnte als Gärtnerei genutzt worden. Deren Aussiedlung gibt die Gelegenheit den Baumgarten laut historischen Ansichten, Katasterplänen und Fotos zu rekonstruieren. Die Arbeiten begannen mit dem Abbruch der Glashäuser der ehemaligen Gärtnerei, der Sanierung der Umfassungsmauer samt Abdeckung und einer Grobplanierung des Geländes. Die dem Land Südtirol zugewiesenen Mittel aus den Lottoeinnahmen machen die Finanzierung zu 90 Prozent der Kosten möglich. wke

Neustift, Pfarrkirche St. Margareth
Die im Jahr 2000 begonnene Freilegung des hochgotischen Margarethenzyklus an der Nordwand konnte erfolgreich fortgesetzt, wenn auch noch nicht abgeschlossen

medicinali, frutta, verdura e piante decorative sia come luogo di riposo e di preghiera. Nell'abbazia di Novacella si conserva sino ad oggi, nella sua forma risalente al Seicento, l'orto-giardino-frutteto circondato da mura con colombaia e pescheria. Una veduta precedente al 1673 mostra la pescheria ancora sul lato occidentale del complesso conventuale, quella del 1673 la indica invece già nella posizione attuale, nel bel mezzo ad un ordinato frutteto. Mentre nel settore orientale si è conservata la suddivisione d'epoca barocca con siepi di bosso e fontana centrale in pietra per ciascuna sezione, l'area occupata in precedenza dal frutteto è stata utilizzata per diversi decenni come giardineria. Il trasferimento della giardineria in altro luogo offre l'occasione di ricostruire il frutteto sulla base delle antiche vedute, dei piani catastali e delle fotografie storiche. I lavori hanno preso avvio con l'abbattimento delle serre della ex giardineria, con il risanamento del muro perimetrale, ivi compresa la copertura, e con una progettazione di massima dell'area. I proventi dal lotto nazionale assegnati alla Provincia di Bolzano hanno reso possibile la copertura del novanta per cento dei costi sostenuti. wke

Novacella, parrocchiale di Santa Margherita
Lo scoprimento del ciclo tardogotico di Santa Margherita sulla parete settentrionale, iniziato nell'anno precedente (cfr. Tutela dei beni culturali in Alto Adige 2000, pp. 185/

werden (siehe Denkmalpflege in Südtirol 2000, S. 185/186). Ans Licht kamen weitere Szenen aus der Legende sowie Halbfiguren von Tugenden und Lastern samt Inschriften in der Leibung des Jochbogens. In den Randzonen und im unteren Bereich konnte unter den Fehlstellen der hochgotischen eine frühgotische Malschicht festgestellt werden. Da der Kirchenraum zu Beginn des 14. Jahrhunderts noch nicht eingewölbt war und die Malereien bis unters Dach reichten, wurde man auch im Dachraum über dem Gewölbe findig. Die gut erhaltene Frauenfigur ist durch die Inschrift als Margareth ausgewiesen. Die hochgotische Ausmalung des gewölbten Raumes hatte sich offensichtlich an die Thematik der älteren Schicht gehalten. Die Fragmente lassen sich ohne Zweifel dem Maler zuweisen, der das Lebensrad und die Heiligenfiguren in der ersten und zweiten Arkade des Kreuzgangs und das Begräbnis der heiligen Monika an die Wand des romanischen Turms gemalt hat. Die Freilegung wird im kommenden Jahr fortgesetzt (Beitrag). wke

St. Magdalena

Das aus Asbestplatten bestehende Dach der im späten 15. Jahrhundert erbauten und im 17. Jahrhundert nach Osten erweiterten Kirche wurde mit Lärchenschindeln neu eingedeckt (Beitrag). vd

186), è proseguito nel 2001 con successo, anche se non può considerarsi ancora del tutto concluso. Sono ritornate alla luce altre scene della leggenda, mezze figure simboleggianti vizi e virtù con una serie di iscrizioni nell'intradosso dell'arco superiore. Nelle parti più esterne e nella zona inferiore è stata accertata, sotto le parti mancanti dello strato di pittura tardogotico, la presenza di un precedente strato primogotico. Poiché all'inizio del XIV secolo la chiesa non aveva ancora un soffitto a volta e i dipinti arrivavano fin sotto il tetto, una parte di dipinti sono stati rinvenuti anche nella zona del tetto, al di sopra della volta. Le decorazioni pittoriche tardogotiche della chiesa hanno ripreso evidentemente i temi sviluppati nei dipinti precedenti. I frammenti sono senz'altro attribuibili allo stesso artista che dipinse la ruota della vita e le figure di santi nella prima e nella seconda arcata del chiostro e la sepoltura di santa Monica sulla parete del campanile romanico. Lo scoprimento verrà continuato nel corso del 2000 (contributo). wke

Santa Maddalena

Il tetto della chiesa, costruita verso la fine del XV secolo e successivamente ampliata sul lato orientale nel secolo XVII, era realizzato con lastre di amianto ritenute nocive alla salute; esso è stato sostituito da una nuova copertura con scandole di larice (contributo). vd

VILLNÖSS, ST. MAGDALENA

FUNES, SANTA MADDALENA

VILLNÖSS
FUNES

WAIDBRUCK,
TROSTBURG

PONTE GARDENA,
CASTEL TROSTBURG

VINTL
VANDOIES

Pfunders, Pfarrkirche St. Martin mit Friedhofskapelle und Friedhof
Im Zuge der Gesamtsanierung der Pfarrkirche in Pfunders (siehe Denkmalpflege in Südtirol 2000, S. 190–193) restaurierte man im Berichtsjahr die Fassaden der neobarock überformten, im Kern gotischen Kirche. An den Fassaden des Langhauses wurde der bestehende Anstrich in Ockergelb und an jenen des Chores die Quadermalerei wiederaufgenommen. Die am Turm durch Putzritzungen sich abzeichnende Gliederung mit Stockwerksgesims, Eckpilaster und Gestaltung des oktogonalen Turmaufsatzes wurde nach Abnahme des Dispersionsanstriches in Kalkweiß nachgezeichnet und dadurch von den ockergelben Grundflächen abgehoben (Beitrag). hsc

Fundres, parrocchiale di San Martino con cappella cimiteriale e cimitero
Nel contesto del risanamento globale della parrocchiale di Fundres (cfr. Tutela dei beni culturali in Alto Adige 2000, pp. 190–193) nell'anno relativo alla presente relazione si è provveduto agli esterni della chiesa di origine gotica ma riadattata in senso neobarocco. Sulle pareti esterne della navata è stata ripresa l'attuale tinteggiatura giallo-ocra e su quelle del coro la suddivisione a pietre dipinte. I marcapiani del campanile, i pilastri d'angolo e del tamburo ottagonale sono stati eseguiti con bianco calcio dopo aver eliminato il colore a dispersione, facendo così risaltare questi elementi rispetto allo sfondo giallo-ocra. (contributo). hsc

VÖLS AM SCHLERN
FIÉ ALLO SCILIAR

Finger
Der prächtige Hof aus spätmittelalterlicher Zeit erhielt einen neuen Dachstuhl und wurde im Wohngeschoss zu ebener Erde saniert. Die Mauern hat man statisch gesichert (Beitrag), die schadhaften Bretter und Balken über der breiten Labe ersetzt, die Sanitäranlagen erneuert, im Dachgeschoss Ferienwohnungen eingebaut. hs

Finger
Lo splendido maso risalente al tardo Medioevo è stato dotato di nuove capriate, mentre è stato risanato il pianterreno dell'edificio d'abitazione. Le murature sono state sottoposte ad opere di consolidamento statico (contributo). Sono state sostituite le assi e le travi danneggiate poste sopra l'ampio atrio, sono stati rifatti gli impianti sanitari e nel sottotetto sono stati ricavati alcuni appartamenti per turisti. hs

Schloss Prösels
Das Gebäude mit Pultdach neben dem ersten Torturm, das innen

Castel Prösels
Sono stati ricoperti da scandole di larice l'edificio con tetto a falda unica vicino

WAIDBRUCK,
TROSTBURG,
GLASIERTE
BIBERSCHWANZZIEGEL

PONTE GARDENA,
CASTEL TROSTBURG,
TEGOLE A CODE DI
CASTORO SMALTATE

WAIDBRUCK,
TROSTBURG,
HISTORISCHE
DACHEINDECKUNG

PONTE GARDENA,
CASTEL TROSTBURG,
ANTICA COPERTURA
DEI TETTI

offene Rondell in der südwestlichen Ringmauer und der Rundturm südlich vor dem alten Bergfried wurden mit Lärchenschindeln neu eingedeckt (Beitrag).

Solderer

Das große Haus mit Fassadengestaltung aus dem späten Historismus wurde aufgrund eines Nutzungswechsels einer Gesamtsanierung unterzogen, wobei im Erdgeschoss eine Carabinieristation mit entsprechendem neuen Raumprogramm untergebracht werden musste. Die Obergeschosse dienen der Wohnnutzung mit einer neuen externen Erschließung auf der Rückseite. Im Innenbereich waren alle Balkendecken und im Außenbereich alle Balkone mit Eisengitter und die originalen Giebeldekorationen zu erhalten und fachgerecht zu sanieren. Die farblich stark unterschiedlich gefasste Fassade wurde erneuert bzw. fachgerecht restauriert.

Trostburg

Die Burg hat ihre heutige Gestalt weitgehend am Ende des 16. und zu Beginn des 17. Jahrhunderts erhalten, als sie von Engelhard Dietrich Freiherr von Wolkenstein zur „Renaissance Residenz und Festung" umgebaut wurde. Im Rahmen der mit den staatlichen Lottogeldern zu 90 Prozent finanzierten Restaurierungsprojekte sollen

alla prima torre d'ingresso, il bastione semicircolare internamente aperto ed inserito nel muro di cinta sud-occidentale, infine la torre rotonda posta a meridione dinanzi al vecchio mastio (contributo).

Solderer

Il grande edificio con facciate risalenti al tardo periodo storicista è stato sottoposto a risanamento generale in seguito ad un cambio d'uso; al pianterreno troverà posto la stazione dei Carabinieri, con relativa nuova ripartizione degli spazi interni. Ai piani superiori è previsto un utilizzo abitativo, con nuovo accesso esterno dal retro. All'interno sono stati sottoposti a misure di conservazione e risanamento tutti i soffitti a travi, altrettanto è avvenuto all'esterno con i balconi e con le decorazioni originali del frontone. È stata rifatta la vivace tinteggiatura della facciata e sono state restaurate a regola d'arte le pitture preesistenti.

Castel Trostburg

L'aspetto attuale del castello risale all'epoca tra la fine del XVI e gli inizi del XVII secolo, quando Engelhard Dietrich von Wolkenstein trasformò il castello in "residenza e fortificazione rinascimentale". Nell'ambito dei progetti di restauro, finanziati al 90 per cento con le entrate del lotto nazionale, sono in programma per i prossimi tre anni il rifaci-

WAIDBRUCK
PONTE GARDENA

WAIDBRUCK, SOLDERER

PONTE GARDENA, SOLDERER

VAHRN, NEUSTIFT, AUGUSTINER-CHORHERRENSTIFT, ANBETUNG DER KÖNIGE VON ULRICH GLANTSCHNIGG

VARNA, NOVACELLA, ABBAZIA AGOSTINIANA, L'ADORAZIONE DEI RE MAGI DI ULRICH GLANTSCHNIGG

in den kommenden drei Jahren sämtliche Dächer eingedeckt, die Fassaden restauriert und der Römerturm oberhalb der Burg gesichert werden. Die Arbeiten begannen mit der Eindeckung der Dächer. Dabei werden alle brauchbaren Biberschwanztonziegel wiederverwendet, mit jenen des Brixner Domes gemischt und um wenige neue ergänzt. Das Ergebnis ist nicht nur ein funktionsfähiges Dach, sondern ein spannendes lebendiges Bild von historischem Aussagewert. Zudem ein Beweis dafür, dass es sich in jeder Hinsicht lohnt historisches Material wiederzuverwenden. Die Wahl der Biberschwanzdeckung ist historisch begründet und lässt sich auf alten Ansichten und archivalisch für die Engelhard-Dietrich-Zeit festmachen. Die Arbeiten werden im kommenden Jahr fortgesetzt. wke

mento dei tetti, il restauro delle facciate e il consolidamento della cosiddetta "torre romana" sita a monte del complesso. Si è iniziato con il rifacimento dei tetti. Si conta di riutilizzare tutte le tegole a coda di castoro di copertura ancora in buono stato, a cui verranno aggiunte le tegole recuperate dal duomo di Bressanone e qualche tegola nuova. Il risultato che si vuole ottenere non è semplicemente un tetto adeguato alla bisogna, ma un'immagine viva e stimolante di grande valore storico. E, soprattutto, a dimostrazione del fatto che il riutilizzo del materiale originario è sempre valido, sotto ogni aspetto. La scelta della copertura a coda di castoro è motivata storicamente e poggia su antiche vedute dell'epoca di Engelhard Dietrich e documentate dalle fonti d'archivio. I lavori proseguiranno anche nel corso del 2002. wke

WELSBERG
MONGUELFO

Alter Pfarrwidum
Eine spätgotische Bohlenbalkendecke und Stubentäfelung im ehemaligen Widum konnten im Berichtsjahr restauriert werden. Die wertvolle Decke mit Schnitzereien sowie die Wandtäfelung waren mehrmals überstrichen worden und mussten abgebeizt werden (Beitrag). ht

Taisten, Pfarrkirche St. Ingenuin und Albuin mit Friedhof
Die westliche Außenwand der Pfarrkirche zeigt die Darstellung einer Kreuzabnahme

Vecchia canonica
Nell'anno oggetto della presente relazione è stato restaurato un soffitto tardogotico a tavolati ed il tavolato ligneo della stube della ex canonica d'epoca. Sia il prezioso soffitto intagliato che i tavolati lignei erano stati più volte ridipinti, cosicché s'è dovuto eliminare lo strato pittorico (contributo). ht

Tesido, parrocchiale dei SS. Ingenuino ed Albuino con cimitero
Sulla parete esterna occidentale della parrocchiale è conservata una Deposizione dal-

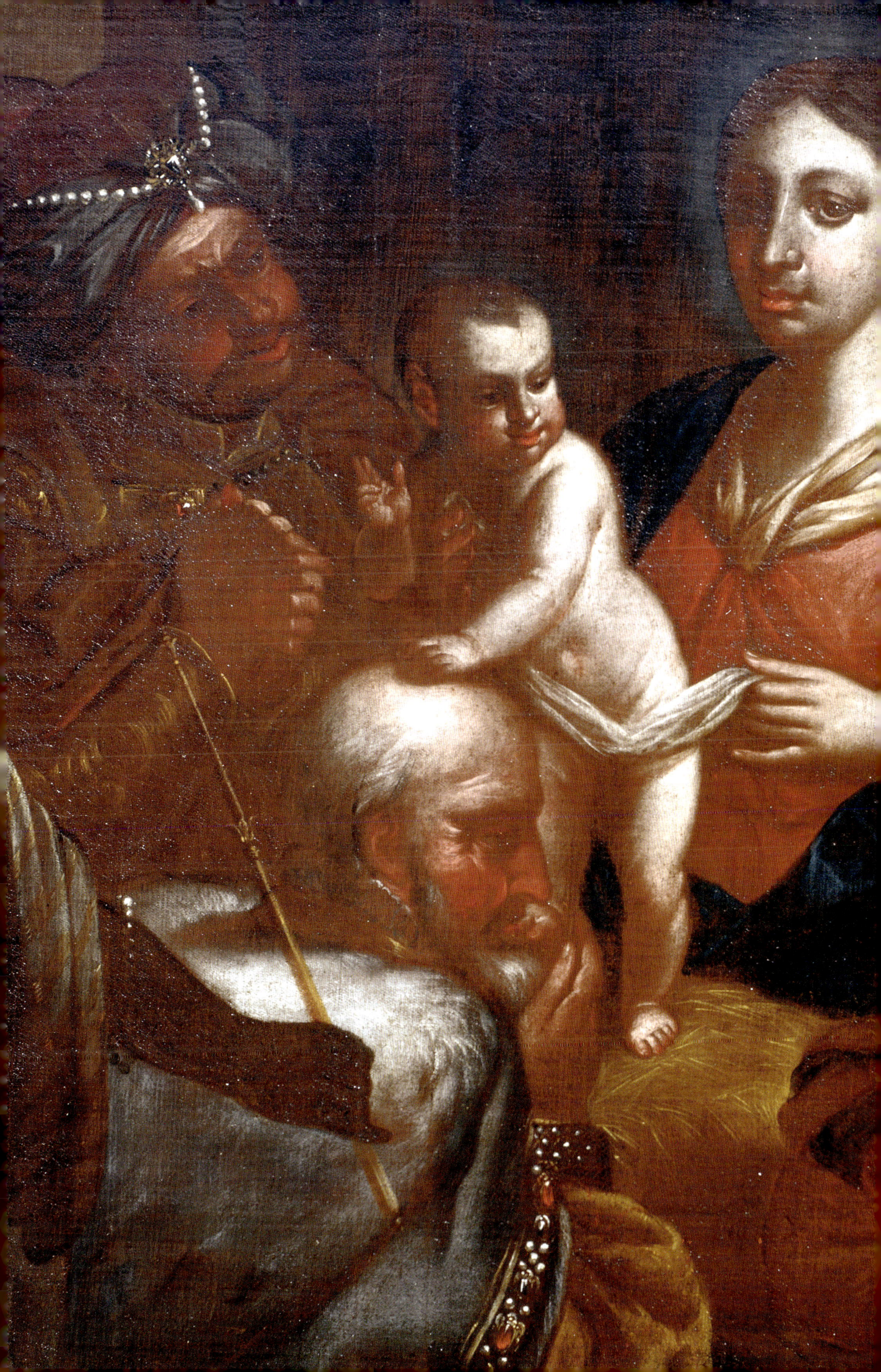

WELSBERG,
TAISTEN, ST. GEORG,
FREILEGUNG DER
WANDMALEREIEN AUS
DER ZWEITEN HÄLFTE
DES 14. JAHRHUNDERTS

MONGUELFO,
TESIDO, SAN GIORGIO,
SCOPRIMENTO DELLE
PITTURE MURALI DELLA
SECONDA METÀ
DEL XIV SECOLO

aus dem Ende des 15. Jahrhunderts. Es handelt sich um eine Freskomalerei, deren Lesbarkeit durch zahlreiche Schwundrisse, Abwitterung und Befall von Mikroorganismen stark beeinträchtigt war. Die starken Schwundrisse sind wahrscheinlich schon sehr früh, vielleicht schon kurz nach der Fertigstellung des Freskos entstanden und sind auf einen zu starken Putzauftrag sowie auf die Zusammensetzung des Intonaco zurückzuführen. Die Restaurierung betraf rein konservierende Eingriffe wie Reinigung, Abnahme von späteren Putzplomben und eine leichte Einfärbung der Fehlstellen mit Aquarell, um die stark zerrissene Darstellung optisch etwas zu schließen (Beitrag).

Taisten, St. Georg

Die Arbeiten zur Restaurierung des Innenraums des romanischen Kirchenbaus, die im letzten Jahr begonnen wurden (siehe Denkmalpflege in Südtirol 2000, S. 195), konnten im Berichtsjahr abgeschlossen werden. Die Gewölbe- und Wandflächen mit den spätgotischen Rankenmalereien, den Fresken von Leonhard von Brixen und Simon von Taisten wurden gereinigt, Neuputzstellen im Sockelbereich lasierend mit Kalkmilch angeglichen. Die Apostelzeichen, die zum Teil sichtbar waren, wurden zur Gänze freigelegt und mit Aquarellfarben retuschiert. Auf der Nordwand sind zwei Darstellungen aus der Georgslegende zum Vorschein gekommen.

la Croce risalente alla fine del XV secolo. Si tratta di un affresco la cui leggibilità è resa difficoltosa dalle numerose crepe, dall'azione degli agenti atmosferici e dalle infestazioni dei microorganismi. Le crepe risalgono probabilmente ad un'epoca alquanto precoce, forse addirittura a poco dopo l'esecuzione dell'affresco e vanno ricondotte ad un eccesso di intonaco e ad una sua non ideale composizione. Il restauro ha comportato misure di carattere solamente conservativo, quali pulizia, eliminazione di rattoppi d'intonaco ed una leggera colorazione ad acquerello delle parti mancanti, per ricomporre otticamente il quadro complessivo (contributo).

Tesido, San Giorgio

Si sono portati a termine i lavori di restauro dell'interno della chiesa romanica avviati l'anno precedente (cfr. Tutela dei beni culturali in Alto Adige 2000, p. 195). Sono state ripulite la volta e le superfici delle pareti con decorazioni a viticcio tardogotiche, oltre agli affreschi di Leonardo da Bressanone e di Simone da Tesido, e sono state adeguate con latte di calce le parti di nuova intonacatura sullo zoccolo. I simboli degli apostoli, già parzialmente visibili, sono stati scoperti interamente e ritoccati poi con colori ad acquerello. Sulla parete nord sono state riportate alla luce due scene tratte dalla Leggenda di san Giorgio. Si tratta di pitture a secco della

WELSBERG, TAISTEN, ST. GEORG, SCHLUSSSTEIN MIT DER DARSTELLUNG DES HEILIGEN MARTIN

MONGUELFO, TESIDO, SAN GIORGIO, CHIAVE DI VOLTA CON LA RAFFIGURAZIONE DI SAN MARTINO

Es handelt sich um eine Seccomalerei aus der zweiten Hälfte des 14. Jahrhunderts. Dargestellt ist der heilige Georg, wie er mit der Lanze den Drachen tötet, im Hintergrund steht rechts im grünen Kleid die Königstochter. Im nächsten Bild zieht die Königstochter mit dem Drachen in die Stadt Jerusalem ein. Die beiden Darstellungen, die Teil eines Zyklus sind, der sich nicht erhalten hat, befanden sich in relativ schlechtem Zustand. Nach der Freilegung wurden sie mit Aquarellfarben retuschiert. ht

Neue Pfarrkirche St. Genesius

Vom mobilen Kunstinventar der Pfarrkirche wurden ein wertvolles Fahnenbild mit der Darstellung des heiligen Aloisius, der heiligen Elisabeth und der heiligen Katharina auf der einen Seite und der Maria Immaculata mit Joachim und Anna auf der anderen Seite sowie ein Leinwandbild mit der Verspottung Christi restauriert. Das Fahnenbild zeigt am unteren Rand die Signatur des Künstlers sowie das Entstehungsdatum: „1760 Christian Renzler pinx". Die Bilder weisen Geweberisse und abblätternde Malschichten auf (Beitrag).

seconda metà del XIV secolo. La prima ritrae san Giorgio nell'atto di uccidere il drago con la lancia; sullo sfondo si nota, a destra, la figlia del re con una veste di colore verde. Nel secondo dipinto la figlia del re fa il suo ingresso nella città di Gerusalemme insieme al drago. Lo stato di conservazione delle due rappresentazioni, che fanno parte di un ciclo andato perduto, appariva piuttosto precario. Dopo essere stati portati in superficie, i dipinti sono stati ritoccati con colori ad acquerello. ht

Nuova parrocchiale di San Genesio

Fra le opere d'arte mobile appartenenti all'inventario della parrocchiale si è provveduto nel 2001 a restaurare un prezioso dipinto di gonfalone raffigurante, su di un lato, i santi Luigi, Elisabetta e Caterina, sull'altro l'Immacolata, Anna e Gioacchino. Si è altresì provveduto al restauro di un dipinto su tela raffigurante Cristo deriso. Il gonfalone reca in basso la firma del pittore e la data di esecuzione: "1760 Christian Renzler pinx". I dipinti evidenziavano la presenza di alcuni strappi e alcune cadute di colore (contributo). ht

WENGEN
LA VALLE

TAGUNGEN UND VORTRÄGE — CONVEGNI E RELAZIONI

Öffentlichkeitsarbeit

Die Aktivierung der Homepage, die im Rahmen des gemeinsamen Internetauftrittes der Landesverwaltung erstellt wurde, gibt Einblick in die Tätigkeiten des Amtes und informiert die Denkmaleigentümer über ihre Rechte und Pflichten. Zudem sind alle Formulare zum Downloaden bereitgestellt.

Vorträge

- 7. März: Vortrag von Helmut Stampfer „Deutsche Kulturdenkmäler in Europa – Modelle und Erfahrungen in Südtirol" im Rahmen des internationalen Seminars „Grenzübergreifende Denkmalpflege", veranstaltet vom Goethe-Institut Prag;
- 7. März: Vortrag von Waltraud Kofler Engl „Historische Gärten in Südtirol" in Terlan, auf Einladung des Heimatpflegeverbandes;
- 13. März: Vortrag von Helmut Stampfer in Bozen über den Hof und die Kapellen von Mariaheim im Rahmen der „Giornata di Primavera del FAI";
- 23. März: Vortrag von Helmut Stampfer „Historische Bauten in den Dörfern des Tisner Mittelgebirges: schätzen – pflegen – erhalten" in Prissian, im Rahmen der Kulturwoche 2001 der Gemeinde Tisens;
- 4. April: Vortrag von Hildegard Thurner am Humanistischen Gymnasium „Walther von der Vogelweide", Bozen, mit dem Titel „Grundbegriffe der Denkmalpflege";

Attività pubbliche

L'attivazione della Homepage prodotta nell'ambito della presentazione su internet dell'intera amministrazione provinciale, fornisce una visione delle attività dell'Ufficio e informa i proprietari degli oggetti sottoposti a tutela sui loro diritti e doveri. Inoltre ci sono presentati tutti i moduli pronti da scaricare.

Relazioni

- 7 marzo: relazione di Helmut Stampfer dal titolo "Deutsche Kulturdenkmäler in Europa – Modelle und Erfahrungen in Südtirol" nell'ambito del seminario internazionale "Grenzübergreifende Denkmalpflege" organizzato dal Goethe-Institut di Praga.
- 7 marzo: relazione di Waltraud Kofler Engl a Terlano dal titolo "Historische Gärten in Südtirol" su invito dell'Heimatpflegeverband.
- 13 marzo: relazione di Helmut Stampfer a Bolzano sul maso agricolo e sulle cappelle di Mariaheim, nell'ambito della Giornata di Primavera del FAI.
- 23 marzo: relazione di Helmut Stampfer dal titolo "Historische Bauten in den Dörfern des Tisner Mittelgebirges: schätzen – pflegen – erhalten" tenuta a Prissiano nell'ambito della Settimana culturale del Comune di Tesimo.
- 4 aprile: relazione di Hildegard Thurner presso il liceo classico Walther von der Vogelweide a Bolzano dal titolo "Grund-

(V.L.N.R/D.S.A.D) DR. JOSEF NÖSSING, LANDESKONSERVATOR/ SOPRINTENDENTE DR. HELMUT STAMPFER, LANDESRAT/ASSESSORE AI BENI CULTURALI DR. BRUNO HOSP, DR. WALTRAUD KOFLER ENGL UND DR. LORENZO DAL RÌ BEI DER VORSTELLUNG DER LETZTJÄHRIGEN AUSGABE DES DENKMALBERICHTES/ ALLA PRESENTAZIONE DELLA RELAZIONE ANNUALE DELLA RIPARTIZIONE BENI CULTURALI

- 18. Juli: Referat von Hildegard Thurner „Die Aufgaben des Amtes für Bau- und Kunstdenkmäler" im Rahmen eines Kurses der Dienststelle des Europäischen Sozialfonds;
- 4. August: Kurzreferat von Waltraud Kofler Engl über den Denkmalwert der Vinschgauer Bahnhöfe anlässlich des Symposiums „Die Vinschger Bahnhöfe: Historische Kleinodien oder Supermarkt?";
- 11. August: Kurzreferat von Waltraud Kofler Engl anlässlich der Einweihung des restaurierten Holzblockbaus auf der Pfistrad-Alm in St. Leonhard in Passeier;
- 16. Oktober: Vortrag von Helmut Stampfer „Romanische Wandmalerei in Tirol zwischen Denkmalpflege und Forschung" im Rahmen der wissenschaftlichen Tagung „Romanische Wandmalereien im Alpenraum" in Schloss Goldrain, veranstaltet vom Südtiroler Kulturinstitut, dem Landesdenkmalamt und dem Landesarchiv;
- 22. Oktober: Vortrag von Helmut Stampfer „La diffusione delle opere di Leonhard von Brixen nel Tirolo", im Rahmen des internationalen Kolloquiums „D'une montagne à l'autre – Etudes comparées" in Grenoble, veranstaltet von der Universität Grenoble;
- 11. November: Kurzreferat von Waltraud Kofler Engl anlässlich des Abschlusses der Sicherung der Ruinen Ober- und Untermatsch in der Gemeinde Mals;

begriffe der Denkmalpflege".
- 19–21 giugno: partecipazione di Waltraud Kofler Engl al convegno annuale dei conservatori dei beni culturali svoltosi ad Halle an der Saale (D) sul tema "Das Denkmal als Bild; denkmalpflegerisches Handeln und seine Wirkung auf das Denkmal".
- 18 luglio: relazione di Hildegard Thurner dal titolo "Die Aufgaben des Amtes für Bau- und Kunstdenkmäler" in occasione di un corso del Servizio fondo sociale europeo.
- 4 agosto: breve relazione di Waltraud Kofler Engl sul valore monumentale delle stazioni della ferrovia Merano-Malles in occasione del seminario "Die Vinschger Bahnhöfe: Historische Kleinodien oder Supermarkt?".
- 11 agosto: breve relazione di Waltraud Kofler Engl in occasione dell'inaugurazione della restaurata casera in "Blockbau" sull'Alpe di Pfistrad, a monte di San Leonardo in Passiria.
- 16 ottobre: relazione di Helmut Stampfer "Romanische Wandmalerei in Tirol zwischen Denkmalpflege und Forschung" nell'ambito del convegno "Romanische Wandmalereien im Alpenraum" (Pittura murale di epoca romanica nelle Alpi) organizzato a Castel Coldrano dal Südtiroler Kulturinstitut, dalla Soprintendenza provinciale ai beni culturali e dall'Archivio provinciale.
- 22 ottobre: relazione di Helmut Stampfer dal titolo "La diffusione delle opere di Leonhard von Brixen nel Tirolo" nell'ambito del colloquio internazionale "D'une montagne

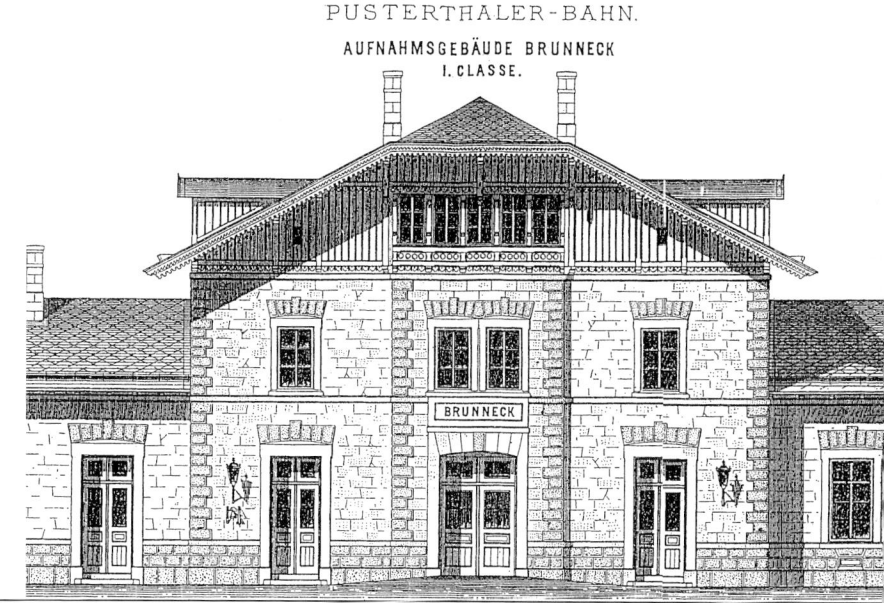

BRUNECK, HAUPTBAHNHOF, AUSZUG AUS DER INVENTARISIERUNG DER HISTORISCHEN BAHNHOFSGEBÄUDE DER PUSTERTALER UND BRENNERLINIE

BRUNICO, STAZIONE CENTRALE, ESTRATTO DELL'INVENTARIO DEGLI EDIFICI STORICI DELLE STAZIONI DELLE FERROVIE DEL BRENNERO E DELLA VAL PUSTERIA

Teilnahme an Tagungen und Seminaren
- 30. März: Besuch der Fachmesse für Denkmalpflege „Il salone del restauro" in Ferrara, von Verena Dissertori, Waltraud Kofler Engl, Martin Laimer, Klaus Michael Mathieu, Heidrun Schroffenegger und Hildegard Thurner;
- 19. bis 21. Juni: Teilnahme von Waltraud Kofler Engl an der Jahrestagung der Vereinigung der Landesdenkmalpfleger in Halle/Saale zum Thema „Das Denkmal als Bild; denkmalpflegerisches Handeln und seine Wirkung auf das Denkmal";
- 11. Juli: Teilnahme von Verena Dissertori, Waltraud Kofler Engl, Heidrun Schroffenegger und Hildegard Thurner an der internationalen Tagung mit dem Titel „Lo stucco" in Brixen;
- 13. bis 16. September: Teilnahme von Hildegard Thurner an der Tagung „Denkmäler als Zeitgenossen. Ihre Rolle in der Baukultur der Gegenwart", organisiert vom „Arbeitskreis Theorie und Lehre der Denkmalpflege" in Graz;
- 20. und 21. September: Teilnahme von Waltraud Kofler Engl an der Tagung „100 Jahre Diözesanmuseum Brixen" in Brixen;

Forschungsarbeit
Inventarisierung der historischen Bahnhofsgebäude der Brenner- und Pustertaler Bahn durch den externen Mitarbeiter Davide Hoffer.

à l'autre – Etudes comparées" svoltosi a Grenoble a cura dell'Università di Grenoble.
- 11 novembre: breve relazione tenuta da Waltraud Kofler Engl in occasione della conclusione dei lavori di consolidamento statico delle rovine di Obermatsch ed Untermatsch nel Comune di Malles, Venosta.

Partecipazioni a convegni e seminari
- 30 marzo: visita della fiera "Il salone del restauro" a Ferrara da parte di Verena Dissertori, Waltraud Kofler Engl, Martin Laimer, Klaus Michael Mathieu, Heidrun Schroffenegger e Hildegard Thurner.
- 11 giugno: partecipazione di Verena Dissertori, Waltraud Kofler Engl, Heidrun Schroffenegger ed Hildegard Thurner al convegno internazionale "Lo stucco" svoltosi a Bressanone.
- 13–16 settembre: partecipazione di Hildegard Thurner al convegno "Denkmäler als Zeitgenossen. Ihre Rolle in der Baukultur der Gegenwart" organizzato a Graz dall'Arbeitskreis Theorie und Lehre der Denkmalpflege.
- 20–21 settembre: partecipazione di Waltraud Kofler Engl al convegno "100 Jahre Diözesanmuseum Brixen" a Bressanone.

Lavoro di ricerca
Inventario degli edifici storici delle stazioni delle ferrovie del Brennero e della Val Pusteria da parte del collaboratore esterno Davide Hoffer.

AMT FÜR
BODENDENKMÄLER
UFFICIO
BENI ARCHEOLOGICI

Bodendenkmalpflege in Südtirol: ein Überblick

Auch 2001 haben sich die Grundtendenzen im archäologischen Denkmalschutz nicht geändert, vor allem deshalb, weil die Tätigkeit des Amtes eng mit dem Bausektor verbunden ist.

Die Hauptansprechpartner des Amtes sind die 116 Gemeinden Südtirols, die – sofern an einer kooperativen Zusammenarbeit interessiert – wertvolle Anregungen für die Bodendenkmalpflege gaben.

Das Amt verlangt von den Gemeinden rechtzeitig detaillierte Angaben über neue Bauvorhaben, sowohl von denen, die in den bekannten und vinkulierten archäologischen Zonen geplant sind, als auch von denen in Arealen potentiellen archäologischen Interesses.

Den Meldungen der Gemeinden folgte umgehend der Eingriff des Amtes für Bodendenkmäler. Brixen etwa hat im letzten Jahr 55 Projekte eingereicht, worauf das Amt ebenso viele Lokalaugenscheine, Sondierungen, kleine und umfangreiche Grabungen durchführte.

Von den privaten Bauvorhaben seien die Grabungen in der Villa Kranebitt (rätisches Haus), im Grundstück Russo (rätisches Haus, römerzeitliches Gebäude), in Stufels und jene der Gesellschaft „Wohnen am Park" in der Zone Roßlauf (ländliche Wohnbereiche, Spuren einer Nekropole u. a.) angeführt.

Bei den Grabungen in der Nähe des Wasserbühels in Lajen (Grundstück Fischnaller) konnten bedeutende archäologische Nachweise von der mittleren/späten Bronzezeit bis in die Spätantike dokumentiert werden. Bei den öffentlichen Bauarbeiten an der Trasse der Gasleitung SNAM im Eisacktal nördlich von Bozen kamen bedeutende archäologische Funde zutage, darunter ein römischer Meilenstein. Forschungsgrabungen wurden wie im Jahre 2000 am Ganglegg bei Schluderns (Fortsetzung der Grabung in der Siedlung, Sondierungen am Kultplatz) und am Galgenbühel in Salurn (mesolithische Fundstelle) durchgeführt. Kirchengrabungen haben auf dem Hügel Sonnenburg in St. Lorenzen im Pustertal (St.-Gotthard-Kapelle, Abteikirche) einen Höhepunkt erfahren.

Quadro di attività di tutela archeologica nella Provincia di Bolzano

Nel campo della tutela non sono mutati i fenomeni di fondo, primo fra tutti il generalizzato sviluppo della attività edilizia sul territorio provinciale, a cui l'operatività di un ente come l'Ufficio beni archeologici è intimamente legata.

Nostri interlocutori naturali sono i 116 comuni altoatesini ed è sul dialogo con essi che corre oggi in larga misura la nostra attività. Amministrazioni comunali orientate verso un atteggiamento di collaborazione forniscono in continuazione spunti preziosi per l'azione di tutela. L'ufficio chiede per parte sua ai comuni informazione, dettagliata e tempestiva in merito ai nuovi progetti edilizi, informazione che non sia limitata alle aree archeologiche accertate ed eventualmente vincolate, ma che si estenda al maggior numero possibile di superfici di potenziale interesse archeologico.

Dove le amministrazioni comunali rispondono positivamente vi è un immediato riscontro operativo. Citiamo il caso dei ben 55 progetti che ci sono stati sottoposti dal Comune di Bressanone nel corso del 2001. Queste richieste si sono tradotte in altrettanti sopralluoghi, sondaggi, scavi brevi e talora anche vasti scavi estensivi. Tra i cantieri dell'edilizia privata a Bressanone citiamo lo scavo nella villa Kranebitt (casa retica), inoltre quello nel fondo Russo (casa retica, edificio di epoca romana), ambedue nel quartiere di Stufles, infine quello della cooperativa "Wohnen am Park" in zona Roßlauf (abitazioni rurali, tracce di necropoli etc.). Sempre in Val d'Isarco lo scavo vicino al Wasserbühel di Laion (fondo Fischnaller) è continuato con la documentazione di ulteriori importanti reperti (media e recente età del Bronzo fino al periodo tardo-romano). Un'opera pubblica, il tracciato del gasdotto della SNAM nella Val d'Isarco a nord di Bolzano, ha permesso di accertare evidenze archeologiche degne di nota (pietra miliare di età romana). Nel campo degli scavi programmati si è operato ancora al Ganglegg di Sluderno (completamento dello scavo nell'insediamento e sondaggi nel luogo di culto) e nel deposito mesolitico del Doss

Lorenzo Dal Ri
Amtsdirektor
Direttore d'ufficio

ST. LORENZEN,
KRONBÜHEL,
EISENZEITLICHER
BRONZETORQUES
(DM. = 12,4 CM)

SAN LORENZO,
KRONBÜHEL,
TORQUES IN BRONZO
DELL'ETÀ DEL FERRO
(DIAM.= 12,4 CM)

Zu einer engen Zusammenarbeit zwischen Archäologie und Restaurierung kam es im Falle der Ausgrabung von Meran-Obermais, wo auf dem Grundstück Obkircher eine stattliche Ansammlung römischer Münzen entdeckt wurde.
Der Münzschatz – mit dem umliegenden Erdreich en bloc geborgen – wird im Labor mikrostratigraphisch untersucht, wobei die Münzen fortlaufend restauriert werden. Von einer spätbronzezeitlichen Brandbestattung in Castelfeder (Gemeinde Montan) wurde ein Gipsabguss angefertigt; die Arbeiten finanzierte die Raiffeisenkasse Branzoll-Auer.
Der Meilenstein von Carus und Carinus (282/283 n. Chr.) am Kniepass in der Gemeinde Kiens, über viele Jahrzehnte hindurch in prekärer und gefährlicher Lage am Rand einer stark befahrenen Straße aufgestellt und dem Wetter ausgesetzt, wurde mit Zustimmung des Grundbesitzers durch einen Abguss aus Kunstharz ersetzt und an sicherem Ort aufgestellt.
Schließlich wurden Funde bearbeitet, die in den letzten Jahren im Pustertal mit Metallsonden entdeckt und vor kurzem unerwarteterweise dem Amt für Bodendenkmäler übergeben wurden.
Das Thema „Sondengänger", dem in Zukunft mehr Beachtung geschenkt werden muss, wurde bislang wohl unterschätzt: Fundobjekte von primärer Bedeutung wer-

de la Forca a Salorno. Gli scavi in chiese hanno conosciuto episodi di rilievo sul colle di Sonnenburg a San Lorenzo di Sebato (cappella di San Gottardo, chiesa abbaziale). Un caso particolare di stretto collegamento tra scavo archeologico e restauro si è avuto a Maia Alta a Merano (fondo Obkircher), dove è venuto in luce un cospicuo tesoretto di monete romane. Il gruppo è stato recuperato nella sua interezza assieme ad un blocco di terra, per uno "scavo microstratigrafico" in laboratorio: è stato effettuato con il sostegno finanziario della Cassa rurale di Ora-Bronzolo un calco di una tomba a cremazione dell'età del Bronzo finale, a Castelfeder nel comune di Montagna.
L'originale del miliario di Caro e Carino dal Kniepass (282/283 d. C.) nel comune di Chienes, che si trovava da molti decenni pericolosamente esposto alle intemperie lungo una strada di grande traffico, è stato trasferito in luogo sicuro, mentre sul posto lo sostituisce una copia.
È stato infine trattato un complesso di oggetti recuperati mediante l'uso di "sonde per metalli" negli anni scorsi in Val Pusteria, da poco fortunosamente recuperato.
È questo delle ricerche condotte con "metal detector" un capitolo fino ad ora sottovalutato, a cui bisognerà dedicare attenzione sempre maggiore: reperti di primaria importanza vengono strappati dal terreno

den von Raubgräbern ohne jede Fachkompetenz aus der Erde gefördert, verschwinden in Privatsammlungen und geraten so – ohne Kontrolle durch die dafür zuständigen Stellen – definitiv in Vergessenheit.

Um diesem, immer weiter um sich greifenden Phänomen wirkungsvoll entgegentreten zu können, erscheint es erforderlich, sich neuer gesetzlicher Hilfsmittel zu bedienen.

Was die Musealisierung bekannter archäologischer Fundstellen betrifft, wurden die Arbeiten in der Mansio Endidae fortgesetzt. Dies ist ein seltenes Beispiel, wo archäologische Funde im Bereich eines privaten Wohngebäudes der Öffentlichkeit zugänglich gemacht werden.

Mit Hilfe von Lottogeldern konnten weitere Projekte, vom Amt bereits vor längerer Zeit in Angriff genommen, fortgesetzt werden: die Musealisierung des kupferzeitlichen Kultplatzes von Feldthurns-Tanzgasse, des römischen Gebäudes in Villanders-Plunacker und eines römerzeitlichen Straßenabschnittes in Franzensfeste. Im Antiquarium von Villanders wurden die transparenten Plexiglaspyramiden über dem Grabungssektor Nord errichtet und die Einzäunungen vorbereitet. Für die von Juni bis Oktober im Diözesanmuseum „Brixen vor 901" eingerichtete Ausstellung wurde (neben den für die Restaurierung vorgesehenen Fundobjekten) ein weiterer finanzieller Beitrag zur Verfügung gestellt.

Das Amt für Bodendenkmäler selbst realisierte eine Ausstellung über die Ausgrabungen von 1999 bis 2000 des eisenzeitlichen Gräberfeldes in Siebeneich-Patauner (5.–3. Jahrhundert v. Chr.).

Die Arbeiten am Sammelband „Archäologie der Römerzeit in Südtirol", der 2002 vorgestellt werden soll, wurden auch im Jahre 2001 weitergeführt. Mitarbeiter des Amtes haben an Tagungen teilgenommen und auf Einladung Vorträge gehalten. An Neuzugängen in die Bibliothek des Amtes für Bodendenkmäler ist neben den üblichen Zeitschriften und Sonderdrucken die Schenkung der privaten Fachbibliothek von Prof. Sergio Lorenzoni, Bari, zu nennen.

ad opera di clandestini, privi di qualsiasi competenza specifica, e prendono la via delle collezioni private (e quindi dell'oblio definitivo) al di fuori di ogni possibilità di controllo.

Per opporsi al fenomeno che si sta facendo dilagante, appare necessario dotarsi di nuovi strumenti anche normativi più efficaci. Per quanto riguarda la sistemazione di zone archeologiche, ad Egna si sono iniziati i lavori di allestimento in località Kahn dei resti della mansio stradale di Endidae, un raro esempio di evidenze archeologiche rese accessibili al pubblico nell'ambito di un privato edificio di abitazione.

Attingendo ai mezzi stanziati sui proventi del Lotto si sono inoltre ripresi in mano tre progetti a cui da tempo l'Ufficio beni archeologici guardava: si tratta dell'allestimento del luogo di culto dell'età del Rame di Tanzgasse a Velturno, dell'edifico romano di Plunacker a Villandro, infine di un tratto di strada romana di Fortezza.

In particolare per quanto concerne l'antiquarium di Villandro sono state collocate nella sede prevista le piramidi di materiale trasparente che coprono il settore nord dello scavo e si sono predisposte le recinzioni. È stato dato un ulteriore contributo all'allestimento della mostra "Bressanone prima del 901", aperta al pubblico nel periodo luglio–ottobre nelle sale del Museo Diocesano.

Interamente nell'ambito dell'Ufficio beni archeologici si è realizzata invece a Terlano una mostra sugli scavi 1999–2000 nella necropoli dell'età del Ferro di Settequerce-Patauner (V–III secolo a. C.). Sono continuati per tutto l'anno 2001 i lavori redazionali del volume miscellaneo "Archeologia Romana in Alto Adige" la cui presentazione al pubblico è prevista per il 2002. Il personale dell'Ufficio ha partecipato singolarmente a convegni ed ha tenuto su invito delle conferenze. La biblioteca dell'Ufficio beni archeologici oltre alle consuete acquisizioni di testi e di riviste, ha potuto contare sulla donazione di una biblioteca specialistica privata (Prof. Sergio Lorenzoni dell'Università di Bari).

ld	Lorenzo Dal Ri
cm	Catrin Marzoli
hn	Hans Nothdurfter
ut	Umberto Tecchiati

Direktor
Direttore
Dr. Lorenzo Dal Ri

Stellvertretende Direktorin
Vicedirettrice
Dr. Catrin Marzoli

Verwaltungsinspektoren
ispettori amministrativi
Dr. Hans Nothdurfter
Dr. Umberto Tecchiati

Buchhaltung
und Grabungstechnik
Contabile
e tecnico di scavo
Roland Messner

Sekretariat
Segreteria
Lucia Bona
Marina Mitterstainer
(mit jeweils
75 Prozent part-time)
(ciascuna con un orario
part time pari al 75 per cento)

Grabungsfirmen
Ditte di scavo
Archeostudio, Leifers / Laives
Archeothek, Karneid-Steinegg /
Cornedo-Collepietra
CSR, Bozen / Bolzano
Obex, Meran / Merano
SAP, Mantova
SRA, Brixen / Bressanone
Armin Torggler, Missian / Missiano

AHRNTAL / VALLE AURINA

St.-Martin-Kirche

Anfallende Drainagearbeiten zum Schutz vor eindringendem Grundwasser an den Außenfassaden der Kirche machten eine archäologische baubegleitende Kontrolle nötig. Die Aushubarbeiten begannen im Apsidenbereich und zogen sich in der Folge die S-Fassade entlang, um über den Eingangsbereich auf die N-Fassade überzugreifen. Etwa 0,6 m unterhalb des heutigen Gehniveaus zeichnete sich das Fundament in Form eines Mauervorsprungs ab. Weder die Durchsicht des Aushubmaterials noch die Profilansicht des Drainagegrabens ergaben Hinweise auf archäologisch relevante Schichten oder Strukturen. Einzig im Bereich der N-Fassade schien eine detaillierte Befunddokumentation angebracht, wo sich an der Fassade eine sekundär vermauerte Spitzbogentür abzeichnete. *Ausführung: Archeotek (Christian Terzer)*

Chiesa di San Martino

Lavori di drenaggio resisi necessari per proteggere l'edificio dall'azione dell'umidità del suolo sulle pareti esterne della chiesa hanno reso necessario un controllo archeologico. I lavori di scavo hanno preso l'avvio dalla zona absidale, si sono estesi alla faccia Sud, di qui all'ingresso per raggiungere infine la facciata Nord. Circa 0,6 m al di sotto del piano di calpestio attuale sono venute in luce le fondamenta caratterizzate da uno zoccolo. Né il controllo del materiale di risulta né l'esame delle sezioni della trincea di drenaggio hanno fornito indicazioni in merito alla presenza di strati o di strutture archeologicamente rilevanti. Soltanto nell'ambito della facciata Nord è apparsa indicata una documentazione accurata delle evidenze, in quanto in questo punto appariva nella parete una porta con arco a sesto acuto murata secondariamente. *Effettuazione: Archeotek (Christian Terzer)*

BARBIAN / BARBIANO

Gasthof Traube, St.-Jakob-Straße 37, Grundstück Heinrich Rabanser

Die Aushubarbeiten beim „Gasthof Traube" zur Erweiterung der Dependance betrafen eine archäologisch vinkulierte Zone (Gpp. 21 und 439/12). Die Grundparzelle 21 ist eine bergseitig durch eine Terrassierungsmauer begrenzte Böschung von 10 m Länge. Fast ein Meter des Erdreichs ist umgelagert im Zuge rezenter Terrassierungen, die

Albergo Traube, via San Giacomo, 37, fondo Heinrich Rabanser

Lavori di ampliamento dell'albergo "Traube" (pp.ff. 21 e 439/12) hanno comportato sbancamenti in aree sottoposte a vincolo archeologico. La p.f. 21 si presentava come un breve pendio a ridosso di un muro di terrazzamento. Si è accertato che in questo caso su di un vecchio terrazzamento (di cui si

BOZEN,
ALTES RATHAUS,
LATRINE

BOLZANO,
VECCHIO MUNICIPIO,
LATRINA

Schicht darunter ist eine landwirtschaftliche Terrassierung, in der noch die Mäuerchen und Spuren der Weinbergsäulen sichtbar sind. In archäologischer Hinsicht ist der Befund negativ. In der etwas flacheren Grundparzelle 439/21 wurde unter dem umgelagerten Erdreich von etwa 0,5 bis 0,7 m Stärke eine fundführende Schicht mit prähistorischer Keramik festgestellt. Wegen des Wintereinbruchs wurden die Arbeiten auf das Jahr 2002 verlegt. *Ausführung: SRA (Giovanni Rizzi, Georg Rottensteiner, Ibrahim Rexhepi)*

St.-Jakob-Straße 121, Grundstück Edeltraud und Konrad Rabanser

Bei einer Kontrollfahrt nach Barbian stellte man einen Bodenaushub auf der Bp. 391 und der Gp. 437/6 fest. Die Arbeiten waren dem Denkmalamt nicht gemeldet. Die Baugrube von ca. 20 m Länge und 10 m Breite liegt in einem leichten Hang unterhalb einer Häusergruppe. Im Nordprofil war eine Brandschicht festzustellen, in sich nicht datierbar. Der geröteten Erde, den großen verkohlten Balken und der ziegelartig rot gebrannten Lehmschicht nach zu schließen, muss der Brand heftig gewesen sein. Nicht zugehörig zu dieser Kulturschicht fanden sich wenige mittelalterliche Scherben. *Ausführung: SRA (Giovanni Rizzi, Georg Rottensteiner, Ibrahim Rexhepi)*

riconoscevano ancora tracce dei pali delle viti e i muretti di contenimento, ma archeologicamente non rilevante) era stato accumulato terreno di riporto. Nella p.f. 439/21, più pianeggiante, è stato riscontrato un analogo riporto che copriva però uno strato con reperti fittili preistorici.
Ulteriori necessari controlli sono stati rimandati al 2002. *Effettuazione: SRA (Giovanni Rizzi, Georg Rottensteiner, Ibrahim Rexhepi)*

Via San Giacomo, 121, fondo Edeltraud e Konrad Rabanser

Uno sbancamento di circa 20 x 10 m che ha interessato la p.ed. 391 e la p.f. 437/6 del C.C. Barbiano, ha potuto essere controllato soltanto a cose fatte, non essendo stato in alcun modo segnalato preventivamente all'ente di tutela. Il luogo si colloca su di un leggero pendio a valle di un gruppo di case. Sulla sezione di monte si sono individuate le tracce di un vasto e violento incendio non ulteriormente databile, con presenza di tronchi carbonizzati di anche grandi dimensioni e argilla cotta dal calore. Non direttamente associati si sono rinvenuti pochi frammenti ceramici di epoca medievale. *Effettuazione: SRA (Giovanni Rizzi, Georg Rottensteiner, Ibrahim Rexhepi)*

BOZEN,
ALTES RATHAUS,
FLASCHEN AUS
DEN AUFFÜLLSCHICHTEN
DER LATRINE
(MAX. H. = 29 CM)

BOLZANO,
VECCHIO MUNICIPIO,
BOTTIGLIE DAL
RIEMPIMENTO
DELLA LATRINA
(ALT. MASS. = 29 CM)

Laubengasse 30, Streitergasse 25, Altes Rathaus

Nachdem Bauarbeiter bei den Renovierungsarbeiten des Alten Rathauses von Bozen im Untergeschoss des nördlichen Gebäudeteils auf einen gemauerten Schacht gestoßen waren, veranlasste das Amt für Bodendenkmäler eine archäologische Untersuchung. Die annähernd runde, in Trockenmauertechnik errichtete Struktur erwies sich als eine Latrine von 4 m Tiefe. Den größten Durchmesser (2,5 m) erreicht die kuppelförmig gestaltete Abfallgrube an ihrer Unterkante. Den Abschluss der Latrine bildet eine leicht trichterförmig verlaufende Rollierung. Das Auffüllmaterial enthielt neben Bauschutt und organischem Material zahlreiche Fundobjekte, etwa Geschirrkeramik, Tabakpfeifen, Ofenkacheln, Textilreste und Gläser, die zwischen dem 13. und dem 20. Jahrhundert datieren. Darüber hinaus konnte eine reiche Anzahl von Eierschalen, Austern, Kernobst, Getreide und Tierknochen geborgen werden, die einen Einblick in die Essgewohnheiten der Hausbewohner geben.
Ausführung: Archeotek (Christian Terzer)

Gries, Alessandriastraße, Kloster Maria in der Au

Im Jahr 2001 wurde eine weitere Grabungskampagne in der Kirche durchgeführt (siehe Denkmalpflege in Südtirol 2000, S. 205). Die Arbeiten konzentrierten sich auf den

Via Portici, 30, via Streiter, 25, vecchio municipio

Durante i lavori di ristrutturazione del vecchio municipio di Bolzano gli operai avevano individuato una fossa murata nel seminterrato della parte settentrionale dell'edificio. L'Ufficio beni archeologici ha così disposto l'effettuazione di indagini archeologiche. La struttura quasi circolare realizzata in muratura a secco si è rivelata essere una latrina di 4 m di profondità. La fossa per i rifiuti dalla forma a cupola raggiunge il suo diametro massimo (2,5 m) alla base, dove risulta sigillata da una massicciata con andamento imbutiforme.
Il materiale di riempimento, costituito da macerie e materiale organico, conteneva numerosi reperti, come vasellame da tavola, pipe, formelle per stufa, resti di tessuto e bicchieri, databili tra il XIII e il XX secolo. È stata inoltre recuperata una notevole quantità di gusci d'uovo, ostriche, noccioli di frutta e ossa animali, che ci offrono un quadro delle abitudini alimentari degli abitanti della casa. *Effettuazione: Archeotek (Christian Terzer)*

Gries, via Alessandria, convento di Santa Maria in Augia

Nel 2001 è stata condotta un'altra campagna di scavo all'interno della chiesa del convento di Santa Maria in Augia (cfr. Tutela dei beni culturali in Alto Adi-

BOZEN
BOLZANO

BOZEN,
KLOSTER MARIA
IN DER AU,
MAUERRESTE
DER KIRCHE

BOLZANO,
CONVENTO DI SANTA
MARIA IN AUGIA, RESTI
DEI MURI DELLA CHIESA

östlichen Teil der Kirche und erlaubten die Freilegung weiterer Teile des gotischen Chors. Mit Ausnahme einer begrenzten Oberfläche in unmittelbarer Nähe eines Brunnenschachtes, in der aus Gründen des Gewässerschutzes keine Eingriffe in das Erdreich vorgenommen werden dürfen, konnten die 1999 begonnenen Ausgrabungen der Kirche vollständig abgeschlossen werden. *Ausführung: CSR (Gino Bombonato)*

Gries, Martin-Knoller-Straße 7, Volksschule Gries Rosmini

Die Aushubarbeiten für die Errichtung eines neuen Gebäudes unmittelbar neben der alten Pfarrkirche von Gries wurden unter archäologischer Aufsicht vorgenommen. Im südlichen Bereich des zu bebauenden Areals konnte eine anthropogene Schicht mit Kohlepartikeln und Bruchstücken römerzeitlicher Leistenziegel nachgewiesen werden. Eine kohlehaltige Grube enthielt Tierknochen, ein Fragment eines Lavezgefäßes und ein Bruchstück aus Eisen. *Ausführung: SRA (Giovanni Rizzi, Georg Rottensteiner)*

Gries, 4.-November-Platz

Bei den Aushubarbeiten für die Errichtung einer privaten Tiefgarage am 4.-November-Platz wurde im südlichen Teil der Baustelle ein Abschnitt der Wassermauer freigelegt. Ein weiterer Abschnitt derselben

ge 2000, p. 205). I lavori si sono concentrati nella zona orientale dell'edificio sacro e hanno portato alla luce nuovi tratti del coro gotico. Gli scavi della chiesa, iniziati nel 1999, sono stati completati ad eccezione di una limitata superficie nelle immediate vicinanze di un pozzo, nella quale non si è potuto intervenire in quanto sotto vincolo idrogeologico. *Effettuazione: CSR (Gino Bombonato)*

Gries, via Martin Knoller 7, costruzione della scuola Antonio Rosmini

La costruzione di un nuovo edificio nelle immediate vicinanze della vecchia chiesa parrocchiale di Gries ha offerto l'occasione per effettuare sondaggi esplorativi. Nella zona meridionale dell'area destinata alla costruzione è stata rilevata la presenza di uno strato antropico con particelle carboniose e frammenti di tegoloni romani. Una fossa carboniosa conteneva ossa animali, un frammento di recipiente in pietra ollare e un frammento di ferro. *Effettuazione: SRA (Giovanni Rizzi, Georg Rottensteiner)*

Gries, piazza IV Novembre

Durante i lavori di sbancamento per la realizzazione di un garage sotterraneo è stato portato alla luce, nella zona meridionale di piazza IV Novembre, un tratto del muro d'argine. Un altro tratto del medesimo

BOZEN,
CADORNASTRASSE,
ANSICHT DER
WASSERMAUER

BOLZANO,
VIA CADORNA, VEDUTA
DEL MURO D'ARGINE

Mauer, die das rechte Ufer der Talfer begrenzte, kam ebenfalls bei Bauarbeiten in der Cadornastraße zum Vorschein. Die Wassermauer wurde vermessen und dokumentiert. Datierende Funde traten nicht auf. *Ausführung: CSR (Gino Bombonato)*

Gries, Moritzing, Meraner Straße, Grundstück Benediktinerstift Muri-Gries

Die Neuanlage eines nördlich der Moritzinger Straße gelegenen Weinberges, Eigentum des Benediktinerklosters Muri-Gries, wurde zum Anlass genommen, an verschiedenen Stellen des ausgedehnten, am Fuße des Felshangs gelegenen Areals Sondierungen durchzuführen. Trotz der allgemeinen Fundintensität dieses als „heiliger Winkel" bezeichneten Gebietes wurden keine archäologischen Nachweise erbracht. *Ausführung: SRA (Gianni Rizzi, Georg Rottensteiner)*

Gries, Moritzing, Moritzinger Straße 28, Hölzhof, Grundstück Viehweider

Die Neuanlage eines Weinberges, mit einigen auch tieferen Eingriffen, in dem landwirtschaftlich genutzten Grund, der nur ca. 100 m westlich jener Stelle liegt, wo in den achtziger Jahren ein jüngereisenzeitliches Gräberfeld ausgegraben wurde, förderte keine archäologischen Funde zu Tage. Die einzigen geborgenen Fundobjekte sind eine Münze aus dem Jahre 1799 und ein Kreuzer aus dem

muro, che delimitava sulla destra il fiume Talvera, era stato individuato durante lavori di scavo anche in via Cadorna. Il muro d'argine è stato misurato e documentato. Non sono venuti alla luce reperti datanti. *Effettuazione: CSR (Gino Bombonato)*

Gries, San Maurizio, fondo convento benedettino Muri-Gries

I lavori di rinnovo di un vigneto a Nord della strada di San Maurizio, di proprietà del convento benedettino di Muri Gries, hanno dato la possibilità di condurre sondaggi archeologici esplorativi in vari punti della vasta zona ai piedi del pendio roccioso. Nonostante la diffusa e alta densità di ritrovamenti che caratterizza questa zona definita "sacro angolo", non sono emerse evidenze archeologiche. *Effettuazione: SRA (Gianni Rizzi, Georg Rottensteiner)*

Gries, San Maurizio, via San Maurizio, 28, fondo Viehweider, Hölzhof

I lavori di rinnovo di un vigneto con interventi anche a grande profondità nel terreno, a solo circa 100 m dal punto dove negli anni '80 è stata scavata una necropoli della recente età del Ferro con più di trenta tombe, non hanno portato alla luce alcun reperto archeologico.
Gli unici ritrovamenti effettuati sono una moneta del 1799 e un Kreuzer

BOZEN,
ERWEITERUNGSZONE
ROSENBACH,
RÖMERZEITLICHE
SCHICHTEN

BOLZANO,
ZONA D'ESPANSIONE
ROSENBACH,
STRATI ROMANI

Jahr 1851. *Ausführung: SRA (Giovanni Rizzi, Georg Rottensteiner)*

Gries, Moritzing, Krankenhaus-Areal

Die Kontrolle der mehr als 4 m tiefen Baugrube, die im Areal des Krankenhauses Bozen zur Errichtung einer Tiefgarage ausgehoben wurde, hat zu keinen nennenswerten archäologischen Nachweisen geführt. Einzig eine sandige, unmittelbar unter der Grasnarbe gelegene Schicht enthielt zahlreiche Ziegelfragmente und einige Münzen des 18. Jahrhunderts. *Ausführung: SRA (Giovanni Rizzi, Georg Rottensteiner)*

Zwölfmalgreien, Claudia-Augusta-Straße, Erweiterungszone Rosenbach

Im untersten Bereich eines ca. 4 m tiefen, zur Erschließung der neuen Wohnbauzone in der Claudia-Augusta-Straße angelegten Grabens konnten römerzeitliche Schichten mit Auerbergkeramik sowie eine eingestürzte Mauer von 0,9 m Stärke nachgewiesen werden. Die darüber gelegenen Schichten bezeugen verschiedene Überschwemmungsepisoden des nahe gelegenen Eisacks, die auch zur Zerstörung der Mauer, die vermutlich in der Römerzeit als Wassermauer gedient hat, geführt haben. Infolge des Auftretens dieser Funde wurde den Bauherrn der angrenzenden Gründe die Auflage gemacht, dass die Aushubarbeiten zur Errichtung der vorgesehenen Wohnhäuser unter

del 1851. *Effettuazione: SRA (Giovanni Rizzi, Georg Rottensteiner)*

Gries, San Maurizio, area dell'ospedale

Il controllo dello sbancamento profondo più di 4 m per la realizzazione di un garage sotterraneo nell'area dell'ospedale di Bolzano, non ha portato ad alcun risultato archeologico. Unica eccezione è rappresentata da numerosi frammenti di tegole e alcune monete del XVIII secolo, rinvenuti nello strato sabbioso immediatamente sotto la cotica erbosa. *Effettuazione: SRA (Giovanni Rizzi, Georg Rottensteiner)*

Dodiciville, via Claudia Augusta, zona d'espansione Rosenbach

Nella parte più bassa di un canale della profondità di circa 4 m, destinato alla realizzazione delle infrastrutture per la nuova zona abitativa prevista lungo la via Claudia Augusta, sono stati individuati strati romani con ceramica Auerberg e un muro crollato dello spessore di 0,9 m. Gli strati superiori presentano tracce di vari episodi alluvionali del vicino fiume Isarco, che hanno provocato la distruzione del muro avente, probabilmente in epoca romana, funzione di argine. In seguito alla scoperta di queste evidenze archeologiche, l'Ufficio beni archeologici ha posto come condizione per la realizzazione dei complessi edilizi il con-

BOZEN,
ZWÖLFMALGREIEN,
HASELBURG,
NORDABSCHLUSS DES
FREIGELEGTEN
KELLERRAUMES

BOLZANO,
DODICIVILLE,
CASTEL FLAVON,
LATO NORD DEL MURO
DELLA CANTINA

archäologischer Aufsicht erfolgen müssen.
Ausführung: SRA (Giovanni Rizzi, Georg Rottensteiner)

Zwölfmalgreien, Haselburg

Die Revitalisierung und Adaptierung der Haselburg erforderte baubegleitende Kontrollen und Sondierungen, die sich auf jene Bereiche konzentrierten, an denen Eingriffe in den Boden vorgesehen waren. Die Ausgrabungen beschränkten sich im Jahr 2001 vorwiegend auf den vor der zweigeschossigen Halle, im Ostabschnitt der Ringmauer gelegenen Bereich. Den ältesten freigelegten Bau stellt ein turmähnliches Gebäude mit Buckelquadern dar, der vermutlich auf die erste Hälfte des 13. Jahrhunderts zurückgeht. 3 m nördlich der heutigen Ringmauer konnte eine mittelalterliche Ringmauer freigelegt werden, die in einer späteren Bauphase, vermutlich im 15. Jahrhundert, von einem Gebäude überlagert wurde. Von diesem Bau, der über den Verlauf der älteren Ringmauer hinausgreift, bestehen noch die Kellerräume mit zwei Fensteröffnungen. Unter Berücksichtigung der gewonnenen Befunde und Funde wurde die Erstellung eines Baualterplanes der Burg in Angriff genommen, der vorerst – vor dem für das Jahr 2002 vorgesehenen Abschluss der Arbeiten – fünf größere Bauphasen vorsieht.
Ausführung: SRA (Giovanni Rizzi, Georg Rottensteiner) und Armin Torggler

trollo archeologico dei lavori di scavo previsti. *Effettuazione: SRA (Giovanni Rizzi, Georg Rottensteiner)*

Dodiciville, Castel Flavon

I lavori di costruzione per il recupero e l'adattamento di Castel Flavon sono stati affiancati da controlli e sondaggi archeologici nelle zone in cui erano previsti interventi nel terreno. Gli scavi effettuati nel 2001 hanno riguardato prevalentemente l'area a ridosso del tratto orientale del muro di cinta davanti alla loggia su due piani. La costruzione più antica messa in luce è rappresentata da un edificio con muratura a conci squadrati, forse una torre, probabilmente risalente al XIII secolo. A Nord dell'attuale muro di cinta, ad una distanza di 3 m, è stato possibile scavare un muro di cinta di epoca medievale, a cui in una fase edilizia più tarda, probabilmente nel XV secolo, venne sovrapposto un edificio. Di questa costruzione, che sporge dal perimetro del muro di cinta più antico e si appoggia all'attuale, rimangono ancora gli ambienti delle cantine con le aperture di due finestre. Sulla base dei reperti e delle evidenze archeologiche emerse, è stata redatta una pianta delle fasi costruttive, che per ora, prima della fine dei lavori, stabilita per il 2002, conta cinque principali fasi edilizie.
Effettuazione: SRA (Giovanni Rizzi, Georg Rottensteiner) e Armin Torggler

BOZEN, RENTSCHER STRASSE, RÖMERZEITLICHE, KOHLEHALTIGE GRUBE

BOLZANO, VIA RENCIO, FOSSA CARBONIOSA DI EPOCA ROMANA

Zwölfmalgreien, Rentscher Straße, Grundstück Anton Plattner

In der westlichen Erdwand, der an der Rentscher Straße gelegenen Baugrube (Bp. 200, K.G. Zwölfmalgreien) konnte eine kohlehaltige, ca. 1 m breite und 0,45 m tiefe Grube nachgewiesen werden, die römerzeitliche Keramikscherben und Leistenziegelfragmente sowie einen Dupondius des Hadrian enthielt. Aufgrund der Nähe zum angrenzenden Haus konnte die Grabung aus Sicherheitsgründen nicht fortgeführt werden. Der Fund bezeugt jedenfalls die römerzeitliche Nutzung dieses Gebietes, wenn nicht sogar ein römerzeitliches Haus in unmittelbarer Nähe. *Ausführung: SRA (Giovanni Rizzi, Georg Rottensteiner)*

Dodiciville, via Rencio, fondo Anton Plattner

Nella parete occidentale dello sbancamento lungo la via Rencio (p.ed. 200, C.C. Dodiciville) è stata individuata una fossa carboniosa larga 1 m e profonda 0,45 m, contenente frammenti di ceramica romana e di tegoloni, oltre ad un dupondio dell'imperatore Adriano. L'estrema vicinanza con la casa confinante non ha permesso, per motivi di sicurezza, la continuazione dello scavo. Il ritrovamento testimonia in ogni caso la frequentazione in epoca romana di questa zona, se non addirittura l'esistenza di una casa romana nelle immediate vicinanze. *Effettuazione: SRA (Giovanni Rizzi, Georg Rottensteiner)*

BRIXEN
BRESSANONE

Albuingasse 7, Café am Gries

Sondierung Nr. 1 erbrachte einen Benutzungshorizont mit Ziegelfragmenten, der sich unterhalb der oberflächlichen Agrarschicht sowie einer angeschwemmten Schicht aus grauen und gelblichen Sanden befand. Die Ziegelfragmente reichten bis 1,95 m unter die Oberfläche, darunter wurden sterile Schichten festgestellt. Sondierung Nr. 2 wurde jenseits der Ostgrenze von Parzellen 298–257 geöffnet, wo eine Grenzmauer abgebrochen wurde. Dieser Schnitt erlaubte die Bergung in 0,3 m Tiefe einer zwölfeckigen Marmorplatte (Dm = ca. 1,10 m; Stärke = 0,05 m),

Via Albuino, 7, Café am Gries

Il sondaggio n. 1, dopo uno strato di terreno agricolo, ha evidenziato al di sotto di strati alluvionali di sabbie e limi grigiastri, livelli di frequentazione, con tracce di mattoni frantumati fino a -1,95 m, più in basso si estendono ghiaie sterili.
Il sondaggio n. 2, aperto appena oltre il confine Est delle pp.ff. 298–257, dove è stato abbattuto un muro di confine, ha permesso il recupero (-0,3 m) di una lastra di marmo a forma di dodecagono (1,13 x 0,5 m), forse parte di un altare.

BRIXEN,
STUFELS,
GRUNDSTÜCK RUSSO,
MODELL DES
RÄTISCHEN HAUSES

BRESSANONE,
STUFLES,
FONDO RUSSO,
MODELLO DELLA
CASA RETICA

die möglicherweise von einem Altar stammt. Sondierung Nr. 3 wurde in zentraler Position im Hof (Parzelle 257) geöffnet. Bis in eine Tiefe von 1,3 m erstreckten sich mehrere Schichten mit Bauschutt, Kalkmörtel und Ziegeln. *Ausführung: SRA (Giovanni Rizzi, Alessandro Manincor)*

Altenmarktgasse 17, Institut B. V. M. der Englischen Fräulein

Anlässlich der Neugestaltung des weitflächigen (ca. 800 m²), dem Schulgebäude der Englischen Fräulein vorgelagerten Areals, wo der Eingangsbereich zum Gebäude liegt (Westeingang, von der Stadelgasse aus begehbar), wurde eine archäologische Untersuchung vorgenommen. Der freigelegte Bereich grenzt im Norden an den Fundort in der Trattengasse, der bereits 1984 Gegenstand archäologischer Untersuchungen war (verschiedene eisenzeitliche Gebäude).
Bei einer Sondiergrabung (ca. 2 x 2 m) wurden Holzstrukturen festgestellt, die wahrscheinlich zu einer spätmittelalterlichen (14./15. Jahrhundert n. Chr.) Kanalisierung gehören und in ca. 0,7 m Tiefe in die sandigen Schwemmschichten eingetieft waren. Die darunter gelegene, ca. 0,2 m starke, lehmhaltige, dunkelgraue Schicht enthielt vereinzelte Kohlepartikel und gebrannte Lehmbrocken sowie ein vorgeschichtliches Keramikfragment. Dieses Stratum überlagerte seinerseits den sterilen Boden. Nachdem

Il sondaggio n. 3 in posizione quasi centrale rispetto al cortile p.f. 257 ha permesso di riconoscere strati di detriti con calce e mattoni alternati a sabbie (fino a -1,3 m), poi altre sabbie fino al tetto della ghiaia sterile (-1,8 m). *Effettuazione: SRA (Giovanni Rizzi, Alessandro Manincor)*

Via Mercato Vecchio, 17, Istituto B. V. M. Dame Inglesi

In occasione dei lavori di risistemazione della vasta area (circa 800 m³) antistante il complesso scolastico delle "Dame Inglesi", che funge da accesso all'edificio (ingresso Ovest, da via Fienili), si è reso necessario un intervento esplorativo in quanto la zona confina a Nord con il sito di via Tratten, già oggetto di indagini archeologiche nel 1984 (edifici dell'età del Ferro). Un sondaggio (2 x 2 m circa) ha permesso di accertare l'esistenza di strutture lignee, probabilmente relative ai resti di una canalizzazione in legno forse di età bassomedievale (XIV–XV secolo?) sepolte nelle sabbie alluvionali, a circa 0,7 m di profondità. Al di sotto si estende uno strato dello spessore di circa 0,2 m costituito da un terriccio grigio scuro, limoso, contenente pietrisco e rari frustoli di carbone e di concotto; da qui si recupera un frammento di ceramica protostorica. Tale strato copre a sua volta il terreno sterile.

BRIXEN,
STUFELS,
GRUNDSTÜCK RUSSO,
TONGEFÄSS
(3. JH. N. CHR.)
(H. = 7 CM, DM = 9 CM)

BRESSANONE,
STUFLES, FONDO RUSSO,
RECIPIENTE CERAMICO
(III SEC. D. C.)
(ALT. = 7 CM,
DIAM. = 9 CM)

BRIXEN,
STUFELS, GRUNDSTÜCK
RUSSO, DECKEL EINES
EISENZEITLICHEN
TONGEFÄSSES
(DM = 15,5 CM)

BRESSANONE,
STUFLES, FONDO RUSSO,
COPERCHIO IN
CERAMICA DALLA
CASA RETICA
(DIAM. = 15,5 CM)

vom Bauherrn ein Aushub von maximal 0,7–1 m Tiefe vorgesehen war, wurde auf weitere Untersuchungen verzichtet. *Ausführung: SRA (Giovanni Rizzi, Alberto Bernardi, Noris Zandò)*

Brunogasse 3, Scheuchegg

Anlässlich der Wiedergewinnungsarbeiten am Haus Scheuchegg in der Brunogasse wurden Sondierungen durchgeführt. Nach Abnahme der Fußböden und der Erdpakete in einigen Räumen durch die Baufirma zeigte die Untersuchung verschiedene Bauphasen des späten Mittelalters. Im Haus verbaut ist ein Teil der Stadtmauer, die in der südöstlichen Ecke der Stadt an einen runden Stadtturm anschließt. *Ausführung: SRA (Giovanni Rizzi, Georg Rottensteiner)*

Elvaser Straße 1, Tschannerhof, Grundstück Larcher

Anlässlich des Umbaus des Tschannerhofes bergseitig vom „Gasthof Hofstatt" wurde unmittelbar vor dem Hof auf dem Grundstück von Siegfried Larcher ein tiefer Aushub für die Anlage neuer Kellerräume vorgenommen. Es wurden weder Gebäudereste noch archäologische Schichten beobachtet, sondern nur eine 0,3 m starke Humusschicht und darunter der Felsen. Offenkundig haben Planierungen die archäologischen Schichten zerstört, die ringsum nachgewiesen sind. *Ausführung: SRA (Giovanni Rizzi, Genny Larcher)*

Poiché nell'area è previsto un abbassamento massimo di quota di circa 0,7–1 m, non si è ritenuto opportuno proseguire l'intervento. *Effettuazione: SRA (Giovanni Rizzi, Alberto Bernardi, Noris Zandò)*

Via Bruno, 3, Scheuchegg

Durante la ristrutturazione dell'edificio detto "Scheuchegg" in via Bruno a Bressanone, poiché dovevano essere rimossi i piani pavimentali e i depositi terrosi che colmavano alcuni locali, si sono effettuati sondaggi. Il complesso attuale costruito in più fasi del tardo Medioevo ingloba un tratto delle mura cittadine collegato ad una torre difensiva rotonda (presso l'angolo Sud-Est) della città. *Effettuazione: SRA (Giovanni Rizzi, Georg Rottensteiner)*

Via Elvas 1, Tschannerhof, fondo Larcher

Controlli nello scasso praticato, in località Elvas n. 1, a monte dell'albergo "Hofstatt", per nuove cantine del maso "Tschannerhof" di Siegfried Larcher, non hanno evidenziato alcun elemento di interesse archeologico, ma solamente uno strato di humus (spessore circa 0,3 m) che copre la roccia in posto: lavori di livellamento del passato devono aver eliminato le evidenze archeologiche che non dovevano in origine mancare, considerati i ritrovamenti nelle aree adiacenti. *Effettuazione: SRA (Giovanni Rizzi, Genny Larcher)*

BRIXEN,
STUFELS,
GRUNDSTÜCK RUSSO,
RÄTISCHES HAUS

BRESSANONE,
STUFLES,
FONDO RUSSO,
CASA RETICA

Stufels, Obere Schutzengelgasse 16, Grundstück Russo

Eine Notgrabung auf den unter Denkmalschutz stehenden Gpp. 567/1 und 567/2 der K.G. Elvas, hat weitere Teile des vor einigen Jahren freigelegten römerzeitlichen Gebäudes (siehe Denkmalpflege in Südtirol in Südtirol 1991–1995, S. 26–27) sowie eine ausgedehnte Fläche eines eisenzeitlichen Hauses mit rechteckigem Grundriss (ca. 6 x 4 m) und mindestens zwei Wohnhorizonten ans Tageslicht gebracht. Aus den Schichten der ersten Phase (5.–4. Jahrhundert v. Chr.) stammt frühe Fritzens-Sanzeno-Keramik. In dieselbe Zeit datiert eine kreisförmige, ca. 0,6 m tiefe Grube (eine Vorratsgrube), die mit kohligem Material gefüllt und deren Lehmboden zum Teil verziegelt war. Darin befand sich, neben Teilen eines Bronzeblechgefäßes, ein fragmentiertes, situlenförmiges Tongefäß mit einer aus zwölf Schriftzeichen bestehenden, vor dem Brand eingeritzten Inschrift. Nach einem Brand wurde das Wohngebäude durch die Errichtung einer rechtwinkeligen Mauer an der Längsseite um ein Drittel verkleinert. Eine Steinsetzung an der Südseite diente als Basis für eine hölzerne Eingangstreppe. Zu den Funden zählen Webgewichte, Haushaltskeramik, Faunareste und Fragmente von Handmühlen, darunter ein Exemplar aus ortsfremdem Gestein (möglicherweise Trachyt aus den Euganäischen Hügeln). Das römerzeitliche

Stufles, via Alta Angelo Custode, 16 fondo Russo

Uno scavo di emergenza nelle pp.ff. vincolate 567/1 e 567/2 del C.C. Elvas, ha portato in luce altre parti di un edificio di età romana già in precedenza scavato nelle aree adiacenti (cfr. Tutela dei beni culturali in Alto Adige 1991–1995, p. 26), inoltre un ampio settore di una casa dell'età del Ferro a pianta rettangolare (6 x 4 m circa) con almeno due fasi di vita. La prima fase (V–IV secolo a. C.) ha restituito ceramiche tipiche di un momento precoce della cultura di Fritzens-Sanzeno. Appartiene a tale fase una fossa circolare, profonda circa 0,6 m (forse in origine un silo), colmata di materiale carbonioso, con il fondo spalmato di argilla, in parte ossidata.
Ha restituito oltre ad un frammento di recipiente di lamina di bronzo, un vaso di terracotta in frammenti con un'epigrafe di dodici lettere in alfabeto nord-etrusco, incisa a crudo. Nella seconda fase, dopo un incendio, il vano interrato risulta essere stato ridotto di circa un terzo mediante l'innalzamento di un muro interno; ciò corrispondeva nell'alzato ad un soppalco. Un allineamento di pietre sul lato Sud fungeva da base per una scala lignea di accesso. Tra i reperti dell'edificio intonaco bruciato, pesi da telaio, ceramica domestica, resti faunistici e frammenti di macine. Notevole un frammento di probabile tra-

BRIXEN,
STUFELS,
SCHLIPFGASSE,
VILLA KRANEBITT,
GUSSFORM AUS STEIN
(H.= 7 CM)

BRESSANONE,
STUFLES, VIA FRANA,
VILLA KRANEBITT,
FORMA DI FUSIONE IN
PIETRA (ALT. = 7 CM)

Gebäude mit Brandspuren wies im Osten eine gemauerte Wand sowie im Norden eine Holzwand auf, hinter der sich eine Drainageschicht befand. Pfostenlöcher an der Außenseite des Gebäudes gehen auf die Dachkonstruktion zurück. Ein an der Ecke zwischen Nord- und Südwand angebrachter Steinblock diente als Basis für einen Pfosten. Der römerzeitliche Bau, der vorrömische Bauelemente aufweist, diente als Annex des 1989 und 1991 freigelegten Hauses Stufels, das mit einer Hypokaustenheizung ausgestattet war und über lange Zeit hinweg in Verwendung stand. Im Inneren des Hauses ist die Bestattung eines Neugeborenen belegt. *Ausführung: SRA (Giovanni Rizzi, Noris Zandò, Alberto Bernardi, Ingrid Faustini)*

Stufels, Schlipfgasse 17, Grundstück Liensberger

Im Vorfeld der Verlegung eines Heizöltanks auf dem Grundstück von Zita Liensberger in Stufels wurde ein Lokalaugenschein vorgenommen, da in der benachbarten Parzelle, wo die Villa Kranebitt steht, vor kurzem ein rätisches Haus ausgegraben wurde. Der Lokalaugenschein war negativ, das Areal wurde zur Bebauung freigegeben. *Ausführung: SRA (Giovanni Rizzi, Genny Larcher)*

Stufels, Schlipfgasse, Villa Kranebitt

Bauarbeiten in der Schlipfgasse boten die Gelegenheit, einen weiteren Teil der vorge-

chite dei Colli Euganei. La casa di età romana con tracce di incendio, presentava una parete in muratura (Est) ed una in legno (Nord) alle cui spalle si trovava un drenaggio. Buche per palo all'esterno riconducibili forse a tettoie. Nell'angolo tra le pareti Nord e Sud un blocco di pietra fungeva da base per un palo. Tali particolarità sembrano rivelare un recupero di tradizioni costruttive preromane in questo edificio che è da interpretare come annesso della adiacente casa (Stufles 10b–12; 1989 e 1991), che conobbe un lungo periodo d'uso. Una sepoltura di neonato nell'interno della casa. *Effettuazione: SRA (Giovanni Rizzi, Noris Zandò, Alberto Bernardi, Ingrid Faustini)*

Stufles, via Frana, 17 fondo Liensberger

Viene effettuato, con risultati del tutto negativi, un controllo nel quartiere di Stufles, nel fondo di proprietà di Zita Thalmann Liensberger, in un'area che è adiacente alla casa retica scavata nel medesimo anno di attività nel terreno di Villa Kranebitt (vedi sotto), dove è prevista la messa in opera di una cisterna. *Effettuazione: SRA (Giovanni Rizzi, Genny Larcher)*

Stufles, via Frana, Villa Kranebitt

Lavori edili hanno permesso di indagare in via Frana un settore dell'insediamento

BRIXEN, STUFELS, SCHLIPFGASSE, VILLA KRANEBITT, GUSSFORM AUS STEIN (H. = 7 CM)

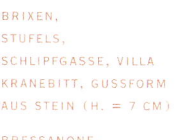

BRESSANONE, STUFLES, VIA FRANA, VILLA KRANEBITT, FORMA DI FUSIONE IN PIETRA (ALT. = 7 CM)

BRIXEN, STUFELS, SCHLIPFGASSE, VILLA KRANEBITT, SPIRALE AUS BRONZE (4. JH. V. CHR.) (DM = 7,5 CM)

BRESSANONE, STUFLES, VIA FRANA, VILLA KRANEBITT, SPIRALE DI BRONZO (IV SEC. A. C.) (DIAM. = 7,5 CM)

schichtlichen Siedlung zu untersuchen und ein Haus mit zwei Haupt-Benutzungsphasen vollständig freizulegen. In der ersten Phase bestand das Haus aus einem in den Hang eingetieften Raum, dessen Wände mit Lehm versetzt waren. Hinter den Mauern diente eine Schotterung als Drainage. Innen waren die Mauern zur Wärmeisolierung vollständig holzvertäfelt. Das Hausinnere (ca. 7 x 6 m) war mittels Holzwände in einzelne Räumlichkeiten unterteilt. Ein Balkengerüst trug den hölzernen Aufbau (oberes Geschoss). Zwischen dem ausgehenden 6. und dem beginnenden 4. Jahrhundert v. Chr. erfuhr das Haus Umbauten, so die Abtragung der ursprünglichen Zugangsrampe und die Errichtung einer rechtwinklig zur Südwand angelegten Rampe. Am Ende der ersten Phase fiel das Haus einem Brand zum Opfer, weshalb sich auch Teile des Bretterbodens erhalten konnten. In der zweiten Bauphase (4. und 3. Jahrhundert v. Chr.) wurde die ursprüngliche Wohnfläche stark reduziert und es wurde ein neues Tragwerk aus Holz errichtet. Bei dessen Errichtung wurde ein Bauopfer vorgenommen: In einem Pfostenloch wurden Knochen, einige davon kalziniert, und verbrannte Getreidekörner hinterlegt. Nach dem Auflassen wurde das Gebäude von Überschwemmungsmaterial bedeckt. Zu den Kleinfunden zählen Bruchstücke von Keramikgefäßen, Feuerböcken, Webgewichten und Reibmühlen, ein Spiral-

ed in particolare un intero edificio che fu abitato in due distinti periodi: alla fine del primo periodo d'uso l'edificio fu distrutto da un incendio. La casa più antica era costituita da un vano scavato nel pendio le cui pareti erano foderate da muri legati in argilla; tra i muri e il terreno era presente una massicciata drenante. Una "scatola" in legno rivestiva internamente i muri. L'interno, di circa 7 x 6 m, era suddiviso in ambienti mediante pareti lignee. Un sistema di pali, anche alloggiati in apposite nicchie agli angoli, reggeva un piano rialzato ligneo. Durante la prima fase tra fine VI e inizio IV secolo a. C. si resero necessarie delle ristrutturazioni, quali l'obliterazione dell'originaria rampa d'accesso e la costruzione di una rampa nuova sempre sul lato Sud, ma ortogonale ad esso. Tracce carbonizzate di un assito pavimentale.
Nella seconda fase (tra IV e III secolo a. C.) si operò una forte riduzione della superficie iniziale, creando una nuova struttura portante in legno.
Di quest'ultima rimangono alcune buche di palo, in un caso con tracce di rito di fondazione (deposizione di ossa animali calcinate e non, assieme a semi bruciati). Dopo l'abbandono la casa fu coperta dai detriti di un'alluvione. Si sono recuperati abbondanti reperti ceramici (vasi, alari, pesi da telaio), macine litiche

BRIXEN,
STUFELS,
SCHLIPFGASSE,
VILLA KRANEBITT,
BRUCHSTÜCK EINES
VERZIERTEN
TONGEFÄSSES
(5. JH. V. CHR.)
(6 X 7,5 CM)

BRESSANONE,
STUFLES, VIA FRANA,
VILLA KRANEBITT,
FRAMMENTO DI OLLA
CON DECORAZIONE
(V SEC. A. C.)
(6 X 7,5 CM)

BRIXEN,
STUFELS,
SCHLIPFGASSE,
VILLA KRANEBITT,
RÄTSCHES HAUS MIT
VERKOHLTEN BALKEN

BRESSANONE,
STUFLES, VIA FRANA,
VILLA KRANEBITT,
CASA RETICA CON
TRAVI CARBONIZZATE

armreifen aus Bronze, Fragmente von Fibeln, eine Ackerhaue sowie ein durchbrochener Gürtelhaken. Beachtenswert sind die paläozoologischen Reste mit einer seltenen Fauna (Pferd) und die paläobotanischen Funde (Rebe, verschiedene Getreidekörner und Hülsenfrüchte). Dem Dendrochronologischen Labor des Stadtmuseums Rovereto (TN) wurden zahlreiche verkohlte Holzproben der Balken zur Datierung übergeben.
Ausführung: SRA (Giovanni Rizzi, Margherita Feltrin, Marco Decarli, Jasmine Rizzi)

(a sella), un bracciale a spirale di verga bronzea, frammenti di fibula, una zappa-ascia ed un gancio di cintura traforato in ferro. Importanti i resti archeobiologici, con una rara documentazione faunistica (cavallo) e botanica (vite, cereali e leguminose varie). Campioni di travi lignee carbonizzate sono stati raccolti in vista di datazioni (Laboratorio di dendrocronologia del Museo Civico di Rovereto, TN).
Effettuazione: SRA (Giovanni Rizzi, Margherita Feltrin, Marco Decarli, Jasmine Rizzi)

Stufels, Untere Schutzengelgasse 12 Haus Öhler

Im schmalen Areal westlich des Gebäudes wurde für einen Heizöltank eine Grube von 4 m Länge und 2,8 m Breite und Tiefe angelegt.
Die Sondierung ergab bis fast 2 m unter der heutigen Grasnarbe aufgeschüttetes Material, bestehend aus Steinen, Sand, Kies, gemischt mit Bauschutt und Ziegelbruch. Auch Fragmente glasierter Keramik kamen zutage. Unter dem heutigen Begrenzungsmäuerchen im Süden liegt eine ältere Mauer. Haus Öhler ist als alte Mühle bekannt: Das Grabungsareal liegt in einem der Sektoren, die durch zwei Wasser führende Kanäle getrennt waren. Es wird angenommen, dass auf der anderen Seite des Kanals das

Stufles, via Bassa Angelo Custode, 12 casa Öhler

Viene eseguito un sondaggio nella ristretta area a Ovest dell'edificio, la quale dovrà ospitare un serbatoio per combustibile, inserito in una fossa di circa 4 m di lunghezza, 2,8 m di larghezza e profondità. È stato possibile verificare la presenza fino a quasi 2 m di profondità dall'attuale livello erboso, di materiale di riporto costituito da pietrame anche grosso, sabbie, ghiaie miste a detriti con calce e laterizi. Si rinvengono anche frammenti di ceramica smaltata. È evidenziata la presenza di un muro più antico alla base dell'attuale muretto di confine Sud. Casa Öhler è conosciuta come un vecchio mulino: l'area di scavo coincide con un settore intermedio tra due canali che apportavano acque per il funzionamento del medesimo. È opinione corrente che oltre al canale

5 m

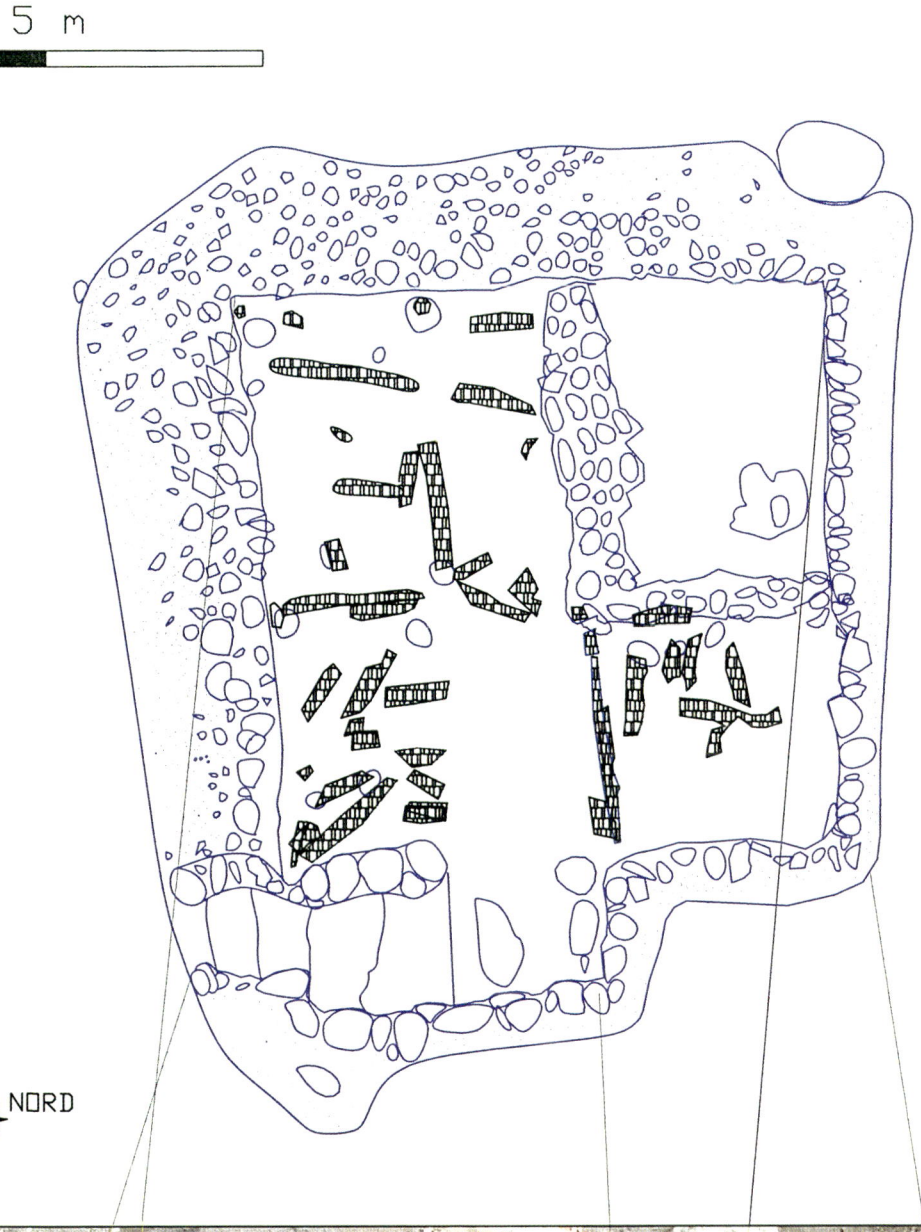

NORD

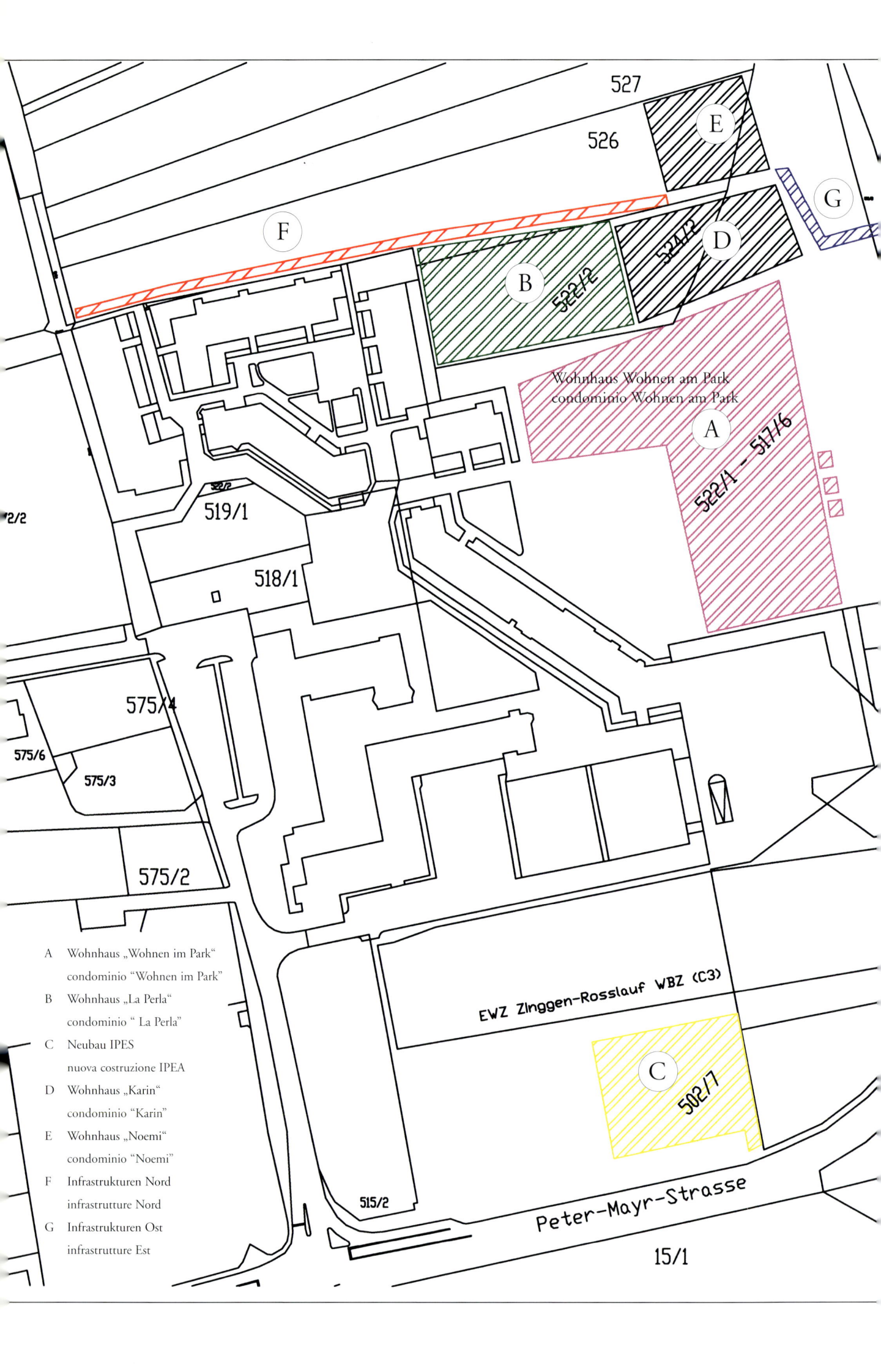

A Wohnhaus „Wohnen im Park"
   condominio "Wohnen im Park"
B Wohnhaus „La Perla"
   condominio " La Perla"
C Neubau IPES
   nuova costruzione IPEA
D Wohnhaus „Karin"
   condominio "Karin"
E Wohnhaus „Noemi"
   condominio "Noemi"
F Infrastrukturen Nord
   infrastrutture Nord
G Infrastrukturen Ost
   infrastrutture Est

BRIXEN,
ZINGGEN-ROSSLAUF,
FUNDSTELLEN

BRESSANONE,
ZINGGEN-ROSSLAUF,
AREE SCAVATE

BRIXEN,
ZINGGEN-ROSSLAUF,
LA PERLA,
GÜRTELEMENT
(2,5 X 4,5 CM)

BRESSANONE,
ZINGGEN-ROSSLAUF,
LA PERLA, PUNTALE DI
CINTURA (2,5 X 4,5 CM)

Becken für die Walze einer Gerberei lag. *Ausführung: SRA (Giovanni Rizzi, Alessandro Manincor)*

Zinggen Roßlauf, Erweiterungszone C7, Kondominium IPES

Die in den vorhergehenden Jahren in den angrenzenden Gründen zu Tage getretenen Funde haben eine Sondierungsgrabung auf diesem zur Bebauung vorgesehenen Grundstück veranlasst. Die sterilen Schwemmschichten resultierten auf der Gesamtfläche von einer ca. 0,3 m mächtigen fundführenden Schicht bedeckt. Im nördlichen Bereich des Grabungsareals konnte eine ca. 3 m breite, von Westen nach Osten verlaufende längliche Steinsetzung freigelegt werden, die mit jenen aus den benachbarten Grundparzellen vergleichbar ist und als Begrenzung landwirtschaftlich genutzter Flächen interpretiert werden kann. Zusätzlich kamen die verschlackten Lehmbodenteile eines mit Steinen umgebenen Ofens unbestimmten Alters zum Vorschein. An anderer Stelle war eine Fläche mit verziegeltem Sand erkennbar, die von einer verkohlten Holzlage überlagert war. Durch die Nähe zu einer Grube, aus der ein Keramikfragment der jüngeren Eisenzeit stammt, ergibt sich eine entsprechende Datierungshypothese. An Kleinfunden konnten in sekundärer Fundlage Keramikfragmente aus der späten Bronzezeit, eine Anzahl römischer Münzen, ein Bronzeohrring mit Email-

del mulino vi fosse anche una vasca per il "rullo" di una conceria. *Effettuazione: SRA (Giovanni Rizzi, Alessandro Manincor)*

Zinggen-Roßlauf, zona di espansione C7, condominio IPES

Ritrovamenti archeologici effettuati nelle aree adiacenti hanno suggerito l'opportunità di una indagine preventiva su questa superficie destinata alla costruzione di un condominio dell'Istituto Popolare per l'Edilizia Sociale, che ha finanziato per intero questo intervento. Su tutta la superficie il materiale alluvionale sterile era sormontato da uno strato terroso di circa 0,3 m in cui si concentravano le evidenze archeologiche, coperto a sua volta da uno strato di humus spesso circa 0,2 m. Sul lato Nord dell'area sondata si è riscontrata, come nelle particelle vicine, una massicciata allungata, larga circa 3 m, avente andamento Est-ovest: probabile elemento di divisione agraria. È emerso inoltre il fondo di un forno (argilla scorificata, circondata da pietre alterate dal calore) di età indeterminata. In un altro punto era riconoscibile una chiazza di sabbia arrossata dal calore su cui poggiava una sorta di assito carbonizzato. La contiguità con una buca che ha restituito un frammento ceramico della recente età del Ferro, permette di datare anche questa evidenza. Si sono inoltre recuperati

BRIXEN,
ZINGGEN-ROSSLAUF,
RÖMERZEITLICHER
FINGERRING AUS
BRONZE (D. = 2,5 CM)

BRESSANONE,
ZINGGEN-ROSSLAUF,
ANELLO IN BRONZO
(ETÀ ROMANA)
(DIAM. = 2,5 CM)

BRIXEN,
ZINGGEN-ROSSLAUF,
GRUBEN
(1. JH. V. CHR. –
1. JH. N. CHR.)

BRESSANONE,
ZINGGEN-ROSSLAUF,
FOSSE
(I SEC. A. C. –
I SEC. D. C.)

einlagen der Köttlach-Kultur (9.–10. Jahrhundert n. Chr.) und schließlich eine reiche Auswahl mittelalterlicher und neuzeitlicher Keramik geborgen werden. Die Untersuchung der angrenzenden Sektoren, in denen ebenfalls archäologisches Fundgut vermutet wird, wurde für das nächste Jahr vorgesehen. Die Grabung wurde zur Gänze vom Bauherrn, d. h. vom Institut für den sozialen Wohnbau des Landes Südtirol, finanziert.
Ausführung: Archeotek (Christian Terzer)

Zinggen Roßlauf, Erweiterungszone C7, Kondominium „Wohnen am Park"

Im gesamten Areal fanden sich vereinzelte Strukturen der beginnenden jüngeren Eisenzeit, wie etwa Feuerstellen und Spuren von Hütten. Die Gliederung in landwirtschaftlich genutzte Flächen mittels Steinanhäufungen (Steinsetzungen) geht auf die ausgehende Eisenzeit zurück. Die ältesten Spuren landwirtschaftlicher Bewirtschaftung stellen nord-südlich verlaufende Furchen dar, die in Sand- und Schotterbänke gegraben wurden (Rebzeilen). Damit verbunden sind mit kohlehaltigem Material gefüllte Gruben (vermutlich Kochgruben). Längliche Steinschüttungen mit Pfostenlöchern und Bruchstücken von Hüttenlehm (mit Abdrücken von Flechtwerk) bezeugen vermutlich in der Nähe der Rebanlagen gelegene Bauten. Unter den Kleinfunden sind vor allem zahlreiche republikanische Münzen erwähnenswert.

sporadicamente frammenti ceramici della recente età del Bronzo, monete romane, un orecchino di bronzo decorato a smalto della cultura di Köttlach (IX-X secolo d. C.), infine una abbondante campionatura di ceramica medievale e degli inzi dell'età moderna. L'indagine di settori marginali di quest'area dove appare possibile la presenza di ulteriori evidenze archeologiche è stata riservata all'anno venturo. *Effettuazione: Archeotek (Christian Terzer)*

Zinggen-Roßlauf, zona di espansione C7, condominio "Wohnen am Park"

Sull'intera area ritroviamo sporadiche presenze riferibili a vari momenti della media età del Ferro (focolari, tracce di fondi di capanna etc.).
Con riferimento invece alle divisioni poderali è invece presente una fase della fine dell'età del Ferro.
Le tracce più antiche di attività agricola comprendevano solchi paralleli scavati nelle sabbie e ghiaie di fondo (filari di viti?) con andamento da Nord a Sud. Ad essi si collegavano buche colmate di materiale carbonioso (interpretate come fosse da cottura). Non mancano massicciate allungate di pietrame caratterizzate ad intervalli da buche per palo, forse tracce di edifici adiacenti alle colture. Presenza di intonaco (anche con tracce di graticciato). Colpisce inoltre la particolare frequenza

BRIXEN,
ZINGGEN-ROSSLAUF,
FELDBEGRENZUNGEN
(RÖMERZEIT)

BRESSANONE,
ZINGGEN-ROSSLAUF,
LIMITI FONDIARI
(ETÀ ROMANA)

G.p-p.f. 522/1-517/6

10 m

Spätrömische-frühmittel-alterliche Phase /
Fase tardo romana/primo medioevale

Römerzeitliche Phase (landwirtschaftliche Nutzung) /
Fase di età romana (sfruttamento agricolo)

Späteisenzeitliche und früh-kaiserzeitliche Phase /
Fase della tarda età del Ferro e di età altoimperiale

Steinblöcke / massi

Kohlehaltige Gruben / Fosse carboniose

BRIXEN,
ZINGGEN-ROSSLAUF,
„WOHNEN AM PARK",
SILBERDENAR DES
MARCUS ANTONIUS
(32–31 V. CHR.)

BRESSANONE,
ZINGGEN-ROSSLAUF,
"WOHNEN AM PARK",
DENARIO D'ARGENTO
DI MARCO ANTONIO
(32–31 A. C.)

Eine spätere Umzäunung des Gutes und Strukturen aus der römischen Kaiserzeit folgen den ursprünglichen Begrenzungen, die zum damaligen Zeitpunkt wohl noch gut erkennbar waren. Spätrömisch/frühmittelalterlich zu datieren sind schließlich die Spuren einer von der vorhergehenden Anlage abweichenden und unabhängigen „Parzellierung" (Reihen von Furchen mit Pfostenlöchern). *Ausführung: SRA (Giovanni Rizzi, Alessandro Manincor)* ut

Elvas, Grundstück Heinrich Ferretti

Im Vorfeld der Aushubarbeiten für einen Wohnbau wurden auf der Gp. 444 Sondierungen durchgeführt. Mit einem Minibagger, vom Besitzer zur Verfügung gestellt, wurden Suchschnitte angelegt und bis zu den sterilen Schichten vorangetrieben. Stellenweise war das Erdreich etwa 0,3 m tief durch bäuerliche Arbeiten umgelagert. An anderen Stellen sind rezenter Bauschutt und Ziegelbruch abgelagert. Im nordöstlichen Teil ist die unberührte Schichtenlage besser erhalten. Hier liegt eine Mauer, in grünem Lehm gebunden. Das Areal oberhalb der Mauer lieferte Keramikfragmente aus der Eisenzeit und aus römischer Zeit. *Ausführung: SRA (Giovanni Rizzi, Genny Larcher, Ibrahim Rexrepi)* ut

Elvas, Kreuzwiese, Grundstück Heinrich Huber

Archäologische Grabungen auf den Gpp.

di monete repubblicane. Un successivo sistema di recinzione poderale e di strutture di epoca romana imperiale ripete in parte l'andamento delle recinzioni più antiche che dunque dovevano essere rimaste ben riconoscibili. Sono infine presenti le tracce di una diversa e indipendente divisione agraria (allineamenti di solchi con buche di palo), attribuibile ad epoca tardoromana/altomedievale. *Effettuazione: SRA (Giovanni Rizzi, Alessandro Manincor)* ut

Elvas, fondo Heinrich Ferretti

Sondaggi preventivi sono stati effettuati a Elvas nella p.f. 444, in un'area in cui dovrà sorgere un edificio.
Si sono praticate delle trincee esplorative fino allo sterile. In alcune il terreno agricolo, molto rimaneggiato, raggiungeva i 0,3 m di spessore. Altre hanno mostrato depositi recenti di detriti e mattoni. Nel settore Nord-Est dell'area dove le stratificazioni erano meglio conservate, si rinviene un muro legato in argilla. Dal terreno soprastante al muro provengono frammenti di ceramica di età romana e del Ferro. *Effettuazione: SRA (Giovanni Rizzi, Genny Larcher, Ibrahim Rexhepi)* ut

Elvas, Kreuzwiese, fondo Heinrich Huber

Scavi sulle pp.ff. 574/2 e 574/3 di Elvas

BRIXEN,
ELVAS,
GRUNDSTÜCK HUBER,
ANSICHT DER GRABUNG

BRESSANONE,
ELVAS,
FONDO HUBER,
PANORAMICA
DELLO SCAVO

BRIXEN, ELVAS,
GRUNDSTÜCK HUBER,
DETAIL EINES RÖMER-
ZEITLICHEN GEBÄUDES

BRESSANONE,
ELVAS, FONDO HUBER,
DETTAGLIO DI UNA
STRUTTURA
DI ETÀ ROMANA

574/2 und 574/3 in Elvas haben zur Entdeckung weiterer Spuren der ur- und frühgeschichtlichen Besiedlung geführt und unsere Kenntnisse der Geschichte dieses Ortes erweitert (siehe Denkmalpflege in Südtirol 2000, S. 221). Zahlreich vertreten sind die neolithischen Spuren (5.–4. Jahrtausend v. Chr.). Eine Silex-Pfeilspitze datiert in die Kupferzeit. Die Besiedlung des Fundplatzes in der späten und ausgehenden Bronzezeit (Laugener Kultur: 13.–10. Jahrhundert v. Chr.) ist durch beeindruckende, stufenförmig angelegte Terrassierungsmauern belegt. In der Nähe eines großen Felsblockes mit flacher Oberseite, der von kleineren Gesteinsbrocken umgeben war, wurden innerhalb einer von Steinen umgrenzten Fläche zahlreiche Tierknochen (Schaf/Ziege, Rind, Schwein, Pferd) und Keramikfragmente (für Kultzwecke?) entdeckt. Der Laugener Kultur gehören außerdem einige quadratische Feuerstellen an, die sowohl unter einem großen Felsblock als auch auf dem mit ihm in Verbindung stehenden Begehungshorizont angebracht waren. Im Norden und im Westen waren die Feuerstellen von zwei Reihen von Steinsetzungen begrenzt, möglicherweise die Außenmauern einer Hütte.
In ungefähr zehn Metern Entfernung in nordwestlicher Richtung, wo der anstehende Felsen hervortritt, konnte man die Spuren einer eisenzeitlichen Hütte freilegen: ein kleiner Eingangsbereich mit zwei ovalen

hanno consentito di mettere in luce ulteriori testimonianze dell'antico insediamento umano di quest'area, che ampliano quanto documentato in precedenza (cfr. Tutela dei beni culturali in Alto Adige 2000, p. 221). Le evidenze riferibili al Neolitico (V–IV millennio a. C.) sono in questo caso attestate in misura più consistente (ceramiche e strumenti di selce). Una punta di freccia in selce è invece attribuibile all'età del Rame. L'occupazione del sito nella tarda e finale età del Bronzo (cultura di Luco: XIII–X secolo a. C.), è attestata da un'imponente opera di terrazzamento, costituita da gradoni paralleli di massi.
Nelle vicinanze di un grosso blocco con faccia superiore piana circondato da pietre più piccole si addensavano in un'area delimitata da allineamenti di pietrame, numerose ossa animali, (caprovini, bue, suino, ma anche cavallo), e frammenti ceramici. È forse ipotizzabile una destinazione di tipo rituale. Ancora all'orizzonte culturale di Luco appartengono alcuni focolari quadrati individuati sia sotto il grosso blocco, che sul piano d'uso in fase con esso; a Nord e ad Ovest i focolari erano racchiusi da due allineamenti di pietre, forse i limiti di una capanna.
Ad una decina di metri di distanza in direzione NO, dove emerge la roccia in posto, si è inoltre riconosciuta una capanna dell'età del Ferro: un piccolo ambiente d'in-

BRIXEN,
ELVAS,
GRUNDSTÜCK HUBER,
EISENZEITLICHES
GEFÄSS
(H. = 12,4 CM;
DM. = 14 CM)

BRESSANONE,
ELVAS, FONDO HUBER,
VASO DELL'ETÀ DEL
FERRO
(ALT. = 12,4 CM;
DIAM. = 14 CM)

Feuerstellen führte in nordöstlicher Richtung in einen größeren Raum (Seitenlänge 7 m, nicht näher untersucht). Ein noch in rätischer Bautradition stehendes, jedoch in der frühen Kaiserzeit errichtetes Wohngebäude wurde im Süden des Grabungsareals nachgewiesen. Bei dessen Bau wurden bronzezeitliche Schichten angeschnitten und dabei auch einige Gesteinsbrocken der urgeschichtlichen Terrassierung wiederverwendet. Das Gebäude bestand aus einem nördlich gelegenen Zugang, der parallel zum kleinen Wohnraum verlief, dessen südliche Mauerkante 1992 anlässlich von Straßenarbeiten abgetragen worden war (siehe Denkmalpflege in Südtirol 1992, S. 25). Ebenfalls römerzeitlich sind einige Gruben, die wahrscheinlich ursprünglich zum Lagern von Lehm und in späterer Zeit als Abfallgruben dienten. *Grabung: SRA (Giovanni Rizzi, Margherita Feltrin)*

Elvas, Mooswiese, Grundstück Franz Tauber

Wegen weiterer geplanter Bauarbeiten wurden in Elvas (Gp. 529/1 K.G. Elvas), dort, wo bereits 1999 Ausgrabungen durchgeführt worden waren, neuerlich systematische Untersuchungen vorgenommen. Die Grabung beschränkte sich auf eine schmale Fläche vor dem mittlerweile im Norden errichteten Haus. Zunächst wurden römerzeitliche Spuren nachgewiesen, bestehend aus Steinsetzun-

gresso con due focolari ovali in argilla, immetteva verso NE in un vano più grande (lato 7 m), non esplorato completamente. Un'abitazione di impianto ancora tipicamente retico ma appartenente alla prima età imperiale, è stata individuata inoltre sul lato Sud. La medesima aveva intaccato in profondità gli strati dell'età del Bronzo, utilizzando alcuni massi del terrazzamento preistorico. Era composta da un corridoio d'accesso situato a Nord, disposto parallelamente al piccolo vano d'abitazione vero e proprio di cui il muro meridionale era stato asportato nel 1992, nel corso di lavori stradali (cfr. Tutela dei beni culturali in Alto Adige 1992, p. 25). Sempre all'età romana sono riferibili alcune fosse, usate probabilmente in origine per la decantazione dell'argilla da vasaio, riutilizzate più tardi come buche per rifiuti. *Effettuazione: SRA (Giovanni Rizzi, Margherita Feltrin)*

Elvas, Mooswiese, fondo Franz Tauber

Vengono intraprese nuove indagini sistematiche ad Elvas (p.f. 529/1 CC. Elvas), già oggetto di scavo nel 1999, in previsione di ulteriori lavori edili. Si interviene ora nella ristretta zona antistante la casa nel frattempo edificata (a Nord). Sono state innanzitutto evidenziate tracce di frequentazione romana costituite da strutture quali massicciate e depositi se-

ELVAS,
MOOSWIESE,
GRUNDSTÜCK TAUBER,
AUSGRABUNG EINES
EISENZEITLICHEN
HAUSES

ELVAS,
MOOSWIESE,
GRUNDSTÜCK TAUBER,
SILBERDENAR DES
KAISERS HADRIAN

ELVAS,
MOOSWIESE,
FONDO TAUBER,
SCAVO DI UNA
STRUTTURA ABITATIVA
DELL'ETÀ DEL FERRO

ELVAS,
MOOSWIESE,
FONDO TAUBER,
DENARIO D'ARGENTO
DELL'IMPERATORE
ADRIANO

gen und umgelagerten Schichten, wahrscheinlich angeschwemmtes Material, das Keramikfunde (vom Typ Auerberg) und Metallgegenstände (Denar des Kaisers Nero) enthielt. Konsistentere Strukturen gehen auf die Eisenzeit zurück: eine teilweise in den Hang eingetiefte Hütte. Auf eine systematische Freilegung des Hauses wurde verzichtet, da es sowohl nord- als auch hangseitig über das zu bebauende Areal hinausreicht und südwärts stark gestört ist. Freigelegt wurden die nördliche Terrassierungsmauer und die dahinter gelegene Drainage mit dazugehöriger Abflussrinne. Zusätzlich wurden die Überreste von wenigstens zwei Feuerstellen nachgewiesen, die durch Phyllitplatten begrenzt waren, sowie Pfostenlöcher und mögliche Kochgruben. Das Wohngebäude wurde durch einen Brand zerstört (Balken und Bretterboden waren verkohlt). Es war auf einem älteren Wohnhorizont mit Keramikscherben der Endbronzezeit errichtet worden. Dieser Phase ist wahrscheinlich eine große, in sterilem Grund eingetiefte Kochgrube zuzuordnen (Durchmesser ca. 1,5 m). Aus dem kohlehaltigen Inhalt der Grube stammen Fragmente eines einzigen Topfes. Im Grabungsareal waren auch Spuren aus dem Neolithikum vorhanden. *Ausführung: SRA (Giovanni Rizzi, Jasmine Rizzi, Noris Zandò)*

condari – verosimilmente dilavati da monte – contenente reperti ceramici (ceramica tipo Auerberg) e metallici (denario di Nerone). Resti più consistenti sono riferibili al periodo protostorico: si tratta di una capanna parzialmente incassata nel pendio. Viene indagata solo parzialmente in quanto estesa a Nord e a monte oltre i limiti dello scavo e fortemente erosa verso Sud. È stato possibile riconoscerne il muro di terrazzamento settentrionale e il drenaggio esterno a Nord di questo con relativa canaletta. Sono stati inoltre individuati resti di almeno due focolari delimitati da lastre di fillade, buche di palo e probabili fosse di cottura. L'abitazione fu distrutta da un incendio (travi e assito pavimentale carbonizzati). La capanna era stata verosimilmente impostata su un precedente livello di frequentazione che ha reso reperti fittili del Bronzo finale. Probabilmente attribuibile a questo periodo è una fossa per cottura di grandi dimensioni (diametro circa 1,5 m) scavata nello sterile basale; dal riempimento carbonioso della medesima si recuperano frammenti ceramici pertinenti ad un unico vaso. Non mancano tracce riferibile al Neolitico. *Effettuazione: SRA (Giovanni Rizzi, Jasmine Rizzi, Noris Zandò)*

Elvas, Pircherhof, Grundstück Robert Ferretti

Bei der Anlage einer Kanalisation auf der

Elvas, Pircherhof, fondo Robert Ferretti

Il controllo di lavori per una canalizzazione

BRIXEN, ELVAS, GRUNDSTÜCK JOHANN FERRETTI, SILBERDENAR DES CNAEUS DOMITIUS AHENOBARBUS (116–115 V. CHR.)

BRESSANONE, ELVAS, FONDO JOHANN FERRETTI, DENARIO D'ARGENTO DI CNAEUS DOMITIUS AHENOBARBUS (116–115 A. C.)

BRIXEN, ELVAS, GRUNDSTÜCK JOHANN FERRETTI, SPÄTBRONZEZEITLICHES TONGEFÄSS (DM = 22 CM, H.= 27 CM)

BRESSANONE, ELVAS, FONDO JOHANN FERRETTI, VASO DELLA TARDA ETÀ DEL BRONZO (DIAM. = 22 CM, ALT. = 27 CM)

Gp. 565 fanden sich Reste eines Baues mit Mörtelmauern, in der Nähe einige römische Keramikscherben und eine blaue Melonenperle. Die Baureste gleichen den römischen Mauern, die in der nahe gelegenen Bp. 574 im Süden zutage traten. Der Kanalbau erstreckt sich zur Landesstraße Brixen-Elvas und quert die Gp. 162, die sich als fundleer erwies. *Ausführung: SRA (Giovanni Rizzi, Margherita Feltrin, Genny Larcher)*

Elvas, Zoller Pangert, Grundstück Johann Ferretti

In Hinblick auf vorgesehene Bauarbeiten wurde eine am südöstlichen Dorfrand, am Fuße des Vogeltenne genannten Hügels gelegene Fläche von ca. 150 m² archäologisch untersucht. Die Funde dokumentieren eine Siedlungskontinuität vom Neolithikum bis ins Hochmittelalter. Die relevantesten archäologischen Nachweise gehen auf Wohngebäude zurück, die zwischen der zweiten Hälfte des 1. Jahrhunderts v. Chr. und dem 1./2. Jahrhundert n. Chr. datierbar sind. Im nordwestlichen Teil des Grabungsareals wurden zwei kleine Wohnbereiche untersucht (Raum A und C), die von Kalkmörtelmauern begrenzt waren. Ebenfalls aus Kalk bestand der ursprüngliche Bodenbelag; für Raum C ist eine zweite Phase mit Resten eines verkohlten Holzbretterbodens nachgewiesen. Zu den Funden zählt eine Tierfibel (Hase) aus einer Silberlegierung. Ein zweites, nur auf begrenz-

nella p.f. 565 ha portato all'individuazione di resti di un edificio con muri in pietre e calce; all'intorno sono stati raccolti alcuni frammenti di ceramica romana ed un perla in pasta vitrea azzurra, del tipo "a melone". La struttura ripete le caratteristiche delle case di epoca romana messe in luce, poco più a Sud, nella p.f. 574. *Effettuazione: SRA (Giovanni Rizzi, Margherita Feltrin, Genny Larcher)*

Elvas, Zoller Pangert, fondo Johann Ferretti

Si è proceduto all'esplorazione, preliminare all'effettuazione di lavori edili, di un'area di circa 150 m², che è localizzata alla periferia sudorientale del paese (alle pendici del colle "Vogeltenne"). I resti archeologici attestano una continuità di frequentazione che va dal Neolitico all'Altomedioevo. Le testimonianze più consistenti sono però ascrivibili ad abitazioni databili tra la seconda metà del I secolo a. C. e il I–II secolo d. C. In particolare nel settore Nord occidentale dello scavo sono stati indagati due ambienti di piccole dimensioni (vani A e C), delimitati da muri legati in calce. Ugualmente in calce erano i piani di calpestio, ma per il vano C è attestata anche una seconda fase di riuso con cospicue tracce di un assito ligneo carbonizzato. Tra i reperti una fibula zoomorfa (lepre) in lega d'argento. Una seconda casa (solo parzial-

BRIXEN,
ELVAS,
GRUNDSTÜCK
JOHANN FERRETTI,
ZOOMORPHE FIBEL
(2./3. JH. N. CHR.,
3,1 X 3,5 CM)

BRESSANONE,
ELVAS, FONDO JOHANN
FERRETTI, FIBULA
ZOOMORFA
(II–III SEC. D. C.,
3,1 X 3,5 CM)

ter Oberfläche untersuchtes Haus bestand aus einem teilweise in den Hang eingetieften Raum (Raum B), dessen Mauern, 1 m hoch erhalten, mit Lehm und Kalk gebunden waren. Auf dem Holzboden fanden sich Keramikfragmente vom Typ Auerberg und botanische Reste. Das Gebäude, das aufgrund der Bauweise in eine Übergangsphase zwischen der spätesten rätischen Periode und der Romanisierung gestellt werden kann, war ursprünglich wohl zweigeschossig. Der teilweise in den Hang eingetiefte Raum diente als Vorrats-, der darüber liegende als Wohnbereich. Auf der weiteren untersuchten Fläche wurden Trockenmauern, Pfostenlöcher, Feuerstellen, Kochgruben, Steinpflasterungen sowie Spuren von Umzäunungen und überdachten Stellen entdeckt. Unter den Kleinfunden ist eine republikanische Münze hervorzuheben: CNAEVS DOMITIVS AHENOBARBVS (Crawford: 116/115 v. Chr.). In die Spätbronzezeit datiert eine mit Steinen ausgelegte Grube (Dm. ca. 1,7 m, Tiefe 0,4 m), die Keramikfragmente mit Fingertupfenleisten enthielt. Des Weiteren kamen Funde zu Tage, die dem Neolithikum zugeordnet werden können (Keramik und Steingeräte). Ein Fragment erinnert an die Glockenbecherkeramik.
Ausführung: SRA (Giovanni Rizzi, Ingrid Faustini, Gertraud Larcher, Noris Zandò)

mente esplorata) era costituita da un vano seminterrato (vano B) i cui muri, conservati in elevato per circa 1 m, erano legati in argilla e calce. A diretto contatto con i resti del pavimento ligneo si sono rinvenuti frammenti ceramici del tipo Auerberg ed inoltre resti botanici. L'edificio – che per la tecnica costruttiva sembra attribuibile ad una fase di transizione tra il più tardo periodo retico e la romanizzazione – doveva essere a due piani, con un seminterrato adibito a dispensa e un piano superiore abitato. Nel resto dell'area sono stati riconosciuti muri a secco, buche per palo, focolari, fosse di cottura, massicciate pavimentali: tracce relative a cortili con staccionate, tettoie etc. Degna di nota una moneta repubblicana: CNAEVS DOMITIVS AHENOBARBVS (Crawford: 116/115 a. C.).
Riferibile all'età del Bronzo recente è una fossa (diametro di circa 1,7 m profonda circa 0,4 m), foderata di pietrame. Ha restituito frammenti ceramici pertinenti ad un recipiente decorato a festoni di solcature concentriche. Non mancano reperti allo stato residuale ascrivibili al neolitico. Un frammento ceramico infine risulta affine al tipo campaniforme. *Effettuazione: SRA (Giovanni Rizzi, Ingrid Faustini, Gertraud Larcher, Noris Zandò)*

Brixen, Milland, Zephierbühel
Am Ostende der Fraktion Milland liegt der

Bressanone, Millan, Zephierbühel
Si sono effettuati in località "Zephierbühel"

BRUNECK, HINTERGASSE, MAUERN DES 16./17. JAHRHUNDERTS

BRUNICO, VICOLO POSTERIORE, STRUTTURE CINQUE-/SEICENTESCHE

Zephierhof mit gleichnamigem Sand- und Schotterhügel. Da hier in Zukunft Erdbewegungen für einen Wohnbau zu erwarten sind, wurden Sondierungen durchgeführt. Vom Hügel liegen Fundnachrichten vor. Die Untersuchung am Südfuß des Hügels brachte den Nachweis von Schichten mit endbronzezeitlicher Keramik. In der Verebnung bergseitig im Südosten, wo ein Sträßchen den Sattel quert, brachte die Untersuchung niedere Lehmmauern, die nicht weiter untersucht wurden und sich einer Datierung entziehen, zutage. *Ausführung: SRA (Giovanni Rizzi, Genny Larcher)* ut

(ad Est del quartiere di Millan) nota in passato per rinvenimenti archeologici, sondaggi motivati dal proposto cambio di destinazione urbanistica dell'area. I sondaggi alla base del versante meridionale del colle hanno portato all'individuazione di livelli con reperti ceramici attribuibili all'età del Bronzo finale. Nella spianata, a monte della strada che attraversa la sella a Sud-Est del colle, sono stati inoltre evidenziati bassi muretti legati in argilla, di difficile datazione. *Effettuazione: SRA (Genny Larcher, Giovanni Rizzi)* ut

BRUNECK
BRUNICO

Groß-Gerau-Promenade 5/6
Beim Bau der Fernheizungskanäle erschien auf Höhe des Hauses Durnwalder unter dem Straßenniveau ein intakter Kanal von 0,8 m Höhe und 0,7 m Breite. Er besteht aus Bachkieseln und ist mit Steinplatten abgedeckt. Der Boden ist besonders sorgfältig mit Bachkieseln ausgelegt. Das reiche Fundmaterial, bestehend aus lokaler Keramik, Porzellan, Glas, Tierknochen, Pfeifenköpfen, einem Kamm usw., bezeugt die Verwendung des nachmittelalterlichen Kanals bis in die heutige Zeit. *Ausführung: Archeotek (Karsten Wink)* ut

Passeggiata Groß-Gerau, 5/6
All'altezza di casa Durnwalder, durante la posa delle canalizzazioni per il teleriscaldamento è tornato in luce un canale ben conservato subito al di sotto del livello stradale. Il canale (larghezza 0,7 m, profondità 0,8 m) presenta sponde e fondo di ciottoli ed è chiuso superiormente da piastre di pietra. Recuperati materiali di epoca moderna e contemporanea (vasellame di produzione locale, porcellane, vetri, ossa animali, frammenti di pipe, un pettine ecc.) *Effettuazione: Archeotek (Karsten Wink)* ut

Hintergasse 1–4
Die Fundreste im oben genannten Kanalteil haben zur intensiven archäologischen Beglei-

Vicolo Posteriore, 1–4
In corrispondenza delle canalizzazioni per il teleriscaldamento le

BRUNECK, HÖLZLHAUS, GRABUNGS-
ARBEITEN IM BEREICH
DES STADTGRABENS

BRUNICO, HÖLZLHAUS, LAVORI DI
SCAVO NELL'AMBITO
DEL FOSSATO URBICO

BRUNECK, HÖLZLHAUS, TURM UND
HOLZSTRUKTUREN DES
STADTGRABENS

BRUNICO, HÖLZLHAUS, TORRE
SEMICIRCOLARE E
STRUTTURE LIGNEE DEL
FOSSATO URBICO

tung der Arbeiten geführt. Im Ostteil der Hintergasse, im historischen Zentrum der Stadt, auf Höhe des Hauses Nr. 1 wurde eine massive Mauer von den Baumaschinen durchschnitten. Hier konnte man feststellen, wie wenig von einem Bau, wohl des 16. oder 17. Jahrhunderts, übrig bleibt, der durch die Überschwemmung von 1863 (oder 1882) zerstört worden ist. Das Fundmaterial (Keramik, Glas, Eisen, Tierknochen) präsentiert das Leben der Stadt von ihrem Anfang bis in die Neuzeit. *Ausführung: Archeotek (Karsten Wink)*

Hölzlhaus, Stadtgraben

Im Sommer 2001 wurden anlässlich der Bauarbeiten für eine Tiefgarage im Garten des so genannten Hölzlhauses (Gp. 225), im Bereich des antiken Stadtgrabens, archäologische Untersuchungen durchgeführt. Die erste Sondierung zeigte, dass der Graben bis in eine bestimmte Tiefe mit Steinen, Erde und Schotter sowie mit Ziegelsplitt, moderner Keramik und Resten von Tierknochen gefüllt war. Im Verlauf der zweiten Sondierung wurde an der Westgrenze der Parzelle, in der Nähe der Stützmauer zum „Treyen Garten", die Innenmauer des Grabens entdeckt, die im Garten des Hölzlhauses abgetragen worden war. Die Mauer, aus Bachsteinen und Mörtel errichtet, liegt in 2,7 m Entfernung zur Ringmauer. Die Außenmauer des Grabens konnte in 9,8 m Entfernung nördlich der Innenmauer nachgewiesen werden.

macchine escavatrici hanno messo in evidenza nel settore orientale della Hintergasse, all'altezza del civico n. 1, quanto resta di un edificio probabilmente cinque-/seicentesco, distrutto dall'alluvione del 1863 (o 1882). I materiali archeologici recuperati nel corso del controllo archeologico (ceramiche, vetri, ferri, ossa animali etc.) coprono l'intero arco di vita della città. *Effettuazione: Archeotek (Karsten Wink)*

Casa Hölzl, fossato urbico

Nell'estate 2001 sono state condotte ricerche archeologiche in vista della costruzione di un garage sotterraneo nel giardino della "Casa Hölzl" (p.f. 225), nell'ambito dunque dell'antico fossato cittadino. Nel corso di un primo sondaggio si è notato che il fossato era stato riempito fino ad un certo livello con pietre, terra e ghiaia, assieme a pezzi di laterizio, ceramica moderna e resti di ossa animali. Nel corso di un secondo sondaggio si è trovato, sul lato Ovest della particella, al confine con il "Treyen Garten", il muro interno del fossato che invece nel giardino della casa Hölzl risultava mancare in quanto asportato. Tale muro, costruito con malta e ciottoli, si trova a 2,7 m di distanza dalla cinta esterna delle mura cittadine. Il muro esterno del

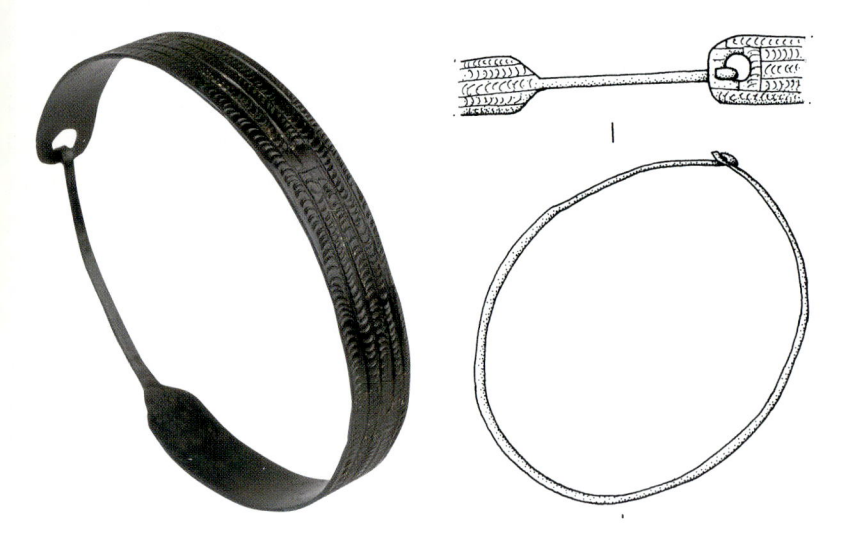

EPPAN, GAMBERONI,
OHRRING AUS BRONZE
(DM = 6,2 CM)

APPIANO, GAMBERONI,
ORECCHINO IN BRONZO
(DIAM. = 6,2 CM)

Im westlichen Teil des Hölzlgartens kamen die Fundamentmauern eines halbkreisförmigen Turms zutage (Innendurchmesser 3,5 m), die ursprünglich vom Wasser des ca. 10 m breiten und 3 m tiefen Grabens umspült wurden. Die Sohle des Grabens war mit einer Lehmschicht verkleidet. Keiner der geborgenen Funde scheint früher als ins 16. Jahrhundert n. Chr. zu datieren. Ein Indiz dafür, dass der Graben gleichzeitig mit dem Bau des „Kälberkopfs", der in der Nähe der Rienz errichtete Rundturm aus dem 16. Jahrhundert, neu ausgebaut wurde. Zusätzlich wurde auch der so genannte Kanalgraben entdeckt, eine 0,8 m breite und 0,6 m hohe, aus sorgfältig zugerichteten Granitquadern bestehende Rinne, durch welche die Abwässer der Stadt in die Rienz geleitet wurden. Die Rinne verlief auf einer Pfostenbrückenkonstruktion, die aufgrund einer im Labor für Dendrochronologie des Stadtmuseums Rovereto (Dr. M. I. Pezzo) durchgeführten Datierung das Alter 1796 ergeben hat. Folglich kann angenommen werden, dass das Holz einer älteren Konstruktion wiederverwendet wurde. *Ausführung: Reimo Lunz*

fossato è stato trovato ad una distanza di 9,8 m a Nord del muro interno. Nella parte Ovest del giardino Hölzl, sono anche venute alla luce le fondamenta di una torre semicircolare (diametro interno di 3,5 m), originariamente circondata dalle acque del fossato, largo 10 m e profondo 3 m, il cui fondo era rivestito da uno strato di argilla impermeabilizzante che conteneva reperti non antecedenti al XVI secolo. Questo dimostra che, assieme alla costruzione del "Kälberskopf", la torre rotonda del XVI secolo situata nei pressi della Rienza, fu anche rifatto il fossato. Si è anche rinvenuto il "canale del fossato", cioè una roggia larga circa 0,8 m e alta 0,6 m, formata da conci squadrati di granito, attraverso il quale venivano deviate nella Rienza le acque di scolo. La datazione della struttura lignea di sostegno, effettuata presso il Laboratorio di Dendrocronologia del Museo Civico di Rovereto (Dott.ssa M. I. Pezzo), ha fornito la data 1796. Era stato dunque usato legname proveniente dalla spoliazione di una costruzione più vecchia. *Effettuazione: Reimo Lunz*

EPPAN
APPIANO

Fuchsberg, Grundstück Scherer

Der Burghügel ist seit den zwanziger Jahren des vorigen Jahrhunderts wegen seiner archäologischen, vorwiegend bronze- und eisenzeitlichen Funde bekannt. Die aus diesem Grund durchgeführte Überwachung der Erd-

Fuchsberg, fondo Scherer

Il colle del castello è noto fin dagli anni Venti del secolo scorso per i suoi ritrovamenti archeologici dell'età del Bronzo e del Ferro. L' Ufficio beni archeologici ha quindi disposto la sorveglianza dei lavori del rin-

EPPAN, GAMBERONI, PFOSTENLÖCHER EINES SPÄTBRONZEZEITLICHEN HAUSES

APPIANO, GAMBERONI, BUCA DI PALO DI UNA CAPANNA DELLA RECENTE ETÀ DEL BRONZO

EPPAN, NEUE ZUFAHRTSSTRASSE, HENKELFRAGMENT EINES SPÄTBRONZEZEITLICHEN KRUGES (B. = 3 CM)

APPIANO, NUOVA STRADA, FRAMMENTO DI ANSA DI BOCCALE DELLA RECENTE ETÀ DEL BRONZO (LARGH. = 3 CM)

arbeiten zur Neuanlage des Weinberges am Ostabhang des Burghügels hat jedoch keine archäologischen Nachweise erbracht. *Ausführung: CSR (Gino Bombonato)*

St. Pauls, Gärtnerei Gamberoni

In Folge des Ansuchens des Eigentümers auf dem unter direktem Denkmalschutz stehenden Grund ein Bauvorhaben realisieren zu dürfen, wurde eine systematische Freilegung des Areals in Angriff genommen. Dabei konnten zwei spätbronzezeitliche Häuser, deren Grundrisse durch zahlreiche Pfostenlöcher markiert sind, flächig ausgegraben werden. Die gewonnenen Grabungsbefunde und die zahlreichen geborgenen Funde, vor allem Keramikbruchstücke, aber auch Webstuhlgewichte und Bruchstücke von Feuerböcken, deuten darauf hin, dass es sich nicht um einen einheitlichen Siedlungshorizont handelt. Die Siedlung weist verschiedene Phasen und eine längere Siedlungskontinuität in der Spätbronzezeit auf. Ein drittes spätbronzezeitliches Haus, das sich in der westlichen Baugrubenwand abzeichnete, wurde bei nicht genehmigten Aushubarbeiten vom Bauherrn teilweise abgetragen. *Ausführung: CSR (Gino Bombonato)*

St. Pauls, neue Zufahrtsstraße nach St. Pauls

In ca. 100 m Entfernung zur Fundstelle Eppan/Gamberoni wurden bei den Bauarbei-

novo del vigneto lungo il pendio orientale del colle. Il controllo, tuttavia, non ha dato alcun risultato di interesse archeologico. *Effettuazione: CSR (Gino Bombonato)*

San Paolo, giardineria Gamberoni

In seguito alla richiesta del proprietario di poter realizzare un progetto edilizio in un terreno vincolato, è stato intrapreso uno scavo sistematico dell'area destinata alla costruzione. È stato così possibile scavare in estensione due capanne della recente età del Bronzo, le cui piante sono caratterizzate da numerose buche di palo. I risultati dello scavo e i numerosi reperti venuti alla luce, frammenti di ceramica, ma anche pesi da telaio e frammenti di alari d'argilla, fanno ipotizzare che non si tratti di un orizzonte insediativo unitario. L'insediamento presenta varie fasi e una continuità insediativa di particolare durata nella recente età del Bronzo. Una terza capanna della recente età del Bronzo, lungo la parete occidentale dello sbancamento, è stata parzialmente asportata dal proprietario durante lavori di scavo non autorizzati. *Effettuazione: CSR (Gino Bombonato)*

San Paolo, nuova strada per San Paolo

A circa 100 m dal luogo di ritrovamento di Appiano/Gamberoni (vedi sopra),

1 cm

EPPAN,
NEUE ZUFAHRTS-
STRASSE, FRAGMENTE
SPÄTBRONZEZEITLICHER
TONGEFÄSSE (M. 1:1)

APPIANO,
NUOVA STRADA,
REPERTI CERAMICI
DELLA RECENTE ETÀ DEL
BRONZO (SCALA 1:1)

EPPAN,
NEUE ZUFAHRTS-
STRASSE,
SPÄTBRONZEZEITLICHES
PFOSTENLOCH

APPIANO,
NUOVA STRADA,
BUCA DI PALO DELLA
RECENTE ETÀ DEL
BRONZO

ten zur Errichtung der neuen Straße nach St. Pauls archäologische Schichten angeschnitten. Die daraufhin auf engster Oberfläche im Bereich des Gehsteiges durchgeführten Grabungen haben den Nachweis erbracht, dass auch dieser Bereich in der späten Bronzezeit zu Wohnzwecken aufgesucht wurde. Die erstmals in der Gärtnerei Gamberoni nachgewiesene spätbronzezeitliche Siedlung musste demnach eine beachtliche Ausdehnung aufweisen. Eine Reihe von Pfostenlöchern und Gräben geht auf ein Haus zurück, in dessen Innerem zahlreiche Keramikbruchstücke, Fragmente von Feuerböcken aus Ton und vereinzelte Bronzeobjekte geborgen werden konnten. *Ausführung: CSR (Gino Bombonato)*

durante i lavori di scavo per la realizzazione della nuova strada per San Paolo, sono stati intercettati degli strati archeologici. Gli scavi archeologici condotti su di una superficie molto ristretta, nella zona del marciapiede, hanno dimostrato che quest'area era frequentata nella recente età del Bronzo a scopo abitativo. L'insediamento della recente età del Bronzo individuato nella giardineria Gamberoni doveva dunque avere un'estensione notevole. Numerose buche di palo e avvallamenti sono riferibili ad una capanna, al cui interno è stato possibile recuperare numerosi frammenti di ceramica, di alari in terracotta e alcuni oggetti di bronzo. *Effettuazione: CSR (Gino Bombonato)*

Handwerkerzone, Brunner AG

Bei routinemäßigen Kontrollen in der Handwerkerzone von Feldthurns fand sich eine neue Baustelle, die nicht dem Denkmalamt gemeldet worden war. Die Baugrube war bergseitig über 6 m, talseitig zwischen 4 m und 5 m tief. Beim Eingreifen des Denkmalamtes war das gesamte Areal bereits abgedeckt, eine archäologische Untersuchung nicht mehr möglich. Immerhin wurde ein Schnitt in der Nordostecke gereinigt und aufgenommen. Es wurden zwei fundführende Schichten festgestellt, eine mit Funden, die allgemein der Bronzezeit angehören (US 5), und eine tiefer liegende, stark

Zona artigianale, fondo Brunner SNC

Durante controlli di routine nella zona artigianale di Velturno si è constatata l'avvenuta apertura di un nuovo cantiere che non era stato segnalato in alcun modo all'ente di tutela. Il cantiere presenta sezioni alte oltre 6 m verso monte e 4–5 m verso valle. Al momento dell'intervento uno scavo archeologico non era tecnicamente ormai più possibile, tuttavia si è proceduto alla pulizia e al rilievo di una sezione situata all'angolo Nord-Est.
Un primo livello antropico ha restituito reperti genericamente dell'età del Bronzo (US 5), mentre uno inferiore (US 2) può

FELDTHURNS
VELTURNO

FELDTHURNS,
HANDWERKERZONE,
DETAIL DER STRATI-
GRAFIE MIT DER
NEOLITHISCHEN
SCHICHT (UNTEN)

VELTURNO,
ZONA ARTIGIANALE,
DETTAGLIO DELLA
SUCCESSIONE STRATI-
GRAFICA CON IL LIVELLO
NEOLITICO (IN BASSO)

kohlehaltige, die ins Neolithikum zurückreicht (US 2). Dieser Schicht wurden 40 Kisten mit Erde entnommen, um die Funde auszusieben und zu waschen. Vor Ort zeigte sich ein erstaunlicher Reichtum an Keramik und Silices. Ungewöhnlich für die frühe Zeit sind die Tierreste, die in der Regel durch chemische Prozesse im Erdreich zerstört sind. Im Hinblick auf weitere Aushubarbeiten in den angrenzenden Arealen wurde Kontakt mit Besitzern und Gemeinde aufgenommen. *Ausführung: SRA (Giovanni Rizzi, Georg Rottensteiner)*

Torgglerwiese

Während eines Lokalaugenscheines in der Flur Torgglerwiese, die im Besitz der Gemeinde ist, fiel ein tief in den Wiesenhang eingeschnittener Erdaushub auf. Nach dem Reinigen des Profilabstiches konnte ca. 1 m unter der Grasnarbe eine anthropogene Schicht von etwa einem Meter Stärke nachgewiesen werden, die zahlreiche bronzezeitliche Keramikscherben enthielt. Bei den Aushubarbeiten wurden bronzezeitliche Schichten abgetragen, ohne dass es dem Amt für Bodendenkmäler möglich gewesen wäre, die notwendigen präventiven Untersuchungen und Schutzmaßnahmen vorzunehmen. Zumindest drei Hütten aus der Bronzezeit, von denen noch spärliche Reste der West-, Nord- und Ostmauern erhalten sind, wurden unwiederbringlich zerstört. Vermutlich fiel den Erdar-

essere fatto risalire al Neolitico. Si sono prelevate da US 2, di cui risultava evidente la ricchezza (ceramiche, selci), 40 casse di terreno antropico, per effettuare una successiva vagliatura ad acqua. Straordinaria per un'epoca così antica, è la presenza di reperti faunistici, solitamente deteriorati per l'azione chimica del terreno. In previsione di altri sbancamenti in zone adiacenti si sono presi contatti preventivi con i proprietari e con le autorità comunali. *Effettuazione: SRA (Giovanni Rizzi, Georg Rottensteiner)*

"Torgglerwiese"

È stato possibile sottoporre a controllo in zona "Torgglerwiese", in terreno di proprietà comunale, uno sbancamento, che taglia profondamente il pendio. La pulizia delle sezioni ha permesso di individuare a circa un metro dalla superficie uno strato antropico potente circa un metro il quale ha restituito frammenti ceramici riconducibili all'età del Bronzo. È stata così dispersa senza che l'Ufficio Beni archeologici fosse stato messo nella condizione di svolgere attività preventive di tutela, una quantità molto consistente di terreno archeologico con i relativi reperti. Successivi controlli hanno fornito la prova che almeno tre strutture di capanne sono state asportate, lasciando solo scarse tracce nelle pareti Ovest (di monte), Nord ed Est. Tracce di

MEILENSTEIN ZUM
ZEITPUNKT DER
AUFFINDUNG IN BLUMAU

IL MILIARE AL MOMENTO
DEL RINVENIMENTO A
PRATO ISARCO

beiten auch ein Teil einer jüngerzeitlichen Nekropole zum Opfer, die im Vorjahr im südlichen Bereich der Baugrube nachgewiesen werden konnte. *Ausführung: SRA (Giovanni Rizzi, Georg Rottensteiner)*

Mauls

Bei Kontrollgängen entlang der Gasleitung SNAM in der Nähe von Blumau, aber noch auf dem Gebiet der Gemeinde Ritten, wurde im Aushub ein Meilenstein aus weißem Marmor ohne Inschrift gefunden. Der zylindrische Stein ist 2,16 m hoch; der Durchmesser beträgt oben 0,44 m, an der Basis 0,53 m. Daran fügt sich noch ein beschädigter Sockel an, alles aus einem Stein. In den Tagen darauf wurde bekannt, dass der Stein nicht aus dem Aushub der Gasleitung stammt, sondern nur zufällig in der Gp. 5210 des Herrn P. Hepperger liegt. Dieser teilte mit, dass der Stein im Rahmen von Wildbachverbauungen in der Nähe von Mauls geborgen wurde, genauer: nördlich der Sachsenklemme neben dem Straßenwärterhaus, östlich der Staatsstraße 12, am rechten Eisackufer. *Ausführung: SRA (Giovanni Rizzi und Georg Rottensteiner)*

Kirchenruine
St. Laurentius in Tavenz

Die Ruine der achteckigen Kapelle liegt am öffentlichen Weg von Glurns nach Tartsch in der Flur Tavenz. In der Nähe wird die Hofstelle des mittelalterlichen Königshofes Me-

necropoli della tarda età del Ferro erano state identificate l'anno precedente in prossimità del lato Sud dello sbancamento. *Effettuazione: SRA (Giovanni Rizzi, Georg Rottensteiner)*

Mules

Durante i controlli lungo il tratto di sbancamento SNAM nei pressi di Prato Isarco, ma ancora nel Comune di Renon, semisepolto nel terreno lungo il canale di scavo (p.f. 5210 C.C. Renon) è stato scoperto un miliare romano anepigrafe. Il manufatto cilindrico misura in lunghezza 2,16 m; ha un diametro di circa 0,44 m lungo lo stelo, e di 0,53 m alla base, conformata a bulbo, destinata ad essere interrata. Si è appreso dal proprietario del fondo P. Hepperger, che il manufatto era stato portato in luce tempo prima in uno sbancamento dell'Azienda provinciale bacini montani, presso l'abitato di Mules, a Nord della località "le Cave", sulla destra dell'Isarco, sul lato orientale della SS 12, presso la casa cantoniera. *Effettuazione: SRA (Giovanni Rizzi, Georg Rottensteiner)*

Ruderi della chiesa
di San Lorenzo a Tavenz

I ruderi della chiesa ottagonale si trovano sulla strada da Glorenza a Tarces, in località Tavenz. Nelle vicinanze viene ipotizzata la corte reale medievale di Melanz. L'inter-

FREIENFELD
CAMPO DI TRENS

GLURNS
GLORENZA

GLURNS,
ST. LAURENTIUS
IN TAVENZ, DIE GEFES-
TIGTE RUINE MIT
BEGRENZUNGSMAUER

GLORENZA,
SAN LORENZO DI
TAVENS, I RUDERI
CONSOLIDATI CON IL
MURO DI RECINZIONE

lanz vermutet. Die Interpretation der 1999 und 2000 ergrabenen Kirche und Befunde will noch nicht gelingen (siehe Denkmalpflege in Südtirol 2000, S. 228). Der wohl gotische Chor mit Dreiachtelabschluss in Mörtel aus dem 15. Jahrhundert, als die Kirche zum ersten Mal genannt wird, war an ein älteres Schiff im Lehmverband angestellt, die ältere Apsis in Lehm abgetragen. Zur Kirche gehören zahlreiche Gräber ohne Beigaben. Durch das Schiff mit Trockenmauern sind schwere Muren der Puni aus dem Matscher Tal durchgegangen, kaum ein Skelett fand sich auch nur teilweise im Knochenverband. Schließlich haben die Muren den Triumphbogen der Kirche zum Einsturz gebracht. Das Schiff wurde aufgegeben, der gotische Chor nach Westen durch einen spiegelbildlich angestellten Bauteil zu einer achteckigen Kapelle ergänzt. Somit ist die Westhälfte der Kapelle jüngeren Ursprungs. Es wurde nichts an Mauern abgebaut. Im Berichtsjahr wurden die Fundamentreste des abgegangenen Schiffes zugeschüttet und für das besitzrechtlich dreigeteilte Areal unter Mitwirkung und zur Zufriedenheit aller Beteiligten eine gute Lösung gefunden. Ein Wasserwaal als Besitzgrenze, der die Ostmauer unterspült hatte, ist durch Rohre an der Kirche vorbeigeführt worden, das Areal mit der Kapelle wurde an drei Seiten mit einer Schutzmauer umgeben, das Innere mit Kies aufgefüllt. Die Mauern der Kapelle wurden im Fundamentbereich

pretazione degli scavi condotti nel 1999-2000 nella chiesa (cfr. Tutela dei beni culturali in Alto Adige 2000, p. 228) non si può considerare definitiva. Il probabile coro gotico a tre lati, con muratura legata in malta, del XV secolo, epoca in cui la chiesa è nominata per la prima volta, faceva capo ad una navata più antica con muri legati con argilla, dopo che l'abside legata in argilla era stata demolita. A questa chiesa sono riferibili numerose tombe senza corredo. Nella navata con muri legati in argilla hanno imperversato le alluvioni del Rio Puni, proveniente dalla valle di Mazia. Per questo le ossa di nessuno scheletro sono risultate più in connessione. In un'ultima fase la violenza delle acque aveva provocato il crollo dell'arco trionfale. La navata fu abbandonata ed il coro gotico fu chiuso verso occidente con un corpo speculare così da formare una cappella ottagonale. La metà occidentale della cappella è dunque di data più recente. Dei muri non si è demolito nulla. Nell'anno di riferimento i resti delle fondamenta della navata demolita sono stati interrati e si è trovata una soluzione per i tre proprietari tra cui questa area è divisa. Un fossato di irrigazione che funge da confine di proprietà, il quale aveva eroso il terreno sotto il muro orientale, è stato incanalato in tubi davanti alla chiesa. L'area che ospita i resti della cappella è stata circondata su tre lati da un muro di protezione, mentre l'interno è stato

INNICHEN, GRUNDSTÜCK BURGMANN, ANSICHT DER SCHICHTENABFOLGE

SAN CANDIDO, FONDO BURGMANN, DETTAGLIO DELLA STRATIGRAFIA

unterfangen und im aufgehenden Teil gesichert. Dem vorigen und dem jetzigen Bürgermeister ist für ihre Hilfe herzlich zu danken. *Ausführung: Archäologische Grabungen (Alfred Obex), Forstbehörde*

Böden, Erweiterungsprojekt Böden 2

Im Bereich der geplanten Wohnausbauzone (Böden 2, G1B) wurden nahe am alten Bauernhof Böden nicht weniger als 59 Sondierungen durchgeführt. An dieser Stelle hatte schon 1983 eine Grabung (R. Lunz) beträchtliche römische Reste erbracht. Die Zone wurde unter Denkmalschutz gestellt. Weitere archäologische Prospektionen wurden 1996 in der anschließenden Erweiterungszone auf der Gp. 334/29 (Erweiterungszone 2, F4) durchgeführt. Auch hier fanden sich römische Reste. Die Untersuchungen von 2001 brachten positive Resultate in Form von Kulturerde und Spuren von Mörtelmauern. Die Fundschichten in Innichen liegen unmittelbar unter dem Humus der Ackerflächen. Die dichteste römische Bebauung liegt im Norden der Flur. *Ausführung: SRA (Giovanni Rizzi, Alberto Bernardi, Marco Rossignoli)*

Herzog-Tassilo-Straße 2, Grundstück Burgmann

Im Vorfeld der Anlage eines neuen Kellers bei Haus Nr. 2 in der Herzog-Tassilo-Straße wurde eine Sondierung angesetzt. Die Stra-

colmato di ghiaia. I muri della cappella sono stati sottomurati e consolidati nell'elevato. Siamo grati per l'aiuto al sindaco in carica e a quello precedente. *Effettuazione: Alfred Obex, personale dell'Ufficio Foreste*

Böden, zona d'espansione Böden 2

Nella zona di espansione Böden 2, G1B è stata effettuata una serie di 59 sondaggi preventivi in un'area sottoposta a vincolo archeologico, prossima all'antico maso Böden, in cui sono previsti vasti programmi edilizi. Nelle vicinanze indagini sistematiche (scavi R. Lunz, 1983) avevano rivelato la presenza di resti romani. Altre prospezioni archeologiche con analoghi risultati erano state praticate nel 1996 nella vicina p.f. 334/29 (zona di espansione 2, F4). I sondaggi hanno dato in gran parte esito positivo (tracce di muri legati in calce localizzati a modesta profondità). Le zone maggiormente interessate da presenze archeologiche (resti di edifici romani) si trovano soprattutto nella parte settentrionale dell'area. *Effettuazione: SRA (Giovanni Rizzi, Alberto Bernardi, Marco Rossignoli)*

Via Duca Tassilo, 2 fondo Burgmann

Si sono effettuati sondaggi archeologici preventivi presso il n. civico 2 di via Tassilo, in vista degli scavi per una cantina.

INNICHEN

SAN CANDIDO

INNICHEN,
HOTEL SCHMIEDERHOF,
SONDIERUNGEN IM
GARTEN DES HOTELS

SAN CANDIDO,
HOTEL SCHMIEDERHOF,
SONDAGGI NEL GIARDINO DELL'ALBERGO

ße liegt in der Nähe der Stiftskirche und hat schon mehrfach römische Funde erbracht. Die Grabung ergab Trockenmauern unsicherer Zeitstellung. Holzreste könnten mit einer zu Beginn des 20. Jahrhunderts aufgelassenen Schmiede in Zusammenhang stehen. Die Trockenmauern dürften dagegen über hochmittelalterliche Funde in sekundärer Lage datierbar sein. *Ausführung: CSR (Gino Bombonato)*

Hotel Schmiederhof, Herzog-Tassilo-Straße 16

Im Vorfeld des Umbaus und der Erweiterung von „Hotel Schmiederhof" wurden Sondierungen durchgeführt. Bergseitig und im Osten sinken die römischen Begehungshorizonte zur Drau hin ab. Im Südosten sind die Schichten besonders reich an archäologischen Funden, vor allem an Bauschutt von einem Gebäude mit Hypokaustheizung (Kohle, Ziegelbruch, Heizröhren und brandgeröteter Kalkmörtel). Am Südrand dieses Schnittes wurde ein Praefurnium angeschnitten, das zu einer Heizanlage außerhalb der Baugrube gehört, und damit auf ein noch unentdecktes Gebäude weist. Die freigelegten Baureste wurden bei Grabungsende zugeschüttet. Um die Konservierung zu gewährleisten, wurden die Vorgaben für den Bau abgeändert. *Ausführung: SRA (Giovanni Rizzi, Alberto Bernardi, Marco Rossignoli)*

L'area di via Tassilo adiacente alla collegiata romanica, aveva già restituito in passato resti di interesse archeologico. Sono venuti alla luce muri a secco di natura incerta che potrebbero essere datati da reperti sporadici al pieno Medioevo. Altri resti lignei sono invece in relazione con una officina di fabbro dismessa agli inizi del secolo XX. *Effettuazione: CSR (Gino Bombonato)*

Albergo Schmiederhof, via Duca Tassilo, 16

La ristrutturazione dell'"Hotel Schmiederhof" ha richiesto l'effettuazione di sondaggi preventivi. Si sono riconosciuti verso il lato di monte ed orientale suoli antropici databili all'epoca romana, digradanti verso il fiume Drava. Sul lato Sud-Est tali suoli risultavano fortemente antropizzati e ricchi di detriti derivanti da strutture con ipocausto (carboni, tubuli di laterizio, calce arrossata etc.). Verso il limite meridionale si è riconosciuto il praefurnium di un edificio situato al di fuori dell'area di scavo. Una volta documentata, tale struttura è stata risepolta e i limiti d'ingombro del nuovo edificio sono stati modificati onde consentirne la conservazione. *Effettuazione: SRA (Giovanni Rizzi, Alberto Bernardi, Marco Rossignoli)*

INNICHEN,
KRANZHOF,
GRUNDSTÜCK BRUGGER,
DETAIL DES RÖMER-
ZEITLICHEN GEBÄUDES

SAN CANDIDO,
KRANZHOF,
FONDO BRUGGER,
DETTAGLIO DELL'EDI-
FICIO DI ETÀ ROMANA

Kranzhof, Grundstück Prugger

Als vor einigen Jahren ein Fahrweg zum Stadel des Pruggerhofes gebaut wurde, kamen im Weganschnitt mörtelgebundene Steinstrukturen zum Vorschein. Der Fund wurde dem Amt für Bodendenkmäler umgehend vom Eigentümer des Hofes gemeldet. Die archäologische Untersuchung erbrachte ein aus zwei Räumen bestehendes, römerzeitliches Gebäude. Boden und Wände eines der beiden Räume wiesen eine durch Hitzeeinwirkung gerötete Oberfläche auf, weshalb angenommen werden kann, dass es sich um einen Brennofen gehandelt haben könnte. Beide Räume waren infolge des Einsturzes der hangseitigen Mauern mit nach innen verstürzten Mauerschutt verfüllt. Die wenigen geborgenen Funde erlauben keine präzise Datierung. Bauweise und Grundriss finden jedoch interessante Analogien mit einem römerzeitlichen Gebäude, das am Ende der siebziger Jahre in Taisten, einige Kilometer westlich von Innichen, freigelegt wurde.
Ausführung: CSR (Gino Bombonato, Thomas Casanova, Francesco Girardi)

Kranzhof, fondo Prugger

La segnalazione da parte del proprietario del ritrovamento avvenuto qualche anno prima, di muri di pietre legate con malta, nel corso di sbancamenti presso il maso Prugger, non lontano dal Kranzhof, è stata la causa per un intervento che ha portato in luce un edificio di età romana, composto di due vani.
Il pavimento e le pareti di uno presentavano superfici arrossate per esposizione a intenso calore: l'ambiente fu probabilmente usato come forno. Entrambi i vani erano colmati del materiale di crollo delle murature e di detrito di falda. Gli scarsi reperti rinvenuti non consentono una precisa datazione, ma le caratteristiche edilizie e la pianta dell'edificio trovano analogie per esempio con l'edificio rustico di età romana scavato a Tesido. La struttura scavata al Kranzhof sembra indicare come non soltanto il fondovalle fosse insediato, ma anche i versanti prospicienti l'antico centro. *Effettuazione: CSR (Gino Bombonato, Thomas Casanova, Francesco Girardi)*

Pustertaler Straße 2, Grundstück des Leopold Paulitsch

In der geplanten Wohnbaufläche im Grundstück von Leopold Paulitsch wurden eine Reihe von Sondierungen durchgeführt, um die antike Bebauung festzustellen. Sie erbrach-

Via Pusteria, 2 fondo Leopold Paulitsch

Sondaggi preventivi per una nuova costruzione nel fondo di proprietà Leopold Paulitsch hanno dato esito positivo portando all'individuazione di tracce poco

KALTERN, REITWIESE, MAPPE DER ELEKTRISCHEN RESISTENZ (BLAU: ZONE MIT HOHER LEITFÄHIGKEIT, GRÜN UND GELB: DURCHSCHNITTLICHE LEITFÄHIGKEIT, ROT: GERINGE LEITFÄHIGKEIT)

CALDARO, REITWIES, MAPPA DELLA RESISTENZA ELETTRICA (BLU: ZONA AD ALTA CONDUTTIVITÀ, VERDE E GIALLO: MEDIA CONDUTTIVITÀ, ROSSO: BASSA CONDUTTIVITÀ)

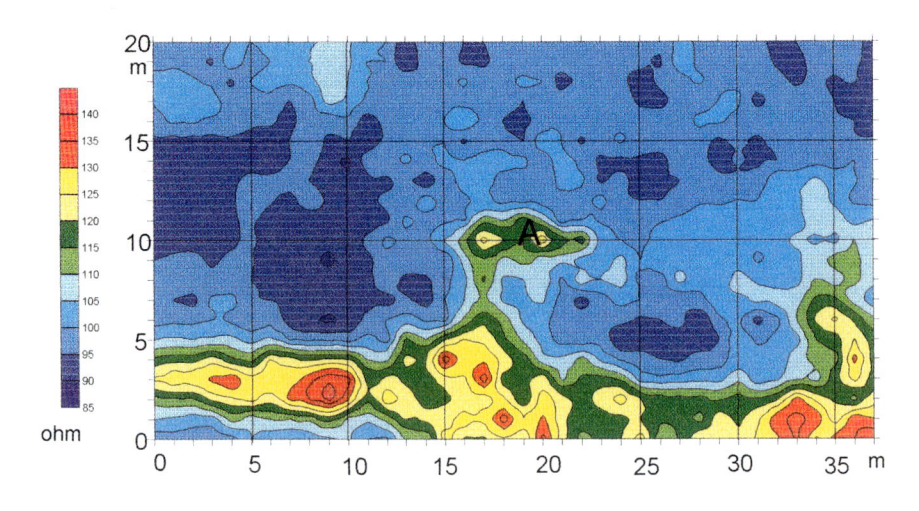

KALTERN
CALDARO

Grundstück Vorhauser

In dem nicht weit vom nördlichen Ufer des Kalterer Sees entfernt gelegenen Grundstück konnte 1999 ein Teil eines römerzeitlichen Gutshofes ausgegraben werden. In dem unmittelbar nördlich an das ausgegrabene Areal angrenzenden Weinberg wurden im Jahr 2000 zahlreiche römerzeitliche Funde, darunter Münzen, mit Stempel versehene Leistenziegel und Keramikbruchstücke geborgen. Da anlässlich der Neuanlage des Weinberges im Jahr 2001 nicht die Möglichkeit bestand, archäologische Grabungen durchzuführen, wurden geophysikalische Untersuchungen veranlasst, um die Ausdehnung des römerzeitlichen Gebäudes eruieren zu können. Die von dem Geophysiker Sandro Veronese auf einer Oberfläche von 1800 m^2 durchgeführten magnetischen und geoelektrischen Messungen haben jedoch zu keinen eindeutigen Resultaten geführt. Die im unteren Teil des untersuchten Areals gemessenen geoelektrischen Anomalien können auf verschiedene Ursachen zurückgeführt werden, wie etwa auf das Vorhandensein grobkörnigen Materials (Kies, Bachsteine u. ä. m.), und müssen nicht zwingend auf Mauern ten in geringer Tiefe Mörtelmauern, die sich der römischen Bebauung der Zone zuordnen lassen. Für das Frühjahr 2002 wurde die archäologische Untersuchung geplant.
Ausführung: CSR (Gino Bombonato)

Reitwiese, fondo Vorhauser

Nel fondo Vorhauser non lontano dalla riva settentrionale del Lago di Caldaro, era stato possibile scavare nel 1980 un settore di una villa romana. Nel vigneto immediatamente adiacente verso Nord all'area indagata, sono venuti alla luce nell'anno 2000, in occasione di lavori agricoli, numerosi reperti risalenti all'epoca romana, tra cui monete, diversi tegoloni con bollo e frammenti di ceramica. Non sussistendo nel 2001 la possibilità di eseguire degli scavi archeologici, è stata tuttavia disposta l'effettuazione di ricerche geofisiche, allo scopo di accertare l'estensione dell'edificio di epoca romana. Le misurazioni magnetiche e geoelettriche condotte dal geofisico Sandro Veronese su di una supeficie di 1800 m^2 non hanno però fornito indicazioni precise. Le anomalie geoelettriche riscontrate soprattutto nella parte inferiore dell'area possono essere ricondotte a svariate cause, come ad esempio la presenza di materiale grossolano (ghiaia, ciottoli di fiume etc.) e non devono essere necessariamente riferibili alla presenza di strutprofonde di strutture murarie, legate in calce, riferibili all'insediamento di età romana. Uno scavo archeologico è stato pianificato per la primavera del 2002.
Effettuazione: CSR (Gino Bombonato)

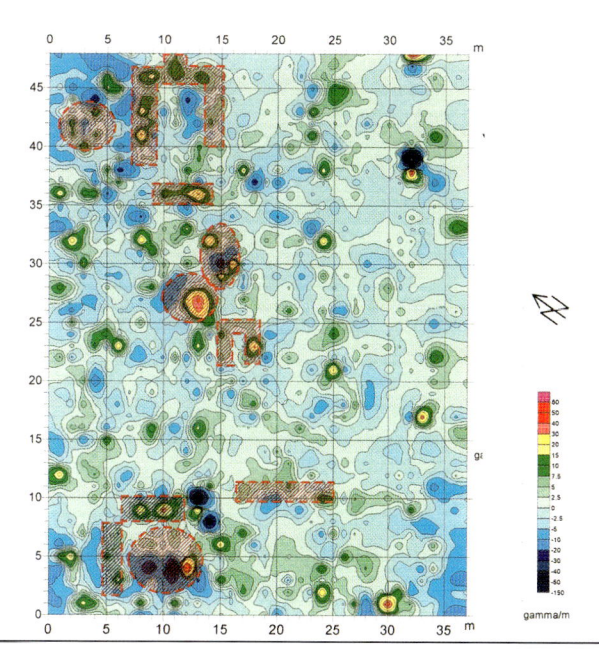

KALTERN,
REITWIESE,
MAPPE DES VERTIKALEN
GRADIENTEN DES
MAGNETFELDES

CALDARO,
REITWIESE, MAPPA DEL
GRADIENTE VERTICALE
DEL CAMPO MAGNETICO

hinweisen. Die im selben Areal durchgeführten magnetischen Messungen haben andererseits zahlreiche über die gesamte Fläche verstreute Anomalien begrenzter Ausdehnung ergeben, die auf Mauern hinweisen könnten, jedoch zum Teil auch auf Metallobjekte oder Steine mit hoher Magnetisierung. *Ausführung: Archeostudio*

Kardaun, Wälsche Säge

Bei Kontrollen an den Aushubarbeiten für die Gasleitung der SNAM nördlich der Autobahnausfahrt Bozen Nord entlang der Eisenbahntrasse, gegenüber dem Wohnbau, bekannt als „Wälsche Säge", aber links des Eisack, fanden sich Mauerreste. Sie liegen unter der Eisenbahntrasse und stoßen mit beiden Mauern direkt an die Staatsstraße, wo der weitere Verlauf der Anlage zerstört ist. Auf der Mauerbank gibt es noch die Ausnehmungen für die Balkendecke und den Dachaufbau. Spärliche Keramikreste sind nicht datierbar, es fand sich aber viel Ziegelbauschutt. Die Lage des Baus und der massive Mauerbau mit nach außen sich verengenden Lichtschlitzen lassen an eine in Zusammenhang mit der Brennerroute stehende Funktion, vielleicht eine Klause, denken. *Ausführung: SRA (Giovanni Rizzi, Georg Rottensteiner)*

Gufidaun, Grundstück Dorfmann

Beim Lokalaugenschein an der Baustelle

ture murarie. Le misurazioni magnetiche effettuate nella stessa area hanno d'altra parte evidenziato numerose anomalie di ridotta estensione diffuse sull'intera superficie, che potrebbero essere riferibili a muri, ma in parte anche a oggetti in metallo o a pietre fortemente magnetizzate. *Effettuazione: Archeostudio*

Cardano, Wälsche Säge

I lavori per il metanodotto SNAM, a Nord dell'uscita autostradale di Bolzano Nord, lungo il tratto dell'ex ferrovia e di fronte all'edificio detto "Wälsche Säge" (ma in sinistra Isarco) hanno portato in luce, al di sotto della banchina ferroviaria, una struttura muraria con due angoli, troncata dalla base della strada. Sulla corona dei muri gli alloggiamenti delle travi del tetto (all'intorno abbondanti frammenti di laterizi). Rinvenimenti ceramici scarsi e atipici non consentono una datazione del manufatto. La posizione, la massiccia architettura e la presenza di piccole aperture svasate verso l'interno (feritoie), fanno pensare ad una costruzione di controllo lungo la via del Brennero, forse una chiusa. *Effettuazione: SRA (Giovanni Rizzi, Georg Rottensteiner)*

Gudon, fondo Dorfmann

Si sono effettuati controlli all'ex numero

KARNEID
CORNEDO

KLAUSEN
CHIUSO

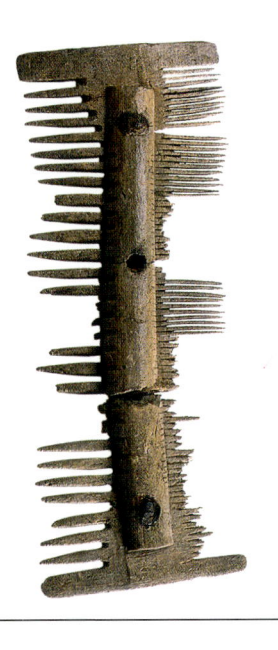

LAJEN,
GIMPELE, GRUNDSTÜCK
FISCHNALLER, KAMM
AUS DEN THEODOSIA-
NISCHEN SCHICHTEN
(L. = 9.2 CM)

LAION,
GIMPELE, FONDO
FISCHNALLER, PETTINE
IN OSSO DAI LIVELLI DI
ETÀ TEODOSIANA
(LUNGH. = 9,2 CM)

LAJEN,
GIMPELE, GRUNDSTÜCK
FISCHNALLER, RÖMER-
ZEITLICHE EISENHAUE
(H. = 24 CM)

LAION,
GIMPELE, FONDO
FISCHNALLER, ZAPPA IN
FERRO DI ETÀ ROMANA
(ALT. = 24 CM)

LAJEN / LAION

Gimpele, Grundstück Alfons Fischnaller

Die im August 2000 in Angriff genommene Notgrabung (siehe Denkmalpflege in Südtirol 2000, S. 236) wurde während des gesamten Jahres 2001 fortgesetzt. Die Grabungsfläche wurde in verschiedene Sektoren unterteilt (F, L, M, N). In Fläche F wurde eine mächtige „a sacco"-Mauer mit Terrassierungs- und möglicherweise auch Verteidigungsfunktion sowie eine Hütte der fortgeschrittenen mittleren bis späten Bronzezeit (14./13. Jahrhundert v. Chr.) freigelegt. Das in seinem Grundriss wahrscheinlich rechteckige Haus wies einen Unterbau aus Trockenmauern und einen Holzaufbau auf. In den Sektoren L und N wurde der Nachweis eines ausgedehnten Siedlungsareals aus verschiedenen Abschnitten der Eisenzeit erbracht. Auf die älteste Phase gehen Terrassierungsmauern zurück, zwischen denen der (ehemalige Nr. 37) war das Haus bereits abgebrochen, die Baugrube für den Neubau ausgehoben. In der Nordostecke zeigt die Stratigraphie einen kompakten, teilweise brandgeröteten Laufhorizont mit gebranntem Hüttenlehm und Keramik der späten Kaiserzeit. Die Befunde weisen auf den Rest eines Brennofens, wohl für die Produktion von Hauskeramik, hin. Die Struktur zieht aus der Baugrube hinaus, so dass ein großer Teil intakt in der Erde liegen dürfte. *Ausführung: SRA (Giovanni Rizzi, Ibrahim Rexhepi)*

Località Gimpele, fondo Alfons Fischnaller

Lo scavo di emergenza (agosto del 2000; cfr. Tutela dei beni culturali in Alto Adige 2000, p. 236), è proseguito anche per tutto il 2001. L'area di scavo è stata suddivisa in settori (F, L, M, N). Lo scavo dell'area "F" ha permesso di individuare la presenza di un poderoso muro di terrazzamento e forse anche di difesa, del tipo "a sacco", ed inoltre, più a monte di una capanna databile all'età del Bronzo medio avanzato o al Bronzo recente (circa XIV–XIII secolo a. C.). L'edificio, a pianta rettangolare, presentava bassi muretti perimetrali a secco, base per l'alzato ligneo. Lo scavo delle aree "L" ed "N" ha permesso di individuare una vasta zona insediativa risalente a varie fasi dell'età del Ferro. Nel periodo più antico è testimoniata la presenza di opere di terrazzamento civico 37, dove è stato praticato un vasto scasso per un edificio destinato a sostituire una vecchia costruzione. Presso l'angolo Nord-Est del cantiere si è rilevato nella sequenza stratigrafica un suolo a tratti ossidato. Concotto e frammenti ceramici di epoca tardoromana indicavano la probabile presenza di un forno per ceramiche. La struttura si sviluppa verosimilmente ancora in parte intatta, oltre i limiti dello sbancamento. *Effettuazione: SRA (Giovanni Rizzi, Ibrahim Rexhepi)*

LAJEN,
GIMPELE,
GRUNDSTÜCK
FISCHNALLER,
BRENNOFEN

LAION,
GIMPELE,
FONDO FISCHNALLER,
FORNACE

Boden durch Aufschütten von Erdreich und Gesteinen trockengelegt wurde. Weiter talwärts eine Reihe kleiner Gruben um einen Felsblock. Eine Fibel aus der fortgeschrittenen Latènezeit (2. Hälfte 3.–2. Jahrhundert v. Chr.) datiert die Auflassung der Strukturen. In den Bereichen L und N sind spätrömische Mauern belegt, deren Bautechnik jener der „theodosianischen Mauern" der benachbarten Zone M ähnlich ist. Die gesamte Südseite der Grabung (Fläche M) wird von römischen Strukturen verschiedener Zeitstellung eingenommen. Unterhalb der mittelalterlichen landwirtschaftlichen Gebäude mit flüchtig ausgeführten Kalk- und Lehmmauern und Mörtelstrich-Böden kam eine Reihe von Räumen unterschiedlicher Größe und Form zum Vorschein, die vermutlich auf ein Wirtschaftsgebäude zurückgehen. Der am westlichsten gelegene Raum stellt den Heizbereich eines Brennofens, vermutlich zur Herstellung von Keramik, aus theodosianischer Zeit dar. Unter diesem Gebäude kamen weitere Mauerzüge in derselben einfachen Bautechnik (ein zusätzlicher Keramik-Brennofen) zum Vorschein. Der gesamte Produktionsbereich ist in einem beschränkten Raum untergebracht, der sich zwischen einer Trockenmauer aus größeren Steinblöcken und einer gemörtelten Steinmauer, beide bereits früher vorhanden, erstreckt. Einige Funde (Fragmente von Argonnen-Sigillata und einer Amphore) bestä-

con muri a secco, che sostenevano una bonifica di terra sciolta e pietrame. Più a valle una serie di fosse attorno ad un grande masso. Una fibula dell'avanzato periodo Latène (seconda metà III secolo – II secolo a. C.), data la fase di abbandono di tali strutture. Per le aree "L" ed "N" è documentata anche una fase di frequentazione di età tardo-romana, con strutture costruite con una tecnica affine a quella dei muri di età teodosiana dell'adiacente area "M". Le strutture d'epoca romana appartenenti a più fasi cronologiche, occupano tutta l'area meridionale (area M) dello scavo. Al di sotto dei resti di ambienti rurali riferibili a diverse fasi del Medioevo, con rozzi muri in calce ed argilla ed una pavimentazione in battuto di calce, è emersa una serie di muri ortogonali, di pietre e argilla che formano ambienti molto disomogenei per forma e dimensioni. L'ambiente più occidentale è interpretabile come camera di combustione di una fornace d'epoca teodosiana per la produzione di ceramica.
Al di sotto di questo edificio un'altra serie di muri di fattura modesta (ancora una fornace per ceramica). Tutti i corpi di fabbrica sono edificati in uno spazio molto ristretto, ricavato fra un imponente muro a secco e un muro in malta e pietre, entrambi preesistenti. Frammenti di sigillata delle Argonne e di anfora confermano

LAJEN, GIMPELE, GRUNDSTÜCK FISCHNALLER, EISENZEITLICHE MAUERSTRUKTUREN

LAION, GIMPELE, FONDO FISCHNALLER, STRUTTURE MURARIE DELL'ETÀ DEL FERRO

LAJEN, GIMPELE, GRUNDSTÜCK FISCHNALLER ALOIS, GERÄT AUS HIRSCHGEWEIH (L. = 11,2 CM)

LAION, GIMPELE, FONDO FISCHNALLER ALOIS, STRUMENTO IN CORNO DI CERVO (L. = 11,2 CM)

tigen enge Kontakte zur Hauptverkehrsader der Talsohle. *Ausführung: Archeostudio (Francesca Attardo, Stefano Di Stefano, Fabio Giovannini)*

Kanalisierung

Beim Kanalaushub im Sattel zwischen dem Wasserbühel und dem westlichen Dorfrand von Lajen konnten Fundschichten festgestellt werden. Kohlebänder mit verziegeltem Hüttenlehm und kleinen Keramikresten finden sich zumindest einmal zusammen mit dem Versturz einer Trockenmauer, die man als Basis eines vorgeschichtlichen Hauses verstehen darf (Bronzezeit?). Funde entlang des Kanals lassen erkennen, dass die Siedlung des Wasserbühels nicht nur die oberste Kuppe (Gimpeleacker) und die östlich abfallenden Wiesen in Richtung Lajen (Grundbesitzer Alfons Fischnaller und Alois Fischnaller) umfasste, sondern sich auch in Richtung des heutigen Dorfkerns weiter hinzog. Dies alles lässt eine beträchtliche Siedlungsfläche und Siedlungskontinuität erkennen.
Ausführung: Archeostudio (Francesca Attardo, Stefano di Stefano)

intensi contatti con la grande arteria stradale del fondovalle. *Effettuazione: Archeostudio (Francesca Attardo, Stefano Di Stefano, Fabio Giovannini)*

Canalizzazione

Lavori per una canalizzazione nella sella tra la periferia occidentale del paese di Laion e il Wasserbühel, hanno portato in luce stratificazioni di interesse archeologico. Livelli carboniosi contenenti concotto e frustoli ceramici si associavano almeno in un caso a resti in crollo di una struttura muraria a secco riconducibile ad un edificio protostorico (età del Bronzo?). È con ciò provato come il vasto abitato del Wasserbühel, riconosciuto sia sulla sommità (Gimpele-Acker) del colle, sia alle sue falde orientali (Fondi Alfons Fischnaller e Alois Fischnaller), si sviluppasse anche, sia pure forse senza vera e propria continuità, in direzione dell'attuale paese. È data in tal modo un'idea dell'ampiezza di un villaggio che conobbe estensione areale e continuità d'uso non comuni per l'Alto Adige.
Effettuazione: Archeostudio (Francesca Attardo, Stefano Di Stefano)

LANA

St.-Martin-Straße 8, Altersheim Lorenzerhof

In der nord-westlichen Ecke der Baugrube zur Errichtung des neuen Altersheimes kam eine beachtliche Menge an Bauschutt, je-

LANA

Via San Martino, 8 casa di riposo "Lorenzerhof"

Nell'angolo Nord-Ovest dello sbancamento per la realizzazione della casa di riposo è venuta alla luce una grande quan-

LEIFERS, PFARRKIRCHE ZU DEN HEILIGEN ANTON ABT UND NIKOLAUS, UNTER DEM TURM FREIGELEGTE KRYPTA

LAIVES, CHIESA PARROCCHIALE DEI SANTI ANTONIO ABATE E NICOLA, LA CRIPTA SOTTO IL CAMPANILE

doch keine Mauern in situ der St.-Laurentius-Kirche zum Vorschein. Die noch von Karl Atz (1907) beschriebene und in unmittelbarer Nähe der Baustelle gelegene Kirche wurde 1875 abgebrochen. Von den erwähnten Fresken konnte kein Bruchstück geborgen werden. *Ausführung: CSR (Gino Bombonato)*

J.-F.-Kennedy-Straße 94/A, Pastoralzentrum Don Bosco

Bei der Erweiterung des Pastoralzentrums wurden zwei rätische Häuser, die zum Teil bereits in den vorhergehenden Jahren bei der Errichtung des Gebäudes ausgegraben worden sind, auf kleinster Oberfläche freigelegt und sowohl zeichnerisch als auch fotografisch dokumentiert. Der restliche Teil der Häuser erstreckt sich noch intakt im angrenzenden Grund. *Ausführung: Archeostudio*

Pfarrkirche zu den Heiligen Anton Abt und Nikolaus

Bei den Bauarbeiten zur Erweiterung der Pfarrkirche von Leifers wurde unter dem Kirchturm eine gemauerte Krypta mit Tonnengewölbe und Freskomalerei freigelegt. Im Auffüllmaterial konnten zahlreiche mittelalterliche Freskofragmente geborgen werden, auf dem aus Ziegeln bestehenden Fußboden kleinste Fragmente von Stoffresten mit Goldstickereien.

tità di macerie, ma nessuna muratura in posto della chiesetta di San Lorenzo. La chiesa, ubicata nelle immediate vicinanze del cantiere e ancora descritta dall'Atz, venne demolita nel 1875. Degli affreschi menzionati non è stato possibile recuperare alcun frammento. *Effettuazione: CSR (Gino Bombonato)*

Via J. F. Kennedy, 94/A centro pastorale Don Bosco

In occasione dell'ampliamento del centro pastorale è stata portata alla luce, disegnata e documentata fotograficamente una piccola superficie di due case retiche, parzialmente già scavate negli anni passati in occasione della costruzione dell'edificio. La parte restante delle case retiche si estende ancora intatta nella proprietà adiacente. *Effettuazione: Archeostudio*

Chiesa parrocchiale dei Santi Antonio abate e Nicola

Durante i lavori per l'ampliamento della chiesa parrocchiale di Laives è stata messa in luce, sotto il campanile, una cripta murata con volta a botte e un affresco in parete. Nel materiale di riempimento della cripta sono stati recuperati numerosi frammenti di affresco di epoca medievale e, sul pavimento in mattoni, minuti frammenti di stoffa

LEIFERS
LAIVES

LEIFERS, WEISSENSTEINER-STRASSE, FEUERSTELLE IM INNEREN DES RÄTISCHEN HAUSES

LAIVES, VIA PIETRALBA, FOCOLARE ALL'INTERNO DELLA CASA RETICA

Im Areal hinter der Kirche wurden verschiedene, im 20. Jahrhundert abgebrochene Bauten nachgewiesen. *Ausführung: Archeostudio* cm

Weissensteiner Straße 18, Eigentum Pedrotti

In der Südwand der Baugrube zur Errichtung eines Wohnhauses zeichnete sich ein rätisches Haus ab. Eine Ecke des Hauses wurde bei den Bauarbeiten zerstört. Annähernd in der Mitte des Hauses befand sich eine Feuerstelle von 1,5 m Breite und 0,4 m Stärke. Auf dem Fußboden daneben wurden Tierknochen und verschiedene Keramikfragmente geborgen, darunter Bruchstücke einer Schale, die eine Datierung in die zweite Hälfte des 5. Jahrhunderts bzw. in die erste Hälfte des 4. Jahrhunderts v. Chr. erlaubt. Dieser neue eisenzeitliche Fund im Zentrum von Leifers reiht sich in eine reiche Anzahl archäologischer Funde auf dem Schwemmkegel und zeigt einmal mehr, wie wichtig eine präventive Kontrolle der besonders in den letzten Jahren sehr regen Bautätigkeit ist, auch in bis dahin als archäologisch nicht besonders relevant betrachteten Zonen. *Ausführung: Archeostudio* cm

St. Jakob, Steinmannwald

Die Aushubarbeiten zur Errichtung der neuen Straße nördlich von Leifers (SS 12) und unmittelbar südlich des Steinmann-

con ricami in oro. Dietro alla chiesa sono state individuate numerose costruzioni demolite nel XX secolo. *Effettuazione: Archeostudio* cm

Via Pietralba, 18, proprietà Pedrotti

Nella parete meridionale dello sbancamento per la costruzione di un'abitazione, nel tratto inferiore della via Pietralba, è stata individuata una casa retica, in parte distrutta durante i lavori di scavo. Circa al centro della casa si trovava un focolare della larghezza di 1,5 m e dello spessore di 0,4 m. Vicino, sul pavimento, sono stati rinvenuti ossa animali e svariati frammenti di ceramica, tra cui un'olla, databile al V/IV secolo. Questo nuovo ritrovamento nel centro di Laives e risalente all'età del Ferro, si aggiunge ad una serie di cospicue evidenze archeologiche riconosciute su parte del conoide e dimostra ancora una volta quanto sia necessario un controllo preventivo sull'attività edilizia molto intensa particolarmente negli ultimi anni, anche in quelle zone fino a ora ritenute di non particolare rilevanza archeologica. *Effettuazione: Archeostudio* cm

San Giacomo, Pineta

I lavori di sbancamento per la realizzazione della nuova strada a Nord di Laives (SS 12) sono stati effettuati sotto sorve-

MALS,
TARTSCHER BICHL,
ABGESCHNITTENE
GEWEIHSTÜCKE ALS
ROHMATERIAL FÜR
SCHNITZEREIEN

MALLES,
COLLE DI TARCES,
PEZZI DI PALCO DI
CERVO TAGLIATI E
SEMILAVORATI

waldhofes wurden archäologisch überwacht. In einer Tiefe von annähernd 1,5 m wurde in der nördlichen Baugrubenwand eine anthropogene Schicht mit Bruchstücken römerzeitlicher Leistenziegel festgestellt. Die Schicht nimmt in Richtung Steinmannwaldhof, der auf der höchsten Erhebung des Schwemmkegels steht, an Stärke zu, weshalb dem Bauherrn die Auflage gemacht wurde, dass den weiteren, für das Jahr 2002 an dieser Stelle vorgesehenen Aushubarbeiten archäologische Sondiergrabungen vorangehen müssen. *Ausführung: SRA (Giovanni Rizzi, Georg Rottensteiner)*

Tartsch, Tartscher Bühel

Im Jahr 2000 fand sich die Gelegenheit, am Tartscher Bühel ein eisenzeitliches Haus freizulegen. Am Hügel wurde ein Lehrpfad eingerichtet, der die botanische Vielfalt, aber auch die archäologische Bedeutung des Platzes zeigt (siehe Denkmalpflege in Südtirol 2000, Bozen, S. 241–243. – P. Gamper, Archäologische Grabungen am Tartscher Bühel im Jahr 2000, in: Der Schlern 76, 2000, S. 49–69). Im Berichtsjahr ließ das Denkmalamt ein Schutzdach darüber bauen, das die Gesamtfläche des Obergeschosses anzeigt. Dachkonstruktion: Alfred Folie, Mals

glianza archeologica. Immediatamente a Sud del maso Steinmannwald, ad una profondità di circa 1,5 m, nella parete settentrionale dello sbancamento si è potuto individuare uno strato antropico con frammenti di tegoloni romani. Lo spessore dello strato aumentava in direzione del maso Steinmannwald, ubicato nel punto più alto del conoide. È stato quindi comunicato ai committenti della costruzione, che i lavori di scavo previsti per l'anno 2002 devono essere preceduti da sondaggi archeologici. *Effettuazione: SRA (Giovanni Rizzi, Georg Rottensteiner)*

Tarces, Tartscher Bühel

Nell'anno 2000 è stato possibile portare alla luce sul colle "Tartscher Bühel" una casa dell'età del Ferro. Si è allestito sulla collina un sentiero didattico destinato ad evidenziare la ricchezza botanica, ma anche l'importanza archeologica del luogo. Nell'anno 2000 è stato messo in luce l'edificio con corridoio angolato, dove è provata l'esistenza di un piano superiore (cfr. Tutela dei beni culturali in Alto Adige 2000, pp. 241–243; P. Gamper, Archäologische Grabungen am Tartscher Bühel im Jahr 2000, in: Der Schlern 76, 2000, pp. 49–69). Nell'anno di attività descritto l'Ufficio beni archeologici ha fatto costruire sopra i resti un tetto di protezione, che mostra la superficie complessiva del piano superiore. Tetto di protezione: Alfred Folie, Malles

MALS
MALLES

MERAN, FREIHEITSSTRASSE, ANSICHT DER MITTELALTERLICHEN STADTMAUER

MERANO, CORSO LIBERTÀ, VEDUTA DELLE MURA CITTADINE DI EPOCA MEDIEVALE

MERAN / MERANO

Freiheitsstraße, Grundstück Weithaler

Anlässlich der Errichtung eines neuen Gebäudes in der Freiheitsstraße konnten neue Befunde zur mittelalterlichen Stadtmauer von Meran gewonnen werden.
Da die Stadtmauer in das heute noch bestehende Gebäude (Nr. 16) integriert wurde, ist sie noch bis zu einer beachtlichen Höhe erhalten. Im Bereich der westlich angrenzenden Passage zu den Lauben wurde sie andererseits abgebrochen und ist heute nur mehr bis ca. 0,5 m unter dem heutigen Gehniveau erhalten. Die im Bereich nördlich der 1,55 m starken Stadtmauer durchgeführte Grabung hat gezeigt, dass die Fundamentunterkante der Mauer ca. 3 m unter dem heutigen Straßenniveau liegt. Die Mauer wurde insgesamt über eine Länge von 20 m freigelegt. Durch vereinzelte Fundobjekte, darunter auch einige Münzen, zeichnet sich eine Datierung der frühesten Phase der Stadtmauer in die Zeit Meinhards II. ab. Unter den Kleinfunden verdient eine Handelsmarke aus derselben Zeit Beachtung. Das Areal unmittelbar hinter der Stadtmauer diente über Jahrhunderte hinweg wirtschaftlichen Tätigkeiten, so etwa der Bearbeitung von Metallen. *Ausführung: SRA (Giovanni Rizzi, Georg Rottensteiner)* cm

Pfarrplatz

In einem sehr schmalen, am Pfarrplatz zur Verlegung von Rohren ausgehobenen Gra-

Corso Libertà, fondo Weithaler

In occasione della realizzazione di un nuovo edificio in corso Libertà, sono emerse nuove evidenze archeologiche relative alle mura cittadine di epoca medievale di Merano. Un tratto murario era stato inglobato nell'edificio ancora oggi esistente (n. 16) e risulta conservato ancora per un'altezza considerevole. Verso Ovest, nella zona del passaggio per i portici, la cinta è stata invece demolita ed è individuabile a 0,5 m sotto l'attuale piano di calpestio. Lo scavo condotto a Nord del muro di cinta, spesso 1,55 m, ha permesso di individuare a circa 3 m sotto il livello dell'attuale strada lo spigolo inferiore delle fondamenta. Il muro è stato portato alla luce per una lunghezza di circa 20 m.
Sulla base di alcuni reperti, tra cui anche delle monete, è stato possibile datare la prima fase del muro di cinta della città all'epoca di Mainardo II. Tra i reperti, degna di nota è una tessera mercantile della stessa epoca. La zona immediatamente all'interno delle mura cittadine venne per secoli utilizzata per attività produttive, quale ad esempio la lavorazione dei metalli. *Effettuazione: SRA (Giovanni Rizzi, Georg Rottensteiner)* cm

Piazza della Parrocchia

In una trincea molto stretta, aperta per la posa in opera di tubature in piazza Parroc-

MERAN,
FREIHEITSSTRASSE,
MITTELALTERLICHE
HANDELSMARKE
(DM. = 2 CM)

MERANO,
CORSO LIBERTÀ,
TESSERA MERCANTILE
DI EPOCA MEDIEVALE
(DIAM. = 2 CM)

ben wurde in einer Tiefe von 1,7 m eine 1,68 m starke und bis zu einer Höhe von 1 m erhaltene Mauer festgestellt, die parallel zur Südmauer der Pfarrkirche verläuft. Seitlich der Mauer erstreckt sich ein Brandhorizont mit mittelalterlicher Keramik. Die Mauer wird von einer ca. 1 m starken Schicht mit zahlreichen Menschen-Knochen überlagert, die auf den Friedhof zurückgeht, der an dieser Stelle noch im 19. Jahrhundert bestand. *Ausführung: SRA (Giovanni Rizzi, Georg Rottensteiner)*

Mais, Schönblickstraße 17, Grundstück Meister, Hotel Irma

Ca. 50 m östlich des römerzeitlichen Hauses mit dem Münzschatz (siehe S. 258) konnte in dem für die Anlage eines Teiches vorgesehenen Grund ein weiteres römerzeitliches Gebäude nachgewiesen werden. Da sich das Gebäude in dem nicht vom Bauvorhaben betroffenen Bereich erstreckt und dessen Konservierung somit gewährleistet ist, wurde auf dessen Freilegung verzichtet. Die zahlreichen im Jahr 2001 in Obermais geborgenen Funde und gewonnenen Befunde werfen neues Licht auf die bereits im 19. Jahrhundert von B. Mazegger hervorgehobene römerzeitliche Besiedlung von Obermais. Weitere Kontrollen von Baustellen in Obermais, wie in der Montanigasse 1 (Grundstück Unterberger), in der Rufinstraße und in der St.-Georgen-Straße beim ehemaligen

chia, è stato individuato ad una profondità di 1,7 m un muro dello spessore di 1,68 m e conservato per un'altezza di 1 m, dall'andamento pressoché parallelo al muro meridionale della parrocchiale. A lato del muro si estende un orizzonte d'incendio contenente ceramica medievale. Sopra il muro è riconoscibile uno strato spesso circa 1 m con numerose ossa umane, relativo al cimitero qui esistente ancora nel XIX secolo. *Effettuazione: SRA (Giovanni Rizzi, Georg Rottensteiner)*

Maia, via Belvedere, 17, Hotel Irma, fondo Meister

Circa 50 m a Est della casa romana con il tesoretto (cfr. p. 258) è stato individuato nel terreno, dove era prevista la realizzazione di uno stagno, un altro edificio di epoca romana. Poiché l'edificio si estendeva solo in minima parte nell'area interessata dal progetto edilizio e quindi ne era garantita la conservazione, si è rinunciato a portarlo in luce completamente. I numerosi ritrovamenti effettuati a Maia Alta nel 2001 gettano nuova luce sull'insediamento di epoca romana di Maia Alta, la cui importanza era già stata sottolineata da B. Mazegger nel XIX secolo.
Ulteriori controlli condotti in cantieri a Maia Alta, in via Montani 1 (fondo Unterberger), in via Rufin e in via San Giorgio presso il vecchio Freihof non hanno dato

MERAN, VIRGILSTRASSE, GRUNDSTÜCK OBKIRCHER, RÖMERZEITLICHES GEBÄUDE MIT MÜNZSCHATZ

MERANO, VIA VIRGILIO, FONDO OBKIRCHER, EDIFICIO DI EPOCA ROMANA CON IL TESORETTO

MERAN, VIRGILSTRASSE, GRUNDSTÜCK OBKIRCHER, IN DEN FUSSBODEN EINGETIEFTER MÜNZSCHATZ

MERANO, VIA VIRGILIO, FONDO OBKIRCHER, IL TESORETTO INTERRATO NEL PAVIMENTO

Freihof, haben keine archäologischen Nachweise erbracht. *Ausführung: SRA (Giovanni Rizzi, Georg Rottensteiner)* cm

Mais, Virgilstraße 36, Grundstück Obkircher

Die am 19. März in Angriff genommenen und am 1. Juni abgeschlossenen archäologischen Ausgrabungen haben zwei römerzeitliche Gebäude betroffen. Von Gebäude 1, das sich zum Großteil im südlich angrenzenden Grund erstreckt, konnte nur eine sehr begrenzte Oberfläche ausgegraben werden: eine Ost-West verlaufende, annähernd 20 m lange Mauer, an die drei Räume anschließen. Von Gebäude 2 konnte ein 6 x 2,6 m großer Raum freigelegt werden. Die Mauern sind mit unregelmäßigen Steinen und sehr wenig Mörtel ausgeführt. Der Eingang zum Raum liegt in der N-W-Ecke, die jedoch bei späteren, rezenten Eingriffen in das Erdreich gestört wurde. Von der Tür haben sich noch Beschläge und eine Türangel erhalten. Im Inneren befindet sich eine steinumrandete Feuerstelle, auf dem Fußboden aus gestampfter Erde lagen zwei Mahlsteine: wohl Indizien dafür, dass es sich um einen Wirtschaftsraum, vermutlich eine Küche, gehandelt haben muss. Neben dem Mahlstein wurde ein außergewöhnlicher Fund gemacht: ein im Fußboden eingetiefter Münzschatz. Die Münzen befanden sich ursprünglich vermutlich in einem Holzbehälter, von dem

alcun risultato di rilevanza archeologica. *Effettuazione: SRA (Giovanni Rizzi, Georg Rottensteiner)* cm

Maia, via Virgilio, 36 fondo Obkircher

Gli scavi archeologici iniziati il 19 marzo e conclusi il 1° giugno hanno interessato due edifici di epoca romana.
Dell'edificio 1, che si estende per la sua porzione maggiore nel fondo immediatamente adiacente a Sud, è stato possibile scavare solo una superficie molto ridotta: un muro con andamento Est-Ovest della lunghezza di circa 20 m a cui risultano addossati tre ambienti.
Dell'edificio 2 è stato possibile mettere in luce un vano delle dimensioni di 6 x 2,6 m. I muri sono realizzati con pietre a filari irregolari e pochissima calce. L'ingresso all'ambiente è ubicato nell'angolo Nord-Ovest e risulta danneggiato da interventi praticati nel terreno in epoca posteriore, probabilmente recente. Della porta rimangono ancora alcune guarnizioni e un cardine. All'interno è presente un focolare circondato da pietre e sul pavimento in terra battuta sono state rinvenute due macine del tipo a rotazione: si tratta forse di un'area di servizio, probabilmente una cucina. Vicino alla macina è stato effettuato un ritrovamento straordinario: un tesoretto di monete interrato nel pavimento. Probabil-

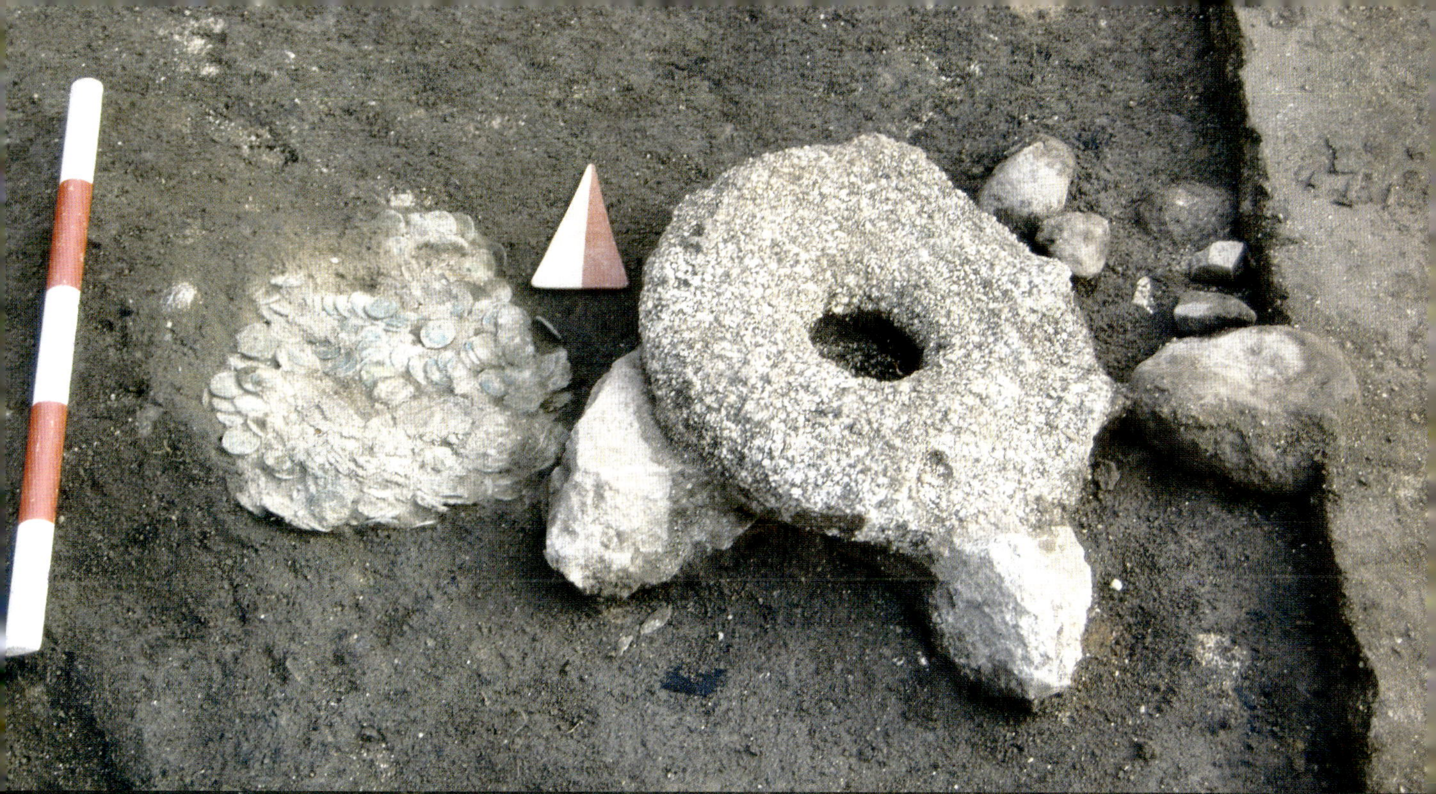

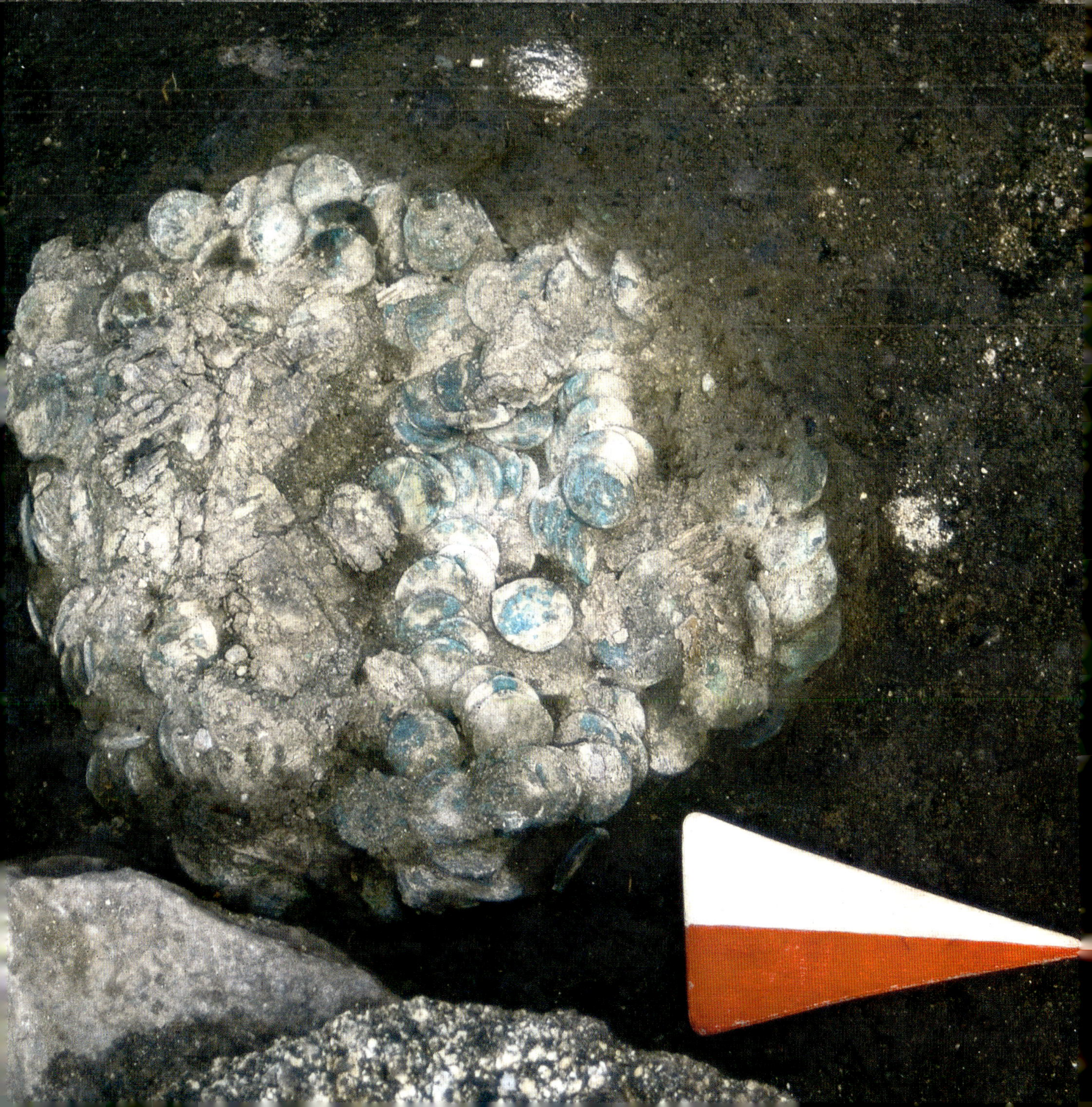

MERAN,
VIRGILSTRASSE,
GRUNDSTÜCK
OBKIRCHER,
MÜNZE DES DIOKLETIAN
(DM. = 2,2 CM)

MERANO,
VIA VIRGILIO,
FONDO OBKIRCHER,
MONETA DI
DIOCLEZIANO
(DIAM. = 2,2 CM)

MERAN,
VIRGILSTRASSE,
GRUNDSTÜCK
OBKIRCHER,
DETAILAUFNAHME
DES MÜNZSCHATZES

MERANO,
VIA VIRGILIO,
FONDO OBKIRCHER,
DETTAGLIO
DEL TESORETTO

sich nur mehr geringe Reste erhalten haben. Der gesamte ca. 0,15 m starke Erdblock, in welchem die Münzen eingetieft waren, wurde in das Restaurierungslabor des Landesdenkmalamtes gebracht, um durch mikrostratigrafische Bergung ein Maximum an Informationen zum Münzschatz zu gewinnen. Zur Zeit können an der Oberfläche 270 Münzen gezählt werden. Aus wie vielen der Münzschatz tatsächlich zusammengesetzt ist, kann vorerst nur vermutet werden: Vermutlich handelt es sich um mehr als 1000 Münzen. Die bisher sichtbaren Münzen datieren in das ausgehende 3. und beginnende 4. Jahrhundert n. Chr. Es handelt sich um die von Diokletian eingeführten, mit Silber überzogenen Folles. Die Prägestätten sind Antiochia, Carthago, Lugdunum, Roma und Ticinum. *Ausführung: SAP (Roberto Caimi)* cm

mente le monete erano originariamente deposte in un contenitore di legno, di cui restano solo pochissimi frammenti. L'intero pacco di terra, dello spessore di circa 0,15 m, in cui erano inglobate, è stato trasportato nel laboratorio della Soprintendenza, in modo da ottenere attraverso un recupero accurato il massimo di informazioni sul tesoretto. Per il momento sulla superficie sono state riconosciute 270 monete. Il loro numero complessivo è per ora solo ipotizzabile, ma potrebbero essere più di 1000. Le monete fino ad ora riconoscibili sono databili alla fine del III secolo d. C. e all'inizio del IV. Si tratta di folles, monete di bronzo rivestite d'argento, introdotti per la prima volta dall'imperatore Diocleziano. Le zecche sono Antiochia, Carthago, Lugdunum, Roma e Ticinum. *Effettuazione: SAP (Roberto Caimi)* cm

MONTAN
MONTAGNA

Castelfeder, Flur Falzion

Im März 2001 konnte bei einer Begehung des Hügels von Castelfeder, in der Flur Falzion, auf einer neben dem Frauensee gelegenen Kuppe eine bis dahin unbekannte Fundstelle entdeckt werden. Da die Konservierung der Fundstelle durch die wiederholten Eingriffe seitens unbefugter Sondengänger in Frage gestellt war, entschied sich das Amt für Bodendenkmäler für eine Ausgrabung. In Anbetracht der begrenzten zur Verfügung stehenden finanziellen

Castelvetere, località Falzion

Nel mese di marzo 2001, durante un sopralluogo sulla collina di Castelvetere, è stato possibile individuare in località Falzion, sopra una collinetta vicino al laghetto detto "Frauensee", un luogo di ritrovamento fino ad oggi sconosciuto. I ripetuti interventi di tombaroli, che mettevano a serio rischio l'integrità del sito archeologico, hanno indotto l'Ufficio beni archeologici a intraprendere uno scavo d'emergenza. Considerati i ristretti mezzi

MONTAN,
CASTELFEDER,
FRAGMENT EINES
DEKORIERTEN
BRONZEBLECHS
(H. = 1,8 CM)

MONTAGNA,
CASTELVETERE,
FRAMMENTO DI LAMINA
DI BRONZO DECORATA
(ALT. = 1,8 CM)

Mittel beschränkte sich die erste Grabungskampagne auf eine geringe Anzahl von Arbeitstagen. Die gewonnenen Befunde und das geborgene Fundspektrum belegen klar, dass die seichte Kuppe über Jahrhunderte, von der Spätbronzezeit bis in die jüngere Eisenzeit zu kultischen Zwecken aufgesucht wurde. Unmittelbar unter der höchsten Erhebung der Kuppe wurde eine intakte Brandbestattung aus dem 11. Jahrhundert v. Chr. freigelegt. *Ausführung: Günther Niederwanger, Christian Terzer, Roland Messner*

Ruine Laimburg

Die archäologischen Untersuchungen auf der Ruine Laimburg konzentrierten sich im Jahr 2001 vorwiegend auf das Areal östlich der Kernburg (siehe Denkmalpflege in Südtirol 2000, S. 249). Zu den wichtigsten gewonnenen Resultaten zählt die vollständige Freilegung der südlichen Ringmauer, sowie der daran anschließenden Mauerreste, die auf drei randständige Gebäude zurückgehen. Im Bereich dieser Bauten durchgeführte Grabungen haben gezeigt, dass der östlich an den Palas anschließende Raum einen älteren Zugang zur Kernburg überlagerte. Ein weiterer wichtiger Befund konnte im nördlichen Bereich der Burganlage gewonnen werden. An die östliche Palasmauer schließt ein mit einem sorgfältig ausgeführten Estrichboden ausgestatteter Raum an, dessen Innenfassade mit weiß getünchtem Verputz

finanziari rimasti a disposizione, la prima campagna di scavo si è limitata solo a pochi giorni di lavoro. Le evidenze emerse e i reperti recuperati testimoniano chiaramente la frequentazione del sito a scopo cultuale dalla recente età del Bronzo alla tarda età del Ferro. Immediatamente sotto il punto più alto della collinetta è stata portata alla luce una sepoltura a incinerazione risalente all'XI secolo a. C. *Effettuazione: Günther Niederwanger, Christian Terzer, Roland Messner*

Ruderi di Castel Varco

Nel 2001 le ricerche archeologiche a Castel Varco si sono concentrate nell'area a Est del nucleo del castello (cfr. Tutela dei Beni Culturali in Alto Adige 2000, p. 248). I risultati più importanti sono rappresentati dalla messa in luce del muro di cinta meridionale, come pure dei resti murari relativi a tre edifici addossati allo stesso muro di cinta. Sotto l'ambiente ubicato a ridosso del palazzo, verso Est, è stato riconosciuto un più antico accesso al nucleo del castello. Nella zona settentrionale dell'impianto fortificato è stata poi effettuata un'altra importante scoperta. Al muro orientale del palazzo si collega un ambiente dotato di un pavimento in battuto di calce dalla fattura molto accurata e di una parete interna rivestita da intonaco bianco.

PFATTEN

VADENA

PFATTEN,
RUINE LAIMBURG,
VERMUTLICHE
BURGKAPELLE

VADENA,
RUDERI DI CASTEL
VARCO, PROBABILE
CAPPELLA DEL CASTELLO

versehen war. Im Versturzmaterial kamen bemalte Verputzreste zum Vorschein. Das sakrale Motiv – das Antlitz eines bärtigen Mannes, dessen Haupt von einem Heiligenschein umgeben ist – scheint daraufhin zu deuten, dass der Raum die ehemalige Burgkapelle darstellt, deren Lage bisher unbekannt war. *Ausführung: Archeothek (Christian Terzer)*

Stadelhof

In Hinblick auf die Absicht der Südtiroler Landesverwaltung, im Bereich des Stadelhofes ein ausgedehntes Bauprojekt zu realisieren, wurden an verschiedenen Stellen Sondierschnitte angelegt. Diese haben, wie erwartet, ergeben, dass die bereits im 19. und 20. Jahrhundert festgestellte urgeschichtliche Besiedlung auch diesen, höher gelegenen Bereich des Schwemmkegels betrifft. Anthropogene Schichten mit eisenzeitlichen Funden sowie eine nicht weiter untersuchte Trockenmauer traten bereits ca. 0,5 m unter der Grasnarbe auf. *Ausführung: SRA (Giovanni Rizzi)*

Mitterberg, Piglonerkopf

Die 1998 begonnenen und gemeinsam mit dem neuen Archäologiemuseum in Bozen durchgeführten Ausgrabungen im Abri des Piglonerkopfes wurden in den Monaten April und Mai fortgesetzt (siehe Denkmalpflege in Südtirol 2001, S. 249) und betra-

Nel materiale di crollo erano presenti resti di intonaco dipinto. La presenza tra questi di un motivo sacro – il volto di un uomo con la barba e dalla testa circondata da un'aureola – porterebbe ad identificare in questo ambiente l'antica cappella del castello, la cui ubicazione fino ad ora risultava ignota. *Effettuazione: Archeotek (Christian Terzer)*

Maso Stadio

Vista l'intenzione di realizzare un progetto edilizio pubblico di vasta estensione nella zona del maso Stadio, sono stati condotti sondaggi archeologici in diversi punti. Queste indagini hanno confermato l'ipotesi che l'insediamento protostorico, individuato già nel XIX e XX secolo, si estendesse anche in questa zona alta del conoide. Appena a circa 0,5 m sotto la cotica erbosa sono stati intercettati i primi strati antropici con reperti dell'età del Ferro come pure un muro a secco non ulteriormente indagato. *Effettuazione: SRA (Giovanni Rizzi)*

Monte di Mezzo, Piglonerkopf

Gli scavi iniziati nel 1998 e condotti in collaborazione con il Museo Archeologico dell'Alto Adige presso il riparo sottoroccia del Piglonerkopf, sono proseguiti nei mesi di aprile e maggio (cfr. Tutela dei beni culturali in Alto Adige 2001,

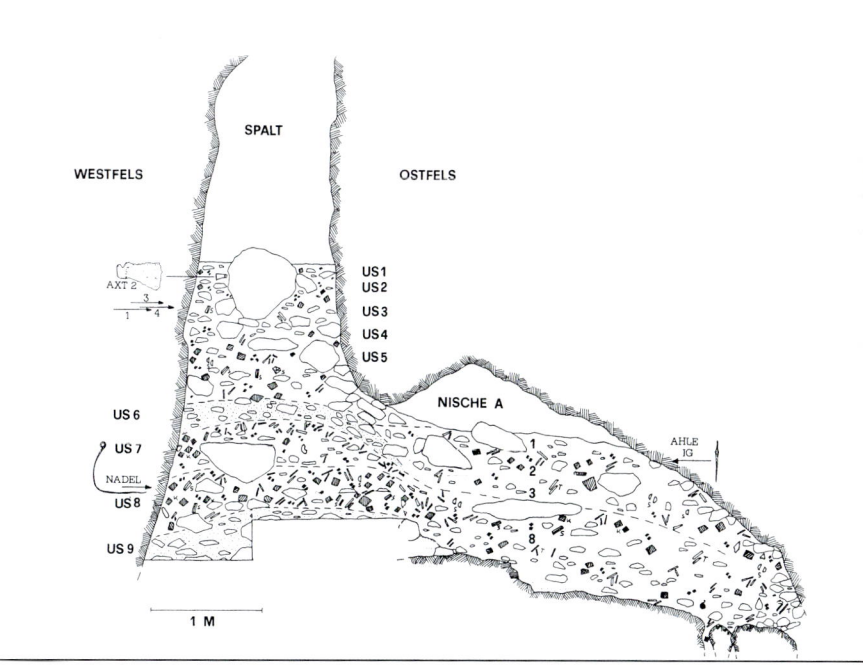

PFATTEN,
PIGLONERKOPF,
QUERSCHNITT DURCH
FELSSPALT UND NISCHE

VADENA,
PIGLONERKOPF,
SEZIONE DELLA FENDI-
TURA NELLA ROCCIA

fen die Freilegung einer großflächigen, von Felsen begrenzten Feuerstelle. Die gewonnenen Befunde und geborgenen Funde bezeugen zwei kupferzeitliche Haupt-Benutzungsphasen, die durch eine nahezu sterile Schicht getrennt sind, chronologisch aber eng beisammen liegen. Der typologischen Ähnlichkeit in der Silexindustrie, in der Keramik und in den Kupferobjekte entsprechen zwei an der Eidgenössischen Technischen Hochschule von Zürich vorgenommene 14C-Datierungen, die annähernd gleiche Alter ergeben (2622–2396 kal. BC [94,4 %], 2701–2470 kal. BC (75,4 %). Es ist daher anzunehmen, dass sich das 3 m starke Schichtenpaket innerhalb eines relativ kurzen Zeitraumes gebildet hat. Die wissenschaftliche Auswertung der Grabung wird vom Amt für Bodendenkmäler getragen: Neben der archäologischen Untersuchung durch Hanns Oberrauch werden auch naturwissenschaftliche Analysen, etwa der Metalle und der Fauna, vorgenommen.
Ausführung: Hanns Oberrauch

Lengmoos,
Kirche Mariä Himmelfahrt

Die bereits im Jahr 2000 begonnenen Renovierungsarbeiten der Kirche wurden weiterhin baubegleitend kontrolliert. In dem 1,5 m breiten und nur 1 m tiefen, an der südlichen Außenwand der Kirche angelegten Drainagegraben wurden umgelagerte Bestat-

p. 249) ed hanno interessato un ampio focolare delimitato da rocce. Le evidenze emerse e i reperti rinvenuti attestano l'esistenza di due principali fasi di utilizzo risalenti all'età del Rame, separate da uno strato quasi sterile, ma molto vicine cronologicamente.
Due datazioni al C14 effettuate alla "Eidgenössische Technische Hochschule" di Zurigo indicano circa la stessa età (2622–2396 cal. BC [94,4 %], 2701–2470 cal. BC [75,4 %]) e trovano riscontro nell'industria su selce, nella ceramica e negli oggetti in rame. È dunque verosimile che il complesso di strati dello spessore di 3 m si sia formato in un arco di tempo relativamente breve. L'elaborazione scientifica dello scavo viene supportata dall'Ufficio beni archeologici: oltre alla ricerca archeologica affidata a Hanns Oberrauch, sono in fase di svolgimento anche analisi naturalistiche come quelle su campioni di metalli e di fauna.
Effettuazione: Hanns Oberrauch

Longomoso,
chiesa di Santa Maria Assunta

È proseguito il controllo archeologico dei lavori di restauro della chiesa già iniziati nell'anno 2000. Nella fossa di drenaggio larga 1,5 m e profonda 1 m, lungo la parete esterna, sono state portate alla luce delle sepolture sconvolte e

RITTEN
RENON

SALURN,
GALGENBÜHEL, MESOLI-
THISCHE FUNDSTELLE

SALORNO,
DOS DE LA FORCA,
SITO MESOLITICO

ST. LORENZEN,
GRUNDSTÜCK
INNERHOFER, GÜRTEL-
ELEMENT AUS BRONZE
(3,6 X 6,3 CM)

SAN LORENZO
DI SEBATO,
FONDO INNERHOFER,
GUARNIZIONE
DI CINTURA IN BRONZO
(3,6 X 6,3 CM)

tungen freigelegt und vereinzelte mittelalterliche Keramikbruchstücke geborgen. Die Fundamentunterkante der Kirchen liegt 1 m unter dem heutigen Gehniveau. *Ausführung: SRA (Giovanni Rizzi, Georg Rottensteiner)*

alcuni frammenti di ceramica. Il limite inferiore del muro di fondazione della chiesa si trova 1 m sotto l'attuale piano di calpestio. *Effettuazione: SRA (Giovanni Rizzi, Georg Rottensteiner)*

SALURN
SALORNO

Galgenbühel, Schotterwerk Girardi
Die altmesolithische Fundstelle vom Galgenbühel war erneut Gegenstand archäologischer Grabungen (siehe Denkmalpflege in Südtirol 2000, S. 251). Im Rahmen dieser dritten Grabungskampagne wurde die Freilegung der über lange Zeit hinweg immer wieder aufgesuchten, im Schutz eines kleinen Felsdaches angelegten Feuerstellen weitergeführt. Der geborgene Silex-Gerätebestand (insgesamt 189 Fundstücke) setzt sich vorwiegend aus Kratzern, Sticheln, Spitzen, rückenretuschierte Klingen, Mikrosticheln, Nuklei und geometrischen Formen wie Dreiecken zusammen. Das bearbeitete Silex stammt vom Gebiet Monte Baldo–Monti Lessini und vom Nonsberg. Vereinzelt wurden Geräte auch aus lokalem Hornstein gefertigt. Die geborgenen faunistischen Reste stammen von Biber, Wildschwein, Hirsch, Reh, Dachs und Vögeln. Parallel zur Ausgrabung hat das Amt für Bodendenkmäler eine Reihe von naturwissenschaftlichen Untersuchungen der botanischen und faunistischen Reste veranlasst. Die geologisch-sedimentologische Untersu-

Doss de la Forca, cava di ghiaia Girardi
Il sito di Dos de la Forca, risalente al Mesolitico Antico, è stato nuovamente oggetto di scavi archeologici (cfr. Tutela dei beni culturali in Alto Adige 2000, p. 251). Nel corso di questa terza campagna è proseguito lo scavo di una successione di focolari posti al riparo di una piccola sporgenza rocciosa utilizzati ripetutamente nel corso del tempo. Il complesso di strumenti in selce recuperato (complessivamente 189 pezzi) consiste prevalentemente in grattatoi, bulini, punte, lame a dorso, microbulini, nuclei e forme geometriche come triangoli. La selce lavorata proviene dall'area del Monte Baldo–Monti Lessini e dalla Val di Non. Qualche raro strumento è stato realizzato in radiolarite locale. I resti faunistici recuperati appartengono prevalentemente a castoro, cinghiale, cervo, capriolo, tasso e volatile. Parallelamente allo scavo archeologico, l'Ufficio beni archeologici ha predisposto una serie di analisi naturalistiche sui resti botanici e faunistici. Le indagini geologiche e sedimentologiche sono

ST. LORENZEN, GRUNDSTÜCK INNERHOFER, KÖRPERBESTATTUNG (GRAB NR. 33)

SAN LORENZO DI SEBATO, FONDO INNERHOFER, SEPOLTURA AD INUMAZIONE (TOMBA 33)

chung wurde von Mauro Coltorti von der Universität Siena vorgenommen. *Ausführung: Marta Bazzanella, Ursula Wierer*

Handwerkerzone, Grundstück Innerhofer

Neben den Gräbern in Pflaurenz und am Fuße des Sturmbühels, deren Entdeckung auf das 19. Jahrhundert (Marmorsarkophag) und die dreißiger Jahre des vergangenen Jahrhunderts zurückgeht, hat nun die römische Stadt Sebatum weitere Teile ihrer Nekropolen freigegeben. Vom Amt für Bdendenkmäler anlässlich der Anlage von Handwerks- und Handelsbetrieben durchgeführte Probegrabungen haben auf dem höchsten Punkt einer niederen, östlich des Ortskerns gelegenen Flussterrasse (Grundstücke der Handwerksbetriebe Gatterer, Plankensteiner, Edilfer und Innerhofer) den Nachweis eines Gräberfeldes erbracht. Das Gräberfeld erstreckte sich vermutlich über eine Länge von ca. 500 m vom Sturmbühel ausgehend bis zu dieser, die Ostgrenze bildenden Stelle. Bei den insgesamt 41 freigelegten Gräbern aus dem 1. bis 5. Jahrhundert n. Chr. handelt es sich um: Körperbestattungen in gemauertem Grab, Körperbestattungen in einfacher Erdgrube (mitunter mit Holzsarg), Brandbestattungen in einfachen Erdgruben (mitunter mit Graburne). Nahezu alle Gräber enthielten Beigaben für die Reise ins Jenseits: Ketten, Armreifen, Fibeln,

state condotte da Mauro Coltorti dell'Università di Siena. *Effettuazione: Marta Bazzanella, Ursula Wierer*

Zona artigianale, fondo Innerhofer

Dopo le scoperte di tombe nell'Ottocento (sarcofago di marmo) e negli anni Trenta del secolo scorso, a Floronzo e rispettivamente alle falde del colle "Sturmbühel", la città romana di Sebatum ha rivelato ancora ampi tratti delle sue necropoli. Sondaggi preventivi hanno portato alla scoperta di un nuovo settore cimiteriale su di un basso terrazzo fluviale destinato ad edifici di imprese artigiane. Una di queste, la ditta Innerhofer, ha contribuito in modo considerevole al finanziamento delle successive indagini sul terreno destinatole. Si può ipotizzare che la necropoli si estenda per circa 500 m in lunghezza, dal colle Sturm all'area oggi individuata, che ne costituisce il limite Est. Le 41 tombe scavate (dal I° agli inizi del V secolo) sembrano caratterizzate da tre tipologie principali: tombe a camera murata con sepolto inumato, tombe in semplice fossa con inumato sepolto assieme al suo corredo in cassa di legno o nella nuda terra e tombe ad incinerazione, che presentano la deposizione delle ossa calcinate (in urna o direttamente in piccole fosse nel terreno). Le tombe sia ad incinerazione che ad

ST. LORENZEN
SAN LORENZO
DI SEBATO

ST. LORENZEN, GRUNDSTÜCK INNERHOFER, BRANDBESTATTUNG (GRAB NR. 47)

SEBATO, FONDO INNERHOFER, SEPOLTURA AD INCINERAZIONE (TOMBA 47)

ST. LORENZEN, GRUNDSTÜCK INNERHOFER, BRANDBESTATTUNG (LINKS, GRAB 48) UND KÖRPERBESTATTUNG (GRAB 29) (PLAN UND SCHNITT)

SAN LORENZO DI SEBATO, FONDO INNERHOFER, PIANTA E SEZIONE DI UNA SEPOLTURA A INCINERAZIONE (A SINISTRA, TOMBA 48) E DI UNA INUMAZIONE (TOMBA 29)

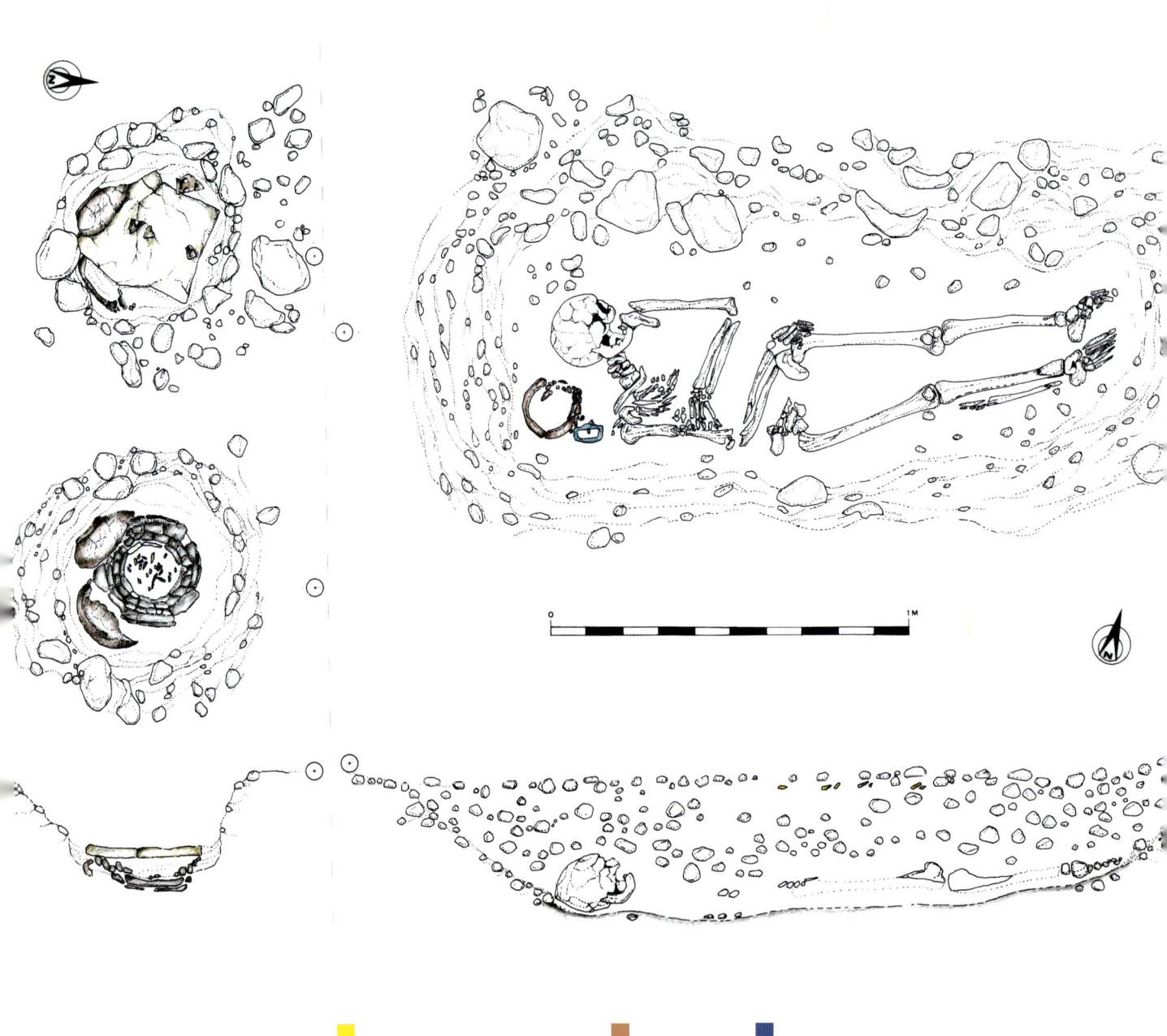

Kalzinierte Knochen / ossa calcinate   Urne / urna   Schnalle / fibbia

ST. LORENZEN, GRUNDSTÜCK INNERHOFER, PERLENKETTE AUS GLASPASTE (GRAB NR. 19)

ST. LORENZEN, GRUNDSTÜCK INNERHOFER, DOSE AUS BRONZE (GRAB NR. 2) (DM. = 2,7 CM)

SAN LORENZO DI SEBATO, FONDO INNERHOFER, COLLANA DI PERLE DI PASTA VITREA (TOMBA 19)

SAN LORENZO DI SEBATO, FONDO INNERHOFER, CAPSELLA IN BRONZO (TOMBA 2) (DIAM. = 2,7 CM)

Messer, Ringe und Münzen. Die Firma Innerhofer hat in beträchtlichem Maße zur Finanzierung der Ausgrabung beigetragen, deren Weiterführung im Jahr 2002 vorgesehen wurde. *Ausführung: SRA (Giovanni Rizzi, Gertraud Larcher, Jasmine Rizzi, Margherita Feltrin)*

Sonnenburg, St. Gotthard-Kapelle

Auf dem Felshügel liegen im Osten die Klosterburg und im Westen die bischöflich Trienterischen Vogteibauten. Ganz im Nordwesten liegt hart an der Felskante die Gotthardkapelle. Das Patrozinium kann sie erst nach der Kanonisierung Godehards von Hildesheim im frühen 12. Jahrhundert erhalten haben. Sie gehörte zur bischöflichen Vogtei, wurde 1395 dem Kloster inkorporiert und ist nach der Klosteraufhebung bald abgegangen. Im Juli des Berichtjahres wurde die Kapelle innen freigelegt. Der kreuzförmige Bau, 2 m hoch erhalten (verstürzte Teile des Nordarmes an der Felskante durch Betonziegelmauer ersetzt), misst in Ost-West-Richtung gesamt 10,3 m, in Nord-Süd-Richtung 8,4 m. Die Kreuzarme sind etwa 3,55 bis 3,6 m breit. Der Eingang in der Südmauer des Westarmes ist sorgfältig vermauert (im Gelände der Zugangsweg noch erkennbar). Am Zugang zur Vierung liegt eine gekehlte

inumazione presentano costantemente un corredo destinato al viaggio nell'aldilà: vasellame, oggetti di ornamento, utensili, monete etc. Gli scavi proseguiranno nel 2002. *Effettuazione: SRA (Giovanni Rizzi, Gertraud Larcher, Jasmine Rizzi, Margherita Feltrin)*

Castelbadia, cappella di San Gottardo

Sul dosso roccioso si elevano sul lato Est il castello-convento e sul lato Ovest gli edifici dell'avvocazia del vescovo di Trento. Proprio all'estremità Nord-occidentale, sul ciglio roccioso sorge la cappella di San Gottardo. La chiesa può aver ricevuto questo patrocinio soltanto dopo la canonizzazione di Godehard di Hildesheim degli inizi del XII secolo. La cappella che faceva parte del complesso dell'avvocazia vescovile, venne incorporata nel convento nell'anno 1395 e dopo la secolarizzazione cadde in rovina. L'interno della cappella è stato riportato in luce nel luglio dell'anno di cui si riferisce. L'edificio cruciforme, superstite in altezza per circa 2 m (parti crollate del braccio Nord sul ciglio roccioso sono state sostituite da un muro di mattoni di cemento), misura in senso Est–ovest complessivamente 10,3 m, in senso Nord–sud 8,4 m. I bracci della croce sono larghi 3,55–3,60 m. L'ingresso situato nel muro Sud del braccio occidentale risulta accuratamente murato (sul terreno la via di accesso è ancora riconoscibile). All'ingresso del qua-

ST. LORENZEN, SONNENBURG, RUINE DER KLOSTERKIRCHE NACH OSTEN

SAN LORENZO, CASTEL BADIA, I RUDERI DELLA CHIESA CONVENTUALE IN DIREZIONE EST

ST. LORENZEN, SONNENBURG, ST.-GOTTHARD-KAPELLE, VON SÜDWESTEN

SAN LORENZO, CASTELBADIA, CAPPELLA DI SAN GOTTARDO DA SUD-OVEST

Granitstufe aus dem 17. Jahrhundert, eine zweite niedrige Stufe am Eingang zum Ostarm mit dem gemauerten Altar. Dazu gehört ein barocker Estrich mit Ziegelstücken in der Unterlage. An Fehlstellen wurde darunter ein mittelalterlicher Estrich beobachtet. Die Mauern liegen teilweise frei, teilweise unter Putzen, die alle unter den Estrich reichen. Als Beispiel für die Mauertechnik führe ich Mauer 2 an (Nordmauer im Westarm): Die unterste Steinlage liegt zum größten Teil unter dem barocken Estrich. Die 2. Steinlage besteht aus fünf annähernd gleich großen Steinen von 0,4 x 0,4 m. Die 3. Steinlage verwendet liegende Steine, ca. 0,15 m hoch. Die 4. Steinlage mit Orthostat, zwei runden Bollen und einen langen liegenden Stein. Die oberste Reihe ist restauriert, ein Orthostat zum Nordarm liegt in situ. Der grau/braun-gelbe Mauermörtel wiederholt sich mit glatter Oberfläche, lässt kleine Steinköpfe sichtbar, so auch an Wand 10 links vom Altar und 11, Ostmauer im Nordarm: Mauermörtel mit glatter Oberfläche, viel vorhanden. Darauf liegt ein erster feiner und dünner Flächenputz, mit der Kelle geglättet, keine Fugen, leicht grau. Darüber liegt ein Freskoputz, darauf eine Tünche. Wo diese abgeblättert ist, erscheint im Ostarm Malerei mit marmorierten Säulen

drato si trova un gradino scanalato di granito risalente al XVII secolo, un secondo gradino più basso si trova all'ingresso al ramo orientale con altare murato. A questa fase appartiene un battuto barocco in calce, frammista a laterizio. In corrispondenza di lacune nel pavimento si è osservato un sottostante battuto in calce di epoca medievale. I muri sono parte con pietre a vista, parte coperti da intonaco e si estendono tutti fin sotto il pavimento con battuto a calce. Come esempio per la tecnica muraria riporto il muro 2 (muro Nord del braccio occidentale): Il filare di pietre più basso giace per la massima parte sotto al battuto barocco. Il secondo filare di pietre consta di cinque pietre di uguale grandezza di 0,4 x 0,4 m. Il terzo filare utilizza pietre disposte orizzontalmente alte circa 0,15 m. Il quarto filare con un ortostato, due grandi ciottoli arrotondati ed una lunga pietra giacente. Il filare più alto è di restauro, un ortostato sul braccio settentrionale si trova in situ. La malta di colore tra grigio/bruno e giallo presenta superfici ben lisciate, lasciando in vista piccole pietre tondeggianti, così anche sulla parete 10 a sinistra dell'altare e sulla parete 11, muro orientale del braccio Nord: è presente molta malta con superficie lisciata. Al di sopra di essa è steso un primo intonaco fine e sottile lisciato a cazzuola, di colore grigio chiaro che non mostra solcature. Al di sopra di esso un intonaco da affresco e di sopra ancora uno scialbo. Dove quest'ultimo è

ST. LORENZEN,
SONNENBURG,
ST.-GOTTHARD-KAPELLE,
SÜDMAUER
DES OSTARMES (CHOR)

SAN LORENZO,
CASTELBADIA, CAPPELLA
DI SAN GOTTARDO,
MURO MERIDIONALE
DEL BRACCIO
ORIENTALE (CORO)

in Grün, Rot und Weiß, gerahmt von roten Feldern. In den Feldern Schablonenmalerei: grüne dreiblättrige Blüten oder Kleeblätter, darüber ein rosa Blütenzweig, links unten auch rosa Blüten, darüber wiederholen sich die Muster. Restaurator Markus Pescoller fixierte die lockeren Teile. Der Bau lässt sich durch die Orthostaten an allen Ecken der Vierung in die 1. Hälfte des 12. Jahrhunderts oder noch um 1100 datieren. In gotischer Zeit erhielt die Vierung ein Kreuzgratgewölbe, die vorgeformten Ziegelrippen fanden sich zuunterst auf dem barocken Boden. Die Fresken sind renaissancezeitlich oder noch später. Die Auswertung erfolgt durch Michael Wolf, Leipzig, im Rahmen seiner Doktorarbeit. Dem Besitzer, Herrn Karl Knötig, ist der Verfasser sehr zu Dank verpflichtet.
Ausführung: Michael Wolf, Archäologische Grabungen (Alfred Obex)

Sonnenburg, Klosterkirche St. Maria

Die große Pfeilerbasilika mit drei Apsiden, die sehr an die Kreuzkirche in Säben erinnert, vor allem in der Gestaltung der Apsidenzungen, gehört mit dem Weihedatum 1090 zu den Salischen Großbauten im Lande. Entfeuchtungsmaßnahmen an der Krypta und Sicherungsarbeiten an der Nonnengruft waren

scrostato, è visibile nel braccio orientale una pittura a colonne marmorizzate in verde, rosso e bianco incorniciate da campi rossi. Nei campi pitture a stampo: fiori a tre petali o trifogli, al di sopra una ramo fiorito rosa, al di sotto sul lato sinistro altri fiori rosa, mentre al di sopra i motivi si ripetono. Il restauratore Markus Peskoller ha fissato le parti allentate. La costruzione può essere datata sulla base degli ortostati ai quattro angoli del quadrato, alla prima metà del XII secolo o ancora agli anni intorno al 1100. In epoca gotica al quadrato fu sovrapposta una volta a crociera; delle medesima si sono ritrovati in basso, sul pavimento barocco, i costoloni in cotto. Gli affreschi appartengono ad epoca rinascimentale o ancora successiva. Lo studio dei dati di scavo è affidato a Michael Wolf di Lipsia, nell'ambito di una tesi universitaria. L'autore ha motivo di gratitudine nei confronti del proprietario Karl Knötig. *Effettuazione: Michael Wolf, Alfred Obex*

Castel Badia, chiesa conventuale di Santa Maria

La grande basilica a pilastri con tre absidi, che ricorda assai da vicino la chiesa di Santa Croce a Sabiona, soprattutto per la conformazione dei setti tra le absidi, con la sua data di consacrazione 1090 appartiene al gruppo delle grandi costruzioni salie in territorio altoatesino. Lavori di deumidificazione nella cripta e opere di consolidamento nella tom-

ST. LORENZEN,
SONNENBURG,
ST.-GOTTHARD-KAPELLE,
NORDMAUER
DES WESTARMES

SAN LORENZO,
CASTELBADIA,
CAPPELLA DI
SAN GOTTARDO,
MURO NORD DEL
BRACCIO OCCIDENTALE

Anlass, die Osthälfte der Klosterkirche zu untersuchen. Die Kirche steht ganz im Südosten des Felshügels, wo die Kuppe bereits steil nach Süden abfällt. Das Planiermaterial ist schwarze Erde mit Bronzezeitkeramik, abwechselnd mit Lagen von Bauschutt. Im vorderen Teil des südlichen Seitenschiffes liegt die barocke Nonnengruft. Im Mittelschiff sind Gräber eingebracht, einzelne Äbtissinengräber mit goldenem Professring, auch Grüfte mit gestörten Gräbern, wie überhaupt die meisten Bestattungen gestört sind durch Eingriffe der Gotik und des Barock. Im südlichen Seitenschiff liegt die barocke Nonnengruft. Im diesem Bereich ist ein Vorgängerbau mit ursprünglich regellosem Mauerwerk und 0,55 m Mauerstärke durch das romanische Seitenschiff überbaut. Die gerade Ostmauer knapp vor der romanischen Seitenapsis ist noch auf 2,6 m erhalten. Die Südmauer steckt, aufgedoppelt in der Technik des 11. Jahrhunderts, in der stumpfwinkelig gebrochenen Südmauer der Klosterkirche (M. Bitschnau/M. Mittermair, Das Benediktinerinnenstift Sonnenburg bei St. Lorenzen. In: Frühe Kirchenbauten im östlichen Alpenraum. Im Druck). Die Nordmauer wurde anliegend an die Nordmauer der Gruft außen angetroffen. Die Westmauer ist nicht mehr vorhanden, abgebrochen wohl beim Bau der Gruft. Der Vorgängerbau dürfte demnach 3 m breit und

ba collettiva delle monache sono stati occasione per un'indagine nella metà orientale della chiesa che è ubicata sul margine Sudest del colle roccioso, dove la spianata scende precipite verso Sud. Il riempimento è costituito da terra nera con ceramica dell'età del Bronzo alternata a strati di macerie. Nella parte anteriore della navata meridionale è collocata la cripta barocca delle monache. Nella navata mediana sono collocate singole tombe di badesse con anello d'oro da professa, anche tombe a cripta con sepolture sconvolte, come di regola, a causa di interventi di epoca gotica e barocca. In questo settore una chiesa antecedente con murature irregolari dello spessore di 0,55 m, risulta sormontata dall'abside laterale romanica. Il muro orientale diritto, subito prima dell'abside laterale romanica è ancora conservato in altezza per 2,6 m. Il muro meridionale si cela, rinforzato nella tecnica dell'XI secolo, nel muro meridionale della chiesa conventuale, demolito ad angolo ottuso (M. Bitschnau/ M. Mittermair, Das Benediktinerinnenstift Sonnenburg bei St. Lorenzen, in: Frühe Kirchenbauten im östlichen Alpenraum, in corso di stampa). Il muro Nord è stato intercettato nelle adiacenze del muro Nord della cripta sul lato esterno. Il muro occidentale non è più presente in quanto presumibilmente distrutto in occasione della costruzione della cripta. La chiesa precedente può dunque essere stata larga 3 m e lunga 5 m.

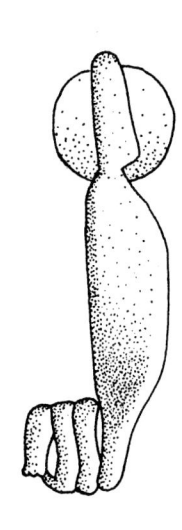

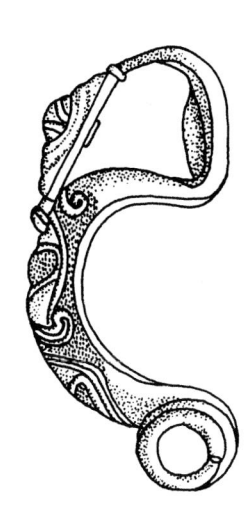

ST. MARTIN IN THURN, PIKOLEIN, KELTISCHE FIBEL MIT PLASTISCH VERZIERTEM BÜGEL (L. = 5,9 CM)

SAN MARTINO, PIKOLEIN, FIBULA AD ARCO DECORATO (LUNGH. = 5,9 CM)

etwa 4,5–5 m lang gewesen sein. Eine Schicht mit Bauschutt, ganz tief an der Südmauer der Klosterkirche gelegen, teilweise unter einem barocken Altarblock, könnte Abbruchmaterial von diesem Vorgänger enthalten, darunter sind getünchte Mörtelbrocken, die wenige Schriftreste in einer klaren Kapitalis in Rot aufweisen und generell als spätkarolingisch gelten dürfen. Herrn Knötig ist für die Unterstützung herzlich zu danken. *Ausführung: Verf., Michael Wolf, Archäologische Grabungen (Alfred Obex)*

Stocker Stohle (Südbereich)

Im Rahmen des Projektes „Sebatum 2000", das von der Gemeinde St. Lorenzen getragen und von der Autonomen Provinz mitfinanziert wird, wurde ein archäologischer Lehrpfad rund um den Sonnenburger Kopf angelegt. Zu diesem Anlass wurden einige Sondierungen durchgeführt, die vorgeschichtliche Funde ans Licht brachten: vorwiegend Branderde, Keramikscherben, Hüttenlehm und Mahlsteinfragmente. Nur an einer Stelle, am oberen Teil des alten Forstweges, konnte eine Struktur, ein früheisenzeitliches Haus, nachgewiesen werden. Das aus einem Unterbau aus Trockenmauern und einem Holzaufbau bestehende Haus wurde auf einer künstlich planierten, in den Hang geschnittenen Fläche angelegt. Der Fußboden des Hauses bestand aus Steinplat-

Uno strato di macerie posto a rilevante profondità accanto al muro meridionale della chiesa conventuale, in parte al di sotto di un altare a blocco barocco, potrebbe contenere materiale proveniente dalla demolizione dell'edificio precedente. Sparsi in esso frammenti di malta con tracce di pittura con pochi resti di una scritta realizzata in rosso in una chiara capitale che genericamente potrebbe essere tardocarolingia. Ringraziamo di tutto cuore il proprietario signor Knötig per l'aiuto prestato. *Effettuazione: Michael Wolf, Alfred Obex*

Stocker Stohle (versante Sud)

Nell'ambito del progetto "Sebatum 2000", promosso dal comune di San Lorenzo di Sebato e finanziato dalla Provincia Autonoma di Bolzano, è stato tracciato un sentiero archeologico intorno al Sonnenburger Kopf. Sondaggi hanno portato alla luce svariati reperti proto- e preistorici (terreno antropico con ceramica, intonaco di capanne e frammenti di macine). In un punto è stato posto in luce un edificio databile all'antica età del Ferro collocato su di un terrazzamento artificiale. La costruzione, benché costruita principalmente in legno, doveva poggiare originariamente su muri a secco. Evidenziato un muro di monte di piccole pietre con un angolo sul lato Nord-Est. Una sorta di lastricatura doveva costituire il pavi-

ST. MARTIN IN THURN, PIKOLEIN, KELTISCHE FIBEL MIT PLASTISCH VERZIERTEM BÜGEL (L. = 5,9 CM)

SAN MARTINO, PIKOLEIN, LA FIBULA AD ARCO DECORATO (LUNGH. = 5,9 CM)

ST. MARTIN IN THURN
SAN MARTINO IN BADIA

ten. Zu den geborgenen Kleinfunden zählen Fragmente von Webgewichten und kleine Tonscheiben, Klopf- und Schleifsteine, Tierknochen sowie Keramikfragmente und eine Dragofibel, durch die sich eine Datierung in das 7.–6. Jahrhundert v. Chr. abzeichnet. *Ausführung: Reimo Lunz*

Campill, Peitlerwiesen

Vom Amt für Bodendenkmäler vorgenommene Geländebegehungen im Hochgebirge führten zur Entdeckung mehrerer, vermutlich mit der Weidewirtschaft im Zusammenhang stehender Fundstellen der mittleren, späten und ausgehenden Bronzezeit in den Peitlerwiesen. Die Untersuchung wurde infolge des Nachweises von Keramikfragmenten in der mesolithischen Fundstelle Putia I vorgenommen, die im Spätsommer des Jahres 2000 bei dem Ausbau der Forststraße angeschnitten wurde. Die Begehung betraf den Straßenabschnitt, der von 2100 m Meershöhe bis zur Munt-dla-Crusc-Alm führt und den davon abzweigenden Weg zu den Almhütten unterhalb der Putia-Gabel. Die geborgene Keramik stammt vornehmlich aus zwei verschiedenen Fundstellen, eine auf 2110 m, die andere auf 2160 m Meereshöhe gelegen ungefähr im Gebiet Poz, in der Nähe einer Mesolithstation (Putia II), die bereits bei vorhergehenden Untersuchungen entdeckt wurde. Weitere Keramikfragmente wurden zudem ent-

mento. L'edificio, in origine a due piani, si può datare al VII–VI secolo a. C. (fibula a drago con rosette laterali); si sono rinvenuti inoltre frammenti di pesi da telaio in terracotta e rondelle fittili, percussori e lisciatoi in pietra ed ossa animali. *Effettuazione: Reimo Lunz*

Longiarù, prati del Putia

Nell'ambito di attività di survey in alta quota in Val Badia, promosse e finanziate dall'Ufficio beni archeologici, è stato possibile individuare, nei Prati del Putia, una concentrazione di siti a probabile sfondo pastorale, databili all'età del Bronzo medio-recente e finale. Tale indagine ha avuto origine dal ritrovamento al sito mesolitico Putia I (già indagato in precedenza) di ceramica protostorica, portata in luce nell'estate del 2000 dai lavori per la sistemazione della strada forestale. L'indagine di superficie ha interessato il tratto di strada che da quota 2100 prosegue per la malga di Munt dla Crusc ed il sentiero che, staccandosi da questa, porta alle baite al di sotto di Forcella Putia. La ceramica proviene principalmente da due diverse aree; l'una a quota 2110 m circa e l'altra a quota 2160 m circa in località Poz, in prossimità di un sito mesolitico (Putia II) identificato in precedenza. Altri frammenti di cera-

ST. ULRICH,
HOF PUENT,
BODENNIVEAU DER
JÜNGEREN EISENZEIT
UND MAUERSTURZ

ORTISEI,
MASO PUENT,
LIVELLO PAVIMENTALE
DELLA TARDA ETÀ DEL
FERRO E STRUTTURA
MURARIA IN CROLLO

lang der Forststraße zwischen den zwei genannten Örtlichkeiten aufgelesen. *Ausführung: Andrea Pilli*

Pikolein, Plaies-Wald

Frau Michela Basso aus Marano Vicentino hat freundlicherweise dem Amt für Bodendenkmäler den Fund einer Fibel keltischer Tradition gemeldet, die sie am 9. August 1999 nahe der Bergstation des Sessellifts am Piz de Plaies gefunden hatte. Der Meldung folgte wenig später auch die Übergabe des Objekts.
Der Fundort befindet sich auf 1620 m Meereshöhe nur etwa 200 m von der Liftstation entfernt am Rand der unlängst eröffneten Skipiste. Die Fibel ragte aus der am Pistenrand gelagerten Erde hervor, so dass man davon ausgehen kann, dass sie während der Erdarbeiten zur Anlage der Piste ans Tageslicht gebracht wurde. Aus der Umgebung sind bisher keine weiteren archäologischen Funde bekannt. Die Fibel mit plastisch verziertem Bügel ist der Stufe Latène B zuweisbar.

Hof Puent

Puent ist einer der Höfe in sonniger Lage auf 1510 m Höhe am Fuße der Raschötz und gehört zur Gemeinde St. Ulrich in Gröden. Beim Ausbaggern des Grundes für das neue Bauernhaus fanden sich im Profil zwei Kohleschichten: Die obere, 0,94 m un-

mica sono stati raccolti lungo la strada forestale in diversi punti compresi tra i due luoghi citati. *Effettuazione: Andrea Pilli*

Piccolino, Bosco di Plaies

Michela Basso di Marano Vicentino segnalava all'Ufficio beni archeologici la scoperta di una fibula di bronzo di tipo celtico rinvenuta il 9 agosto 1999, a 200 m dalla stazione di monte della seggiovia di Piz de Plaies, a 1620 m di quota, ai bordi di una pista da sci. Il manufatto sporgeva parzialmente dalla terra: era stato portato probabilmente in luce dagli sbancamenti per la realizzazione della pista. Alla segnalazione seguì poco dopo la consegna. Non fu notato nessun altro reperto. La fibula mancante dell'ardiglione e lacunosa in corrispondenza della molla, misura in lunghezza 59 mm; l'arco, cavo, misura 9 mm di larghezza massima. Questo nuovo ritrovamento arricchisce il repertorio delle fibule ad arco ornato con decorazione plastica, comunemente datato al periodo Latène B.

Puent, Maso Puent

Puent, uno dei masi del comune di Ortisei posti a più alta quota (1510 m), si affaccia sul versante solatio della valle ai piedi del Monte Rasciesa. Scassi per la costruzione del nuovo maso hanno portato in luce due distinti livelli carbo-

ST. ULRICH
IN GRÖDEN

ORTISEI

SCHLUDERNS, CHURBURG, RONDELL IN DER NORDWESTECKE, RECHTS DAS DEPOT DER KANONENKUGELN

SLUDERNO, CASTEL COIRA, IL RONDELLO NELL'ANGOLO NORD-OVEST, SULLA DESTRA IL DEPOSITO DI PALLE DI CANNONE

SCHLUDERNS / SLUDERNO

ter dem Wiesengrund und 0,1 m stark, ergab keine Funde. 0,3 m tiefer lag die zweite Brandschicht, möglicherweise der Fußboden einer Hütte aus Holz, sie ergab Fragmente von Kammstrich- oder Auerbergtöpfen aus dem 1. Jahrhundert v. Chr. Auch fand sich ein Stück dünner Plattenschlacke. Morphologisch liegt der Platz für eine natürliche Sicherheit sehr günstig, indem zu beiden Seiten tiefe Gräben zu Tale ziehen und unter dem Hofplatz sich vereinen: der Pisciadoi mit der schaurigen Schlucht des Bujes dl Gran Puent und dem Graben des Ruf de Sciadules. *Ausführung: Herwig Prinoth*

Churburg

Der Churburg ist im Westen und im Norden ein schmaler Zwinger vorgelagert (vor 1537), an dessen Ecke ein Rondell von weniger als 1 m Stärke und ca. 4,5 m Innendurchmesser vorspringt. Die innere Hälfte des Rondells wurde wegen Baufälligkeit Mitte des 19. Jahrhunderts abgebrochen, die äußere Hälfte und die seitlich abgehenden Mauern weisen gefährliche Setzungsrisse und Sprünge auf. Beim Abtiefen im Zuge der Restaurierung der Zwingermauern fand sich ein Versteck von Kanonenkugeln, angelegt wohl erst in napoleonischer Zeit, die in der Rüstkammer Raub und Schäden hinterließ. Vom 13. bis 16. Oktober wurde das Lager freigelegt und am 25. Oktober ein Protokoll verfasst. Anschließend wurden die Kugeln

niosi. Il primo, situato a –0,94 m dal suolo attuale, ha uno spessore di 0,1 m e non ha reso reperti; 0,3 m al di sotto di questo un secondo livello, interpretabile come pavimento di una capanna, ha reso frammenti di ceramica "pettinata", databile al I secolo a. C., inoltre una scoria di fusione del tipo piatto. Degna di nota è la situazione morfologica notevolmente difesa: il sito è posto infatti sul versante, in posizione aperta, alla confluenza di due corsi d'acqua (il Pisciadoi, con l'orrido del Bujes dl Gran Puent, e il Ruf de Sciadules). *Effettuazione: Herwig Prinoth*

Castel Coira

Castel Coira è protetto a Est e a Nord da un piccolo bastione (anteriore al 1537), da cui sporge un rondello dello spessore di meno di 1 m e di circa 4,5 m di diametro interno. La metà interna della rondella, pericolante, fu demolita verso la metà del XIX secolo. Nei restauri della metà esterna e dei muri laterali che mostravano crepe, si è trovato un deposito di palle di cannone, accumulato a quanto pare in epoca napoleonica, quando fu saccheggiata la sala d'armi. Il deposito è stato scavato nei giorni 13–16 ottobre ed il 25 ottobre è stato redatto un inventario, le palle sono state poi depositate nella sala d'armi, assieme a 19 punte di picca da lanzichenecco nuove e non montate, che giacevano in un

Tonkugeln / palle di terracotta

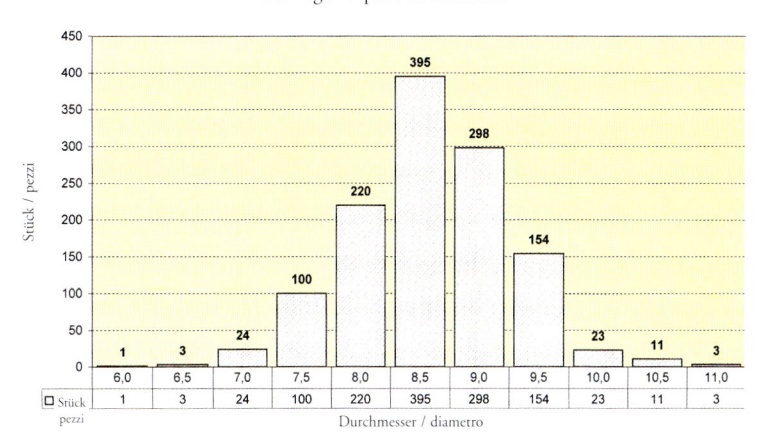

Durchmesser / diametro	6,0	6,5	7,0	7,5	8,0	8,5	9,0	9,5	10,0	10,5	11,0
Stück / pezzi	1	3	24	100	220	395	298	154	23	11	3

SCHLUDERNS, CHURBURG, KALIBER DER TONKUGELN

SLUDERNO, CASTEL COIRA, CALIBRO DELLE PALLE DI TERRACOTTA

---

in der Rüstkammer gelagert, ebenso die 19 ungeschäfteten und werkstattneuen Landsknechtsspieße, die im überdachten Teil des Zwingers in einem Holzstapel lagen (größte Länge etwa 29 cm, um 1500). Das Lager war ein Geviert (etwa 1,4 x 1,4 m), an Rondellstumpf und Zwingermauer angelehnt und an einer Seite durch ein kleines Mäuerchen, an der anderen mit großen Steinblöcken eingefasst und mit Holz abgedeckt. Auf der Holzabdeckung lag ein Laufhorizont, ca. 20 cm hoch, darauf ca. 1 m Bauschutt mit vielen Ofenkacheln. Die Kugeln waren in dunklen Sand gebettet, etwa 7 Lagen hoch, ca. 1250 Stück aus gebranntem Ton und 18 Stück aus Tuff. Die Tonkugeln waren tiefrot gebrannt, nur acht Fehlbrände (schwarz und schwach deformiert), ca. 92 Stück zerbrochen, die Teile teils noch beisammen, also erst im Versteck durch Frosteinwirkung zersprungen. Zum Brennen waren die Kugeln auf einem feinen Stift aufgesteckt, bei vielen ist das winzige Loch noch erkennbar. In die Liste der Kaliber sind die zerbrochenen Stücke, sofern messbar, einbezogen. Die Ton- und Tuffkugeln zeigen die Vielfalt der Kaliber im frühen 16. Jahrhundert. Einzelne Tonkugeln mit ca. 9 cm Dm. fanden sich auf Rotund als Streufunde, am Grund des Rundturmes lagen drei Kanonenkugeln aus Tuff mit ca. 20 cm Dm.. Auch aus dem Schloss stammen ein Dutzend Tonkugeln. Der Schaffer der Churburg machte

punto del bastione sotto una tettoia in uno scaffale di legno (lungh. massima intorno a 29 cm, circa del 1500). Il deposito era costituito da un quadrato di circa 1,4 x 1,4 m, appoggiato al corpo del bastione ed alla cortina muraria, delimitato su di un lato da un muretto, sull'altro da blocchi di pietra e coperto di legname. Sopra la copertura c'era un piano di calpestio spesso 20 cm e al di sopra di esso un metro circa di macerie con molte formelle da stufa.
Le palle inglobate in sabbia scura si disponevano su sette strati; 1250 pezzi erano di argilla e 18 di tufo. Le palle di argilla avevano assunto in cottura una tonalità rosso scura, mentre solo otto mostravano difetti (colore nero, deformazioni). Circa 92 pezzi erano frantumati, con i frammenti accostati, come se si fossero spezzati per il gelo. Nella cottura le palle dovevano essere infilate su di un perno: in molte ne è distinguibile il foro. Nella lista dei calibri si sono compresi anche i pezzi frammentati, purché misurabili. Le palle di terracotta e di tufo mostrano la molteplicità dei calibri in uso agli inizi del XVI secolo. Palle di terracotta di circa 9 cm di diametro si sono trovate sporadicamente anche a Castel Rotund (inoltre sul pavimento della torre rotonda giacevano tre palle di tufo di circa 20 cm di diametro). Anche dal castello ssproviene una dozzina di palle di terracotta. L'amministratore di Castel Coira mi

TAUFERS IM MÜNSTERTAL, ST. JOHANN IN TAUFERS, SÜDMAUER DER SAKRISTEI

TUBRE IN VAL MONASTERO, SAN GIOVANNI DI TUBRE, MURO MERIDIONALE DELLA SACRISTIA

zudem darauf aufmerksam, dass es in Schluderns, Glurns und in Latsch je eine Kugelgasse gibt. Vermutlich besaßen alle Matschischen Burgen Tonkugeln. Der von Johannes Graf Trapp herbeigeholte Waffenhistoriker, Herr Scalini aus Florenz, konnte sich den Fund nicht erklären. Er tippte auf Brandbomben. *Ausführung: Archäologische Grabungen (Alfred Obex)*

ha fatto inoltre notare che a Sluderno, Glorenza e Laces esiste una "Kugelgasse". Presumibilmente tutti i castelli dei von Matsch avevano in dotazione palle di terracotta. Lo storico Scalini di Firenze, esperto d'armi, convocato dal conte Johann Trapp, nella difficoltà di spiegare il reperto, ha ipotizzato trattarsi di bombe incendiarie. *Effettuazione: Alfred Obex*

TAUFERS IM MÜNSTERTAL
TUBRE IN VAL MONASTERO

St. Johann in Taufers

Nach Restaurierung der Fresken und Entfernen eines erheblichen Teils der zementhaltigen Putze der fünfziger Jahre hat der Landeskonservator für die Baugeschichte von St. Johann eine kleine Arbeitsgruppe zusammengestellt. Dem Verfasser wurde eine Sondierung an der Südostecke außen übertragen, durchgeführt im September und Oktober. Es handelt sich um die Ecke des Sakristeibaus, der an den südlichen und östlichen Kreuzarm angelehnt ist und ein Geschoss tiefer reicht als das Kircheninnere. Im Süden beträgt der Abstand zur Straßenmauer nur ca. 1,2 m. Trotzdem konnte die Südmauer bis zur Fundamentunterkante freigelegt und zeichnerisch aufgenommen werden. Der Mörtel ist stark zersetzt, an der Unterkante in reines Pulver zerfallen. Die Ostmauer entlang verläuft eine Drainage, von der Fundamentunterkante bis zur Grasnarbe ist die Sakristeimauer mit Zementmörtel verputzt. Unter der Grasnarbe

San Giovanni di Tubre

Dopo il restauro degli affreschi e la rimozione dell'intonaco cementizio degli anni '50, il Soprintendente ha riunito un gruppo di lavoro per lo studio della storia edilizia della chiesa di San Giovanni. All'autore è stato affidato un sondaggio, effettuato in settembre ed ottobre, all'esterno nei pressi dell'angolo Sud-Est.
Si tratta dell'angolo della sacrestia, che è addossata ai bracci meridionale ed orientale dell'edificio cruciforme ed è di un piano più basso dell'interno della chiesa. Nonostante che sul lato Sud la distanza dal muro della strada sia appena di 1,2 m, si è potuto mettere in luce e rilevare il muro Sud fino alla base delle fondamenta. La malta è molto alterata e alla base ridotta in polvere. Lungo il muro Est corre un drenaggio; dalla base alla sommità il muro della sacrestia è intonacato con malta cementizia. Sotto la cotica erbosa si è trovata una finestrella rettan-

TAUFERS
IM MÜNSTERTAL,
ST. JOHANN
IN TAUFERS, ANBAU
ÖSTLICH DER SAKRISTEI

TUBRE IN
VAL MONASTERO,
SAN GIOVANNI
DI TUBRE, ANNESSO AD
EST DELLA SACRESTIA

kam ein vermauertes Rechteckfensterchen zutage. Östlich der Sakristei kam in der ca. 5 x 5 m geöffneten Fläche 0,5 m unter der Grasnarbe ein schmaler Bau zutage, dessen Anbindung an die Sakristeimauer wegen der Drainage nicht mehr fassbar ist. Der Bau misst in Nord-Süd-Richtung 3,8 m innen und in West-Ost-Richtung 2,5 m. Die Mauern sind ca. 0,8 m hoch erhalten, 0,82 m stark und in Trockenmauertechnik ausgeführt, aber innen sauber mit gutem Kalkmörtel verfugt. Bündig mit der Südmauer führt eine Tür ohne Gewände nach Osten. Nach Norden gab es eine ebensolche Öffnung. Sie wurde mit Kalkmörtel zugemauert. Der Boden besteht aus schwarzer festgetretener Erde und Lehm. Vielleicht ist an einen Stall für Kleinvieh zu denken. Es gab keine Baugruben, das Areal ist mit Murenschutt aufgefüllt, eine sterile Unterkante fand sich nicht. Es gab keine Funde, auch nicht aus der keineswegs sterilen eingeschwemmten Erde und dem Kies. *Ausführung: Archäologische Grabungen (Alfred Obex)*

Weiler St. Zeno, Grundstück Volgger

Der Weiler St. Zeno, südwestlich der Ortschaft Terenten gelegen, ist mit dem dazugehörigen Gebiet der „Zienleiten" ein schon seit Jahrhundertbeginn bekannter Fundort. Das Gebiet war letztmals in den Jahren 1984 und 1985 unter der Leitung von Dr. Reimo Lunz Ziel archäologischer Untersu-

golare, murata. Ad Est della sacristia, in una trincea di circa 5 x 5 m, è venuto in luce a circa 0,5 m dalla superficie, uno stretto edificio, il cui rapporto con il muro della sacristia non è più verificabile a causa del drenaggio. La costruzione misura all'interno in senso Nord–Sud 3,8 m e in senso Est–Ovest 2,5 m. I muri, conservati in altezza per circa 0,8 m, spessi 0,82 m, sono costruiti a secco, ma all'interno sono accuratamente intonacati con buona malta di calce. In adiacenza del muro meridionale vi è una porta senza stipiti che conduce verso Est. Un'altra porta analoga verso Nord, fu chiusa successivamente con malta di calce. Il pavimento dell'edificio (stalla per piccoli animali?) è di terra battuta scura, mescolata ad argilla. Non c'è traccia di scavi di fondazione. L'area è colmata di pietrame, non si è trovata traccia di uno strato sterile. Non si sono recuperati reperti, neppure dalla terra e dalla ghiaia in sé non sterile, trasportata all'interno dalle acque. *Effettuazione: Alfred Obex*

Località San Zeno, fondo Volgger

La località San Zeno, posta a Sud-Ovest della località di Terento, con i suoi dintorni detti "Zienleiten" è un'area archeologica nota dagli inizi del secolo scorso.
Il sito fu per l'ultima volta oggetto di ricerche archeologiche sotto la direzione di Reimo Lunz negli anni 1984 e 1985 (cfr.

TERENTEN
TERENTO

TERLAN,
ANSITZ GROSSKARNELL,
DETAIL DER
LATÈNE-FIBEL

TERLANO,
RESIDENZA
GROSSKARNELL,
DETTAGLIO
DELLA FIBULA LATÈNE

TERLAN,
PFARRKIRCHE
MARIÄ HIMMELFAHRT

TERLANO,
PARROCCHIALE DI
SANTA MARIA ASSUNTA

TERLAN
TERLANO

chungen (siehe Denkmalpflege in Südtirol 1986, S. 191–199). Anlass für die Ausgrabungen im Jahre 2001 war der geplante Bau eines neuen Wohnhauses. Dabei konnten vermutlich jüngereisenzeitliche Gebäudereste nachgewiesen werden. Die zahlreichen z. T. in sekundärer Fundlage geborgenen Kleinfunde gehen auf die Spätbronzezeit und die Eisenzeit zurück. *Ausführung: Archeotek (Karsten Wink)*

Pfarrkirche Mariä Himmelfahrt

Die archäologischen Eingriffe anlässlich der Anlage einer Fußbodenheizung in der Pfarrkirche von Terlan, die bereits in den vorhergehenden Jahren Gegenstand archäologischer Untersuchungen war (siehe Denkmalpflege in Südtirol in Südtirol 2000, S. 259), beschränkten sich auf die Überwachung der Entfernung des Fußbodens seitens der beauftragten Baufirma sowie auf die Freilegung der unmittelbar darunter gelegenen Schichten. Auf eine in die Tiefe gehende Untersuchung, der romanischen Phase der Kirche etwa, wurde in Anbetracht des Umstandes, dass deren Konservierung nicht in Frage gestellt war, verzichtet. Es konnten drei gotische Fußböden nachgewiesen werden, ein Hauptaltar und drei Seitenaltäre, an der rechten Chorseite ein Grab, sowie ein System von gemauerten Kanälen, die dazu dienten, das Grundwasser, das der Kirche im Laufe der Jahrhunderte immer wieder beträchtliche Schäden

Tutela dei beni culturali in Alto Adige 1986, pp. 191–199). Occasione per l'intervento nell'anno 2001 è stata la prevista costruzione di un edificio. Sono venuti in luce resti di capanne della recente età del Ferro. I numerosi reperti recuperati in giacitura secondaria vanno dalla recente età del Bronzo a diversi momenti dell'età del Ferro. *Effettuazione: Archeotek (Karsten Wink)*

Parrocchiale di Santa Maria Assunta

In occasione dell'installazione di un impianto di riscaldamento a pavimento nella chiesa parrocchiale di Terlano, già oggetto negli anni scorsi di indagini archeologiche (cfr. Tutela dei beni culturali in Alto Adige 2000, p. 259), l'intervento archeologico si è limitato al controllo dell'asportazione del pavimento da parte della ditta costruttrice e alla messa in luce degli strati immediatamente sottostanti. Si è rinunciato a procedere a maggiore profondità per indagare, tra l'altro, la fase romanica della chiesa, dal momento che la sua conservazione non risultava minacciata. È stato possibile riconoscere tre pavimenti gotici, un altare maggiore e due altari laterali, una tomba nella parte destra del coro ed un sistema di canali murati aventi la funzione di fare defluire l'acqua di falda, che nel corso dei secoli ha sempre danneggiato notevolmente

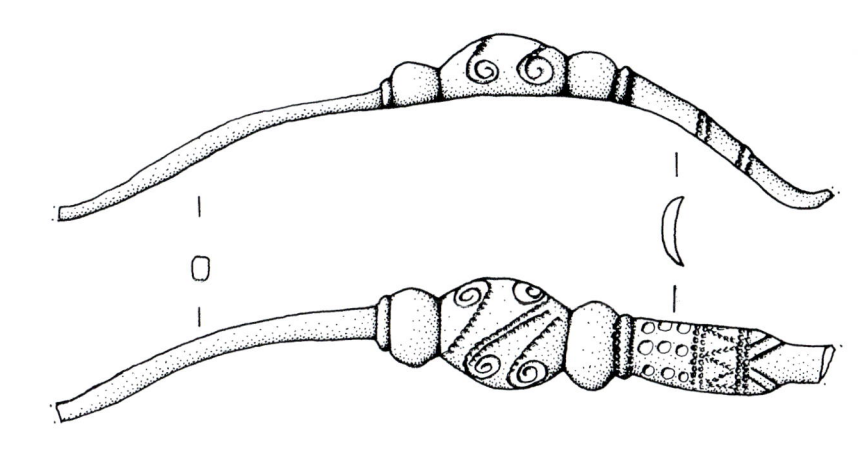

*TERLAN,
ANSITZ GROSSKARNELL,
LATÈNE-FIBEL (M. 1:1)*

*TERLANO,
RESIDENZA
GROSSKARNELL,
DETTAGLIO DELLA
FIBULA LATÈNE
(SCALA 1:1)*

---

zugefügt hat, abzuleiten. *Ausführung: CSR (Gino Bombonato, Irina Pasqualucci)*

Siebeneich, Ansitz Großkarnell, Grundstück Brigl

Die Überwachung der Erdeingriffe zur Neuanlage eines Weinberges in der Nähe des Kornellhofes ergab zwar keine archäologischen Schichten, jedoch eine Reihe sekundär gelagerter Funde: Bruchstücke römerzeitlicher Leistenziegel, eine Fibel vom Typ Almgren 65, eine latènezeitliche Knotenfibel sowie drei römische Münzen. *Ausführung: SRA (Giovanni Rizzi, Georg Rottensteiner)*

Siebeneich, Deutschhaus

Die Überwachung der Arbeiten zur Neuanlage eines Weinberges, nicht weit entfernt von jener Stelle, wo im Jahr 2000 ein eisenzeitliches Gräberfeld ausgegraben wurde, erfolgte zu einem Zeitpunkt, als die – jedenfalls sehr begrenzten – Eingriffe in das Erdreich bereits nahezu abgeschlossen waren. Mit dem Einsatz des Metalldedektors konnte eine sekundär gelagerte eisenzeitliche, so genannte Sanguisugafibel geborgen werden. *Ausführung: SRA (Giovanni Rizzi, Georg Rottensteiner)*

Bäckenwiesl, Grundstück Weissenegger

Bei einem Lokalaugenschein im Dorfzentrum von Tiers wurden längs eines steilen

la chiesa. *Effettuazione: CSR (Gino Bombonato, Irina Pasqualucci)*

Settequerce, residenza Großkarnell, fondo Brigl

Durante il controllo dei lavori per il rinnovo di un vigneto presso il maso Großkarnell non sono stati individuati strati archeologici ma sono stati recuperati dei reperti in situazione di giacitura secondaria: frammenti di tegoloni romani, una fibula di tipo Almgren 65, una fibula Latène e tre monete romane. *Effettuazione: SRA (Giovanni Rizzi, Georg Rottensteiner)*

Settequerce, Ordine Teutonico

Il controllo dello scavo per i lavori di rinnovo di un vigneto, non molto lontano dal punto in cui nel 2000 è stata scavata una necropoli dell'età del Ferro, ha avuto luogo quando ormai gli interventi nel terreno – per il resto molto limitati – stavano per concludersi. Con l'aiuto di uno strumento cercametalli è stato possibile recuperare in situazione di giacitura secondaria una fibula a sanguisuga risalente all'età del Ferro. *Effettuazione: SRA (Giovanni Rizzi, Georg Rottensteiner)*

"Bäckenwiesl", fondo Luis Weissenegger

Il controllo di un cantiere ha portato alla scoperta di una successione di livelli conte-

**TIERS
TIRES**

TIERS, BÄCKENWIESL, GRABUNGSAREAL

TIRES, BÄCKENWIESL, PANORAMICA DELL'AREA DI SCAVO

Abhanges oberhalb der Hauptstraße zahlreiche Keramikscherben und Webgewichte aus der Endbronzezeit festgestellt. Die archäologischen Untersuchungen wurden auf das folgende Jahr verschoben. Es konnte aber festgestellt werden, dass das Fundmaterial von oberhalb abgerutscht war, wo sich ursprünglich möglicherweise eine Terrassierung befand. Das abgerutschte Material enthielt Anhäufungen von Steinen, zahlreiche Holzkohlepartikel und Keramikscherben sowie eine Gussform für ein nicht genauer bestimmbares rundes Objekt. Die Webgewichte legen nahe, dass es sich um Siedlungsreste handelt. Als einzige Struktur kam bisher eine Terrassierungsmauer zum Vorschein. *Ausführung: CSR (Gino Bombonato, Lukas Zanotti)*

nenti materiali attribuibili a un momento pieno del Bronzo finale. È risultato chiaro che il complesso, rinvenuto in corrispondenza di un ripido pendio che sovrasta la strada principale, doveva essere scivolato da un terrazzamento situato qualche metro più a monte. Gli strati erano caratterizzati da accumuli di pietrame con abbondanti carboni e frammenti ceramici. Notevole una forma fusoria per un oggetto di forma circolare. La presenza di ceramiche d'uso comune e, soprattutto, di pesi di telaio conferma che si tratta di resti di insediamento. L'unica struttura accertata consisteva in un muro di terrazzamento. Le ricerche continueranno nella prossima stagione. *Effettuazione: CSR (Gino Bombonato, Lukas Zanotti)*

TISENS
TESIMO

Burgruine Kasatsch

Die Burg Kasatsch (seit Marx Sittich von Wolkenstein auch Pfeffersburg), ohne Turm, mit polygonal gebrochenem Bering, wurde von Untertanen der Grafen von Eppan mit Erlaubnis Konrads II. von Beseno, Bischof von Trient, 1194 erbaut (Tiroler Burgenbuch 2, 1973, S. 300–304). Die Burg scheint bald nach Erbauung nicht mehr bewohnt und nur von einem Baumann genutzt worden zu sein. Im Jahr 2000 und 2001 ließ die Besitzerin Frau Verena Jordan zuerst den Strauchwald weiträumig schlägern, dann die Ruine sichern. Unterhalb der Ruine liegt eine ausge-

Ruderi di Kasatsch

Il castello di Kasatsch (dopo Marx Sittich von Wolkenstein detto anche Pfeffersberg) senza mastio, con cinta muraria poligonale, venne eretto dai sudditi del conte di Appiano con il permesso di Corrado II di Beseno, vescovo di Trento, nel 1194 (Tiroler Burgenbuch 2, 1973, p. 300–304). Il castello deve essere stato abbandonato subito dopo la costruzione ed utilizzato soltanto da un fattore. Negli anni 2000 e 2001 la proprietaria Signora Verena Jordan ha provveduto prima a far tagliare su vasta superficie la boscaglia e poi a conso-

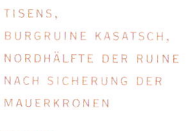

TISENS,
BURGRUINE KASATSCH,
NORDHÄLFTE DER RUINE
NACH SICHERUNG DER
MAUERKRONEN

TESIMO,
ROVINA DI KASATSCH,
METÀ SETTENTRIONALE
DEI RUDERI DOPO IL
CONSOLIDAMENTO

TISENS,
BURGRUINE KASATSCH
VOR SICHERUNG DER
MAUERN, VON NORDEN

TESIMO, ROVINA DI
KASATSCH PRIMA DEL
CONSOLIDAMENTO DELLE
MURATURE, DA NORD

dehnte rätische Siedlung, eben Kasatsch. Aus einem Weinberg etwas oberhalb und näher bei der Ruine stammen erstaunliche eisenzeitliche Funde, die unkontrolliert zutage gefördert wurden und werden. Der Verfasser erfuhr nach und nach von diesen Vorgängen und erhielt vom Carabinierikommando Tisens die Zusage der Überwachung. Der Felskopf, auf dem die Burg steht, ist von mächtigen Steinhalden umgeben, die nicht vom Mauerversturz stammen. Sie dürften einem Brandopferplatz zuzurechnen sein. Die Burgruine war hoch verfüllt mit Bauschutt und von Eichen bewachsen, nur zwei Seiten standen mit zwei Geschossen aufrecht. Die Begleitung der Baggerarbeiten ergab so gut wie keine Funde, aber einige Erkenntnisse zum Bau. Die Burg ist nach Art eines Bauernhauses durch einen breiten Mittelflur in zwei Hälften geteilt, jede Hälfte bestand aus zwei zweigeschossigen Räumen. Das Tor lag an der Südseite wenig oberhalb des Begehungshorizontes. Beim Abtiefen innen zeigte sich, dass Kasatsch so gut wie keine Umbauten erfahren hat, was auf eine kurze Lebensdauer hinweist. Unter den wenigen Funden sind bezeichnenderweise einige Pfeileisen. Unter dem Mauerversturz kamen dicke Brandschichten und durch Brand beschädigte Mauersteine zutage. Die Burg wurde wohl mehr oder weniger freiwillig geräumt und anschließend in Brand gesteckt. *Ausführung: Archäologische Grabungen (Alfred Obex), Familie Ebensperger*

lidare i ruderi. Subito a valle della rovina si trova un esteso insediamento retico, ugualmente noto con il toponimo di Kasatsch. Da un vigneto che si trova un po' sopra, vicino ai ruderi, provengono reperti dell'età del Ferro, che erano e sono oggetto di raccolte incontrollate. L'autore informato di ciò ha ottenuto dalla stazione Carabinieri di Tesimo assicurazioni in merito ad una sorveglianza. Il dosso roccioso su cui sorge il castello è circondato da estese discariche di pietrame che non deriva dai muri. Forse sono traccia di un "Brandopferplatz". I ruderi apparivano colmati di macerie e invasi dal querceto, solo due lati erano ancora in piedi fino al secondo piano. Il controllo della scavatrice meccanica non ha portato al rinvenimento di reperti, ma ha permesso di acquisire dati sulla costruzione. Il castello è diviso in due metà da un largo corridoio mediano alla maniera delle case contadine. Ogni metà constava di due ambienti a due piani. L'ingresso era sul lato Sud, poco più alto rispetto al piano di calpestio. Scavando nell'interno si è potuto accertare che Kasatsch non ha avuto ricostruzioni, il che lascia dedurre una breve esistenza. Tra i pochi reperti, delle punte di freccia. Sotto alle macerie si sono riconosciuti spessi strati di incendio e pietre alterate dal fuoco. Il castello dunque fu più o meno pacificamente sgomberato e poi dato alle fiamme. *Effettuazione: Alfred Obex, ditta Ebensberger*

TOBLACH,
KAPELLE IN DER
GRATSCH, MEILENSTEIN

DOBBIACO,
CAPPELLA DI GRAZZE,
MILIARIO

TOBLACH
DOBBIACO

Kapelle in der Gratsch

Anlässlich der Restaurierung der Kapelle in der Gratsch kam ein Meilenstein mit der Inschrift des Kaisers Philippus II. zum Vorschein. Den Fund verdanken wir einem Hinweis von Josef Strobl vom Landesverband für Heimatpflege in Toblach. Der Meilenstein befand sich wenige Meter von der Apsis der Kapelle entfernt, wo er teilweise unter Erdablagerungen vergraben war. Bei der Bergung konnte festgestellt werden, dass die Basis des Steines einbetoniert worden war. Bald stellte sich heraus, dass es sich um denselben Meilenstein handelt, von dem bereits Roschmann im 18. Jahrhundert berichtet. Der Stein stammt diesen Notizen zufolge aus derselben Fundstelle des Meilensteines mit einer Inschrift des Kaisers Gordian, der heute am Pflegplatz in Innichen aufgestellt ist. Ursprünglich glaubte man fälschlicherweise, der Stein sei ins Tiroler Landesmuseum Ferdinandeum nach Innsbruck gebracht worden, wo sich seine Spuren verloren hätten. *Ausführung: SRA (Giovanni Rizzi)* ut

Cappella di Grazze

In occasione del restauro della Cappella di Grazze, grazie alla pronta segnalazione di Josef Strobl (Landesverband für Heimatpflege di Dobbiaco), è stata identificata una pietra miliare con iscrizione dell'imperatore Philippus II, manufatto che si era conservato semisepolto da accumuli di terriccio, a pochi metri dall'abside. All'atto del recupero la pietra miliare era stata invece collocata in posizione verticale, con la base inserita in una buca e fissata mediante cemento. È ben presto emerso che si trattava della medesima pietra miliare, già citata da Roschmann nel XVIII secolo, la quale era stata rinvenuta nello stesso punto del miliario con iscrizione dell'imperatore Gordiano, ora collocato in Piazza del Magistrato a San Candido. In precedenza si riteneva che il miliare dell'imperatore Filippo II fosse invece stato trasportato al Tiroler Landesmuseum Ferdinandeum, dove in seguito se ne sarebbero perse le tracce. *Effettuazione: SRA (Giovanni Rizzi)* ut

VAHRN
VARNA

Pfarrkirche St. Johannes der Täufer

Die Kanalisierungsarbeiten im Ortskern von Toblach wurden vor allem am Pfarrplatz sorgfältig beobachtet. Ergebnis: die Verlegung von Leitungen hat Mitte des vorigen Jahrhunderts die Schichten zerstört. Reste unberührter Schichten fanden sich nahe der Südecke des Turmes. Hier wurden vier Bestattun-

Chiesa parrocchiale San Giovanni Battista

Controlli sono stati effettuati in corrispondenza delle canalizzazioni nel centro storico, particolarmente nell'area antistante la chiesa. Il sottosuolo risultava sconvolto a causa di precedenti interventi. Lembi intatti erano presenti in prossimità dell'angolo Sud del campanile, dove sono

VAHRN,
BURGSTALL NÖSSING

VARNA,
CASTELLIERE NÖSSING

gen angetroffen und freigelegt. Die Gräber waren in eine feine Sandschicht gebettet, enthielten aber keine datierbaren Gegenstände. *Ausführung: Archeotek (Karsten Wink)*

Kloster Neustift, barocke Gartenanlage

Im Süden an das Kloster anschließend liegt der Stiftsgarten des 18. Jahrhunderts. Zusammen mit dem Amt für Bau- und Kunstdenkmäler wurde mit Sondierungen nach den alten Niveaus und der Anlage des Kunstgartens gesucht, nach denen der Garten wiederhergestellt werden sollte. In der Mitte des Gartens um das oktogonale Gartenhaus wurde der ebenfalls oktogonale Fischkalter angetroffen, der in frühen Drucken dargestellt ist. Die Begrenzung und die untersten Teile des Teichs kamen zum Vorschein, ringsum durch mehrere Lehmschichten isoliert. Der untere Teil der Außenmauern aus Granitquadern ist sehr gut erhalten, so dass die Wiederherstellung des Fischteichs im historischen Garten möglich ist. *Ausführung: SRA (Giovanni Rizzi und Alessandro Manincor)*

Neustift, Burgstall Nössing

Wenige hundert Meter nördlich von Kloster Neustift liegt an der linken Seite des Eisacks der Nössingbühel, die letzte Engstelle vor dem Brixner Becken. Die Kuppe des Felshügels bot Platz für eine kleine Siedlung, die in der Früh- und Mittelbronzezeit befestigt war. Ein kleiner Streifen

state scavate quattro inumazioni inglobate in sabbia fine, le quali sono risultate prive di oggetti di corredo utili ad una datazione. *Effettuazione: Archeotek (Karsten Wink)*

Abbazia di Novacella, giardino storico

Sono stati eseguiti, in collaborazione con l'Ufficio beni architettonici e artistici, sondaggi nel giardino a Sud dell'abbazia per il riconoscimento dei livelli settecenteschi in vista di un ripristino dell'assetto originario del giardino. Al centro del giardino si sono effettuati sondaggi attorno al piscinum settecentesco a forma ottagonale. Sono riemersi i limiti ed i livelli di fondo della vasca che lo circondava. Del muretto esterno, noto anche da vecchie stampe, è risultata evidente la fossa di fondazione con apporti di argille isolanti sul fondo. È stato portato in luce il muro di base della struttura in elevazione, costituito da conci di materiale granitico. *Effettuazione: SRA (Giovanni Rizzi, Alessandro Manincor)*

Novacella, Castelliere Nössing

Poche centinaia di metri a Nord dell'Abbazia di Novacella sulla sinistra dell'Isarco e in corrispondenza dell'ultima strettoia prima della conca di Bressanone, si erge il dosso del Castelliere Nössing. Il sito, fortificato in antico, ospitò un villaggio tra l'antica e la media età del Bronzo. In una

VAHRN,
BURGSTALL NÖSSING,
ERDBEWEGUNGEN AN
DER OSTFLANKE

VARNA,
CASTELLIERE NÖSSING,
MOVIMENTI DI TERRA
NELL'AMBITO DEL
VERSANTE ORIENTALE

am steilen Südhang wurde für eine Rebanlage planiert, was Gelegenheit dazu bot, das Gelände zu sondieren. Es kamen aber, wie erwartet, zwischen Felsvorsprüngen mit immer wieder erodierenden Sand und Schotterbänken keine relevanten Funde zutage. *Durchführung: SRA (Giovanni Rizzi, Genny Larcher)*

ridotta area del versante Sud del colle sono stati effettuati lavori di ruspa per creare dei terrazzamenti, forse di destinazione agricola. Lo sbancamento aperto nel pendio scosceso e soggetto a dilavamento, non ha reso dati utili all'indagine archeologica. *Effettuazione: SRA (Giovanni Rizzi, Genny Larcher)*

VÖLS AM SCHLERN
FIÈ ALLO SCILIAR

Bodnerhof
Während der Aushubarbeiten für die Verlegung der Gasleitung SNAM wurden bei Blumau, 30 m südlich der Brücke über den Eisack, verschüttete Mauerreste angeschnitten. Sie gehen vermutlich auf ein neuzeitliches Gebäude (18. Jahrhundert) mit mehreren Bauphasen (eine vermauerte Türöffnung) zurück, das ältere Baustrukturen überlagert. Es könnte sich um ein altes Zollhaus handeln. Eine weitere, etwas nördlicher vorgenommene Sondiergrabung, hat eine geneigte, in Richtung Fluss verlaufende Struktur ergeben, vermutlich die Begrenzungsmauer des alten befahrbaren Weges. Ein aus der Zeit vor der Errichtung der Eisenbahn (1880) stammender Katasterplan zeigt einen Weg, der am heute noch bestehenden Bodnerhof vorbeizieht. *Ausführung: SRA (Giovanni Rizzi, Georg Rottensteiner, Ingrid Faustini)*

Prösels, Pulverturm
Bei Aushubarbeiten für einen Neubau wurde der Westhang des Hügels angeschnit-

Bodnerhof
Durante controlli degli scavi per il metanodotto Snam presso Prato Isarco, nel tratto prossimo al ponte sull'Isarco, sono state riconosciute strutture murarie sepolte. Circa 30 m a Sud del ponte è venuto in luce un muro, tagliato ortogonalmente dalla trincea. Si tratta dei resti di un edificio (XVIII secolo?) con tracce di rifacimenti (porta tamponata) che copre resti di strutture più antiche. Forse si tratta della dogana. Un sondaggio più a Nord ha evidenziato una struttura obliqua che va in direzione del fiume: potrebbe trattarsi di un muro di contenimento di una via; una mappa catastale anteriore alla ferrovia (1880) riporta infatti una strada che transita davanti al maso Bodnerhof, tuttora esistente. *Effettuazione: SRA (Giovanni Rizzi, Georg Rottensteiner, Ingrid Faustini)*

Castel Presule, Pulverturm
Un controllo è stato effettuato in corrispondenza di un ampio sbancamento

VÖLS AM SCHLERN,
PRÖSELS,
GRABUNGSAREAL

FIÈ ALLO SCILIAR,
CASTEL PRESULE,
AREA DI SCAVO

ten, auf dem die Ruine des Pulverturmes der Burg Prösels steht. An verschiedenen Stellen trat der Felsuntergrund zutage, doch erbrachten die oberen Erdschichten reichlich Keramik. Es handelt sich um atypische Ware, die nur allgemein als prähistorisch und eisenzeitlich angesehen werden kann. Unter dem umgelagerten Material sind auch menschliche Knochen. Um die Lage der Skelette festzustellen, wurde die Oberfläche nach Streufunden abgesucht und ein Schnitt gereinigt. Ergebnis: Das gesamte Material, einschließlich der Skelettreste, ist von der Hügelkuppe abgeschwemmt, an der schon einmal Funde gemacht wurden. Auch ein Profil in wenigen Metern Entfernung wurde untersucht, das dort offen lag. Auch hier fanden sich kleine Reste an Keramik, die wohl allgemein aus der Eisenzeit stammen. *Ausführung: CSR*

alle pendici occidentali della collina che ospita i resti della rovina detta "Pulverturm". Benché ormai il substrato roccioso emergesse in più punti, è stato possibile recuperare superficialmente, in giacitura sicuramente secondaria, reperti ceramici preistorici e protostorici atipici. In particolare il rinvenimento di alcune ossa umane ha indotto nel corso di più accurate indagini, ad effettuare la pulizia di una sezione. Si è giunti così alla conclusione che tutto il materiale è stato dilavato dalla cima del colle, noto per ritrovamenti archeologici del passato. È stata esaminata anche un'altra sezione aperta occasionalmente a poche decine di metri di distanza, dove sono stati portati alla luce altri frammenti ceramici, attribuibili genericamente all'età del Ferro. *Effettuazione: CSR*

TAGUNGEN UND VORTRÄGE — CONVEGNI E RELAZIONI

Ausstellungen
– Einrichtung der Sonderausstellung „Das Gräberfeld von Siebeneich – Patauner" in der Grundschule von Siebeneich, in welcher die wichtigsten Forschungsresultate der 1999 und 2000 durchgeführten Ausgrabungen dargelegt und eine repräsentative Auswahl der zahlreichen geborgenen Funde ausgestellt wurden.
– Mitwirkung bei der Sonderausstellung „Brixen vor 901", die vom Diözesanmuseum Hofburg Brixen und dem Südtiroler Kulturinstitut veranstaltet wurde.

Musealisierung archäologischer Fundstellen
Weiterführung der Musealisierung archäologischer Fundstellen, deren Eröffnung für das Publikum in den kommenden Jahren vorgesehen ist:
– Bozen – Kapuzinerkloster
– Feldthurns – Tanzgasse
– Neumarkt – Kahn
– St. Lorenzen
– Schluderns – Ganglegg
– Franzensfeste

Öffentlichkeitsarbeit
Vorlesungen in Schulen und Führungen durch archäologische Fundstätten.

Veröffentlichungen
Weiterführung der Vorbereitung eines Ban-

Mostre
– Allestimento della mostra temporanea "La necropoli di Settequerce – Patauner" presso la scuola elementare di Settequerce, dove sono stati presentati i più importanti risultati degli scavi archeologici condotti nel 1999 e nel 2000, e dove è stata mostrata una scelta rappresentativa dei numerosi reperti ivi rinvenuti.
– Collaborazione alla mostra temporanea "Bressanone prima del 901", organizzata dal Museo Diocesano Palazzo Vescovile e dal Südtiroler Kulturinstitut.

Musealizzazione di aree archeologiche
È stata portata avanti la musealizzazione delle seguenti aree archeologiche, la cui apertura al pubblico è prevista a breve:
– Bolzano – Chiostro dei Cappuccini
– Velturno – Tanzgasse
– Egna – Kahn
– San Lorenzo di Sebato
– Sluderno – Ganglegg
– Fortezza

Attività di promozione
Lezioni nelle scuole e visite guidate in siti archeologici.

Pubblicazioni
È stata portata avanti la pubblicazione di un

SCHLUDERNS, GANGLEGG, RÖMERZEITLICHE FIBEL MIT INSCHRIFT (HAVE FIDE), VOR UND NACH DER RESTAURIERUNG (L.= 5,6 CM)

SLUDERNO, GANGLEGG, FIBULA DI ETÀ ROMANA CON INSCRIZIONE (HAVE FIDE), PRIMA E DOPO IL RESTAURO (LUNGH. = 5,6 CM)

des zur Römerzeit in Südtirol mit Beiträgen der Archäologen des Amtes und zahlreicher Experten aus dem In- und Ausland.
Nothdurfter H. 2001, I valichi alpini in età altomedievale, in „Uso dei valichi alpini orientali dalla preistoria ai pellegrinaggi medievali", Hrsgb. E. Cason, Fondazione Giovanni Angelini, Centro Studi sulla Montagna, Udine, S. 131–150.
– Nothdurfter H. 2001, Chiese del VII e VIII secolo in Alto Adige, in „Le chiese rurali tra VII e VIII secolo in Italia Settentrionale", VIII Seminario sul tardo antico e l'alto medioevo in Italia settentrionale, Documenti di Archeologia 26, Hrsgb. G. P. Brogiolo, Mantova, S. 123–158.
– Nothdurfter H. 2001, St. Cosmas und Damian in Laatsch, in „Der Schlern" 75, S. 534–556.
– Nothdurfter H. 2001, s. v. Mals, in „Reallexikon der Germanischen Altertumskunde" 19, Berlin, S. 193–196.
– Nothdurfter H. 2001, s. v. Naturns, in „Reallexikon der Germanischen Altertumskunde" 20, Berlin, S. 562–564.

Wissenschaftliche Erforschung

Wissenschaftliche Erforschung folgender Fundkomplexe:
– Altfunde von Völs – Peterbühel
– Feldthurns – Tanzgasse
– Gräberfeld von Siebeneich – Patauner
– Höhensiedlung von Schluderns – Ganglegg

volume di archeologia romana in Alto Adige, con contributi dell'ufficio e di numerosi studiosi esterni.
– Nothdurfter H. 2001, I valichi alpini in età altomedievale, in "Uso dei valichi alpini orientali dalla preistoria ai pellegrinaggi medievali", a cura di E. Cason, Fondazione Giovanni Angelini, Centro Studi sulla Montagna, Udine, pp. 131–150.
– Nothdurfter H. 2001, Chiese del VII e VIII secolo in Alto Adige, in "Le chiese rurali tra VII e VIII secolo in Italia Settentrionale", VIII Seminario sul tardo antico e l'alto medioevo in Italia settentrionale, Documenti di Archeologia 26, a cura di G. P. Brogiolo, Mantova, pp. 123–158.
– Nothdurfter H. 2001, St. Cosmas und Damian in Laatsch, in "Der Schlern" 75, pp. 534–556.
– Nothdurfter H. 2001, s. v. Mals, in "Reallexikon der Germanischen Altertumskunde" 19, Berlin, pp. 193–196.
Nothdurfter H. 2001, s. v. Naturns, in "Reallexikon der Germanischen Altertumskunde" 20, Berlin, pp. 562–564.

Ricerca scientifica

Elaborazione scientifica di dati dai seguenti siti archeologici:
– Ritrovamenti di Fiè – Colle di San Pietro
– Velturno – Tanzgasse
– Necropoli di Settequerce – Patauner
– Insediamento d'altura di Sluderno – Ganglegg

ST. LORENZEN,
KRONBÜHEL,
EISENZEITLICHE
ARMREIFEN
AUS BRONZE
(DM. = 6,3 UND 6,8 CM)

SAN LORENZO,
KRONBÜHEL,
BRACCIALI DI BRONZO
DELL'ETÀ DEL FERRO
(DIAM. = 6,3 E 6,8 CM)

– Barbian – Gostner, neolithische Nekropole
– Barbian – Rabanser, neolithische Siedlung.

Denkmalverzeichnis
Erstellung der archäologischen Fundkarte des Pustertals.

Naturwissenschaftliche Untersuchungen
– Dendrochronologie: Dendrodata Verona (Dr. Olivia Pignatelli), Museo Civico Rovereto (Dr. Ivana Pezzo)
– Anthropologie: Dr. Silvia Renhart
– Paläobotanik: Cooperativa di ricerche Archeologiche, Musei Civici Como (Dr. Elisabetta Castiglioni, Dr. Michela Cottini)
– Paläosismologie: Dr. Arch. Bonazza – Trient
– Paläozoologie: Dr. Alfredo Riedel – Triest, Dr. Jasmine Rizzi - Brixen
– Radiokarbon-Datierungen: Institut für Teilchenphysik, Eidgenössische Technische Hochschule Zürich – Dr. Georges Bonani
– Restaurierungen: Gianni Santuari (Metall), Florance Caillaud, Ulla Frizzi (Keramik), Irene Tomedi (Textilien)
– Sedimentologie: Universität Siena, Prof. Dr. Mauro Coltorti.

– Barbiano – Gostner, necropoli neolitica
– Barbiano – Rabanser, insediamento neolitico

Catalogazione dei beni archeologici
Realizzazione della carta archeologica della Val Pusteria.

Scienze ausiliarie all'archeologia
– Dendrocronologia: Dendrodata Verona (Dott.ssa Olivia Pignatelli), Museo Civico Rovereto (Dott.ssa Ivana Pezzo)
– Antropologia: Dr.ssa Silvia Renhart
– Paleobotanica: Cooperativa di ricerche archeologiche, Musei Civici Como (Dott.ssa Elisabetta Castiglioni, Dott.ssa Michela Cottini)
– Paleosismologia: Dott. Arch. Bonazza – Trento
– Paleozoologia: Dott. Alfredo Riedel – Trieste, Dott.ssa Jasmine Rizzi – Bressanone
– Datazioni al radiocarbonio: Institut für Teilchenphysik, Eidgenössische Technische Hochschule Zürich – Dr. Georges Bonani
– Restauri: Gianni Santuari (metallo), Florance Caillaud, Ulla Frizzi (ceramica), Irene Tomedi (tessuti)
– Sedimentologia: Università di Siena, Prof. Dott. Mauro Coltorti.

SÜDTIROLER
LANDESARCHIV
ARCHIVIO
PROVINCIALE

Konsolidierung und neue Aufgaben: Zur Gesamtsituation des Landesarchivs

Das Südtiroler Landesarchiv festigte im Berichtsjahr seine Tätigkeit im bewährten Rahmen. Die Sicherung und Erschließung von Archiven wurde intensiv wahrgenommen. Die ständig wachsenden Abgaben aus Landes- und Privatprovenienz sind von reger Verzeichnung begleitet.

Die Zugänge resultieren nicht nur aus drängendem Raummangel der abgebenden Landesstellen und privaten Inhaber, sondern auch daraus, dass das Landesarchiv als seriöser, zügig handelnder Partner geschätzt wird. Der Nachholbedarf in diesem Bereich übersteigt mitunter freilich den Zuständigkeitsrahmen des um Unterstützung ersuchten Landesarchivs. So wurden im Dezember 2001 die Akten des Bezirksgerichts Brixen durch Mitarbeiter des Amtes sichergestellt. Obwohl die Unterlagen in der Zuständigkeit des Staatsarchivs Bozen liegen, sah sich das Landesarchiv wegen ihrer historischen Bedeutung zu subsidiärem Eingreifen veranlasst. In ähnlicher Form wurde auch die Übernahme von Akten des (Ober-)Landesgerichtes Bozen durch den Bibliothekar Gerald Steinacher unterstützt. Die Einwerbung von Fremdbeständen durch Schenkung, Depot oder Ankauf verzeichnet auch 2001 steigende Tendenz. Neben der Bereitschaft von Persönlichkeiten des politischen Lebens, ihre Unterlagen am Landesarchiv zu deponieren, haben beträchtliche Fotosammlungen den zeithistorischen Sammlungsschwerpunkt gestärkt.

Eine sorgfältige Depotverwaltung und die systematische Neuaufstellung der Bestände durch die verantwortlichen Mitarbeiter bleiben starke Aktivposten. Die Systematik der Magazine bildet jene zentrale Grundlage, die Transparenz schafft, zur Bildung neuer Schwerpunkte und zur Erschließung anregt und restauratorische Eingriffe planbar macht.

Der kontinuierliche Ausbau der Bestände stellt hohe Anforderungen an die Verantwortlichen von Restaurierung und buchtechnischer Betreuung, die im Bereich der Papier- und Pergamenterhaltung ein wachsendes Soll an Aufgaben zu erfüllen haben. Auch im Bereich Sicherungsverfilmung und Reproduktion, vor allem aber in der

Consolidamento e nuovi compiti: situazione generale dell'Archivio provinciale

L'Archivio provinciale di Bolzano ha rafforzato nell'anno in corso la sua attività secondo la prassi consolidata. Il lavoro di salvaguardia e inventariazione degli archivi è stato molto intenso. I versamenti da parte dell'amministrazione provinciale e dei privati, in costante crescita sono stati accompagnati da un'intensa opera di catalogazione. Le accessioni non sono solo la conseguenza di un'urgente esigenza che hanno uffici provinciali e privati, ma anche della fama di cui gode l'Archivio provinciale come partner serio, attivo e ed efficiente. Le esigenze di recupero in tal campo sorpassano talvolta l'ambito di competenza dell'Archivio provinciale chiamato a sostegno. Così nel dicembre del 2001 furono messi al sicuro gli atti del tribunale distrettuale di Bressanone grazie all'opera di collaboratori dell'ufficio. Benché il materiale documentario rientri nella competenza dell'Archivio di Stato di Bolzano, l'Archivio provinciale ha ritenuto di dovere intervenire sussidiariamente, vista l'importanza storica del materiale stesso. In un modo analogo si è sostenuto anche l'acquisizione di atti del Tribunale provinciale di Bolzano a cura del bibliotecario Gerald Steinacher. L'acquisizione di fondi archivistici esterni in seguito a donazione, deposito o acquisto prosegue anche nel 2001 con tendenza crescente. Accanto alla disponibilità di personalità della vita politica a depositare presso l'Archivio provinciale i loro documenti, alcune considerevoli raccolte fotografiche hanno rafforzato la centralità del loro legame con la storia contemporanea. Forti poste attive restano anche quest'anno l'accurata amministrazione dei fondi in deposito e la sistematica ricognizione dei nuovi fondi archivistici grazie alla responsabile opera dei collaboratori. L'opera di sistemazione dei magazzini costituisce quell'aspetto fondamentale che crea trasparenza, la quale a sua volta stimola la creazione di nuovi momenti fondamentali del lavoro e rende possibile la pianificazione degli interventi di restauro. Il costante ampliamento dei fondi d'archivio pone gravi problemi ai responsabili del restauro e della manutenzione tecnica, che nel campo di conservazione di carta e pergamene si trovano a dover adempiere

Josef Nössing
Amtsdirektor
Direttore d'ufficio

LOKALGESCHICHTS-
FORSCHER IM LESESAAL

RICERCA DI STORIA
LOCALE IN SALA
DI LETTURA

EDV stand der verantwortliche Mitarbeiter vor großen Herausforderungen, wie etwa bei der Programmentwicklung im Bereich „Historische Fotografie" und Bilddokumentation. Zudem wurden lang geplante Vorhaben, wie die Verfilmung der Urkunden des Brixner Diözesanarchivs, durch die Freigabe der benötigten Mittel und die Beauftragung eines Fotografen, 2001 in die Wege geleitet.

Der Bereich Erschließung stützte sich wesentlich auf Praktikanten/-innen und freie Mitarbeiter, die auch in diesem Berichtsjahr durch gute Leistungen überzeugten. Dem jungen Team bietet die Erschließungs- und Praktikantenarbeit unter Anleitung von Christine Roilo Gelegenheit zur Berufsfindung, während das Landesarchiv durch die dynamische Arbeitsweise und die Fragen motivierten Nachwuchses gewinnt. Externe Hilfe erhielt auch der Bereich Reproduktion, wo die freie Mitarbeiterin Carmen Leiter vielfältige Agenden besorgte.

Die Betreuung der Gemeindearchive wurde durch Verena Messner, Mitarbeiterin des Gemeindenverbandes, engagiert fortgesetzt. Zugleich schrieb der Verband einen Kurs für Gemeindearchivare aus, dessen Programm unter Federführung der Archivdirektion und des Archivars Gustav Pfeifer entwickelt wurde. Obwohl Termine und Referenten für den Kurs bereits fest-

a compiti sempre maggiori. Anche nel campo della microfilmatura di sicurezza e della fotoriproduzione, ma soprattutto nell'informatica, il collaboratore del settore si è trovato ad affrontare gravi problemi, quali ad esempio lo sviluppo del programma per la "fotografia storica" e la documentazione mediante immagini. Si è dato inoltre l'avvio nel 2001 ad un progetto a lungo preparato, come la microfilmatura dei documenti dell'Archivio diocesano di Bressanone, attraverso l'incarico ad un professionista, cui è stata messa a disposizione la necessaria attrezzatura. Per la inventariazione ci si è serviti essenzialmente della collaborazione di personale tirocinante e di collaboratori esterni, che anche quest'anno hanno dato buona prova di sé. Al giovane team il tirocinio in catalogazione e l' inventariazione sotto la direzione di Christine Roilo ha offerto buona occasione di orientamento professionale, mentre l'Archivio provinciale ne trae vantaggio grazie alla più dinamica attività di lavoro e alle questioni poste in evidenza dalle nuove leve operative. Anche il settore riproduzione ha goduto di un aiuto esterno, di modo che la collaboratrice Carmen Leiter ha potuto seguire molteplici settori. Gli archivi comunali sono stati seguiti con molto impegno da Verena Messner, collaboratrice del Consorzio dei comuni. Contemporaneamente il Consorzio ha organizzato un corso per archivisti comunali, il cui programma è stato predisposto

standen, musste er mangels Teilnehmerinteresse abgesagt werden.

Dafür zeichnete sich im Bereich der kirchlichen Archive eine tragfähige Lösung ab. Über den Kanal staatlicher Lottogelder wurde eine flächendeckende Ordnung der Pfarrarchive vorfinanziert und eine entsprechende Vereinbarung mit dem Ordinariat der Diözese (Kanzler Dr. Johann Kollmann) abgeschlossen: Ab Frühsommer 2002 wird ein Bearbeiterteam unter Supervision des Landesarchivs mit der Erfassung von Archiven in den Dekanaten Bruneck, Neumarkt und Tisens beginnen und die lang erstrebte Sicherung vor allem peripherer Pfarrarchive einleiten. Wenig erfreulich gestaltete sich der Bereich "Historische Bibliotheken", wo die Leitung des Projekts "Erfassung Historischer Bibliotheken" eigene Wege beschreiten will und die Zusammenarbeit mit dem Südtiroler Landesarchiv als lästige Kontrolle betrachtet. Die Archivdirektion wird jedoch klarstellen, dass die gesetzliche Aufsichtspflicht des Archivs keine Bagatelle darstellt, die beliebig umgangen werden kann.

Für die stark gewachsene, rund 20.000 Titel zählende Dienstbibliothek des Landesarchivs erarbeitete Gerald Steinacher ein Katalogisierungskonzept, das mithilfe von drei befristet beauftragten Bibliothekarinnen ab Anfang 2002 umgesetzt wird.

Beengte Raumsituation – Die Struktur der Archivbenutzer wandelt und verjüngt sich: Neben dem konstanten Stock der Familien- und Heimatforscher, die als geschätzte „Stammgäste" Lesesaal und Mikrofilmraum besuchen, erfordern häufige Anfragen via E-Mail rasche Reaktionen. Heraldische Anfragen mehren sich; zudem wecken neue Bestände das Interesse an neuen historischen Themenstellungen, wobei manche Forscher/-innen von Mitarbeiter/-innen des Landesarchivs betreut werden. Dem steigenden Benutzerinteresse steht eine chronische Raumnot im Bereich der Leseräume, insbesondere des Mikrofilmraumes gegenüber. Zudem wurden in der zweiten Jahreshälfte 2001 eine Serie bautechnischer Anpassungsarbeiten im Sicherheitsbereich durchgeführt, wie die Umstellung der Brandschutzanlagen in den

dalla direzione dell'archivio e dell'archivista Gustav Pfeifer. Benché in proposito fossero già stati fissati sia le date che i relatori, il corso è stato disdetto per la mancanza di partecipanti. In cambio si è trovata una soluzione accettabile nel campo degli archivi ecclesiastici. Grazie al canale dei fondi statali derivanti dal gioco del Lotto, si è potuto prefinanziare un ordinamento completo degli archivi parrocchiali, giungendo a un accordo con l'ordinariato diocesano (cancelliere dott. Johann Kollmann): a partire dai primi mesi della primavera del 2002 un team di collaboratori sotto la supervisione dell'Archivio provinciale inizierà la ricognizione degli archivi nei decanati di Brunico, Egna e Tesimo, avviando in tal modo anche la salvaguardia da lungo desiderata di tutti gli archivi parrocchiali periferici. Meno felicemente risolto appare invece il settore "biblioteche storiche", per il quale la direzione del progetto "Rilevamento delle biblioteche storiche" intende seguire vie proprie, considerando la collaborazione con l'Archivio provinciale come un fastidioso controllo. La direzione dell'Archivio farà tuttavia valere il fatto che l'obbligo di sorveglianza dell'Archivio stesso non è una questione arbitraria che può essere semplicemente aggirata a piacere. Per la biblioteca interna dell'Archivio, fortemente accresciuta fino a circa 20.000 titoli, Gerald Steinacher ha elaborato un piano di catalogazione, che sarà attuato a partire dall'inizio del 2002 con la collaborazione di tre bibliotecarie assunte a tempo parziale.

Spazi insufficienti – L'utenza dell'Archivio muta e si fa più giovane: accanto al gruppo costante di studiosi di genealogia e storia regionale, che costituiscono un gruppo molto apprezzato di frequentatori regolari della sala di lettura e microfilm, sono sempre più frequenti le richieste via e-mail che esigono pronta risposta. Aumentano le domande di natura araldica e contemporaneamente il nuovo materiale a disposizione suscita l'interesse in relazione a nuove problematiche storiche, affrontate con l'aiuto di ricercatori e collaboratori dell'Archivio provinciale. Purtroppo al crescente interesse degli utenti si contrappone la cronica insufficienza degli spazi di lettura e consultazione, soprattutto per quanto riguarda il locale destinato alla consultazione dei microfilm. Nella seconda

Depots des gesamten Hauses. Trotz erheblicher Dauer wurden die Arbeiten bis heute nicht abgeschlossen und beeinträchtigen immer wieder den Betriebsablauf und die Sicherheit der Bestände. An die Landesregierung geht der Appell, die Planung und Übersiedlung der Landesbibliothek Dr. Friedrich Tessmann möglichst rasch zu betreiben, um dem Landesarchiv im Hause die erhofften Entfaltungschancen zu sichern.

Die Haushaltsgebarung des Südtiroler Landesarchivs hielt auch 2001 dank der Bereitstellung von Mitteln durch die Landesregierung auf befriedigendem Stand. Allerdings zeigt sich die Tendenz, das Amtsbudget durch zusätzliche Aufgaben zu belasten. So wurde dem Archiv während des Geschäftsjahres 2001 die neue Zuständigkeit übertragen, auch die historischen Bibliotheken durch Beiträge zu fördern. Insgesamt wurden im Haushaltsjahr 2001 13 Archive privater und kirchlicher Träger sowie historische Bibliotheken gefördert. Zugleich wurden für den Bereich der Förderung privater und kirchlicher Archive durch die Buchhaltung neue Kriterien entwickelt und erfolgreich umgesetzt.

Brennpunkt Wissenschaftsförderung und Geschichtskultur – Die wissenschaftliche Publikationstätigkeit und Projektmitarbeit blieb erfreulich intensiv. Von einer breiteren Öffentlichkeit gut aufgenommen wurde der VSL-Band „Wappen und Kleinod" aus der Feder von Gustav Pfeifer. Der Bearbeiter bereitet auch eine heraldische Ausstellung vor, die unter dem Titel „Einhorn und Greif" ab Jänner 2002 im Stadtmuseum Bozen gezeigt wird.

Die Förderung von Forschungen zur Landesgeschichte wurde 2001 durch die Vergabe eines Forschungsprojekts an den Mediävisten Walter Landi gestärkt, der sich mit der Klärung der Innichner Fälschungen des 10. und 11. Jahrhunderts befassen wird. Seine Untersuchung wird wichtige Erkenntnisse zur Rolle des Benediktinerklosters und späteren Kollegiatstiftes zwischen Freising und Aquileia liefern, seine verkehrsgeschichtliche Funktion erhellen und zur Fortsetzung des Tiroler Urkundenbuches beitragen. Einen wichtigen Beitrag leistete das Landesar-

parte dell'anno 2001 inoltre è stata messa in cantiere tutta una serie di lavori di adattamento strutturale dell'edificio per questioni di sicurezza, come lo spostamento dell'impianto antincendio nel deposito generale dell'edificio stesso. Tali lavori, nonostante la loro già notevole durata, non sono ancora terminati e ostacolano in modo non indifferente le attività quotidiane nonché la sicurezza dei materiali depositati. Si rivolge pertanto un appello alla Giunta provinciale affinché risolva al più presto la pratica relativa al progetto di trasferimento della Biblioteca provinciale dott. Friedrich Tessmann, in modo da consentire all'Archivio provinciale di vedere soddisfatte le sperate possibilità di espansione nell'edificio stesso. Soddisfacente appare anche nel 2001 il bilancio di gestione dell'Archivio provinciale, grazie ai contributi concessi della Giunta provinciale. Vi è tuttavia la tendenza a sovraccaricare il budget dell'ufficio con l'assegnazione di sempre nuovi compiti aggiuntivi. Così, ad esempio, durante l'anno finanziario 2001 all'Archivio è stata assegnata anche la nuova competenza di sostenere con contributi le biblioteche storiche. Complessivamente nel 2001 sono stati sostenuti 13 archivi privati e religiosi, nonché biblioteche storiche. Frattanto per il sostegno degli archivi privati e religiosi sono stati sviluppati e applicati nuovi criteri elaborati dall'amministrazione contabile.

Questioni salienti: promozione scientifica e cultura storica – Intensa e soddisfacente è stata anche l'attività editoriale scientifica e di collaborazione progettuale. Buona risonanza in un vasto pubblico ha avuto il volume delle pubblicazioni dell'Archivio "Wappen und Kleinod" di Gustav Pfeifer. Il collaboratore ha preparato anche una mostra araldica dal titolo "Unicorno e Grifone" che sarà presentata nel Museo Civico di Bolzano a partire dal gennaio 2002. La promozione delle ricerche sulla storia regionale è stata ulteriormente sostenuta nel 2001 con l'assegnazione del rispettivo progetto al medievista Walter Landi, con il compito di chiarire la questione dei falsi di San Candido nei secoli X e XI. La sua ricerca porterà a importanti conoscenze sul ruolo del convento dei Benedettini e sulla più tardi fondazione collegiata fra Frisinga e Aquileia, illuminando la funzione storica dei rap-

chiv auch zum Gelingen der Ausstellung „I Welsperg – Una famiglia tirolese in Primiero / Die Welsperger – Ein Tiroler Adelsgeschlecht in Primör" (Fiera di Primiero, palazzo delle Miniere; Juli/August 2001). Es wurden einige der zentralen Exponate aus dem Archiv Welsperg-Primör zur Verfügung gestellt und an der Übersetzung des zweisprachigen Ausstellungskatalogs von Marco Toffol mitgearbeitet. Ein großer Coup gelang dem Südtiroler Landesarchiv durch den Einstieg in ein EU-Projekt. Seit langem bestand der Wunsch, die im Archiv verwahrten Krankengeschichten des Tauferer Arztes Franz von Ottenthal in einer Datenbank zu erfassen. Der dichte Bestand ist mit einer Gesamtzahl von 87.000 Krankengeschichten europaweit von einzigartigem Rang. Zu diesem Zweck wurde bereits vor zwei Jahren eine Partnerschaft mit dem Institut für Geschichte der Universität Innsbruck (ao. Univ.-Prof. Dr. Elisabeth Dietrich-Daum) aufgenommen. Nach der Neuauflage des EU-Programms Interreg III-A im Herbst 2001 wurde ein Förderantrag beider Partner gestellt und dank engagierter Hilfe des Landesamts für EU-Angelegenheiten genehmigt. Das Projektvolumen von rund 532.000 Euro und sein Ablauf wird unter Federführung der Projektleiterinnen Elisabeth Dietrich und Christine Roilo durch einen Lenkungsausschuss verwaltet.

Archivar Hans Heiss blieb auch 2001 in den Aufbau der Landesmuseen Schloss Tirol und Trauttmansdorff eingebunden und engagierte sich maßgebend bei der kulturhistorischen Ausrichtung der 1100-Jahr-Feier der Stadt Brixen. Insgesamt hat das Südtiroler Landesarchiv in vielen Bereichen herausragende Leistungen realisiert. Umso mehr stellt sich die Aufgabe, die Teamfähigkeit des Amtes zu stärken und interne Konflikte als Herausforderungen zu begreifen, deren erfolgreiche Bewältigung dem Amt und seinen Mitarbeitern zugute kommt. Verbesserte Binnenkommunikation ist kein Selbstzweck, sondern festigt die Kompetenz des Landesarchivs als Dienstleister für die wissenschaftlich-historische Öffentlichkeit und die Bürger unseres Landes.

porti e contribuendo alla prosecuzione del «Tiroler Urkundenbuch». Un importante contributo dell'Archivio provinciale è stato anche quello che ha portato al successo dell'esposizione "I Welsperg – Una famiglia tirolese in Primiero", tenutasi a Fiera di Primiero, palazzo delle Miniere, luglio/agosto 2001. Sono stati messi a disposizione alcuni dei più importanti oggetti esposti, provenienti dall'archivio di Primiero con la traduzione del catalogo bilingue eseguita dal collaboratore Marco Toffol. Un grande successo dell'Archivio provinciale può considerarsi la partecipazione a un progetto dell'UE. Da tempo si sentiva il desiderio di raccogliere in un banca dati le storie di ammalati conservate nell'archivio del medico della valle Aurina Franz von Ottenthal. Con le sue 87.000 cartelle cliniche il fondo assurge ad importanza di rango europeo. Allo scopo fu stipulato già due anni prima un accordo di collaborazione con l'Istituto di storia dell'Università di Innsbruck (prof.ssa Elisabeth Dietrich-Daum). Dopo una nuova redazione del programma UE Interreg III-A nell'autunno del 2001 ambedue i partner presentarono una richiesta di sostegno che fu approvato grazie anche al fattivo impegno dell'Ufficio per l'integrazione europea. Le dimensioni del progetto per ca. 532.000 euro e il suo sviluppo sono affidati e amministrati da un comitato diretto da Elisabeth Dietrich-Daum e Christine Roilo. L'archivista Hans Heiss ha collaborato anche nel 2001 all'allestimento del Museo provinciale di Castel Tirolo e di quello del Turismo di Trauttmansdorff, impegnandosi inoltre in misura determinante nella direzione storico-culturale per la celebrazione del 1100esimo giubileo della città di Bressanone. Considerando che complessivamente l'Archivio provinciale di Bolzano ha realizzato nell'anno di cui si fa relazione un eccezionale operato in molti settori, tanto più si pone l'esigenza di potenziare le sue capacità operative: le stesse divergenze interne di opinione sono una sfida, il cui superamento andrà a vantaggio dell'ufficio stesso e dei suoi collaboratori. Il miglioramento dei rapporti di comunicazione interna non è fine a se stesso, ma rafforza la competenza dell'Archivio come prestatore di un servizio a favore della cultura storico-scientifica del nostro paese nell'interesse di tutti i suoi cittadini.

		Amtsdirektor / Direttore
		Dr. Josef Nössing
		Stellvertreter / Vicedirettore
		Dr. Hans Heiss
		Archivare / Archivisti
		Dr. Hannes Obermair
		(bis / fino al 31. 12. 2001)
		Mag. Gustav Pfeifer
		Dr. Christine Roilo
		Aushebedienst /
		Servizio deposito
		Richard Baur
		Christian Senatin
		(bis / fino al 31. 12. 2001)
		Josef Stelzer
		Skartierung
		und Zwischenarchive /
		Servizio di scarto
		e archivi correnti
		Luise Gafriller
		Chronikwesen /
ac	Alessandro Campaner	**Cronachisti**
lb	Lidia Borgogno	Mag. Margot Pizzini Dalsass
rc	Rita Chinaglia	**Bibliothek / Biblioteca**
lg	Luise Gafriller	Dr. Gerald Steinacher
hh	Hans Heiss	**Reproduktionsdienst**
ck	Cristian Kollmann	**und EDV-Betreuung /**
jn	Josef Nössing	**Servizio riproduzione**
ho	Hannes Obermair	**ed assistenza informatica**
gp	Gustav Pfeifer	Alessandro Campaner
mp	Margot Pizzini	**Restaurierung / Restauro**
cr	Christine Roilo	Lidia Borgogno
gs	Gerald Steinacher	**Buchbinderei / legatoria**
ct	Christian Thalmann	Christian Thalmann
		Sekretariat / Segreteria
		Eva Barcatta-Benedini
		Ruth Dalvai
		Maria Thaler
		Buchhaltung /
		Contabilità
		Rita Chinaglia-Reiter
		Toponomastik /
		Toponomastica
		MMag. Cristian Kollmann
		Sonderforschungsbereich /
		Ricerche specializzate
		Dr. Rudolf Tasser
		(bis / fino al 31. 12. 2001)
		Quellen zur
		Bergwerksgeschichte
		Alttirols / Fonti archivistiche
		delle zone minerarie
		del Tirolo storico

Benutzerstatistik

Das Südtiroler Landesarchiv verzeichnete im Berichtsjahr an 245 Öffnungstagen 2729 Präsenzen von insgesamt 322 Besuchern, es wurde also im Schnitt täglich von über elf Benutzern frequentiert. Im Vergleich zum Vorjahr (2444 Präsenzen an 244 Tagen) bedeutet dies einen Zuwachs von +285 (über 10,5 Prozent). Die regionale und nationale Herkunft zeigt für 2001 folgendes Bild: 245 BenutzerInnen kamen aus Südtirol, sieben aus dem Trentino, vier aus dem restlichen Italien, 23 aus dem Bundesland Tirol, zwölf aus anderen österreichischen Bundesländern, 26 aus Deutschland, je zwei aus Frankreich und der Schweiz, einer aus Belgien. Unter der Rubrik »Benutzungszweck« wurden auf den Benutzerbögen folgende Angaben gemacht: 138 Benutzer gaben als Zweck ihres Archivbesuchs Familiengeschichte, Genealogie und Personengeschichte an, 53 allgemeine heimat-, orts- und landesgeschichtliche Forschungen, 25 Häuser- und Höfegeschichte. Verwaltungs- und rechtlichen Zwecken diente der Archivbesuch in 14 bzw. zehn Fällen, je zwei Benutzer suchten Antworten auf toponomastische und heraldische Fragen im engeren Sinne. Erfreulich ist das anhaltende Interesse von Schülern und Studierenden an Hochschulen: 40 Archivbesucherinnen und -besucher benutzten Bestände des Südtiroler Landesarchivs zur Fertigstellung von Seminararbei-

Statistica degli utenti

L'Archivio provinciale di Bolzano ha contato nel 2001, 245 giorni di apertura con 2729 presenze per complessivi 322 visitatori, che significa una media di oltre undici presenze giornaliere. Rispetto al 2000 (2444 presenze in 244 giorni) si ha un aumento di +285 presenze (oltre 10,5 %). L'analisi dell'origine nazionale o regionale degli utenti offre il seguente quadro: 245 sono sudtirolesi, sette trentini, quattro provengono dal resto dell'Italia, 23 dal Tirolo, 12 da altri Länder austriaci, due dalla Francia e due dalla Svizzera, uno dal Belgio.
Nella voce «scopo della consultazione» del modulo riempito dagli utenti si trovano le seguenti indicazioni:
138 riportano come scopo della loro presenza in archivio la propria storia familiare o la genealogia in genere; 53 allegano ricerche riguardanti la storia locale o regionale; 25 la storia di case e masi; gli interessati a scopi amministrativi o giuridici sono stati 14 e rispettivamente 12, due utenti cercavano risposta a problemi toponomastici e due a problemi araldici in senso stretto. Motivo di compiacimento è il persistente interesse da parte di studenti di scuola media e universitari: 40 hanno utilizzato i fondi archivisti per i loro

VERFACHBÜCHER DES
GERICHTS STERZING

LIBRI DI ARCHIVIAZIONE
DELLA GIURISDIZIONE
DI VIPITENO

ten, Zwischenarbeiten, Diplomarbeiten, tesi di laurea oder Dissertationen. Fünf Benützer machten keine Angaben zum Benutzungszweck, 33 gaben allgemein Forschungen oder private Forschungen als Zweck an. In dieser knappen Benutzerstatistik nicht erfasst wurden die zahlreichen schriftlichen, fernmündlichen oder per E-Mail eingegangenen Anfragen, die im Regelfall die erwähnten Themenbereiche betrafen. gp

lavori di seminario, di diploma, tesi di laurea o di ricerca, ecc. Cinque utenti non hanno dato nessuna indicazione sullo scopo della loro presenza in archivio, 33 hanno indicato ricerche in generale o ricerca privata. In questa succinta statistica non sono segnalate le numerose richieste scritte, telefoniche o per e-mail, che in generale hanno riguardato le tematiche sopra indicate. gp

ÜBERNAHME VON SCHRIFT- UND ARCHIVGUT

Die seit 1997 systematisierte Übernahme und Skartierung von Akten der Landesverwaltung war auch in diesem Berichtsjahr ergiebig, ebenso verzeichnet die Einwerbung von Nachlässen und Sammlungsgut gute Fortschritte.

1. Ämter der Landesverwaltung
Büro des Landesrates für Handwerk, Handel und Fremdenverkehr: Handakten der Landesräte Franz Spögler und Werner Frick (1949–1995)
Zentralamt für Rechtsangelegenheiten: Originaldekrete des Landeshauptmannes (1992–1999)
Vermögensamt: Akten zum Vermögensbesitz des Landes (1949–1995)
Abteilung Örtliche Körperschaften:

VERSAMENTI E DEPOSITI DI FONDI ARCHIVISTICI

Anche nel 2001 i versamenti sistematici, iniziati nel 1997, di atti dell'amministrazione provinciale sono stati intensi; inoltre anche l'acquisizione di lasciti e raccolte ha fatto buoni progressi.

1. Uffici della pubblica amministrazione
Ufficio dell'assessore per l'artigianato, il commercio e il turismo: atti degli assessori Franz Spögler e Werner Frick (1949–1995).
Ufficio centrale affari legali: decreti originali del presidente della Giunta (1992–1999).
Ufficio patrimonio: atti relativi alla proprietà patrimoniale della Provincia (1949–1995).
Ripartizione Enti locali: bilanci

ARCHIV DER SH —
SÜDTIROLER HOCH-
SCHÜLERINNENSCHAFT:
PLAKATESAMMLUNG

ARCHIVIO DELL'ASUS —
ASSOCIAZIONE STU-
DENTI E STUDENTESSE
UNIVERSITARI SUD-
TIROLESI: COLLEZIONE
DEI MANIFESTI

Jahresabschlussrechnungen einiger Eigenverwaltungen (1949–1992)
Deutsches Schulamt: Personalfaszikel schulgeschichtlich relevanter Persönlichkeiten der Jahrgänge 1875–1910
Abteilung Gesundheitswesen:
Fragment Handakten der Landesrätin Waltraud Gebert-Deeg (1971–1984)
Amt für Gesundheitssprengel: Ergänzungslieferung Bestand Handakten Dr. Pantozzi
Amt für Gesundheitsökonomie: Akten zur Finanzgebarung der aufgelösten Bauernkrankenkasse (1955–1990)
Abteilung Raumordnung: Akten der Landesraumordnungskommission, Verlegung von Hofstätten und Erweiterung von Gastbetrieben (Sample) (ca. 1970–1989)

2. Gesetzestexte und Verwaltungsbehelfe
Amtsblätter der Europäischen Gemeinschaften (1981–2000)
Amtsblätter der Europäischen Kommission (1989–1999)

3. Vereine und Körperschaften
Archiv der Südtiroler HochschülerInnenschaft (SH) (1955–1975)
ONIG – Opera Nazionale per gli Invalidi di Guerra (1944–1983)
Archiv EXPO 2000
(EWIV Euregio Tirol, Südtirol-Alto Adige, Trentino, Bozen, 1999/2000)

consuntivi annuali di alcune amministrazioni (1949–1992).
Intendenza scolastica tedesca: fascicoli personali rilevanti dal punto di vista della storia scolastica relativi agli anni 1875–1910.
Ripartizione Sanità:
atti (frammento) dell'assessore Waltraud Gebert-Deeg (1971–1984).
Ufficio distretti sanitari: versamento integrativo al fondo Atti del dott. Pantozzi.
Ufficio economia sanitaria: atti relativi all'amministrazione finanziaria della disciolta Cassa ammalati dell'agricoltura (1955–1990).
Ripartizione Urbanistica: atti della rispettiva commissione, trasferimento di masi e ampliamento di esercizi pubblici alberghieri (campione) (ca. 1970–1989).

2. Leggi e supporti amministrativi
Bollettini della Comunità europea
(1981–2000)
Bollettini della Commissione europea
(1989–1999)

3. Enti e associazioni
Archivio dell'Associazione Studenti Universitari Sudtirolesi (ASUS) / Südtiroler Hochschülerschaft (SH) (1955–1975)
ONIG – Opera Nazionale Invalidi di Guerra (1944–1983)
Archivio EXPO 2000
(EWIV Euregio Tirol, Südtirol-Alto Adige, Trentino, Bolzano (1999/2000))

ARCHIV DER SVP –
BEZIRK BRIXEN:
MITGLIEDSMARKEN,
1947

ARCHIVIO DELLA SVP –
CIRCONDARIO DI
BRESSANONE:
BOLLINI DI ADESIONE
AL PARTITO, 1947

4. Parteien

Südtiroler Volkspartei – Bezirk Brixen
(1945–1970)

Südtiroler Volkspartei – Bezirk Bruneck
(1945–1970)

Südtiroler Volkspartei – Bezirk Meran
(1945–1970)

5. Familien- und Hausarchive, Sammlungsgut

Familienarchiv und Sammlung
Dietmar Bernardi (19./20. Jahrhundert)

Sammlung Winkler (Zeitschriften,
Bücher und Postkarten aus der NS-Zeit)
(1940–1945)

Familienarchiv Putzer v. Reibegg
(19./20. Jahrhundert)

Nachlass-Selekt Johann v. Zallinger
(19. Jahrhundert)

Sammlung Prozessakten (1956–1978)

Fotosammlung Luis Leiter,
Algund, zum Abessinienkrieg
(1935–1937)

Nachlass Jaidinger (1933–1955)

Sammlung Walter Seifert – Selekt
Geschäftskorrespondenz Menz
(18./19. Jahrhundert)

Fotosammlung »Abtl. v. Pfeffersberg«
(1914–1917)

Selekt Nachlass Franz Sylvester Weber
(20. Jahrhundert)

Nachlass Giovanni Marchi
(20. Jahrhundert) cr/lg

4. Partiti

Südtiroler Volkspartei – Distretto di Bressanone (1945–1970)

Südtiroler Volkspartei – Distretto di Brunico (1945–1970)

Südtiroler Volkspartei – Distretto di Merano (1945–1970)

5. Archivi familiari, collezioni e raccolte

Archivio familiare e raccolta
Dietmar Bernardi (XIX–XX secolo)

Raccolta Winkler (giornali, libri
e cartoline postali dell'epoca del nazismo)
(1940–1945)

Archivio familiare Putzer v. Reibegg
(XIX–XX secolo)

Lascito Johann v. Zallinger
(XIX secolo)

Raccolta atti processuali (1956–1978)

Collezione fotografie Luis Leiter,
Lagundo, relative alla guerra d'Abissinia
(1935–1937)

Lascito Jaidinger (1933–1955)

Raccolta Walter Seifert – Selezione
della corrispondenza d'affari Menz
(XVIII–XIX secolo)

Collezione fotografie «Abtl. v. Pfeffersberg»
(1914–1917)

Lascito Franz Sylvester Weber
(XX secolo)

Lascito Giovanni Marchi
(XX secolo) cr/lg

ARCHIV DER ABTEILUNG RAUMORDNUNG IN DER SÜDTIROLER LANDESVERWALTUNG: LANDESRAT ALFONS BENEDIKTER BESUCHT NOTUNTERKÜNFTE UNTER DER DRUSUSBRÜCKE IN BOZEN, 1959

ARCHIVIO DELLA RIPARTIZIONE URBANISTICA DELL'AMMINISTRAZIONE PROVINCIALE: L'ASSESSORE ALFONS BENEDIKTER VISITA GLI ALLOGGI DI FORTUNA SOTTO PONTE DRUSO A BOLZANO, 1959

ORDNUNG UND ERSCHLIESSUNG VON BESTÄNDEN

1. Ämter der Landesverwaltung

Abteilung 27 – Raumordnung

Bestandszeitraum: 1927–1992

Der Bestand wurde im Jahre 2000 aus dem Amt für Raumplanung an das Südtiroler Landesarchiv übergeben und liegt nun geordnet vor. Er umfasst Unterlagen der Abteilung 27 (Raumordnung), aber auch Handakten des langjährigen zuständigen Landesrates Dr. Alfons Benedikter, die nicht immer im Zusammenhang mit der Raumordnung und dem Volkswohnbau stehen. Die bestehende „Mischung" zwischen Akten der Abteilung 27 und Akten des Landesrates Benedikter wurde belassen, so enthält der umfangreiche Bestand in erstaunlicher Vielfalt Unterlagen zu Wirtschaftsentwicklung und Raumordnungsplanung, zu infrastrukturellen Projekten wie der Handelszone Bozen Süd, Verkehrsplanung und Straßennetz (Brenner-Autobahn, Alemagna-Autobahn, Schnellstraße MeBo), Energieversorgung, Urbanistik, Bebauungspläne und öffentliche Arbeiten, Transportwesen, Umweltschutz, Volkswohnbau, Landwirtschaft (vor allem Förderung der Berglandschaft und die Erhaltung der geschlossenen Höfe), Quellen-Bewässerung, Fremdenverkehr, Industrialisierung, Sozialfürsorge, Sport, Rundfunk und Fernsehen. Joachim Goller

RIORDINO E INVENTARIAZIONE DI FONDI ARCHIVISTICI

1 Uffici provinciali

Ripartizione 27 – Urbanistica

Periodo: 1927–1992

L'archivio dell'Ufficio per l'urbanistica e l'ordinamento territoriale è stato versato nell'anno 2000 ed è stato inventariato. Comprende documenti della ripartizione 27 (urbanistica), ma anche atti personali dell'assessore dott. Alfons Benedikter, per lunghi anni responsabile del settore, che non sempre sono in relazione con l'urbanistica e con l'edilizia popolare. Il «mix» fra atti della ripartizione 27 e atti dell'assessore dott. Benedikter non è stato toccato, sicché il fondo comprende in straordinaria varietà documenti relativi allo sviluppo economico e alla pianificazione, a progetti infrastrutturali come la zona industriale Bolzano Sud, la pianificazione del traffico e la rete stradale (autostrada del Brennero, autostrada Alemagna, superstrada MeBo), il rifornimento energetico, l'urbanistica, piani edilizi e lavori pubblici, trasporti, difesa ambientale, edilizia popolare, agricoltura (soprattutto per la promozione dell'agricoltura montana e la conservazione dei masi chiusi), sorgenti e irrigazione, turismo, industrializzazione, assistenza sociale, sport, radio e televisione. Joachim Goller

ALTO ADIGE

ALBERGHI - PENSIONI - LOCANDE

PREZZI 1960

AMT FÜR TOURISMUS-
ORDNUNG UND ALPIN-
WESEN: HOTELFÜHRER
WINTERSAISON 1960

UFFICIO PER
IL TURISMO: GUIDA
ALBERGHIERA STAGIONE
INVERNALE 1960

AMT FÜR TOURISMUS-
ORDNUNG UND ALPIN-
WESEN: HOTELFÜHRER
SOMMERSAISON 1962

UFFICIO PER
IL TURISMO: GUIDA
ALBERGHIERA STAGIONE
ESTIVA 1962

Amt für Tourismusordnung und Alpinwesen

Bestandszeitraum: 1934–1987

Das Amt für Tourismusordnung und Alpinwesen in der Südtiroler Landesverwaltung wurde 1999 aufgelöst bzw. umstrukturiert, seine Agenden übernahmen das Amt für Tourismus, Handel und Dienstleistungen sowie das Amt für Tourismus-, Handelsmarketing und Alpinwesen, beide Teil der Südtiroler Landesverwaltung. Außerdem entstand eine private Gesellschaft für Tourismus, die Südtirol Marketing Gesellschaft (SMG). Bei dem im Landesarchiv (SLA) verwahrten Bestand handelt es sich um ein Sample eines ursprünglich weit umfangreicheren Bestandes mit Faszikeln zu Hotels und Beherbergungsbetrieben. Die vom SLA übernommenen Hotelfaszikel gehören zu den wegen ihres exemplarischen Charakters ausgewählten Tourismusgemeinden: Abtei, Bozen, Brenner, Brixen, Bruneck, Corvara, Dorf Tirol, Kastelruth, Kaltern, Meran, Ritten, St. Ulrich, Schenna, Stilfs, Toblach und Wolkenstein. Sie beinhalten die allgemeine Korrespondenz zwischen dem jeweiligen Betrieb und dem Landesfremdenverkehrsamt, weiters die ausgefüllten Fragebögen des Landesfremdenverkehrsamtes (Ente Provinciale per il Turismo di Bolzano) zur Einstufung der Hotels, Pensionen und Herbergen für die jeweilige Saison. Außerdem enthalten sie die Korrespondenz zwischen den Betrieben und dem Landesfremdenverkehrsamt über Lizenzvergabe

Ufficio per il turismo e il mondo alpino

Periodo: 1934–1987

L'Ufficio per il turismo e il mondo alpino dell'amministrazione provinciale fu ristrutturato nel 1999; le sue competenze furono assunte dall'Ufficio per il turismo, commercio e servizi, nonché dall'Ufficio per il marketing turistico, alpinismo commerciale e mondo alpino, facenti parte ambedue dell'amministrazione provinciale. Nacque inoltre una società privata per il turismo, la Südtirol Marketing Gesellschaft (SMG). Per quanto riguarda il fondo conservato presso l'Archivio provinciale di Bolzano (APB), si tratta di un campione rappresentativo di un fondo originariamente molto più ampio con fascicoli relativi a hotel e alberghi. I fascicoli versati all'APB appartengono ai comuni turistici: Badia, Bolzano, Ortisei, Scena, Stelvio, Corvara, Tirolo, Castelrotto, Caldaro, Merano, Renon, Dobbiaco e Selva Gardena. Contengono la corrispondenza generale intercorsa fra i singoli esercizi pubblici e l'Ente provinciale per il turismo e inoltre i formulari compilati dell'Ente stesso al fine di effettuare la classificazione di hotel, pensioni e alberghi per le singole stagioni. Contengono inoltre la corrispondenza fra gli esercizi pubblici e l'Ente per il turismo in relazione alla concessione di licenze (licenze annuali o stagionali), alla classificazione in categorie, a diversi tipi

AMT FÜR TOURISMUSORDNUNG UND ALPINWESEN: WERBEANSICHTSKARTE PENSION WALLY, SEIS, 70ER JAHRE

UFFICIO PER IL TURISMO: CARTOLINA PUBBLICITARIA DELLA PENSIONE WALLY, SIUSI, ANNI SETTANTA

(Jahres- bzw. Saisonlizenzen), Kategorieneinstufung, verschiedene Gutachten (z. B. Ausschank von alkoholischen Getränken), Inhaberwechsel oder Anträge auf Namensänderung des jeweiligen Betriebes. Dazu kommt für jede Gemeinde ein Verzeichnis mit einer Auflistung und Einstufung aller Hotels, Pensionen und Herbergen. Es sind dies jeweils Berichte über zwei Jahre während der Laufzeit von 1939 bis 1976. Die Fragebögen bzw. Formulare des „Jahrbuches der Hotels Italiens" (Alberghi d'Italia) reichen, falls der Betrieb in dieser Zeit schon existiert hat, immer von 1967 bis 1979. In den Akten der Hotels und Pensionen finden sich oft Hausprospekte, Preislisten, Visiten- und Ansichtskarten mit der Abbildung des Betriebes, aber auch Fotos: Meist ist darauf der Betrieb abgelichtet, des Öfteren auch die Innenausstattung. Als Anlage zu den Beschwerdebriefen unzufriedener Urlaubsgäste dienen beigelegte Fotos nicht selten als kurioses Beweismaterial. Dazu kommt fallweise Planmaterial der Betriebe, Anzeigen der Carabinieri, Zeitungsausschnitte, Auszüge aus dem Amtsanzeiger der Präfektur Bozen sowie Landkarten mit Berg- und Skirouten. Patrick Gasser

di pareri (ad es. vendita di bevande alcoliche), al cambio del titolare o della denominazione del singolo esercizio.
A ciò si aggiunge per ogni comune una lista con l'indicazione e la classificazione di tutti gli hotel, alberghi e pensioni. Si tratta in questo caso di rapporti biennali del periodo 1939–1976. I formulari dell'annuario degli hotel italiani («Alberghi d'Italia») riguardano, sempre che nel frattempo l'esercizio non abbia cessato di esistere, il periodo che va dal 1967 al 1979. Fra gli atti degli hotel e pensioni si trovano spesso prospetti della casa, listini dei prezzi, cartoline o simili con vedute dell'esercizio, ma anche fotografie, nelle quali figura per lo più l'esercizio in questione, ma spesso anche l'arredamento interno. Non di rado tali foto, allegate alle lettere di protesta di clienti insoddisfatti, servono come curioso materiale probatorio. A tutto ciò si aggiungono occasionale materiale planimetrico, denunce dei carabinieri, ritagli di giornale, estratti del bollettino ufficiale della prefettura di Bolzano oppure carte geografiche con indicazioni dei sentieri e delle piste da sci. Patrick Gasser

Archiv des Provinzialarztes, Dienststelle Bozen

Bestandszeitraum: 1937–1986
Die Provinzialärzte wurden Ende des 19. Jahrhunderts eingeführt: Sie hatten die Auf-

Archivio del Medico provinciale, sede di Bolzano

Periodo: 1937–1986
Quella del medico provinciale fu un'istituzione nata alla fine dell'Ottocento:

ARCHIV DES PROVINZIALARZTES: PLAKAT ZUR ANTITUBERKULOSEKAMPAGNE, 1962

ARCHIVIO DEL MEDICO PROVINCIALE: MANIFESTO PER LA CAMPAGNA ANTITUBERCOLARE, 1962

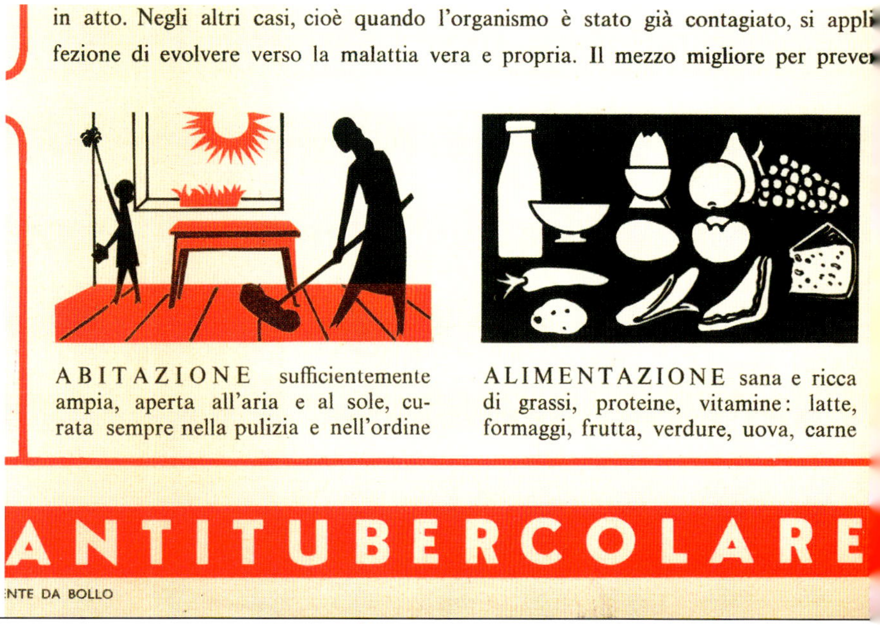

gabe, den Präfekten über wesentliche Vorgänge im Bereich öffentliche Gesundheit zu informieren. Der Provinzialarzt hatte ein Vorschlags- und Beratungsrecht (Einberufung des Provinzialrates, Maßnahmen hinsichtlich des Sanitätspersonals). Neben den grundlegenden Aufgaben sanitärer Überwachung in Gemeinden, Krankenhäusern, Schulen und Laboratorien war er wahlberechtigt bei der Errichtung medizinischer Konsortialsprengel oder der Bestellung von Amtsärzten. Der Provinzialarzt war weiters verpflichtet, Informationen über den allgemeinen Gesundheitszustand seines Sprengels zu sammeln (z. T. durch Korrespondenz mit anderen zuständigen Ämtern) und dem Ministerium darüber jährlich Bericht zu erstatten. Im Zuge einzelner Durchführungsbestimmungen des »Sonderstatuts für die Region Trentino-Südtirol im Bereich Sanitär- und Gesundheitswesen« erhielt die Region im Sanitätsbereich Zuständigkeiten, die mit jenen des Provinzialarztes in vieler Hinsicht zusammenfielen. Ihm verblieb jedoch weiterhin die Aufgabe, »auf alles zu achten, was den Schutz der öffentlichen Gesundheit« betrifft: Kontrolle der Krankenhäuser, Organisation der Arzt- und Hebammensprengel, Sanitätsüberwachung (Boden, Wasser, Nahrungsmittel), Prophylaxe bei Infektionskrankheiten, Koordinierung der Leichenpolizei, Teilnahme an Kommissionen in Gesundheitsfragen, Erstellung sanitärer Gutachten zu öffentlichen und schulischen

egli oltre ad informare il prefetto di qualsiasi importante fatto concernente la sanità pubblica, aveva per lo più potere propositivo o consultivo (convocazione consiglio provinciale, provvedimenti riguardanti personale sanitario). Tuttavia, oltre ai fondamentali compiti di vigilanza sanitaria (su comuni, istituti di cura, scuole, laboratori) disponeva anche di potere di voto nella nomina di consorzi medici o di ufficiali sanitari e, in ultimo, gli fu imposto l'obbligo di raccogliere informazioni (in parte tramite corrispondenza con altri enti) per poter redigere relazioni annuali sulla situazione sanitaria nella provincia, da inviare al Ministero. Nel 1958 con le norme di attuazione dello «Statuto speciale per la Regione Trentino-Alto Adige in materia di assistenza sanitaria e ospedaliera» venivano trasferite alla Regione alcune competenze in materia sanitaria che in molti casi coincidevano con quelle affidate alla preesistente figura del Medico provinciale, che comunque continuò ad esistere con il compito «di provvedere a tutto quanto riguardasse la tutela della salute pubblica»: controllo ospedali, organizzazione condotte mediche ed ostetriche, vigilanza sanitaria (suolo, acqua, alimenti), profilassi malattie infettive e contagiose, coordinamento polizia mortuaria, partecipazione a commissioni inerenti questioni sanitarie, pareri in materia di edilizia pubblica e scolastica,

ca la « chemioprofilassi antitubercolare mediante isoniazide », che impedisce all'in-
ire la tubercolosi è rappresentato, però, da un costume di vita sano ed igienico:

MOTO E GINNASTICA regolari, evitando che il corpo debba sopportare sforzi superiori alle sue possibilità

RIPOSO convenientemente adeguato all'età e al consumo di energie dovuto allo studio, al lavoro e al moto.

– 1962
FEDERAZIONE ITALIANA CONTRO LA TUBERCOLOSI
SOTTO L'ALTO PATRONATO DEL PRESIDENTE DELLA REPUBBLICA
CONSORZI PROVINCIALI ANTITUBERCOLARI
ARTI GRAFICHE PANETTO & PETRELLI

ARCHIV DES PROVINZIALARZTES: PLAKAT ZUR ANTITUBERKULOSEKAMPAGNE, 1962

ARCHIVIO DEL MEDICO PROVINCIALE: MANIFESTO PER LA CAMPAGNA ANTITUBERCOLARE, 1962

Bauten, Sammlung von Daten zum Sanitätsbereich auf Provinzialebene, Zuständigkeiten im Bereich Schulmedizin, Genehmigung von Sommerferienkolonien. Mit L.G. vom 1. August 1977, Nr. 35, wurde das staatliche Personal des Provinzialarztes der Autonomen Provinz Bozen zugewiesen. Aufgaben und Zuständigkeiten im Bereich Hygiene und Gesundheit, die bisher dem staatlichen Gesundheitsministerium oblagen, wurden an das Gesundheitsassessorat der Autonomen Provinz Bozen übertragen. Durch L.G. vom 2. Jänner 1981, Nr. 1, „steht in der Autonomen Provinz Bozen die Wahrnehmung des staatlichen Gesundheitsdienstes der Provinz selbst zu", der „Gesundheitsdienst für Hygiene und öffentliche Gesundheit des Landes" übernahm die Aufgaben des Provinzialarztes. Im Bestand überwiegt die Phase zwischen 1950 und 1980. Die Unterlagen sind heterogen: Neben Rundschreiben und offiziellen Mitteilungen von staatlichen Zentralorganen oder des Provinzialarztes enthalten sie Anfragen von Privatpersonen, persönliche Schreiben, Bestätigungen oder Mitteilungen der verschiedenen Gemeinden des Landes, Beschlussverzeichnisse von Kommissionen, Informationsaustausch mit Polizeistellen, Schriftverkehr mit Kuranstalten, Telegramme, Bücher und Zeitschriften. Von demografischem Interesse sind Tausende von Anzeigen über Geschlechts-, Infektionskrankheiten, Abtreibungen und Fehlgeburten. Giovanna Chiarani

raccolta dati sulla situazione sanitaria a livello provinciale, competenze nel campo della medicina scolastica, autorizzazioni a colonie estive. Con la L.P. 1 agosto 1977, n. 35, il personale statale dell'Ufficio del Medico provinciale veniva trasferito alla Provincia autonoma di Bolzano, le funzioni ed attribuzioni in materia di igiene e sanità esercitate dal Ministero della Sanità divenivano funzioni ed attribuzioni esercitate dalla Provincia ed in particolar modo dall'Assessore competente. Infine, con la L.P. 2 gennaio 1981, n. 1, "nella Provincia autonoma di Bolzano l'attuazione del servizio sanitario nazionale compete alla Provincia stessa" e il "Servizio provinciale per l'igiene e la sanità pubblica, assorbe le mansioni l'Ufficio del Medico provinciale". Nel fondo predomina il periodo fra il 1950 e il 1980. La tipologia degli atti conservati è variegata: a circolari e comunicazioni ufficiali pervenute da organi statali centrali o emesse dal medico provinciale stesso si aggiungono richieste di privati, lettere personali in carta semplice, certificati o comunicazioni a cura dei diversi comuni della provincia, registri di delibere di commissioni, scambi di informazioni con gli uffici della questura, carteggio con istituti di cura, telegrammi, volumi e riviste. Di grande interesse demografico sono le migliaia di denunce di malattie veneree, malattie infettive e aborti. Giovanna Chiarani

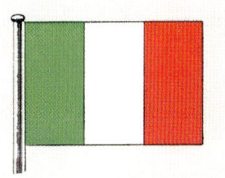

ARCHIV DES KOMMISSARIATES DER GI (GIOVENTÙ ITALIANA) DER PROVINZ BOZEN: PREISLISTE FÜR ITALIENISCHE FAHNEN, 60ER JAHRE

ARCHIVIO DEL COMMISSARIATO GI (GIOVENTÙ ITALIANA) DELLA PROVINCIA DI BOLZANO: LISTINO PREZZO PER BANDIERE ITALIANE, ANNI SESSANTA

2. Verbände und Vereine

Archiv des Commissariato GI (Gioventù Italiana) Bozen

Bestandszeitraum: 1943–1975

Die 1937 begründete „Gioventù Italiana del Littorio" (G. I. L.) war dem Sekretär des Partito Nazionale Fascista direkt unterstellt und wurde 1943 nicht, wie die Partei oder andere Organisationen des Regimes, aufgelöst. Sie bestand unter der Bezeichnung Gioventù Italiana (G. I.) fort; ihre Leitung übernahm ein Kommissar mit der spezifischen Aufgabe, »für die Erhaltung des Vermögens der Körperschaft und die zeitweilige Verwaltung der Niederlassungen der Einrichtung auf befreitem Territorium« zu sorgen. Ferner sollte ein Plan zur »Aufteilung der Aufgaben und Tätigkeitsfelder zwischen dem Kriegs- und dem Erziehungsministerium« vorgelegt werden. Tatsächlich aber dauerte die kommissarische Verwaltung der Körperschaft – die in kurzer Zeit zur Neuverteilung von Eigentum und Aufgaben hätte führen sollen – über 30 Jahre lang, bis das Gesetz vom 18. November 1975, Nr. 764, zur endgültigen Auflösung führte. Auch in Südtirol erbte die Körperschaft »Gioventù Italiana« von der G. I. L. ein beachtliches Immobiliarvermögen: Das Haus für die Mädchen der G. I. L. in der Bozner Drususstraße, jenes für die

2. Archivi d'enti

Archivio del Commissariato GI (Gioventù Italiana) di Bolzano

Periodo: 1943–1975

La Gioventù Italiana del Littorio (G. I. L.), istituita nel 1937 e collocata alle dirette dipendenze del segretario del partito nazionale fascista, non fu soppressa nel 1943 così come il partito nazionale fascista stesso e le altre organizzazioni del regime. Assunse invece la denominazione di Gioventù Italiana (G. I.) e alla sua guida fu posto un commissario con il compito di «provvedere alla conservazione del patrimonio dell'ente ed alla temporanea amministrazione delle sedi secondarie della istituzione situata nel territorio liberato» e più tardi, inoltre, di «predisporre un piano di ripartizione dei suoi compiti e delle sue attività fra i ministeri della guerra e dell'educazione nazionale». In realtà, la gestione commissariale dell'ente – che in breve tempo avrebbe dovuto condurre allo smistamento dei beni e dei compiti della G. I. ai due ministeri competenti – durò per oltre trent'anni, fino all'emanazione della legge 18 novembre 1975, n. 764, che ne sancì il definitivo scioglimento. Anche in Alto Adige l'ente Gioventù Italiana ereditò dalla G. I. L. fascista un patrimonio immobiliare considerevole: dalla casa G. I. L. femminile di via Druso a Bolzano a quella maschile di via dei Vintler, dalle altre

ARCHIV DES
KOMMISSARIATES
DER GI (GIOVENTÙ
ITALIANA) DER PROVINZ
BOZEN:
KINDERERHOLUNG
PALMSCHOSS,
50ER JAHRE

ARCHIVIO DEL
COMMISSARIATO GI
(GIOVENTÙ ITALIANA)
DELLA PROVINCIA DI
BOLZANO: ALLA COLONIA
DI PLANCIOS,
ANNI CINQUANTA

Buben in der Vintlergasse, die in den größeren Orten gelegenen Sitze, aber auch Kinosäle, Turnhallen, Kolonien und Ferienheime.
Die Provinzialsektion der G. I. hatte die Aufgabe, dieses Immobiliarvermögen zu verwalten und es für die institutionellen Aufgaben der G. I. zu verwenden, wie die Erziehung, Ausbildung, Freizeit und die sportliche Tätigkeit von Kindern und Jugendlichen.
Die Wirklichkeit sah anders aus: Nur in wenigen Fällen wurden die Einrichtungen direkt vom provinzialen Kommissariat im Sinne der Zielsetzungen geführt. Verschiedene Immobilien oder Teile davon wurden an Private vermietet, kein einziger Kinosaal aus dem Eigentum der G. I. wurde direkt von ihm geführt.
Die Durchsicht der Unterlagen zeigt das begrenzte Ausmaß der institutionellen Tätigkeit der G. I. Sie beschränkte sich auf administrativ-buchhalterische Aufgaben bei der Führung der einzelnen Betriebe, Vermögensverwaltung und Beziehungen mit den vielen Konzessionären, die Liegenschaften oder Bauten der G. I. – vor allem Kinos – gepachtet hatten.
Daher beschränken sich jene wenigen Unterlagen zur direkten Tätigkeit der G. I. auf die Organisation von Kolonien und Ferienaufenthalte für Jugendliche.
Das Ende für die Gioventù Italiana kam

sedi dislocate nei centri maggiori a sale cinematografiche, palestre, colonie, centri di soggiorno. Compito della sezione provinciale della G. I. era quello di gestire tale patrimonio immobiliare utilizzandolo per i fini istituzionali dell'ente, ovvero per l'educazione, la formazione, lo svago, l'attività sportiva delle giovani generazioni. In realtà ciò avvenne solo in parte. In pochi casi tali strutture vennero gestite direttamente dal commissariato provinciale della G. I. per i fini che le erano propri. Diversi immobili o loro parti furono dati in affitto a privati. Nessuna delle sale cinematografiche di proprietà della G. I. fu gestita direttamente dall'ente. Dall'analisi della documentazione del fondo appare chiaro come l'attività istituzionale dell'ente fosse piuttosto ridotta. Un rapido esame delle carte che ci sono pervenute mostra con chiarezza come la parte quantitativamente più significativa sia rappresentata da documentazione amministrativo-contabile inerente la gestione finanziaria dei singoli esercizi, la gestione ordinaria del patrimonio mobiliare e immobiliare e i rapporti con i numerosissimi concessionari che avevano in affitto i beni della Gioventù Italiana, sale cinematografiche comprese. I fascicoli che documentano la diretta attività della G. I. in ambito assistenziale, educativo e ricreativo sono relativamente poco numerosi e si concentrano per lo più nel settore dell'organizzazione di colonie e soggiorni per ragazzi.

ARCHIV DES
KOMMISSARIATES DER
GI (GIOVENTÙ
ITALIANA) DER PROVINZ
BOZEN: ABFAHRT IN DIE
KINDERERHOLUNG,
BOZEN, 50ER JAHRE

ARCHIVIO DEL
COMMISSARIATO GI
(GIOVENTÙ ITALIANA)
DELLA PROVINCIA DI
BOLZANO: IN PARTENZA
PER LA COLONIA,
BOLZANO,
ANNI CINQUANTA

SAMMLUNG LANDES-
ARCHIV: PLAKAT DER
NATIONALLOTTERIE FÜR
DAS BLINDENWERK,
1924

COLLEZIONE
DELL'ARCHIVIO
PROVINCIALE DI
BOLZANO: MANIFESTO
PER LA LOTTERIA
NAZIONALE A FAVORE
DELL'ISTITUTO PER I
CIECHI ADULTI, 1924

mit dem Gesetz vom 18. November 1975, Nr. 764, das die Aufgaben, Aktivitäten, das bewegliche und unbewegliche Vermögen und das Personal an die Regionen und die Autonomen Provinzen Trient und Bozen übertrug.

Andrea Di Michele

ONIG – Opera Nazionale per gli Invalidi di Guerra

Bestandszeitraum: 1944–1983

Die in Bezirksvertretungen über das Staatsgebiet verteilte Organisation ONIG wurde 1920 als Nachfolgeinstitution der »Opera Nazionale per la protezione ed assistenza degli invalidi di guerra« errichtet. Ihre Hauptaufgaben waren die berufliche Neuein- oder Umschulung kriegsversehrter Invaliden, sanitäre Unterstützung, Bereitstellung, Reparatur und Austausch der benötigten Prothesen, finanzielle Unterstützung der nicht oder nur teilweise arbeitsfähigen Invaliden und ihrer Familien und Rechtshilfe bei der Durchsetzung von Rechtsansprüchen. Außerdem bot die ONIG Hilfestellung bei der Vermittlung von Invaliden an öffentliche Ämter oder der Arbeitsplatzbeschaffung bei privaten Arbeitgebern. Wer in den Genuss der Unterstützungsmaßnahmen kommen wollte, musste die durch eine »Wehrdienstbeschädigung« begründete Invalidität nachweisen; wenn der Anspruch auf Unterstützung andauern sollte, waren regelmäßige

La fine della Gioventù Italiana fu sancita dalla legge 18 novembre 1975, n. 764, che ne trasferiva i compiti istituzionali, le attività, il patrimonio mobiliare e immobiliare e il personale alle regioni e alle province autonome di Trento e Bolzano.

Andrea di Michele

ONIG – Opera Nazionale per gli Invalidi di Guerra

Periodo: 1944–1983

La ONIG, ripartita in rappresentanze distrettuali su tutto il territorio nazionale, fu istituita nel 1920 in subentranza all'«Opera nazionale per la protezione ed assistenza degli invalidi di guerra». I suoi compiti principali riguardavano la formazione professionale di invalidi di guerra, il loro sostegno sanitario, l'approntamento, riparazione e cambio delle protesi occorrenti, il sostegno finanziario degli invalidi totali o parziali e delle loro famiglie, nonché l'aiuto legale per il riconoscimento dei diritti maturati. L'ONIG inoltre offriva il suo aiuto come intermediario per l'assunzione in pubblici impieghi o in posti di lavoro presso datori di lavoro privati. Chi voleva beneficiare dell'appoggio dell'organizzazione, doveva dimostrare di avere conseguito un'invalidità nel servizio militare; se l'invalidità si protraeva nel tempo, era necessario che l'interessato si

NACHLASS LUIS LEITER, ALGUND: IMPROVISIERTES FLAKGESCHÜTZ, ERITREA 1935

LASCITO LUIS LEITER, LAGUNDO: CONTRAEREA IMPROVVISATA, ERITREA 1935

ärztliche Visiten erforderlich. Dementsprechend enthalten die (Personal-)Faszikel dieses Bestandes in der Regel Diagnosen, Auszüge aus ärztlichen Untersuchungsprotokollen (»Verbali di visita«), fallweise Krankengeschichten, Bestätigungen der Invalidität zum Bezug einer Invalidenpension, Familienstandsbögen, Ansuchen um Thermalkuren, Unterlagen des »Ufficio Protesi« zur Zuteilung, Wartung und Austausch von Prothesen, Unterlagen zur Stellenvermittlung oder zur Arbeitslosenunterstützung (»incollocamento«) und Korrespondenz mit Arbeitgebern, ausgefüllte Formulare des »Censimento minorati della Nuova Guerra« usw. Viele Faszikel enthalten die nach Kriegsende ausgestellten Entlassungsscheine aus den Militärspitälern der Alliierten. Vorfindbar sind auch sehr persönliche Betreffe oder Berichte der Carabinieri zur Beschäftigung, wirtschaftlichen Situation und zum Leumund der betreffenden Person. Mit Gesetz vom 21. Oktober 1978, Nr. 641, wurde die ONIG aufgelöst und ihre Agenden verschiedenen anderen Institutionen anvertraut.

Föderalistische Union Europäischer Volksgruppen (FUEV)

Bestandszeitraum: 1957–2000
1949 gründeten Minderheitenvertreter die »Föderalistische Union Europäischer Volksgruppen (FUEV)« als europäi-

sottoponesse a periodiche visite mediche. Di conseguenza i fascicoli personali di questo fondo contengono di regola diagnosi mediche, estratti di verbali di visita, anamnesi, attestazioni di invalidità per ottenere la concessione della pensione, certificati di stato di famiglia, domande per cure termali, documenti dell'ufficio protesi per l'assegnazione, manutenzione e cambio di protesi, documenti riguardanti l'assunzione in un posto di lavoro oppure la concessione del sussidio disoccupati, la corrispondenza con i datori di lavoro, formulari del «censimento minorati della nuova guerra», ecc. Molti fascicoli contengono i certificati di dimissione da ospedali militari alleati. Vi si possono trovare anche informazioni strettamente personali o rapporti dei carabinieri in relazione all'occupazione, alla situazione economica e alla reputazione sociale della persona interessata. L'ONIG fu sciolta con legge del 21 ottobre 1978, n. 641, e le sue competenze furono assegnate a varie altre istituzioni.

Unione federale dei gruppi etnici europei – Föderalistische Union Europäischer Volksgruppen (FUEV)

Periodo: 1957–2000
Nel 1949 alcuni rappresentanti delle minoranze europee fondarono la Unione federale dei gruppi etnici europei, come asso-

BESTAND FUEV
(FÖDERALISTISCHE
UNION EUROPÄISCHER
VOLKSGRUPPEN):
SENATOR KARL
MITTERDORFER BEI
EINEM LAPPLAND-
BESUCH, 1968

FONDO FUEV (UNIONE
FEDERATIVA GRUPPI
ETNICI EUROPEI):
IL SENATORE KARL
MITTERDORFER
DURANTE UN VIAGGIO
IN LAPPONIA, 1968

schen Dachverband für »nationale Minderheiten und ethnische Volksgruppen«. Die FUEV versteht sich als Nachfolgerin der »Minderheitenkongresse«, die während der Zwischenkriegszeit in Genf tagten. Ziel der FUEV ist die friedliche Überwindung der Nationalstaaten und deren Grenzen, um die »Minderheiten in einem föderativen Europa zu integrieren« (FUEV-Resolution Versailles 1989). Dafür sollte ein »europäisches Volksgruppenrecht« geschaffen werden. Als Grundlage diente die Arbeit der Vereinten Nationen und des Europarates zur Sicherung der Menschenrechte und Grundfreiheiten. Die FUEV wurde letzthin zu einem wichtigen Ansprechpartner von Regierungen und Parlamenten in Europa. Das Erreichen des konsultativen Status beim Europarat 1989 war ein Höhepunkt in der Arbeit der Dachorganisation, die 1994 84 Mitgliedsorganisationen aus 27 Staaten zählte.
Die Unterlagensammlung zur FUEV wurde dem Südtiroler Landesarchiv im Oktober 2000 von SVP-Altsenator Dr. Karl Mitterdorfer mit Depotvertrag übergeben. Mitterdorfer war von 1977 bis 1981 Präsident der FUEV. Dementsprechend liegt der zeitliche Schwerpunkt des Bestandes um 1980. Neben den Unterlagen zur Funktionsweise der FUEV gibt der Bestand einen sehr guten Überblick zur

ciazione unitaria europea in difesa delle «minoranze nazionali» e dei «gruppi etnici». L'Unione subentrava ai «congressi delle minoranze» che nel periodo fra le due guerre avevano tenuto le loro riunioni a Ginevra. L'Unione ha come suo scopo il pacifico superamento degli stati nazionali e dei loro confini, al fine di «integrare le minoranze in una Europa federale» (risoluzione dell'Unione, Versailles 1989), scopo per la cui realizzazione era necessaria la definizione di «un diritto dei gruppi popolari europei». Come base doveva servire il lavoro delle Nazioni Unite e del Consiglio europeo per la garanzia dei diritti dell'uomo e delle libertà fondamentali. L'Unione divenne in seguito una dei più importanti partner di consultazione dei governi e parlamenti in Europa. Il raggiungimento nel 1989 dello status di ente consultativo presso il Consiglio europeo rappresentò un momento culminante dell'organizzazione unitaria, che nel 1994 contava fra i suoi membri 84 organizzazioni membri provenienti da 27 Stati. La raccolta della documentazione relativa all'Unione federale dei gruppi etnici europei fu consegnata all'Archivio provinciale nell'ottobre del 2000 dall'ex senatore della SVP dott. Karl Mitterdorfer con contratto di deposito. Mitterdorfer era stato presidente dell'Unione nel periodo 1977–1981. Di conseguenza la parte più importante del fondo riguarda il periodo intorno al 1980. Oltre alla documentazione sul funzionamen-

> **GOVERNO PROVVISORIO BRESCIANO**
>
> # NOTIZIE DEL GIORNO
>
> *Brescia 10 Aprile 1848*
>
> Il Magnanimo Re CARLO ALBERTO mantiene il proposito fatto di aggiungere nuovi trofei alle gloriose armi di Savoja. Il valoroso di lui esercito si rende ogni giorno più meritevole della Patria con fatti d'armi brillanti ed importanti.
>
> L'altro jeri sotto il fuoco più vivo, sotto batterie da giorni preparate, conquistava il passo sul Mincio a Goito; jeri faceva altrettanto a Borghetto e Monzambano. Una colonna sotto il comando del generale

NACHLASS IGNAZ VON GIOVANELLI: PLAKAT DES GOVERNO PROVVISORIO BRESCIANO ÜBER DIE WAFFENERFOLGE CARLO ALBERTOS VON SAVOYEN, 1848

LASCITO IGNAZ VON GIOVANELLI: MANIFESTO DEL GOVERNO PROVVISORIO BRESCIANO INTORNO ALLE IMPRESE VITTORIOSE DELL'ESERCITO DI CARLO ALBERTO DI SAVOIA, 1848

NACHLASS IGNAZ VON GIOVANELLI: AUFNAHME DES AUGUSTUS VON GIOVANELLI IN DIE LISTE DER WOHLTÄTER DES ZISTERZIENSERORDENS, 1845

LASCITO IGNAZ VON GIOVANELLI: ASSUNZIONE DI AUGUSTUS VON GIOVANELLI FRA I BENEFATTORI DELL'ORDINE DEI CISTERCENSI, 1845

Situation der (meist) europäischen Sprachminderheiten seit 1949. Hervorzuheben sind die detaillierten FUEV-Berichte zur Lage einzelner Minderheiten und die umfangreiche Sammlung von Broschüren und Zeitungen der Minderheitenorganisationen. gs

3. Familien- und Hausarchive, private Sammlungen

Nachlass Ignaz von Giovanelli
Bestandszeitraum: 1808–1912
(mit nachträglichen Ergänzungen)
Ignaz Freiherr von Giovanelli zu Gerstburg und Hörtenberg (geb. Bozen 1815, gest. Innsbruck 1889) war Sohn des Joseph von Giovanelli und der Antonia Freiin von Müller. Nach dem Studium der Rechtswissenschaften an der Universität Innsbruck trat Ignaz in den Justizdienst ein und wirkte hauptsächlich in Tirol, 1865 wurde er zum Oberlandesgerichtsrat in Innsbruck ernannt. Giovanelli wurde bei den Wahlen von 1867, 1870, 1871, 1873 vom Tiroler Landtag als konservativer Abgeordneter zum Reichsrat in Wien entsandt. Bei der Neuwahl im Oktober 1875 verzichtete Giovanelli auf eine Wiederkandidatur und konzentrierte sich innerhalb der Gruppe der »Zwölf Apostel« oder »Zwölf Triarier« auf die Landespolitik. Mit Anton di Pauli und Paul Giovanelli agitierte er gegen die Stremayrsche Verordnung

to dell'Unione, il fondo offre un interessante quadro della situazione delle minoranze linguistiche europee a partire dal 1949. Meritano rilievo i dettagliati rapporti dell'Unione sulla situazione delle singole minoranze e l'ampia raccolta di opuscoli, giornali e pubblicazioni delle organizzazioni minoritarie. gs

3. Archivi di famiglia, raccolte private

Lascito Ignaz von Giovanelli
Periodo: 1808–1912
(con successive integrazioni)
Il barone Ignaz von Giovanelli zu Gerstburg und Hörtenberg (nato a Bolzano nel 1815 e morto a Innsbruck nel 1889) era figlio di Joseph von Giovanelli e di Antonia von Müller. Dopo aver studiato giurisprudenza presso l'università di Innsbruck, Ignaz entrò in magistratura, operando prevalentemente in Tirolo. Nel 1865 fu nominato consigliere superiore del tribunale di Innsbruck. Nelle elezioni del 1867, 1870, 1871 e 1873 il consiglio regionale del Tirolo lo inviò al parlamento di Vienna come deputato conservatore. Nelle nuove elezioni del 1875 il Giovanelli rinunciò a ripresentarsi come candidato, concentrando invece la sua attività nella politica tirolese come membro del gruppo "Dodici Apostoli" o "Zwölf Triarier". Assieme a Anton di Pauli e a Paul Giovanelli si pose con-

NOS PRÆSES, ET DEFINITORES
CAPITULI GENERALIS S. ORDINIS CISTERCIENSIS
CELEBRATI IN VEN. MONASTERIO

S. Crucis in Jerusalem de Urbe

SALUTEM IN DOMINO.

Consuevit Ordo Noster Cisterciensis eos, qui specialem, piamque devotionem erga eumdem estendissent, peculiari gratitudinis officio prosequi, et in eorumdem spirituale beneficium pietatis vota rependere, ut inter præfatos Ordinis Benefactores, atque Benevolos adscriptos, omnium bonorum spiritualium, juxta facultatem a Summis Pontificibus Ordini Cisterciensi concessam, participes faceret. Propterea scientes Nos, te Dominum *Baronem Augustinum De Fiournelli* erga præfatum Ordinem nimio affectu, ac devotione præditum, ut omni præmio a nobis præstando dignus existas, horarum, psalmorum, vigiliarum, jejuniorum, disciplinarum, lectionum, abstinentiarum, laborum, obedièntiarum, cæterorumque exercitiorum spiritualium, quæ nunc Deo Authore in dicto nostro Ordine fiunt, et in posterum fient, participem esse volumus, et in vita, et in morte. Addentes de gratia speciali, quod cum obitus tuus (quem Deus felicem faciat) nostro fuerit Capitulo nuntiatus, pro remedio animæ tuæ, per totum Ordinem Nostrum Orationes fieri demandabitur, sicut pro devotissimis nostris facere consuevimus. In quorum fidem etc.

Dat. ex Monasterio *supradicto die 20. Aprilii An: 1845.*

CODEX BRANDIS:
TITELBLATT, UM 1610

CODICE BRANDIS:
FRONTESPIZIO,
1610 CIRCA

zur Errichtung eigener Gemeinden für evangelische Konfessionsgruppen auch in Tirol und allgemein gegen Liberale. Zwischen 1879 und 1889 war er wiederum Abgeordneter zum Reichsrat. Die Reformen und Tätigkeiten, mit denen sich der Reichsrat zu befassen hatte, finden ihren Niederschlag im archivalischen Nachlass und in der Bibliothek von Giovanelli. Dazu gehören die Reformdiskussionen zum Unterrichts- und Erziehungswesen, zur Tiroler Wehrverfassung im Rahmen der Österreichischen Heeresreform, Gesetze zur Regelung der verschiedenen Rechtsverhältnisse der katholischen Kirche (Congrua-Regelung). cr

Nachlass-Selekt Johann von Zallinger – Vormundschaft Merl

Bestandszeitraum: 1805–1866
Am 11. Februar 1833 heiratete der Bozner Karl Merl (1785–1844) Ludovika von Scherer. Der Ehe entstammen drei Kinder: Josef, geboren am 20. Dezember 1833, Antonia, geboren am 27. Februar 1836, und Karl, geboren am 8. Juni 1837. Ludovika von Scherer-Merl starb 1839, nach fünf Jahren folgte ihr auch Karl Merl. Nach der 1845 erfolgten Einantwortung der Erbschaft an die noch unmündigen Erben setzt die Reihe der Vormundschaftsrechnungen ein. Auf den ersten Vormund Eduard Hafner folgt ab 1846 die Rechnungslegung des Johann von Zallinger, bis 1858 auch das jüngste Mündel Karl

tro l'ordinanza Stremayr che mirava alla creazione anche in Tirolo di comunità di confessione evangelica, e in generale contro le idee liberali. Fra il 1879 e il 1889 fu nuovamente deputato al parlamento di Vienna. Le riforme e le attività di cui il deputato parlamentare si era occupato, trovano documentazione nel lascito archivistico e nella sua biblioteca. Vi fanno parte anche le discussioni sulla riforma dell'istruzione e dell'educazione pubblica, dell'esercito tirolese nell'ambito della riforma dell'esercito austriaco, e inoltre le leggi sulla regolamentazione di varie questioni giuridiche della chiesa cattolica (regolamento delle congrue). cr

Selezione lascito Johann von Zallinger – Tutela Merl

Periodo: 1805–1866
L'11 febbraio 1833 il bolzanino Karl Merl (1775–1844) si sposò con Ludovika von Scherer. Dal matrimonio nacquero tre figli: Josef, 20 dicembre 1833, Antonia, 27 febbraio 1836, e Karl, 8 giugno 1837. Ludovika von Scherer-Merl morì nel 1839 e cinque anni dopo la seguiva anche il marito. Dopo il 1845 con l'aggiudicazione dell'eredità agli eredi ancora minorenni inizia la serie dei conti pupillari. A quello del primo tutore Eduard Hafner seguono nel 1846 i conti di Johann von Zallinger fino al 1858, quando anche il più giovane dei pupilli ebbe raggiunto

CODEX BRANDIS:
SCHLOSS SCHENNA

CODICE BRANDIS:
IL CASTELLO DI SCENA

Merl das 21. Lebensjahr erreichte.
Der Bestand ist dank der lückenlos erhaltenen Reihe der Vormundschaftsrechnungen (im Konzept), den dazugehörigen Unterlagen und der Korrespondenz exemplarisch für eine durch das Vormundschaftsgericht kontrollierte Verwaltung des Mündelkapitals bzw. Geschäftsführung der Produktionstätigkeit der Kuranden. Ebenfalls belegt werden die „familiären" Ausgaben (Hausbedarf, Schulbesuch, Kleidung etc.).

Prozessakten

Bestandszeitraum: 1956–1978
Der Bestand »Prozessakten« wurde dem Südtiroler Landesarchiv von Dr. Josef Fontana (Bozen) im Juli 2001 als Geschenk übergeben. Das Material, Kopien aus den sechziger Jahren, stammt aus dem Büro des Meraner Rechtsanwaltes Dr. Franz Monauni und besteht aus Gerichtsakten und Notizen des Rechtsanwaltes zu den Südtirolattentaten der Jahre 1956–1978, meist handelt es sich um Handakten zur Vorbereitung der Verteidigung. Der Großteil der Unterlagen besteht aus Verhörprotokollen und Carabinieri-Berichten zur »Feuernacht« am 11. Juni 1961 und den Folgemonaten. Vereinzelt findet sich auch Fotomaterial (etwa im Fall Giovanni Postal). Die detailreichen Carabinieri-Berichte zeichnen sich durch ihre Vollständigkeit aus. Da die Originale an den Tribunalen

i 21 anni. Grazie alla conservazione completa della serie dei conti, il fondo, unitamente alla relativa documentazione e corrispondenza, è esemplare per l'amministrazione del capitale pupillare sotto controllo del tribunale tutelare e rispettivamente della condotta degli affari da parte dei curatori. Vi si trova anche la documentazione delle spese «familiari» (fabbisogno domestico, frequenza scolastica, vestiario, ecc.).

Atti processuali

Periodo: 1956–1978
Il fondo «Atti processuali» è stato donato all'Archivio provinciale dal dott. Josef Fontana (Bolzano) nel luglio del 2001. Il materiale, copie degli anni sessanta, proviene dall'ufficio dell'avvocato meranese dott. Franz Monauni e consta degli atti giudiziari e rispettive note dell'avvocato in relazione agli attentati terroristici in Alto Adige negli anni 1956–1978; per lo più si tratta di pratiche per la preparazione della difesa. La maggior parte del materiale riguarda verbali di interrogatorio e relazioni dei carabinieri sulla «notte dei fuochi» dell'11 giugno 1961 e sui fatti dei mesi successivi. Sporadicamente vi si trova anche materiale fotografico (ad es. nel caso Giovanni Postal). I rapporti molto dettagliati dei carabinieri si contraddistinguono per la loro completezza. Poiché gli originali resteran-

NACHLASS LUIS LEITER, ALGUND: NACHRICHT AUS DER HEIMAT, ERITREA 1937

LASCITO LUIS LEITER, LAGUNDO: LETTERE DA CASA, ERITREA 1937

NACHLASS LUIS LEITER, ALGUND: SÜDTIROLER SOLDATEN UND AFRIKANER, ERITREA 1937

LASCITO LUIS LEITER, LAGUNDO: SOLDATI SUDTIROLESI E POPOLAZIONE INDIGENA, ERITREA 1937

Bozen und Mailand noch Jahre unter Verschluss bleiben werden, sind die Prozessakten von hohem historischen Wert. Fontana überließ einen Teil der Unterlagen dem Tiroler Landesmuseum Ferdinandeum in Innsbruck. Der Bestand »Prozessakten« ist nur mit schriftlicher Genehmigung der Archivdirektion benutzbar. gs

Fotosammlung Luis Leiter (Algund), „Abessinien 1935–1937"

Bestandszeitraum: 1935–1937
Luis Leiter, 1910 in Algund geboren, war 21 Monate Soldat im abessinisch-italienischen Krieg. Die eigentlichen Kampfhandlungen dauerten sechs Monate, die restlichen 15 Monate verblieben Luis Leiter und einige Hundert Südtiroler als Besatzungssoldaten in Ostafrika. Der Hobbyfotograf Leiter hielt diese Zeit mit der Kamera fest. Rund achtzig Fotos dokumentieren neben dem Krieg vor allem den Alltag der Südtiroler in Abessinien und Eritrea. Einige Bilder, etwa über die Verwendung von Giftgas durch die italienischen Truppen, sind dokumentarisch besonders eindrucksvoll.
Der Bestand Leiter ist inhaltlich gut erschlossen; fast alle Personen, Zeit und Ort sind identifiziert. Für künftige Forschungen zum Abessinienkrieg und zu den Südtirolern stellt der Bestand Leiter eine wichtige Grundlage dar. gs

no ancora per anni conservati presso i tribunali di Bolzano e di Milano, il fondo è di grande importanza storica. Fontana cedette una parte della documentazione al Museo regionale tirolese Ferdinandeum di Innsbruck. Il fondo «Atti processuali» è consultabile solo dietro autorizzazione scritta della direzione dell'Archivio provinciale. gs

Raccolta fotografica Luis Leiter (Lagundo), "Abissinia 1935–1937"

Periodo: 1935–1937
Luis Leiter, nato a Lagundo nel 1910, militò per 21 mesi come soldato nella guerra italo-abissina. Il periodo di vero e proprio combattimento durò sei mesi, i restanti 15 mesi Luis Leiter li passò, insieme ad alcune centinaia di altri sudtirolesi, fra le forze di occupazione nell'Africa orientale. Come fotografo dilettante Luis Leiter fissò le vicende di quel periodo con la macchina fotografica. Ca. 80 fotografie documentano, oltre alla guerra, soprattutto la vita quotidiana dei sudtirolesi in Abissinia e in Eritrea. Alcune fotografie, ad esempio sull'uso dei gas tossici da parte delle truppe italiane, costituiscono un documento particolarmente impressionante. Il fondo Leiter è ben strutturato: vi sono identificati quasi tutte le persone, i luoghi e le date. Il fondo costituisce quindi una documentazione importante per future ricerche sulla guerra di Abissinia e sulla partecipazione dei sudtirolesi. gs

SAMMLUNG LUCIANO
BARDELLI: FORT MONTE
BRIONE (RIVA), 1993

COLLEZIONE LUCIANO
BARDELLI:
FORTIFICAZIONE MONTE
BRIONE (RIVA), 1993

Sammlung Luciano Bardelli
Forschungsunterlagen zur Studie über die österreichischen Militärfestungen im Trentino

Bestandszeitraum: (ca. 1850–1915) 1995
Die 1995 durchgeführte Studie (»I forti austriaci in Trentino«) befasst sich mit den Forts der Festungsrayons Trient und Riva. Die gesammelten Unterlagen wurden im Jahr 2001 von Architekt Luciano Bardelli dem Südtiroler Landesarchiv als Geschenk übergeben. Die einzelnen Faszikel enthalten eine schematische Beschreibung einzelner Forts, Kopien (Fotokopien) von Archivalien im Kriegsarchiv Wien bzw. Staatsarchiv Trient (Akten, Karten, Baupläne), dazu Fotografien, Dias, Negative mit Reproduktionen historischer Aufnahmen und aktuellen Bestandsaufnahmen sowie Literatur zu Befestigungsanlagen und Festungsbau im Raum Trentino und Cadore von ca. 1850 bis zum Ersten Weltkrieg.

Nachlass Rudolf Pallaver

Bestandszeitraum: 1956–1972
Rudolf Pallaver (1. November 1907 bis 11. Mai 1989) entstammte einer Landarbeiter- und Bauernfamilie, die 1830 im Zuge der Meliorierung des Etschtales aus dem Trentino nach Branzoll gezogen war, um dort als Halbpächter zu arbeiten. Nach verschiedenen Arbeiten in landwirtschaftlichen Betrieben kam er Mitte

Raccolta Luciano Bardelli
Documentazione per la ricerca in relazione a uno studio sulle fortezze militari austriache nel Trentino

Periodo: (circa 1850–1915) 1995
La ricerca («I forti austriaci in Trentino») effettuata nel 1995, si occupa dei forti di Trento e di Riva, la documentazione raccolta fu donata nel 2001 dall'architetto Luciano Bardelli all'Archivio provinciale di Bolzano.
I singoli fascicoli contengono una descrizione schematica dei vari forti, copie (fotocopie) di materiali del Kriegsarchiv di Vienna, dell'Archivio di Stato di Trento (atti, carte, progetti), fotografie, diapositive, negativi con riproduzioni storiche e materiale attuale, nonché vari studi sugli impianti di fortificazione e la costruzione di forti nel Trentino e nel Cadore in un periodo che va da circa il 1850 alla prima guerra mondiale.

Lascito Rudolf Pallaver

Periodo: 1956–1972
Rudolf Pallaver (1° novembre 1907 fino 11 maggio 1989) proveniva da una famiglia di contadini, che nel 1830 si era trasferita, in seguito alla bonifica nella valle dell'Adige, dal Trentino a Bronzolo, per lavorarvi come mezzadri. Dopo vari incarichi presso aziende agricole, intorno alla metà degli anni trenta, Rudolf Pallaver fu assunto dalla ditta

ATTENZIONE!
Questo campo è stato trattato con
Topicida velenoso
AMONN
ACHTUNG! Diese Fläche
wurde mit **Gift gegen Mäuse**
behandelt

NACHLASS RUDOLF
PALLAVER: WARNTAFEL

LASCITO RUDOLF
PALLAVER:
AVVISO DI PERICOLO

der dreißiger Jahre zur Firma Amonn nach Bozen, wo er sich auf die Schädlingsbekämpfung spezialisierte und landesweit zu einer anerkannten Kapazität wurde.
Seit der Nachkriegszeit arbeitete er mit einer kurzen Unterbrechung bis zu seiner Pensionierung wieder bei Amonn. Sein Hauptarbeitsgebiet blieb die Schädlingsbekämpfung, wobei er bald nach 1960 vor dem zu starken Einsatz von Chemie warnte und zu »biologischen« Alternativen riet. Er war zuständig für die Erstellung des jährlichen Spritzkalenders (heute Aufgabenbereich des „Südtiroler Beratungsrings"), führte Versuche mit neuen Produkten durch und erteilte Studierenden der Landwirtschaft (»economia agraria«) der Universität Ferrara praktischen Unterricht. Der Nachlass Rudolf Pallavers wurde dem Südtiroler Landesarchiv im Frühjahr 1999 von seinem Sohn Günther übergeben. Neben einer Handbibliothek zum Obstbau und einer Anzahl von Archivalien enthält er auch Plakate und Werbematerialien, die sich im Laufe seiner beruflichen Tätigkeit als Fachmann für Schädlingsbekämpfung angesammelt hatten. Die archivalischen Unterlagen reichen von den späten fünfziger bis in die siebziger Jahre und bestehen vorab aus Kunden- und Spritzmittelverzeichnissen.
Die Bibliothek hat wirtschaftshistorische Relevanz: Neben den Schwerpunkten Obst-, Weinbau und Schädlingsbekämpfung umfasst sie auch andere landwirtschaftliche

Amonn a Bolzano, dove si specializzò nella lotta ai parassiti, acquistando in tal campo rinomanza regionale.
Dopo la fine della guerra lavorò ancora fino alla pensione per la ditta Amonn. Il settore principale della sua attività rimase la lotta contro i parassiti, ammonendo tuttavia, già poco dopo il 1960, contro l'impiego eccessivo di sostanze chimiche e proponendo «alternative biologiche». Incaricato di redigere l'annuale calendario delle irrorazioni (oggi compito affidato al «Südtiroler Beratungsring»), condusse sperimentazioni con nuovi prodotti, impartendo anche pratico insegnamento agli studenti di economia agraria dell'università di Ferrara.
Il lascito Rudolf Pallaver fu depositato nella primavera del 1999 nell'Archivio provinciale di Bolzano da suo figlio Günther. Oltre a una biblioteca di manuali per la frutticoltura e vario materiale di archivio, comprende anche manifesti e materiale illustrativo che il Pallaver era andato raccogliendo nel corso della sua attività professionale come specialista nella lotta antiparassitaria. Il materiale archivistico si estende dai tardi anni cinquanta agli anni settanta e consta soprattutto di elenchi di clienti e di preparati antiparassitari. La biblioteca ha una certa importanza storico-economica: oltre alle tematiche relative alla frutticoltura, viticoltura e alla lotta antiparassitaria, comprende anche altri argomenti di agricoltura relativi

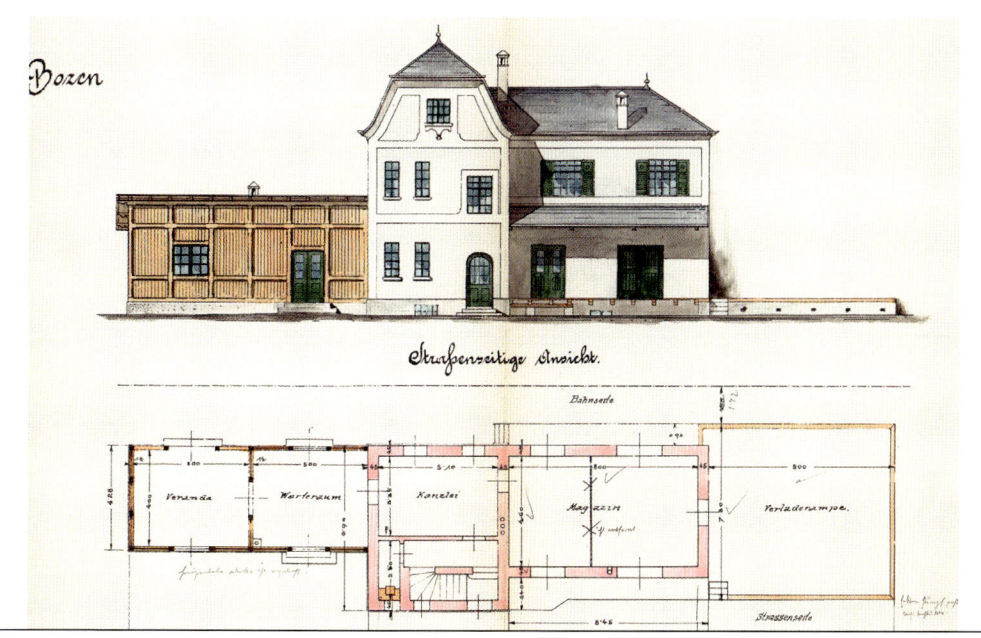

ARCHIV DER STA – SÜDTIROLER TRANSPORTSTRUKTUREN AG: FRACHTENSTATION BOZEN DER RITTNER BAHN, 1907

ARCHIVIO STA (AZIENDA TRASPORTI ALTO-ATESINI): MAGAZZINO MERCI DELLA FUNIVIA DEL RENON, 1907

Zweige von den dreißiger bis in die frühen achtziger Jahre. Bibliothek wie Archiv bieten Einblick in die Wirtschaftsgeschichte des Südtiroler Unterlandes, zumal in die Entwicklung des Obstbaus im Branzoller Raum. Joachim Goller

4. Archive der Wirtschaft

Südtiroler Transport AG
Bestandszeitraum: 1886–1989
Der umfangreiche Bestand enthält Akten zur Rittner und Überetscher, zur Mendel- und Fleimstalbahn, vom Baubeginn bis zu ihrer Fusionierung und anschließenden Einstellung bzw. Übernahme durch die SAD (Südtiroler Autobus Dienst AG). Die Dokumentation umfasst Baupläne, Personalverwaltung, Fahrpläne, Buchhaltung, Linienführung. Dank zahlreicher Informationen zur wirtschaftlichen, technischen und historischen Entwicklung der drei Bahnen erweist sich der Fonds somit als Spiegel der Wirtschafts- und Verkehrsgeschichte Südtirols im 20. Jahrhundert.
Martina Maurmair

agli anni trenta fino all'inizio degli anni ottanta. Sia la biblioteca che l'archivio offrono un interessante sguardo sulla storia economica della Bassa Atesina sudtirolese, soprattutto sullo sviluppo della frutticoltura nella zona di Bronzolo. Joachim Goller

4. Archivi d'impresa

Trasporti sudtirolesi SpA
Periodo: 1886–1989
Il fondo molto ricco comprende atti relativi alle ferrovie del Renon, dell'Oltradige, della Mendola e della Val di Fassa, dall'inizio dei lavori di costruzione fino alla loro fusione e infine chiusura o rispettivamente passaggio alla SAD (Servizio automobilistico sudtirolese SpA). La documentazione comprende progetti di costruzione, atti di amministrazione del personale, orari, contabilità, gestione delle linee. Grazie alle numerose informazioni sullo sviluppo economico, tecnico e storico delle tre linee ferroviarie, il fondo in questione acquista rilevanza come specchio della storia economica e dei trasporti in Alto Adige nel XX secolo.
Martina Maurmair

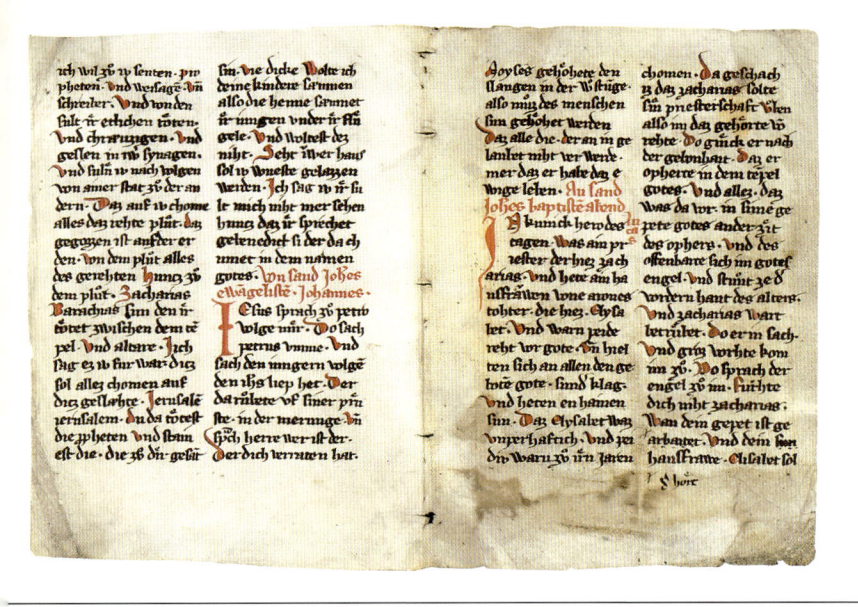

SAMMLUNG
LANDESARCHIV:
FRAGMENT EINES
LEKTIONARS ODER
EVANGELIARS, UM 1300

COLLEZIONE ARCHIVIO
PROVINCIALE DI
BOLZANO:
FRAMMENTO DI UN
LEZIONARIO OPPURE
EVANGELIARIO,
1300 CIRCA

ÜBERWACHUNG UND KONTROLLE DER SCHRIFTGUTVERWALTUNG

Skartierungsrichtlinien

Skartierungsrichtlinien wurden für folgende Ämter und Abteilungen erarbeitet oder revidiert: Abteilung 14., ehemaliges Amt für Schulgesetzgebung und allgemeine Angelegenheiten; Abteilung 23., Gesundheitswesen; Amt 32.1., Forstverwaltung. Skartierungsverzeichnisse, an die umfassende Aussonderungs- und Vernichtungsvorgänge anschlossen, wurden mit folgenden Dienststellen erarbeitet: Amt 5.1,. Haushalt; Amt 5.2., Abgaben; Amt 5.5., Finanzaufsicht; Amt 6.2., Vermögen; Abteilung 14., ehemaliges Amt für Schulgesetzgebung und allgemeine Angelegenheiten; Abteilung 16., Deutsches Schulamt; Abteilung 23., Gesundheitswesen; Amt 23.3., Gesundheitsökonomie; Abteilung 27., Raumordnung; Amt 38.2., Personennahverkehr; Amt 38.4., Kraftfahrzeuge. Trotz ständiger Aussonderungs-, Vernichtungs- und Übernahmevorgänge ist die notwendige Reduzierung, Sicherung und Übernahme von Aktenbeständen erst angelaufen. Obwohl Registraturen zunehmend sorgfältiger geführt werden, sind die Altlasten noch so massiv, dass erst in ca. einem Jahrzehnt eine grundlegende Bereinigung der Situation der Zwischenarchive zu erhoffen ist. lg

SORVEGLIANZA E CONTROLLO DELL'AMMINISTRAZIONE DELLE SCRITTURE

Massimari di scarto

Sono stati elaborati o riveduti i massimari di scarto in relazione ai seguenti uffici e ripartizioni: ripartizione 14, un tempo ufficio per la legislazione scolastica e affari generali; ripartizione 23, sanità; ufficio 32.1, amministrazione forestale.
Elenchi di scarto, collegati alle operazioni di scarto ed eliminazione, sono stati elaborati per i seguenti uffici: ufficio 5.1, bilancio; ufficio 5.2, tributi; ufficio 5.5, vigilanza finanziaria; ufficio 6.2, patrimonio; ripartizione 14, ex ufficio per la legislazione scolastica e affari generali; ripartizione 16, intendenza scolastica tedesca; ripartizione 23, sanità; ufficio 23.3, economato sanità; ripartizione 27, urbanistica; ufficio 38.2, trasporto locale di persone; ufficio 38.4, motorizzazione.
Nonostante un continuo lavoro di scarto, eliminazione e presa in consegna, una seria opera di riduzione, sicurezza e acquisizione è appena iniziata. Benché le registrazioni siano state eseguite con sempre maggiore sollecitudine, le rimanenze sono ancora così enormi che non si può sperare in una sostanziale risoluzione della situazione degli archivi di deposito, se non nel giro di circa un decennio. lg

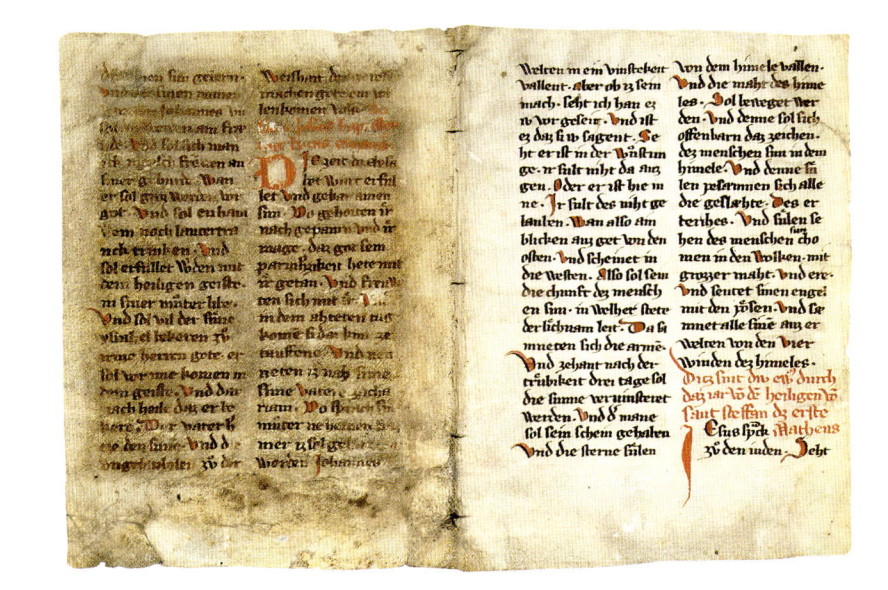

SAMMLUNG LANDESARCHIV: FRAGMENT EINES LEKTIONARS ODER EVANGELIARS, UM 1300

COLLEZIONE ARCHIVIO PROVINCIALE DI BOLZANO: FRAMMENTO DI UN LEZIONARIO OPPURE EVANGELIARIO, 1300 CIRCA

RESTAURIERWERKSTÄTTE

Die Arbeit der Restaurierwerkstätte umfasste im Berichtsjahr folgende Schwerpunkte:

Restaurierung von Archivalien aus Eigenbeständen

– Gütertausch zwischen Hanns Schnaitperger und Ulrich Schweintreiber von Kuens, Perg. 482 x 310 mm (1560–1569): abgelöst vom Verfachbuch Meran 1570.2 Nr. 10 [S. R. 191];
– 1565: Baurechtsverleihung an Ulrich Aichner um einen Neuraut mit grundherrlicher Zustimmung des Hannß Sinckhmoser zu Jufal, Kellner zu Tirol, Perg. 295 x 498 mm, abgelöst vom Einband des Verfachbuches Meran 1574.4 Nr. 18 [S. R. 192];
– Fragment eines Kalendars aus dem 14. Jahrhundert, Perg. 447 x 314 mm, abgelöst vom Verfachbuch Meran 1581–1583, Nr. 47 [S. R. 194];
– 1554 IV 12, Brixen: Kardinal Cristoforo Madruzzo, Bischof von Brixen, verleiht dem Kassian Mayr zu Obervöls, Hofgericht Brixen, den Mayrhof zum Erbbaurecht, Perg. 650 x 754 mm, abgelöst vom Verfachbuch Brixen 1548–1554 [S. R. 195];
– 1692 VIII 28, Bozen: Hofpfalzgraf Johann Nivard Sutori von Ortenhaimb erteilt Bartlme Mayr, Wirt und Gastgeb zum Goldenen Löwen in Klausen, ein Wappen. Zweigeteilte

LABORATORIO DI RESTAURO

Nell'anno di cui si fa relazione, il lavoro del laboratorio di restauro si è occupato di:

Restauro di materiale di proprietà dell'Archivio

– pergamena dim. 482 x 310 mm, 1560–1569: permuta di beni tra Hanns Schnaitperger e Ulrich Schweintreiber di Caines, coperta staccata dal Vfb Merano 1570.2 n. 10, [S.R. 191];
– pergamena dim. 295 x 498 mm, 1565 lettera feudale a favore di Ulrich Aichner per un novale con l'accettazione feudale di Hannß Sinckhmoser di Jufal, ufficiale dei censi a Castel Tirolo, coperta staccata dal Vfb Merano 1574.4 n. 18, [S.R. 192];
– pergamena dim. 447 x 314 mm, frammento di calendario del XIV secolo, coperta staccata dal Vfb Merano 1581–1583 n. 47, [S.R. 194];
– pergamena dim. 650 x 754 mm, Brixen 1554 IV 12, Il Cardinale Cristoforo Madruzzo, vescovo di Bressanone, infeuda Kassian Mayr di Obervöls nel Giudizio aulico di Bressanone con il manso Mayrhof, coperta staccata dal Vfb Brixen 1548–1554, [S.R. 195];
– due pergamene dim. 350 x 605 e 350 x 614 mm, Bozen 1692 VIII 28, Il conte palatino Johann Nivard Sutori von Ortenhaimb conferisce uno stemma a Bartl-

Mirra in questo giorno, ognun del popolo, E l'albero della Libertade onori;

Alciam! tutti i cappel'al grand'Oracolo, Timor di tutto il mondo, è giubilo dè nostri c...

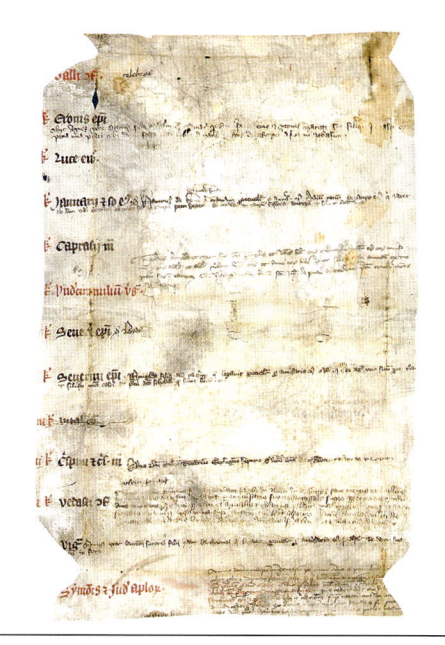

SAMMLUNG
LANDESARCHIV:
MANIFEST ZUR
FRANZÖSISCHEN
REVOLUTION, 1796

COLLEZIONE ARCHIVIO
PROVINCIALE DI
BOLZANO: MANIFESTO
RIVOLUZIONARIO, 1796

SAMMLUNG
LANDESARCHIV:
KALENDARFRAGMENT
OBERVINSCHGAU,
2. HÄLFTE
14. JAHRHUNDERT

COLLEZIONE ARCHIVIO
PROVINCIALE DI
BOLZANO: FRAMMENTO
DI CALENDARIO DELL'ALTA VAL VENOSTA,
SECONDA METÀ
DEL XIV SECOLO

Urkunde, 350 x 605 bzw. 350 x 614 mm, abgelöst vom Verfachbuch Brixen 1732/33 und 1736/37 [S. R. 196];
– 1564 IV 24, Wien: Diplom von Kaiser Ferdinand I., Perg. Libell, 363 x 298 mm, Siegel Ø 176 mm, Archiv Welsperg-Primör, Lade 1 Nr. 12 [S. R. 206];
– 1693: Diplom von Kaiser Leopold I., Perg. Libell, 10 Bll., mit Samtumschlag, 315 x 324 mm, mit Hängesiegel Ø 142 mm, Archiv Welsperg-Primör Lade 1 Nr. 16 [S. R. 207];
– 1649: Lehenbrief von Erzherzog Ferdinand Karl, Perg. Libell, 6 Bll., 292 x 230 mm, Hängesiegel Ø 63 mm, Archiv Welsperg-Primör, Lade 66 Nr. 395 [S. R. 208];
– 1484 Littera Papst Sixtus' IV., Perg. 520 x 342 mm, Bleibulle Ø 36 mm, Archiv Welsperg-Primör, Lade 73 Nr. 1 [S. R. 209];
– Gedrucktes Farbplakat, 598 x 460 mm, »Alles Glück und Segen verleihe Gott ...«, Familienarchiv Putzer von Reibegg (St. Pauls/Eppan) [S. R. 218];
– 1796: Manifest zur Französischen Revolution, Zeichnung und Aquarell auf Papier, 493 x 385 mm [S. R. 223]
1756–1762: »Libro di depositi in materia di imprestito cesareo regio«, Papierhandschrift 380 x 265 x 70 mm, Archiv des Merkantilmagistrats, Handschrift 2.50 [S. R. 227]
– 1763–1770: »Libro di depositi«,

me Mayr, oste al "Leone d'oro" di Chiusa, coperte staccate dai Vfb Brixen 1732/33 e 1736/37, [S.R. 196];
– diploma dell'imperatore Ferdinando I, 1564, libello in pergamena, dim. 363 x 298 mm, con sigillo Ø 176 mm, A. Welsperg-Primör Lade 1 n. 12, [S.R. 206];
– diploma dell'imperatore Leopoldo I, 1693, libello in pergamena di 5 bif. rilegato in velluto con controguardie in carta, dim. 315 x 324 mm, con sigillo pendente Ø 142 mm, A. Welsperg-Primör Lade 1 n. 16, [S.R. 207];
– Infeudazione dell'arciduca Ferdinando Carlo, 1649, libello in pergamena di 3 bif., dim. 292 x 230 mm, con sigillo pendente Ø 63 mm, A. Welsperg-Primör Lade 66 n. 395, [S.R. 208];
– littera di Sisto IV, 1484, pergamena dim. 520 x 342 mm, con sigillo pendente in piombo Ø 36 mm, A. Welsperg-Primör Lade 73 n. 1, [S.R. 209];
– manifesto a stampa a colori, dim. 598 x 460 mm, «Alles Glück und Segen verleihe Gott ...», A. Putzer von Reibegg, S. Paolo/Appiano, [S.R. 218];
– manifesto rivoluzionario 1796, disegno acquerellato su carta dim. 493 x 385 mm, [S.R. 223];
«Libro di depositi in materia di imprestito cesareo regio», 1756–1762, manoscritto dim. 380 x 265 x 70 mm, A. Magistrato Mercantile codice 2.50, [S.R. 227];
– «Libro di depositi» 1763–1770,

SAMMLUNG LANDES-
ARCHIV: VERLEIHBRIEF
DES KARDINALS
CHRISTOPH VON
MADRUTZ, 1554,
ABGELÖST VON
VERFACHBUCH BRIXEN
1548–1554

COLLEZIONE ARCHIVIO
PROVINCIALE DI BOL-
ZANO: LETTERA FEUDALE
DEL CARDINALE
CRISTOFORO
MADRUZZO, 1554,
COPERTA STACCATA DA
LIBRO DI ARCHIVIA-
ZIONE DI BRESSANONE
1548–1554

Papierhandschrift 385 x 265 x 57 mm,
Archiv des Merkantilmagistrats,
Handschrift 2.51 [S. R. 225];
– 1771–1773: »Libro di depositi«,
Papierhandschrift 380 x 260 x 55 mm,
Archiv des Merkantilmagistrats,
Handschrift 2.52 [S. R. 226];
– 1385 II 6: Peter Bühler von Pfalzen
überträgt seinem Vetter Stefan Künigl sein
Wappen und sein Siegel, Perg. 233 x 318
mm mit Hängesiegel Ø 40 mm, Archiv
Künigl-Ehrenburg Nr. 433 [S. R. 228].

**Restaurierung von Archivalien
anderer öffentlicher
Körperschaften, kirchlicher
oder privater Eigentümer**
– Imbreviatur des Notars Bartholomäus von
Tuenno 1365–1369, Papierhandschrift
155 x 110 x 55 mm, 4 Lagen, 178 Bll. +
6 Beilagen, Pergamenteinband mit Urkunde
von 1350 VIII 4, Pfarrarchiv Kuens [S. R. 202*];
– 1453 IV 16: Friedrich III. verleiht
Ulrich Meyer ein Wappen, Pergament,
325 x 500 mm mit Miniatur, Archiv Aldo
Perini (Sterzing) [S. R. 217];
– Drei Pergamentfragmente, ein Papierfrag-
ment, archäologische Funde aus den Gerüst-
löchern von Schloss Tirol [S. R. 210*];
– Plan der Dominikanerkirche,
Tinte und Tempera auf Glanzpapier,
auf Karton aufgezogen, 330 x 445 mm,
Stadtarchiv Bozen [S. R. 212*];

manoscritto dim. 385 x 265 x 57 mm,
Magistrato Mercantile codice
2.51, [S.R. 225];
– «Libro di depositi», 1771–1773,
manoscritto dim. 380 x 260 x 55 mm,
Magistrato Mercantile codice
2.52, [S.R. 226];
– Peter Bühler di Falzes cede al suo cugino
Stefan Künigl il proprio stemma e il proprio
sigillo, 1385 II 6, pergamena dim. 233 x 318
mm con sigillo pendente Ø 40 mm,
A. Künigl-Ehrenburg n. 433, [S.R. 228].

**Restauro di materiale
di proprietà di altri Enti,
di proprietari ecclesiastici
o di privati**
– Imbreviatura del notaio Bartolomeo di
Tuenno 1365–1369, A. parrocchiale di Kuens,
manoscritto dim. 155 x 110 x 55mm,
4 fasc., 178 cc. + 6 allegati, coperta pergamena 4/8/1350, [S.R. 202*];
– Federico III conferisce uno stemma
a Ulrich Meyer, 1453 aprile 16,
pergamena dim. 325 x 500 mm
con miniatura, [S.R. 217*];
– tre frammenti di pergamena scritta ed
uno di carta, da scavi archeologici a Castel
Tirolo, [S.R. 210*];
– pianta chiesa dei Domenicani, disegno
ad inchiostro a colori su lucido, incollato
su cartoncino, dim. 330 x 445mm, Archivio
Storico del Comune di Bolzano, [S.R. 212*];

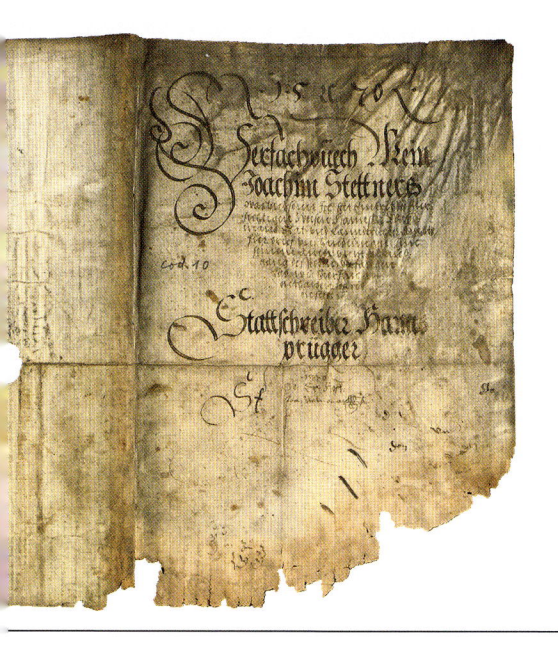

SAMMLUNG LANDES-
ARCHIV: PERGAMENT-
EINBAND, ABGELÖST
VON VERFACHBUCH
MERAN 1570

COLLEZIONE ARCHIVIO
PROVINCIALE DI
BOLZANO: COPERTA DI
PERGAMENA STACCATA
DA LIBRO DI ARCHIVIA-
ZIONE DI MERANO 1570

SAMMLUNG LANDES-
ARCHIV: BAURECHTS-
VERLEIHUNG AN ULRICH
AICHNER, 1565–1569,
ABGELÖST VON
VERFACHBUCH MERAN
1574

COLLEZIONE ARCHIVIO
PROVINCIALE DI BOL-
ZANO: INVESTIZIONE
FEUDALE DI ULRICH
AICHNER, 1565,
COPERTA STACCATA DA
LIBRO DI ARCHIVIA-
ZIONE DI MERANO 1574

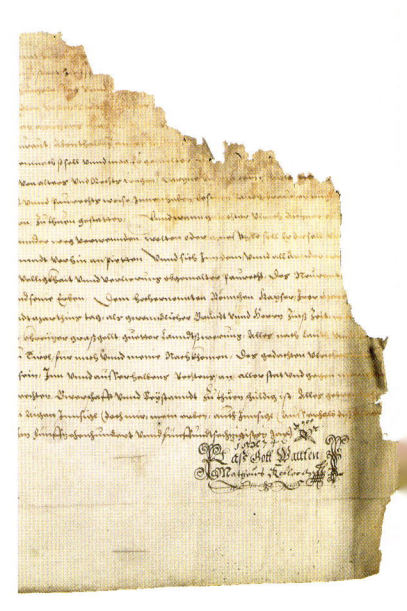

– »Haupt-Facade«, Tinte und Bleistift auf Glanzpapier, auf Karton aufgezogen, 520 x 1300 mm, Stadtarchiv Bozen [S. R. 213*];
– »Rekonstruktion der Dominikaner-Kaserne in Bozen«, Tinte und Bleistift auf Glanzpapier, auf Karton aufgezogen, 783 x 778 mm, Stadtarchiv Bozen [S. R. 214*];
– »Rekonstruktionsbau Parterre Dominikaner-Kaserne«, 1877 II 14, Tinte und Bleistift auf Glanzpapier, auf Karton aufgezogen, 673 x 798 mm, Stadtarchiv Bozen, [S. R. 215*];
– 1458 X 26: Schreiben des Nikolaus Cusanus an Michael von Natz, Papier, 302 x 225 mm, Staatsarchiv Bozen, Bischöfliches Archiv Brixen, Akten, Schachtel 19, 2 M, [S. R. 224*].

Erhaltung archiveigener Bestände

Überwachung des Erhaltungszustands der Bestände und der klimatechnischen Bedingungen in den Depots, wöchentliche Überprüfung und Austausch der Diagramme an den Hygrothermometern und ihre jährliche Eichung; Montage von Archivschachteln unterschiedlicher Typs und Formats zur dauernden Aufbewahrung von Altbeständen oder Neuzugängen; Papierzuschnitt, Fertigung

– «Haupt-Facade», disegno ad inchiostro e matita su lucido, incollato su cartoncino, dim. 520 x 1300 mm, Archivio Storico del Comune di Bolzano, [S.R. 213*];
– «Rekonstruktion der Dominikaner-Kaserne in Bozen», disegno ad inchiostro a colori su cartoncino, dim. 783 x 778 mm, Archivio Storico del Comune di Bolzano, [S.R. 214*];
– "Rekonstruktionsbau Parterre Dominikaner-Kaserne", 14 febbraio 1877, disegno ad inchiostro a colori e matita su lucido, incollato su due strati di cartoncino, dim. 673 x 798 mm, Archivio Storico del Comune di Bolzano, [S.R. 215*];
– lettera di Nicolò Cusano a Michael von Natz, 1458 ottobre 26, dim. 302 x 225 mm, Archivio di Stato BZ: A. Vescovile Bressanone, atti cartacei, capsa 19, 12 M, [S.R. 224*].

Conservazione dei fondi di proprietà dell'Archivio

Il Laboratorio di restauro si occupa anche del controllo dello stato di conservazione dei fondi e dei parametri ambientali nei depositi, del caricamento settimanale e sostituzione dei diagrammi ai termoigrografi e loro taratura annuale; montaggio di scatole a lunga conservazione di diversi modelli e dimensioni per il riordino di vecchi fondi o per la conservazione di nuove acquisizioni dell'Archivio; taglio e piegatura di carta a lunga conservazione per l'allestimento di cartelline e bu-

SAMMLUNG LANDES-
ARCHIV: GÜTERTAUSCH
ZWISCHEN HANNS
SCHNAITPERGER UND
ULRICH SCHWEIN-
TREIBER [1560—1569],
ABGELÖST VON VER-
FACHBUCH MERAN 1570

COLLEZIONE ARCHIVIO
PROVINCIALE DI BOL-
ZANO: PERMUTA DI BENI
FRA HANNS SCHNAIT-
PERGER E ULRICH
SCHWEINTREIBER
[1560—1569], COPERTA
STACCATA DA LIBRO DI
ARCHIVIAZIONE DI
MERANO 1570

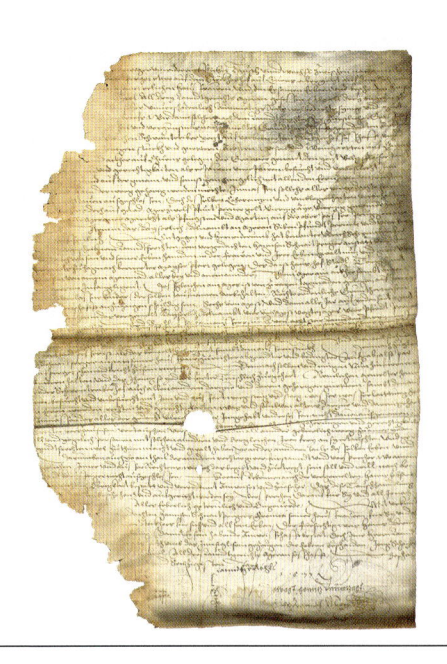

von Etiketten für neue Bestände, Vorbereitung säurefreier Einlegeblätter; kontinuierliche Anpassung der EDV-Restaurierungskartei mit der Evidenz der restaurierten Objekte, ihres Erhaltungszustands und der vorgenommenen Restaurierungsmaßnahmen. Übertragung der gesamten, in elfeinhalb Jahren Tätigkeit des Labors angelegten Restaurierungs-Kartei in »Augias-Archiv«.

Kollaudierung von Restaurierungsarbeiten privater Firmen

Die Werkstätte überwacht die Restaurierung von unter Archivschutz stehendem Schriftgut öffentlicher Körperschaften oder Privater, die entsprechende Beiträge erhalten. Sie überwacht ferner die Restaurierung beschädigter Archivalien, die zur Restaurierung an auswärtige Privatfirmen ausgegeben werden, um diese dem Benutzerverkehr schneller wieder zugänglich zu machen. Dazu erfolgen vorbereitende Arbeiten wie die Nummerierung von Blättern und Lagen, die Beschreibung des Erhaltungszustandes, das Anfordern von Kostenvoranschlägen, die Übergabe der Stücke an die beauftragten Firmen, die Kollaudierung der Arbeiten nach Rückgabe und die Kontrolle der jeweiligen Restaurierungsberichte, die Koordinierung der Fotoreproduktion der Bände vor und nach der Restaurierung.

Lokalaugenscheine und Beratung

Die Restauratorin erteilt persönliche oder telefonische Beratung an Körper-

ste per i documenti; stampa, taglio ed incollaggio di etichette per nuovi fondi; continuo aggiornamento della banca dati con le schede di restauro, che documentano lo stato di conservazione degli oggetti e gli interventi effettuati; trasferimento nel nuovo programma informatico d'archiviazione «Augias» di tutte le schede di restauro compilate dal Laboratorio in undici anni e mezzo di attività.

Collaudi di lavori di restauro affidati a ditte private

Il Laboratorio sovrintende al restauro di documenti sotto tutela di enti o privati che ricevono a tale scopo contributi dall'Archivio provinciale, nonché al restauro di volumi seriamente danneggiati di proprietà dell'Archivio stesso, dati in appalto a ditte private esterne per velocizzarne la restituzione alla consultazione degli utenti (numerazione di carte e fascicoli, descrizione dello stato di conservazione, richiesta dei preventivi, confronto e scelta di quello più vantaggioso, consegna dei volumi alla/e ditta/e prescelta/e, collaudo dei lavori alla riconsegna ed analisi delle relative schede di restauro, coordinamento fotoriproduzione dei volumi prima e dopo il restauro).

Sopralluoghi e consulenze, visite guidate

La restauratrice fornisce consulenze, anche telefoniche, ad enti e privati sui metodi

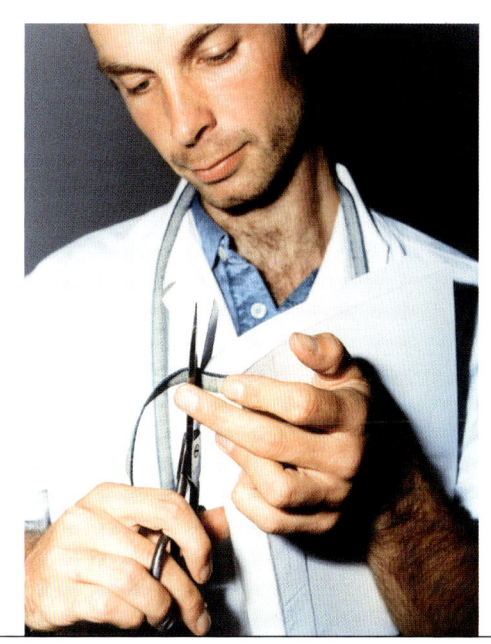

BUCHBINDEREI IST MASSARBEIT

LEGATORIA: UN LAVORO DI ALTA PRECISIONE

schaften und Firmen über Erhaltungsmethoden und Restaurierungsmöglichkeiten, über Ankauf geeigneten Restaurierungsmaterials und geeigneter Behältnisse, die Entstaubung und Desinfektion von Archiven. Entsprechende Lokalaugenscheine wurden durchgeführt im Stadtmuseum Bruneck, bei der Abteilung Sanitätswesen und am Archiv des Instituts für Musikerziehung in deutscher Sprache.

BUCHBINDEREI

In der hauseigenen Buchbinderei wurden im Berichtsjahr Stücke mit mechanischen Schäden aus Alt- und Archivbeständen behandelt, zahlreiche Bände der Dienstbibliothek gebunden und fachliche Beratung in einschlägigen Fragen erteilt.
194 Bücher und Zeitschriftenbände, dazu Lieferungswerke der Dienstbibliothek des Archivs und der Abteilung Denkmalpflege wurden in verschiedenen Techniken und Materialien gebunden, ferner Mappen, Schachteln, säurefreie Behältnisse in diversen Techniken für Archivalien angefertigt. Buchtechnisch behandelt wurde ein Postkartenalbum aus dem Nachlass Rosa Wiesthaler. Anlässlich der Grundsteinlegung der Bildungswissenschaftlichen Fakultät der Freien Universität Bozen (Standort Bri-

conservativi e sulle possibilità di restauro, per l'acquisto di contenitori idonei, la spolveratura di libri, la disinfestazione di archivi. Sopralluogo all'archivio del Museo civico di Brunico per consigli sulla conservazione e spolveratura del materiale librario e suddivisione dei documenti in buono stato da quelli che necessitano di restauro; sopralluogo nei depositi della ripartizione sanità della Provincia; sopralluogo all'archivio dell'Istituto musicale in lingua tedesca.

LEGATORIA

Nell'anno 2001 nella legatoria dell'Archivio provinciale sono state trattate opere dei fondi storici e attuali che presentavano danni meccanici, sono state rilegate numerose opere della biblioteca interna e fornite consulenze specialistiche su questioni specifiche.
194 libri e riviste, opere della biblioteca interna della Ripartizione Beni culturali furono oggetto di intervento di rilegatura secondo varie tecniche e materiali; furono inoltre preparati per il materiale d'archivio raccoglitori, scatole e contenitori senza acidi secondo diverse tecniche.
Un album di cartoline postali del lascito Rosa Wiesthaler è stato oggetto di trattamento conservativo. In occasione della posa della prima pietra della facoltà di scienze dell'educazione della Libera università di Bol-

NACHLASS VON PFEIFFERSBERG: KAISER KARL I. BELOBT EINEN MEHRFACH DEKORIERTEN BERGFÜHRER, 1917

LASCITO VON PFEIFFERSBERG: L'IMPERATORE CARLO I LODA UNA GUIDA ALPINA PLURIDECORATA, 1917

xen) wurde eine Mappe aus Ziegenpergament außen und blauem Samt innen, mit blauer Kordel und selbst gegossenem Bienenwachssiegel nach dem historischen Vorbild eines Fürstenlibells angefertigt.

Aus den amtseigenen Archivbeständen wurden buchtechnisch behandelt:
– Plakate der Verordnungssammlung 1945;
– Plakate und Manifeste der Sammlung Müller;
– Archiv des Bonifizierungskonsortiums Gmund-Salurn (Planmaterial);
– Abteilung Raumordnung, Handakten Alfons Benedikter;
– Verfachbuch Bozen 1877: 1–1000, 1001–2006, 3000–4086, 1878: 1–1000; 1871: 2005–3003; 1878: 1001–2000, 2001–3000; 1881: 3802–4540; 1882: 801–1606, 1607–2402, 3201–3900, 3901–4594; 1883: 1–790;
– Verfachbuch Taufers 1838;
– Verfachbuch Eppan 1697

zano (situata a Bressanone) fu approntata una cartella in pergamena di pelle di capra all'esterno e all'interno in velluto blu, con cordiglio blu e sigillo in cera d'api secondo un antico modello principesco. Dai fondi di proprietà dell'Archivio sono stati trattati i seguenti documenti:
– manifesti della raccolta ordinanze 1945;
– manifesti e affissi della collezione Müller;
– archivio del consorzio di bonifica Gmund-Salorno;
– ripartizione urbanistica, pratiche interne Alfons Benedikter;
– libri di archiviazione Bolzano 1877: 1–1000, 1001–2006, 3000–4086; 1878: 1–1000; 1871: 2005–3003; 1878: 1001–2000, 2001–3000; 1881: 3802–4540; 1882: 801–1606, 1607–2402, 3201–3900, 3901–4594; 1883: 1–790;
– libro di archiviazione Campo Tures 1838
– libro di archiviazione Appiano 1697

REPRODUKTION UND SICHERHEITSVERFILMUNG VON ARCHIVALIEN

Die Dienststelle für Fotoreproduktion bearbeitet Anfragen von Benützern, unterstützt die amtsinterne Dokumentation der Aktivitäten – Publikationen, Folder, Veran-

LABORATORIO DI FOTORIPRODUZIONE

Il Laboratorio di fotoriproduzione evade le richieste del pubblico e le esigenze interne di documentazione delle attività – pubblicazioni di settore, folder, manifesta-

NACHLASS VON
PFEIFFERSBERG:
AUSMARSCH DER
STANDSCHÜTZEN, 1915

LASCITO VON
PFEIFFERSBERG:
PARTENZA DEGLI
STANDSCHÜTZEN, 1915

staltungen, Kurse – und begleitet die hausintern oder extern durchgeführten Restaurierungsmaßnahmen. Dadurch wird die institutionelle Aufgabe der Reproduktion von Beständen oder archivalischer Einzelstücke zur Sicherung, Benutzung oder Publikation wahrgenommen. Die Tätigkeit konzentrierte sich vorwiegend auf die Erhaltung und Katalogisierung der durch das Fotolabor erstellten Bildvorlagen sowie auf die Aufbereitung der digitalen Daten. Mikrofilme, Diapositive und Negative wurden mit Hilfe der benutzerfreundlichen Software G.A.F. (Gestione Archivio Fotografico) katalogisiert, die in Zusammenarbeit mit dem Amt für Informationstechnik (9.5.) entwickelt werden konnte. Die Programmfunktionen wurden erweitert, eine erste Gesamtversion ist für das Jahr 2002 vorgesehen. Die Kataloge der Mikrofilme wurden ausgedruckt und den Benutzern zur Verfügung gestellt. Fotoreproduktionen von Archivalien privater Archiveigner oder anderer Institutionen dienen der Bestandsergänzung. Im Berichtsjahr betraf dies Stücke aus den Archiven Staffler, Hepperger und Wodenegg.

Mikroverfilmung der Indizes der Verfachbücher der Stadtgerichte Bozen und Brixen

Die Indizes von 1014 Verfachbuchbänden des Stadtgerichts Bozen (insgesamt ca. 43.000 Aufnahmen) und die Indizes von 485 Verfachbuchbänden des Stadtgerichts

zioni, corsi, convegni – e degli interventi di restauro. Assolve in tal modo al compito istituzionale dell'Ufficio di garantire la riproduzione di fondi, o di singoli pezzi archivistici, per motivi di sicurezza, di consultazione e di pubblicazione. L'attività si è concentrata prevalentemente sulla conservazione e catalogazione delle immagini realizzate dal Laboratorio stesso e sull'accessibilità ai dati informatizzati. Microfilm, diapositive e negativi sono stati catalogati tramite il software dedicato G.A.F. – Gestione Archivio Fotografico – sviluppato in collaborazione con l'Ufficio Informatica d'ufficio 9.5 e orientato alla consultazione da parte del pubblico. Le funzioni sono in costante ampliamento ed una prima versione completa è prevista nel 2002. I cataloghi dei microfilm sono stati stampati e messi a disposizione del pubblico. L'Archivio acquisisce ogni anno, tramite fotoriproduzione, nuovi documenti di privati o istituzioni, considerati di particolare interesse storico. Tra questi compaiono documenti dagli archivi privati Staffler, Hepperger, e Wodenegg.

Microfilm degli indici dei Libri di archiviazione dei Giudizi di Bressanone e Bolzano

I 1014 indici relativi al Giudizio di Bolzano, ca. 43.000 fotogrammi, e i 485 indici relativi al Giudizio di Bressanone, ca. 21.000 fotogrammi sono ora consultabili su microfilm

ARCHIV STAFFLER:
MINIATUR EINES
WAPPENBRIEFES,
17. JAHRHUNDERT

ARCHIVIO STAFFLER:
MINIATURA DI DIPLOMA
NOBILIARE,
XVII SECOLO

Brixen (Gesamtzahl: ca. 21.000 Aufnahmen) sind nun auf Mikrofilm für alle Benutzer frei und ohne die für Archivalien gültigen Tagesbeschränkungen verfügbar.

Privatbibliothek Kurt Staffler

Aus dem Bestand der Bibliothek wurde die älteste bisher bekannte Abschrift der so genannten Bozner Chronik (um 1450) verfilmt, eine kritische Edition wird im Rahmen einer Innsbrucker Dissertation (Mag. Masser) vorbereitet.

Archiv Hepperger

Mit der Übernahme des Bestandes Hepperger bot sich Gelegenheit, auch die Familienbibliothek zu erfassen. Einige Bände von besonderem historischen Interesse wurden verfilmt und anschließend an den Eigentümer zurückgestellt.

Archiv Wodenegg

Die Auffindung von Teilen des „Hausarchivs Dreikirchen" der Familie Wodenegg ergänzt den Bestand Zimmermann-Settari, der bereits am Landesarchiv verwahrt wird.

Im Vorfeld einer Mikroverfilmung müssen die zu verfilmenden Archivalien zunächst in einem Inventar erfasst werden. Hierzu erteilte das Fotolabor 2001 auch entspre-

senza restrizione alcuna per gli utenti sul numero di volumi giornalieri. I microfilm inventariati e catalogati che li può ricercare in un registro e consultare su microfilm.

Biblioteca privata Staffler

Di particolare interesse per la storia locale, l'esemplare più antico finora conosciuto della cosidetta cronica di Bolzano (1450 ca.) è stata microfilmata anche per consentirne un'edizione e nell'ambito di una tesi di dottorato all'Università di Innsbruck (Mag. Masser).

Archivio Hepperger

L'acquisizione del fondo Hepperger è stata l'occasione per censire anche la biblioteca di famiglia. I quattro volumi elencati, giudicati di particolare importanza storica, sono stati microfilmati e restituiti alla proprietaria.

Archivio Wodenegg

È stato rintracciato e microfilmato un incartamento del "Hausarchiv Dreikirchen" della Famiglia Wodenegg, ad incremento di un fondo già conservato presso l'Archivio Provinciale di Bolzano : il fondo Zimmermann-Settari.

Il Laboratorio cura anche la raccolta dei dati relativi ai documenti da microfilmare, assegnando incarichi a collaboratori esterni. Nel 2001 la dott. Claudia Feller ha inven-

ARCHIV PLANINSCHEK
(LANDESDENKMALAMT):
SELLAJOCHHAUS UM
1935

ARCHIVIO PLANINSCHEK
(UFFICIO BENI CULTU-
RALI): RIFUGIO PASSO
SELLA, 1935 CIRCA

chende Aufträge an externe Bearbeiter: Im Berichtsjahr wurden durch Mag. Claudia Feller mit dem Programm »Augias-Archiv« folgende Bestände erschlossen: 1. Die Urkunden des Diözesanarchivs Brixen – 1447 Regesten; 2. Die Urkunden des Archivs Knillenberg (Baron Franz von Kripp, Obermais) – 812 Regesten.

Bestandsverwaltung

Die Bedeutung der Fotografie als historischen Quelle ist seit geraumer Zeit bekannt. Museen und Betreuer fotografischer Sammlungen informieren sich beim Südtiroler Landesarchiv über die sachgerechte Verwahrung fotografischen Materials, Ausstellungskriterien sowie die Art der Verzeichnung und EDV-gestützten Erfassung.

Bestand Planinschek

Mag. Johann Mairhofer, mit der EDV-gestützten Erschließung des vom Amt für Bau- und Kunstdenkmäler angekauften Bestandes Erich Planinschek beauftragt, wurde bei seiner Arbeit kontinuierlich unterstützt. Gegenwärtig sind 2744 Bilder in digitaler Form verfügbar, die bald mit der entsprechenden Datenbank zwecks eingehender Katalogisierung verknüpft werden.

tariato due fondi con il programma Augias-Archiv: 1) l'Archivio Aulico dell'Archivio diocesano di Bressanone – 1447 documenti regestati; 2) l'Archivio nobiliare Knillenberg, del Barone von Kripp di Maia Alta – 812 documenti regestati.

Gestione fondi

La fotografia ha da tempo assunto dignità archivistica e privati ed istituzioni si rendono maggiormente disponibili a valorizzarla come documento e testimonianza storica. Istituzioni museali, privati e curatori di raccolte fotografiche di frequente si rivolgono all'A.P.B. per ottenere anche consulenze ed informazioni sulla corretta conservazione del materiale fotografico di interesse storico, sui criteri di esposizione e sulle modalità di valorizzazione.

Fondo Planinschek

Al dott. Johannes Mairhofer, incaricato di catalogare il fondo, viene prestata assistenza e consulenza sulle modalità di archiviazione informatizzata del fondo fotografico. La riproduzione e conservazione del fondo restano competenza diretta del laboratorio. Attualmente sono disponibili 2744 immagini in forma digitale, che verranno presto collegate al database contenente le schede ad esse relative.

NACHLASS GIOVANNI MARCHI: DIE KATHOLISCHE MISSION IN ASMARA, 1923

LASCITO GIOVANNI MARCHI: LA MISSIONE CATTOLICA ALL'ASMARA, 1923

ARCHIV MELLAUNER: CARABINIERI-PATROUILLE

ARCHIVIO MELLAUNER: PATTUGLIA DI CARABINIERI

Bestand Mellauner

Das Landesarchiv hat im Berichtsjahr den Fotobestand der Familie Mellauner erworben. Die Sammlung wurde von Prof. Oswald Mellauner verwahrt und im Zuge einer Sammelaktion des Landesmuseums Schloss Tirol an das Südtiroler Landesarchiv übergeben, wobei sich Frau Dr. Barbara Gabrielli als wertvolle Mittlerin bewährt hat. Die Fotos betreffen vorwiegend Landschaften und Porträts von Menschen des Gadertals; sie wurden vorwiegend durch Josef Mellauner († 2001) aufgenommen und dokumentieren Tradition, Brauchtum und Kultur der ladinischen Bevölkerung.

Fotoarchiv des Amtes für Bau- und Kunstdenkmäler

Das Amt für Bau- und Kunstdenkmäler hat erhebliche Mittel zur Digitalisierung seines Fotoarchivs bereitgestellt. Um einen guten Kompromiss zwischen dem Umfang des Bildmaterials (ca. 64.000 Farb-Diapositive), der Kapazität des EDV-Systems und den verfügbaren Finanzressourcen zu finden, wurden Kriterien zur Einscannung und Speicherung der Bilder, zu ihrem Transfer in eine Datenbank und zur Visualisierung der eingegebenen Daten erstellt. Hauptziel bleibt es, den internen Mitarbeitern ein effizientes Arbeitsinstrument zur Verwaltung der digitalisierten Fotodokumentation zur Verfügung zu stellen, die eine unentbehrli-

Fondo Mellauner

Nel 2001 l'A.P.B. ha acquisito il fondo di immagini fotografiche della famiglia Mellauner. Il prof. Oswald Mellauner le ha custodite e versate in deposito grazie ad un'azione di salvaguardia e collezione del patrimonio culturale sudtirolese, promossa dal Museo di Castel Tirolo, della quale Barbara Gabrielli si è resa preziosa interlocutrice. La raccolta comprende per la maggior parte paesaggi e ritratti di persone e famiglie provenienti prevalentemente dall'area di San Vigilio di Marebbe e costituisce una testimonianza certa per lo studio di tradizioni, costumi e cultura della comunità ladina.

Archivio fotografico dell'Ufficio Beni artistici ed architettonici

L'Ufficio Beni artistici ed architettonici ha investito consistenti risorse per la digitalizzazione del proprio archivio fotografico. Al fine di ottenere un buon risultato di compromesso tra quantità di immagini – ca. 64.000 diapositive a colori –, capacità gestionali del sistema informatico e risorse finanziarie disponibili, sono stati definiti i criteri di scansione e salvataggio delle immagini, di inserimento dei dati esistenti in un database e di visualizzazione dei dati inseriti. La finalità principale è quella di mettere a disposizione dei collaboratori interni uno strumento di lavoro efficiente che gestisca la documentazione fotografica digitalizzata, indispensabile in-

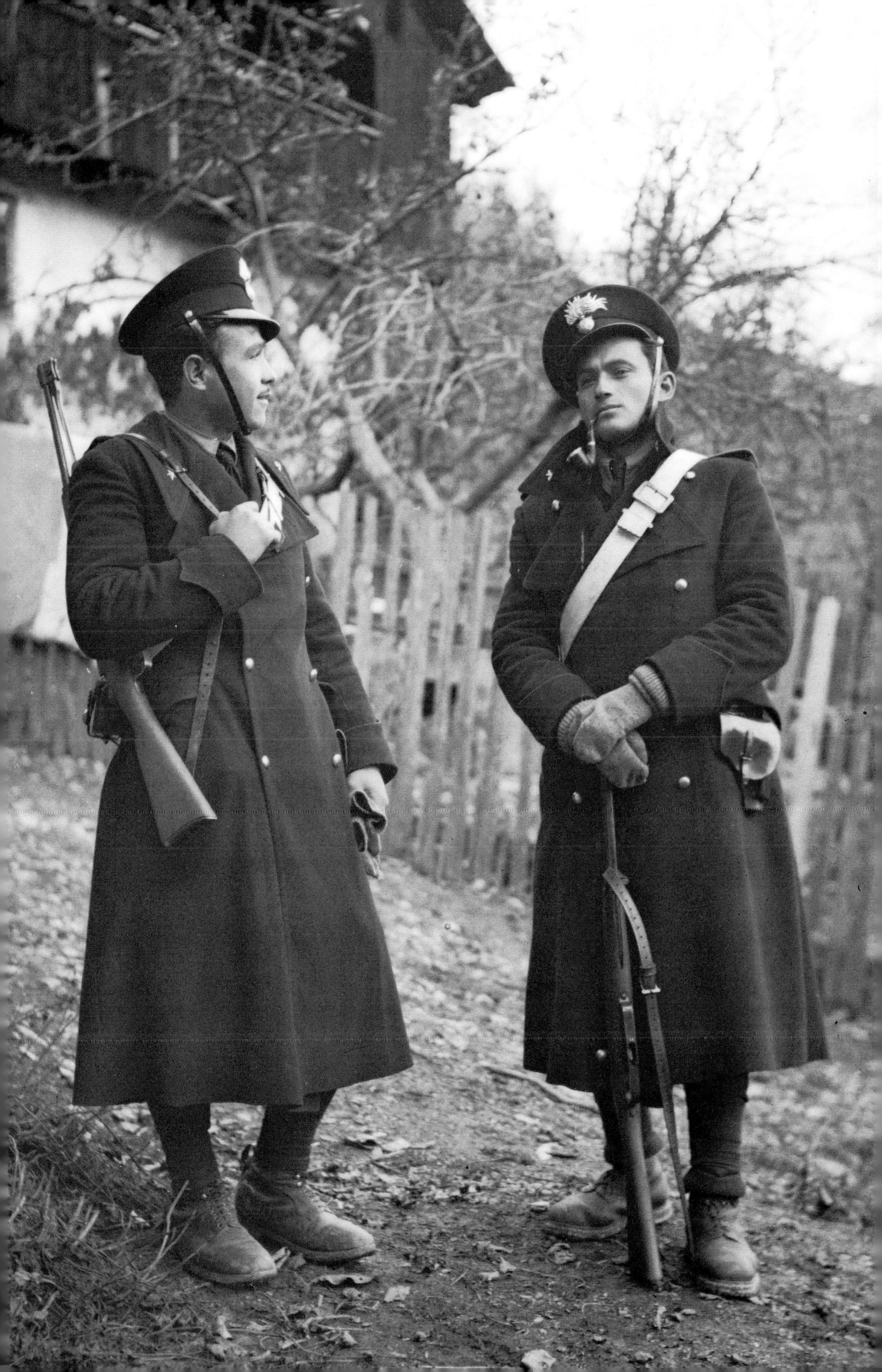

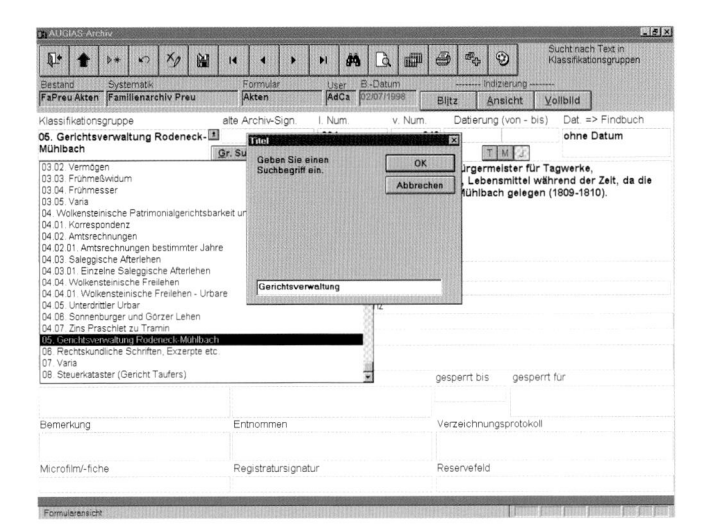

DATENBANKPROGRAMM AUGIAS-ARCHIV: AUSWAHL DER KLASSIFIKATIONSGRUPPE

PROGRAMMA DI ARCHIVIAZIONE AUGIAS-ARCHIV: SCELTA DEL GRUPPO DI CLASSIFICAZIONE

che Grundlage für die historische Bewertung des Denkmalgutes darstellt.

EDV-BETREUUNG

Informationstechnische Assistenz und Koordinierung

Die Abteilung 13, Denkmalpflege, setzt im Bereich der Informatisierung jedes Jahr bestimmte Prioritäten, wobei dem Internen Benutzerbetreuer (IBB) die Koordinierung und Realisierung der Vorhaben zugeordnet ist.
Dabei genießen der Ausbau des Netzwerks und die Erneuerung der Hard- und Software Vorrang. Zu den wichtigsten Innovationen zählen die Installation und die Anwendung von zwei Programmen:
– ADRESS99 zur Verwaltung von Adressen, Telefonnummern, E-Mail-Adressen und Faxnummern der Abteilung;
– ABA zur Übersicht über die Präsenzen der Mitarbeiter des Landesarchivs und der amtsinternen Organisation.

Im Anschluss an die Umbauten im Erdgeschoss von Ansitz Rottenbuch, wo das Amt für Bodendenkmäler eingezogen ist, wurde neben der Neuverkabelung der Anlage auch die Verlegung der EDV-Arbeitsplätze der Ämter 13.1 und 13.2 notwendig. Der IBB entwirft und verwirk-

formazione per una valutazione storica degli interventi sui beni vincolati o sotto tutela.

LABORATORIO INFORMATICO

Assistenza informatica e coordinamento delle attività inerenti

La Ripartizione 13 Beni culturali si propone annualmente di raggiungere obiettivi prioritari ed innovativi, affidando all'Assistente informatico locale il coordinamento e la realizzazione delle attività. Assoluta priorità è stata data al completamento della rete e del rinnovamento del hardware e del software. Tra le innovazioni più rilevanti l'ottimizzazione gestionale tramite l'installazione e l'impiego di due programmi:
– ADRESS99, per la gestione di indirizzi, numeri telefonici, indirizzi e-mail e fax, per la Ripartizione;
– ABA, per la gestione delle presenze ed assenze dei collaboratori dell'A.P.B.
e la riorganizzazione interna degli uffici.

In seguito alla ristrutturazione del piano terra del Palazzo Rottenbuch, destinato all'Ufficio Beni archeologici, si è reso necessario il cablaggio dei locali ed il trasferimento delle postazioni di lavoro degli Uffici 13.1 e 13.2 nei locali assegnati ai colleghi dopo la nuova suddivisione degli spazi. Tra i compiti svolti dal AIL la stesura

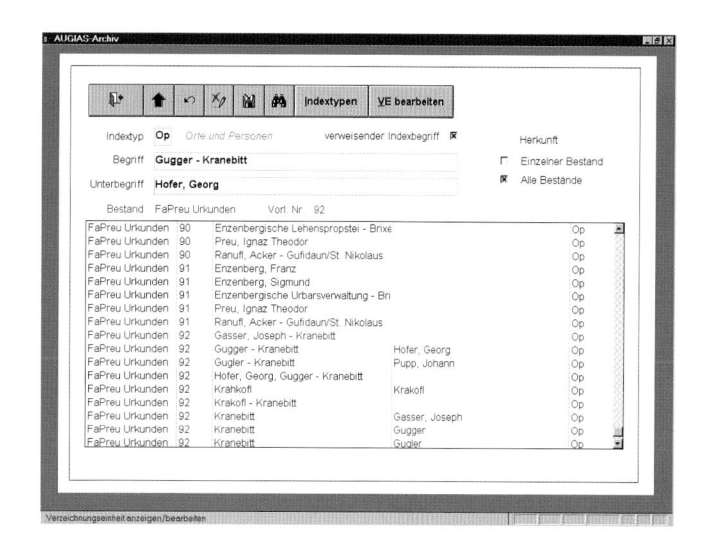

DATENBANKPROGRAMM
AUGIAS-ARCHIV:
INDEXBEARBEITUNG

PROGRAMMA DI
ARCHIVIAZIONE
AUGIAS-ARCHIV:
ELABORAZIONE
DEGLI INDICI

licht ein Jahresprogramm mit den
– Hauptzielen der Abteilung 13, Denkmalpflege und den
– allgemeinen Zielen des Amtes.
Hinzu kommt die Routinebetreuung in den Bereichen Installation – Datenerhaltung/-transfer – Anpassung – Austausch, die Wiedergewinnung verlorener Daten, unterbrochener Dienstleistungen, die Beratung für die Hardware für die digitale Fotografie.

Archivierung mit Augias-Archiv

Die Bestandserfassung ist auf einem guten Beschreibungsstandard, auch dank der kontinuierlichen Verwendung des Programms der Firma Augias-Data. Die Zahl der Bestände, die mit den Programm-Modulen „Archiv", „Bestands- und Benutzerverwaltung" und „Layout-Assisstent" erfasst werden, wächst ständig. Augias-Archiv ist längst zur Standard-Software geworden und wird auch von externen Mitarbeitern verwendet, die für das Landesarchiv Ordnungsarbeiten vornehmen.
Wichtigste Aktivitäten des Administrators der Datenbanken und der Software waren im Berichtsjahr 2001:
1. Verwaltung des Datenbankbestandes von Augias-Archiv, Installation neuer Anwendungen, Betreuung von Anwendern und Zugangsrechten;
2. Veranstaltung eines Treffens mit Dr. Heil von Augias-Data zur Einschulung in die künftig vorgesehenen Änderungen und zur

e la realizzazione di un programma annuale con i relativi
– obiettivi generali per la Ripartizione 13 Beni culturali,
– obiettivi individuali per Ufficio, l'assistenza IMAC-R (Installazione – Manutenzione/Movimento – Aggiornamento – Cambiamento – Rimozione) agli utenti, il ripristino di dati perduti, di servizi interrotti, la consulenza hardware per la fotografia digitale.

Archiviazione con Augias-Archiv

L'archiviazione documentale all'A.P.B. ha raggiunto un buono standard descrittivo, grazie anche all'impiego costante e diffuso dei programmi della ditta Augias-Data.
I fondi archiviati e gestiti con i moduli Archivio [Archiv], Gestione Utenti e Fondi [Bestands- und Benutzerverwaltung] e Assistente di Layout [Layout-Assistent], sono in costante crescita.
Il software Augias-Archiv è divenuto un software standard e viene utilizzato anche da tutti i collaboratori esterni che catalogano per l'A.P.B..
L'attività di Amministratore della banca dati e del software nel 2001 si può riassumere nei seguenti punti:
1. amministrazione del database di Augias-Archiv, installazione delle nuove release e gestione utenti e diritti;
2. organizzazione di un incontro con il dott. Heil di Augias-Data per un aggiorna-

CHRONISTEN,
ARCHÄOLOGEN UND
MITARBEITER DES
LANDESARCHIVS BEIM
ROTHENHOF IN MONTAN

CRONISTI, ARCHEOLOGI
E COLLABORATORI
DELL'ARCHIVIO
PROVINCIALE PRESSO IL
MASO ROTHEN
A MONTAGNA

Unterbreitung der von Mitarbeitern des SLA eingebrachten Änderungsvorschläge in Bezug auf Augias-Archiv 6.2;
3. Installation von Augias-Archiv bei externen Mitarbeitern und drei neuen Archivstandorten: Historisches Archiv der Stadt Meran, Gemeinde Algund und Bibliothek Schlanders.
An sämtlichen Aktivitäten hat Kollegin Christine Roilo mit besonderem Einsatz mitgewirkt.

BETREUUNG DER CHRONISTEN

Überblick

Die Chronisten Südtirols leisten seit Jahren grundlegende Aufbauarbeit im Bereich der Heimatforschung und Ortsdokumentation. Rund 400 ehrenamtliche Mitarbeiterinnen und Mitarbeiter widmen sich verschiedenen Arbeitsschwerpunkten: Sammlung historischer Unterlagen, Erstellung einer Jahreschronik des Gemeindelebens, Sicherung von Sprach- und Namengut und eine rege Ausstellungstätigkeit sind erfolgreiche Arbeitsfelder der Chronisten in Gemeinden und Bezirken.
Ihr Einsatz wird durch das Südtiroler Landesarchiv begleitet, das einzelne Initiativen unterstützt und ständig Fortbildungsangebote bereitstellt. In Bezirks-

mento sulle modifiche previste e per proporre quelle raccolte tra gli archivisti dell'A.P.B. relative al programma Augias-Archiv 6.2;
3. l'installazione di Augias-Archiv presso alcuni collaboratori esterni e 3 nuove istituzioni: l'Archivio storico del Comune di Merano, il Comune di Lagundo e la Biblioteca di Silandro.
Le attività sono state realizzate con la preziosa collaborazione della collega Christine Roilo.

CRONISTI

In generale

I cronisti dell'Alto Adige prestano da anni un'opera fondamentale nel campo della ricerca sulla storia e vicende locali e della rispettiva documentazione. Sono circa 400 collaboratori e collaboratrici volontari che si dedicano ai vari aspetti fondamentali, quali la collezione di documentazione storica, la redazione di una cronaca annuale della vita dei comuni, la conservazione del patrimonio linguistico e toponomastico, nonché un'intensa attività espositiva. Sono tutti campi in cui il lavoro dei cronisti nei comuni e nei distretti ha conseguito più successi. Il loro impegno è seguito con interesse dall'Archivio provinciale che sostiene le singole iniziative e mette a disposizione sempre nuove possibilità di ulteriore formazione professionale. La grande comuni-

PFARRER ANDREAS PERATHONER, BÜRGERMEISTER FRANZ LINTNER UND ORTSCHRONIST LUIS TAPFER BEI DER ERÖFFNUNG DER FOTOAUSSTELLUNG „AN HEILIGEN ORTEN" IN EPPAN, 8. MÄRZ 2001

IL PARROCO ANDREAS PERATHONER, IL SINDACO FRANZ LINTNER E IL CRONISTA LOCALE LUIS TAPFER ALL'INAUGURAZIONE DELLA MOSTRA FOTOGRAFICA „AN HEILIGEN ORTEN" AD APPIANO, 8 MARZO 2001

und Landestagungen trifft sich die große Chronistengemeinschaft zum Austausch über Geleistetes und künftige Ziele.
Beim Chronistentag am 12. Mai 2001 in Sterzing hat Landesrat Dr. Bruno Hosp, gemeinsam mit Archivdirektor Dr. Nössing, wichtige Arbeitsschwerpunkte hervorgehoben und die engagierte Unterstützung des Landes zugesichert. Auch Südtirols Gemeinden beweisen zunehmend Anerkennung und Wertschätzung ihrer Chronisten, wenngleich die Hilfestellungen noch verstärkt ausgebaut werden könnten.
Die Treffen der Südtiroler Chronisten waren auf Landes- und auf Bezirksebene weitgehend gut besucht. Während die Bezirkstreffen vor allem dem Kontakt und Erfahrungsaustausch vor Ort dienen, gelang es auch 2001 durch landesweit ausgeschriebene und meist in Bozen stattfindende Schulungen, Chronisten für unterschiedliche Sachthemen zu begeistern.
Ein Hauptthema war die aktuelle Chronikführung nach Schwerpunkten, die Dokumentationsformen und -ziele der einzelnen in Augenschein genommenen Bereiche genau festlegen soll. So sollte etwa beim Dokumentationsschwerpunkt Bevölkerung versucht werden, den Ist-Zustand einer Ortschaft durch Erfassung »kleiner« Details und dichte Beschreibung des Alltags zu erheben. So werden die natürliche Bevölke-

tà dei cronisti si incontra in occasione di convegni a livello distrettuale e provinciale, al fine di scambiarsi opinioni su quanto è stato fatto e sulle prospettive future. Nella giornata del cronista del 12 maggio 2001 a Vipiteno l'assessore provinciale dott. Bruno Hosp ha messo in rilievo, assieme al direttore dell'Archivio dott. Nössing, i momenti principali dell'importante lavoro svolto, assicurando il pieno, fattivo appoggio della Provincia autonoma. Anche i comuni dell'Alto Adige mostrano una sempre maggiore attenzione e riconoscimento per l'opera dei cronisti, un'attenzione e un sostegno che tuttavia possono essere ulteriormente sviluppati. Gli incontri dei cronisti sono stati ben frequentati sia a livello provinciale che distrettuale. Mentre gli incontri nei distretti servono soprattutto per stabilire contatti e scambi di esperienze a carattere prevalentemente locale, è stato possibile anche nel 2001 suscitare il forte interesse dei cronisti per varie tematiche mediante corsi di istruzione a estensione provinciale, che per lo più hanno avuto luogo a Bolzano.
In essi uno dei temi principali riguardava la redazione di cronache attuali secondo precisi punti di fondamentale importanza, avendo ben chiare le forme di documentazione e le finalità dei singoli settori presi in considerazione. Così, ad esempio, nella documentazione alla voce "Popolazione" si deve cercare di rilevare la situazione attuale di una località mediante il rilevamento dei «piccoli» dettagli

NACHLASS JOSEF JAIDINGER: ÜBERSCHWEMMUNG IN BRIXEN, 1965

LASCITO JOSEF JAIDINGER: INONDAZIONE A BRESSANONE, 1965

rungsentwicklung durch Geburt und Tod, Standesveränderungen durch Heiraten bzw. Scheidungen, aber auch Bevölkerungsbewegung durch Zu- und Abwanderung aufgezeichnet und reflektiert.
Die themenorientierte Chronikführung hebt sich von der gängigen Ereignischronik deutlich ab. Sie bietet dem Chronisten die Möglichkeit, sich auf Gebiete zu konzentrieren, die ihm besonders am Herzen liegen, seien dies nun Natur, Kulturraum und Landschaft, Politik und politische Kräfte, das oft dokumentierte Leben in der Gemeinschaft, Wirtschaft und Erwerbsleben. Weitere Schwerpunktthemen sind die Bildung, Kultur und Freizeit, öffentliche Einrichtungen, Verkehr und Transport, Sicherheit und Ordnung sowie Wohnung, Kleidung und Ernährung. Durch die viel freiere und unabhängigere Art der Chronikführung setzen die einzelnen Chronisten Schwerpunkte gemäß den eigenen Interessen und Neigungen. So könnte sich in einzelnen Gemeinden, wie es mancherorts bereits der Fall ist, ein Team für die verschiedenen Bereiche der Chronikführung bilden. Dieses Modell führt auch zu einer detaillierteren Berichterstattung.
MMag. Cristian Kollman, Sprachwissenschaftler am Südtiroler Landesarchiv, ging in einem zweitägigen Seminar zum Thema »Wie schreibe ich im Dialekt?«

e con una intensa descrizione della vita quotidiana. In tal modo è possibile registrare in modo significativo il naturale sviluppo della popolazione in seguito a morti e nascite, variazioni di stato civile per matrimoni o separazioni, ma anche il movimento demografico in seguito a immigrazione ed emigrazione.
La redazione di una cronaca orientata secondo temi precisi si differenzia chiaramente dalla normale cronaca che si limita a registrare gli eventi. Essa offre al cronista la possibilità di concentrarsi su determinati settori che gli stanno particolarmente a cuore, siano essi la natura o il paesaggio culturale, la politica e le rispettive forze in campo, la vita della comunità dei cittadini, l'economia e la produzione. Altri temi di fondo possono essere l'istruzione, la cultura e il tempo libero, le istituzioni pubbliche, il traffico e i trasporti, la sicurezza e l'ordine pubblico, nonché i modi di abitare, di vestire e di alimentarsi. Mediante una redazione della cronaca molto più libera e indipendente, i singoli cronisti possono mettere in luce punti fondamentali secondo i loro propri interessi e tendenze.
È stato altresì possibile il formarsi in alcuni comuni di un team per i diversi settori della cronaca. Si tratta di un modello che porta anche a un più dettagliato resoconto della situazione. Il linguista dell'Archivio provinciale MMag. Christian Kollman, ha trattato in un seminario durato due giorni il tema: «Come scrivo in dialetto?», toccando possibi-

NACHLASS JOSEF
JAIDINGER:
ÜBERSCHWEMMUNG IN
BRIXEN, 1965

LASCITO JOSEF
JAIDINGER:
INONDAZIONE A BRES-
SANONE, 1965

auf Möglichkeiten, Gemeinsamkeiten und Unterschiede von Hochsprache und Dialekt ein. Der Einführung in die verschiedenen Schrift- und Transkriptionssysteme folgte eine ertragreiche Diskussion zu Problemen der Verschriftlichung, bei der gemeinsam versucht wurde, les- und schreibbare Lösungen zu finden. Auf Bezirksebene ging man auf das Thema der Vereinschroniken ein. Auf einem Pustertaler Treffen reflektierte Dr. Christoph Gasser, Archivar und Museumsdirektor in Klausen, in seinem Referat über deren Formen, Möglichkeiten und Sinnhaftigkeit.

Fotografie als Dokumentationsform

Der 4. Tag der Chronisten in Sterzing stand im Zeichen der Chronistenbilder und ihrer Aufbewahrungsmethoden. Das Interesse von Chronisten richtet sich zunehmend auf die Sicherung der historischen Fotodokumentation vor Ort. In jeder Gemeinde findet sich eine Fülle von Fotomaterialien, die – über zahlreiche Inhaber verstreut – das gemeindliche Leben über mehrere Generationen festhalten. Alltag und Festtag, Arbeit und Freizeit, Brauchtum und Modernisierung ländlicher Räume, Ereignisse und Einschnitte im Gemeinschaftsleben sind in Tausenden von Bildern fixiert. Sie bilden ein unerschöpfliches Reservoir der Ortsgeschichte.

lità, uniformità e differenze esistenti fra lingua colta e dialetto. Alla introduzione sui diversi sistemi di scrittura e di trasposizione è seguita una proficua discussione intorno ai problemi della scrittura dialettale, portando avanti insieme la ricerca di soluzioni accettabili dal punto di vista della lettura e della scrittura. A livello distrettuale si è invece trattato il tema della cronaca relativa all'associazionismo. In un suo intervento tenutosi durante un incontro nella Val Pusteria, il dott. Christoph Gasser, archivista e direttore del museo di Chiusa, ha presentato le sue considerazioni sulle forme, possibilità e significato della cronaca in relazione a questo tema.

Fotografia come forma di documentazione

La quarta giornata dei cronisti tenutasi a Vipiteno si è svolta nel segno della fotografia e dei metodi della sua conservazione. Si è visto che l'interesse del cronista si rivolge sempre più di frequente al problema della conservazione della documentazione fotografica raccolta sul posto. In ogni comune si trova una grande quantità di materiali fotografici – per lo più dispersi fra vari proprietari – che hanno fissato la vita quotidiana della società comunale lungo varie generazioni: giorni di lavoro e di festa, lavoro e tempo libero, tradizione e modernità degli spazi agricoli, degli eventi quotidiani che hanno inciso sulla vita della comunità, si trovano fissati in migliaia di immagini, che

SAMMLUNG UND FAMILIENARCHIV DIETMAR BERNARDI: TERESA BERNARDI (1860–1936), KAFFEEHAUSBESITZERIN OBERMAIS

COLLEZIONE E ARCHIVIO DI FAMIGLIA DIETMAR BERNARDI: TERESA BERNARDI (1860–1936), RISTORATRICE A MAIA ALTA

Unter Chronisten und dem Südtiroler Landesarchiv hat sich das Bewusstsein gefestigt, dass die Pflege der fotografischen Überlieferung ein erstrangiges Ziel darstellt. Beim Chronistentag in Sterzing verwiesen kompetente Referenten wie Rudolf Gschwind, Medienexperte von der Universität Basel, auf die Chance der Vernetzung fotografischer Kleinbestände. Die Fortschritte der Technik der Digitalisierung und Langzeitarchivierung von Bilddaten bieten sich auch für Südtirol zur Nutzung an. Im engmaschigen Netz der Chronisten könnte ein entsprechendes, sorgfältig vorbereitetes Projekt besondere Wirksamkeit entfalten.

Die Anregungen stehen nunmehr vor der Umsetzung. Eine Arbeitsgruppe von Chronisten, Vertretern des Landesarchivs und zuständiger Landesämter wird ein entsprechendes Vorhaben in die Wege leiten; auch für die finanzielle Absicherung bestehen gute Chancen. Wichtigste Grundlage aller Sicherungsarbeiten bleibt jedoch die Ortskenntnis der Chronistinnen und Chronisten Südtirols. Sie sind als Einzige in der Lage, auf entsprechende Sammlungen vor Ort hinzuweisen und die notwendigen Hintergrundinformationen zu den Bildern bereitzustellen. Aus der Verbindung von digitaler Medientechnik und präzisem Chronistenblick könnte ein Fotokataster

costituiscono un'inesauribile riserva per la storia locale. Fra i cronisti e i responsabili dell'Archivio provinciale si è formata la ferma convinzione della eccezionale importanza che assume la cura della tradizione fotografica locale. Nella giornata dei cronisti, tenutasi a Vipiteno, competenti interlocutori come Rudolf Gschwind, esperto mediatico dell'università di Basilea, hanno richiamato l'attenzione sulle possibilità offerte dalla creazione di una rete fra i piccoli fondi fotografici esistenti. I progressi compiuti nel campo della digitalizzazione e della archiviazione duratura di dati fotografici, possono essere utilmente usate in tal campo anche in Alto Adige. Un progetto del genere, accuratamente programmato, potrebbe trovare nella fitta rete dei cronisti, un'applicazione particolarmente interessante. Ai suggerimenti dovrà seguire l'applicazione pratica. Un progetto in questo senso sarà avviato da un gruppo di lavoro composto di cronisti, personale incaricato dell'Archivio provinciale e dei competenti uffici provinciali. Buone possibilità sussistono anche per quanto riguarda l'aspetto finanziario. Premessa fondamentale per tale lavoro di reperimento e conservazione resta la conoscenza diretta dei luoghi quale ne hanno i cronisti, gli unici in grado di dare indicazioni sulla esistenza di tali collezioni e di fornire le necessarie informazioni di base in relazione alle immagini. Dal collegamento fra la tecnica informatica

ARCHIV DES DEUTSCHEN SCHULAMTES: MARIA VOLGGER-PSAIR, VOLKSSCHULLEHRERIN (*1907)

ARCHIVIO DELLA INTENDENZA SCOLASTICA TEDESCA: L'INSEGNANTE DI SCUOLA ELEMENTARE MARIA VOLGGER-PSAIR (NATA NEL 1907)

ARCHIV DES DEUTSCHEN SCHULAMTES: BRIEF DES SCHULAMTSLEITERS DR. DAVID KOFLER AN MARIA VOLGGER-PSAIR ZU IHRER PENSIONIERUNG, 1972

ARCHIVIO DELLA INTENDENZA SCOLASTICA TEDESCA: LETTERA DELL'INTENDENTE SCOLASTICO DOTT. DAVID KOFLER A MARIA VOLGGER-PSAIR IN OCCASIONE DEL PENSIONAMENTO, 1972

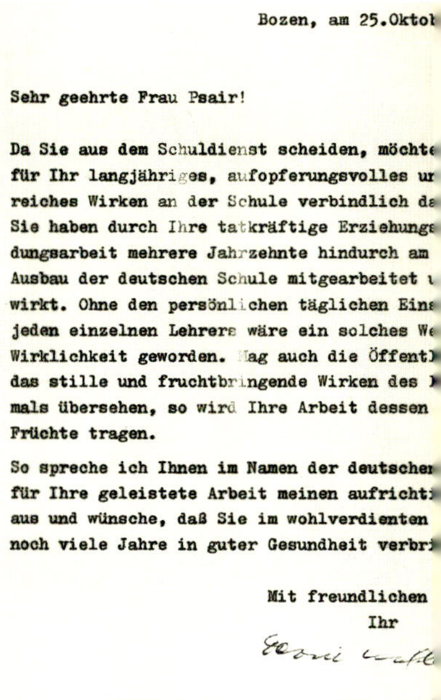

Südtirols hervorgehen, eine umfassende Bild-Datenbank zur Geschichte und Gegenwart unseres Landes.
Praktische Anleitungen zum »Fotografieren baulicher Veränderungen« gaben zwei Chronisten im Rahmen eines Seminars im Bezirk Unterland-Überetsch. Erwin Lona und Luis Tapfer erläuterten im Rahmen eines Rundganges durch Margreid Möglichkeiten und Tücken der Gebäudefotografie. Ein Fotoseminar für Chronisten führte Anfänger und fotografisch erprobte Laien in die Möglichkeiten der digitalen Fotografie ein.

Zusammenarbeit mit Landesämtern und anderen Institutionen

Die Zusammenarbeit mit anderen Landesämtern wurde im Berichtsjahr intensiviert. Davon zeugen eine Begegnung mit dem Amt für Bodendenkmäler, das auf Unterstützung durch die Chronisten baut. Bei einem Lokalaugenschein auf einer neu entdeckten »Wallburg« und einer anschließenden Diaschau wurden typische Merkmale archäologischer Fundstellen hervorgehoben. Auf dem Rothenhof in Montan erläuterten Amtsdirektor Dr. Lorenzo Dal Ri und sein Mitarbeiter Dr. Umberto Tecchiati, wie Chronisten durch ihre Ortskenntnis dem Amt wertvolle Hinweise geben können. Die folgende Diaschau zeigte anschaulich, wie

e il preciso occhio del cronista potrebbe nascere un catasto fotografico dell'Alto Adige, di grande importanza per la storia passata e presente della nostra provincia. Indicazioni pratiche per «Fotografare i mutamenti del mondo contadino» sono state fornite da due cronisti nell'ambito di un seminario tenutosi nel distretto della Bassa Atesina-Oltradige. Erwin Lona e Luis Tapfer illustrarono durante un sopralluogo attraverso Magré le possibilità, ma anche le insidie della fotografia di edifici. Un seminario fotografico per cronisti, sia principianti che non, ha illustrato le possibilità della fotografia digitale.

Collaborazione con gli uffici provinciali e le altre istituzioni

Nell'anno di cui si fa relazione sono stati intensificati i rapporti di collaborazione con gli altri uffici della Provincia. Ne sono testimonianza gli incontri con l'ufficio dei beni archeologici con la collaborazione dei cronisti. In occasione di un sopralluogo a una «Wallburg» di nuova scoperta e alla conseguente proiezione di diapositive, furono messi in luce i tipici caratteri di un luogo archeologico. Al Rothenhof di Montana il direttore dell'ufficio dott. Lorenzo dal Ri e il suo collaboratore dott. Umberto Tecchiati hanno illustrato come i cronisti possano, grazie alla loro più precisa conoscenza dei luoghi, dare preziose informazioni all'ufficio. La successiva proiezione di diapositive mise

Candido

settimanale d'attualità e politica

MILANO - ANNO XIII - N. 47 - 24 NOVEMBRE 1957 - LIRE 60

Südtirol
nicht ~~Alto Adige~~

DIETRO DI LORO C'È LA RUSSIA

SAMMLUNG LUISE
PLIEGER-WINKLER:
TITELBLATT DES
„CANDIDO", 1957

COLLEZIONE LUISE
PLIEGER-WINKLER:
COPERTINA DELLA
RIVISTA „CANDIDO",
1957

ARCHIV DES SVP-
BEZIRKS MERAN:
WAHLWERBUNG ZU DEN
PARLAMENTSWAHLEN
VON 1968

ARCHIVIO DELLA SVP,
CIRCONDARIO DI
MERANO: PROPAGANDA
ELETTORALE PER LE
ELEZIONI POLITICHE
DEL 1968

der ökonomische Fortschritt und der soziale Wandel den Verlust von archäologischen Kulturgütern enorm beschleunigt. Eine neue, sicherlich ausbaufähige Zusammenarbeit entstand mit dem Amt für Landschaftsökologie durch das Seminar »Landschaft im Wandel«. Dabei referierten der Direktor des Amtes für Landschaftsökologie, Dr. Martin Schweiggl, der Landschaftsplaner Dr. Konrad Stockner und der Landschaftsökologe Dr. Joachim Mulser über die Bedeutung einzelner Landschaftselemente sowie über Wege zur Dokumentation und Steuerung des Landschaftswandels. Ein dreitägiges Seminar zum Thema Schulgeschichte wurde in Zusammenarbeit mit dem Tiroler Geschichtsverein, Sektion Bozen, in der Fortbildungsakademie Rechtenthal in Tramin abgehalten. Die Kooperation kam bei den Teilnehmern gut an. Besonders offentlichkeitswirksam war die bereits in Neumarkt gezeigte und in Eppan im März wiederholte Ausstellung »An heiligen Orten«. Die vom Chronistenbezirk Unterland-Überetsch konzipierte Ausstellung trug dazu bei, die Bevölkerung auf vergessene Kultplätze aufmerksam zu machen. Wichtigstes Publikationsforum der Tiroler Chronisten in Nord-, Süd- und Osttirol bleibt der »Tiroler Chronist« (Herausgeber: Tiroler Kulturwerk; Schriftleitung: Mag. Richard Lipp), der viermal

chiaramente in luce come il progresso economico e le trasformazioni sociali affrettino enormemente la perdita di importanti beni archeologici. Una nuova forma di collaborazione, sicuramente suscettibile di maggiori sviluppi, si è avuta con l'Ufficio ecologia del paesaggio mediante il seminario «Landschaft im Wandel» («Paesaggio in trasformazione»), in occasione del quale hanno parlato il direttore dell'ufficio dott. Martin Schweiggl, il pianificatore dott. Konrad Stockner e l'ecologista dott. Joachim Mulser, illustrando l'importanza dei singoli elementi paesaggistici, nonché forme e modi per la documentazione e il controllo del mutamento del paesaggio. In collaborazione con il Tiroler Geschichtsverein, sezione di Bolzano, si è tenuto nell'Accademia delle scienze formative Rechtenthal a Termeno un seminario di tre giorni sul tema «storia della scuola». Buona è stata la collaborazione nell'occasione stabilitasi fra i vari partecipanti. Di particolare efficacia presso l'opinione pubblica è stata la mostra «An heiligen Orten» tenutasi dapprima a Egna e poi a marzo ripetuta ad Appiano: concepita dai cronisti del distretto Bassa Atesina-Oltradige, contribuì a richiamare l'attenzione della popolazione su antichi, dimenticati luoghi di culto. Il più importante strumento pubblicistico dei cronisti del Tirolo del Nord, del Sud e dell'Est resta il «Tiroler Chronist» (editore: Tiroler Kulturwerk; direzione: Mag. Richard Lipp), che si pub-

EINER DER SECHS
DEPOTRÄUME DES
SÜDTIROLER
LANDESARCHIVES

UNO DEI SEI DEPOSITI
DELL'ARCHIVIO
PROVINCIALE DI
BOLZANO

jährlich erscheint und durch die Kulturabteilungen der Länder Tirol und Südtirol finanziell getragen wird. Die Auflage von jeweils 1000 Exemplaren wird zur Hälfte durch das Südtiroler Landesarchiv finanziert und vorwiegend an Chronisten versandt. mpd

Vergabe von Beiträgen

Auch im Berichtsjahr konnte die Nachfrage nach Beiträgen in zufrieden stellender Weise erfüllt werden. Die Beitragsvergabe bietet Archivinhabern die Chance, ihre Bestände besser zu verwahren sowie eine umfassende Ordnung und Verzeichnung anzustreben. Das Landesarchiv gewinnt die Möglichkeit, die Archivpflege auch in der Peripherie zu koordinieren und durch gelungene Projekte anregend und modellbildend zu wirken. Bewährt hat sich auch der neue Modus der Beitragsvergabe mit exakteren Kriterien und stärker formalisierter, aber wenig bürokratischer Abwicklung. Insgesamt wurde die Erhaltung und Erschließung von sechs privaten und zwei kirchlichen Archiven mit einer Gesamtsumme von 130 Millionen Lire (92,5 : 37,5 Millionen) gefördert, wobei über 110 Millionen auf Ordnungs- und Inventarisierungsarbeiten entfielen. Erstmalig unterstützt wurde auch die Erhaltung historischer Buchbestände mit 60 Millionen Lire.

blica quattro volte all'anno, finanziato dalla ripartizione culturale del Tirolo e da quella del Sudtirolo. La tiratura per ogni edizione di 1000 esemplari è distribuita per la metà a cura dell'Archivio provinciale, che la invia prevalentemente ai cronisti della provincia. mpd

Assegnazione di contributi

Anche nel 2001 si è potuto venire incontro in modo soddisfacente alla richiesta di contributi. L'assegnazione di contributi permette all'Archivio di conservare meglio i suoi fondi, migliorandone il riordino e la classificazione e gli dà inoltre la possibilità di coordinare le operazioni anche in periferia mediante riusciti progetti che possono servire da modello operativo. Positivo è apparso anche il nuovo modus di assegnazione dei contributi secondo criteri più precisi e più nettamente formalizzati, ma al tempo stesso meno burocraticamente complessi. Nell'insieme si è promossa la ricognizione e il riordino di sei archivi privati e due ecclesiastici per una somma complessiva di 130 milioni di lire (92,5 : 37,5 milioni), di cui 110 milioni si riferiscono ai soli lavori di riordino e di inventariazione. Per la prima volta si è sostenuto anche la conservazione di materiale librario di valore storico con una spesa di 60 milioni di lire.

EIN WICHTIGES
ARBEITSZIEL:
DER ONLINE-KATALOG
DER DIENSTBIBLIOTHEK

UN OBBIETTIVO
IMPORTANTE:
IL CATALOGO ONLINE
DELLA BIBLIOTECA
DELL'UFFICIO

FACHBIBLIOTHEK

Das Landesarchiv verfügt über eine der bedeutendsten geschichtswissenschaftlichen Bibliotheken des Landes. Sammelschwerpunkte des Bestandes bilden die Themenbereiche Archivwesen, historische Hilfswissenschaften, allgemeine Geschichte und Regionalgeschichte. Der Einzugsbereich der Spezialliteratur umfasst den süddeutschen, österreichischen, schweizerischen und oberitalienischen Raum.

Bei der Errichtung des Archivs 1986 zählte der Bestand etwa 300 Bände, heute mehr als 20.000. Dazu kommen noch ca. 150 Zeitschriftentitel. Der relativ kleine Altbestand beläuft sich auf etwa 70 Drucke vor 1800. Bei einem Gesamtzugang von 1100 Bänden wurde im Jahr 2001 besonderer Wert auf den Erwerb von grauer Literatur, wie von Diplomarbeiten, Dissertationen und Habilitationsschriften zur regionalen Geschichte gelegt. Neben vielen kleinen Schenkungen gab es auch größere Zugänge wie die Bibliothek der „Sozialen Fortschrittspartei Südtirols" (Egmont Jenny, Bozen) und Schwerpunkte aus dem 19. Jahrhundert (DI Winfried Hofinger, Mutters).

Das Landesarchiv hat im Rahmen der Abteilung Denkmalpflege Mitte 2000 die EDV-Erfassung und Neuaufstellung der Bibliothek als Projekt in Angriff genommen. Die Anschaffung des Bibliotheksprogram-

BIBLIOTECA

L'Archivio provinciale dispone di una delle più importanti biblioteche storico-scientifiche della provincia. I suoi settori più importanti riguardano le specifiche tematiche archivistiche, le scienze storiche e affini, la storia in generale e quella regionale. L'ambito di estensione geografica della letteratura specialistica comprende la Germania meridionale, l'Austria, la Svizzera e l'Italia settentrionale. Al momento della creazione dell'Archivio nel 1986 la biblioteca contava circa 300 volumi, che oggi sono saliti a più di 20.000. Ad essi si aggiungono anche circa 150 riviste. Il fondo storico antico, relativamente piccolo, comprende circa 70 stampati precedenti il 1800.

Con nuovi acquisti per 1100 volumi si è data particolare importanza nel 2001 all'acquisizione di tesi diploma o di abilitazione, dissertazioni, tesi di laurea aventi valore storico regionale. Oltre a piccole donazioni, vi sono state anche entrate maggiori quali la biblioteca della "Soziale Fortschrittspartei Südtirols" (Egmont Jenny, Bolzano) e momenti culminanti del XIX secolo (DI Winfried Hofinger, Mutters).

Nell'ambito della ripartizione per la tutela dei beni culturali l'Archivio provinciale ha iniziato ad attuare verso la metà del 2000 il progetto di informatizzazione e riordino della biblioteca. Uno dei primi importanti passi

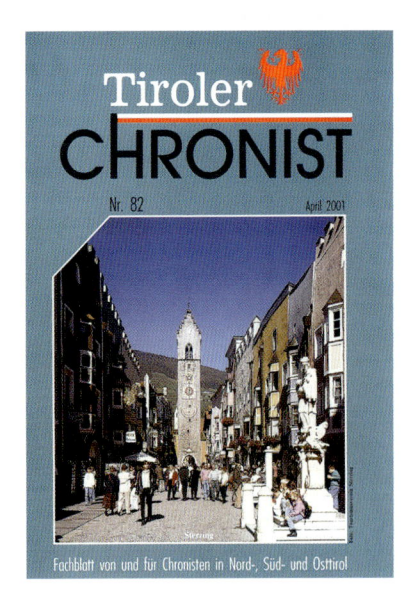

DER „TIROLER CHRONIST" ERSCHEINT VIERMAL JÄHRLICH.

IL "TIROLER CHRONIST" ESCE QUATTRO VOLTE ALL'ANNO.

mes „Bibliotheca 2000" der Firma Bond im Herbst 2000 war ein erster wichtiger Schritt. Dieses Programm wird bereits an mehreren wissenschaftlichen Bibliotheken in Südtirol verwendet, so etwa von der Universitätsbibliothek. Eine engere Zusammenarbeit mit anderen Bibliotheken wie ein späterer Katalogverbund wird dadurch erleichtert.

Im Kalenderjahr 2001 wurden über 2400 Bücher inventarisiert, in Autopsie katalogisiert und etikettiert. Das Regelwerk für die Katalogisierung in wissenschaftlichen Bibliotheken (RAK-WB) wurde eingeführt und konsequent angewandt. Die bisherigen Sachgruppen wurden verfeinert und adaptiert. Das Zeitschriftenverzeichnis wurde gründlich überarbeitet und aktualisiert, die Heimat- bzw. Dorfbücher geordnet und EDV-erfasst.

In den kommenden zwei Jahren soll der gesamte Buchbestand elektronisch erfasst und erschlossen werden. Für zwei Drittel der Bücher ist eine Magazinaufstellung vorgesehen. Die optimale Nutzung des eher begrenzten Raumes ist damit gewährleistet.

Die Recherche erfolgt künftig mithilfe eines Online-Katalogs (Online Public Access Catalogue – OPAC) über Internet bzw. Intranet. Eine interne OPAC-Testversion läuft bereits seit Juli 2001. Die Archivbenützer/innen können die so recherchierten Bücher und Zeitschriften im Lesesaal des Landesar-

a tale scopo è stato l'acquisto del programma bibliografico "Biblioteca 2000" della ditta Bond nell'autunno del 2000. Si tratta di un programma che è già in uso in varie biblioteche dell'Alto Adige, fra cui la biblioteca universitaria. Ciò facilita una più stretta collaborazione con le altre biblioteche e la creazione di un collegamento in vista di un futuro catalogo unitario.

Nel 2001 sono stati inventariati, catalogati ed etichettati oltre 2400 libri, utilizzando e applicando sistematicamente il sistema RAK-WB per la catalogazione delle opere scientifiche. I settori specifici per materia sono stati perfezionati e meglio adattati alla consultazione. Anche il catalogo delle riviste è stato rielaborato a fondo e reso più attuale, mentre si sono ordinati e informatizzati anche i libri di storia locale o "Dorfbücher".

Nei prossimi due anni si pensa di informatizzare tutto il patrimonio librario. Per due terzi dei libri si prevede una sistemazione di magazzino in modo da garantire la migliore utilizzazione possibile del limitato spazio a disposizione.

In futuro la ricerca avverrà tramite un catalogo online (Online Pubblic Access Catalogue – OPAC) in Internet o rispettivamente Intranet. Una versione interna dell'OPAC è già in funzione dal luglio 2001, in modo che gli utenti possono consultare nella sala di lettura dell'Archivio i libri e le riviste così individuate. Al termine del progetto la "casa

DAS LANDESARCHIV FÖRDERT AUCH DIE INTERNATIONALE GESCHICHTSFORSCHUNG.

L'ARCHIVIO PROVINCIALE PROMUOVE ANCHE LA RICERCA STORICA INTERNAZIONALE.

chivs benützen. Am Ende des Projekts wird das Südtiroler „Haus der Geschichte" mit seinen vielfältigen Aufgaben und Aktivitäten um einen wichtigen Service reicher sein. gs

della storia" sudtirolese si sarà arricchita di un nuovo importante servizio che andrà ad aggiungersi ai suoi molteplici compiti e attività. gs

VERÖFFENTLICHUNGEN DES SÜDTIROLER LANDESARCHIVS BZW. DER EINZELNEN MITARBEITERINNEN UND MITARBEITER

Zum gesetzlichen Aufgabenkreis des Landesarchivs zählen unter anderem die Grundlagenforschung im landes- und regionalgeschichtlichen Bereich und die Veröffentlichung der Forschungsergebnisse in der archiveigenen Reihe (Veröffentlichungen des Südtiroler Landesarchivs / Pubblicazioni dell'Archivio Provinciale di Bolzano) sowie in anderen Fachpublikationen und -periodika. In der Reihe der Veröffentlichungen konnte am 7. September Band 11 „Wappen und Kleinod. Wappenbriefe in den öffentlichen Archiven Südtirols" vorgestellt werden. Der Verkaufserfolg in den darauf folgenden Wochen brachte das Buch in die Bestsellerlisten des lokalen Buchhandels. Weitere Bände der Reihe sind in Vorbereitung, sechs davon liegen weitest gehend abgeschlossen in Manuskriptform vor und werden im Laufe der Jahre 2002/2003 erscheinen:

PUBBLICAZIONI DELL'ARCHIVIO PROVINCIALE DI BOLZANO E RISPETTIVAMENTE DEI SUOI SINGOLI COLLABORATORI E COLLABORATRICI

Dei compiti che la legge assegna all'Archivio provinciale di Bolzano fa parte fra gli altri la ricerca di base nell'ambito della storia provinciale e regionale, nonché la pubblicazione dei risultati conseguiti nella serie di pubblicazioni proprie dell'Archivio stesso (Veröffentlichungen des Südtiroler Landesarchivs / Pubblicazioni dell'Archivio provinciale di Bolzano), ma anche in altre sedi specialistiche. Nella serie delle pubblicazioni in proprio è stato presentato il 7 settembre 2001 il volume n. 11 «Wappen und Kleinod. Wappenbriefe in öffentlichen Archiven Südtirols», il cui successo di vendita nelle settimane successive portò il libro nella lista dei bestseller della locale editoria. Altri volumi della serie sono attualmente in preparazione, sei dei quali si trovano in avanzato stadio di elaborazione come manoscritti e saranno pubblicati nel corso degli anni 2002/2003, e cioè:

ARCHIV DER FAMILIE
PEER, BRIXEN: FAMILIE
ANTON PEER UM 1860

ARCHIVIO DELLA
FAMIGLIA PEER,
BRESSANONE:
ANTON PEER E
FAMIGLIA, 1860 CIRCA

Cinzia VILLANI, Zwischen Rassengesetzen und Deportation. Juden in den Provinzen Bozen, Trient und Belluno 1933–1943, aus dem Italienischen übersetzt von Michaela HEISSENBERGER, bearbeitet von Hugo SEYR, mit einem Vorwort von Klaus VOIGT;

Das Archiv der Stadtapotheke Peer in Brixen, bearbeitet von Hans HEISS unter Mitwirkung von Oswald PEER und Christine ROILO;

Das Alte Buch: Projekt und Methoden der Erschließung, Akten der Tagung, Brixen, 12./13. Oktober 2000, hrsg. von Johannes ANDRESEN und Josef NÖSSING;

Der Tiroler Bergbau und die Depression der europäischen Montanwirtschaft im 14. und 15. Jahrhundert, Akten des Internationalen bergbauhistorischen Kongresses, Steinhaus, 30. Oktober bis 2. November 2000, hrsg. von Rudolf TASSER und Ekkehard WESTERMANN;

Das älteste Urbar des Bozner Heilig-Geist-Spitals von 1420, bearbeitet von Walter SCHNEIDER;

Giuseppe ALBERTONI, Die Herrschaft des Bischofs. Macht und Gesellschaft zwischen Etsch und Inn im Mittelalter (9.–11. Jahrhundert), aus dem Italienischen von Urban

Cinzia VILLANI, Zwischen Rassengesetzen und Deportation. Juden in den Provinzen Bozen, Trient und Belluno 1933–1943, tradotto dall'italiano da Michaela HEISSENBERGER, revisione della traduzione di Hugo SEYR, con una prefazione di Klaus VOIGT;

Das Archiv der Stadtapotheke Peer in Brixen, a cura di Hans HEISS, con la collaborazione di Oswald PEER e Christine ROILO;

Das Alte Buch: Projekt und Methoden der Erschließung, Akten der Tagung, Brixen, 12./13. Oktober 2000, a cura di Johannes ANDRESEN e Josef NÖSSING;

Der Tiroler Bergbau und die Depression der europäischen Montanwirtschaft im 14. und 15. Jahrhundert, Akten des Internationalen bergbauhistorischen Kongresses, Steinhaus, 30. Oktober bis 2. November 2000, a cura di Rudolf TASSER e Ekkehard WESTERMANN;

Das älteste Urbar des Bozner Heilig-Geist-Spitals von 1420, a cura di Walter SCHNEIDER;

Giuseppe ALBERTONI, Die Herrschaft des Bischofs. Macht und Gesellschaft zwischen Etsch und Inn im Mittelalter (9.–11. Jahrhundert), tradotto dall'italiano da Urban

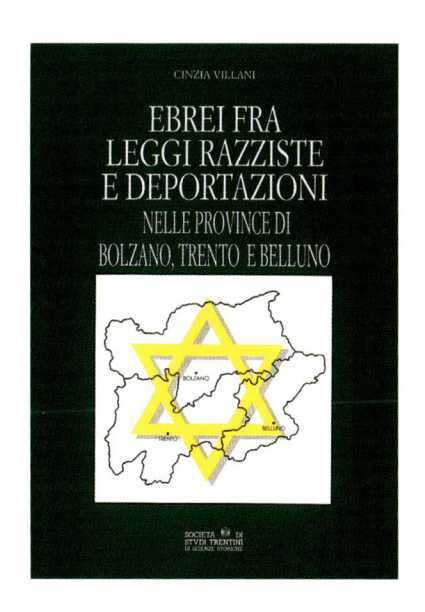

EIN WICHTIGER BEITRAG ZUR RASSISMUS-FORSCHUNG, DER MIT UNTERSTÜTZUNG DES SÜDTIROLER LANDESARCHIVS AUCH IN DEUTSCHER FASSUNG ERSCHEINT

UN IMPORTANTE CONTRIBUTO ALLA RICERCA SUL RAZZISMO STORICO, CHE SARÀ CON L'AIUTO DELL'ARCHIVIO PROVINCIALE DI BOLZANO ANCHE IN VERSIONE TEDESCA

Bassi, bearbeitet von Harald Krahwinkler und Gustav Pfeifer, mit einem Vorwort von Herwig Wolfram.

Im Jahr 2000 wurde eine zunächst auf drei Jahre beschränkte Kooperation zwischen dem Landesarchiv und der Arbeitsgruppe Regionalgeschichte / Gruppo di ricerca per la storia regionale (Bozen) vereinbart, deren erste Ergebnisse mit den beiden Heften des 10. Jahrgangs der Zeitschrift „Geschichte und Region / Storia e regione" nun vorliegen. Damit positioniert sich das Archiv verstärkt als Forschungsstätte im regionalen und überregionalen Rahmen und ist gleichzeitig in der Lage, den Schriftentausch auszubauen. Das Spektrum der weiteren Veröffentlichungen von Archivmitarbeiterinnen und -mitarbeitern reicht von der Sprachwissenschaft, der archivischen Konservierung und der Zeitgeschichte über die Stadt-, Tourismus-, Schriftlichkeits-, Orts-, Kirchen-, Höfe- und Medizingeschichte bis zu den historischen Hilfswissenschaften, zur Adels- und Bürgertumsforschung quer durch die Jahrhunderte. Die breiten Interessenlagen spiegeln sich auch in der regen Vortrags- und Unterrichtstätigkeit, den besuchten Tagungen und den von Archivmitarbeitern organisierten bzw. mitorganisierten Tagungen, Ausstellungen und Veranstaltungen.

Diese mittel- und unmittelbar auch der Öffentlichkeitsarbeit des Archivs dienenden

Bassi, rielaborazione della traduzione di Harald Krahwinkler e Gustav Pfeifer, con una prefazione di Herwig Wolfram.

Nell'anno 2000 era stato stipulato un accordo di collaborazione fra l'Archivio provinciale e il Gruppo di ricerca per la storia regionale (Bolzano), i cui primi risultati figurano oggi nei due numeri della X annata della rivista "Geschichte und Region/Storia e regione". Con i lavori indicati l'Archivio rafforza la sua posizione di ricerca in campo regionale e sovraregionale, in grado al tempo stesso di promuovere lo scambio di pubblicazioni in tale settore. Lo spettro delle ulteriori pubblicazioni da parte di collaboratori e collaboratrici dell'Archivio va dal campo delle scienze linguistiche, ai problemi della conservazione archivistica, a quello della storia contemporanea delle città e delle località minori, del turismo, della Chiesa, dei masi e della medicina fino alle scienze storico-ausiliari, alla ricerca intorno alla nobiltà e alla borghesia nel corso dei secoli. Il largo ambito di interessi si rispecchia anche nella vivace attività di conferenze e corsi di istruzione, di frequentati convegni e di una molteplicità di incontri, mostre e manifestazioni organizzate direttamente dai nostri collaboratori o con il loro contributo. Si tratta di iniziative dell'Archivio provinciale che direttamente o indirettamente vanno a vantaggio del più largo pubblico e che negli ultimi anni furono

Wappen und Kleinod
Wappenbriefe in öffentlichen
Archiven Südtirols

Gustav Pfeifer
(Bearb.)

DIE JÜNGSTE VER-
ÖFFENTLICHUNG DER
PUBLIKATIONSREIHE
DES SÜDTIROLER
LANDESARCHIVS, EIN
BEITRAG EINES MIT-
ARBEITERS

LA PIÙ RECENTE DELLE
"PUBBLICAZIONI DEL-
L'ARCHIVIO PROVINCIA-
LE", UN CONTRIBUTO DI
UN COLLABORATORE
DELL'ARCHIVIO

Maßnahmen wurden flankiert und ergänzt durch eine in den letzten Jahren stetig ansteigende Zahl von Führungen durch die Benutzerräume, Werkstätten und Depots des Landesarchivs. Im Berichtsjahr (vor allem im ersten Halbjahr) gab es insgesamt 17 Führungen in beiden Landessprachen mit insgesamt 205 Besucherinnen und Besuchern. Besonders erfolgreich waren die zwischen Februar und Juni angebotenen regelmäßigen offenen frühabendlichen Führungen. Dieses Angebot nahmen vor allem Interessenten wahr, die ansonsten keine Möglichkeiten haben, das Archiv mit organisierten Gruppen (etwa Schulklassen oder Chronisten) zu besuchen.

Im Rahmen der Forschungstätigkeit zum „Tiroler Urkundenbuch" nahm Hannes Obermair die Bearbeitung der frühmittelalterlichen Synodal- und Konzilsakten mit Säben-Brixner Beteiligung vor. Der Schwerpunkt lag in der Texterung von Brixner Hochstiftsurkunden bis 1200, der Einarbeitung von Sekundärliteratur in den editorischen Apparat und der Kollationierung der Neustifter Siegelurkunden bis 1200 im Stiftsarchiv Neustift (gem. mit Dr. Martin Bitschnau).

Veröffentlichungen des Südtiroler Landesarchivs bzw. der einzelnen Mitarbeiterinnen und Mitarbeiter

a) Veröffentlichungen des Südtiroler Landesarchivs / Pubblicazioni dell'Archivio Provinciale di Bolzano (VSL / PAPBz)

affiancate e integrate da un numero sempre più alto di visite guidate dei locali, laboratori e depositi dell'Archivio stesso. Nel 2001 – soprattutto nella prima metà dell'anno – sono state effettuate 17 visite guidate in ambedue le lingue della provincia per complessivi 205 ospiti. Particolare successo hanno conseguito le regolari visite guidate serali nei mesi fra febbraio e giugno: un'offerta di cui profittarono persone interessate che altrimenti non avrebbero avuto la possibilità di farlo con gruppi organizzati, quali le scuole o i cronisti.

Nell'ambito dell'attività di ricerca in relativa al "Tiroler Urkundenbuch" Hannes Obermair ha effettuato la elaborazione degli atti sinodali e conciliari dell'alto Medioevo con partecipazione dei vescovi di Sabiona-Bressanone. L'aspetto più importante stava nella ricognizione del testo dei documenti relativi al vescovado brissinese fino al 1200, nell'introduzione della letteratura secondaria nell'apparato editoriale e nella collazione dei documenti di Novacella fino al 1200 nell'archivio del convento di Novacella (con il dott. Martin Bitschnau).

Pubblicazioni dell'Archivio provinciale e rispettivamente dei suoi singoli collaboratori e collaboratrici

a) Veröffentlichungen des Südtiroler Landesarchivs / Pubblicazioni dell'Archivio Provinciale di Bolzano (VSL / PAPBz)

DIE ZEITSCHRIFT „GESCHICHTE UND REGION / STORIA E REGIONE" ERSCHEINT IN ZUSAMMENARBEIT MIT DEM SÜDTIROLER LANDESARCHIV.

LA RIVISTA "GESCHICHTE UND REGION / STORIA E REGIONE" ESCE IN COLLABORAZIONE CON L'ARCHIVIO PROVINCIALE DI BOLZANO.

Bd. 11 Gustav PFEIFER (Bearb.), Wappen und Kleinod. Wappenbriefe in öffentlichen Archiven Südtirols, Bozen 2001, 211 S. (mit 72 Farbabbildungen von Alessandro CAMPANER)

b) Geschichte und Region / Storia e regione

– Heft 10/1: Regionale Ökonomien / Economia e territorio, hrsg. von Andrea BONOLDI und Wolfgang MEIXNER, 180 S.
– Heft 10/2: Reisen im sozialen Raum / Viaggio – territorio – società, hrsg. von Hans HEISS, 181 S.

c) Veröffentlichungen der einzelnen Mitarbeiterinnen und Mitarbeiter

Lidia BORGOGNO, Richtlinien zur Aufbewahrung von Schriftgut, Bozen 2001 (ital. Fassung unter dem Titel: Vademecum per la conservazione di documenti d'archivio)

Hans HEISS, „Fortschritt" im kleinstädtischen Raum. Stadtapotheker in Brixen 1787 bis um 1870, in: Elisabeth DIETRICH-DAUM / Werner MATT / Hanno PLATZGUMMER (Hrsg.), Geschichte und Medizin. Forschungsberichte – Fachgespräche. Dokumentation der internationalen Tagung „Geschichte und Medizin". 5. Dornbirner Geschichtstage, 9. bis 12. Juni 1999, Dornbirn 2001, S. 203–230

vol. 11 Gustav PFEIFER, Wappen und Kleinod. Wappenbriefe in öffentlichen Archiven Südtirols, Bolzano 2001, 211 pp. (con 72 immagini a colori di Alessandro CAMPANER)

b) Geschichte und Region / Storia e regione

– Quaderno 10/1: Regionale Ökonomien / Economia e territorio, a cura di Andrea BONOLDI e Wolfgang MEIXNER, 180 pp.
– Quaderno 10/2: Reisen im sozialen Raum / Viaggio – territorio – società, a cura di Hans HEISS, 181 pp.

c) Pubblicazioni dei singoli collaboratori

Lidia BORGOGNO, Vademecum per la conservazione di documenti d'archivio, Bolzano 2001 (ted.: Richtlinien zur Aufbewahrung von Schriftgut)

Hans HEISS, "Fortschritt" im kleinstädtischen Raum. Stadtapotheker in Brixen 1787 bis um 1870, in: Elisabeth DIETRICH-DAUM / Werner MATT / Hanno PLATZGUMMER (a cura di), Geschichte und Medizin. Forschungsberichte – Fachgespräche. Dokumentation der internationalen Tagung "Geschichte und Medizin". 5. Dornbirner Geschichtstage, 9. bis 12. Juni 1999, Dornbirn 2001, pp. 203–230

LANDESRAT BRUNO HOSP, BUCHAUTOR GUSTAV PFEIFER UND AMTSDIREKTOR JOSEF NÖSSING BEI DER VORSTELLUNG VON „WAPPEN UND KLEINOD"

L'ASSESSORE BRUNO HOSP, L'AUTORE GUSTAV PFEIFER E IL DIRETTORE D'UFFICIO JOSEF NÖSSING ALLA PRESENTAZIONE DEL LIBRO "WAPPEN UND KLEINOD"

– Tourismus und Urbanisierung. Fremdenverkehr und Stadtentwicklung in den österreichischen Alpenländern bis 1914, in: Alois NIEDERSTÄTTER (Hrsg.), Stadt – Strom – Straße – Schiene (Beiträge zur Geschichte der Städte Mitteleuropas, 16), Linz 2001, S. 217–246

– Heimat und Kleinbürgertum: zum stillen Einklang zweier Konzepte, in: Thomas ALTHAUS (Hrsg.), Kleinbürger. Zur Kulturgeschichte des begrenzten Bewusstseins, Tübingen 2001, S. 150–172

– Zentralraum Wirtshaus. Gaststätten im vormodernen Tirol 1600–1850, in: Geschichte und Region / Storia e regione 10/2 (2001), S. 11–37

Cristian KOLLMANN, Wie schreibe ich im Dialekt? Teil 1/2, in: Tiroler Chronist 82/83 (2001), S. 32–36, 23–28

– „Die Welt der Väter" von Franz Hauser aus der Sicht der Dialektschreibung, in: Tiroler Chronist 83 (2001), S. 28–29

– Der Name Schlern, in: Der Schlern 75 (2001), S. 974–991

Josef NÖSSING, Margreid vom Mittelalter bis in die Neuzeit, in: Margreid: Entstehung, Entwicklung und Gegenwart, Margreid 2001, S. 51–62

– Tourismus und Urbanisierung. Fremdenverkehr und Stadtentwicklung in den österreichischen Alpenländern bis 1914, in: Alois NIEDERSTÄTTER (a cura di), Stadt – Strom – Straße (Beiträge zur Geschichte der Städte Mitteleuropas, 16), Linz 2001, pp. 217–246

– Heimat und Kleinbürgertum: zum stillen Einklang zweier Konzepte, in: Thomas ALTHAUS (a cura di), Kleinbürger. Zur Kulturgeschichte des begrenzten Bewusstseins, Tübingen 2001, pp. 150–172

– Zentralraum Wirtshaus. Gaststätten im vormodernen Tirol 1600–1850, in: Geschichte und Region / Storia e regione 10/2 (2001), pp. 11–37

Cristian KOLLMANN, Wie schreibe ich im Dialekt? 1/2, in: Tiroler Chronist 82/83 (2001), pp. 32–36, 23–28

– "Die Welt der Väter" von Franz Hauser aus der Sicht der Dialektschreibung, in: Tiroler Chronist 83 (2001), pp. 28–29

– Der Name Schlern, in: Der Schlern 75 (2001), pp. 974–991

Josef NÖSSING, Margreid vom Mittelalter bis in die Neuzeit, in: Margreid: Entstehung, Entwicklung und Gegenwart, Margreid 2001, pp. 51–62

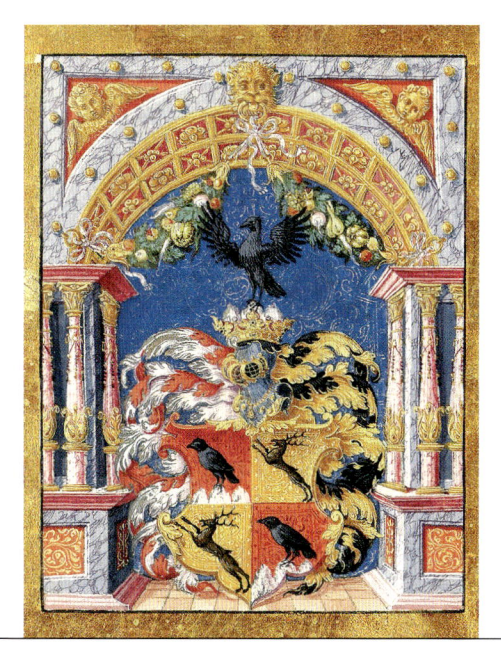

FAMILIENARCHIV LACHMÜLLER: MINIATUR AUS DER WAPPENBESSERUNG FÜR CHRISTOPH VON KRAKOFL, 1567

ARCHIVIO FAMIGLIARE LACHMÜLLER: MINIATURA DAL MIGLIORAMENTO DELL'ARME PER CHRISTOPH VON KRAKOFL, 1567

– Almen in Südtirol. Das Beispiel Seiser Alm, in: Alpwirtschaftliche Nutzungsformen / Economia alpestre e forme di sfruttamento degli alpeggi, red. von der Kulturabteilung des Kantons Tessin / Ticino (Schriftenreihe der Arbeitsgemeinschaft Alpenländer), Bozen / Bolzano 2001, S. 151–170

Hannes OBERMAIR, www.provinz.bz.it./sla. Das Südtiroler Landesarchiv im Netz, in: Denkmalpflege in Südtirol 1999/Tutela dei beni culturali in Alto Adige, hrsg. vom Landesdenkmalamt Bozen, Bozen 2001, S. 227–230

– Bibliografia di storia urbana. Le città sudtirolesi 1985–2000, in: Studi Trentini di scienze storiche 80 (2001), S. 123–149

– „Stadtgeschichte(n)". Anmerkungen zu einem neuen Südtiroler Städtebuch, in: Stadt – Raum – Innsbruck 1 (2001), S. 77–80

– Soziale Produktion von Recht? Das Weistum des Gerichts Salurn von 1403, in: Tiroler Heimat 65 (2001), S. 5–24; ebenso in: Concilium medii aevi 4, S. 179–208; http://www.cma.d-r.de

Gustav PFEIFER, Zur Identifizierung der Wappenschilde auf dem Wanddenkmal des Jörg von Lichtenstein-Seßlach († 1517) in der St.-Pankratius-Pfarrkirche zu Glurns, in:

– Almen in Südtirol. Das Beispiel Seiser Alm, in: Alpwirtschaftliche Nutzungsformen / Economia alpestre e forme di sfruttamento degli alpeggi, red. dalla Rip. Cultura del Canton Ticino (Schriftenreihe der Arbeitsgemeinschaft Alpenländer), Bozen / Bolzano 2001, pp. 151–170

Hannes OBERMAIR, www.provinz.bz.it./sla. Das Südtiroler Landesarchiv im Netz, in: Denkmalpflege in Südtirol 1999/Tutela dei Beni culturali in Alto Adige, a cura della Soprintendenza Provinciale ai Beni Culturali di Bolzano, Bolzano 2001, pp. 227–230

– Bibliografia di storia urbana. Le città sudtirolesi 1985–2000, in: Studi Trentini di scienze storiche 80 (2001), pp. 123–149

– "Stadtgeschichte(n)" Anmerkungen zu einem neuen Südtiroler Städtebuch, in: Stadt – Raum – Innsbruck 1 (2001), pp. 77–80

– Soziale Produktion von Recht? Das Weistum des Gerichts Salurn von 1403, in: Tiroler Heimat 65 (2001), pp. 5–24; anche in: Concilium medii aevi 4, pp. 179–208; http://www.cma.d-r.de

Gustav PFEIFER, Zur Identifizierung der Wappenschilde auf dem Wanddenkmal des Jörg von Lichtenstein-Seßlach († 1517) in der St.-Pankratius-Pfarrkirche zu Glurns,

ARCHIV PLANINSCHEK
(LANDESDENKMALAMT):
ARBEITER IN
FRANZENSFESTE,
UM 1937

ARCHIVIO PLANINSCHEK
(UFFICIO BENI
CULTURALI): OPERAI A
FORTEZZA, 1937 CIRCA

Denkmalpflege in Südtirol 1999 / Tutela dei beni culturali in Alto Adige, hrsg. vom Landesdenkmalamt Bozen, Bozen 2001, S. 231–233

– *Nobis servire tenebitur in armis*. Formen des Aufstiegs und Übergangs in den niederen Adel im Tirol des 14. Jahrhunderts, in: Zwischen Nicht-Adel und Adel, hrsg. von Kurt ANDERMANN und Peter JOHANEK (Vorträge und Forschungen 53), Stuttgart 2001, S. 49–103

– „Neuer" Adel im Bozen des 14. Jahrhunderts: Botsch von Florenz und Niklaus Vintler, in: Pro civitate Austriae NF 6 (2001), S. 3–23

Margot PIZZINI DALSASS, Pfarrer Josef Innerhofer – Teil II: 1930–1958, in: 80 Jahre Pfarrei zum heiligen Erzengel Michael. Festschrift 1921–2001, Eppan/Trient 2001, S. 54–78

Christine ROILO, Trattmann auf Gebrack am Gebracksberg im Penser Tal, in: Der Schlern 75 (2001), S. 165–177

– Medizin auf dem Lande. Die Historiae morborum des Franz von Ottenthal, in: Elisabeth DIETRICH-DAUM / Werner MATT / Hanno PLATZGUMMER (Hrsg.), Geschichte und Medizin. Forschungsberich-

in: Denkmalpflege in Südtirol 1999 / Tutela dei beni culturali in Alto Adige, a cura della Soprintendenza Provinciale ai Beni Culturali di Bolzano, Bolzano 2001, pp. 231–233

– *Nobis servire tenebitur in armis*. Formen des Aufstiegs und Übergangs in den niederen Adel im Tirol des 14. Jahrhunderts, in: Zwischen Nicht-Adel und Adel, a cura di Kurt ANDERMANN e Peter JOHANEK (Vorträge und Forschungen 53), Stuttgart 2001, pp. 49–103

– "Neuer" Adel im Bozen des 14. Jahrhunderts: Botsch von Florenz und Niklaus Vintler, in: Pro civitate Austriae NF 6 (2001), pp. 3–23

Margot PIZZINI DALSASS, Pfarrer Josef Innerhofer – Teil II: 1930–1958, in: 80 Jahre Pfarrei zum heiligen Erzengel Michael. Festschrift 1921–2001, Eppan/Trento 2001, pp. 54–78

Christine ROILO, Trattmann auf Gebrack am Gebracksberg im Penser Tal, in: Der Schlern 75 (2001), pp. 165–177

– Medizin auf dem Lande. Die Historiae morborum des Franz von Ottenthal, in: Elisabeth DIETRICH-DAUM / Werner MATT / Hanno PLATZGUMMER (a cura di), Geschichte und Medizin. Forschungsberich-

NATIONAL ARCHIVES, USA: ZWEI OFFIZIERE DES US-GEHEIMDIENSTES VOR DEM HOTEL GREIF IN BOZEN. 5. MAI 1945

NATIONAL ARCHIVES, USA: DUE UFFICIALI DEI SERVIZI SEGRETI AMERICANI DAVANTI ALL'HOTEL GREIF DIE BOLZANO. 5 MAGGIO 1945

te – Fachgespräche. Dokumentation der internationalen Tagung „Geschichte und Medizin". 5. Dornbirner Geschichtstage, 9. bis 12. Juni 1999, Dornbirn 2001, S. 151–172

Gerald STEINACHER, „Per una dimostrazione di italianità del posto ...". L'„insurrezione di Merano" e la „battaglia di Bolzano" del 1945, in: Archivio Trentino 50 (2001), S. 135–149

– „Wir taten es, um zu zeigen, dass die Sache der Alliierten auch die unsere war ...". Südtiroler Widerstand und die Alliierten 1943–1945, in: Tiroler Heimat 65 (2001), S. 253–258

– Eidgenössischer Geheimdienst und österreichischer Widerstand 1943–1946. „zum Vorteil der Schweiz gearbeitet ...", in: Schweizerische Zeitschrift für Geschichte 51 (2001), S. 211–217

– „Der einzige Österreicher, der den Nazis effektiv Widerstand leistete" – Wilhelm Bruckner und der „österreichische Wehrverband Patria" 1943–1946, in: Jahrbuch des Dokumentationsarchivs des österreichischen Widerstandes 2001, S. 147–183

te – Fachgespräche. Dokumentation der internationalen Tagung "Geschichte und Medizin". 5. Dornbirner Geschichtstage, 9. bis 12. Juni 1999, Dornbirn 2001, pp. 151–172

Gerald STEINACHER, "Per una dimostrazione di italianità del posto ...". L'"insurrezione di Merano" e la "battaglia di Bolzano" del 1945, in: Archivio Trentino 50 (2001), S. 135–149

– "Wir taten es, um zu zeigen, dass die Sache der Alliierten auch die unsere war ...". Südtiroler Widerstand und die Alliierten 1943–1945, in: Tiroler Heimat 65 (2001), pp. 253–258

– Eidgenössischer Geheimdienst und österreichischer Widerstand 1943–1946. "zum Vorteil der Schweiz gearbeitet ...", in: Schweizerische Zeitschrift für Geschichte 51 (2001), pp. 211–217

– "Der einzige Österreicher, der den Nazis effektiv Widerstand leistete" – Wilhelm Bruckner und der "österreichische Wehrverband Patria" 1943–1946, in: Jahrbuch des Dokumentationsarchivs des österreichischen Widerstandes 2001, pp. 147–183

TAGUNGEN UND VORTRÄGE — CONVEGNI E RELAZIONI

Vortragstätigkeit der einzelnen Archivmitarbeiterinnen und -mitarbeiter

Geografische Namen in Südtirol unter besonderer Berücksichtigung des Vinschgaus. Eyrs, 12. Jänner (Cristian KOLLMANN)

Aktuelle und historische Schwerpunkte der Chronikführung, gehalten anlässlich des Treffens der Vinschger Chronisten, Schloss Goldrain, 27. Jänner (Margot PIZZINI DALSASS)

Zur Geschichte der Gastronomie in Tirol, gehalten anlässlich der Projektwoche „Regionale Küche: Altes Gut oder alter Hut?", Landesberufsschule für das Gast- und Nahrungsmittelgewerbe „Emma Hellenstainer" in Brixen, 14. März (Hans HEISS)

Schenner Orts- und Flurnamen und ihre Herkunft, Schenna, 25. März (Cristian KOLLMANN)

Geschichte der Orts- und Flurnamengebung in der Grenzregion Hochpustertal, Osttirol, Comelico-Sappada, Toblach, 28. März (Cristian KOLLMANN)

Hof-, Flur- und Familiennamen in Uttenheim, Uttenheim, 20. April (Cristian KOLLMANN)

Relazioni e conferenze dei singoli collaboratori

Geografische Namen in Südtirol unter besonderer Berücksichtigung des Vinschgaus. Oris, 12 gennaio (Cristian KOLLMANN)

Aktuelle und historische Schwerpunkte der Chronikführung, tenuta in occasione dell'incontro dei cronisti della Val Venosta, Castel Coldrano, 27 gennaio (Margot PIZZINI DALSASS)

Zur Geschichte der Gastronomie in Tirol, tenuta in occasione della settimana di progetto "Regionale Küche: Altes Gut oder alter Hut", Scuola professionale provinciale per l'ospitazione e l'alimentazione "Emma Hellenstainer" Bressanone, 14 marzo (Hans HEISS)

Schenner Orts- und Flurnamen und ihre Herkunft, Scena, 25 marzo (Cristian KOLLMANN)

Geschichte der Orts- und Flurnamengebung in der Grenzregion Hochpustertal, Osttirol, Comelico-Sappada, Dobbiaco, 28 marzo (Cristian KOLLMANN)

Hof-, Flur- und Familiennamen in Uttenheim, Villa Ottone, 20 aprile (Cristian KOLLMANN)

AMTSDIREKOR JOSEF NÖSSING UND BUCHAUTOR REINHARD STAUBER BEI DER BUCHVORSTELLUNG VON „DER ZENTRALSTAAT AN SEINEN GRENZEN"

IL DIRETTORE D'UFFICIO JOSEF NÖSSING E L'AUTORE REINHARD STAUBER ALLA PRESENTAZIONE DEL LIBRO "DER ZENTRALSTAAT AN SEINEN GRENZEN"

Namen und Mundart im Tauferer Tal und im Ahrntal. Sand in Taufers, 21. April (Cristian KOLLMANN)

Alte und neue Überlegungen zum Namen Brixen, gehalten im Rahmen des Symposiums „Namen in Grenzbereichen", Klingenthal, 7.–11. Mai (Cristian KOLLMANN)

Tirolensienvorstellung, im Rahmen der Buch- und Medieninformationstage 2001 des Amts für Bibliothekswesen, Bozen, 16. Mai (Christine ROILO)

Nòneso e ladino: comunanze e differenze, gehalten im Rahmen des Convegno dell'associazione culturale „Rezia", Cles, 23.–25. Mai (Cristian KOLLMANN)

Gabentauschsysteme beim Besitzerwerb von Chorherrenstiften im Mittelalter, gehalten im Rahmen der Tagung „Die Stiftskirchen der EU-Region Tirol-Südtirol-Trentino", veranstaltet vom Südtiroler Kulturinstitut und vom Institut für Geschichtliche Landeskunde der Universität Tübingen, Kloster Neustift, 16. Juni (Hannes OBERMAIR)

Vormoderne Übergangsregion? Die Städtelandschaft im Raum Trient-Bozen im Hoch- und Spätmittelalter, gehalten im Rahmen der Internationalen Städtetagung „Urbane Entwicklung und Alpenraum", veranstaltet

Namen und Mundart im Tauferer Tal und im Ahrntal. Campo Tures, 21 aprile (Cristian KOLLMANN)

Alte und neue Überlegungen zum Namen Brixen, tenuto in occasione del simposio „Namen in Grenzbereichen", Klingenthal, 7–11 maggio (Cristian KOLLMANN)

Tirolensienvorstellung, in occasione delle giornate informative del libro e dei media 2001 da parte dell'Ufficio per le biblioteche, Bolzano, 16 maggio (Christine ROILO)

Nòneso e ladino: comunanze e differenze, tenuta in occasione del Convegno dell'associazione culturale "Rezia", Cles, 23–25 maggio (Cristian KOLLMANN)

Gabentauschsysteme beim Besitzerwerb von Chorherrenstiften im Mittelalter, tenuta nell'ambito del convegno "Die Stiftskirchen der EU-Region Tirol-Südtirol-Trentino", organizzato dal Südtiroler Kulturinstitut e dall'Institut für Geschichtliche Landeskunde der Universität Tübingen, abbazia di Novacella, 16 giugno (Hannes OBERMAIR)

Vormoderne Übergangsregion? Die Städtelandschaft im Raum Trient-Bozen im Hoch- und Spätmittelalter, tenuta nell'ambito della Internationale Städtetagung "Urbane Entwicklung und Alpenraum", organizzato dal-

FAMILIENARCHIV LACHMÜLLER: MINIATUR AUS DEM ADELSDIPLOM FÜR KARL OFFENHAUSER, 1555

ARCHIVIO FAMILIARE LACHMÜLLER: MINIATURA DAL DIPLOMA NOBILIARE PER KARL OFFENHAUSER, 1555

vom Stadtarchiv Bad Reichenhall, 2. Juli (Hannes OBERMAIR)

I Welsperg – alcuni cenni sulla storia della famiglia, gehalten anlässlich der Eröffnung der Ausstellung „I Welsperg – una famiglia tirolese in Primiero", Fiera di Primiero, 7. Juli (Gustav PFEIFER)

Social climbers in fourteenth-century Bozen: the Botsch, gehalten im Rahmen des „International Medieval Congress", Leeds, 11. Juli (Gustav PFEIFER)

A 19th-Century Village Doctor and his Patients: the Case Books of Dr. Franz von Ottenthal (1818–1899), gehalten im Rahmen des „Anglo-Dutch-German Workshop on Patients in History (19th–20th century)", Stuttgart, Institut für Geschichte der Medizin der Robert-Bosch-Stiftung, 12.–14. Juli (Christine ROILO)

Der Walthersaal in Klausen, Festansprache zur Einweihung, Klausen, 19. Juli (Hans HEISS)

Il periodo dei Fugger in Tirolo, gehalten im Rahmen der Studientagung der Freunde der Universität Padua, „Le miniere del Tirolo. La famiglia dei Fugger ed il principato vescovile di Bressanone", Brixen, Casa dello Studente, 3. August (Hans HEISS)

lo Stadtarchiv Bad Reichenhall, 2 luglio (Hannes OBERMAIR)

I Welsperg – alcuni cenni sulla storia della famiglia, tenuta in occasione dell'inaugurazione della mostra "I Welsperg – una famiglia tirolese in Primiero", Fiera di Primiero, 7 luglio (Gustav PFEIFER)

Social climbers in fourteenth-century Bozen: the Botsch, tenuta nell'ambito dell'"International Medieval Congress", Leeds, 11 luglio (Gustav PFEIFER)

A 19th-Century Village Doctor and his Patients: the Case Books of Dr. Franz von Ottenthal (1818–1899), tenuta in occasione dell'"Anglo-Dutch-German Workshop on Patients in History (19th–20th century)", Stoccarda, Institut für Geschichte der Medizin der Robert-Bosch-Stiftung, 12–14 luglio (Christine ROILO)

Der Walthersaal in Klausen, discorso inaugurale, Chiusa, 19 luglio (Hans HEISS)

Il periodo dei Fugger in Tirolo, tenuta nell'ambito delle giornate di studio degli Amici dell'università di Padova, "Le miniere del Tirolo. La famiglia dei Fugger e il principato vescovile di Bressanone", Bressanone, Casa dello Studente, 3 agosto (Hans HEISS)

FAMILIENARCHIV LACHMÜLLER: ARCHIVSCHRANK NR. 1 MIT „LADEN".

ARCHIVIO FAMILIARE LACHMÜLLER: L'ARMADIO N. 1 CON "CASSE".

Lange Kontinuität: Die Adelsfamilie Lachmüller in Brixen bis um 1900, gehalten im Rahmen der Tagung „Kleinstadt und Katholizismus", Brixen, 4. Oktober (Christine ROILO)

Das „Rom Tirols". Brixen um die Jahrhundertwende, gehalten im Rahmen der Tagung „Kleinstadt und Katholizismus", Brixen, 5. Oktober (Hans HEISS)

Macht, Herrschaft und Kultur im Tiroler Alpenraum des 12. und 13. Jahrhunderts, gehalten im Rahmen der Tagung „Romanische Wandmalereien im Alpenraum", Schloss Goldrain, 16. Oktober (Hannes OBERMAIR)

Die Entwicklung der Evangelischen Gemeinde Meran im Kontext Südtiroler Geschichte, Evangelische Gemeinde A. B. Meran, 17. Oktober (Hans HEISS)

Conservazione preventiva attraverso gli strumenti della fotoriproduzione, gehalten anlässlich der Archivdirektorentagung der ARGE-ALP, Bozen, 18. Oktober (Alessandro CAMPANER)

Anregungen zu einer Chronikführung nach Schwerpunkten, gehalten anlässlich des Passeirer Chronistentages, Sandwirt, St. Leon-

Lange Kontinuität: Die Adelsfamilie Lachmüller in Brixen bis um 1900, tenuta in occasione del convegno "Kleinstadt und Katholizismus", Bressanone, 4 ottobre (Christine ROILO)

Das "Rom Tirols". Brixen um die Jahrhundertwende, tenuta in occasione del convegno "Kleinstadt und Katholizismus", Bressanone, 5 ottobre (Hans HEISS)

Macht, Herrschaft und Kultur im Tiroler Alpenraum des 12. und 13. Jahrhunderts, tenuta in occasione del convegno "Romanische Wandmalereien im Alpenraum", Castel Coldrano, 16 ottobre (Hannes OBERMAIR)

Die Entwicklung der Evangelischen Gemeinde Meran im Kontext Südtiroler Geschichte, Evangelische Gemeinde A. B. Merano, 17 ottobre (Hans HEISS)

Conservazione preventiva attraverso gli strumenti della fotoriproduzione, tenuta in occasione dell'Incontro dei direttori d'archivio dell'ARGE-ALP, Bolzano, 18 ottobre (Alessandro CAMPANER)

Anregungen zu einer Chronikführung nach Schwerpunkten, tenuta in occasione della giornata dei cronisti della Val Passiria, Sand-

GEMEINDEARCHIV
MONTAN,
WALDTEILUNGSPLAN,
18. JAHRHUNDERT

ARCHIVIO COMUNALE
DI MONTAGNA,
PIANTA FORESTALE,
SECOLO XVIII

hard in Passeier, 27. Oktober (Margot Pizzini Dalsass)

140 Jahre Männergesangverein Brixen, Vortrag aus Anlass der Festmatinee des Männergesangvereins Brixen 1862, 18. November (Hans Heiss)

Un nuovo edificio per molte funzioni – l'esempio di una convivenza: Biblioteca Provinciale, Archivio di Stato e Archivio Provinciale, gehalten im Rahmen der Tagung „La costruzione degli archivi", Trient, 7. Dezember (Josef Nössing)

Von Archivmitarbeiterinnen und -mitarbeitern getragene Seminare, Lehrveranstaltungen und Schulungen

Archivi ed informatica, vier Doppelstunden gehalten im Rahmen des Ausbildungslehrganges an der Scuola di paleografia, diplomatica ed archivistica am Staatsarchiv Bozen, November/Dezember (Alessandro Campaner, Christine Roilo)

Lesen und Interpretieren von Quellen zur Schulgeschichte (18.–20. Jahrhundert), vier Stunden gehalten im Rahmen eines Seminars zur Schulgeschichte, organisiert vom Tiroler Geschichtsverein / Sekt. Bozen und dem Referat Chronistenwesen am Südtiroler Landesarchiv, Tramin, Schloss Rechtenthal, 1. Dezember (Gustav Pfeifer)

wirt, S. Leonardo in Passiria, 27 ottobre (Margot Pizzini Dalsass)

140 Jahre Männergesangverein Brixen, relazione tenuta in occasione del "Festmatinee" del Männergesangvereins Brixen 1862, 18 novembre (Hans Heiss)

Un nuovo edificio per molte funzioni – l'esempio di una convivenza: Biblioteca Provinciale, Archivio di Stato e Archivio provinciale, tenuta in occasione del convegno "La costruzione degli archivi", Trento, 7 dicembre (Josef Nössing)

Seminari, corsi e incontri didattici organizzati da o con la partecipazione di collaboratori dell'Archivio provinciale

Archivi ed informatica, quattro ore doppie tenute nell'ambito del corso di formazione della Scuola di paleografia, diplomatica ed archivistica presso l'Archivio di Stato di Bolzano, novembre/dicembre (Alessandro Campaner, Christine Roilo)

Lesen und Interpretieren von Quellen zur Schulgeschichte (18.–20. Jahrhundert), quattro ore tenute nell'ambito di un seminario sulla storia della scuola, organizzato dal Tiroler Geschichtsverein / Sez. Bolzano e dalla referente per i cronisti presso l'Archivio provinciale, Termeno, Castel Rechtenthal, 1 dicembre (Gustav Pfeifer)

Einladung zum öffentlichen Vortrage des Nordpolfahrers Dr. phil. Jul. Ritter v. Payer.

Am 17. Nov. 1907, 8 Uhr abends in Niederdorf, Hotel Emma. Eintritt 30 h.

Julius v. Payer, der berühmte Nordpolfahrer, Alpinist und Maler, der Entdecker des Franz Josefslandes, beabsichtigt in der folgenden Zeit eine Reihe von Vorträgen zu halten, und zwar über das Thema:

„Abenteuer und Beschwerden aus der Polarwelt"

NACHLASS WASSERMANN: WERBEPLAKAT FÜR EINEN VORTRAG DES NORDPOLFAHRERS JULIUS RITTER VON PAYER, 1907

LASCITO WASSERMANN: MANIFESTO PUBBLICITARIO PER UNA CONFERENZA DELL'ESPLORATORE POLARE JULIUS VON PAYER, 1907

Von Archivmitarbeiterinnen und -mitarbeitern besuchte Tagungen

Namen in Grenzbereichen, Tagung der Fondation Goethe, Klingenthal (Elsass), 7.–11. Mai (Cristian KOLLMANN)

VI Conferenza degli Archivi. Gli archivi tra passato e futuro, Florenz, 30. Mai bis 2. Juni (Josef NÖSSING)

Giornata di studio sul restauro di oggetti su carta e pergamena, Botticino/Brescia, 5. Juni (Lidia BORGOGNO)

Die Stiftskirchen der EU-Region Tirol-Südtirol-Trentino, Stift Neustift, 15.–17. Juni (Hannes OBERMAIR)

„The Missing Dimension": History of the British Intelligence in the 20th Century, London-Kew, 28.–30. Juni (Gerald STEINACHER)

Urbane Entwicklung und der Alpenraum, Bad Reichenhall, 2.–3. Juli (Hannes OBERMAIR)

International Medieval Congress, Leeds, 9.–12. Juli (Gustav PFEIFER)

Anglo-Dutch-German Workshop on Patients in History (19th–20th Century), Stuttgart, 12.–14. Juli (Christine ROILO)

Convegni frequentati dai collaboratori dell'Archivio provinciale

Namen in Grenzbereichen, Tagung der Fondation Goethe, Klingenthal (Alsazia), 7–11 maggio (Cristian KOLLMANN)

VI Conferenza degli Archivi. Gli archivi tra passato e futuro, Firenze, 30 maggio fino a 2 giugno (Josef NÖSSING)

Giornata di studio sul restauro di oggetti su carta e pergamena, Botticino/Brescia, 5 giugno (Lidia BORGOGNO)

Die Stiftskirchen der EU-Region Tirol-Südtirol-Trentino, abbazia di Novacella, 15–17 giugno (Hannes OBERMAIR)

The Missing Dimension: History of the British Intelligence in the 20th Century, London-Kew, 28–30 giugno (Gerald STEINACHER)

Urbane Entwicklung und der Alpenraum, Bad Reichenhall, 2–3 luglio (Hannes OBERMAIR)

International Medieval Congress, Leeds, 9–12 luglio (Gustav PFEIFER)

Anglo-Dutch-German Workshop on Patients in History (19th–20th Century), Stoccarda, 12–14 luglio (Christine ROILO)

NACHLASS WASSERMANN: „FREMDEN-VERKEHRS-ZEITUNG", 1921

LASCITO WASSERMANN: "FREMDEN-VERKEHRS-ZEITUNG", 1921

Der Tourismus: Eine wirtschaftliche und kulturelle Ressource für den Alpenraum. Aspekte historischer Forschung. / Il turismo: Una risorsa economica e culturale per le regioni alpine. Un accostamento storico, Brixen, 21./22. September (Hans Heiss, Josef Nössing, Margot Pizzini Dalsass)

Österreichischer Archivtag, Wien, 26.–28. September (Josef Nössing)

Memoria e futuro dei documenti su carta. Preservare per conservare, Udine, 2./3. Oktober (Lidia Borgogno)

Kleinstadt und Katholizismus – Brixen 1814–1964, Brixen, 4.–6. Oktober (Hans Heiss, Margot Pizzini Dalsass, Christine Roilo)

Romanische Wandmalereien im Alpenraum, Schloss Goldrain, 16.–20. Oktober (Josef Nössing, Hannes Obermair)

Konferenz der Archivdirektoren in der ARGE-ALP, Bozen, 17./18. Oktober (Alessandro Campaner, Rita Chinaglia, Hans Heiss, Josef Nössing)

66. Sitzung der Arbeitsgemeinschaft für Kartographische Ortsnamenkunde (AKO), Wien, 8. November (Cristian Kollmann)

Der Tourismus: Eine wirtschaftliche und kulturelle Ressource für den Alpenraum. Aspekte historischer Forschung. – Il turismo: Una risorsa economica e culturale per le regioni alpine. Un accostamento storico, Bressanone, 21/22 settembre (Hans Heiss, Josef Nössing, Margot Pizzini Dalsass)

Österreichischer Archivtag, Vienna, 26–28 settembre (Josef Nössing)

Memoria e futuro dei documenti su carta. Preservare per conservare, Udine, 2–3 ottobre (Lidia Borgogno)

Kleinstadt und Katholizismus – Brixen 1814–1964, Bressanone, 4–6 ottobre (Hans Heiss, Margot Pizzini Dalsass, Christine Roilo)

Romanische Wandmalereien im Alpenraum, Castel Coldrano, 16–20 ottobre (Josef Nössing, Hannes Obermair)

Conferenza dei direttori d'archivio dell'ARGE-ALP, Bolzano, 17/18 ottobre (Alessandro Campaner, Rita Chinaglia, Hans Heiss, Josef Nössing)

66. Sitzung der Arbeitsgemeinschaft für Kartographische Ortsnamenkunde (AKO), Vienna, 8 novembre (Cristian Kollmann)

KONFERENZ DER ARCHIVDIREKTOREN DER ARGE-ALP, BOZEN, 18. OKTOBER 2001

CONFERENZA DEI DIRETTORI D'ARCHIVIO DELL'ARGE ALP, BOLZANO, 18 OTTOBRE 2001

Kulturgut aus Archiven, Bibliotheken und Museen im Internet – Neue Ansätze und Techniken, Ludwigsburg, 15.–16. November (Christine ROILO)

Kriegsverbrechen im Zweiten Weltkrieg. Kolloquium des Vereins für Italienisch-Deutsche Geschichtsforschung e. V. im Historischen Kolleg, München, 26. November (Hans HEISS, Gerald STEINACHER)

La costruzione degli archivi, Trient, 7. Dezember (Josef NÖSSING)

Von Archivmitarbeitern (mit-)organisierte Tagungen, Ausstellungen und Veranstaltungen

Elfenbein und Tafelspitz – Strudel di mele ed avorio. Ausstellung zum 450. Namensjubiläum des Hotels „Elephant", Brixen, organisiert von Hans HEISS in Verbindung mit dem Tourismusmuseum Schloss Trauttmansdorff, Hotel „Elephant", Brixen, 24. Juni bis 7. Oktober

Brixen vor 901 – Bressanone prima del 901, Ausstellung mitorganisiert von Hans HEISS in Verbindung mit dem Südtiroler Kulturinstitut Bozen, dem Amt für Bodendenkmäler und dem Verein „Prihsna 901–2001", Diözesanmuseum Hofburg, Brixen, 14. Juli bis 31. Oktober

Kulturgut aus Archiven, Bibliotheken und Museen im Internet – Neue Ansätze und Techniken, Ludwigsburg, 15–16 novembre (Christine ROILO)

Kriegsverbrechen im Zweiten Weltkrieg. Kolloquium des Vereins für Italienisch-Deutsche Geschichtsforschung e. V. im Historischen Kolleg, Monaco di Baviera, 26 novembre (Hans HEISS, Gerald STEINACHER)

La costruzione degli archivi, Trento, 7 dicembre (Josef NÖSSING)

Convegni, mostre e manifestazioni organizzate da o in collaborazione di collaboratori dell'Archivio provinciale

Elfenbein und Tafelspitz – Strudel di mele ed avorio. Mostra per il 450esimo anniversario dell'Hotel "Elephant", Bressanone, organizzato da Hans HEISS in collaborazione con il Museo del Turismo Castel Trauttmansdorff, Hotel "Elephant", Bressanone, 24 giugno –7 ottobre

Brixen vor 901 – Bressanone prima del 901, mostra organizzata da Hans HEISS in collaborazione con il Südtiroler Kulturinstitut, l'Ufficio beni archeologici e l'Associazione "Prihsna 901–2001", Museo diocesano, Bressanone, 14 luglio fino a 31 ottobre

STADTJUBILÄUM
BRIXEN:
BÜRGERKAPELLE

FESTA DEI MILLECENTO
ANNI DI BRESSANONE:
LA BANDA MUSICALE
CITTADINA

Der Tourismus: Eine wirtschaftliche und kulturelle Ressource für den Alpenraum. Aspekte historischer Forschung. – Il turismo: Una risorsa economica e culturale per le regioni alpine. Un accostamento storico, Tagung organisiert von Hans HEISS gem. mit dem Dipartimento di Economia dell'Università degli Studi di Trento und dem Tourismusmuseum Schloss Trauttmansdorff, Hotel „Elephant", Brixen, 20.–22. September

Kleinstadt und Katholizismus – Brixen 1814–1964, Tagung organisiert von Hans HEISS in Verbindung mit dem Südtiroler Kulturinstitut, Cusanus-Akademie, Brixen, 4.–6. Oktober

Konferenz der Archivdirektoren in der ARGE-ALP, Bozen, 17.–18. Oktober, organisiert von Rita CHINAGLIA und Josef NÖSSING

Stadtjubiläum „Brixen 901–2001", Federführung in der kulturhistorischen Ausrichtung von Hans HEISS gp

Der Tourismus: Eine wirtschaftliche und kulturelle Ressource für den Alpenraum. Aspekte historischer Forschung. – Il turismo: Una risorsa economica e culturale per le regioni alpine. Un accostamento storico, convegno organizzato da Hans HEISS insieme al Dipartimento di Economia dell'Università degli Studi di Trento e al Museo del Turismo Castel Trauttmansdorff, Hotel "Elephant", Bressanone, 20–22 settembre

Kleinstadt und Katholizismus – Brixen 1814–1964, convegno organizzato da Hans HEISS in collaborazione con il Südtiroler Kulturinstitut, Accademia Cusano, Bressanone, 4–6 ottobre

Conferenza dei direttori d'archivio nella ARGE-ALP, Bolzano, 17–18 ottobre, organizzato da Rita CHINAGLIA e Josef NÖSSING

Giubileo della città di "Bressanone 901–2001", celebrazione diretta per gli aspetti storico-culturali da Hans HEISS gp

FOTO- UND REPRODUKTIONSNACHWEIS / REFERENZE FOTOGRAFICHE E DI RIPRODUZIONE

Amt für Bau- und Kunstdenkmäler / Ufficio beni architettonici e artistici
Archeotech: 141
Alessandro Campaner: 204
Verena Dissertori Walder: 153, 154, 155
Firma/Ditta Kaiser & Wolf: 30, 54, 55, 56, 105, 136 (links/sinistra), 168, 169, 170, 195, 196, 197, 198, 199, 200, 201
Waltraud Kofler Engl: 11, 40, 162 (links / sinistra), 166, 181, 182, 183, 186, 187, 188, 189, 190
Albrecht Ebensberger: 92, 93
Fotoarchiv des Amtes / archivio fotografico dell'Ufficio: 27, 46, 47, 75, 87 (rechts / destra), 146 (rechts / destra), 157, 192, 205
Georg Gebhard: 96, 98
Lucia Giacomozzi: 100, 101
Martin Laimer: 25, 28, 29, 88, 89, 104, 106, 112, 113, 114 (links / sinistra), 115, 116, 117, 123,
Josef Leiter: 191
Klaus-Michael Mathieu: 43, 176 (rechts / destra)
Ignacio Marinez: 37, 38, 39
Hubert Mayr: 79, 80, 118, 119, 122, 137, 139 (links / sinistra), 172
Peskoller Werkstätten: 77
Heidrun Schroffenegger: 21, 62, 63, 64, 66, 82, 83, 84, 133, 140, 142, 143 (links / sinistra), 151, 156, 163, 164, 165, 167, 174, 175, 176 (links / sinistra), 177, 178
Stadtarchiv Meran: 120
Helmut Stampfer: 41, 179, 180
Hildegard Thurner: 70, 74, 76, 85, 86, 87 (links / sinistra), 134, 135, 138, 148, 150, 162 (rechts / destra), 173
Hubert Walder: 11, 12, 14, 17, 18, 19, 20, 22, 23, 26, 31, 32, 33, 34, 35, 36, 42, 44, 45, 48, 49, 50, 51, 52, 53, 57, 58, 59, 60, 61, 65, 67, 68, 69, 72, 73, 78, 90, 91, 94, 95, 97, 99, 102, 103, 107, 108.109, 121, 132, 136 (rechts / destra), 139 (rechts / destra), 149, 158, 159, 160, 161, 193, 194
Michael Wolf: 114 (rechts / destra)

Amt für Bodendenkmäler / Ufficio beni archeologici
Archeostudio: 251, 252 (links / sinistra), 253, 254
Archeotek: 212, 213, 236, 262
CSR: 214, 215, 239 (links / sinistra), 239 (rechts / destra), 241, 278 (rechts / destra), 280, 284
Giovanna Fusi: 206, 238, 240, 261, 279
Nothdurfter: 268 (links / sinistra), 268 (rechts / destra), 269, 270
Hans Oberrauch: 263
Alfred Obex: 244, 255, 274, 275, 276, 277, 281 (links / sinistra), 281 (rechts / destra),
Herwig Printoh: 273
Marco Samadelli: 208, 211, 222, 223 (links / sinistra), 223 (rechts / destra), 224, 230, 232, 233 (rechts / destra), 234 (links / sinistra), 234 (rechts / destra), 235, 240, 250 (links / sinistra), 250 (rechts / destra), 252 (rechts / destra), 257, 260 (links / sinistra), 264 (rechts / destra), 267 (links / sinistra), 267 (rechts / destra), 276 (links / sinistra), 287, 289
Gianni Santuari: 260 (rechts / destra), 288
SAP: 258, 259 oben, 259 unten
SRA: 216, 218, 219, 220 (links / sinistra), 220 (rechts / destra), 221, 225, 226, 227, 228 (links / sinistra), 228 (rechts / destra), 229 oben, 229 unten, 231 (links / sinistra), 231 (rechts / destra), 233 (links / sinistra), 237 (links / sinistra), 237 (rechts / destra), 242, 243, 245, 246, 256, 265, 266 oben, 266 unten, 282, 285
Armin Torggler: 217
Umberto Tecchiati: 271, 272, 283
Sandro Veronese: 248, 249
Ursula Wierer: 264 (links / sinistra)

Südtiroler Landesarchiv / Archivio provinciale
Alessandro Campaner: Sämtliche Fotos, sofern nicht anders angegeben / tutte le foto se non indicato diversamente
mit Ausnahme von / con eccezione di
Hildegard Flor: 336, 337
Leonhard Angerer: 365